國家圖書館藏敦煌遺書

中國國家圖書館編

第五十五册　北敦〇四〇〇一號——北敦〇四一〇〇號

北京圖書館出版社

圖書在版編目(CIP)數據

國家圖書館藏敦煌遺書·第五十五册/中國國家圖書館編;任繼愈主編.—北京:北京圖書館出版社,2007.4

ISBN 978-7-5013-3207-6

Ⅰ.國… Ⅱ.①中…②任… Ⅲ.敦煌學—文獻 Ⅳ.K870.6

中國版本圖書館 CIP 數據核字(2007)第035889號

書　名　國家圖書館藏敦煌遺書·第五十五册
著　者　中國國家圖書館編　任繼愈主編
責任編輯　徐　蜀　孫　彦
封面設計　李　璀

出　版　北京圖書館出版社　(100034　北京西城區文津街7號)
發　行　010-66139745　66151313　66175620　66126153
66174391(傳真)　66126156(門市部)
E-mail　cbs@nlc.gov.cn(投稿)　btsfxb@nlc.gov.cn(郵購)
Website　www.nlcpress.com
經　銷　新華書店
印　刷　北京文津閣印務有限責任公司

開　本　八開
印　張　58.25
版　次　2007年5月第1版第1次印刷
印　數　1-250册(套)

書　號　ISBN 978-7-5013-3207-6/K·1434
定　價　990.00圓

編輯委員會

主　　編　任繼愈

常務副主編　方廣錩

副 主 編　李際寧　張志清

編委（按姓氏筆畫排列）　王克芬　王姿怡　吴玉梅　胡新英　陳　穎　黄　霞（常務）　劉玉芬

出版委員會

主　任　詹福瑞

副主任　陳　力

委　員（按姓氏筆畫排列）　李　健　姜　紅　郭又陵　徐　蜀　孫　彦

攝製人員（按姓氏筆畫排列）

于向洋　王富生　王遂新　谷韶軍　張　軍　張紅兵　張　陽　曹　宏　郭春紅　楊　勇　嚴　平

原件修整人員（按姓氏筆畫排列）

朱振彬　杜偉生　李　英　胡玉清　胡秀菊　張　平　劉建明

目錄

輸提廿薩末耶頞地瑟恥帝廿一末你末你摩
訶末你廿二怛闥多部多俱胝鉢利輸提廿三毗七薩
普吒勃地輸提廿四社耶社耶廿五毗七社耶毗七社耶廿六
薩末囉薩末囉薩婆勃陁頞地瑟恥多輸提廿七
跋折囉跋折囉揭鞞廿八跋折藍婆代都廿九麼
麼其甲受持薩婆薩埵寫耶上迦引耶毗七輸提卅薩
婆揭底鉢唎輸提卅一薩婆怛他揭多三摩濕
婆娑頞地瑟恥帝卅二勃陁勃陁卅三地耶反蒲馱耶蒲
馱耶三漫多鉢唎輸提卅四薩婆怛他揭多地
瑟吒引耶頞地瑟恥帝卅五娑婆訶
佛告帝釋言此咒名淨除一切惡道佛頂尊
勝陁羅尼能除一切罪業等障能破一切穢
惡道苦天帝此大陁羅尼八十八殑伽沙俱
胝百千諸佛同共宣說隨喜受持大如來智
印印之爲破一切衆生穢惡道義故爲一切
地獄畜生閻羅王界衆生得解脫故臨急
苦難墮生死海中衆生得解脫故短命薄
福无救護衆生樂造雜染惡業衆生故說
又此陁羅尼於贍部洲住持力故能令地

胝百千諸佛同共宣說隨喜受持大如來智
印印之爲破一切衆生穢惡道義故爲一切
地獄畜生閻羅王界衆生得解脫故臨急
苦難墮生死海中衆生得解脫故短命薄
福无救護衆生樂造雜染惡業衆生故說
又此陁羅尼於贍部洲住持力故能令地
獄惡道衆生種種流轉生死薄福衆生不
信善惡業失正道衆生等得解脫義故佛
告天帝我說此陁羅尼付囑於汝汝當授
與善住天子復當自受持讀誦思惟愛樂憶
念供養於贍部洲與一切衆生廣爲宣說此
陁羅尼印付囑於汝天帝汝當善持守護勿
令忘失天帝若人須臾得聞此陁羅尼千劫
已來積造惡業重障應受種種流轉生死
地獄餓鬼畜生閻羅王界阿脩羅身夜叉羅
刹鬼神布單那羯吒布單那阿波娑摩囉蚊蝱
龜狗蟒虵一切諸鳥及諸猛獸一切蠢動含靈
乃至蟻子之身更不重受即得轉生諸佛如
來一生補處菩薩同會處生或得大姓婆羅
門家生或得大刹利種家生或得豪貴最勝

位 世尊相常住 於道場知已 導

供養 現在十方佛 其數如恒沙 出現於世間
安隱眾生故 亦說如是法 知第一寂滅 以方便力故
雖示種種道 其實為佛乘 知眾生諸行 深心之所念
過去所習業 欲性精進力 及諸根利鈍 以種種因緣
譬喻亦言辭 隨應方便說 今我亦如是 安隱眾生故
以種種法門 宣示於佛道 我以智慧力 知眾生性欲
方便說諸法 皆令得歡喜 舍利弗當知 我以佛眼觀
見六道眾生 貧窮无福慧 入生死險道 相續苦不斷
著於五欲 如犛牛愛尾 以貪愛自蔽 盲瞑无所見
不求大勢佛 及與斷苦法 深入諸邪見 以苦欲捨苦
為是眾生故 而起大悲心 我始坐道場 觀樹亦經行
於三七日中 思惟如是事 我所得智慧 微妙最第一
眾生諸根鈍 著樂癡所盲 如斯之等類 云何而可度
尒時諸梵王 及諸天帝釋 護世四天王 及大自在天
并餘諸天眾 眷屬百千萬 恭敬合掌禮 請我轉法輪
我即自思惟 若但讚佛乘 眾生沒在苦 不能信是法
破法不信故 墜於三惡道 我寧不說法 疾入於涅槃
尋念過去佛 所行方便力 我今所得道 亦應說三乘
作是思惟時 十方佛皆現 梵音慰喻我 善哉釋迦文
第一之導師 得是无上佛 隨諸一切佛 而用方便力
我等亦皆得 最妙第一法 為諸眾生類 分別說三乘
少智樂小法 不自信作佛 是故以方便 分別說諸果
雖復說

BD04002號　妙法蓮華經卷一　（3–1）

破法不信故 墜於三惡道 我寧不說法 疾入於涅槃
尋念過去佛 所行方便力 我今所得道 亦應說三乘
作是思惟時 十方佛皆現 梵音慰喻我 善哉釋迦文
第一之導師 得是无上佛 隨諸一切佛 而用方便力
我等亦皆得 最妙第一法 為諸眾生類 分別說三乘
少智樂小法 不自信作佛 是故以方便 分別說諸果
雖復說三乘 但為教菩薩 舍利弗當知 我聞聖師子
深淨微妙音 喜稱南无佛 復作如是念 我出濁惡世
如諸佛所說 我亦隨順行 思惟是事已 即趣波羅柰
諸法寂滅相 不可以言宣 以方便力故 為五比丘說
是名轉法輪 便有涅槃音 及以阿羅漢 法僧差別名
從久遠劫來 讚示涅槃法 生死苦永盡 我常如是說
舍利弗當知 我見佛子等 志求佛道者 无量千萬億
咸以恭敬心 皆來至佛所 曾從諸佛聞 方便所說法
我即作是念 如來所以出 為說佛慧故 今正是其時
舍利弗當知 鈍根小智人 著相憍慢者 不能信是法
今我喜无畏 於諸菩薩中 正直捨方便 但說无上道
菩薩聞是法 疑網皆已除 千二百羅漢 悉亦當作佛
如三世諸佛 說法之儀式 我今亦如是 說无分別法
諸佛興出世 懸遠值遇難 正使出于世 說是法復難
无量无數劫 聞是法亦難 能聽是法者 斯人亦復難
譬如優曇華 一切皆愛樂 天人所希有 時時乃一出
聞法歡喜讚 乃至發一言 則為已供養 一切三世佛
是人甚希有 過於優曇華 汝等勿有疑 我為諸法王
普告諸大眾 但以一乘道 教化諸菩薩 无聲聞弟子
汝等舍利弗 聲聞及菩薩 當知是妙法 諸佛之祕要
以五濁惡世 但樂著諸欲 如是等眾生 終不求佛道
當來世惡人 聞佛說一乘 迷惑不信受 破法墮惡道
有慚愧清淨 志求佛道者 當為如是等 廣讚一乘道
舍利弗當知 諸佛法如是 以萬億方便 隨宜而說法

BD04002號　妙法蓮華經卷一　（3–2）

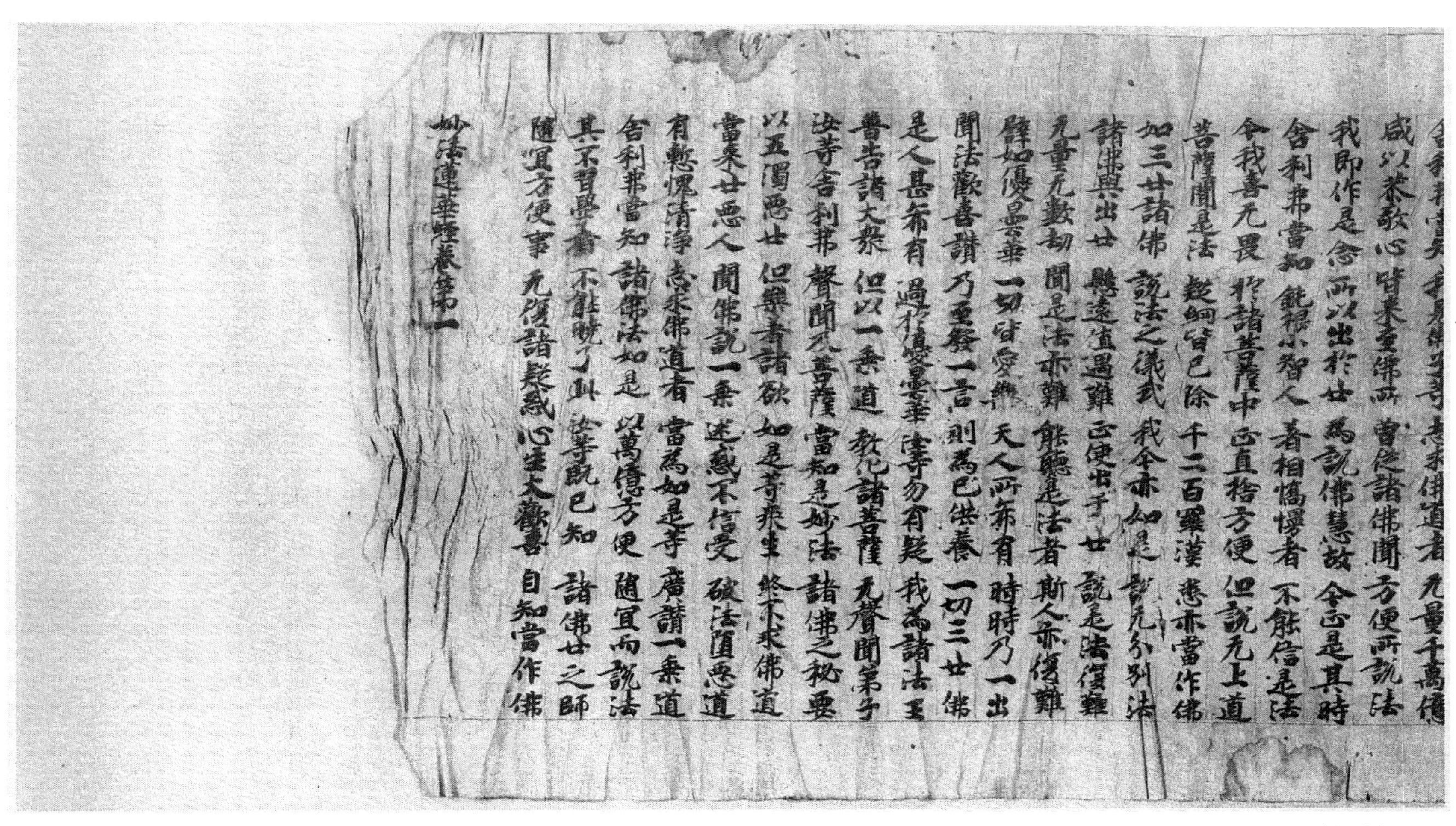

BD04002 號　妙法蓮華經卷一　（3–3）

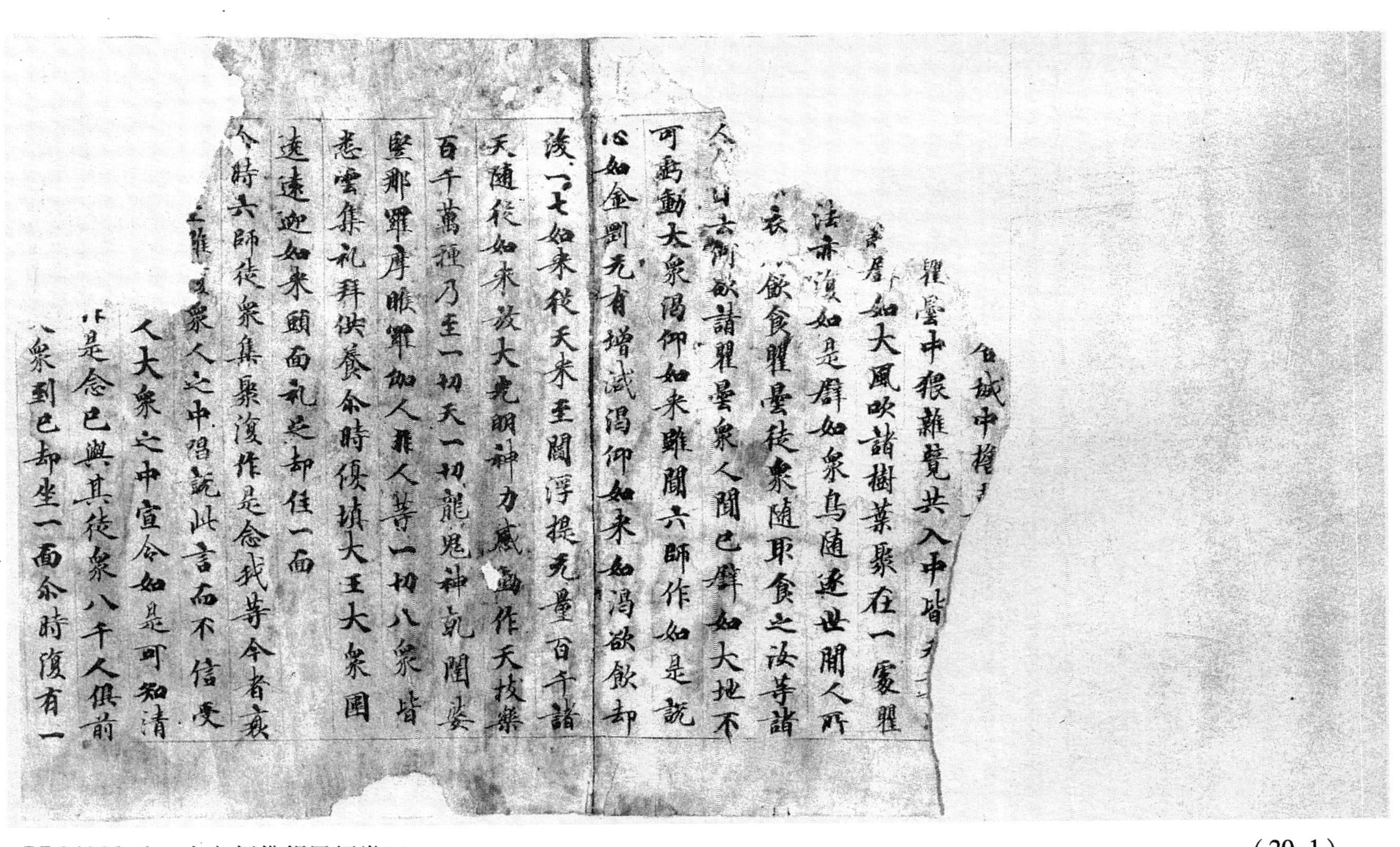

BD04003 號　大方便佛報恩經卷三　（20–1）

衆人之中唱說此言而不信受
人大衆之中宣令如是可知清
淨是念已與其徒衆八千人俱前
後入衆到已却坐一面爾時復有一
乾闥婆摩羅彌七寶琴往詣如
來所頭面禮足却住一面鼓樂絃歌出微妙音
其音和雅悅可衆心聲聞舍利弗等不覺動
身起舞須彌山王涌沒低仰爾時如來即入
有相三昧以三昧力令其琴聲遠聞三千大
千世界其音具足演說苦空無常不淨無我
款逸衆生聞此妙音具足演說如來知恩報
恩久於無量阿僧祇劫孝養父母一切衆生
皆隨聲至閻浮提往到佛所頭面禮足却坐
一面爾時大衆瞻仰如來目不暫捨如來爾
三昧晏嘿一切大衆亦皆嘿然於大衆中有
地踊出住在空中無數幢幡而
寶鈴不鼓自鳴微風吹動出微
妙音爾時大衆見此寶塔從地踊出心生疑
網以何因有此寶塔從地踊出諸聲聞衆
舍利弗等盡思度量亦復不知舊住娑婆世
界菩薩摩訶薩乃至彌勒菩薩亦復不知爾
時六師作是念言復何因緣有此寶塔若有
人衆聞我者而我不知若不知者云何復名一
切知見復作是念瞿曇何不速為大衆敷演斯
事爾時如來出于三昧釋提桓因忉利天王
及諸天衣敷師子坐爾時如來即昇此坐結

BD04003 號　大方便佛報恩經卷三　（20–2）

人衆聞我者而我不知若不知者云何復名一
切知見復作是念瞿曇何不速為大衆敷演斯
事爾時如來出于三昧釋提桓因忉利天王
及諸天衣敷師子坐爾時如來即昇此坐結
加趺坐須彌山王處于大海爾時彌勒菩薩
佛前　心咸皆有疑自亦未了即從坐起往到
面禮足合掌向佛而作是言世尊
因緣有此寶塔從地踊出佛告彌勒
往過去不可思議阿僧祇劫有佛出
毗婆尸如來應供正遍知明行足善逝世
無上士調御丈夫天人師佛世尊出現
於世教化無量百千萬億阿僧祇衆生皆令
堅固阿耨多羅三藐三菩提其佛滅後於像
法中有國名波羅㮈其波羅㮈大王聰叡
賢常以正法治國不枉人民王主六十小
國八百聚落王子無子王自供養奉事山神
樹神一切神祇經十二年不懈不息求索有
子第一夫人便覺有身十月滿足生一男兒
太子端正人相具足生已召諸大臣諸小國
王占相吉凶即為立字以其太子性善不
瞋故名曰忍辱忍辱太子其年長大好喜布施
慈仁於諸衆生等生慈心爾時大王有
六大臣其性暴惡奸為侫諂枉橫無道人民
患之六大臣自知於行有違常懷嫉妬憎
惡太子爾時大王身嬰重病苦惱頓顇命在
旦夕忍辱太子往告諸臣父王困篤今當奈

BD04003 號　大方便佛報恩經卷三　（20–3）

曰忍辱忍辱太子其年長大好惠布施
慈仁於諸衆生普生慈心尒時大王有
其性暴惡姧僞佞諂枉横无道人民
則六大臣自知於行有違常懷嫉妬憎
子命時大王身嬰重病苦惱頓頼命在
忍辱太子往告諸臣父王困篤今當柰
臣聞已心生瞋恚報太子言王命不久
故欲求妙藥不可得故是以當知命去
太子聞已心生苦惱悶絕躃地時六大
入靜室共謀議言忍辱太子不除去者
終不得安隱也作是念已弟一大臣言
太子无事可除一臣復言我有方便能
除去之即往太子所報太子言臣向在外於
六十小國八百聚落中求覓藥草了不能得
太子聞言所求藥草為是何物大臣報言太
子當知求藥草者正是從生至終不瞋人眼
精及其人髓若得此藥得全王命若不得者
小久於諸國土无有此人太子聞已心
生憂惱即報大臣今我身者似是其人何以
故我從生已來未嘗有瞋大臣言太子若是
其人者此事亦難何以故天下所重莫若已
身太子言不如諸臣所言也但使父王病得
損者假使捨百千身亦不為難況我今日此
穢身也大臣報言如此之事隨太子意尒時
忍辱太子心生歡喜而作是念若使此藥能
除父王病者宜應速辦此事忍辱太子即入

BD04003號　大方便佛報恩經卷三　（20–4）

損者假使捨百千身亦不為難況我今日此
穢身也大臣報言如此之事隨太子意尒時
忍辱太子心生歡喜而作是念若使此藥能
除父王病者宜應速辦此事忍辱太子即入
宮中到其母所頭面礼足合掌白母而作是
言今者此身欲為父王作治病藥恐其身命
不得存立是故與母共別願母莫憂愁戀慕
其子其母聞是語已心生悶絕忘失四方躃
如人噎又不得咽不能勸進又不得吐不能勸
退即前抱其太子悶絕以水灑面良久乃蘇
命時太子白其母言父王身命須臾之間不
得久停宜時速辦命王服之尒時太子即呼
大臣諸小國王於大衆中即宣此言我身今
者與大衆別尒時大臣即呼旃陀羅斷骨出
髓剜其兩目尒時大臣即擣藥奉上大臣王王
即服之病得除差病既差已問諸大臣汝等
於何得此妙藥除我患苦得全身命大臣白
王今此藥者忍辱太子之所辦非諸臣力所
堪辦也王聞是語心驚毛竪擧聲問諸臣言
忍辱太子今在何所大臣荅言太子今者在
外身體傷損命不云遠王聞是語擧聲大
哭苦哉苦哉自投於地塵土坌身如我今
者實自无情云何乃能服此子藥往到子所
其命已終王及夫人及諸臣民无量大衆前後
圍遶其母懊惱投身死尸以我宿业有諸過
惡今令子身受是苦也令我身者何不碎末

BD04003號　大方便佛報恩經卷三　（20–5）

者實自无情云何乃能服此子藥往到子所
其命已終王及夫人及諸臣民无量大衆前後
圍遶其母懊惱投身死尸以我宿世有諸過
惡今令子身受是苦世今我身者何不碎末
如塵乃令我子喪失身命尒時父王及諸小
王即以牛頭栴檀香木積以積閣維太子所
有身骨復以七寶起塔供養尒時世尊告
弥勒菩薩善男子等大衆當知尒時波羅柰
大王者今現我父悦頭檀是尒時母者今現
我母摩耶是忍辱太子者今我身是菩薩於
无量阿僧祇劫孝養父母衣被飲食房舍卧
具乃至身肉骨髓其事如是以此因緣自致
成佛今此寶塔從地踊出者即是我爲其父
母捨此骨髓及其身命即於此處起塔供養
我今成佛即踊現其前尒時大衆中无量人
天諸龍鬼神聞是語已悲喜交集涕下滿目
異口同音讃歎如來百千功德尋時發於阿
耨多羅三藐三菩提心復有无量百千衆生
發聲聞辟支佛心復有无量人得須陀洹果
乃至阿羅漢道復有无量百千萬億菩薩摩
訶薩不久當得阿耨多羅三藐三菩提是故
當知如來今者真是孝養父母復次菩薩今
知母人之德以其本願如是生如來身以生如
來滿本願故不堪受其禮故因其將終尒時
大衆異口同音讃歎摩耶善哉摩耶得生如
來天人世間无與等者尒時閻婆摩羅即從

BD04003號　大方便佛報恩經卷三　（20–6）

知母人之德以其本願如是生如來身以生如
來滿本願故不堪受其禮故因其將終尒時
大衆異口同音讃歎摩耶善哉摩耶得生如
來天人世間无與等者尒時閻婆摩羅即從
坐起偏袒右肩胡跪合掌而白佛言世尊摩
耶夫人脩何功德以何因緣得生如來佛言
善聽善當爲汝分別解説佛言乃往過去久
遠不可計劫有佛出世号毗婆尸如來應供正
遍知明行足善逝世間解无上士調御丈夫
天人師佛世尊出現於世乃至正法象法
滅已尒時有國号波羅柰去城不遠有山名
曰聖所遊居以有百千辟支佛住此山中故
无量五通神仙亦住其中以多仙聖正住在
中故号聖遊居山其山有一仙人住在南岳
復有一仙住在北岳二山中間有一泉水其
泉水邊有一平石尒時南岳仙人在此石上
浣衣浣足已便還所止去後未久有一雌鹿
來飲泉水次第到浣衣處即飲是石上浣垢
衣汁飲此垢衣垢汁已迴頭反顧自舐小便處
尒時雌鹿尋便懷任月滿產生鹿產生法要
還向本所得胎處即還水邊住本石上悲鳴宛
轉產生一女尒時仙人聞此鹿悲鳴大喚尒
時南窟仙人忽聞是鹿大悲鳴聲心生憐愍即
出往看見此雌鹿產生一女尒時鹿母宛轉
舐之見此仙人往便捨而去尒時仙人見此女
見形體端正人相具足見是事已心生憐愍

BD04003號　大方便佛報恩經卷三　（20–7）

時南窟仙人忽聞是鹿大悲鳴聲心生憐愍即
出往看見此雌鹿產生一女尒時鹿母宛轉
舐之見此仙人徑便捨而去尒時仙人見此女
兒形體端正人相具足見是事已心生憐愍
即以草衣裹拭將還採衆妙菓隨時將養
漸漸長大至年十四其父愛念常使宿火令
不斷絶忽於一日心不謹慎便使火滅其父
苦責數已語其女言我長身已來未曾使此
火滅汝今日去何令滅北窟有火汝可往取尒
時鹿女即隨父教往詣北窟步步舉足皆生
蓮華隨其蹤跡行伍次第如似街陌往至北
窟從彼仙人乞求少火尒時仙人見此女人
福德如是足下生於蓮華報言欲得火者汝
當右遶我窟滿足七帀行伍次第了了分明
隨其舉足皆生蓮華遶七帀已語其女言欲
得火者復當在此右邊還歸去者當與汝火
尒時鹿女爲得火故隨教而去其女去後未久
之閒波羅柰王將諸大臣百千萬衆前後圍
遶千乘萬騎入山遊獵馳逐群鹿波羅柰王
獨乘名象往到北窟仙人所見其蓮華遶窟
行列尒時大王心生歡喜歎言善哉善哉大
德神仙大仙尊師福德巍巍其事如是尒
時仙人即白王言大王當知此蓮華者非我
所能王言非大師者是誰所爲報言大王是
南窟仙人生育一女姿容端正人相具足世
閒難有其女行時隨其足下皆生蓮華王

BD04003號　大方便佛報恩經卷三　（20–8）

德神仙大仙尊師福德巍巍其事如是尒
時仙人即白王言大王當知此蓮華者非我
所能王言非大師者是誰所爲報言大王是
南窟仙人生育一女姿容端正人相具足世
閒難有其女行時隨其足下皆生蓮華王
聞是語心生歡喜即往南窟見彼仙人頭面
礼足尒時仙人即出問訊大王遠涉塗路得
无疲極尒時大王報仙人言聞君有女欲求
婚姻尒時仙人報大王言貧身有此一女稚
小无知未有所識少小已來住此深山未閑
人事服草食菓王今云何乃欲顧錄又此女
者畜生所生即以上事向王具說王言雖尒
无苦聞其父言鹿女者今在何許報言大王
在此草窟尒時大王即入窟中見其鹿女心
生歡喜即以沐浴香湯名衣上服百寶瓔珞
莊嚴其身乘大名象百千導從作倡伎樂還
歸本國尒時鹿女從生已來未曾見如此大
衆心驚怖懼尒時其父上高山頂遙看其女
目不暫捨而作是念我今還觀我女遠去不
見當還本處悲號懊惱流淚滿目我生育此
女未有所知與我遠別復作是念我今住此
不應餘轉何以故若我女反顧後望不見我
者令子憂苦佇立良久女去不現竟不還顧
尒時其父心生恚恨而作是言畜生所生故
不妄也我少長養今得成人爲王所念而反
孤棄即入窟中誦持呪術而呪其女王若還

BD04003號　大方便佛報恩經卷三　（20–9）

眷命子憂悲停立良久女去不現竟不還顧
尒時其父心生恚恨而作是言畜生所生故
不妄也我少長養今得成人為王所念而反
捐棄即入窟中誦持呪術而呪其女王若遇
汝薄者睒然不諭若王以禮待接汝者當令
退沒不果所願
尒時波羅柰王到宮殿已拜為第一名曰鹿
母夫人諸小國王百官群臣皆來朝賀王見
此已心生歡喜未久數日便覺有身王自供
養夫人牀卧飲食皆令細㜸至滿十月望其
生男紹係國位月滿產生生一蓮華仙人呪
力令王瞋恚而作是言畜生所生故不妄也
王即退其夫人職其蓮華者使人遺棄其後
數日波羅柰王将諸群臣入後園中遊戲觀
看作倡伎樂鬪其象馬并諸力士中有第一
大力士即傍頳蹷以足蹴地地皆震動蓮華
池其華池邊有大磻砌於磻砌下有一蓮華
併隨水中其華紅赤有妙光明王見此華心
生歡喜問群臣言如此華者未曾有也即
使使者入池取之其華具足有五百葉於一
葉下有一童男面首端正形狀妙好尒時使
者即前白王此蓮華者未曾有也大王當知
其蓮花者具五百葉於一葉下有一天童男
王聞此語心驚毛竪慨歎所以問使者言審
實尒耶此非是我鹿母夫人所生華也即問
青衣鹿母夫人所生蓮華者遺棄何處荅言

BD04003 號　大方便佛報恩經卷三　（20–10）

其蓮花者具五百葉於一葉下有一天童男
王聞此語心驚毛竪慨歎所以問使者言審
實尒耶此非是我鹿母夫人所生華也即問
青衣鹿母夫人所生蓮華者遺棄何處荅言
大王埋此池邊大磻砌下王審實其事知是鹿
母夫人所生王自入宮向鹿母夫人自責悔過
而作是言我實愚癡无智不識賢良横相惡
賤違逆夫人懺謝說已還復本位王大歡喜
召諸群臣諸小國王諸婆羅門相師一切集
會抱五百太子使諸相師占相吉凶卦曰道
德所歸國蒙其福若在家者四海娛樂鬼神
保之若出家者必斷生死超度欲流越生死
海獲得三明六通具四道果王聞是語遂增
歡喜即遍宣令國土選取五百乳母尒時鹿
母夫人白大王言王莫橈櫌國土召諸乳母
王宮中自有五百夫人諸夫人者妬我生男
王今可以一太子與一夫人令其乳哺非其子
耶王敕夫人五百夫人常懷嫉妬惱害鹿母
鹿母今者歡令我鞭打杖策擯出驅遣奪其
命者不違夫人夫人今者云何於怨嫌中放捨
此事甚難及世又復能開天地之恩以其太
子與諸夫人尒時五百夫人心生歡喜鹿母
夫人施我安隱快樂云何復能以太子與我
歡喜无量尒時无量百千大眾聞是事已
心生歡喜皆發道心尒時大王敕夫人言未
曾有也吾不及汝夫人言貪恚所生皆由嫉

BD04003 號　大方便佛報恩經卷三　（20–11）

歡喜无量介時无量百千大衆聞是事已
心生歡喜皆發道心介時大王報夫人言未
曾有也吾不及汝夫人言貪恚所生皆由嫉
妬誹惡以忍誹然以順我從生已來未曾與
物共爭諸夫人者自生惱害譬如有人夜行
見杌便起賊想或起惡鬼之想尋時驚怖四
散馳走或投高巖或赴水火荊棘叢林傷壞
形體因妄想故禍害如是一切衆生亦復如
是自生自死如蠶處繭如蛾赴燈无點慧者
一切衆惡從妄想起諸夫人者亦復如是我
今不應與彼群愚起諸諍訟五百夫人即前
礼鹿母夫人自謝悔過奉事鹿母如母敬賢聖
如母姊妹所養太子如所生不異時五百太子
年漸長大一一太子力敵一千隣國反叛不
賓屬者自往伐之不起四兵國土安隱天
神歡喜風雨以時人民豐壤熾盛時五百太
子乘大名象林野觀看遊戲自恣快樂難量
父母愛念如護眼目
介時五百太子年漸長大於後一時集一處坐
蓮華池邊見其形容水底影現時諸太子共
相謂言一切諸法如幻如化如夢所見如水
中形體无真實我等今者亦復如是雖復豪
貴處在深宮五欲自恣壯年美色不可久保
物成有敗人生有死少壯不久會當有老飲
食不節會當有病百年壽命會當有死諸

中形體无真實我等今者亦復如是雖復豪
貴處在深宮五欲自恣壯年美色不可久保
物成有敗人生有死少壯不久會當有老飲
食不節會當有病百年壽命會當有死諸
太子即愁憂不樂不能飲食即還宮殿白父
母言世界皆苦无可樂者父母今者聽我等
出家王報太子生老病死一切共有汝何以
獨愁白父王言不能復以死受生勞我精神
周遍五道王不忍拒即便聽許母報子言汝
出家者莫捨我遠去可於後園其中清淨林
木茂盛四事供養不令之少時諸太子即便
出家受其母請住後園中一一太子皆得辟
支佛道如是次第四百九十九太子皆得道
果往詣宮中至父母前報言父母出家利益
今已獲得時諸比丘身昇虛空東踊西沒西
踊東沒南踊北沒北踊南沒或作大身滿虛
空中復以一身作无量身或身上出水身下
出火為其父母作種種神變已即自燒身取
般涅洹時鹿母夫人收取身骨於後園中即
起四百九十九塔供養𡨥小太子過九十日已
亦得辟支佛道亦為父母現大神變現神變
已即取涅洹介時其母收取身骨起塔供養
介時鹿母夫人燒衆名香作妙伎樂日日入
後園中供養是五百辟支佛塔於其塔前愁
憂不樂而作是言我雖生是五百太子雖復
出家而无一人能發菩提心即立誓願我供

爾時鹿母夫人燒衆名香作妙伎樂日日入
後園中供養是五百辟支佛塔於其塔前悲
憂不樂而作是言我雖生是五百太子雖復
出家而无一人能發菩提心即立誓願我供
養是五百辟支佛并起五百塔供養舍利
功德悉以迴向普及一切衆生令我來世不
用多生諸子而不能發菩提之心但生一子
能發道心現世出家得一切智佛告阿難爾
時鹿母夫人者今摩耶夫人是摩耶夫人供
養五百辟支佛及脩无量善業是故今者生
如來身佛說此法時有无量百千人天得初
道果乃至四果有无量衆生發阿耨多羅三
藐三菩提心
爾時阿難白佛言世尊摩耶夫人過去世時
造何業行生畜生中爲鹿女也佛告阿難善
聽吾當爲汝分別解說摩耶夫人宿世行業
因緣乃往過去无量阿僧祇劫爾時有佛出
世號毗婆尸如來應供正遍知明行足善逝世
間解无上士調御丈夫天人師佛世尊在
世教化滅度之後於像法中爾時有國號波
羅奈其國有一婆羅門唯生一女其父命終
婆羅門婦養育此女年轉長大其家唯有一
菓園其母以女守園自往求食既自食已復
爲其女而送食分日日如是其母一日而便
稽遲過時不與其女飽違飢渴所逼而便恚

BD04003號　大方便佛報恩經卷三　（20–14）

羅奈其國有一婆羅門唯生一女其父命終
婆羅門婦養育此女年轉長大其家唯有一
菓園其母以女守園自往求食既自食已復
爲其女而送食分日日如是其母一日而便
稽遲過時不與其女飽違飢渴所逼而便恚
心言我母今日何因緣故不與我食不來見看
乃至煩冤再三尋復恚言我母今者不如
畜生我見畜獸野鹿子飢渴時心不捨離如
是未久母將食至正欲飲食有一辟支佛沙門
從南方來飛空北過爾時其女見此比丘心
生歡喜即起合掌頭面作禮即便請之爲敷
淨坐取好妙華減其食分奉施比丘比丘食
已爲說妙法示教利喜爾時其女即發願言
願我來世遭遇賢聖禮事供養使我面目端
正尊榮豪貴若雖行時蓮華承足
佛告阿難爾時女者鹿母夫人是以其一食
淨華覆上施辟支佛五百世中尊榮豪貴衣
食自然蓮華承足願力因緣今得值五百辟
支佛禮事供養爾時以一惡言不知其恩毀
罵其母喻如畜生以是惡口因緣五百身中
生鹿腹中佛告阿難人生世間禍從口生當
護於口甚於猛火猛火熾然能燒一世惡口
熾然燒无數世猛火熾然燒世間財惡口熾
然燒聖七財是故阿難一切衆生禍從口出
夫口舌者斬身之斧滅身之禍佛說此經時

BD04003號　大方便佛報恩經卷三　（20–15）

讇於口甚於猛火猛火熾然能燒一世惡口
熾然燒無數世猛火熾然燒世間財惡口熾
然燒聖七財是故阿難一切衆生禍從口出
天口者斬身之斧滅身之禍佛說此經時
有千優婆塞優婆夷慎讇口過即得初果復
有無量比丘比丘尼得初道果乃至四果無
量人天皆發阿耨多羅三藐三菩提心乃至
發佛心一切大衆聞佛說法歡喜奉行作
而去
爾時世尊與阿難入王舍城乞食已還出城
門外有大深坑時王舍城人擔持大小
棄是坑中天雨惡水亦入其中尒時此
中有一虫其虫形似人衆多手足遥見
舉頭出水視於如來流淚滿目如來見
心而哀傷愁然不悅即還耆闍崛山尒時
敷尼師檀如來坐上結跏趺坐尒時阿
察衆心問如來言世尊向所見洗厠中
先世造何業行生此水中爲幾時也復
時當得解脫佛告阿難及諸大衆汝等
當爲汝說阿難乃往過去無量千劫尒
時有佛出興於世教化已周遷神涅槃滅度
之後於像法中有一婆羅門造立僧坊供養
衆僧時有檀越多送蘇油時有客比丘來尒
維那心生瞋恚嫌客僧來多隱蓋蘇
油停待不與客衆僧言何不付蘇油蜜維
那答言汝客我舊客比丘言此是檀越施現

BD04003號　大方便佛報恩經卷三　（20–16）

之後於像法中有一婆羅門造立僧坊供養
衆僧時有檀越多送蘇油時有客比丘來尒
維那心生瞋恚嫌客僧來多隱蓋蘇
油停待不與客衆僧言何不付蘇油蜜維
那答言汝客我舊客比丘言此是檀越施現
前僧尒時維那出惡可畏即便罵言汝何不
噉屎尿世云何從我乃索蘇油以此惡言從
是已來九十億劫常生於是洗水之中尒時
維那者今此洗水中虫是由過去世發一惡
言訶罵衆僧無量千世值此厠中佛告諸弟
子當讇於口口之過患甚於猛火父母衆僧
宜應讚歎更諸常念其恩衆僧者出三界之
福田父母者三界內冣勝福田何以故衆僧
之中有四雙八輩十二賢士依之得福進可成
道父母者十月懷抱推乾就濕乳餔長大教
誨伎藝隨時將養及其出家脩得解脫度
生死海自利兼利一切衆生佛告阿難父母衆
僧是一切衆生種二福田所謂人天涅槃解脫
妙果因之得成佛說此經時無量百千衆生
人及非人或得初果乃至四果或發阿耨多
羅三藐三菩提心或發聲聞辟支佛心各各
合掌礼佛右遶歡喜而去
復次波羅柰國有一輔相婆羅門其家大富
多饒財寶金銀瑠璃珊瑚虎珀象馬牛羊田
業僮僕在所充足年過八十生一男兒妙色
端正人相具足父母歡喜召諸相師占相吉

BD04003號　大方便佛報恩經卷三　（20–17）

復次波羅㮈國有一輔相婆羅門其家大富
多饒財寶金銀瑠璃珊瑚虎珀馬牛羊田
業僮僕在所充足年過八十生一男兒妙色
端正人相具足父母歡喜召諸相師占相吉
凶為其立字号曰均提年始七歲父母愛念
放令出家往詣剎提利國提羅山至如來所尒
時如來四衆圍遶為諸天龍鬼神大衆廣說世
論及出世間之法時婆羅門白佛言世尊垂
老之年生育此兒世尊大慈普覆一切今以此
兒為佛弟子佛言善來比丘鬚髮自落袈裟著
身佛為說法亦教利喜即得道果三明六通具八
解脫尒時阿難觀察衆心咸皆有疑即從坐起整
理衣服偏袒右肩叉手合掌白佛言世尊均提沙
弥過去世時作何功德脩何行業值遇世尊獲得
道果何以速疾佛告阿難均提沙弥非適今世過
去世時供養父母衆僧脩妙功德遇善知識今得
道果阿難白佛言願佛說之佛告阿難善聽乃
往過去无量千歲有佛出世号毗婆尸在世教
化利益天人化緣已周遷神涅槃滅度之後於
正法中有一年少比丘通達三藏所謂阿毗曇
藏毗尼藏脩多羅藏面首端正人相具足辯
才說法有妙音聲多人所識剎利婆羅門
之所供養時有一比丘形體麁醜人相不具
加復音聲鈍重常好讚歎三寶尒時三藏年
少比丘見其聲惡即便毀罵而作是言如是
音聲不如狗吠時老比丘言汝何以見毀罵

BD04003 號　大方便佛報恩經卷三　（20–18）

才說法有妙音聲多人所識剎利婆羅門
之所供養時有一比丘形體麁醜人相不具
加復音聲鈍重常好讚歎三寶尒時三藏年
少比丘見其聲惡即便毀罵而作是言如是
音聲不如狗吠時老比丘言汝何以見毀罵
也汝不識我耶三藏年少言我識汝汝是毗
婆尸佛正法中摩訶羅老比丘何以不識摩
訶羅言我所作已辦梵行已立不受後有三
藏比丘聞是語已心驚毛竪尒時摩訶羅即
舉右手放大光明普照十方尒時三藏即前
頭面接足作礼求哀懺悔而我愚癡不識賢
聖作是惡業令我來世得近善友值遇聖師滿
盡結解亦如大德佛告阿難尒時三藏比丘以
一惡言訶罵上坐五百身中常作狗身一切大
衆聞佛說法皆驚戰悚俱發聲言怯哉苦
哉世間毒禍莫先於口尒時无量百千人皆
立誓願而說偈言
假使熱鐵輪　在我頂上旋　終不為此苦　而發於惡言
假使熱鐵輪　在我頂上旋　終不為此苦　毀聖及善人
佛告阿難舍利弗者於諸衆生為善知識晝夜
六時常以道眼觀五道衆生所應度者尋往度
之
尒時摩竭提二國中間有五百賈客趣過險
路時估客主將一白狗尒時伴主初夜煑肉
作食於後夜時狗偷食之明日伴主欲早飲
食求之不得飢渴所逼瞋恚內發手自持刀

BD04003 號　大方便佛報恩經卷三　（20–19）

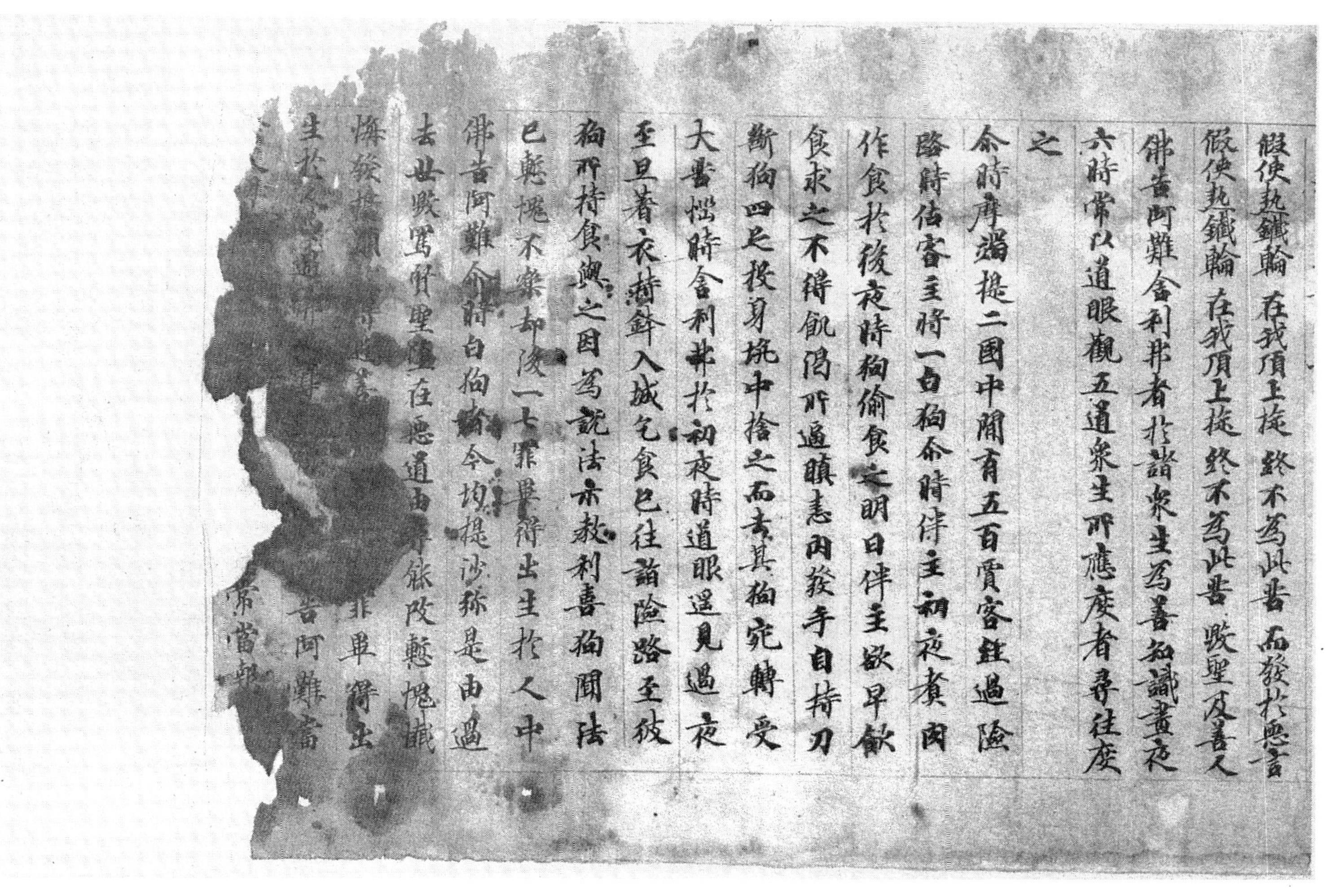

BD04003 號　大方便佛報恩經卷三　（20–20）

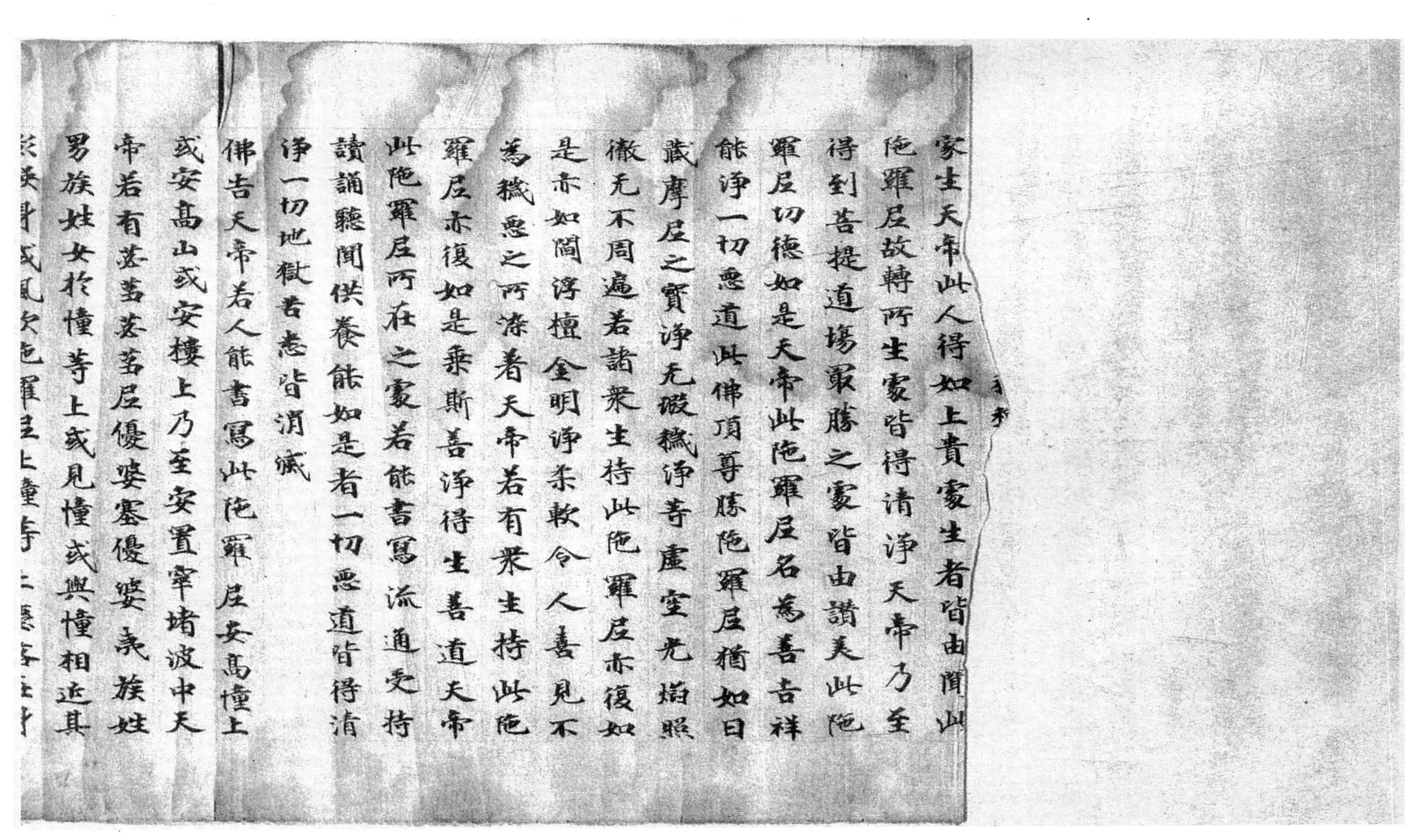

BD04004 號　佛頂尊勝陀羅尼經（佛陀波利本）　（5–1）

佛告天帝若人能書寫此陁羅尼安高幢上
或安高山或安樓上乃至安置窣堵波中天
帝若有苾芻苾芻尼優婆塞優婆夷族姓
男族姓女於幢等上或見幢或與幢相近其
影映身或風吹陁羅尼上幢等上塵落在身
上天帝彼諸眾生所有罪業應墮惡道地
獄畜生閻羅王界餓鬼阿脩羅身惡道之
苦皆悉不受亦不為罪垢之所染汙天帝
此等眾生為一切諸佛之所授記皆得不退
轉於阿耨多羅三藐三菩提
天帝何况更以多諸供具華鬘塗香末香幢
播蓋等衣服瓔珞作諸莊嚴於四衢道造
窣堵波安置陁羅尼合掌恭敬旋繞行道歸
依礼拜天帝彼人能如是供養者名摩訶
薩埵真是佛子持法棟梁又是如來全身
舍利窣堵波塔
尒時閻摩羅法王於時夜分來詣佛所到
已以種種天衣妙華塗香莊嚴供養佛已
繞佛七迊頂礼佛足而作是言我聞如來演
說讀持大力陁羅尼故來脩學若有受持讀
誦此陁羅尼者我常隨逐守護不令持者墮
於地獄以彼隨順如來言教而護念之
尒時護世四天大王繞佛三迊白佛言世尊唯
願如來為我廣說持陁羅尼法
尒時佛告四天王汝今諦聽我當為汝宣說

BD04004 號　佛頂尊勝陀羅尼經（佛陀波利本）　（5–2）

於地獄以彼隨順如來言教而護念之
尒時護世四天大王繞佛三迊白佛言世尊唯
願如來為我廣說持陁羅尼法
尒時佛告四天王汝今諦聽我當為汝宣說
受持此陁羅尼方法亦為短命諸眾生說當
先洗浴著新淨衣白月圓滿十五日時持齋
誦此陁羅尼滿其千遍令短命眾生還得增
壽永離病苦一切業障悉皆消滅一切地
獄諸苦亦得解脫諸飛鳥畜生含靈之類
聞此陁羅尼一經於耳盡此一身更不復
受
佛言若遇大惡病聞此陁羅尼即得永離
一切諸病亦得消滅應墮諸惡道亦得除斷
即得往生寂靜世界從此身已後更不受胞
胎之身所生之處蓮華化生一切生處憶持
不忘常識宿命
佛言若人先造一切極重罪業遂即命終
乘斯惡業應墮地獄或墮畜生閻羅王界
或墮餓鬼乃至墮大阿鼻地獄或生水中或生
禽獸異類之身取其亡者隨身分骨以土一
把誦此陁羅尼二十一遍散亡者骨上即得生
天佛言若人能日日誦此陁羅尼二十一遍應
消一切世間廣大供養捨身往生極樂世界
若常誦念得大涅槃復增壽命受勝快樂
捨此身已後即得往生種種微妙諸佛刹土

BD04004 號　佛頂尊勝陀羅尼經（佛陀波利本）　（5–3）

把誦此陁羅尼二十一遍散亡者骨上即得生
天佛言若人能日日誦此陁羅尼二十一遍應
消一切世間廣大供養捨身往生極樂世界
若常誦念得大涅槃復增壽命受勝快樂
捨此身已後即得往生種種微妙諸佛剎土
常與諸佛俱會一處一切如來恒為演說微
妙之義一切世尊即授其記身光照曜一
切佛剎佛言若誦此陁羅尼法於其佛前
先取淨土作壇隨其大小方四角作以種種草
華散於壇上燒衆名香右膝著地胡跪心常
念佛作慕陁羅尼印屈其頭指以大母指押
合掌當其心上誦此陁羅尼一百八遍訖於
其壇中如雲王雨華能遍供養八十八俱胝
殑伽沙那庾多百千諸佛彼佛世尊咸共
讚言善哉善哉希有真是佛子即得无障
礙智三昧得大菩提心莊嚴三昧持此陁羅
尼法應如是
佛言天帝我以此方便一切衆生應墮地獄
道令得解脫一切惡道亦得清淨復令持者
增益壽命天帝汝去將我陁羅尼授與善住
天子滿其七日汝與善住俱來見我
尒時天帝於世尊所受此陁羅尼法奉持
還於本天授與善住天子尒時善住天子
受此陁羅尼已滿六日六夜依法受持一切
願滿應受一切惡道等苦即得解脫住菩提

BD04004號　佛頂尊勝陀羅尼經（佛陀波利本）　（5–4）

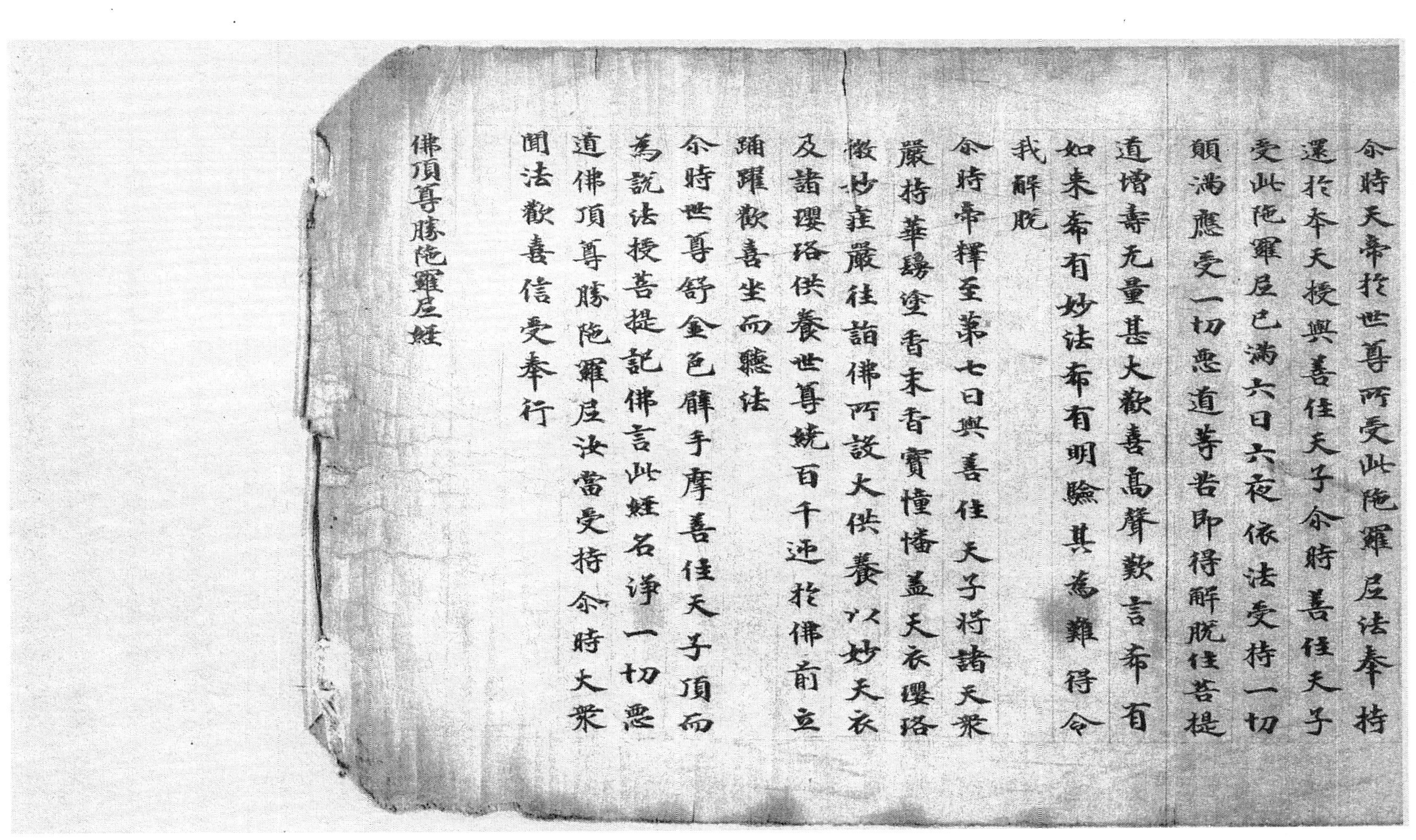

尒時天帝於世尊所受此陁羅尼法奉持
還於本天授與善住天子尒時善住天子
受此陁羅尼已滿六日六夜依法受持一切
願滿應受一切惡道等苦即得解脫住菩提
道增壽无量甚大歡喜高聲歎言希有
如來希有妙法希有明驗其為難得令
我解脫
尒時帝釋至第七日與善住天子將諸天衆
嚴持華鬘塗香末香寶幢幡蓋天衣瓔珞
微妙莊嚴往詣佛所設大供養以妙天衣
及諸瓔珞供養世尊遶百千匝於佛前立
踊躍歡喜坐而聽法
尒時世尊舒金色臂手摩善住天子頂而
為說法授菩提記佛言此經名淨一切惡
道佛頂尊勝陁羅尼汝當受持尒時大衆
聞法歡喜信受奉行
佛頂尊勝陁羅尼經

BD04004號　佛頂尊勝陀羅尼經（佛陀波利本）　（5–5）

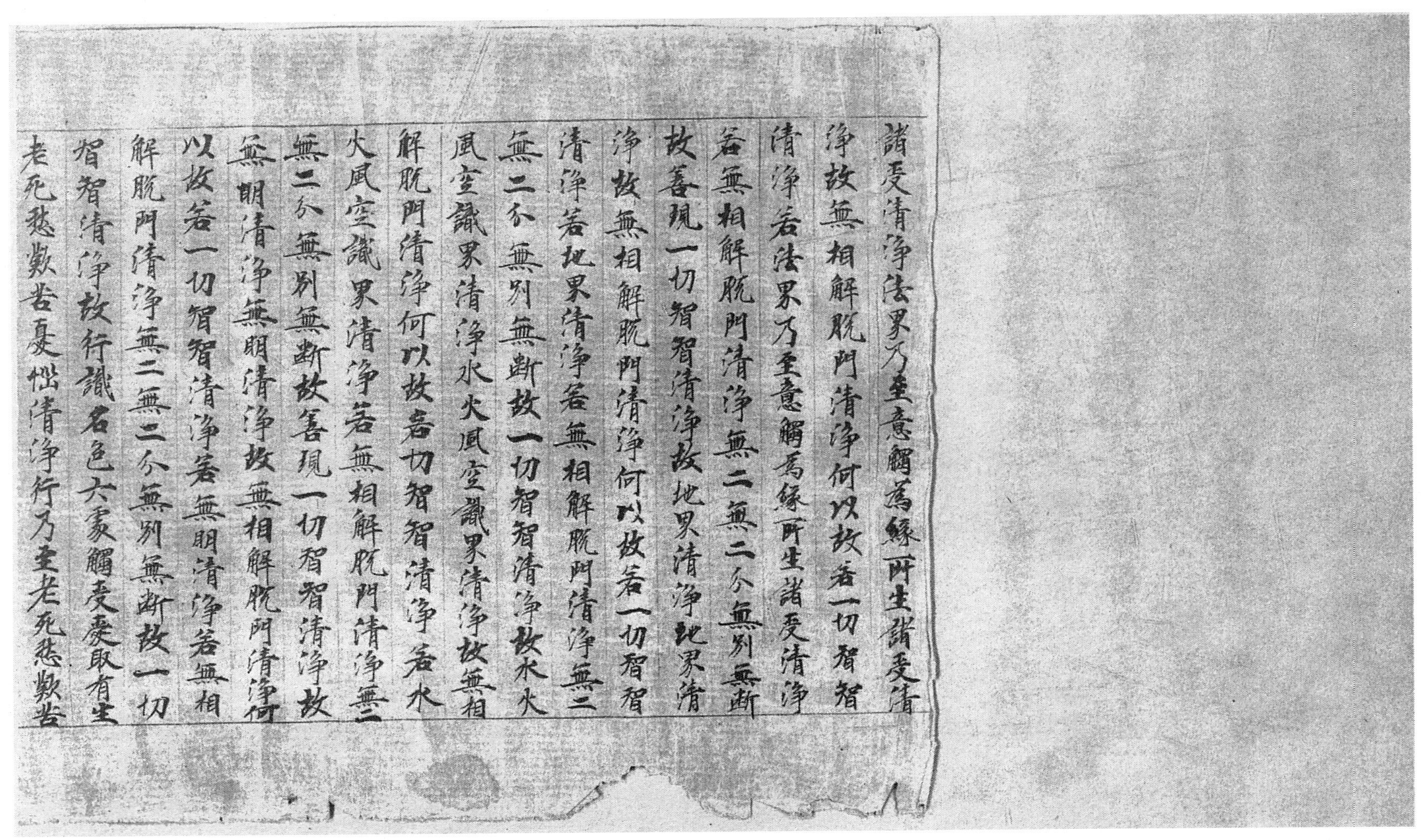
諸受清淨法界乃至意觸為緣所生諸受清
淨故無相解脫門清淨何以故若一切智智
清淨若法界乃至意觸為緣所生諸受清淨
若無相解脫門清淨無二無二分無別無斷
故善現一切智智清淨故地界清淨地界清
淨故無相解脫門清淨何以故若一切智智
清淨若地界清淨若無相解脫門清淨無二
無二分無別無斷故一切智智清淨故水火
風空識界清淨水火風空識界清淨故無相
解脫門清淨何以故若一切智智清淨若水
火風空識界清淨若無相解脫門清淨無二
無二分無別無斷故善現一切智智清淨故
無明清淨無明清淨故無相解脫門清淨何
以故若一切智智清淨若無明清淨若無相
解脫門清淨無二無二分無別無斷故一切
智智清淨故行識名色六處觸受愛取有生
老死愁歎苦憂惱清淨行乃至老死愁歎苦

BD04005號　大般若波羅蜜多經卷二七二　（12–1）

無二分無別無斷故善現一切智智清淨故
無明清淨無明清淨故無相解脫門清淨何
以故若一切智智清淨若無明清淨若無相
解脫門清淨無二無二分無別無斷故一切
智智清淨故行識名色六處觸受愛取有生
老死愁歎苦憂惱清淨行乃至老死愁歎苦
憂惱清淨故無相解脫門清淨何以故若一
切智智清淨若行乃至老死愁歎苦憂惱清
淨若無相解脫門清淨無二無二分無別無
斷故
善現一切智智清淨故布施波羅蜜多清淨
布施波羅蜜多清淨故無相解脫門清淨何
以故若一切智智清淨若布施波羅蜜多清
淨若無相解脫門清淨無二無二分無別無
斷故一切智智清淨故淨戒安忍精進靜慮
般若波羅蜜多清淨淨戒乃至般若波羅蜜
多清淨故無相解脫門清淨何以故若一切
智智清淨若淨戒乃至般若波羅蜜多清淨
若無相解脫門清淨無二無二分無別無斷
故善現一切智智清淨故內空清淨內空清
淨故無相解脫門清淨何以故若一切智智
清淨若內空清淨若無相解脫門清淨無二
無二分無別無斷故一切智智清淨故外空
內外空空空大空勝義空有為空無為空畢
竟空無際空散空無變異空本性空自相空
共相空一切法空不可得空無性空自性空

BD04005號　大般若波羅蜜多經卷二七二　（12–2）

清淨若內空清淨若無相解脫門清淨無二
無二分無別無斷故一切智智清淨故外空
內外空空空大空勝義空有爲空無爲空畢
竟空無際空散空無變異空本性空自相空
共相空一切法空不可得空無性空自性空
無性自性空清淨外空乃至無性自性空清
淨故無相解脫門清淨何以故若一切智智
清淨若外空乃至無性自性空清淨若無相
解脫門清淨無二無二分無別無斷故善現
一切智智清淨故真如清淨真如清淨故無相
解脫門清淨何以故若一切智智清淨若
真如清淨若無相解脫門清淨無二無二分
無別無斷故一切智智清淨故法界法性不
虛妄性不變異性平等性離生性法定法住
實際虛空界不思議界清淨法界乃至不思
議界清淨故無相解脫門清淨何以故若一
切智智清淨若法界乃至不思議界清淨若
無相解脫門清淨無二無二分無別無斷故
善現一切智智清淨故苦聖諦清淨苦聖諦
清淨故無相解脫門清淨何以故若一切智
智清淨若苦聖諦清淨若無相解脫門清淨
無二無二分無別無斷故一切智智清淨故
集滅道聖諦清淨集滅道聖諦清淨故無相
解脫門清淨何以故若一切智智清淨若集
滅道聖諦清淨若無相解脫門清淨無二無

BD04005號　大般若波羅蜜多經卷二七二　（12–3）

無二無二分無別無斷故一切智智清淨故
集滅道聖諦清淨集滅道聖諦清淨故無相
解脫門清淨何以故若一切智智清淨若集
滅道聖諦清淨若無相解脫門清淨無二無
二分無別無斷故善現一切智智清淨故四
靜慮清淨四靜慮清淨故無相解脫門清淨
何以故若一切智智清淨若四靜慮清淨若
無相解脫門清淨無二無二分無別無斷故
一切智智清淨故四無量四無色定清淨四
無量四無色定清淨故無相解脫門清淨何
以故若一切智智清淨若四無量四無色定
清淨若無相解脫門清淨無二無二分無別
無斷故善現一切智智清淨故八解脫清淨
八解脫清淨故無相解脫門清淨何以故若
一切智智清淨若八解脫清淨若無相解脫
門清淨無二無二分無別無斷故一切智智
清淨故八勝處九次第定十遍處清淨八勝
處九次第定十遍處清淨故無相解脫門清
淨何以故若一切智智清淨若八勝處九次
第定十遍處清淨若無相解脫門清淨無二
無二分無別無斷故善現一切智智清淨故
四念住清淨四念住清淨故無相解脫門清
淨何以故若一切智智清淨若四念住清淨
若無相解脫門清淨無二無二分無別無斷
故一切智智清淨故四正斷四神足五根五
力七等覺支八聖道支清淨四正斷乃至八

BD04005號　大般若波羅蜜多經卷二七二　（12–4）

四念住清淨四念住清淨故無相解脫門清
淨何以故若一切智智清淨若四念住清淨
若無相解脫門清淨無二無二分無別無斷
故一切智智清淨故四正斷四神足五根五
力七等覺支八聖道支清淨四正斷乃至八
聖道支清淨故無相解脫門清淨何以故若
一切智智清淨若四正斷乃至八聖道支清
淨若無相解脫門清淨無二無二分無別無
斷故善現一切智智清淨故空解脫門清淨
空解脫門清淨故無相解脫門清淨何以故
若一切智智清淨若空解脫門清淨若無相
解脫門清淨無二無二分無別無斷故一切
智智清淨故無願解脫門清淨無願解脫門
清淨故無相解脫門清淨何以故若一切智
智清淨若無願解脫門清淨若無相解脫
門清淨無二無二分無別無斷故善現一切智
智清淨故菩薩十地清淨菩薩十地清淨故
無相解脫門清淨何以故若一切智智清淨
若菩薩十地清淨若無相解脫門清淨無二
無二分無別無斷故
善現一切智智清淨故五眼清淨五眼清淨
故無相解脫門清淨何以故若一切智智清
淨若五眼清淨若無相解脫門清淨無二無
二分無別無斷故一切智智清淨故六神通
清淨六神通清淨故無相解脫門清淨何以

BD04005號　大般若波羅蜜多經卷二七二　（12–5）

善現一切智智清淨故五眼清淨五眼清淨
故無相解脫門清淨何以故若一切智智清
淨若五眼清淨若無相解脫門清淨無二無
二分無別無斷故一切智智清淨故六神通
清淨六神通清淨故無相解脫門清淨何以
故若一切智智清淨若六神通清淨若無相
解脫門清淨無二無二分無別無斷故善現
一切智智清淨故佛十力清淨佛十力清淨
故無相解脫門清淨何以故若一切智智清
淨若佛十力清淨若無相解脫門清淨無二
無二分無別無斷故一切智智清淨故四無
所畏四無礙解大慈大悲大喜大捨十八佛
不共法清淨四無所畏乃至十八佛不共法
清淨故無相解脫門清淨何以故若一切智
智清淨若四無所畏乃至十八佛不共法清
淨若無相解脫門清淨無二無二分無別無
斷故善現一切智智清淨故無忘失法清淨
無忘失法清淨故無相解脫門清淨何以故
若一切智智清淨若無忘失法清淨若無相
解脫門清淨無二無二分無別無斷故一切
智智清淨故恒住捨性清淨恒住捨性清淨
故無相解脫門清淨何以故若一切智智清淨
若恒住捨性清淨若無相解脫門清淨無
二無二分無別無斷故善現一切智智清淨
故一切智智清淨一切智清淨故無相解脫門

BD04005號　大般若波羅蜜多經卷二七二　（12–6）

解脫門清淨無二無二分無別無斷故一切
智智清淨故恒住捨性清淨恒住捨性清淨
故無相解脫門清淨何以故若一切智智清淨
若恒住捨性清淨若無相解脫門清淨無
二無二分無別無斷故善現一切智智清淨
故一切智清淨一切智清淨故無相解脫門
清淨何以故若一切智智清淨若一切智清
淨若無相解脫門清淨無二無二分無別無
斷故一切智智清淨故道相智一切相智清
淨道相智一切相智清淨故無相解脫門清
淨何以故若一切智智清淨若道相智一切
相智清淨若無相解脫門清淨無二無二分
無別無斷故善現一切智智清淨故一切陀
羅尼門清淨一切陀羅尼門清淨故無相解
脫門清淨何以故若一切智智清淨若一切
陀羅尼門清淨若無相解脫門清淨無二無
二分無別無斷故一切智智清淨故一切三
摩地門清淨一切三摩地門清淨故無相解
脫門清淨何以故若一切智智清淨若一切
三摩地門清淨若無相解脫門清淨無二無
二分無別無斷故
善現一切智智清淨故預流果清淨預流果
清淨故無相解脫門清淨何以故若一切智
智清淨若預流果清淨若無相解脫門清淨
無二無二分無別無斷故一切智智清淨故
一來不還阿羅漢果清淨一來不還阿羅漢

BD04005號　大般若波羅蜜多經卷二七二　（12–7）

清淨故無相解脫門清淨何以故若一切智
智清淨若預流果清淨若無相解脫門清淨
無二無二分無別無斷故一切智智清淨故
一來不還阿羅漢果清淨一來不還阿羅漢
果清淨故無相解脫門清淨何以故若一切
智智清淨若一來不還阿羅漢果清淨若無
相解脫門清淨無二無二分無別無斷故善
現一切智智清淨故獨覺菩提清淨獨覺
菩提清淨故無相解脫門清淨何以故若一切
智智清淨若獨覺菩提清淨若無相解脫門
清淨無二無二分無別無斷故善現一切智
智清淨故一切菩薩摩訶薩行清淨一切菩
薩摩訶薩行清淨故無相解脫門清淨何以
故若一切智智清淨若一切菩薩摩訶薩行
清淨若無相解脫門清淨無二無二分無別
無斷故善現一切智智清淨故諸佛無上正
等菩提清淨諸佛無上正等菩提清淨故無
相解脫門清淨何以故若一切智智清淨若
諸佛無上正等菩提清淨若無相解脫門清
淨無二無二分無別無斷故
復次善現一切智智清淨故色清淨色清淨
故無願解脫門清淨何以故若一切智智清
淨若色清淨若無願解脫門清淨無二無二
分無別無斷故一切智智清淨故受想行識
清淨受想行識清淨故無願解脫門清淨何
以故若一切智智清淨若受想行識清淨若

BD04005號　大般若波羅蜜多經卷二七二　（12–8）

故無願解脫門清淨何以故若一切智智清
淨若色清淨若無願解脫門清淨無二無二
分無別無斷故一切智智清淨故受想行識
清淨受想行識清淨故無願解脫門清淨何
以故若一切智智清淨若受想行識清淨若
無願解脫門清淨無二無二分無別無斷故
善現一切智智清淨故眼處清淨眼處清淨
故無願解脫門清淨何以故若一切智智清
淨若眼處清淨若無願解脫門清淨無二無
二分無別無斷故一切智智清淨故耳鼻舌
身意處清淨耳鼻舌身意處清淨故無願解
脫門清淨何以故若一切智智清淨若耳鼻
舌身意處清淨若無願解脫門清淨無二無
二分無別無斷故善現一切智智清淨故色
處清淨色處清淨故無願解脫門清淨何以
故若一切智智清淨若色處清淨若無願解
脫門清淨無二無二分無別無斷故一切智
智清淨故聲香味觸法處清淨聲香味觸法
處清淨故無願解脫門清淨何以故若一切
智智清淨若聲香味觸法處清淨若無願解
脫門清淨無二無二分無別無斷故善現一
切智智清淨故眼界清淨眼界清淨故無願
解脫門清淨何以故若一切智智清淨若眼
界清淨若無願解脫門清淨無二無二分無
別無斷故一切智智清淨故色界眼識界及

BD04005號　大般若波羅蜜多經卷二七二　（12–9）

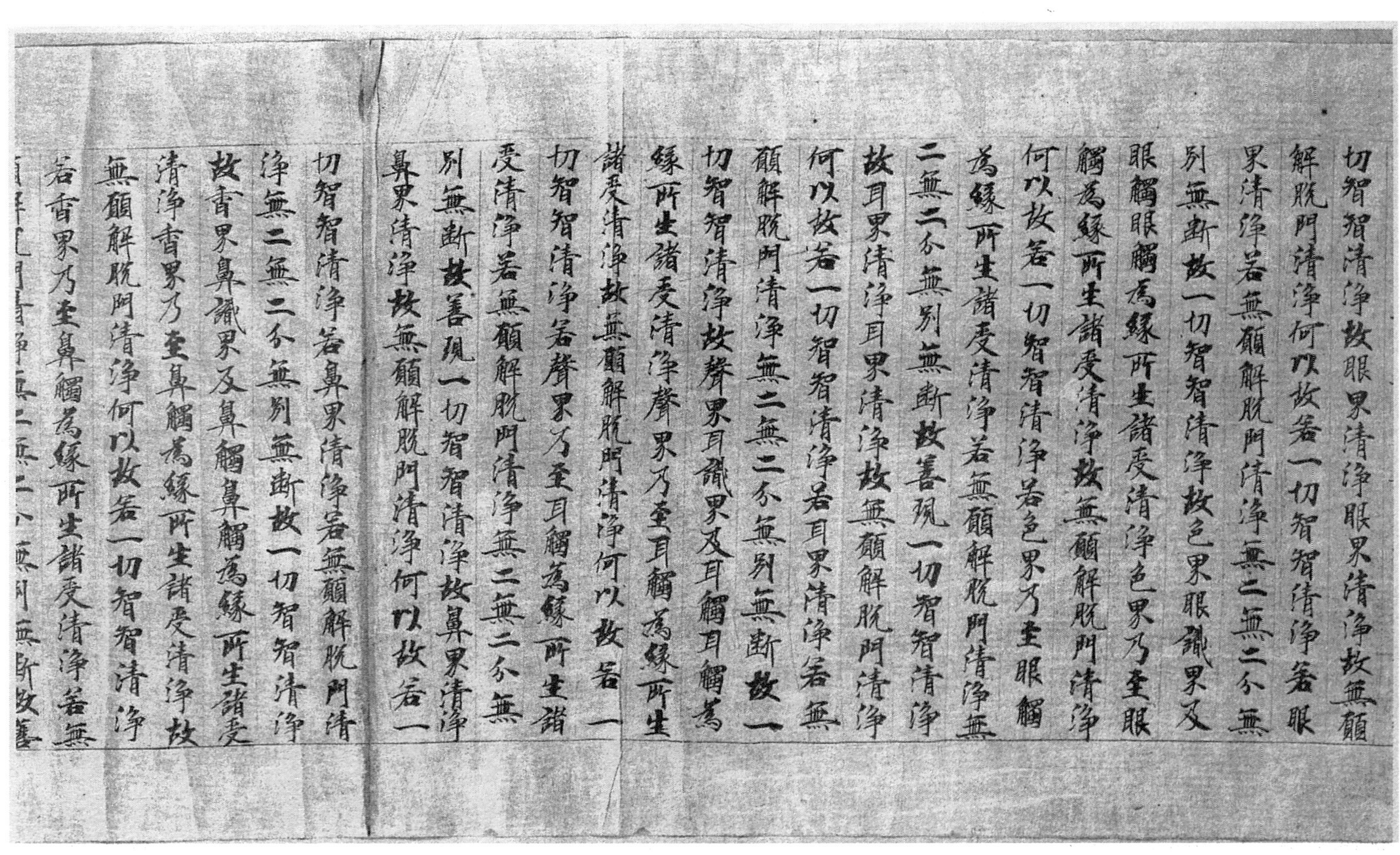
切智智清淨故眼界清淨眼界清淨故無願
解脫門清淨何以故若一切智智清淨若眼
界清淨若無願解脫門清淨無二無二分無
別無斷故一切智智清淨故色界眼識界及
眼觸眼觸為緣所生諸受清淨色界乃至眼
觸為緣所生諸受清淨故無願解脫門清淨
何以故若一切智智清淨若色界乃至眼觸
為緣所生諸受清淨若無願解脫門清淨無
二無二分無別無斷故善現一切智智清淨
故耳界清淨耳界清淨故無願解脫門清淨
何以故若一切智智清淨若耳界清淨若無
願解脫門清淨無二無二分無別無斷故一
切智智清淨故聲界耳識界及耳觸耳觸為
緣所生諸受清淨聲界乃至耳觸為緣所生
諸受清淨故無願解脫門清淨何以故若一
切智智清淨若聲界乃至耳觸為緣所生諸
受清淨若無願解脫門清淨無二無二分無
別無斷故善現一切智智清淨故鼻界清淨
鼻界清淨故無願解脫門清淨何以故若一
切智智清淨若鼻界清淨若無願解脫門清
淨無二無二分無別無斷故一切智智清淨
故香界鼻識界及鼻觸鼻觸為緣所生諸受
清淨香界乃至鼻觸為緣所生諸受清淨故
無願解脫門清淨何以故若一切智智清淨
若香界乃至鼻觸為緣所生諸受清淨若無

BD04005號　大般若波羅蜜多經卷二七二　（12–10）

故香界鼻識界及鼻觸鼻觸爲緣所生諸受
清淨香界乃至鼻觸爲緣所生諸受清淨故
無願解脫門清淨何以故若一切智智清淨
若香界乃至鼻觸爲緣所生諸受清淨若無
願解脫門清淨無二無二分無別無斷故善
現一切智智清淨故舌界清淨舌界清淨故
無願解脫門清淨何以故若一切智智清淨
若舌界清淨若無願解脫門清淨無二無二
分無別無斷故一切智智清淨故味界舌識
界及舌觸舌觸爲緣所生諸受清淨味界乃
至舌觸爲緣所生諸受清淨故無願解脫門
清淨何以故若一切智智清淨若味界乃至
舌觸爲緣所生諸受清淨若無願解脫門清
淨無二無二分無別無斷故善現一切智智
清淨故身界清淨身界清淨故無願解脫門
清淨何以故若一切智智清淨若身界清淨
若無願解脫門清淨無二無二分無別無斷
故一切智智清淨故觸界身識界及身觸身
觸爲緣所生諸受清淨觸界乃至身觸爲緣
所生諸受清淨故無願解脫門清淨何以故
若一切智智清淨若觸界乃至身觸爲緣所
生諸受清淨若無願解脫門清淨無二無二
分無別無斷故善現一切智智清淨故意界
清淨意界清淨故無願解脫門清淨何以故
若一切智智清淨若意界清淨若無願解脫
門清淨無二無二分無別無斷故一切智智

BD04005號　大般若波羅蜜多經卷二七二　（12–11）

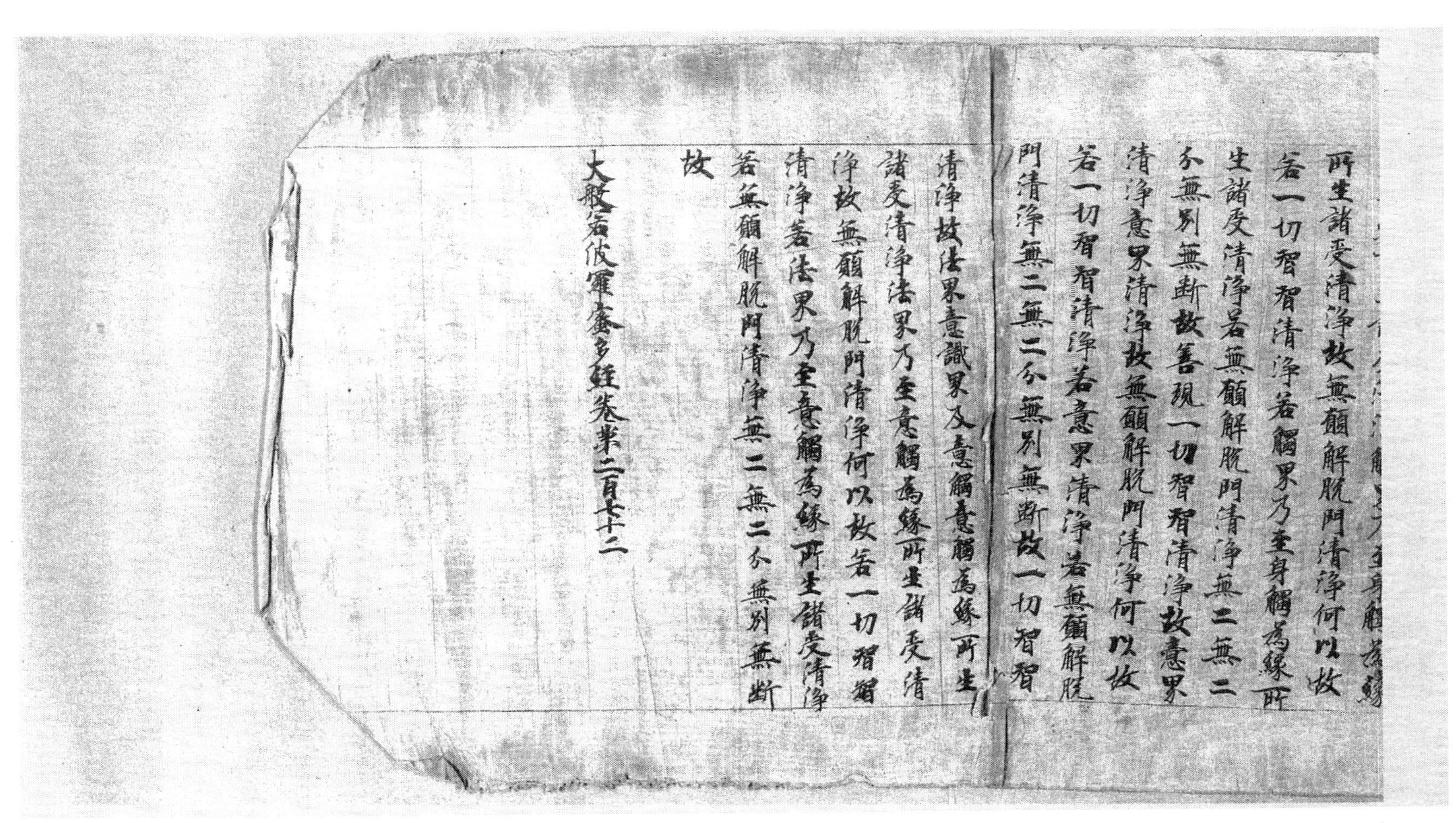
所生諸受清淨故無願解脫門清淨何以故
若一切智智清淨若觸界乃至身觸爲緣所
生諸受清淨若無願解脫門清淨無二無二
分無別無斷故善現一切智智清淨故意界
清淨意界清淨故無願解脫門清淨何以故
若一切智智清淨若意界清淨若無願解脫
門清淨無二無二分無別無斷故一切智智
清淨故法界意識界及意觸意觸爲緣所生
諸受清淨法界乃至意觸爲緣所生諸受清
淨故無願解脫門清淨何以故若一切智智
清淨若法界乃至意觸爲緣所生諸受清淨
若無願解脫門清淨無二無二分無別無斷
故

大般若波羅蜜多經卷第二百七十二

BD04005號　大般若波羅蜜多經卷二七二　（12–12）

空分别三藐三佛陁亦不以三藐三佛陁分
别空不空不以有相無相分别有相無相菩薩摩訶薩
亦不以菩薩摩訶薩分别有相無相不以有
相無相分别三藐三佛陁亦不以三藐三佛
陁分别有相無相不以有願無願分别菩薩摩
訶薩亦不以菩薩摩訶薩分别有願無願
不以有願無願分别三藐三佛陁亦不以三
藐三佛陁分别有願無願不以生不生分别
菩薩摩訶薩亦不以菩薩摩訶薩分别生不
生不以生不生分别三藐三佛陁亦不以三
藐三佛陁分别生不生不以滅不滅分别菩
薩摩訶薩亦不以菩薩摩訶薩分别滅不滅
不以滅不滅分别三藐三佛陁亦不以三藐
三佛陁分别滅不滅不以寂静不寂静分别
菩薩摩訶薩亦不以菩薩摩訶薩分别寂静
不寂静不以寂静不寂静分别三藐三佛陁
亦不以三藐三佛陁分别寂静不寂静不以
遠離不遠離分别菩薩摩訶薩亦不以菩薩
摩訶薩分别遠離不遠離不以遠離不遠離
分别三藐三佛陁亦不以三藐三佛陁分别
遠離不遠離
如是人等終不以空不空分别菩薩摩訶薩

BD04006號　大般若波羅蜜多經卷八三　（4–1）

不寂静不以寂静不寂静分别三藐三佛陁
亦不以三藐三佛陁分别寂静不寂静不以
遠離不遠離分别菩薩摩訶薩亦不以菩薩
摩訶薩分别遠離不遠離不以遠離不遠離
分别三藐三佛陁亦不以三藐三佛陁分别
遠離不遠離
如是人等終不以空不空分别菩薩摩訶薩
法亦不以菩薩摩訶薩法分别空不空不以
空不空分别無上正等菩提亦不以無上正
等菩提分别空不空不以有相無相分别菩
薩摩訶薩法亦不以菩薩摩訶薩法分别有
相無相不以有相無相分别無上正等菩提
亦不以無上正等菩提分别有相無相不以
有願無願分别菩薩摩訶薩法亦不以菩薩
摩訶薩法分别有願無願不以有願無願分
别無上正等菩提亦不以無上正等菩提分
别有願無願不以生不生分别菩薩摩訶薩
法亦不以菩薩摩訶薩法分别生不生不以
生不生分别無上正等菩提亦不以無上正
等菩提分别生不生不以滅不滅分别菩薩
摩訶薩法亦不以菩薩摩訶薩法分别滅不
滅不以滅不滅分别無上正等菩提亦不以
無上正等菩提分别滅不滅不以寂静不寂
静分别菩薩摩訶薩法亦不以菩薩摩訶薩
法分别寂静不寂静不以寂静不寂静分别
無上正等菩提亦不以無上正等菩提分别

BD04006號　大般若波羅蜜多經卷八三　（4–2）

滅不以滅不滅分別無上正等菩提亦不以
無上正等菩提分別滅不滅不以寂靜不寂
靜分別菩薩摩訶薩法亦不以菩薩摩訶薩
法分別寂靜不寂靜不以寂靜不寂靜分別
無上正等菩提亦不以無上正等菩提分別
寂靜不寂靜不以遠離不遠離分別菩薩摩
訶薩法亦不以菩薩摩訶薩法分別遠離不
遠離不以遠離不遠離分別無上正等菩提
亦不以無上正等菩提分別遠離不遠離
如是人等終不以空不空分別極喜地亦不
以極喜地分別空不空不以空不空分別離
垢地發光地焰慧地極難勝地現前地遠行
地不動地善慧地法雲地亦不以離垢地發
光地乃至善慧地法雲地分別空不空不以
有相無相分別極喜地亦不以極喜地分別
有相無相不以有相無相分別離垢地發光
地乃至善慧地法雲地亦不以離垢地發光
地乃至善慧地法雲地分別有相無相不以
有願無願分別極喜地亦不以極喜地分別
有願無願不以有願無願分別離垢地發光
地乃至善慧地法雲地亦不以離垢地發光
地乃至善慧地法雲地分別有願無願不以
生不生分別極喜地亦不以極喜地分別生
不生不以生不生分別離垢地發光地乃至
善慧地法雲地亦不以離垢地發光地乃至
善慧地法雲地分別生不生不以滅不滅分

BD04006 號　大般若波羅蜜多經卷八三　（4–3）

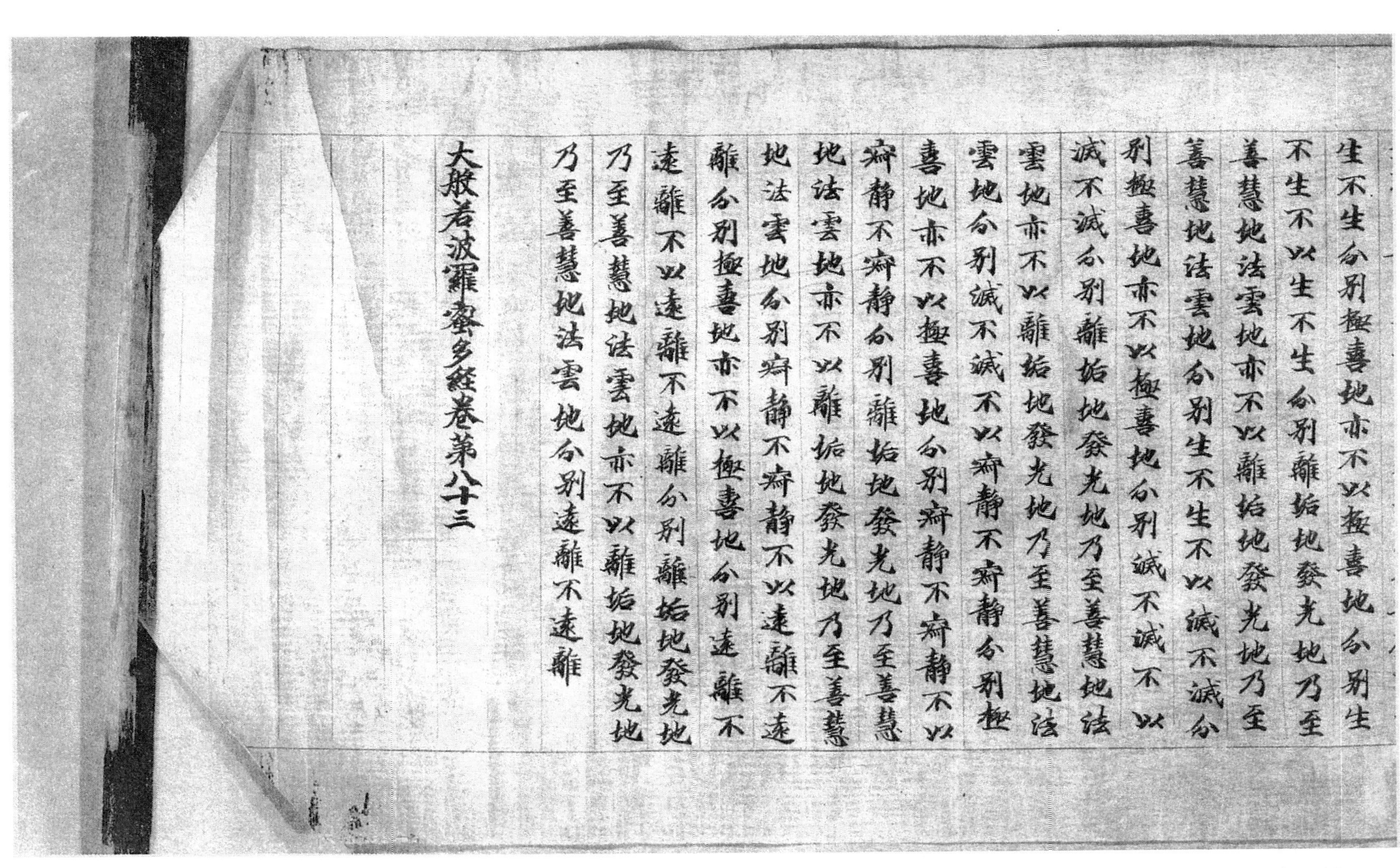

生不生分別極喜地亦不以極喜地分別生
不生不以生不生分別離垢地發光地乃至
善慧地法雲地亦不以離垢地發光地乃至
善慧地法雲地分別生不生不以滅不滅分
別極喜地亦不以極喜地分別滅不滅不以
滅不滅分別離垢地發光地乃至善慧地法
雲地亦不以離垢地發光地乃至善慧地法
雲地分別滅不滅不以寂靜不寂靜分別極
喜地亦不以極喜地分別寂靜不寂靜不以
寂靜不寂靜分別離垢地發光地乃至善慧
地法雲地亦不以離垢地發光地乃至善慧
地法雲地分別寂靜不寂靜不以遠離不遠
離分別極喜地亦不以極喜地分別遠離不
遠離不以遠離不遠離分別離垢地發光地
乃至善慧地法雲地亦不以離垢地發光地
乃至善慧地法雲地分別遠離不遠離

大般若波羅蜜多經卷第八十三

BD04006 號　大般若波羅蜜多經卷八三　（4–4）

菩薩所梭之處振動三千大千世界及魔宮殿
是名菩薩无疲惓菩薩言若恒河沙等劫爲一
日一夜以是卅日爲月十二月爲歲以是歲數若過
百千萬億劫得值一佛如是於恒河沙等佛所
行諸梵行脩集功德然後得受阿耨多羅三
藐三菩提記心不休息无有疲惓是名菩
薩導師菩薩言若菩薩於隨邪道衆生生
大悲心令入正道不求恩報是名菩薩須弥山
菩薩言若菩薩於一切法无所分別如須弥山
一於衆色是名菩薩那羅延菩薩言若菩
薩不爲一切煩惱所壞是名菩薩心力菩薩
言若菩薩以心思惟一切諸法无有錯謬是
名菩薩師子遊步自在王菩薩言若菩薩於
諸論中不怖不畏得深法忍能使一切外道怖
畏是名菩薩不可思議菩薩言若菩薩知
心相不可思議无所思惟分別是名菩薩善術
天子言若菩薩能於一切天宮中生而无所染
亦不得是无染之法是名菩薩實語菩薩言
若菩薩有所發言常以真實乃至夢中亦无
妄語是名菩薩喜見菩薩言若菩薩能見一

BD04007號　思益梵天所問經（兑廢稿）卷三　（2–1）

薩不爲一切煩惱所壞是名菩薩心力菩薩
言若菩薩以心思惟一切諸法无有錯謬是
名菩薩師子遊步自在王菩薩言若菩薩於
諸論中不怖不畏得深法忍能使一切外道怖
畏是名菩薩不可思議菩薩言若菩薩知
心相不可思議无所思惟分別是名菩薩善術
天子言若菩薩能於一切天宮中生而无所染
亦不得是无染之法是名菩薩實語菩薩言
若菩薩有所發言常以真實乃至夢中亦无
妄語是名菩薩喜見菩薩言若菩薩能見一
切色皆是佛色是名菩薩常悕菩薩言若
菩薩見隨生死衆生其心不樂世間諸樂自
度已身亦度衆生是名菩薩心无閡菩薩言
若菩薩於一切煩惱衆魔而不瞋閡是名菩
薩常喜根菩薩言若菩薩常以喜根自滿
其願亦滿他願所作皆辦是名菩薩散疑女
菩薩言若菩薩於一切法中不生疑悔是名
菩薩師子幢女菩薩言若菩薩无男法无女法
而現種種色身爲成就衆生故是名菩薩寶女
菩薩言若菩薩於諸實中不生愛樂但樂三

BD04007號　思益梵天所問經（兑廢稿）卷三　（2–2）

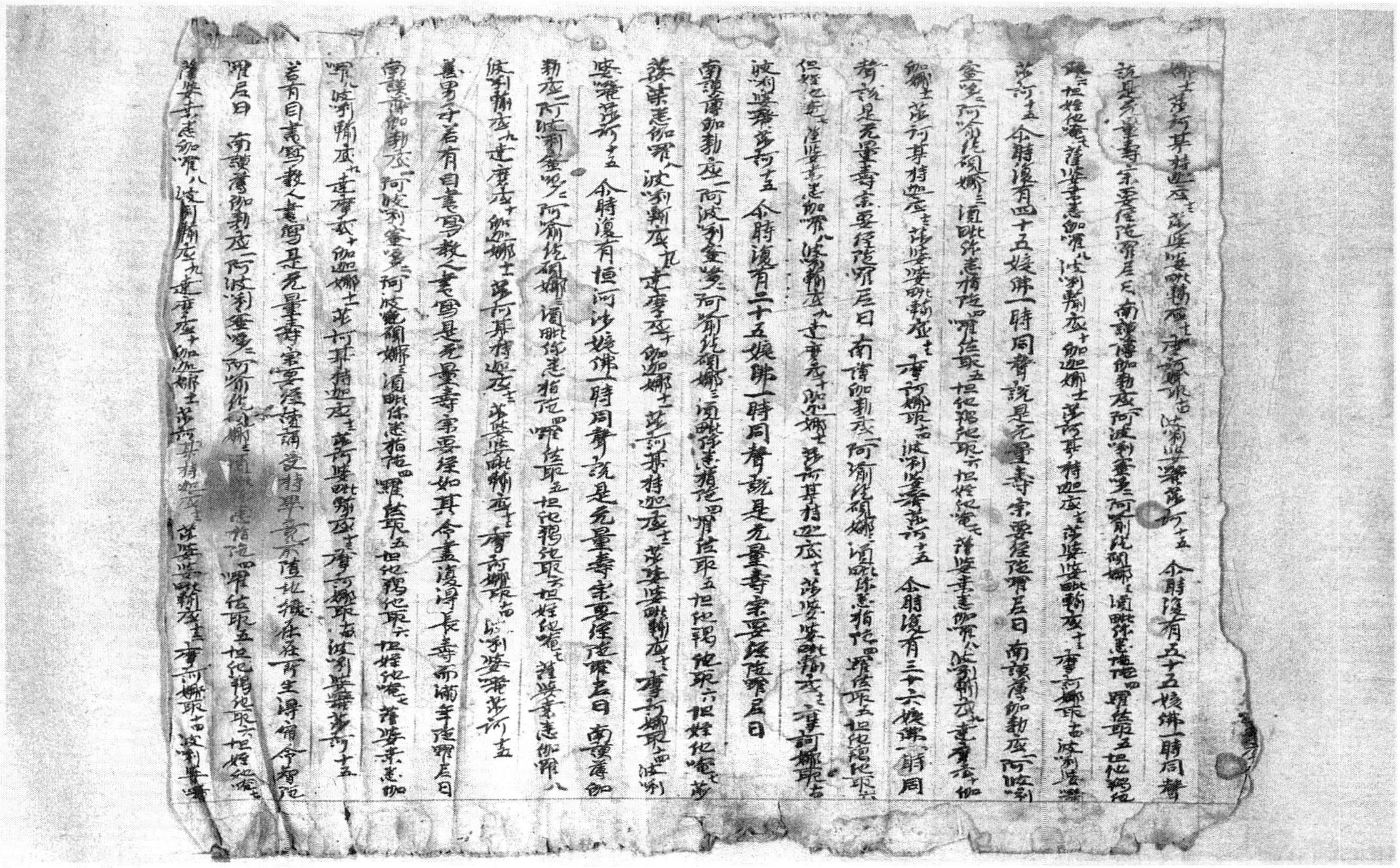

BD04008 號　無量壽宗要經　（1–1）

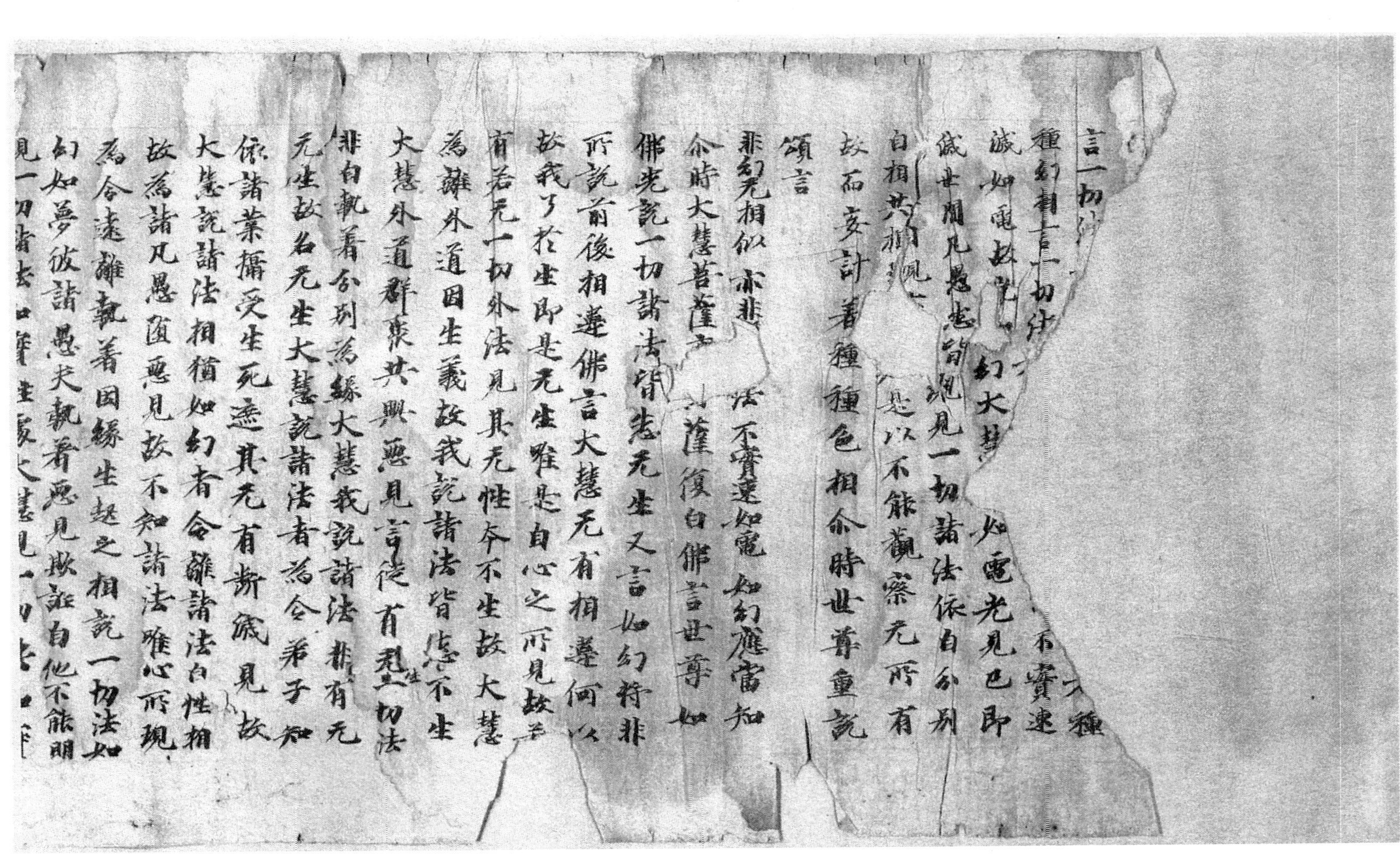

BD04009 號　大乘入楞伽經卷三　（12–1）

依諸業攝受生死遮其无有斷滅見故
大慧說諸法相猶如幻者令離諸法自性相
故為諸凡愚墮惡見故不知諸法唯心所現
為令遠離執著因緣生起之相說一切法如
幻如夢彼諸愚夫執著惡見欺誑自他不能明
見一切諸法如實住處大慧見一切法如實
處者謂能了達唯心所現尒時世尊重說
頌言
無作故無生　有法攝生死　了達如幻等　於相不分別
復次大慧我當說名句文身相諸菩薩摩
訶薩善觀此相了達其義疾得阿耨多羅
三藐三菩提復能開悟一切衆生大慧名身
者謂依事立名名即是身是名名身句身者
謂能顯義決定究竟是名句身文身者
謂與於此能成名句是名文身復次大慧句
身者謂句事究竟名身者謂諸字名各各
差別如從阿字乃至呵字文身者謂長短高
下復次句身者如足跡如衢巷中人畜等跡
名謂非色四蘊以名說故文謂名之自相由文
顯故是名名文身此名句文身相汝應修學
尒時世尊重說頌言
名身與句身　及自身差別　凡愚所計著　如象溺深泥
復次大慧未來世中有諸邪智惡思覺者
離如實法以見一異俱不俱相問諸智者
彼即荅言此非正問謂色與无常為異為不
異如是涅槃諸行相所相依所依造所造見
所見地與微塵智與智者為異為不異如是

BD04009號　大乘入楞伽經卷三　（12–2）

離如實法以見一異俱不俱相問諸智者
彼即荅言此非正問謂色與无常為異為不
異如是涅槃諸行相所相依所依造所造見
所見地與微塵智與智者為異為不異如是
等不可記事次第而問世尊說此當止記荅
愚夫无智非所能知佛欲令其離驚怖處
不為記說大慧不記說者欲令外道永得
出離作者見故大慧諸外道衆計有作者作
如是說命即是身命異身異如是等說名无
記論大慧外道癡惑說无記論非我教中大
慧我教中說離能取所取不起分別云何可止
大慧若有執著能取所取不了唯是自心所見
彼應可止大慧諸佛如來以四種記論為衆
生說法大慧止記論者我別時說以根未熟
且止說故
復次大慧何故一切法不生以離能作所作无
作者故何故一切法无自性以證智觀自相
共相不可得故何故一切法无來去以自共相
來无所從去无所至故何故一切法不滅謂
一切法无性相故不可得故何故一切法无
常謂諸相起无常性故何故一切法常謂
諸相起即是不起无所有故无常性常是
故我說一切法常尒時世尊重說頌言
數論與勝論　言有非有生　如是等諸說　一切皆无記
以智觀察時　體性不可得　以彼无可說　故說无自性
尒時大慧菩薩摩訶薩復白佛言世尊願
為我說諸預流法預流行差別相我及諸菩
薩摩訶薩聞是義故於預流一來不還阿

BD04009號　大乘入楞伽經卷三　（12–3）

故我說一切法常尒時世尊重說頌言
數論與蘇論　言有非有生　如是等諸說　一切皆无記
以智觀察時　體性不可得　以彼无可說　故說无自性
尒時大慧菩薩摩訶薩復白佛言世尊願
為我說諸預流法預流行差別相我及諸菩
薩摩訶薩聞是義故於預流一來不還阿
羅漢方便相皆得善巧如是而為衆生演
說令其證得二无我法淨除二障於諸地相
漸次通達獲於如來不可思議智慧境
界如衆色摩尼普令衆生悉得饒益佛
言諦聽當為汝說大慧言唯佛言大慧諸
預流預流果差別有三謂下中上大慧下
者於諸有中極七反生中者三生五生上者即於
此生而入涅槃大慧此三種人斷三種結謂身見
疑戒禁取上上勝進得阿羅漢果大慧身
見有二種謂俱生及分別如依緣起有妄
計性大慧譬如依止緣起性故種種妄計執
著性生彼法但是妄分別相非有非无非
有亦无凡夫愚癡而橫執著猶如渴獸妄生
水想此分別身見无智慧故久遠相應見人无
我即時捨離大慧俱生身見以普觀察
自他之身受等四蘊无色相故色由大種而得
生故是諸大種互相因故色不集故如是觀已
明見有无即時捨離捨身見故貪則不生是
名身見相大慧疑相者於所證法善見相故
及先二種身見分別斷故於諸法中疑不得
生亦不於餘生大師想為淨不淨是名疑相

明見有无即時捨離捨身見故貪則不生是
名身見相大慧疑相者於所證法善見相故
及先二種身見分別斷故於諸法中疑不得
生亦不於餘生大師想為淨不淨是名疑相
大慧何故預流不取戒禁謂以明見生處苦
相是故不取夫其取者謂諸凡愚於諸有中
貪著世樂苦行持戒願生於彼預流之人
不取是相唯求所證最勝无漏无分別法脩
行戒品是名戒禁取相大慧預流人捨三結
故離貪瞋癡大慧白言貪有多種捨何等
貪佛言大慧捨於女色纏綿貪欲見此現
樂生來苦故又得三摩地殊勝樂故是故捨
彼非涅槃貪大慧云何一來果謂不了色相
起色分別一往來已善修禪行盡苦邊際而
般涅槃是名一來大慧云何不還果謂於過
未現在色相起有无見分別過惡隨眠不起
永捨諸結更不還來是名不還大慧阿羅
漢者謂諸禪三摩地解脫力通悉已成就煩
惱諸苦分別永盡是名阿羅漢大慧言世
尊阿羅漢有三種謂一向趣寂退菩提願
佛所變化此說何者佛言大慧此說趣寂
非是其餘大慧餘二種人謂已曾發巧方便願
及為莊嚴諸佛衆會於彼示生大慧於虛
妄處說種種法所謂證果禪者及禪皆性離
故自心所見得果相故大慧若預流作如是
念我離諸結則有二過謂墮我見及諸結不
斷復次大慧若欲超過諸禪无量无色界
者應離自心所見諸相大慧想受滅三摩

念我離諸結則有二過謂隨我見及諸結不
斷復次大慧若欲超過諸禪无量无色界
者應離自心所見諸相大慧想受滅三摩
地超自心所見境者不然不離心故尒時世
尊重說頌言
諸禪與无量　无色三摩提　及以想受滅　唯心不可得
預流一來果　不還阿羅漢　如是諸聖人　悉依心妄有
禪者禪所緣　斷惑見真諦　此皆是妄想　了知即解脫
復次大慧有二種覺智謂觀察智及取相
分別執着建立智觀察智者謂觀一切法離
四句不可得四句者謂一異俱不俱有非有常
无常等我以諸法離此四句是故說言一切
法離大慧如是觀法汝應修學云何取相
分別執着建立智謂於堅濕煖動諸大種
性取相執着虛妄分別以宗因喻而妄建立
是名取相分別執着建立智是名二種覺智
相菩薩摩訶薩知此智相即能通達人法
无我以无相智於解行地善巧觀察入於初
地得百三摩地以勝三摩地力見百佛菩薩
知前後際各百劫事光明照曜百佛世界
善能了知上上地相以勝願力變現自在至法
雲地而受灌頂入於佛地十無盡願成就衆生
種種應現无有休息而恒安住自覺境界三
摩地樂
復次大慧菩薩摩訶薩當善了知大種造

BD04009號　大乘入楞伽經卷三　（12–6）

善能了知上上地相以勝願力變現自在至法
雲地而受灌頂入於佛地十無盡願成就衆生
種種應現无有休息而恒安住自覺境界三
摩地樂
復次大慧菩薩摩訶薩當善了知大種造
色云何了知大慧菩薩摩訶薩應如是觀彼
諸大種真實不生以諸三界但是分別唯心所
見无有外物如是觀時大種所造悉皆性離
超過四句无我我所住如實處成无生相大慧
彼諸大種云何造色大慧謂虛妄分別津潤
大種成內外水界炎盛大種成內外火界飄
動大種成內外風界色分段大種成內外地
界離於虛空由執着邪諦五蘊聚集大種
造色生大慧識者以執着種種言說境界
為因起故於餘趣中相續受生大慧地等造
色有大種因非四大種為大種因何以故謂
若有法有形相者則是所作非无形者大慧
此大種造色相外道分別非是我說
復次大慧我今當說五蘊體相謂色受想
行識大慧色謂四大及所造色此各異相受
等非色大慧非色諸蘊猶如虛空无有四
數大慧譬如虛空超過數相然分別言此是
虛空非色諸蘊亦復如是離諸數相離有无
等四種句故數相者愚夫所說非諸聖者諸聖
但說如幻所作唯假施設離異不異如夢如像
无別所有不了聖智所行境故見有諸蘊分
別現前是名諸蘊自性相大慧如是分別汝

BD04009號　大乘入楞伽經卷三　（12–7）

虛空非色諸蘊亦復如是離諸數相離有无
等四種句故數相者愚夫所說非諸聖者諸聖
但說如幻所作唯假施設離異不異如夢如像
无別所有不了聖智所行境故見有諸蘊分
別現前是名諸蘊自性相大慧如是分別汝
應捨離捨離此已說寂靜法斷一切刹諸外
道見淨法无我入遠行地成就无量自在三摩
地獲意生身如幻三摩地力通自在皆悉具足
猶如大地普益群生
復次大慧涅槃有四種何等為四謂諸法自
性无性涅槃種種相性无性涅槃覺自相性无
性涅槃斷諸蘊自共相流注涅槃大慧此四涅
槃是外道義非我所說大慧我所說者分別
尒炎識滅名為涅槃大慧言世尊豈不建
立八種識耶佛言建立大慧言若建立者云
何但說意識滅非七識滅佛言大慧以彼為
因及所緣故七識得生大慧意識分別境
界起執著時生諸習氣長養藏識由是意
俱我我所執思量隨轉无別體相藏識為因
為所緣故執著自心所現境界心聚生起展
轉為因大慧譬如海浪自心所現境界風吹而
有起滅是故意識滅時七識亦滅尒時世尊
重說頌曰
我不以自性　及以於作相　分別境識滅　如是說涅槃
意識為心因　心為意境界　因及所緣故　諸識依止生
如大瀑流盡　浪波則不起　如是意識滅　種種識不生
復次大慧我今當說妄計自性差別相令汝

BD04009號　大乘入楞伽經卷三　（12–8）

重說頌曰
我不以自性　及以於作相　分別境識滅　如是說涅槃
意識為心因　心為意境界　因及所緣故　諸識依止生
如大瀑流盡　浪波則不起　如是意識滅　種種識不生
復次大慧我今當說妄計自性差別相令汝
及諸菩薩摩訶薩善知此義超諸妄想證
聖智境知外道法遠離能取所取分別於依
他起種種相中不更取著妄所計相大慧云
何妄計自性差別相所謂言說分別所說分
別相分別財分別自性分別因分別見分別理
分別生分別不生分別相屬分別縛解分別
大慧此是妄計自性差別相云何言說分別
謂執著種種美妙音詞是名言說分別云何
所說分別謂執有所說事是聖智所證境依
此起說是名所說分別云何相分別謂即於
彼所說事中如渴獸想分別執著堅濕煖
動等一切諸相是名相分別云何財分別謂取
著種種金銀等寶而起言說是名財分別
云何自性分別謂以惡見如是分別此自性決
定非餘是名自性分別云何因分別謂於因
緣分別有无以此因相而能生故是名因分別
云何見分別謂諸外道惡見執著有无一
異俱不俱等是名見分別云何理分別謂
有執著我我所相而起言說是名理分別云
何生分別謂計諸法若有若无從緣而生是
名生分別云何不生分別謂計一切法本來不
生未有諸緣而先有體不從因起是名不生

BD04009號　大乘入楞伽經卷三　（12–9）

異俱不俱等是名見分別云何理分別謂
有執著我我所相而起言說是名理分別云
何生分別謂計諸法若有若无從緣而生是
名生分別云何不生分別謂計一切法本來不
生未有諸緣而先有體不從因起是名不生
分別云何相屬分別謂此與彼遞相繫屬
如針與線是名相屬分別云何縛解分別謂
執因能縛而有所縛如人以繩方便力故縛已
復解是名縛解分別大慧此是妄計性差
別相一切凡愚於中執著若有若无大慧於
緣起中執著種種妄計自性如依於幻見種
種物凡愚分別見異於幻大慧幻與種種非
異非不異若異者應幻非種種因若一者幻
與種種應无差別然見差別是故非異非不
異大慧汝及諸菩薩摩訶薩於幻有无不
應生著尒時世尊重說頌言
心為境所縛　覺想智隨轉　无相最勝處　平等智慧生
在妄計是有　於緣起則无　妄計迷惑取　緣起離分別
種種支分生　如幻不成就　雖現種種相　妄分別則无
彼相即是過　皆從心縛生　妄計者不了　分別緣起法
此諸妄計性　皆即是緣起　妄計有種種　緣起中分別
世俗第一義　第三无因生　妄計是世俗　斷則聖境界
如修觀行者　於一種種現　於彼无種種　妄計相如是
如目種種瞖　妄想見衆色　彼无色非色　不了緣起然
如金離塵垢　如水離泥濁　如虛空无雲　妄想淨如是
无有妄計性　而有於緣起　建立及誹謗　斯由分別壞
若无妄計性　而有緣起者　无法而有法　有法從无生
依因於妄計　而得有緣起　相名常相隨　而生於妄計
以緣起依妄　究竟不成就　是時現清淨　名為第一義

如金離塵垢　如水離泥濁　如虛空无雲　妄想淨如是
无有妄計性　而有於緣起　建立及誹謗　斯由分別壞
若无妄計性　而有緣起者　无法而有法　有法從无生
依因於妄計　而得有緣起　相名常相隨　而生於妄計
以緣起依妄　究竟不成就　是時現清淨　名為第一義
妄計有十二　緣起有六種　自證真如境　彼无有差別
五法為真實　三自性亦尒　修行者觀此　不越於真如
依於緣起相　妄計種種名　彼諸妄計相　皆因緣起有
智慧善觀察　无緣无妄計　真實中无物　云何起分別
圓成若是有　此則離有无　既已離有无　云何有二性
妄計有二性　二性是安立　分別見種種　清淨聖所行
妄計種種相　緣起中分別　若異此分別　則墮外道論
以諸妄見故　妄計於妄計　離此二計者　則為真實法
大慧菩薩摩訶薩復白佛言世尊唯願為說
自證聖智行相及一乘行相我及諸菩薩摩
訶薩得此善巧於佛法中不由他悟佛言諦
聽當為汝說大慧言唯佛言大慧菩薩摩
訶薩依諸聖教无有分別獨處閑靜觀察
自覺不由他悟離分別見上上昇進入如來地
如是修行名自證聖智行相云何名一乘行相
謂得證知一乘道故云何名為知一乘道謂
離能取所取分別如實而住大慧此一乘道
唯除如來非外道二乘梵天王等之所能得
大慧白言世尊何故說有三乘不說一乘佛
言大慧聲聞緣覺无自般涅槃法故我
說一乘以彼但依如來所說調伏遠離如是
修行而得解脫非自所得又彼未能除滅智
障及業習氣未覺法无我未名不思議變易
死是故我說以為三乘若彼能除一切過習

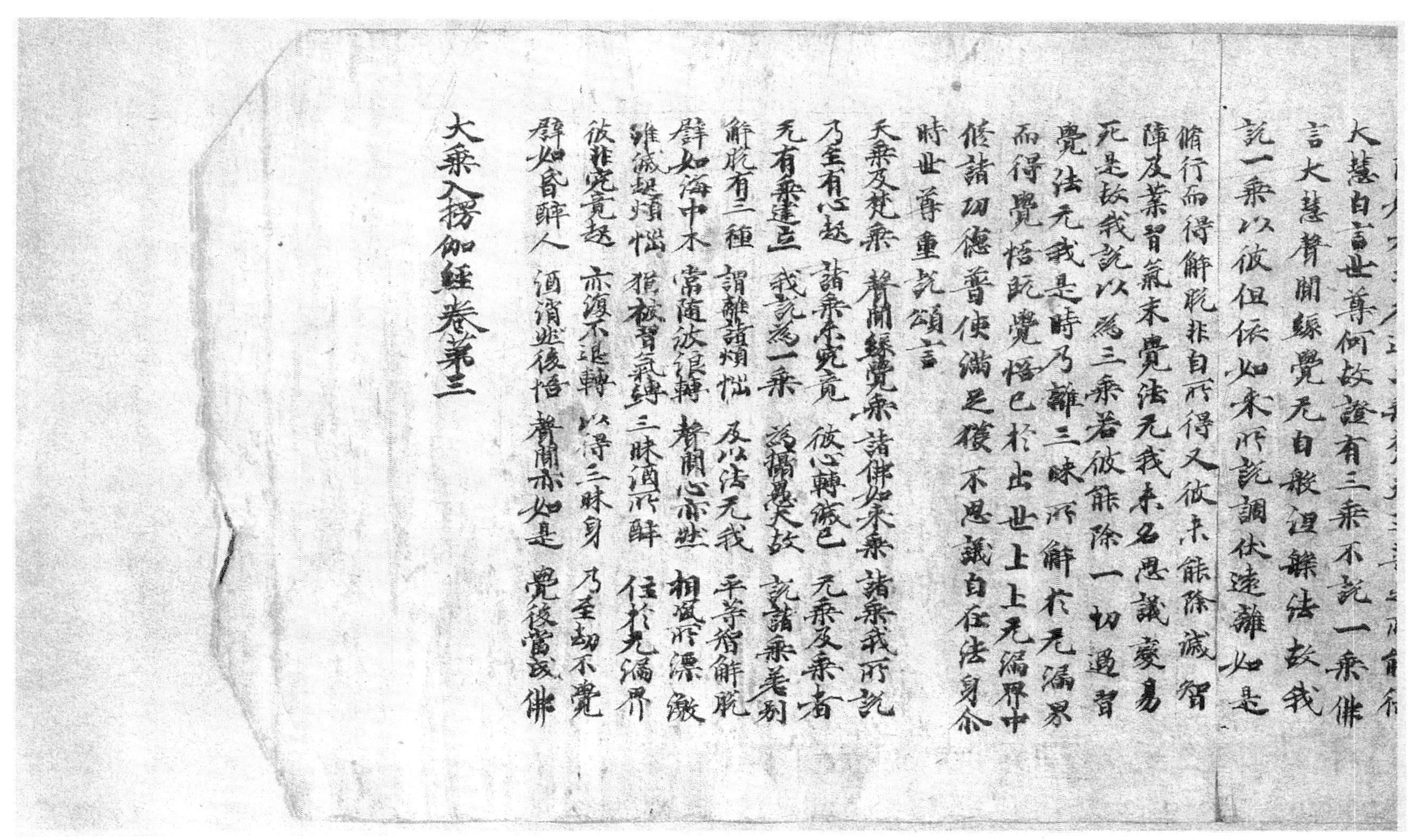

BD04009號　大乘入楞伽經卷三　（12–12）

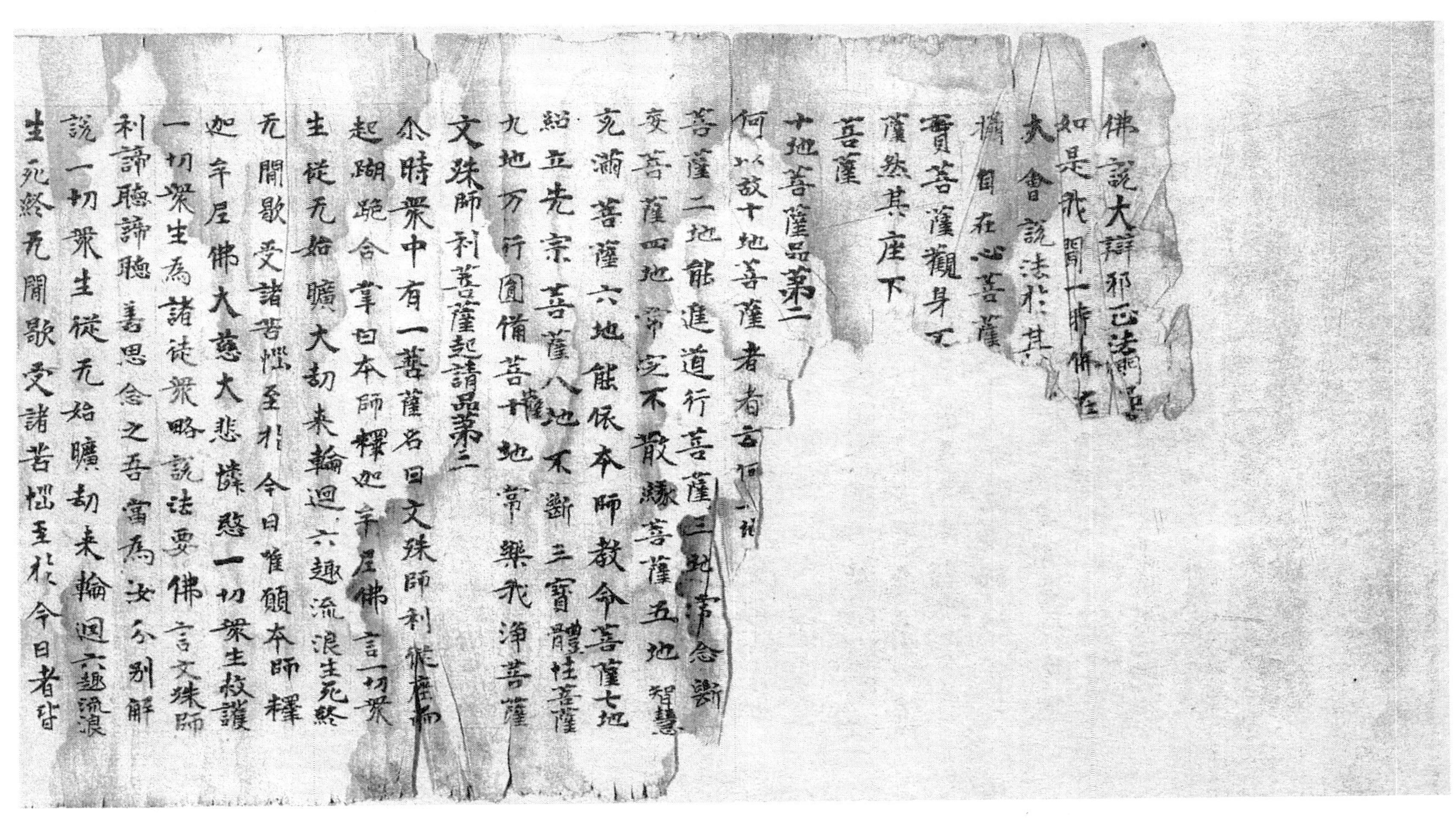

BD04010號　大辯邪正經　（9–1）

无間歇受諸苦惱至於今日唯願本師釋
迦牟尼佛大慈大悲憐愍一切衆生救護
一切衆生為諸徒衆略説法要佛言文殊師
利諦聽諦聽善思念之吾當為汝分別解
説一切衆生從无始曠劫來輪迴六趣流浪
生死終无間歇受諸苦惱至於今日者皆
由本心何以故為心從時至時從日至日從
月至月從年至年心緣諸境情染世塵心
常亂不定故身亦還然佛告文殊師利汝今
慇勤起請揔當其意汝作何心文殊師利菩
薩言向者慇勤起請為諸徒衆略説法要未
知者望欲令知未覺者望欲令覺未悟者望
欲令悟未通者望欲令通未證菩提者望
欲令證菩提未解安心者望欲令解安心
佛告文殊師利汝若學此安心妙法先須歸
依真善知識何以故未知者令知亦當歸依
真善知識未覺者令覺亦當歸依真善知
識未悟者令悟亦當歸依真善知識未通
者令通亦當歸依真善知識未解安心者令
解安心亦當歸依真善知識

釋迦牟尼佛為初心菩薩説斷六種見趣品第四

尒時文殊師利菩薩重白釋迦牟尼佛言八
万四千徒衆同時發願欲當歸依真知識
先脩何行佛告文殊師利若有比丘比丘尼優
婆塞優婆夷歸依真善知識者先斷六趣然
後始可歸依真善知識何以故六趣者云何一
即不得妄起分別二即不得數量是非三
即不得心生疑悔四即不得意地懷疑五即
不得生憎上陽六即不得言教相違先能斷此
六種見趣始可歸依真善知識

後始可歸依真善知識何以故六趣者云何一
即不得妄起分別二即不得數量是非三
即不得心生疑悔四即不得意地懷疑五即
不得生憎上陽六即不得言教相違先能斷此
六種見趣始可歸依真善知識

脩道品第五

尒時釋迦牟尼佛歎此善知識不可思議不可
稱量不可比附怨畏大衆心生疑悔不能歸依
真善知識便為大衆自説本因緣佛告大衆
聽吾自説因地脩道之時所得何等功德而
脩何行德成佛道憶我往昔之時於三大阿
僧祇劫脩習有為功德多諸過患不會无
為道理為著相求經三大阿僧祇劫受諸
苦惱於後逢遇大覺世尊在毗耶離城中
五陰山下娑羅雙樹間功德林中鳴説法要
我遂能如説脩行大覺世尊又教我在毗
耶離城中入方等道場經七七四十九日遂
證无生法忍衆善具足百福莊嚴万行圓備
遂成佛道大覺世尊即與我摩頂授記大覺
世尊言願汝當來成道号為本師釋迦牟尼佛
常為一切衆生為四生慈父六道尊師恒居
三界接引群迷流傳此法遞相囑付莫使
間斷如虚空永无盡際釋迦牟尼佛言我
揩不違大覺世尊教命為是流傳此法遞相
囑付不使間斷是以今日勸諸大衆方便
親近真善知識必得大利益但能如説脩道當
獲无上果與我无異

文殊師利菩薩請問大利益品第六

尒時文殊師利菩薩重白釋迦牟尼佛言大
利益者云何佛言文殊師利大利益者[illegible]

屬付不使間斷是以今日勸諸大衆方便
親近真善知識必得大利益但能如說脩道當
獲无上果與我无異
文殊師利菩薩請問大利益品第六
尒時文殊師利菩薩重白釋迦牟尼佛言大
利益者云何佛言文殊師利大利益者无過
翻一切惡為一切善此名大利益文殊師利益
文殊師利菩薩言何等人能翻一切惡為一切
善佛言文殊師利能翻一切惡為一切善者
无過真善知識是也何以故善知識者能向
一事之中乃起万億等方便善知識者能覓
破二見歸依一體善知識者能迴三毒惡心
為一體三寶善知識者能迴四毒惡虵乃成四種
威儀善知識者能迴五毒乃為五戒善知
識者能制六識治作六齋善知識者能向
七識之中求得七佛善知識者能迴妄想
顛倒轉為恒河沙功德善知識者能迴无
明為慧日善知識者能迴煩惱為菩提善
知識者能迴貪瞋癡為三業清淨善知識
者能迴瞋恚疾妒乃成无量心善知識者
能迴八邪歸八正道分善知識者有大功德
不可思議不可稱量不可比附若欲具說
窮劫不盡
文殊師利菩薩決疑品第七
尒時文殊師利菩薩又問釋迦牟尼佛言第
子有一小疑云何得決釋迦牟尼佛言小
疑者云何文殊師利菩薩言三世諸佛所置三乘
妙法及說万億等方便教化一切衆生皆
令衆生存心向道何為一切衆生熾然流浪
生死佛告文殊師利諦聽諦聽善思念之吾

尒時文殊師利菩薩又問釋迦牟尼佛言第
子有一小疑云何得決釋迦牟尼佛言小
疑者云何文殊師利菩薩言三世諸佛所置三乘
妙法及說万億等方便教化一切衆生皆
令衆生存心向道何為一切衆生熾然流浪
生死佛告文殊師利諦聽諦聽善思念之吾
當為汝分別解說一切衆生從无始曠大劫
來熾然流浪生死者只為不會吾意何以故
一切衆生若會吾意與吾无異佛言善哉一切
衆生唯會吾勸喻法門何有衆生會吾大
辯邪正甚淨妙法文殊師利菩[illegible][illegible]說是事
驚未曾有不可思議復心生忙、日責其
身舉身自撲悶絕在地良久得蘇嗚呼長
嗟苦哉痛哉何期今日逢值法身父母為
此安心妙法及本師因緣又說大辯邪正
甚深妙法
文殊師利菩薩又問大辯邪正法門品第八
尒時文殊師利菩薩重白本師釋迦牟尼佛言
大辯邪正其深妙法者云何名為是正云何名
為是邪佛言文殊師利正者亦有二種邪者亦
有二種何以故二種邪者其義甚深一者雖
體求因相名為邪中二者不信身中有佛
不信身中有法貪著世事隨逐因緣常行
顛到名為邪中邪二種正者其議甚深一者
雖相求體了知身中具有一體三寶亦知身
中具有恒沙功德具信身中具有如來藏法
身名為正中正二者唯直識外不識其內多
著相求名為邪中正何以故何者雖說四種邪
正唯有一事是真何以故辟如有人身欲遠

離相求體了知身中具有一體三寶亦知身
中具有恒沙功德具信身中具有如來藏法
身名為正中正二者唯直識外不識其內多
著相求名為邪中正何以故佪者雖說四種邪
正唯有一事是真何以故譬如有人身欲遠
行至他方而其程可有百万餘里其道乃有
八万四千種道邪唯有一道是真自外八万三
千九百九十種道皆並是邪唯有一道是真
眾生欲度其正道者云何得達前所佛告
文殊師利若有眾生往其正道者要藉善
知識結其善標而可得達前所何以故夫求
道者先須求一但能立一為宗万法於中建
立佛寶法門八万四千若欲說真皆當歸一何以
故凡及與聖亦成為一何以故背凡而求聖
者喻若棄水而求冰是冰而是水是水而是冰
冰外而无水水外而无冰煩惱與菩提亦成為一
何以故背煩惱求菩提者喻若弃形而求影
是影而是形形外而无影影外而无形心及
與佛亦成為一何以故背心而求佛者喻若兩
名何是一分別解說一體外求皆並是邪體
內求即成為一眾生分別並有三佛寶三乘
教律若能了達諸法三亦本來无三一亦空
為一忍悟諸法性空了知畢竟寂滅悟性无
為大道始名无言无說

文殊師利菩薩又問卅二相品第九

尒時文殊師利菩薩重啓釋迦牟尼佛言
又問三十二相者云何佛告文殊師利菩薩
諦聽諦聽吾當為汝分別解說卅二相者
其義有二一者在凡夫中名為卅二種惡相
二者在賢聖中名為卅二種善相何以故三

BD04010號　大辯邪正經　（9–6）

文殊師利菩薩又問卅二相品第九

尒時文殊師利菩薩重啓釋迦牟尼佛言
又問三十二相者云何佛告文殊師利菩薩
諦聽諦聽吾當為汝分別解說卅二相者
其義有二一者在凡夫中名為卅二種惡相
二者在賢聖中名為卅二種善相何以故三
十二惡相種騎為凡夫身中具有八苦凡夫身中具有八
凡夫身中具有八疑凡夫身中具有八邪四八卅二名
為卅二種惡相釋迦牟尼佛言我於因地
未逢大師已前時亦復如是皆從逢遇大
師已後乃教我翻此八苦為八解脫翻此八難
為八自在翻此八疑為八種正信翻此八邪歸入
八正道四八卅二是名卅二種善相何以故一
一相中具有恒沙功德不可具說我若具說
窮劫不盡

文殊師利菩薩問八十種好品第十

尒時文殊師利菩薩重白釋迦牟尼佛言
又問八十種好云何佛告文殊師利汝當諦
聽諦聽善思念之吾當為汝分別解說八十種
好者其義甚深何以故斷得十惡名為十善
斷得五逆名為五敬順制得七識名為七佛
能迴八種邪命諂曲之風為八種微妙香風
制得六識並六波羅蜜不染六塵名為六通能
迴六賊為六神王防護法城十善五敬順并
為七識佛八種微妙風及六波羅蜜六通
性无生六神防法身共成四十八種善古三十
二相總成八十種好

校量功德品第十一

佛告文殊師利汝若是吾上足弟子能報吾
恩[illegible]

BD04010號　大辯邪正經　（9–7）

迴六賊為六神王防護法城十善五敬順并
為七識佛八種微妙風及六波羅蜜六通
性无生六神防法身共成四十八種善咭三十
二相總成八十種好
校量功德品第十一
佛告文殊師利汝若是吾上足弟子能報吾
恩應當在志何以故我昔曾聞定光如來及
大覺世尊菩薩摩訶薩諸賢聖等證无以
上生法忍並由存志何以故所能知之明知有志者方
行須明知无志者一行不成何以故我於昔往曾
共八万四千徒眾校量存志功德於此万行門中无
過第一甚難甚難希有之事何以故譬如有
人造鈌銅像數有万万億數人形受持供
養此者為難不此者亦未為難何者為難若
有善男子善女人聞說大辯邪正甚深妙法
即生信心此者為難譬如有人造純純銀像
數如恒沙受持供養此者為難不此者亦未
為難何者為難若有善男子善女人志懇於
師僧父母盡心徹到者此者為難譬如有人造
純金像數如大地草木受持供養此者為難
不此者亦未為難若有善男子善女人能除人法
二我者此則為難譬如有人純用栴檀香木起
大淨圖詣至梵天及用七寶莊嚴受持供養
此者為難不此者亦未為難何者為難若有善
男子善女人流傳此法遞相囑付不使間斷此者
為難譬如有人造七寶積屋遍滿閻浮受持
供養此者為難不此亦未為難何者為難若
有善男子善女人能依本師釋迦牟尼佛教
命脩習存志功德決定無疑者此者為難尒時
眾中有八万四千徒眾聞說是事歡喜踊躍

BD04010 號　大辯邪正經　（9–8）

數如恒沙受持供養此者為難不此者亦未
為難何者為難若有善男子善女人志懇於
師僧父母盡心徹到者此者為難譬如有人造
純金像數如大地草木受持供養此者為難
不此者亦未為難若有善男子善女人能除人法
二我者此則為難譬如有人純用栴檀香木起
大淨圖詣至梵天及用七寶莊嚴受持供養
此者為難不此者亦未為難何者為難若有善
男子善女人流傳此法遞相囑付不使間斷此者
為難譬如有人造七寶積屋遍滿閻浮受持
供養此者為難不此亦未為難何者為難若
有善男子善女人能依本師釋迦牟尼佛教
命脩習存志功德決定無疑者此者為難尒時
眾中有八万四千徒眾聞說是事歡喜踊躍
歎未曾有于時同發弘誓大願脩存志功德
如說脩行
雖持十二部經　不能辯邪正　恒為邪見人　非為學法者
心口不為惡　身亦无所犯　能持此三事　速出生死
測難讀千章　不得中義　不如一句　是可得道
但有學者　審自思量　不得虛費功程　恒居惡路
玄奘及長年師及邪奢等於如來七寶藏
中得此如來大辯邪正甚深秘藏經一卷

佛說大辯邪正經

BD04010 號　大辯邪正經　（9–9）

……
…而无買者尒時…
識是善男子賣…
即化作婆羅門…
善男子汝今何…
今貧窮无有財寶欲…
…供…
薩為聞般若波羅蜜而无買者婆羅門
男子我不須人今欲大祠當須人心人血人
髓能與我不薩陁波崙自念我得大利之當
得聞般若波羅蜜方便以婆羅門欲買心血
髓故即大歡喜語婆羅門汝所須者盡當相
與婆羅門言汝須何賈荅言隨汝所與時
薩陁波崙菩薩手執利刀刺右臂出血復割
右髀欲破骨出髓時一長者女在於閣上遥
見薩陁波崙菩薩刺臂出血割其右髀復欲
破骨出髓作是念是善男子何因緣故困苦
其身我當往問時長者女即便下閣到薩陁
波崙菩薩所問言善男子何因緣故困苦其
…用是血髓為薩陁波崙言賣與是婆羅門

BD04011 號　小品般若波羅蜜經(異卷)卷九　（8–1）

薩陁波崙菩薩手執利刀刺右臂出血復割
右髀欲破骨出髓時一長者女在於閣上遥
見薩陁波崙菩薩刺臂出血割其右髀復欲
破骨出髓作是念是善男子何因緣故困苦
其身我當往問時長者女即便下閣到薩陁
波崙菩薩所問言善男子何因緣故困苦其
身用是血髓為薩陁波崙言賣與是婆羅門
欲以供養般若波羅蜜及曇无竭菩薩長者
女言善男子汝賣血髓供養是人得何等功
德薩陁波崙言是人當為我說般若波羅
蜜方便我隨中學當得阿耨多羅三藐三菩
提金色身三十二相常光无量光大慈大悲
大喜大捨十力四无所畏四无礙智十八不
共法六神通不可思議清淨戒品定品慧品
解脫品解脫知見品得佛无上智慧无上法
寶分布施與一切衆生是時長者女語薩陁
波崙汝所說者甚為希有微妙第一為一一
法乃可應捨恒河沙等身善男子汝今所須
盡當與汝金銀瑠璃珊瑚虎珀頗梨真珠
諸好珎寶及華香瓔珞衣服卧具供養曇无
竭菩薩莫自困苦我今亦欲隨汝至曇无竭菩
薩所種諸善根為得如是清淨法故尒時釋
提桓因即復其身在薩陁波崙菩薩前立作
是言善哉善哉善男子汝心堅固愛法如是
過去諸佛行菩薩道時亦如汝今求聞般若
波羅蜜方便得阿耨多羅三藐三菩提善男

BD04011 號　小品般若波羅蜜經(異卷)卷九　（8–2）

提桓因即復其身在薩陁波崘菩薩前立作
是言善哉善哉善男子汝心堅固愛法如是
過去諸佛行菩薩道時亦如汝今求聞般若
波羅蜜方便得阿耨多羅三藐三菩提善男
子我實不須人心血髓故來相試汝願何等
當以相與薩陁波崘言与我阿耨多羅三藐
三菩提釋提桓因言我无此力諸佛世尊乃
能辨之汝更求餘願當以相與薩陁波崘言
汝於此中若无力者還使我身平復如故薩陁
波崘身即平復无有創瘢如本不異釋提桓
因與其願已忽然不現長者女語薩陁波崘
菩薩言可至我舍當白父母求索財寶為聞
法故供養曇无竭菩薩薩陁波崘菩薩與長
者女俱到其舍長者女入白父母與我華香瓔
珞種種衣服及諸寶物願聽我身及所供給
五百侍女與薩陁波崘菩薩共往供養曇无
竭菩薩曇无竭菩薩當為我等說法以是法
故我等當得諸佛之法父母語女言薩陁波
崘菩薩今在何處女言今在門外是人發心
求阿耨多羅三藐三菩提欲度一切无量衆生
生死苦惱為愛法故自賣其身而无買者憂
愁啼哭立在一處作是言我今賣身而无買
者時一婆羅門作是言汝今何故欲自賣身
荅言我為法故欲供養曇无竭菩薩我當從
彼得諸佛法婆羅門言我不須人今欲大祠

BD04011號　小品般若波羅蜜經(異卷)卷九　(8–3)

者時一婆羅門作是言汝今何故欲自賣身
荅言我為法故欲供養曇无竭菩薩我當從
彼得諸佛法婆羅門言我不須人今欲大祠
當須人心人血人髓即時是人心大歡喜手
執利刀刺臂出血須割右髀欲破骨出髓我
在閣上遥見此事心自念言是人何故困苦
其身當往問之我即往問荅我言我貧无財
欲賣心血髓與婆羅門我時問言善男子持
是財物欲作何等荅我言為愛法故供養曇
无竭菩薩我復問言善男子汝於是中得何
等功德利即荅我言我於是中當得无量不
可思議功德之利我聞是无量不可思議諸
佛功德心大歡喜作是念是善男子甚為希
有乃能自受如是苦惱為愛法故尚能捨身
我當去何[illegible]共養去我今多有財物於是事
中當發之[illegible]男子汝貴如是困
苦其身[illegible]以是財物供養曇无
竭我亦隨汝至曇无竭所欲自供養我今亦
欲得是諸法所謂无上佛法如上所說父母
今當聽我隨是善男子及給財物供養曇无
竭菩薩父母報言汝所讚者希有難及是人
一心念法一切世間最勝第一必能安樂一
切衆生是人欲求難得之事我念聽汝隨去
我等亦欲見曇无竭菩薩是女為供養曇无
竭菩薩故白父母言我不敢斷人功德女即
莊嚴五百乘車勑五百侍女皆令莊嚴車乘

BD04011號　小品般若波羅蜜經(異卷)卷九　(8–4)

切衆生是人欲求難得之事我念聽汝隨去
我等亦欲見曇无竭菩薩是女爲供養曇无
竭菩薩故白父母言我不敢斷人功德女即
莊嚴五百乘車勑五百侍女皆令莊嚴車乘
持種種色華種種色衣種種雜香末香塗香
金銀寶華種種雜色妙好瓔珞諸美飲食與
薩陀波崙菩薩共載一車五百侍女恭敬圍
遶漸漸東行遥見衆香城其城七重有七重
漸七重行樹皆以七寶莊嚴甚可愛樂其城
縱廣十二由旬豐樂安隱人民熾盛五百街
巷端嚴如畫橋津如地寬博清淨見曇无竭
菩薩於城中央法坐上坐无量百千万衆圍
遶說法心即歡悅譬如比丘得第三禪見已作
是念我等不應載車趣曇无竭菩薩所即皆
下車步進薩陀波崙與五百侍女恭敬圍遶
各持種種莊嚴諸物俱詣曇无竭菩薩所曇
无竭菩薩所有七寶臺牛頭栴檀以爲校餝
真珠羅網寶鈴間錯四角懸明珠以爲光明
又四白銀香爐燒黒沉水供養般若波羅蜜
其寶臺中有七寶大林林上有四寶函以真
金鍱書般若波羅蜜其臺四邊垂諸寶幡尒
時薩陀波崙菩薩與五百侍女遥見妙臺種
種珎寶以爲校餝及見釋提桓因與无量百
千諸天以天曼陁羅華天金銀華天栴檀華
以散寶臺天於空中作諸伎樂即問釋提桓
因憍尸迦汝何故與諸天衆以天曼陁羅華

BD04011號　小品般若波羅蜜經（異卷）卷九　（8-5）

時薩陀波崙菩薩與五百侍女遥見妙臺種
種珎寶以爲校餝及見釋提桓因與无量百
千諸天以天曼陁羅華天金銀華天栴檀華
以散寶臺天於空中作諸伎樂即問釋提桓
因憍尸迦汝何故與諸天衆以天曼陁羅華
天金銀華天栴檀華散此寶臺天於虛空中
作諸伎樂釋提桓因荅言善男子汝不知耶有
法名摩訶般若波羅蜜是諸菩薩摩訶薩母
菩薩於是中學當得盡諸功德一切佛法疾
得薩婆若薩陀波崙言憍尸迦摩訶般若波
羅蜜是諸菩薩摩訶薩母爲在何處我今欲
見善男子在此七寶函中黃金鍱上善男子
曇无竭菩薩七處印之我不得示汝尒時薩
陀波崙菩薩與五百女人各持種種華香瓔
珞幡蓋衣服金銀珎寶即時以半供養般若
波羅蜜以半供養曇无竭菩薩尒時薩陀波
崙菩薩以種種華香瓔珞幡蓋衣服金銀寶
華作諸伎樂供養般若波羅蜜已向曇无竭
菩薩所復以種種華香瓔珞碎末栴檀金銀
寶華供養法故散曇无竭菩薩上即住虛空
合成寶蓋其蓋四邊垂諸寶幡薩陀波崙菩
薩及五百女人見此神力心大歡喜作是念
未曾有也曇无竭大師威德乃尒未成佛道
神通之力尚能如是何況得阿耨多羅三藐
三菩提即時五百女人敬重曇无竭菩薩故
皆發阿耨多羅三藐三菩提心我等以是善

BD04011號　小品般若波羅蜜經（異卷）卷九　（8-6）

薩及五百女人見此神力心大歡喜作是念
未曾有也曇无竭大師威德乃尒未成佛道
神通之力尚能如是何况得阿耨多羅三藐
三菩提即時五百女人敬重曇无竭菩薩故
皆發阿耨多羅三藐三菩提心我等以是善
根因緣故於未来世當得作佛行菩薩道時
當得如是功德如今曇无竭菩薩供養恭敬
尊重般若波羅蜜為人演說成就方便力亦
如曇无竭菩薩即時薩陁波羅菩薩及五百
女人頭面礼曇无竭足合掌恭敬却住一面
薩陁波崙白曇无竭菩薩言我本求般若波
羅蜜時於空林中聞空中聲言善男子從是
東行當得聞般若波羅蜜我即東行東行不
久便作是念我云何不問空中聲去當遠近
從誰得聞般若波羅蜜憂愁懊惱即住七日
不念飲食及世間事但念般若波羅蜜我云
何不問空中聲去當遠近從誰得聞即時佛
像現在我前作是言善男子從是東行五百
由旬有城名衆香城中有菩薩名曇无竭為
諸大衆說般若波羅蜜汝於是中當聞般若
波羅蜜我於是處於一切法生无依心想亦
得无量諸三昧門我住是諸三昧即見十方
諸佛為諸大衆說般若波羅蜜諸佛讚我言
善哉善哉善男子我等本行菩薩道時亦得
是諸三昧住是諸三昧中能成就諸佛法諸
佛安慰示教我已皆不復現我從諸三昧覺

BD04011號　小品般若波羅蜜經（異卷）卷九　（8–7）

波羅蜜我於是處於一切法生无依心想亦
得无量諸三昧門我住是諸三昧即見十方
諸佛為諸大衆說般若波羅蜜諸佛讚我言
善哉善哉善男子我等本行菩薩道時亦得
是諸三昧住是諸三昧中能成就諸佛法諸
佛安慰示教我已皆不復現我從諸三昧覺
已作是念諸佛從何所来去至何所不知諸
佛来去因緣故即作是念曇无竭菩薩已曾
供養過去諸佛深種善根善學方便力必能
為我說諸佛從何所来去至何所唯願大師
今當為我說諸佛從何所来去至何所令我
常得不離見佛

小品經卷第九

BD04011號　小品般若波羅蜜經（異卷）卷九　（8–8）

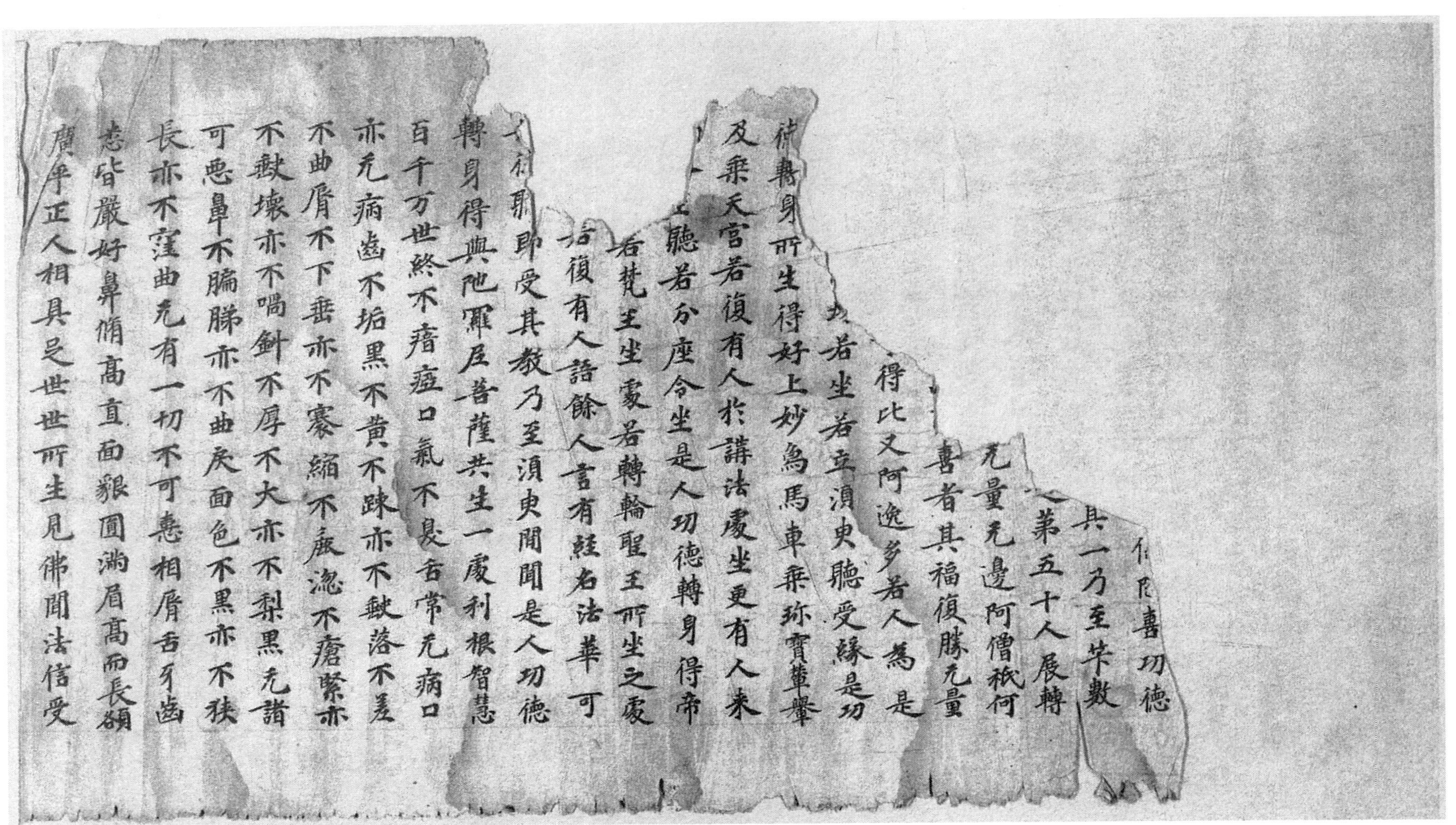

隨喜功德
其一乃至筭數
第五十人展轉
无量无邊阿僧祇何
喜者其福復勝无量
得比又阿逸多若人為是
故若坐若立須臾聽受緣是功
德轉身所生得好上妙象馬車乘珎寶輦
及乘天宮若復有人於講法處坐更有人來
聽若分座令坐是人功德轉身得帝
若梵王坐處若轉輪聖王所坐之處
多復有人語餘人言有經名法華可
聽即受其教乃至須臾間聞是人功德
轉身得與陁羅尼菩薩共生一處利根智慧
百千万世終不瘖瘂口氣不臭舌常无病口
亦无病齒不垢黑不黄不踈亦不缺落不差
不曲脣不下垂亦不褰縮不麁澁不瘡緊亦
不缺壞亦不喎斜不厚不大亦不梨黑无諸
可惡鼻不匾𠍃亦不曲戾面色不黑亦不狹
長亦不窪曲无有一切不可惡相脣舌牙齒
悉皆嚴好鼻脩高直面貌圓滿眉高而長額
廣平正人相具足世世所生見佛聞法信受

BD04012 號　妙法蓮華經卷六　　（3–1）

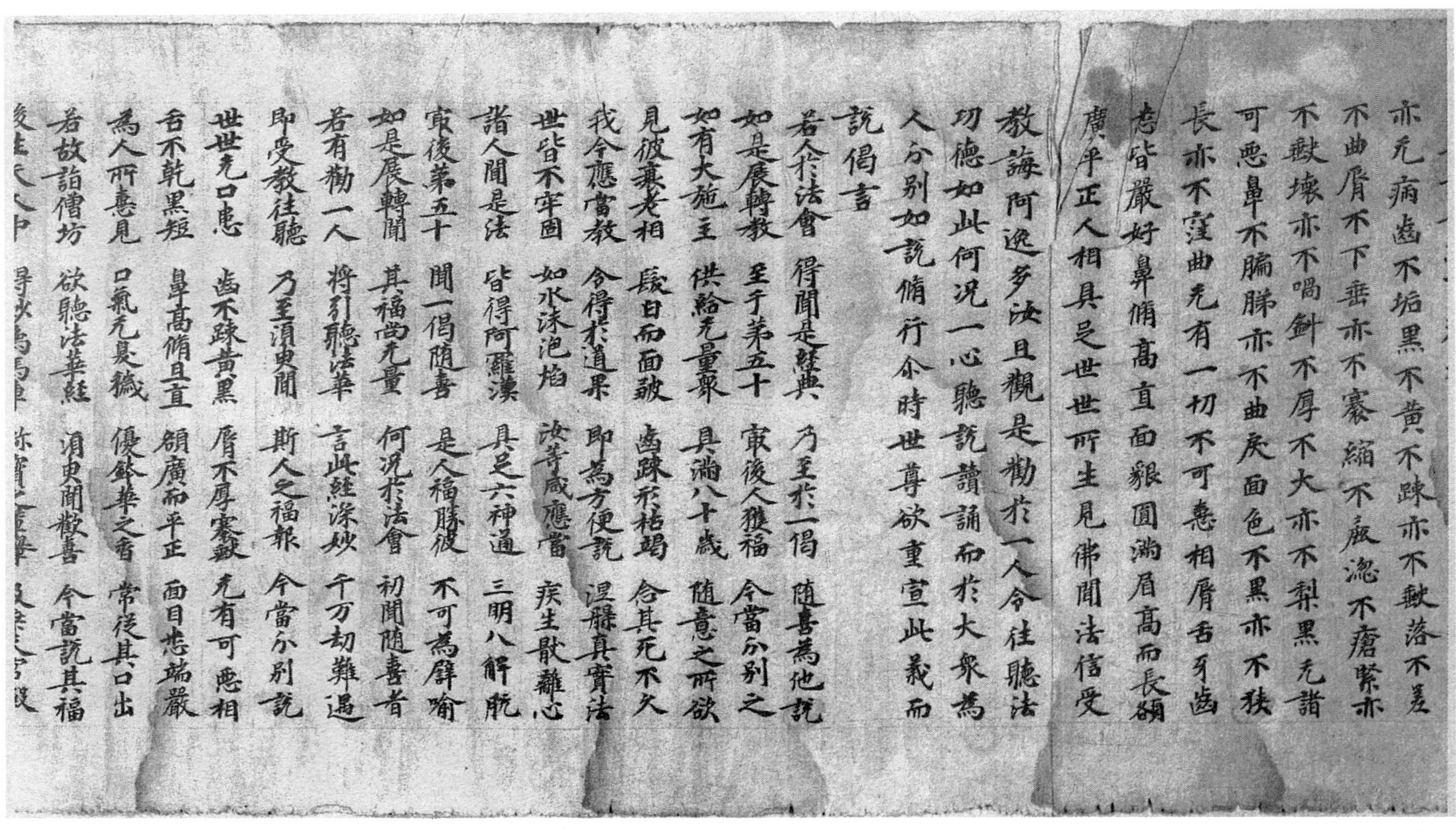

亦无病齒不垢黑不黄不踈亦不缺落不差
不曲脣不下垂亦不褰縮不麁澁不瘡緊亦
不缺壞亦不喎斜不厚不大亦不梨黑无諸
可惡鼻不匾𠍃亦不曲戾面色不黑亦不狹
長亦不窪曲无有一切不可惡相脣舌牙齒
悉皆嚴好鼻脩高直面貌圓滿眉高而長額
廣平正人相具足世世所生見佛聞法信受
教誨阿逸多汝且觀是勸於一人令往聽法
功德如此何況一心聽說讀誦而於大衆為
人分別如說脩行尒時世尊欲重宣此義而
說偈言
若人於法會　得聞是經典　乃至於一偈　隨喜為他說
如是展轉教　至于第五十　冣後人獲福　今當分別之
如有大施主　供給无量衆　具滿八十歲　隨意之所欲
見彼衰老相　髮白而面皺　齒踈形枯竭　念其死不久
我今應當教　令得於道果　即為方便說　涅槃真實法
世皆不牢固　如水沫泡焰　汝等咸應當　疾生猒離心
諸人聞是法　皆得阿羅漢　具足六神通　三明八解脫
冣後第五十　聞一偈隨喜　是人福勝彼　不可為譬喻
如是展轉聞　其福尚无量　何況於法會　初聞隨喜者
若有勸一人　將引聽法華　言此經深妙　千万劫難遇
即受教往聽　乃至須臾聞　斯人之福報　今當分別說
世世无口患　齒不踈黄黑　脣不厚褰缺　无有可惡相
舌不乾黑短　鼻高脩且直　額廣而平正　面目悉端嚴
為人所憙見　口氣无臭穢　優鉢華之香　常從其口出
若故詣僧坊　欲聽法華經　須臾聞歡喜　今當說其福
後生天人中　得妙象馬車　珎寶之輦輿　及乘天宮殿

BD04012 號　妙法蓮華經卷六　　（3–2）

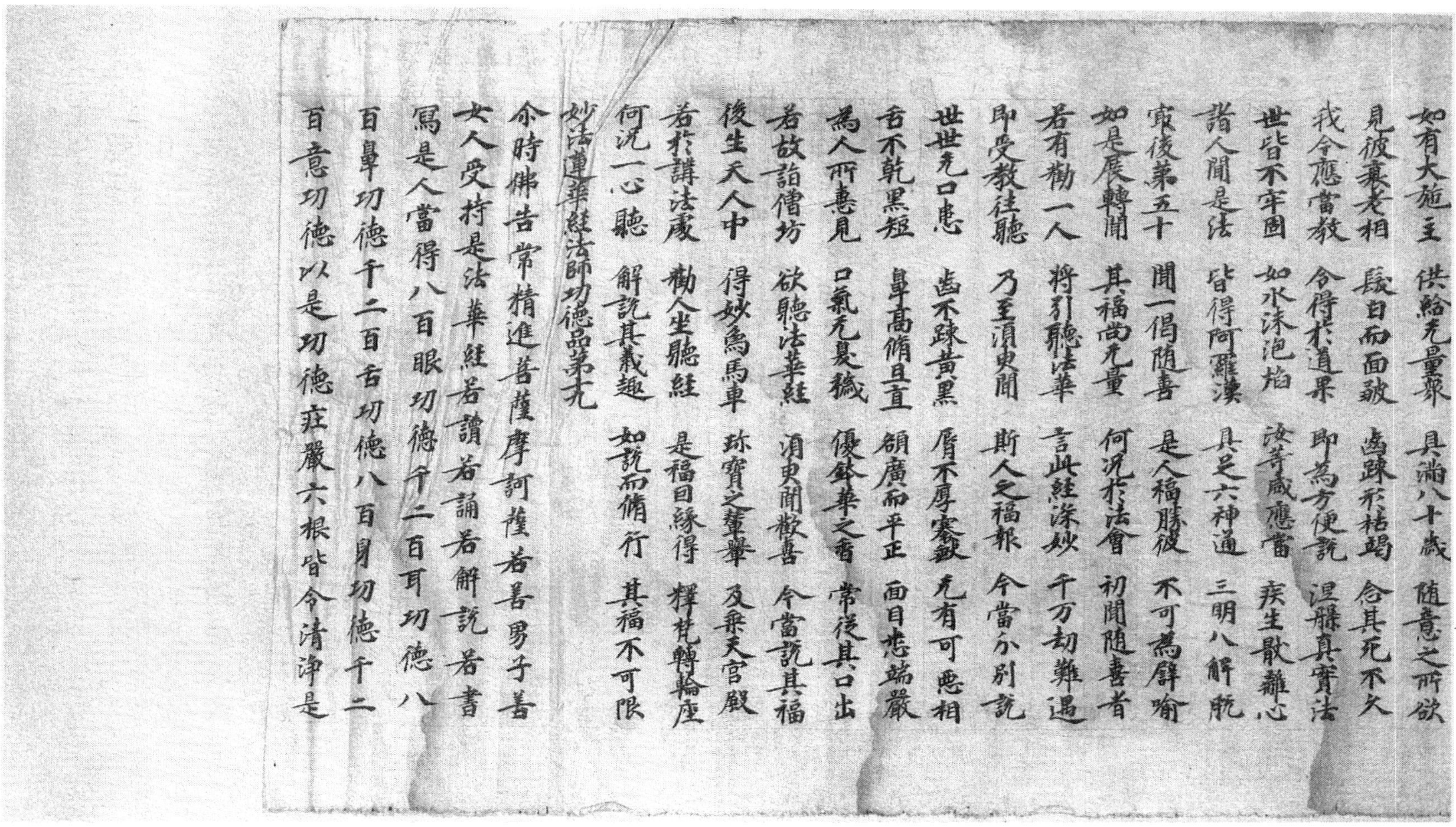

如有大施主　供給无量衆　具滿八十歲　隨意之所欲
見彼衰老相　髮白而面皺　齒踈形枯竭　念其死不久
我今應當教　令得於道果　即爲方便說　涅槃真實法
世皆不牢固　如水沫泡焰　汝等咸應當　疾生猒離心
諸人聞是法　皆得阿羅漢　具足六神通　三明八解脫
最後第五十　聞一偈隨喜　是人福勝彼　不可爲譬喻
如是展轉聞　其福尚无量　何況於法會　初聞隨喜者
若有勸一人　將引聽法華　言此經深妙　千万劫難遇
即受教往聽　乃至須臾聞　斯人之福報　今當分別說
世世无口患　齒不踈黃黑　脣不厚褰缺　无有可惡相
舌不乾黑短　鼻高脩且直　額廣而平正　面目悉端嚴
爲人所憙見　口氣无臰穢　優鉢華之香　常從其口出
若故詣僧坊　欲聽法華經　須臾聞歡喜　今當說其福
後生天人中　得妙象馬車　珎寶之輦轝　及乘天宮殿
若於講法處　勸人坐聽經　是福因緣得　釋梵轉輪座
何況一心聽　解說其義趣　如說而脩行　其福不可限

妙法蓮華經法師功德品第十九

尒時佛告常精進菩薩摩訶薩　若善男子善
女人受持是法華經　若讀若誦若解說若書
寫　是人當得八百眼功德　千二百耳功德　八
百鼻功德　千二百舌功德　八百身功德　千二
百意功德　以是功德莊嚴六根　皆令清淨　是

BD04012 號　妙法蓮華經卷六　（3–3）

若波羅蜜經
聞一時佛在舍衛國祇樹給
丘衆千二百五十人俱尒時世尊食
鉢入舍衛大城乞食於其城中次
已還至本處飯食訖收衣鉢洗足已敷
而坐時長老須菩提在大
偏袒右肩右膝著地合掌恭
世尊如來善護念諸菩薩善付囑諸菩薩
善男子善女人發阿耨多羅三藐三菩提
云何住云何降伏其心佛言善哉善哉
如汝所說如來善護念諸菩薩善付
菩薩汝今諦聽當爲汝說善男子善女
人發阿耨多羅三藐三菩提心應如是住如
是降伏其心唯然世尊願樂欲聞
告須菩提諸菩薩摩訶薩應如是降伏其
所有一切衆生之類若卵生若胎生若濕
若化生若有色若无色若有想若无想若
想若非无想我皆令入无餘涅槃而滅
如是滅度无量无數无邊衆生實无衆
得滅度者何以故須菩提若菩薩有我相
相衆生相壽者相即非菩薩
次須菩提菩薩於法應无所住行於布施
謂不住色布施不住聲香味觸法布施須
提菩薩應如是布施不住於相何以故若菩
不住相布施其福德不可思量須菩提於

BD04013 號　金剛般若波羅蜜經　（2–1）

相衆生相壽者相即非菩薩
次須菩提菩薩於法應无所住行於布施
謂不住色布施不住聲香味觸法布施須
提菩薩應如是布施不住於相何以故若菩
不住相布施其福德不可思量須菩提於
意云何東方虛空可思量不不也世尊須菩
南西北方四維上下虛空可思量不不也世
尊須菩提菩薩无住相布施福德亦復如
不可思量須菩提菩薩但應如所教住須
提於意云何可以身相見如來不不也世
尊不可以身相得見如來何以故如來所說
身相即非身相佛告須菩提凡所有相皆是
妄若見諸相非相則見如來
菩提白佛言世尊頗有衆生得聞如是言
章句生實信不佛告須菩提莫作是說如
來滅後後五百歲有持戒脩福者於此章句
能生信心以此為實當知是人不於一佛二
三四五佛而種善根已於无量千万佛所
諸善根聞是章句乃至一念生淨信者須
提如來悉知悉見是諸衆生得如是无量
德何以故是諸衆生无復我相人相衆生
相壽者相无法相亦无非法相何以故是諸
衆生若心取相則為著我人衆生壽者若取
法相即著我人衆生壽者何以故若
即著我人衆

BD04013號　金剛般若波羅蜜經　（2–2）

遠以諸華香而
子善女人受持讀誦此經若為人輕賤是人
先世罪業應墮惡道以今世人輕賤故先世
罪業則為消滅當得阿耨多羅三藐三菩提
湏菩提我念過去无量阿僧祇劫於然燈佛
前得值八百四千万億那由他諸佛悉皆供
養承事无空過者若復有人於後末世能受
持讀誦此經所得功德於我所供養諸佛功
德百分不及一千万億分乃至筭數譬喻所
不能及湏菩提若善男子善女人於後末世有
受持讀誦此經所得功德我若具說者或有
人聞心則狂亂狐疑不信湏菩提當知是經
義不可思議果報亦不可思議
尒時湏菩提白佛言世尊善男子善女人發
阿耨多羅三藐三菩提心云何應住云何降
伏其心佛告湏菩提善男子善女人發阿耨
多羅三藐三菩提者當生如是心我應滅度
一切衆生滅度一切衆生已而无有一衆生
實滅度者何以故若菩薩有我相人相衆生
相壽者相則非菩薩所以者何湏菩提實无

BD04014號　金剛般若波羅蜜經　（7–1）

伏其心佛告須菩提善男子善女人發阿耨
多羅三藐三菩提者當生如是心我應滅度
一切衆生滅度一切衆生已而无有一衆生
實滅度者何以故若菩薩有我相人相衆生
相壽者相則非菩薩所以者何須菩提實无
有法發阿耨多羅三藐三菩提者
須菩提於意云何如来於然燈佛所有法得
阿耨多羅三藐三菩提不不也世尊如我解
佛所説義佛於然燈佛所无有法得阿耨多
羅三藐三菩提佛言如是如是須菩提實无
有法如来得阿耨多羅三藐三菩提須菩提
若有法如来得阿耨多羅三藐三菩提然燈
佛則不與我受記汝於来世當得作佛号釋
迦牟尼以實无有法得阿耨多羅三藐三菩
提是故然燈佛與我受記作是言汝於来世
當得作佛号釋迦牟尼何以故如来者即諸
法如義若有人言如来得阿耨多羅三藐三
菩提須菩提實无有法佛得阿耨多羅三藐
三菩提須菩提如来所得阿耨多羅三藐三
菩提於是中无實无虚是故如来説一切法
皆是佛法須菩提所言一切法者即非一切
法是故名一切法
須菩提譬如人身長大須菩提言世尊如来
説人身長大則非大身是名大身
須菩提菩薩亦如是若作是言我當滅度
无量衆生則不名菩薩何以故須菩提實无

BD04014號　金剛般若波羅蜜經　（7–2）

法是故名一切法
須菩提譬如人身長大須菩提言世尊如来
説人身長大則非大身是名大身
須菩提菩薩亦如是若作是言我當滅度
无量衆生則不名菩薩何以故須菩提實无
有法名為菩薩是故佛説一切法无我无人无
衆生无壽者須菩提若菩薩作是言我當莊
嚴佛土是不名菩薩何以故如来説莊嚴佛
土者即非莊嚴是名莊嚴須菩提若菩薩
通達无我法者如来説名真是菩薩
須菩提於意云何如来有肉眼不如是世尊
如来有肉眼須菩提於意云何如来有天眼
不如是世尊如来有天眼須菩提於意云何
如来有慧眼不如是世尊如来有慧眼須菩
提於意云何如来有法眼不如是世尊如来
有法眼須菩提於意云何如来有佛眼不如
是世尊如来有佛眼須菩提於意云何恒河
中所有沙佛説是沙不如是世尊如来説是
沙須菩提於意云何如一恒河中所有沙有
如是等恒河是諸恒河所有沙數佛世界如
是寧為多不甚多世尊佛告須菩提尒所國
土中所有衆生若干種心如来悉知何以故
如来説諸心皆為非心是名為心所以者何
須菩提過去心不可得現在心不可得未来
心不可得須菩提於意云何若有人滿三千

BD04014號　金剛般若波羅蜜經　（7–3）

是寧為多不甚多世尊佛告須菩提尒所國
土中所有衆生若干種心如来悉知何以故
如来說諸心皆為非心是名為心所以者何
須菩提過去心不可得現在心不可得未来
心不可得須菩提於意云何若有人滿三千
大千世界七寳以用布施是人以是因緣得
福多不如是世尊此人以是因緣得福甚多
須菩提若福德有實如来不說得福德多以
福德无故如来說得福德多
須菩提於意云何佛可以具足色身見不不
也世尊如来不應以色身見何以故如来說
具足色身即非具足色身是名具足色身須
菩提於意云何如来可以具足諸相見不不
也世尊如来不應以具足諸相見何以故如
来說諸相具足即非具足是名諸相具足
須菩提汝勿謂如来作是念我當有所說法
莫作是念何以故若人言如来有所說法即
為謗佛不能解我所說故須菩提說法者无
法可說是名說法
須菩提白佛言世尊佛得阿耨多羅三藐三
菩提為无所得耶如是如是須菩提我於阿
耨多羅三藐三菩提乃至无有少法可得是
名阿耨多羅三藐三菩提復次須菩提是法
平等无有高下是名阿耨多羅三藐三菩提
以无我无人无衆生无壽者脩一切善法則

BD04014 號　金剛般若波羅蜜經　（7–4）

阿耨多羅三藐三
菩提為无所得耶如是如是須菩提我於阿
耨多羅三藐三菩提乃至无有少法可得是
名阿耨多羅三藐三菩提復次須菩提是法
平等无有高下是名阿耨多羅三藐三菩提
以无我无人无衆生无壽者脩一切善法則
得阿耨多羅三藐三菩提須菩提所言善法
者如来說非善法是名善法
須菩提若三千大千世界中所有諸須弥山
王如是等七寳聚有人持用布施若人以此
般若波羅蜜經乃至四句偈等受持為他人
說於前福德百分不及一百千万億分乃至
筭數譬喻所不能及
須菩提於意云何汝等勿謂如来作是念我
當度衆生須菩提莫作是念何以故實无有
衆生如来度者若有衆生如来度者如来則
有我人衆生壽者須菩提如来說有我者則
非有我而凡夫之人以為有我須菩提凡夫
者如来說則非凡夫須菩提於意云何可以
三十二相觀如来不須菩提言如是如是以
三十二相觀如来佛言須菩提若以三十二
相觀如来者轉輪聖王則是如来須菩提白
佛言世尊如我解佛所說義不應以三十二
相觀如来尒時世尊而說偈言
若以色見我　以音聲求我　是人行邪道　不能見如来
須菩提汝若作是念如来不以具足相故得

BD04014 號　金剛般若波羅蜜經　（7–5）

佛言世尊如我解佛所說義不應以三十二
相觀如來尒時世尊而說偈言
若以色見我 以音聲求我 是人行邪道 不能見如來
須菩提汝若作是念如來不以具足相故得
阿耨多羅三藐三菩提須菩提莫作是念如
來不以具足相故得阿耨多羅三藐三菩提
須菩提汝若作是念發阿耨多羅三藐三菩
提者說諸法斷滅莫作是念何以故發阿耨
多羅三藐三菩提者於法不說斷滅相須菩
提若菩薩以滿恒河沙等世界七寶布施若
復有人知一切法无我得成於忍此菩薩勝
前菩薩所得功德須菩提以諸菩薩不受福
德故須菩提白佛言世尊云何菩薩不受福
德須菩提菩薩所作福德不應貪著是故說
不受福德須菩提若有人言如來若來若去
若坐若卧是人不解我所說義何以故如來
者无所從來亦无所去故名如來須菩提若
善男子善女人以三千大千世界碎為微塵
於意云何是微塵衆寧為多不甚多世尊何
以故若是微塵衆實有者佛則不說是微塵
衆所以者何佛說微塵衆則非微塵衆是名
微塵衆世尊如來所說三千大千世界則非
世界是名世界何以故若世界實有者則是
一合相如來說一合相則非一合相是名一
合相須菩提一合相者則是不可說但凡夫
之人貪著其事須菩提若人言佛說我見人見

BD04014 號　金剛般若波羅蜜經　（7–6）

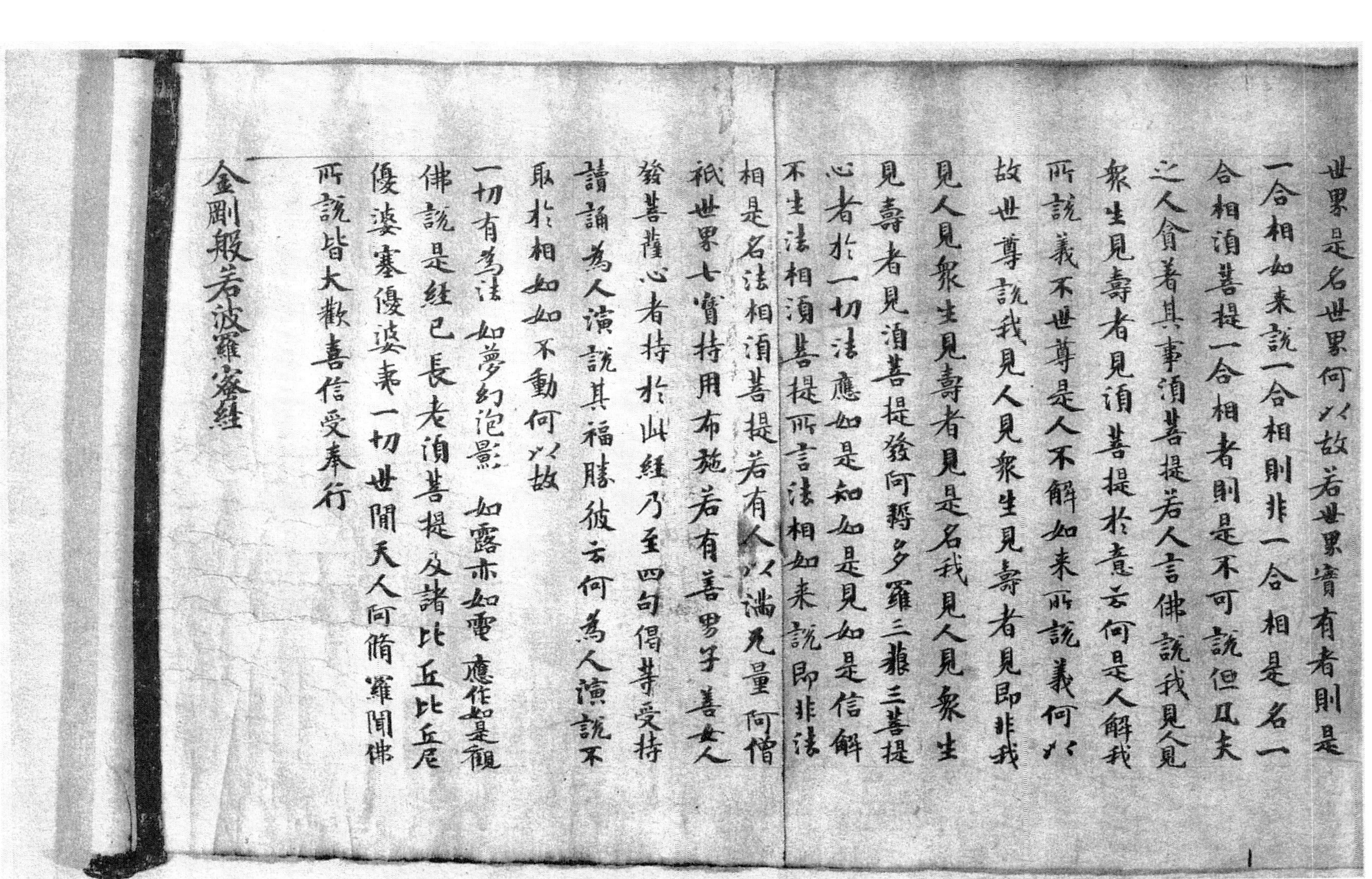
世界是名世界何以故若世界實有者則是
一合相如來說一合相則非一合相是名一
合相須菩提一合相者則是不可說但凡夫
之人貪著其事須菩提若人言佛說我見人見
衆生見壽者見須菩提於意云何是人解我
所說義不世尊是人不解如來所說義何以
故世尊說我見人見衆生見壽者見即非我
見人見衆生見壽者見是名我見人見衆生
見壽者見須菩提發阿耨多羅三藐三菩提
心者於一切法應如是知如是見如是信解
不生法相須菩提所言法相如來說即非法
相是名法相須菩提若有人以滿无量阿僧
祇世界七寶持用布施若有善男子善女人
發菩薩心者持於此經乃至四句偈等受持
讀誦為人演說其福勝彼云何為人演說不
取於相如如不動何以故
一切有為法 如夢幻泡影 如露亦如電 應作如是觀
佛說是經已長老須菩提及諸比丘比丘尼
優婆塞優婆夷一切世間天人阿脩羅聞佛
所說皆大歡喜信受奉行
金剛般若波羅蜜經

BD04014 號　金剛般若波羅蜜經　（7–7）

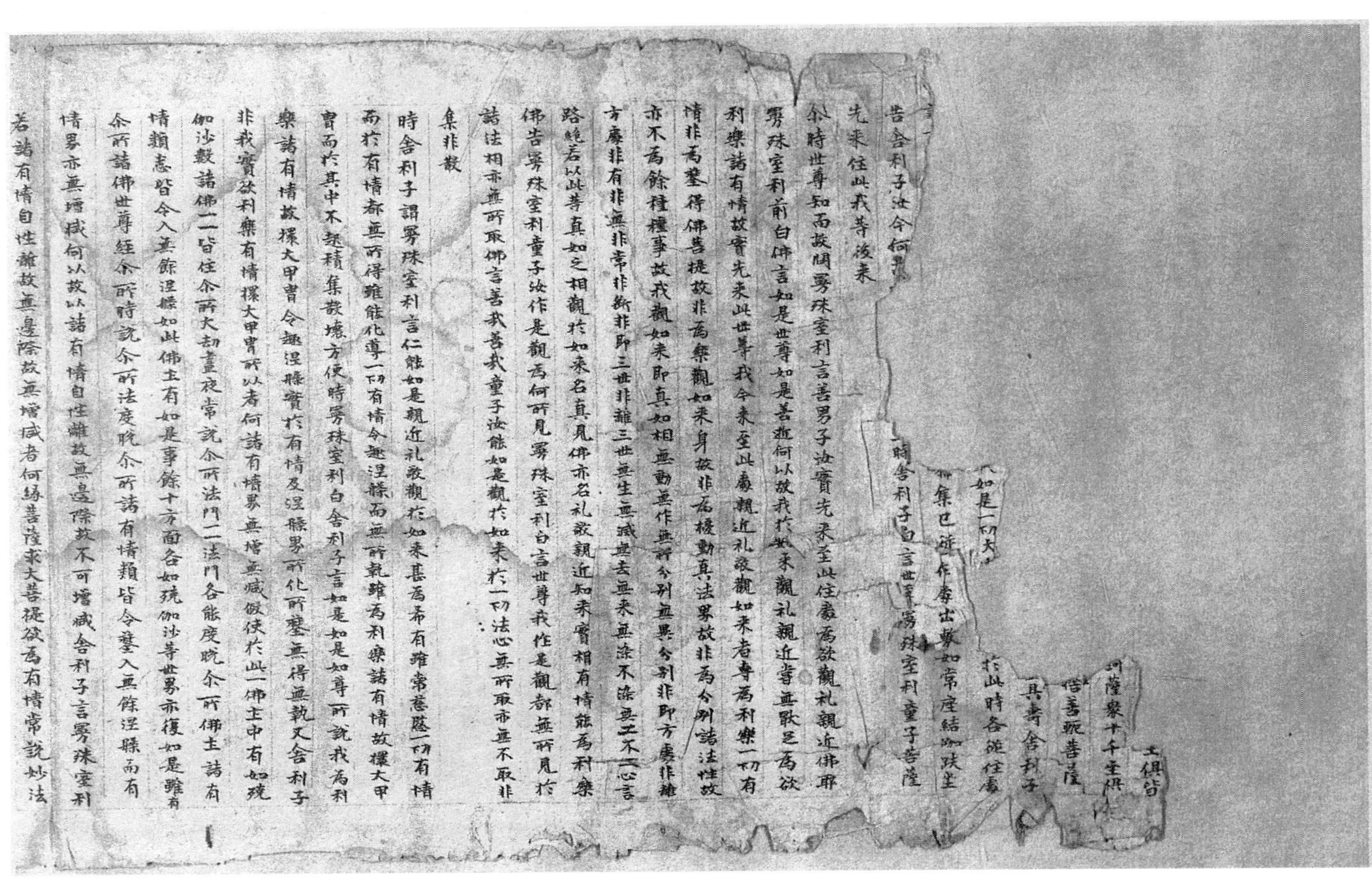

BD04015 號　大般若波羅蜜多經卷五七四　　（9–1）

BD04015 號　大般若波羅蜜多經卷五七四　　（9–2）

深般若波羅蜜多復次世尊若脩般若波羅蜜多於一切法無所思惟若多若少俱無有
顧能所希願及希願者皆不取著名真脩學甚深般若波羅蜜多若脩般若波羅蜜
多不見諸法有好有醜有高有下名真脩學甚深般若波羅蜜多復次世尊善男子等
若脩般若波羅蜜多於諸法中不得勝劣謂都不見此勝此劣是真般若波羅蜜多所以
者何真如法界法性實際無勝無劣若如是脩名真脩學甚深般若波羅蜜多
佛告曼殊室利童子諸佛妙法豈亦不勝曼殊室利白佛言世尊諸佛妙法不可取故
亦不可言是勝是劣如來豈不證諸法空世尊答言如是童子曼殊室利復白佛言諸
法空中何有勝劣世尊讚曰善哉善哉如是如是如汝所說曼殊室利佛法豈不是無
上耶如是世尊一切佛法實無上而於其中無法可得故不可說佛法無上復次世尊善男
子等若脩般若波羅蜜多不欲任持一切佛法不欲調伏異生法等甚深般若波羅蜜多於
諸佛法異生法等不欲增長及調伏故於一切無分別故如是脩名真脩學甚深般若波
羅蜜多復次世尊善男子等若脩般若波羅蜜多不見諸法有可思惟可分別者曼
殊室利汝於佛法豈不思惟不也世尊我若見有實真佛法應可思惟然我不見世
尊般若波羅蜜多不為分別諸法故起謂不分別是異生法是聲聞法是獨覺法是菩
薩法是如來法善男子等精勤脩學甚深般若波羅蜜多於諸法中都無所得亦無
所說謂不說有異生法性亦不說有聲聞乃至如來法性所以者何此諸法性皆畢竟
空不可見故若如是脩名真脩學甚深般若波羅蜜多復次世尊善男子等勤脩般若
波羅蜜多不作是念此是欲界此是色界此無色界此是滅界所以者何甚深般若波羅蜜
多不見有法是可滅者若如是脩名真脩學甚深般若波羅蜜多復次世尊若脩般若
波羅蜜多於一切法不作恩怨何以故甚深般若波羅蜜多不為任持一切佛法不為弃捨異
生等法所以者何善男子等勤脩般若波羅蜜多於佛法中不欲證得不欲滅壞異生等法達
一切法性平等故若如是脩名真脩學甚深般若波羅蜜多尒時世尊即便讚曰曼殊室利
善哉善哉汝今乃能說甚深法與諸菩薩摩訶薩衆作真法印亦與聲聞及獨覺等增上
慢者作大法印令如實知究所通達非真究竟曼殊室利若善男子善女人等聞是深法
心不沉沒亦不驚怖當知是人非於一佛乃至千佛種諸善根定於無量無邊佛所種諸善根
乃能聞是甚深般若波羅蜜多心不沉沒亦不驚怖
尒時曼殊室利童子合掌恭敬復白佛言我欲更說甚深般若波羅蜜多唯願聽許佛告曼
殊室利童子汝欲說者隨汝意說曼殊室利便白佛言世尊若脩甚深般若波羅蜜多於
法不得是可住者亦復不得是不可住當如如是甚深般若波羅蜜多不緣法住何以故以一
切法無所緣故世尊若能如是脩者名真脩學甚深般若波羅蜜多於一切法不取相故復
次世尊應觀如是甚深般若波羅蜜多不現觀諸法性相謂於佛法尚不現觀況菩薩法於
菩薩法尚不現觀況獨覺法於獨覺法尚不現觀況聲聞法於聲聞法尚不現觀況
異生法何以故以一切法性相離故復次世尊依脩如是甚深般若波羅蜜多於諸法中

BD04015號　大般若波羅蜜多經卷五七四　（9–3）

法不得是可住者亦復不得是不可住當如如是甚深般若波羅蜜多不緣法住何以故以一
切法無所緣故世尊若能如是脩者名真脩學甚深般若波羅蜜多於一切法不取相故復
次世尊應觀如是甚深般若波羅蜜多不現觀諸法性相謂於佛法尚不現觀況菩薩法於
菩薩法尚不現觀況獨覺法於獨覺法尚不現觀況聲聞法於聲聞法尚不現觀況
異生法何以故以一切法性相離故復次世尊依脩如是甚深般若波羅蜜多於諸法中
無所分別謂不分別是可思議不可思議法性差別當菩薩摩訶薩衆脩行般若
波羅蜜多於諸法中都無分別復次世尊依脩如是甚深般若波羅蜜多一切法中都
不見有此是佛法此非佛法此可思議此不可思議以一切法無差別性故若諸有情能脩
如是甚深般若波羅蜜多觀一切法皆是佛法順菩提故觀一切法皆不思議畢竟佛
空故是諸有情已曾親近供養恭敬多百千佛種諸善根乃能如是脩行般若波羅蜜多
復次世尊若善男子善女人等聞說如是甚深般若波羅蜜多心不沉沒亦不驚怖當
如過去已曾親近供養恭敬多百千佛種諸善根乃能如是復次世尊應觀如是甚深般
若波羅蜜多若能勤脩則於諸法不見雜染不見清淨雖無所見而能勤脩甚深般
若波羅蜜多於一切時心無猒倦復次世尊若脩如是甚深般若波羅蜜多於諸異生聲聞
獨覺菩薩佛法無差別想了此等法畢竟空故若能如是名真脩學甚深般若波羅蜜多
佛告曼殊室利童子汝已親近供養幾佛曼殊室利白言世尊我已親近供養佛數量
同幻士心心所法以一切法皆如幻故曼殊室利汝於佛法豈不趣求世尊我今不見有法非佛
法者何所趣求曼殊室利汝於佛法已成就耶世尊我今都不見法可名佛法何所成就
曼殊室利汝豈不得無著性耶世尊我今即無著性豈無著性復得無著曼殊室利汝
不當坐菩提座耶世尊諸佛於菩提座尚無坐義況我能坐何以故以一切法皆用實際
為定量故於實際中座及坐者俱不可得曼殊室利言實際者是何增語世尊實際當
知即是偽身增語曼殊室利云何偽身可名實際世尊實際無去無來非真非偽身非
身相俱不可得偽身亦尒是故偽身即是實際時舍利子便白佛言若諸菩薩聞說如
是甚深般若波羅蜜多心不沉沒亦不驚怖是諸菩薩定趣菩提不復退轉慈氏菩薩
復白佛言若諸菩薩聞說如是甚深般若波羅蜜多心不沉沒亦不驚怖是諸菩薩已
近無上正等菩提何以故是諸菩薩現覺法性離一切分別如大菩提故曼殊室利亦白
佛言若諸菩薩聞說如是甚深般若波羅蜜多心不沉沒亦不驚怖是諸菩如佛世尊堪
受世間供養恭敬何以故於一切法覺實性故時有女人名無緣慮合掌恭敬白言世
尊若諸有情聞說如是甚深般若波羅蜜多心不沉沒亦不驚怖是諸有情於異生
法若聲聞法若獨覺法若菩薩法若如來法皆不緣慮所以者何達一切法都無所有
能所緣慮俱不可得尒時佛告舍利子等如是如是如汝所說若善男子善女人等聞
說如是甚深般若波羅蜜多心不沉沒亦不驚怖是善男子善女人等當知已住不退轉
地定趣菩提不復退轉舍利子等若諸有情聞說如是甚深般若波羅蜜多心不沉沒

BD04015號　大般若波羅蜜多經卷五七四　（9–4）

法若聲聞法若獨覺法若菩薩法若如來法皆不緣慮所以者何達一切法都無所有
能所緣慮俱不可得爾時佛告舍利子等如是如是如汝所說若善男子善女人等聞
說如是甚深般若波羅蜜多心不沈沒亦不驚怖是善男子善女人等當知已住不退轉
地定趣菩提不復退轉舍利子等若諸有情聞說如是甚深般若波羅蜜多心不沈沒
亦不驚怖歡喜信樂聽聞受持轉為他說心無厭倦是諸有情能為一切真實廣大殊
勝施主能施一切無上財寶具足布施波羅蜜多是諸有情淨戒圓滿具真淨戒具勝淨
戒淨戒功德皆已圓滿具足淨戒波羅蜜多是諸有情安忍圓滿具真安忍具勝安
忍安忍功德皆已圓滿具足安忍波羅蜜多是諸有情精進圓滿具足真精進具勝
精進精進功德皆已圓滿具足精進波羅蜜多是諸有情靜慮圓滿具真靜慮具
勝靜慮靜慮功德皆已圓滿具足靜慮波羅蜜多是諸有情般若圓滿具真般若
具勝般若般若功德皆已圓滿具足般若波羅蜜多是諸有情成就真勝慈悲喜捨
亦能為他宣說開示甚深般若波羅蜜多
佛告曼殊室利童子汝觀何義欲證無上正等菩提曼殊室利白言世尊我於無上正
等菩提尚無住心況當欲證我於菩提無求趣意所以者何菩提即我我即菩提如何
趣佛言善哉善哉童子汝能巧說甚深義處汝於先佛多植善根久發大願能依無
得修行種種清淨梵行曼殊室利白佛言若於諸法有所得者可依無得修淨梵
行我都不見有法可得及無所得如何可言能依無得修淨梵行
佛告曼殊室利童子汝今見我聲聞德耶世尊我見佛言童子汝云何見世尊今我
見諸聲聞非異生非聖者非有學非無學非可見非不可見非見者非不見者
非多非少非小非大非已調伏非未調伏我如是見而無見想時舍利子便問彼言於
聲聞乘既如是見復云何見正等覺乘大德我今不見菩薩亦復不見諸菩
薩法不見菩提亦復不見趣菩提法亦不見有趣菩提行亦不見有證菩提
法不見有能證菩提者我如是見正等覺乘謂於其中都無所見時舍利子復問
彼言汝於如來當云何見大德止止勿於如來大龍象王而興言論曼殊室利所言
佛者是何增語今問大德所言我者復何增語舍利子言我者但有假名立字是
空增語大德當知佛之增語即我增語我之與佛俱畢竟空但隨世間假立名字菩
提名字亦是假立不可尋此求實菩提菩提相空不可表示何以故名
字菩提二俱空故名字空故言說亦空不可以空表示空法菩提空故佛亦是空故言
佛空是增語復次大德所言佛者無來無去無生無滅無所證得無所成就無名無
相不可分別無言無說不可表示唯微妙智自內證知謂諸如來覺一切法畢竟空寂
證大菩提隨順世間假立名字故稱為佛非為實有若有若無不可得故復次大德如
來所證微妙智慧說名菩提成就菩提故名為佛菩提空故佛亦是空由此佛名是空增

BD04015號　大般若波羅蜜多經卷五七四　（9–5）

字菩提二俱空故名字空故言說亦空不可以空表示空法菩提空故佛亦是空故言
佛空是增語復次大德所言佛者無來無去無生無滅無所證得無所成就無名無
相不可分別無言無說不可表示唯微妙智自內證知謂諸如來覺一切法畢竟空寂
證大菩提隨順世間假立名字故稱為佛非為實有若有若無不可得故復次大德如
來所證微妙智慧說名菩提成就菩提故名為佛菩提空故佛亦是空由此佛名是空增
語時舍利子便白佛言曼殊室利所說深法非初學者所能了知爾時曼殊室利童
子即白具壽舍利子言我所說者非唯初學不能解了所作已辦阿羅漢等亦不能知
非我所說有能知者所以者何菩提之相非識所識無見無聞無得無念無生無滅不
可說示不可聽受如是菩提性相空寂諸大菩薩尚未能知何況二乘所知解了菩提性相
尚不可得況當有實證菩提者
舍利子言曼殊室利佛於法界豈不證耶不也大德所以者何佛即法界法界即佛法界
不應還證法界又舍利子一切法空說為法界即此法界說為菩提法界菩提俱離性相
由斯故說一切法空一切法空菩提法界皆是佛境無二無別無二無別故不可了知不
可了知故則無言說無言說故不可施設有為無為有非有等又舍利子一切法性亦
無二無別無二無別故不可了知不可了知故則無言說無言說故不可施設所以者
何諸法本性都無所有不可施設在此在彼此物彼物又舍利子若造無間當知即造不
可思議亦造實際何以故舍利子不可思議與五無間俱即實際性無差別既無有能
造實際者是故無間不可思議亦不可造由斯理趣造無間者非墮地獄不思議者
非得生天造無間者亦非長夜流淪生死不思議者亦非究竟能證涅槃何以故舍
利子不可思議與五無間皆住實際性無差別無生無滅無去無來非因非果非善非惡
非招惡趣非感生天非證涅槃非沒生死何以故以真法界非善非惡非高非下無前
後故又舍利子犯重苾芻非墮地獄淨持戒者非得生天犯重苾芻非流生死淨持
戒者非證涅槃犯重苾芻非應毀呰淨持戒者非應讚歎犯重苾芻非應輕蔑淨持
戒者非應恭敬犯重苾芻非應乖諍淨持戒者非應和合犯重苾芻非應遠離淨持戒
者非應親近犯重苾芻非應損減淨持戒者非應增益犯重苾芻非不應供淨持
戒者非定應供犯重苾芻非增長漏淨持戒者非損減漏犯重苾芻非不清淨淨持戒
者非定清淨犯重苾芻非無淨信淨持戒者非有淨信犯重苾芻非不應受清淨信
施淨持戒者非定應受清淨信施何以故舍利子真法界中若持若犯其性平等無差
別故
又舍利子諸異生類名和合者遍盡苾芻名不和合曼殊室利汝依何義作如是
說大德異生與生因合名和合者諸阿羅漢無如是義名不和合我依此義作如是
說又舍利子諸異生類名超怖者遍盡苾芻名不超怖曼殊室利汝依何義作
如是說大德異生於可怖法不生怖畏名超怖者諸阿羅漢知可怖法實無所有

BD04015號　大般若波羅蜜多經卷五七四　（9–6）

又舍利子諸異生類名和合者遍盡苾芻名不和合曼殊室利汝依何義作如是
說大德異生因合名和合者諸阿羅漢無如是義名不和合我依此義作如是
說又舍利子諸異生類名趣怖者遍盡苾芻名不趣怖曼殊室利汝依何義作
如是說大德異生於可怖法不生怖畏名趣怖者諸阿羅漢知可怖法實無所有
無可怖趣我依此義作如是說又舍利子諸異生類得無滅忍諸菩薩衆得無生忍
曼殊室利汝依何義作如是說大德異生不樂寂滅名得滅無忍諸菩薩衆不見
法生名得無生忍我依此義作如是說又舍利子諸異生類名調伏者遍盡苾芻名不調
伏曼殊室利汝依何義作如是說大德異生未調伏故應可調伏名調伏者諸阿羅漢遍
結已盡不復須調名不調伏我依此義作如是說又舍利子諸異生類名增上心趣越行
者遍盡苾芻名心下劣非趣越行曼殊室利汝依何義作如是說大德異生其心高舉行
違法界名增上心趣越行者諸阿羅漢其心謙下行順法界名心下劣非趣越行我依此義
作如是說時舍利子讚曼殊室利言善哉善哉善能為我解密語義曼殊室利報言
如是如是大德我非但能解密語義我亦即是一切漏盡真阿羅漢何以故我於聲聞
獨覺樂欲皆永不起故名漏盡真阿羅漢
佛告曼殊室利童子頗有因緣可說菩薩坐菩提座不證無上正等菩提曼殊室
利白言世尊亦有因緣可說菩薩坐菩提座不證無上正等菩提謂菩提中無有少法
可名無上正等菩提然真菩提性無差別非坐可得不坐便捨由此因緣可說菩薩坐
菩提座不證菩提無上菩提不可證故曼殊室利復白佛言無上菩提即五無間
彼五無間即此菩提所以者何菩提無間俱假施設非真實有菩提之性非可證得
非可脩習非可現見彼五無間亦復如是又一切法本性畢竟不可現見於中無覺無
覺者無見無見者無知無知者無分別無分別者離相平等名為菩提五無間性
亦復如是由此菩提非可證得言可證得脩習現見大菩提者增上慢佛告曼殊室
利童子汝今謂我是如來耶不也世尊善逝我不謂佛是實如來所以者何夫如來
者以微妙智證會真如妙智真如二俱離相真如離相非謂真如妙智亦然非謂
妙智既無妙智及無真如是故如來亦非真實何以故真如妙智但假施設如來
亦尒非二不二是故妙智真如如來但有假名而無二實故不謂佛是實如來佛告
曼殊室利童子汝非疑惑於如來耶不也世尊不也善逝何以故我觀如來實不可
得無生無滅故無所疑佛告曼殊室利童子如來豈不出現世間不也世尊不也善逝
若真法界出現世間可言如來出現於世非真法界出現世間是故如來不出現曼
殊室利汝謂殑伽沙數諸佛入涅槃不世尊豈不諸佛如來同不思義一境界相曼殊
室利如是如是如汝所說諸佛如來同不思議一境界相曼殊室利復白佛言今佛世
尊現住世不佛言如是曼殊室利便白佛言若佛世尊現住世者殑伽沙等諸佛世

BD04015號　大般若波羅蜜多經卷五七四　（9–7）

得無生無滅故無所疑佛告曼殊室利童子如來豈不出現世間不也世尊不也善逝
若真法界出現世間可言如來出現於世非真法界出現世間是故如來不出現曼
殊室利汝謂殑伽沙數諸佛入涅槃不世尊豈不諸佛如來同不思義一境界相曼殊
室利如是如是如汝所說諸佛如來同不思議一境界相曼殊室利復白佛言今佛世
尊現住世不佛言如是曼殊室利便白佛言若佛世尊現住世者殑伽沙等諸佛世
尊亦應住世何以故一切如來同不思議一境相故不思議相無生無滅如何諸佛有入涅
槃是故世尊若未來佛當有出世一切如來皆當出世若過去佛已入涅槃一切如來皆
已滅度若現在佛現證菩提一切如來皆應現證何以故不思議中去來現在所有諸
佛無差別故然諸世間迷謬執著種種戲論謂佛世尊有生有滅有證菩提佛告曼殊
室利童子汝所說法唯如來不退菩薩大阿羅漢所能解了餘不能知何以故唯如來等
聞是深法如實了達不讚不毀知心非心不可得故所以者何一切法性皆悉平等心及
非心俱不可得由此於法無讚無毀曼殊室利即白佛言於是深法誰當讚毀佛言童
子愚夫異生彼如是心非實心性同佛心性不可思議曼殊室利復白佛言愚夫異生心非心
性同佛心性不思議耶佛告曼殊室利童子如是如是如汝所說何以故佛有情心及一切法
皆悉平等不思議故曼殊室利復白佛言佛有情心及一切法若皆平等不可思議今諸
聖賢求涅槃者勤行精進豈不唐捐所以者何不思議性與涅槃性既無差別何
用更求若有說言此異生法此聖者法有差別相當知彼人未曾親近真淨善
友作如是說令諸有情執二法異流淪生死不得涅槃
佛告曼殊室利童子汝頗如來於有情類為勝不世尊若有真實有情我
頗如來於彼最勝然有情類實不可得佛告曼殊室利童子汝頗佛成就不思議
法耶世尊若有不思議法實可成就我頗如來成就彼法然無是事佛告曼殊室利
童子汝頗如來說法調伏弟子衆不世尊若有說法調伏真如法界我頗如來說法
調伏諸弟子衆然佛世尊出現於世於有情類都無恩德所以者何諸有情類皆住無
雜真如法界於此界中異生聖者能說能受俱不可得佛告曼殊室利童子汝頗如
來是世無上真福田不曼殊室利白言世尊若諸福田是實有者我亦頗佛於彼無
上然諸福田不可得是故諸佛皆非福田非非福田以福非福及一切法性平等故然世間田
能無盡者世共說彼名無上田諸佛世尊證無盡福是故可說無上福田又世間田無
轉變者世共說彼名無上田諸佛世尊證無變福是故無上福田又世間田用難思者
世共說彼名無上田諸佛世尊證難思福是故可說無上福田諸佛福田雖實無上而殖
福者無減無增佛告曼殊室利童子汝依何義作如是說曼殊室利白言世尊佛福
田相不可思議若有於中而殖福者即便能了平等法性達一切法無減無增故佛福
田寂為無上尒時大地以佛世尊神力法力六返變動時衆會中有十六億大苾芻衆諸
漏永盡心得解脫七百苾芻尼三千鄔波索迦四万鄔波斯迦六十俱胝那庾多欲界

BD04015號　大般若波羅蜜多經卷五七四　（9–8）

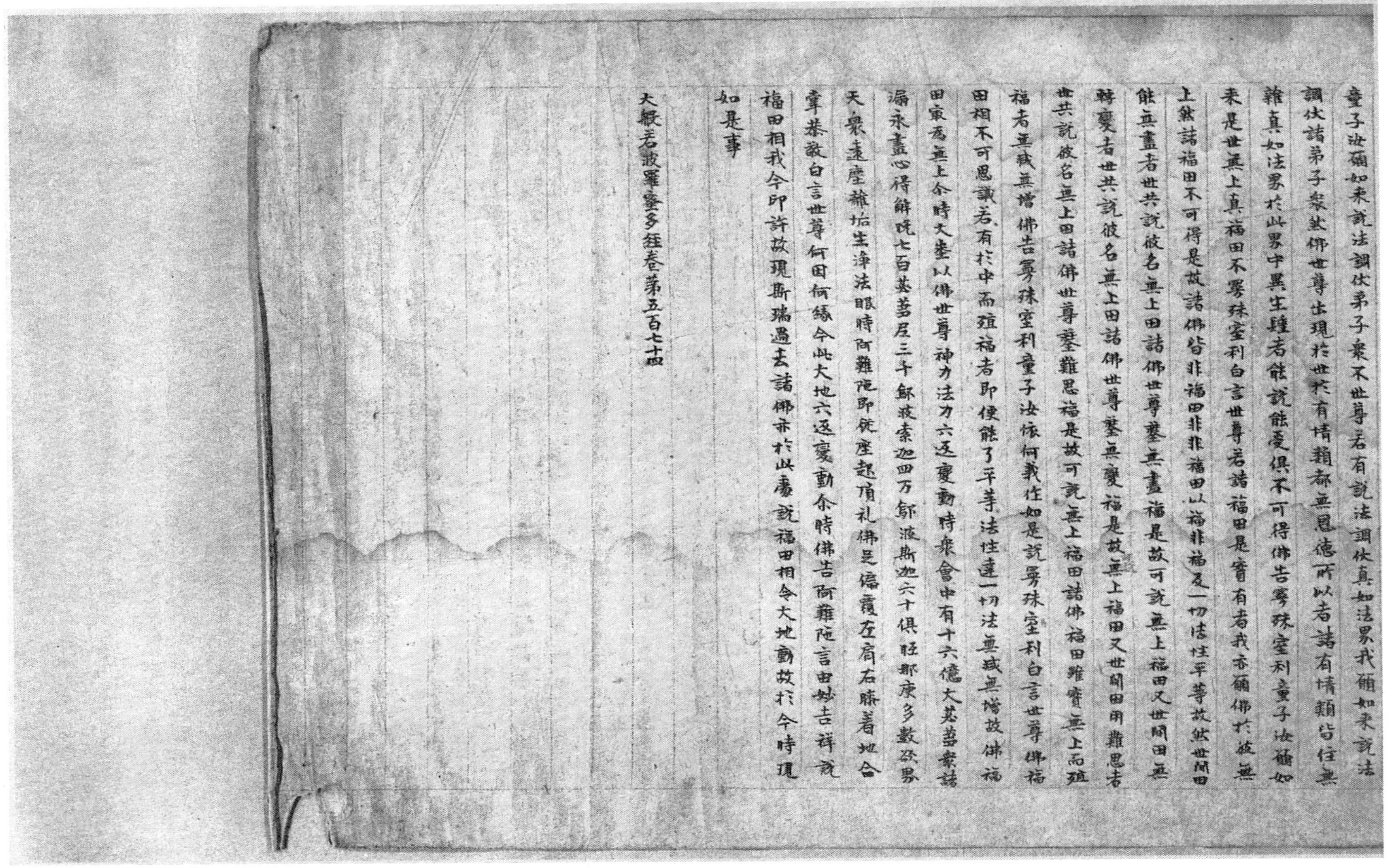

BD04015號　大般若波羅蜜多經卷五七四　（9–9）

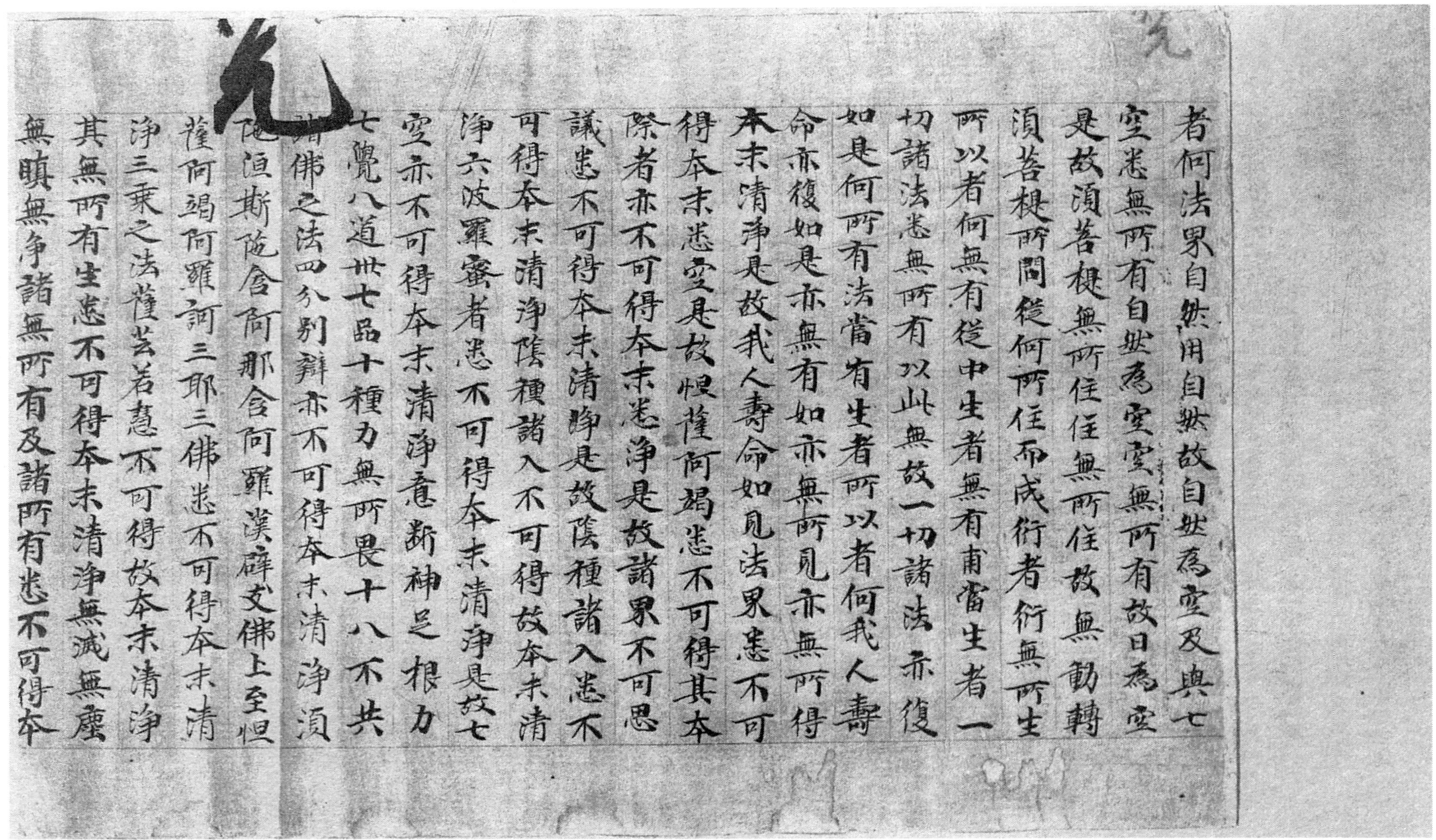

BD04016號　光讚經（兑廢稿）卷八　（2–1）

光

得本末悉空是故怛薩阿竭悉不可得其本
際者亦不可得本末悉淨是故諸界不可思
議悉不可得本末清淨是故陰種諸入悉不
可得本末清淨陰種諸入不可得故本末清
淨六波羅蜜者悉不可得本末清淨是故七
空亦不可得本末清淨意斷神足根力
七覺八道卅七品十種力無所畏十八不共
諸佛之法四分別辯亦不可得本末清淨須
陁洹斯陁含阿那含阿羅漢辟支佛上至怛
薩阿竭阿羅訶三耶三佛悉不可得本末清
淨三乘之法薩芸若慧不可得故本末清淨
其無所有生悉不可得本末清淨無滅無塵
無瞋無諍諸無所有及諸所有悉不可得本
末清淨其過去當來今現在事往來所住住
止所生悉不可得本末清淨所蓋所橫悉不
可得本末清淨雖當遠得不可得者其法界
則不可得若求阿羅漢辟支佛怛薩阿竭欲

BD04016號　光讚經（兌廢稿）卷八　　（2–2）

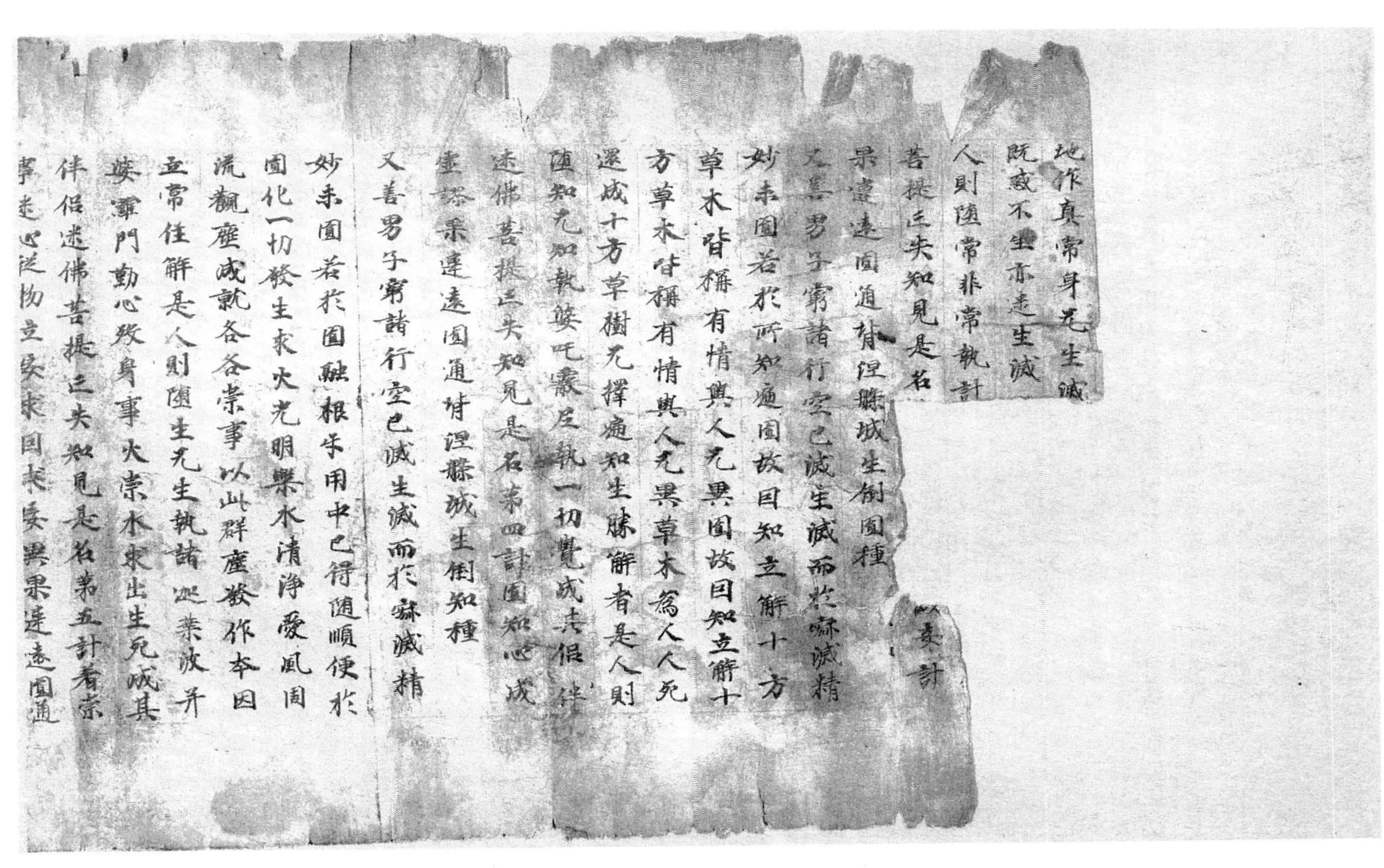
地作真常身无生滅
既惑不生亦迷生滅
人則墮常非常執計
菩提亡失知見是名[illegible]妄計
果違遠圓通背涅槃城生倒圓種
又善男子窮諸行空已滅生滅而於寂滅精
妙未圓若於所知知遍圓故因知立解十方
草木皆稱有情與人无異草木為人人死
還成十方草樹无擇遍知生勝解者是人則
墮知无知執婆吒霰尼執一切覺成其伴侶
迷佛菩提亡失知見是名第四計圓知心成
虛謬果違遠圓通背涅槃城生倒知種
又善男子窮諸行空已滅生滅而於寂滅精
妙未圓若於圓融根互用中已得隨順便於
圓化一切發生求火光明樂水清淨愛風周
流觀塵成就各各崇事以此群塵發作本因
立常住解是人則墮生无生執諸迦葉波并
婆羅門勤心役身事火崇水求出生死成其
伴侶迷佛菩提亡失知見是名第五計著崇
事迷心從物立妄求因求妄冀果違遠圓通

BD04017號　大佛頂如來密因修證了義諸菩薩萬行首楞嚴經卷一〇　　（8–1）

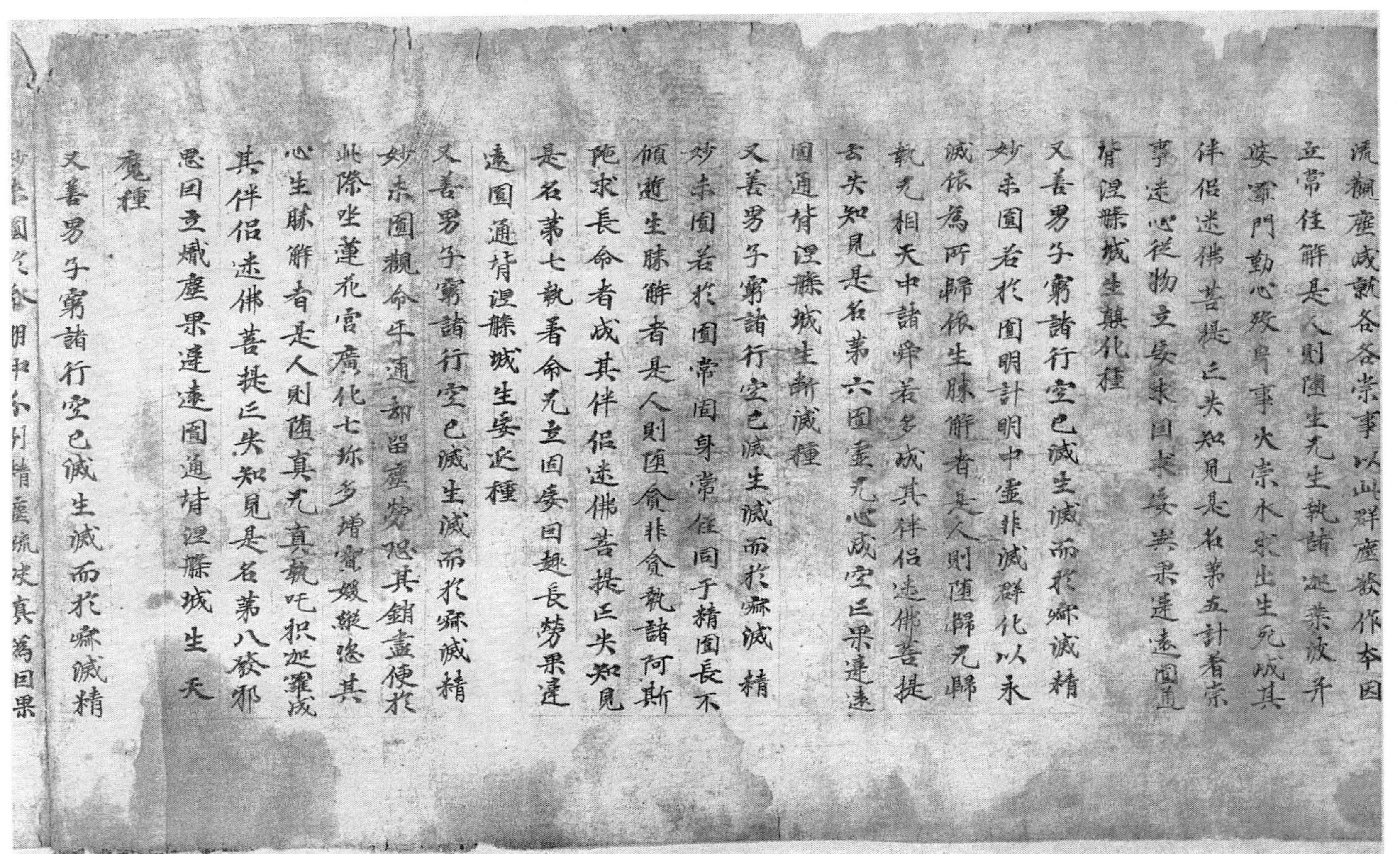
流觀塵成就各各崇事以此群塵發作本因
立常住解是人則墮生无生執諸迦葉波并
婆羅門勤心役身事火崇水求出生死成其
伴侶迷佛菩提亡失知見是名第五計著崇
事迷心從物立妄求因求妄冀果違遠圓通
背涅槃城生顛化種
又善男子窮諸行空已滅生滅而於寂滅精
妙未圓若於圓明計明中虛非滅群化以永
滅依為所歸依生勝解者是人則墮歸无歸
執无想天中諸舜若多成其伴侶迷佛菩提
亡失知見是名第六圓虛无心成空亡果違遠
圓通背涅槃城生斷滅種
又善男子窮諸行空已滅生滅而於寂滅精
妙未圓若於圓常固身常住同于精圓長不
傾逝生勝解者是人則墮貪非貪執諸阿斯
陁求長命者成其伴侶迷佛菩提亡失知見
是名第七執著命元立固妄因趣長勞果違
遠圓通背涅槃城生妄延種
又善男子窮諸行空已滅生滅而於寂滅精
妙未圓觀命互通却留塵勞恐其銷盡便於
此際坐蓮花宮廣化七珍多增寶媛縱恣其
心生勝解者是人則墮真无真執吒枳迦羅成
其伴侶迷佛菩提亡失知見是名第八發邪
思因立熾塵果違遠圓通背涅槃城生天
魔種
又善男子窮諸行空已滅生滅而於寂滅精
妙未圓於命明中分別精麤疏決真偽因果

BD04017 號　大佛頂如來密因修證了義諸菩薩萬行首楞嚴經卷一〇　（8–2）

其伴侶迷佛菩提亡失知見是名第八發邪
思因立熾塵果違遠圓通背涅槃城生天
魔種
又善男子窮諸行空已滅生滅而於寂滅精
妙未圓於命明中分別精麤疏決真偽因果
相酬唯求感應背清淨道所謂見苦斷集證
滅脩道居滅以休更不前進生勝解者是人
則墮定性聲聞諸无聞僧增上慢者成其伴
侶迷佛菩提亡失知見是名第九圓精應心
成趣寂果違遠圓通背涅槃城生纏空種
又善男子窮諸行空已滅生滅而於寂滅精
妙未圓若於圓融清淨覺明發研深妙即立
涅槃而不前進生勝解者是人則墮定性辟
支諸緣獨倫不迴心者成其伴侶迷佛菩提
亡失知見是名第十圓覺湛心成湛明果違
遠圓通背涅槃城生覺圓明不化圓種
阿難如是十種禪那中途成狂因依或未足
中生滿足證皆是識蘊用心交互故生斯位
眾生頑迷不自忖量逢此現前各以所愛先
習迷心而自休息將為畢竟所歸寧地自言
滿足无上菩提大妄語成外道邪魔所感業
終墮无間獄聲聞緣覺不成增進汝等存心
秉如來道將此法門於我滅後傳示末世普
令眾生覺了斯義无令見魔自作沉孽保綏
哀救消息邪緣令其身心入佛知見從始成
就不遭歧路如是法門先過去世恒沙劫中
微塵如來乘此心開得无上道識蘊若盡則

BD04017 號　大佛頂如來密因修證了義諸菩薩萬行首楞嚴經卷一〇　（8–3）

秉如来道將此法門於我滅後傳示末世普
令衆生覺了斯義无令見魔自作沉孽保綏
哀救消息邪緣令其身心入佛知見從始成
就不遭岐路如是法門先過去世恒沙劫中
微塵如来乘此心開得无上道識陰若盡則
汝現前諸根互用從互用中能入菩薩金剛
乾慧圓明精心於中發化如淨琉璃内含寶
月如是乃超十信十住十行十向四加行心
菩薩所行金剛十地等覺圓明入於如来妙莊
嚴海圓滿菩提歸无所得此是過去先佛世
尊奢摩他中毗婆舍那覺明分析微細魔
事魔境現前汝能諳識心垢洗除不落邪
見陰魔銷滅天魔摧碎大力鬼神褫魄逃逝
魑魅魍魎无復出生直至菩提无諸少乏下
劣增進於大涅槃心不迷悶若諸末世愚鈍
衆生未識禪那不知說法樂修三昧汝恐同
邪一心勸令持我佛頂陀羅尼呪若未能誦
寫於禪堂或帶身上一切諸魔所不能動汝
當恭欽十方如来究竟修進最後垂範
阿難即從坐起聞佛示誨頂礼欽奉憶持无
失於大衆中重復白佛如佛所言五陰相中
五種虛妄為本想心我等平常未蒙如来微
細開示又此五陰為併銷除為次第盡如是
五重詣何為界唯願如来發宣大慈為此大
衆清明心目以為末世一切衆生作將来眼
佛告阿難精真妙明本覺圓淨非留死生乃
諸塵垢乃至虛空皆因妄想之所生起斯元

BD04017號　大佛頂如來密因修證了義諸菩薩萬行首楞嚴經卷一〇　（8–4）

五重詣何為界唯願如来發宣大慈為此大
衆清明心目以為末世一切衆生作將来眼
佛告阿難精真妙明本覺圓淨非留死生乃
諸塵垢乃至虛空皆因妄想之所生起斯元
本覺妙明真精妄以發生諸器世間如演若
多迷頭認影妄元无因於妄想中立因緣性
迷因緣者稱為自然彼虛空性猶實幻生因
緣自然皆是衆生妄心計度阿難知妄所起
說妄因緣若妄元无說妄因緣元无所有何
況不知推自然者是故如来與汝發明五陰
本因同是妄想汝體先因父母想生汝心非
想則不能来想中傳命如我先言心想醋味
口中涎生心想登高足心酸起懸崖不有醋
物未来汝體必非虛妄通倫口水如何因談
醋出是故當知汝現色身名為堅固第一妄
想即此所說臨高想心能令汝形真受酸澁
由因受生能動色體汝今現前順益違損二
現驅馳名為虛明第二妄想由汝念慮使汝
色身身非念倫汝身何因隨念所使種種取
像心生形取與念相應寤即想心寐為諸夢
則汝想念搖動妄情名為融通第三妄想化
理不住運運密移甲長髮生氣銷容皺日夜
相代曾无覺悟阿難此若非汝云何體遷如
必是真汝何无覺則汝諸行念念不停名為
幽隱第四妄想又汝精明湛不搖處名恒常
者於身不出見聞覺知若實精真不容習妄

BD04017號　大佛頂如來密因修證了義諸菩薩萬行首楞嚴經卷一〇　（8–5）

理不住運運密移甲長髮生氣銷容皺日夜
相代曾无覺悟阿難此若非汝云何體遷如
必是真汝何无覺則汝諸行念念不停名為
幽隱第四妄想又汝精明湛不搖處名恒常
者於身不出見聞覺知若實精真不容習妄
何因汝等曾於昔年覩一奇物經歷年歲憶妄
俱无於後忽然覆覩前異記憶宛然曾不遺
失則此精了湛不搖中念念受熏有何籌算
阿難當知此湛非真如急流水望如恬靜流
急不見非是无流若非想元寧受想習非汝
六根互用合開此之妄想无時得滅故汝現
在見聞覺知中串習幾則湛了內罔象虛无
第五顛倒細微精想
阿難是五受陰五妄想成汝今欲知因界淺
深唯色與空是色邊際唯觸及離是受邊際
唯記與妄是想邊際唯滅與生是行邊際湛
入合湛歸識邊際此五陰元重疊生起生因
識有滅從色除理則頓悟乘悟併銷事非頓
除因次第盡我已示汝劫波巾結何所不明再
此詢問汝應將此妄想根元心得開通傳示
將來末法之中諸脩行者令識虛妄深猒自
生知有涅槃不戀三界
阿難若復有人遍滿十方所有虛空盈滿七
寶持以奉上微塵諸佛承事供養心无虛度
於意云何是人以此施佛因緣得福多不阿
難荅言虛空无盡珎寶无邊昔有眾生施佛

BD04017 號　大佛頂如來密因修證了義諸菩薩萬行首楞嚴經卷一〇　（8–6）

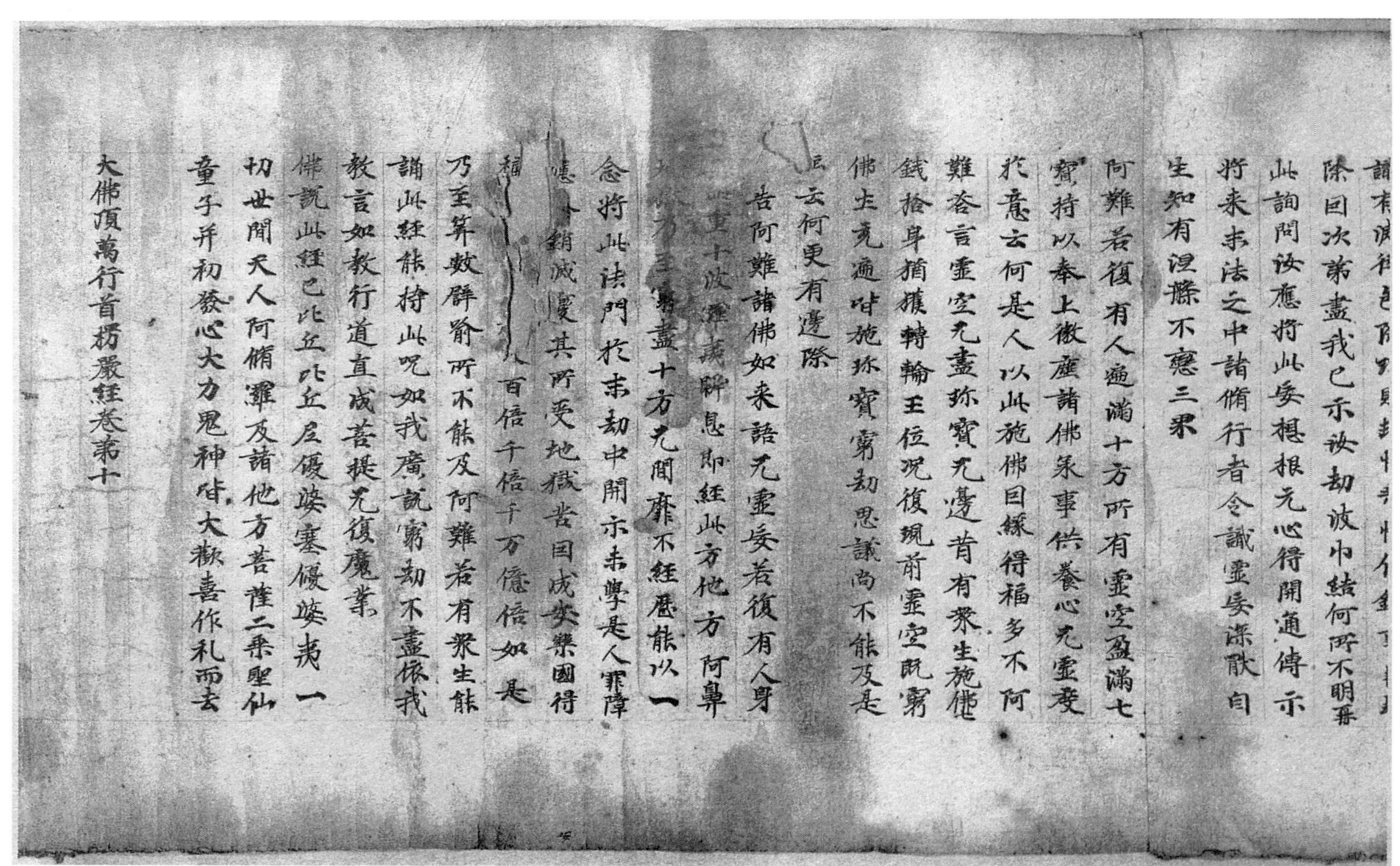

除因次第盡我已示汝劫波巾結何所不明再
此詢問汝應將此妄想根元心得開通傳示
將來末法之中諸脩行者令識虛妄深猒自
生知有涅槃不戀三界
阿難若復有人遍滿十方所有虛空盈滿七
寶持以奉上微塵諸佛承事供養心无虛度
於意云何是人以此施佛因緣得福多不阿
難荅言虛空无盡珎寶无邊昔有眾生施佛
錢捨身猶獲轉輪王位况復現前虛空既窮
佛土充遍皆施珎寶窮劫思議尚不能及是
福云何更有邊際
告阿難諸佛如來語无虛妄若復有人身
[illegible]重十波羅夷瞬息即經此方他方阿鼻
[illegible]窮盡十方无間靡不經歷能以一
念將此法門於末劫中開示未學是人罪障
應[illegible]銷滅變其所受地獄苦因成安樂國得
福[illegible]百倍千倍千万億倍如是
乃至筭數譬喻所不能及阿難若有眾生能
誦此經能持此呪如我廣說窮劫不盡依我
教言如教行道直成菩提无復魔業
佛說此經已比丘比丘尼優婆塞優婆夷一
切世間天人阿脩羅及諸他方菩薩二乘聖仙
童子并初發心大力鬼神皆大歡喜作礼而去
大佛頂萬行首楞嚴經卷第十

BD04017 號　大佛頂如來密因修證了義諸菩薩萬行首楞嚴經卷一〇　（8–7）

告阿難諸佛如來語无虛妄若復有人身
具四重十波羅夷瞬息即經此方他方阿鼻
地獄乃至窮盡十方无間靡不經歷能以一
念將此法門於末劫中開示未學是人罪障
應念銷滅變其所受地獄苦因成安樂國得
福超越前之施人百倍千倍千万億倍如是
乃至筭數譬喻所不能及阿難若有衆生能
誦此經能持此呪如我廣說窮劫不盡依我
教言如教行道直成菩提无復魔業
佛說此經已比丘比丘尼優婆塞優婆夷一
切世間天人阿脩羅及諸他方菩薩二乘聖仙
童子并初發心大力鬼神皆大歡喜作礼而去
大佛頂萬行首楞嚴經卷第十

BD04017 號　大佛頂如來密因修證了義諸菩薩萬行首楞嚴經卷一〇　（8–8）

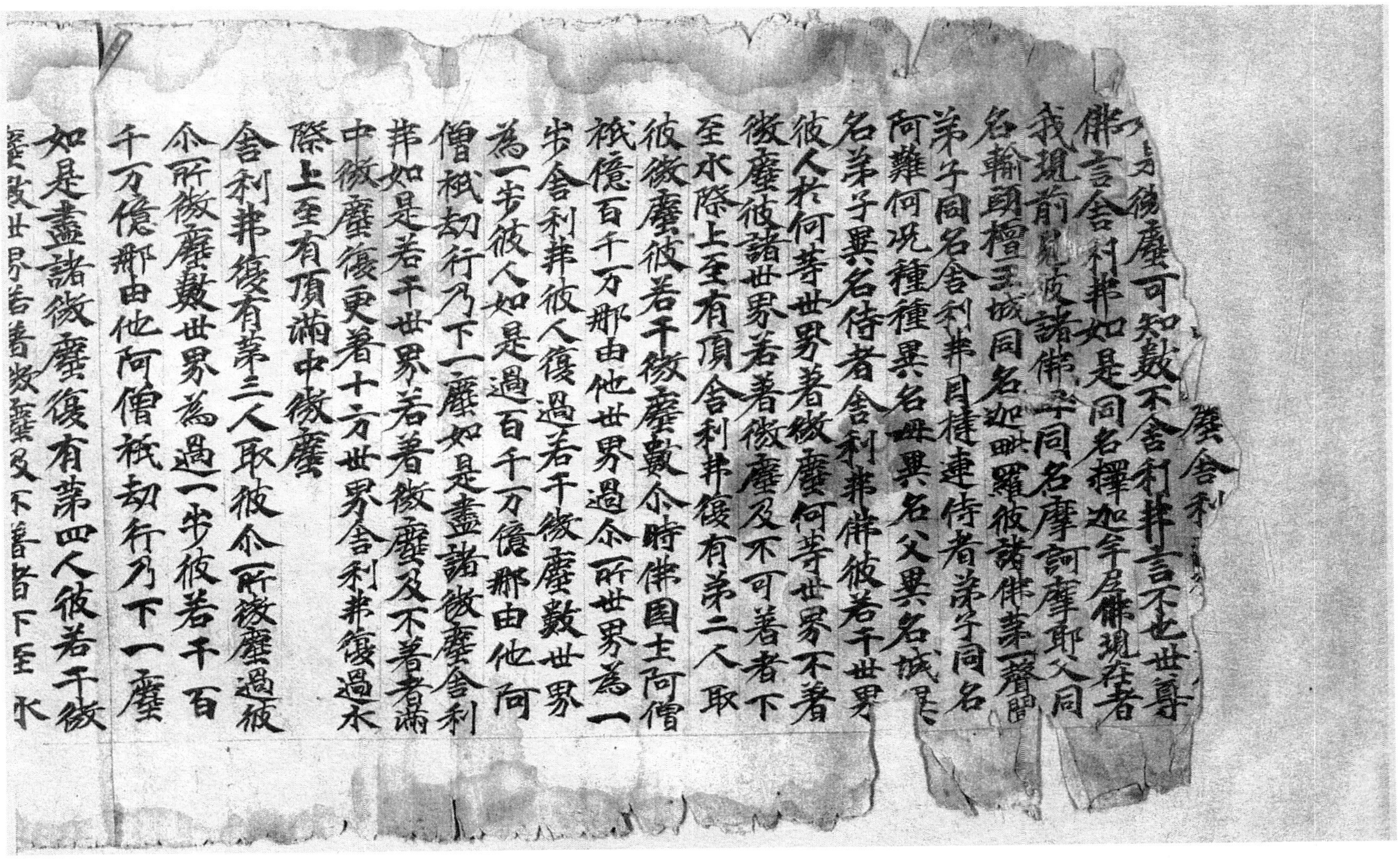

塵舍利
身後塵可知數不舍利弗言不也世尊
佛言舍利弗如是同名釋迦牟尼佛現在者
我現前見彼諸佛字同名摩訶摩耶父同
名輸頭檀王城同名迦毗羅彼諸佛第一聲聞
弟子同名舍利弗目揵連侍者弟子同名
阿難何況種種異名母異名父異名城異
名弟子異名侍者舍利弗彼若干世界
彼人於何等世界著微塵何等世界不著
微塵彼諸世界若著微塵及不可著者下
至水際上至有頂舍利弗復有第二人取
彼微塵彼若干微塵數尒時佛國土阿僧
祇億百千万那由他世界過尒所世界為一
步舍利弗彼人復過若干微塵數世界
為一步彼人如是過百千万億那由他阿
僧祇劫行乃下一塵如是盡諸微塵舍利
弗如是若干世界若著微塵及不著者滿
中微塵復更著十方世界舍利弗復過水
際上至有頂滿中微塵
舍利弗復有第三人取彼尒所微塵過彼
尒所微塵數世界為過一步彼若干百
千万億那由他阿僧祇劫行乃下一塵
如是盡諸微塵復有第四人彼若干微
塵數世界若著微塵及不著皆下至水

BD04018 號　佛名經（十六卷本）卷一一　（5–1）

舍利弗復有第三人取彼尒一所微塵過彼
尒所微塵數世界為過一步彼若干百
千万億那由他阿僧祇劫行乃下一塵
如是盡諸微塵復有第四人彼若干微
塵數世界若著微塵及不著者下至水
際上至有頂滿中微塵舍利弗於意云何
彼微塵可知數不舍利弗言不也世尊
佛告舍利弗彼若干微塵可知其數
然彼同名釋迦牟尼佛母同名摩訶摩
耶父同名輸頭檀城同名迦毗羅第一弟子
同名舍利弗目揵連侍者弟子同名阿難
陁彼佛不可知數舍利弗如是第五人第六
第七第八第九第十人
舍利弗復有第十一人是人彼若干微塵
中取一微塵破為十方若干世界微塵
數分如是餘微塵亦悉破為若干世界微
塵數分舍利弗於意云何彼微塵分
可知數不舍利弗言不也世尊佛告舍利
弗復有人彼若干微塵分佛國土為過一
步如是疾神通行東方世界无量无邊劫
下一微塵東方盡如是微塵舍利弗如
是若干世界若著微塵不著者滿中微塵
復更著十方世界舍利弗復過是世界若著
微塵及不著者彼諸世界下至水際上至有
頂滿中微塵
舍利弗復有第三人取彼尒一所微塵過

BD04018號　佛名經（十六卷本）卷一一　　（5–2）

復更著十方世界舍利弗復過是世界若著
微塵及不著者彼諸世界下至水際上至有
頂滿中微塵
舍利弗復有第三人取彼尒一所微塵過
彼尒所微塵數世界為過一步彼若干百
千万億那由他阿僧祇劫行乃下一塵如
是盡諸微塵復有第四人彼若干微塵
數世界若著微塵及不著者下至水際上
至有頂滿中微塵舍利弗於意云何彼微
塵可知數不舍利弗言不也世尊佛告
舍利弗彼若干微塵可知其數然彼同
名釋迦牟尼佛母同名摩訶摩耶父同名輸頭
檀城同名迦毗羅第一弟子同名舍利弗目揵連
侍者弟子同名阿難陁佛不可知數舍利弗
如是第五人第六人第七第八第九第十人
舍利弗復有第十一人是人彼若干微塵
中取一微塵破為十方若干世界微塵數
分如是餘微塵亦悉破為千世界微塵
數分舍利弗於意云何彼微塵分可知數
不舍利弗言不也世尊佛告舍利弗復有
人彼若干微塵分佛國土為過一步如是
速疾神通行東方世界无量无邊劫下
一微塵東方盡如是微塵若著微塵及不
著者下至水際上至有頂滿中微塵如是
南方乃至十方下至水際上至有頂滿
中微塵舍利弗於意云何彼微塵可知
彼下舍利弗言不也世尊佛告舍利弗

BD04018號　佛名經（十六卷本）卷一一　　（5–3）

一微塵東方盡如是微塵若著微塵又不
著者下至水際上至有頂滿中微塵如是
南方乃至十方下至水際上至有頂滿
中微塵舍利弗於意云何彼微塵可知
數不舍利弗言不也世尊佛告舍利弗
彼若干微塵分可知其數然現今在世同
名釋迦牟尼佛母同名摩訶摩耶父同名
輸頭檀王城同名迦毗羅第一弟子同名
舍利弗目揵連侍者弟子同名阿難陀
不可數知何況種種異名佛異名母異
名父異名城異名弟子異名侍者舍利
弗我若干微塵數劫住世說一同名釋迦牟
尼佛不可窮盡如是同名然燈佛同名提波
延佛同名燈光明佛同名一切勝佛同名
彌佛同名波頭摩勝佛同名毗婆尸佛同
名尸棄佛同名毗舍浮佛同名拘留孫佛
同名拘那含佛同名迦葉佛如是等異名
乃至異名侍現在世者我今悉知汝等
應當一心敬礼
尒時佛告舍利弗若善男子善女人求
阿耨多羅三藐三菩提者當先懺悔一
切諸罪若比丘犯四重罪比丘尼犯八重罪
式叉摩那沙彌沙彌尼犯出家根本罪若優
婆塞犯優婆塞重戒優婆夷犯優婆夷
重戒欲懺悔者當洗浴著新淨衣不食葷
辛當在靜處脩治室內以諸幡華莊嚴道

BD04018號　佛名經（十六卷本）卷一一　（5–4）

應當一心敬礼
尒時佛告舍利弗若善男子善女人求
阿耨多羅三藐三菩提者當先懺悔一
切諸罪若比丘犯四重罪比丘尼犯八重罪
式叉摩那沙彌沙彌尼犯出家根本罪若優
婆塞犯優婆塞重戒優婆夷犯優婆夷
重戒欲懺悔者當洗浴著新淨衣不食葷
辛當在靜處脩治室內以諸幡華莊嚴道
場香泥塗畫懸四十九枚幡莊嚴佛坐安置佛
像燒種種香栴檀沉水薰陸多伽羅蘇楂
陁種種末香塗香燒如是等種種妙香散
種種華興大慈悲願救苦衆生未度者令度
未解者令解未安者令安未涅槃者令得涅
槃晝夜思惟如來本行苦行於无量劫受諸
苦惱不生疲厭為求无上菩提故於一切衆
生自生下心如僮僕心若比丘懺悔四重罪如
是晝夜卌九日當對八清淨比丘發露所犯
罪七日一對發露至心懇重悔昔所作一心
歸命十方諸佛稱名礼拜隨力隨分如是至
心滿卌九日罪必除滅是人得清淨時當有
相現若於覺中若於夢中見十方諸佛與其
記莂或見菩薩與其記莂將詣道場共
為已伴或與摩頂示滅罪相或自見入大會
中處在衆次或自見身處衆說法或見諸
師淨行沙門將詣

BD04018號　佛名經（十六卷本）卷一一　（5–5）

BD04018 號背　勘記　（1–1）

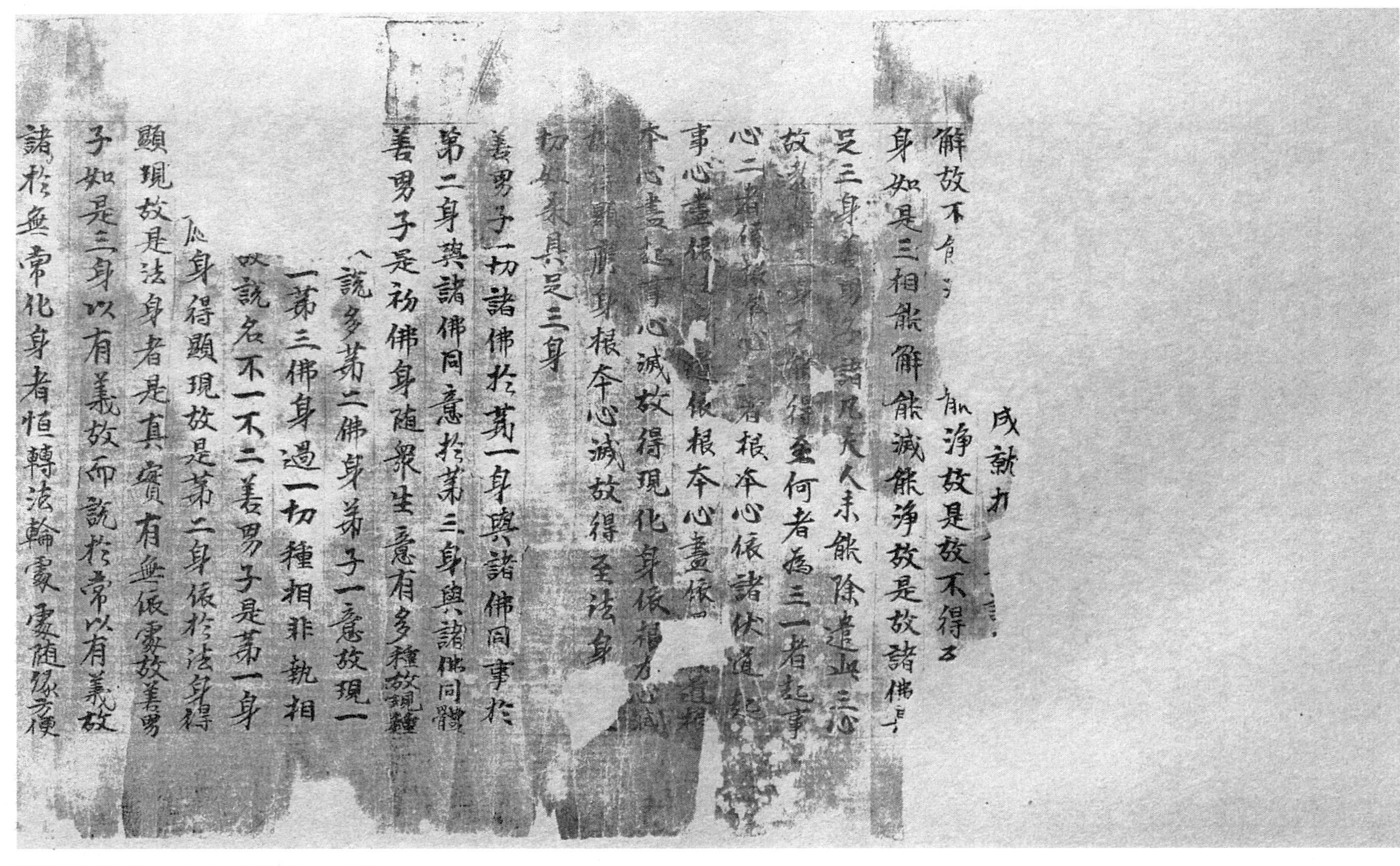

BD04019 號　金光明最勝王經卷二　（5–1）

以說名不一不二善男子是第一身
依身得顯現故是第二身依於法身得
顯現故是法身者是真實有無依處故善男
子如是三身以有義故而說於常以有義故
說於無常化身者恒轉法輪處處隨緣方便
相續不斷絕故是故說常非是本故具足大
用不顯現故說為無常應身者從無始來相
續不斷一切諸佛不共之法能攝持故眾生
無盡用亦無盡是故說常非是本故以具足
用不顯現故說為無常法身者非是行法無
有異相是根本故猶如虛空是故說常善男
子離無分別智更無勝智離法如如無勝境
界是法如如是慧如如是二種如如如如不
一不異是故法身慧清淨故滅清淨故是二
清淨是故法身具足清淨
復次善男子分別三身有四種異有化身非
應身有應身非化身有化身亦應身有非化
身亦非應身何者化身非應身謂諸如來般
涅槃後以願自在故隨緣利益是名化身何
者應身非化身是地前身何者化身亦應身
謂住有餘涅槃之身何者非化身非應身謂
是法身善男子是法身者二無所有所顯現
故何者名為二無所有於此法身相及相
處二皆是無非有非無非一非異非數非非
數非明非闇如是如如智不見相及相處不見
非有非無不見非一非異不見非數非非數
不見非明非闇是故當知境界清淨智慧清

BD04019號　金光明最勝王經卷二　（5–2）

處二皆是無非有非無非一非異非數非非
數非明非闇如是如如智不見相及相處不見
非有非無不見非一非異不見非數非非數
不見非明非闇是故當知境界清淨智慧清
淨不可分別無有中間為滅道本故於此法
身能顯如來種種事業
善男子是身因緣境界處所果依於本難
思議故若了此義是身即是大乘是如來性是
如來藏依於此身得發初心修行地心而得
顯現不退地心亦皆得現一生補處心金剛
之心如來之心而悉顯現無量無邊如來妙
法皆悉顯現依此法身不可思議摩訶三昧
而得顯現依此法身得現一切大智是故二
身依於三昧依於智慧而得顯現如此法身
依於自體說常說我依大三昧故說於樂依
於大智故說清淨是故如來常住自在安樂
清淨依大三昧一切禪定首楞嚴等一切念
處大法念等大慈大悲一切陁羅尼一切神
通一切自在一切法平等攝受如是佛法悉
皆出現依此大智十力四無所畏四無礙辯
一百八十不共之法一切希有不可思議法
悉皆顯現譬如依如意寶珠無量無邊種種
珍寶悉皆得現如是依大三昧寶依大智慧
寶能出種種無量無邊諸佛妙法善男子
如是法身三昧智慧過一切相不著於相不可
分別非常非斷是名中道雖有分別體無分

BD04019號　金光明最勝王經卷二　（5–3）

珎寶悉皆得現如是依大三昧寶依大智慧
寶能出種種無量無邊諸佛妙法善男子
如是法身三昧智慧過一切相不著於相不可
分別非常非斷是名中道雖有分別體無分
別雖有三數而無三體不增不減猶如夢
幻亦無所執亦無能執法體如如是解脫處
過死王境越生死闇一切衆生不能修行所不
能至一切諸佛菩薩之所住處善男子辟
如有人願欲得金處處求覓遂得金礦既得
礦已即便碎之擇取精者爐中銷鍊得清淨金
隨意迴轉作諸鐶釧種種嚴具雖有諸用金
性不改
復次善男子若善男子善女人求勝解脫修
行世善得見如來及弟子衆得親近已白佛
言世尊何者為善何者不善何者正修得清
淨行諸佛如來及弟子衆見彼問時如是思
惟是善男子善女人欲求清淨欲聽正法即
便為說令其開悟彼既聞已正念憶持發心
修行得精進力除嬾惰障滅一切罪於諸學
處離不尊重息掉悔心入於初地依初地心
除利有情障得入二地於此地中除不逼惱
障入於三地於此地中除心軟淨障入於四
地於此地中除善方便障入於五地此地
中除見真俗障入於六地於此地中障見行
相障入於七地於此地中除不見滅相障入
於八地於此地中除不見生相障入於九地
於此地中除六通障入於十地於此地中除

BD04019號　金光明最勝王經卷二　（5-4）

行世善得見如來及弟子衆得親近已白佛
言世尊何者為善何者不善何者正修得清
淨行諸佛如來及弟子衆見彼問時如是思
惟是善男子善女人欲求清淨欲聽正法即
便為說令其開悟彼既聞已正念憶持發心
修行得精進力除嬾惰障滅一切罪於諸學
處離不尊重息掉悔心入於初地依初地心
除利有情障得入二地於此地中除不逼惱
障入於三地於此地中除心軟淨障入於四
地於此地中除善方便障入於五地此地
中除見真俗障入於六地於此地中障見行
相障入於七地於此地中除不見滅相障入
於八地於此地中除不見生相障入於九地
於此地中除六通障入於十地於此地中除
所知障除根本心入如來地如來地者由三
淨故名極清淨云何為三一者煩惱淨二者
苦淨三者相淨辟如真金鎔銷冶鍊既燒
打已無復塵垢為顯金性本清淨故金體清
淨非謂無金辟如濁水澄渟清淨無復滓穢為
顯水性本清淨故非謂無水如是法身與煩
惱雜苦集除已無復餘習為顯佛性本清淨身

BD04019號　金光明最勝王經卷二　（5-5）

BD04020 號　維摩詰所說經卷中　（26–1）

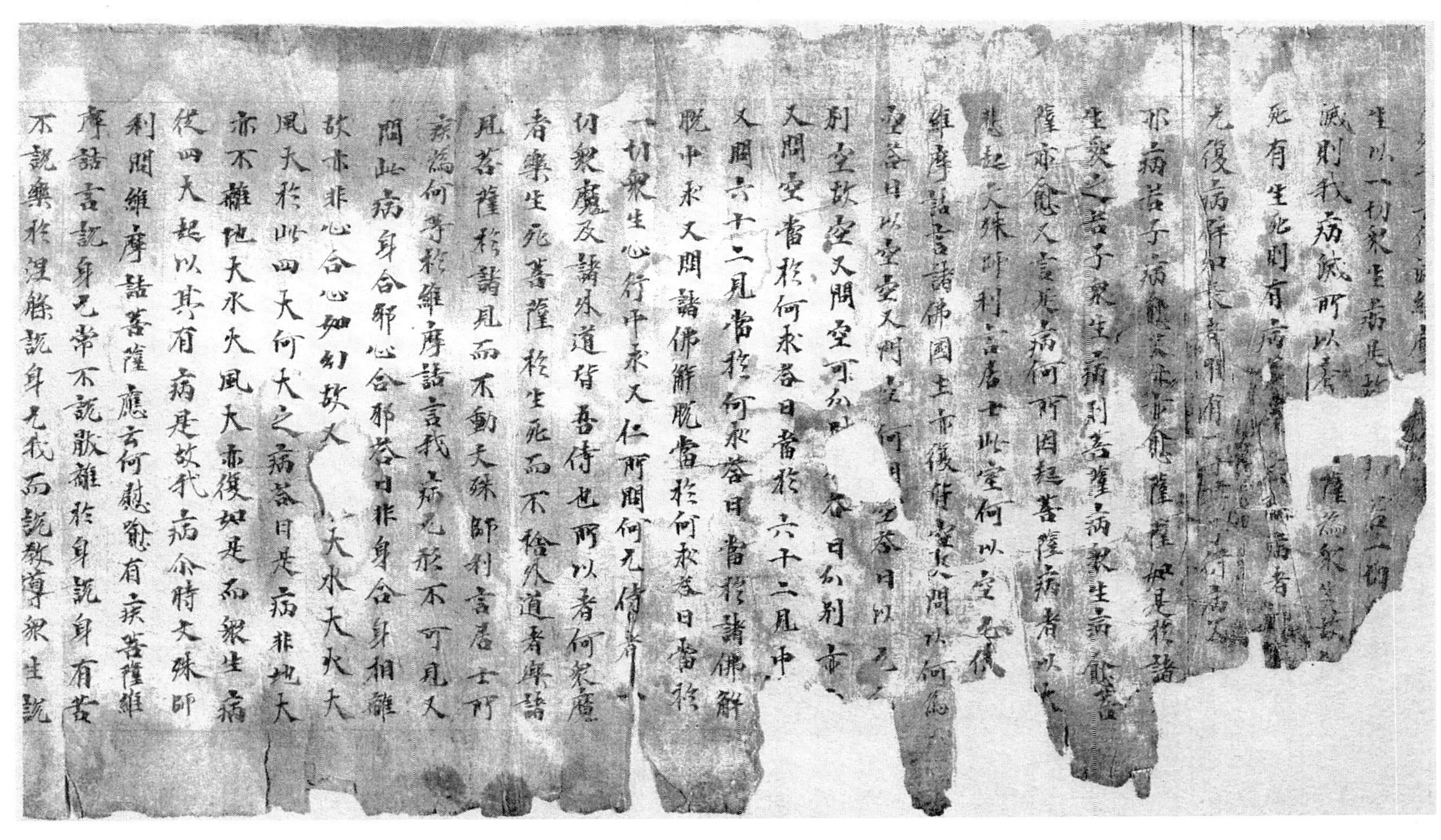

BD04020 號　維摩詰所說經卷中　（26–2）

風大於此四大何大之病答曰是病非地大
亦不離地大水火風大亦復如是而衆生病
從四大起以其有病是故我病尒時文殊師
利問維摩詰言菩薩應云何慰喻有疾菩薩維
摩詰言說身无常不說猒離於身說身有苦
不說樂於涅槃說身无我而說教導衆生說
身空寂不說畢竟寂滅說悔先罪而不說入
於過去以己之病愍於彼疾當識宿世无數
劫苦當念饒益一切衆生憶所脩福念於淨
命勿生憂惱常起精進當作醫王療治衆病
菩薩應如是慰喻有疾菩薩令其歡喜文殊
師利言居士有疾菩薩云何調伏其心維摩
詰言有疾菩薩應作是念今我此病皆從前
世妄想顛倒諸煩惱生无有實法誰受病者
所以者何四大合故假名為身四大无主身
亦无我又此病起皆由著我是故於我不應
生著既知病本即除我想及衆生想當起法
想應作是念但以衆法合成此身起唯法起
滅唯法滅又此法者各不相知起時不言我
起滅時不言我滅彼有疾菩薩為滅法想當
作是念此法想者亦是顛倒顛倒者即是大
患我應離之云何為離離我我所云何離我
我所謂離二法云何離二法謂不念內外諸
法行於平等云何平等謂我等涅槃等所以
者何我及涅槃此二皆空以何為空但以名
字故空如此二法无決定性得是平等无有
餘病唯有空病空病亦空是有疾菩薩以无
所受而受諸受未具佛法亦不滅受而取證

我所謂離二法云何離二法謂不念內外諸
法行於平等云何平等謂我等涅槃等所以
者何我及涅槃此二皆空以何為空但以名
字故空如此二法无決定性得是平等无有
餘病唯有空病空病亦空是有疾菩薩以无
所受而受諸受未具佛法亦不滅受而取證
也設身有苦念惡趣衆生起大悲心我既調
伏亦當調伏一切衆生但除其病而不除法
為斷病本而教導之何謂病本謂有攀緣
從有攀緣則為病本何所攀緣謂之三界云何
斷攀緣以无所得若无所得則无攀緣何謂
无所得謂離二見何謂二見謂內見外見是无
所得文殊師利是為有疾菩薩調伏其心為
斷老病死苦是菩薩菩提若不如是己所脩
治為无慧利譬如勝怨乃可為勇如是兼除
老病死者菩薩之謂也彼有疾菩薩應復作
是念如我此病非真非有衆生病亦非真非
有作是觀時於諸衆生若起愛見大悲即應
捨離所以者何菩薩斷除客塵煩惱而起大
悲愛見悲者則於生死有疲猒心若能離此
无有疲猒在在所生不為愛見之所覆也所
生无縛能為衆生說法解縛如佛所說若自
有縛能解彼縛无有是處若自无縛能解彼
縛斯有是處是故菩薩不應起縛何謂縛何
謂解貪著禪味是菩薩縛以方便生是菩薩
解又无方便慧縛有方便慧解无慧方便縛
有慧方便解何謂无方便慧縛謂菩薩以愛

空无縛能爲衆生說法解縛如佛所說若自
有縛能解彼縛无有是處若自无縛能解彼
縛斯有是處是故菩薩不應起縛何謂縛何
謂解貪着禪味是菩薩縛以方便生是菩薩
解又无方便慧縛有方便慧解无慧方便縛
有慧方便解何謂无方便慧縛謂菩薩以愛
見心莊嚴佛土成就衆生於空无相无作法
中而自調伏是名无方便慧縛何謂有方便
慧解謂不以愛見心莊嚴佛土成就衆生於
空无相无作法中以自調伏而不疲厭是名
有方便慧解何謂无慧方便縛謂菩薩住貪
欲瞋恚邪見等諸煩惱而殖衆德本是名无
慧方便縛何謂有慧方便解謂離諸貪欲瞋
恚邪見等諸煩惱而殖衆德本迴向阿耨多
羅三藐三菩提是名有慧方便解文殊師利
彼有疾菩薩應如是觀諸法又復觀身无常
苦空非我是名爲慧雖身有疾常在生死饒
益一切而不厭惓是名方便又復觀身身不
離疾疾不離身是疾是身非新非故是名爲
慧設身有疾而不永滅是名方便文殊師利
有疾菩薩應如是調伏其心不住其中亦復
不住不調伏心所以者何若住不調伏心是
愚人法若住調伏心是聲聞法是故菩薩不
當住於調伏不調伏心離此二法是菩薩行
在於生死不爲汙行住於涅槃不永滅度是
菩薩行非凡夫行非賢聖行是菩薩行非垢
行非淨行是菩薩行雖過魔行而現降伏衆魔
是菩薩行求一切智无非時求是菩薩

BD04020號　維摩詰所說經卷中　（26–5）

當住於調伏不調伏心離此二法是菩薩行
在於生死不爲汙行住於涅槃不永滅度是
菩薩行非凡夫行非賢聖行是菩薩行非垢
行非淨行是菩薩行雖過魔行而現降伏衆魔
是菩薩行求一切智无非時求是菩薩行雖
觀諸法不生而不入正位是菩薩行雖觀十
二緣起而入諸邪見是菩薩行雖攝一切衆
生而不愛著是菩薩行雖樂遠離而不依身
心盡是菩薩行雖行三界而不壞法性是菩
薩行雖行於空而殖衆德本是菩薩行雖行
无相而度衆生是菩薩行雖行无作而現受
身是菩薩行雖行无起而起一切善法是菩薩
行雖行六波羅蜜而遍知衆生心心數法是
菩薩行雖行六通而不盡漏是菩薩行雖行
四无量心而不貪著生於梵世是菩薩行雖
行禪定解脫三昧而不隨禪生是菩薩行雖
行四念處而不永離身受心法是菩薩行雖
行四正勤而不捨身心精進是菩薩行雖行
四如意足而得自在神通是菩薩行雖行五
根而分別衆生諸根利鈍是菩薩行雖行五
力而樂求佛十力是菩薩行雖行七覺分而
分別佛之智慧是菩薩行雖行八正道而樂
行无量佛道是菩薩行雖行止觀助道之法
而不畢竟墮於寂滅是菩薩行雖行諸法不
生不滅而以相好莊嚴其身是菩薩行雖現
聲聞辟支佛威儀而不捨佛法是菩薩行雖
隨諸法究竟淨相而隨所應爲現其身是菩
薩行雖觀諸佛國土永寂如空而現種種清淨

BD04020號　維摩詰所說經卷中　（26–6）

而不畢竟隨於寂滅是菩薩行雖行諸法不
生不滅而以相好莊嚴其身是菩薩行雖現
聲聞辟支佛威儀而不捨佛法是菩薩行雖
隨諸法究竟淨相而隨所應為現其身是菩
薩行雖觀諸佛國土永寂如空而現種種清
淨佛土是菩薩行雖行佛道轉於法輪入於
涅槃而不捨於菩薩之道是菩薩行說是語
時文殊師利所將天眾其中八千天子皆發
阿耨多羅三藐三菩提心
不思議品第六
爾時舍利弗見此室中无有牀坐作是念斯
諸菩薩大弟子眾當於何坐長者維摩詰知
其意語舍利弗言云何仁者為法來耶求牀
坐耶舍利弗言我為法來非為牀坐維摩詰
言唯舍利弗夫求法者不貪軀命何況牀坐
夫求法者非有色受想行識之求非有界入
之求非有欲色无色之求唯舍利弗夫求法
者不著佛求不著法求不著眾求夫求法者
无見苦求无斷集求无造盡證修道之求所
以者何法无戲論若言我當見苦斷集證滅
修道是則戲論非求法也唯舍利弗法名寂
滅若行生滅是求生滅非求法也法名无染
若染於法乃至涅槃是則染著非求法也法
无行處若行於法是則行處非求法也法无
取捨若取捨法是則取捨非求法也法无處
所若著處所是則著處非求法也法名无相
若隨相識是則求相非求法也法不可住若

BD04020 號　維摩詰所說經卷中　（26–7）

无行處若行於法是則行處非求法也法无
取捨若取捨法是則取捨非求法也法无處
所若著處所是則著處非求法也法名无相
若隨相識是則求相非求法也法不可住若
住於法是則住法非求法也法不可見聞覺
知若行見聞覺知是則見聞覺知非求法也
法名无為若行有為是求有為非求法是
故舍利弗若求法者於一切法應无所求說
是語時五百天子於諸法中得法眼淨
爾時長者維摩詰問文殊師利仁者遊於无
量千萬億阿僧祇國何等佛土有好上妙功
德成就師子之座文殊師利言居士東方度
三十六恒河沙國有世界名須弥相其佛号須
弥燈王今現在彼佛身長八萬四千由旬其
師子座高八萬四千由旬嚴飾第一於是
長者維摩詰現神通力即時彼佛遣三萬二
千師子座高廣嚴淨來入維摩詰室諸菩薩
大弟子釋梵四天王等昔所未見其室廣博
悉苞容三萬二千師子座无所妨礙於毗耶
離城及閻浮提四天下亦不迫迮悉見如故
爾時維摩詰語文殊師利就師子座與諸菩
薩上人俱坐當自立身如彼座像其得神通
菩薩即自變形為四萬二千由旬坐師子座
諸新發意菩薩及大弟子皆不能昇爾時維
摩詰語舍利弗就師子座舍利弗言居士此
座高廣吾不能昇維摩詰言唯舍利弗為須
弥燈王如來作禮乃可得坐於是新發意菩

BD04020 號　維摩詰所說經卷中　（26–8）

四萬二千由旬坐師子座
諸新發意菩薩及大弟子皆不能昇尒時維
摩詰語舍利弗就師子坐舍利弗言居士此
座高廣吾不能昇維摩詰言唯舍利弗爲須
弥燈王如來作礼乃可得坐於是新發意菩
薩及大弟子即爲須弥燈王如來作礼便得
坐師子座舍利弗言居士未曾有也如是小
室乃容受此高廣之座於毗耶離城无所妨
礙又於閻浮提聚落城邑及四天下諸天龍
王鬼神宫殿亦不迫迮維摩詰言唯舍利弗
諸佛菩薩有解脫名不可思議若菩薩住是
解脫者以須弥之高廣内芥子中无所增減
須弥山王本相如故而四天王忉利諸天不
覺不知己之所入唯應度者乃見須弥入芥
子中是名不可思議解脫法門又以四大海
水入一毛孔不嬈魚鼈黿鼉水性之屬而彼
大海本相如故諸龍鬼神阿脩羅等不覺不
知己之所入於此衆生亦无所嬈又舍利弗住
不可思議解脫菩薩斷取三千大千世界
如陶家輪著右掌中擲過恒河沙世界之外
其中衆生不覺不知己之所往又復還置本
處都不使人有往來想而此世界本相如故
又舍利弗或有衆生樂久住世而可度者菩
薩即演七日以爲一劫令彼衆生謂之一劫
或有衆生不樂久住而可度者菩薩即促一
劫以爲七日令彼衆生謂之七日又舍利弗
住不可思議解脫菩薩以一切佛土嚴飾之
事集在一國示於衆生又菩薩以一佛土衆

薩即演七日以爲一劫令彼衆生謂之一劫
或有衆生不樂久住而可度者菩薩即促一
劫以爲七日令彼衆生謂之七日又舍利弗
住不可思議解脫菩薩以一切佛土嚴飾之
事集在一國示於衆生又菩薩以一佛土衆
生置之右掌飛到十方遍示一切而不動本
處又舍利弗十方衆生供養諸佛之具菩薩
於一毛孔皆令得見又十方國土所有日月
星宿於一毛孔普使見之又舍利弗十方世
界所有諸風菩薩悉能吸著口中而身无損外
諸樹木亦不摧折又十方世界劫盡燒時以
一切火内於腹中火事如故而不爲害又於
下方過恒河沙等諸佛世界取一佛土舉著
上方過恒河沙无數世界如持鍼鋒舉一棗
葉而无所嬈又舍利弗住不可思議解脫菩
薩能以神通現作佛身或現辟支佛身或現
聲聞身或現帝釋身或現梵王身或現世主
身或現轉輪王身又十方世界所有衆聲上
中下音皆能變之令作佛聲演出无常苦空
无我之音及十方諸佛所說種種之法皆於
其中普令得聞舍利弗我今略說菩薩不
可思議解脫之力若廣說者窮劫不盡是時
大迦葉聞說菩薩不可思議解脫法門歎未
曾有謂舍利弗譬如有人於盲者前現衆色
像非彼所見一切聲聞聞是不可思議解脫
法門不能解了爲若此也智者聞是其誰不
發阿耨多羅三藐三菩提心我等何爲永絶其
根今於此大乘已如敗種一切聲聞聞是不可

曾有謂舍利弗譬如有人於盲者前現衆色
像非彼所見一切聲聞聞是不可思議解脫
法門不能解了爲若此也智者聞是其誰不
發阿耨多羅三藐三菩提心我等何爲永絶其
根於此大乘猶如敗種一切聲聞聞是不可
思議解脫法門皆應號泣聲震三千大千世
界一切菩薩應大欣慶頂受此法若有菩薩
信解不可思議解脫法門者一切魔衆无如
之何大迦葉說是語時三萬二千天子皆發
阿耨多羅三藐三菩提心尒時維摩詰語大
迦葉仁者十方无量阿僧祇世界中作魔王
者多是住不可思議解脫菩薩以方便力教
化衆生現作魔王又迦葉十方无量菩薩或
有人從乞手足耳鼻頭目髓腦血肉皮骨聚
落城邑妻子奴婢象馬車乘金銀瑠璃車𤦲
馬瑙珊瑚虎珀真珠珂貝衣服飲食如此乞
者多是住不可思議解脫菩薩以方便力而
往試之令其堅固所以者何住不可思議解
脫菩薩有威德力故行逼迫示諸衆生如是
難事凡夫下劣无有力勢不能如是逼迫菩
薩譬如龍象蹴踏非驢所堪是名住不可思
議解脫菩薩智慧方便之門

觀衆生品第七

尒時文殊師利問維摩詰言菩薩云何觀於
衆生維摩詰言譬如幻師見所幻人菩薩觀
衆生爲若此如智者見水中月如鏡中見其
面像如熱時焰如呼聲響如空中雲如水聚

BD04020號　維摩詰所說經卷中　（26–11）

衆生維摩詰言譬如幻師見所幻人菩薩觀
衆生爲若此如智者見水中月如鏡中見其
面像如熱時焰如呼聲響如空中雲如水聚
沫如水上泡如芭蕉堅如電久住如第五大
如第六陰如第七情如十三入如十九界菩
薩觀衆生爲若此如无色界色如燋穀牙如
須陀洹身見如阿那含入胎如阿羅漢三毒
如得忍菩薩貪恚毀禁如佛煩惱習如盲者
見色如入滅盡定出入息如空中鳥跡如石
女兒如化人煩惱如夢所見已寤如滅度者
受身如无烟之火菩薩觀衆生爲若此也
文殊師利言若菩薩作是觀者云何行慈維
摩詰言菩薩作是觀已自念我當爲衆生說
如斯法是即真實慈也行寂滅慈无所生故
行不熱慈无煩惱故行等之慈等三世故行
无諍慈无所起故行不二慈內外不合故行
不壞慈畢竟盡故行堅固慈心无毀故行清
淨慈諸法性淨故行无邊慈如虛空故行阿
羅漢慈破結賊故行菩薩慈安衆生故行如
來慈得如相故行佛之慈覺衆生故行自然
慈无因得故行菩提慈等一味故行无等慈
斷諸愛故行大悲慈導以大乘故行无厭慈
觀空无我故行法施慈无遺惜故行持戒慈化
毀禁故行忍辱慈護彼我故行精進慈荷負
衆生故行禪定慈不受味故行智慧慈无不
智時故行方便慈一切示現故行无隱慈直
心清淨故行深心慈无雜行故行无誑慈不

BD04020號　維摩詰所說經卷中　（26–12）

觀空无我故行法施慈无遺惜故持戒慈化
毀禁故行忍辱慈護彼我故行精進慈荷負
衆生故行禪定慈不受味故行智慧慈无不
智時故行方便慈一切示現故行无隱慈直
心清淨故行深心慈无雜行故行无誑慈不
虛假故行安樂慈令得佛樂故菩薩之慈爲
若此也
文殊師利又問何謂爲悲荅曰菩薩所作功
德皆與一切衆生共之何謂爲喜荅曰有所
饒益歡喜无悔何謂爲捨荅曰所作福祐无
所悕望文殊師利又問生死有畏菩薩當何
所依維摩詰言菩薩於生死畏中當依如來
功德之力文殊師利又問菩薩欲依如來功
德之力當依何住荅曰菩薩欲依如來功德
之力者當住度脫一切衆生又問欲度衆生當
何所除荅曰欲度衆生除其煩惱又問欲除
煩惱當何所行荅曰當行正念又問云何行
於正念荅曰當行不生不滅又問何法不生
何法不滅荅曰不善不生善法不滅又問善
不善孰爲本荅曰身爲本又問身孰爲本荅
曰貪欲爲本又問貪欲孰爲本荅曰虛妄分
別爲本又問虛妄分別孰爲本荅曰顛倒想
爲本又問顛倒想孰爲本荅曰无住爲本又
問无住孰爲本荅曰无住則无本文殊師利
從无住本立一切法
時維摩詰室有一天女見諸天人聞所說法
便現其身即以天華散諸菩薩大弟子上華

BD04020號　維摩詰所説經卷中

（26–13）

別爲本又問虛妄分別孰爲本荅曰顛倒想
爲本又問顛倒想孰爲本荅曰无住爲本又
問无住孰爲本荅曰无住則无本文殊師利
從无住本立一切法
時維摩詰室有一天女見諸天人聞所說法
便現其身即以天華散諸菩薩大弟子上華
至諸菩薩即皆墮落至大弟子便著不墮一
切弟子神力去華不能令去尒時天問舍利
弗何故去華荅曰此華不如法是以去之天
曰勿謂此華爲不如法所以者何是華无所
分別仁者自生分別想耳若於佛法出家有
所分別爲不如法若无所分別是則如法觀諸
菩薩華不著者以斷一切分別想故譬如人
畏時非人得其便如是弟子畏生死故色聲
香味觸得其便也已離畏者一切五欲无能爲
也結習未盡華著身耳結習盡者華不著
舍利弗言天止此室其已久如荅曰我止此
室如耆年解脫舍利弗言止此久耶天曰耆
年解脫亦何如久舍利弗默然不荅天曰如
何耆舊大智而嘿荅曰解脫者无所言說故
吾於是不知所云天曰言說文字皆解脫相
所以者何解脫者不內不外不在兩閒文字
亦不內不外不在兩閒是故舍利弗无離文
字說解脫也所以者何一切諸法是解脫相
舍利弗言不復以離婬怒癡爲解脫乎天曰
佛爲增上慢人說離婬怒癡爲解脫耳若无
增上慢者佛說婬怒癡性即是解脫舍利弗
言善哉善哉天女汝何所得以何爲證辯乃

BD04020號　維摩詰所説經卷中

（26–14）

字說解脫也所以者何一切諸法是解脫相
舍利弗言不復以離婬怒癡為解脫乎天曰
佛為增上慢人說離婬怒癡為解脫耳若无
增上慢者佛說婬怒癡性即是解脫舍利弗
言善哉善哉天女汝何所得以何為證辯乃
如是天曰我无得无證故辯如是所以者何
若有得有證者則於佛法為增上慢
舍利弗問天汝於三乘為何志求天曰以聲
聞法化眾生故我為聲聞以因緣法化眾生
故我為辟支佛以大悲法化眾生故我為大乘
舍利弗如人入瞻蔔林唯嗅瞻蔔不嗅餘香
如是若入此室但聞佛功德之香不樂聞聲聞
辟支佛功德香也舍利弗其有釋梵四天王諸
天龍鬼神等入此室者聞斯上人講說正法
皆樂佛功德之香發心而出舍利弗吾止此
室十有二年初不聞說聲聞辟支佛法但聞
菩薩大慈大悲不可思議諸佛之法舍利弗
此室常現八未曾有難得之法何等為八此
室常以金色光照晝夜无異不以日月所照
為明是為一未曾有難得之法此室入者不
為諸垢之所惱也是為二未曾有難得之法
此室常有釋梵四天王他方菩薩來會不絕
是為三未曾有難得之法此室常說六波
羅蜜不退轉法是為四未曾有難得之法此
室常作天人第一之樂絃出无量法化之聲
是為五未曾有難得之法此室有四大藏眾
寶積滿周窮濟乏求得无盡是為六未曾有

BD04020號　維摩詰所說經卷中　（26–15）

羅蜜不退轉法是為四未曾有難得之法此
室常作天人第一之樂絃出无量法化之聲
是為五未曾有難得之法此室有四大藏眾
寶積滿周窮濟乏求得无盡是為六未曾有
難得之法此室釋迦牟尼佛阿彌陀佛阿閦
佛寶德寶炎寶月寶嚴難勝師子響一切利
成如是等十方无量諸佛是上人念時即皆
為來廣說諸佛祕要法藏說已還去是為七
未曾有難得之法此室一切諸天嚴飾宮殿
諸佛淨土皆於中現是為八未曾有難得之
法舍利弗此室常現八未曾有難得之法誰
有見斯不思議事而復樂於聲聞法乎
舍利弗言汝何以不轉女身天曰我從十二
年來求女人相了不可得當何所轉譬如幻
師化作幻女若有人問何以不轉女身是人
為正問不舍利弗言不也幻无定相當何所
轉天曰一切諸法亦復如是无有定相云何
乃問不轉女身即時天女以神通力變舍利
弗令如天女天自化身如舍利弗而問言何
以不轉女身舍利弗以天女像而答言我今
不知何轉而變為女身天曰舍利弗若能轉
此女身則一切女人亦當能轉如舍利弗非
女而現女身一切女人亦復如是雖現女身
而非女也是故佛說一切諸法非男非女即
時天女還攝神力舍利弗身還復如故天問
舍利弗女身色相今何所在舍利弗言女身
色相无在无不在天曰一切諸法亦復如是

BD04020號　維摩詰所說經卷中　（26–16）

而非女也是故佛說一切諸法非男非女即
時天女還攝神力舍利弗身還復如故天問
舍利弗女身色相今何所在舍利弗言女身
色相无在无不在天曰一切諸法亦復如是
无在无不在夫无在无不在者佛所說也舍
利弗問天汝於此沒當生何所天曰佛化所
生吾如彼生曰佛化所生非沒生也天曰衆
生猶然无沒生也舍利弗問天汝久如當得
阿耨多羅三藐三菩提天曰如舍利弗還為
凡夫我乃當成阿耨多羅三藐三菩提舍利
弗言我作凡夫无有是處天曰我得阿耨多
羅三藐三菩提亦无是處所以者何菩提无
住處是故无有得者舍利弗言今諸佛得阿
耨多羅三藐三菩提已得當得如恒河沙皆
謂何乎天曰皆以世俗文字數故說有三世
非謂菩提有去來今天曰舍利弗汝得阿羅
漢道耶曰无所得故而得天曰諸佛菩薩亦
復如是无所得故而得尒時維摩詰語舍利
弗是天女曾已供養九十二億佛已能遊戲
菩薩神通所願具足得无生忍住不退轉以
本願故隨意能現教化衆生

佛道品第八

尒時文殊師利問維摩詰言菩薩云何通達
佛道維摩詰言若菩薩行於非道是為通達
佛道又問云何菩薩行於非道答曰若菩薩
行五无間而无惱恚至于地獄无諸罪垢至
于畜生无有无明憍慢等過至于餓鬼而具
足功德行色无色界道不以為勝示行貪欲

佛道維摩詰言若菩薩行於非道是為通達
佛道又問云何菩薩行於非道答曰若菩薩
行五无間而无惱恚至于地獄无諸罪垢至
于畜生无有无明憍慢等過至于餓鬼而具
足功德行色无色界道不以為勝示行貪欲
離諸染著示行瞋恚於諸衆生无有恚閡示
行愚癡而以智慧調伏其心示行慳貪而捨
内外所有不惜身命示行毀禁而安住淨戒
乃至小罪猶懷大懼示行瞋恚而常慈忍示
行懈怠而勤修功德示行亂意而常念定示
行愚癡而通達世間出世間慧示行諂偽而
善方便隨諸經義示行憍慢而於衆生猶如
橋梁示行諸煩惱而心常清淨示入於魔而
順佛智慧不隨他教示入聲聞而為衆生說
未聞法示入辟支佛而成就大悲教化衆生
示入貧窮而有寶手功德无盡示入刑殘而
具諸相好以自莊嚴示入下賤而生佛種姓
中具諸功德示入羸劣醜陋而得那羅延身
一切衆生之所樂見示入老病而永斷病根
超越死畏示有資生而恒觀无常實无所貪
示有妻妾綵女而常遠離五欲淤泥現於訥
鈍而成就辯才揔持无失示入邪濟而以正
濟度諸衆生現遍入諸道而斷其因緣現於
涅槃而不斷生死文殊師利菩薩能如是行
於非道是為通達佛道
於是維摩詰問文殊師利何等為如來種文
殊師利言有身為種无明有愛為種貪恚癡
為種四顛倒為種五蓋為種六入為種七識

於非道是為通達佛道
於是維摩詰問文殊師利何等為如來種文
殊師利言有身為種无明有愛為種貪恚
為種四顛倒為種五蓋為種六入為種七識
處為種八邪法為種九惱處為種十不善道
為種以要言之六十二見及一切煩惱皆是
佛種曰何謂也荅曰若見无為入正位者不
能復發阿耨多羅三藐三菩提心譬如高原
陸地不生蓮華卑濕淤泥乃生此華如是見
无為法入正位者終不復能生於佛法煩惱
泥中乃有衆生起佛法耳又如殖種於空終
不得生糞壤之地乃能滋茂如是入无為正
位者不生佛法起於我見如須弥山猶能發
于阿耨多羅三藐三菩提心生佛法矣是故
當知一切煩惱為如來種譬如不下巨海不
能得无價寶珠如是不入煩惱大海則不能
得一切智寶之心
尒時大迦葉歎言善哉善哉文殊師利快說
此語誠如所言塵勞之疇為如來種我等今
者不復堪任發阿耨多羅三藐三菩提心乃
至五无間罪猶能發意生於佛法而今我等
永不能發譬如根敗之士其於五欲不能復
利如是聲聞諸結斷者於佛法中无所復益
永不志願是故文殊師利凡夫於佛法有反
復而聲聞无也所以者何凡夫聞佛法能起
无上道心不斷三寶正使聲聞終身聞佛法
力无畏等永不能發无上道意尒時會中有

BD04020 號　維摩詰所說經卷中　（26–19）

利如是聲聞諸結斷者於佛法中无所復益
永不志願是故文殊師利凡夫於佛法有反
復而聲聞无也所以者何凡夫聞佛法能起
无上道心不斷三寶正使聲聞終身聞佛法
力无畏等永不能發无上道意尒時會中有
菩薩名普現色身問維摩詰言居士父母妻
子親戚眷屬吏民知識悉為是誰奴婢僮僕
象馬車乘皆何所在於是維摩詰以偈荅曰
智度菩薩母　方便以為父　一切衆導師　无不由是生
法喜以為妻　慈悲心為女　善心誠實男　畢竟空寂舍
弟子衆塵勞　隨意之所轉　道品善知識　由是成正覺
諸度法等侶　四攝為伎女　歌詠誦法言　以此為音樂
總持之園苑　无漏法林樹　覺意淨妙華　解脫智慧果
八解之浴池　定水湛然滿　布以七淨華　浴此无垢人
象馬五通馳　大乘以為車　調御以一心　遊於八正路
相具以嚴容　衆好飾其姿　慚愧之上服　深心為華鬘
富有七財寶　教授以滋息　如所說修行　迴向為大利
四禪為牀坐　從於淨命生　多聞增智慧　以為自覺音
甘露法之食　解脫味為漿　淨心以澡浴　戒品為塗香
摧滅煩惱賊　勇健无能踰　降伏四種魔　勝幡建道場
雖知无起滅　示彼故有生　悉現諸國土　如日无不現
供養於十方　无量億如來　諸佛及己身　无有分別想
雖知諸佛國　及與衆生空　而常修淨土　教化於群生
諸有衆生類　形聲及威儀　无畏力菩薩　一時能盡現
覺知衆魔事　而示隨其行　以善方便智　隨意皆能現
或示老病死　成就諸群生　了知如幻化　通達无有閡
或現劫燒盡　天地皆洞然　衆人有常想　照令知无常
數億衆生　俱來請菩薩　一時到其舍　化令向佛道

BD04020 號　維摩詰所說經卷中　（26–20）

諸有衆生類 形聲及威儀 无畏力菩薩 一時能盡現
覺知衆魔事 而示隨其行 以善方便智 隨意皆能現
或示老病死 成就諸群生 了知如幻化 通達无有閡
或現劫燒盡 天地皆洞然 衆人有常想 照令知无常
无數億衆生 俱來請菩薩 一時到其舍 化令向佛道
經書禁呪術 工巧諸伎藝 盡現行此事 饒益諸群生
世間衆道法 悉於中出家 因以解人惑 而不墮邪見
或作日月天 梵王世界主 或時作地水 或復作風火
劫中有疾疫 現作諸藥草 若有服之者 除病消衆毒
劫中有飢饉 現身作飲食 先救彼飢渴 却以法語人
劫中有刀兵 為之起慈悲 化彼諸衆生 令住无諍地
若有大戰陣 立之以等力 菩薩現威勢 降伏使和安
一切國土中 諸有地獄處 輙往到于彼 勉濟其苦惱
一切國土中 畜生相食噉 皆現生於彼 為之作利益
示受於五欲 亦復現行禪 令魔心憒亂 不能得其便
火中生蓮華 是可謂希有 在欲而行禪 希有亦如是
女 引諸好色者 先以欲鈎牽 後令入佛智
或作商人道 國師及大臣 以祐利衆生
現作无盡藏 因以勸導之 令發菩提心
慢者 為現大力士 消伏諸貢高 令住佛上道
有恐懼衆 居前而慰安 先施以无畏 後令發道心
或現離婬欲 為五通仙人 開導諸群生 令住戒忍慈
見須供事者 為現作僮僕 既悅可其意 乃發以道心
隨彼之所須 得入於佛道 以善方便力 皆能給足之
如是道无量 所行无有涯 智慧无邊際 度脫无數衆
假令一切佛 於无數億劫 讚歎其功德 猶尚不能盡
誰聞如是法 不發菩提心 除彼不肖人 癡冥无智者
入不二法門品第九

見須供事者 為現作僮僕 既悅可其意 乃發以道心
隨彼之所須 得入於佛道 以善方便力 皆能給足之
如是道无量 所行无有涯 智慧无邊際 度脫无數衆
假令一切佛 於无數億劫 讚歎其功德 猶尚不能盡
誰聞如是法 不發菩提心 除彼不肖人 癡冥无智者
不二法門品第九
爾時維摩詰謂衆菩薩言 諸仁者云何菩薩入
不二法門 各隨所樂說之 會中有菩薩名
法自在 說言 諸仁者 生滅為二 法本不生 今
則无滅 得此无生法忍 是為入不二法門
德首菩薩曰 我我所為二 因有我故便有我
所 若无有我 則无我所 是為入不二法門
不眴菩薩曰 受不受為二 若法不受 則不可
得 以不可得故 无取无捨 无作无行 是為入
不二法門
德頂菩薩曰 垢淨為二 見垢實性 則无淨相
順於滅相 是為入不二法門
善宿菩薩曰 是動是念為二 不動則无念 无
念即无分別 通達此者 是為入不二法門
善眼菩薩曰 一相无相為二 若知一相即是
无相 亦不取无相 入於平等 是為入不二法
門
妙臂菩薩曰 菩薩心聲聞心為二 觀心相空
如幻化者 无菩薩心 无聲聞心 是為入不二
法門
弗沙菩薩曰 善不善為二 若不起善不善 入
无相際而通達者 是為入不二法門
師子菩薩曰 罪福為二 若達罪性 則與福无

法門
弗沙菩薩曰善不善為二若不起善不善入
无相際而通達者是為入不二法門
師子菩薩曰罪福為二若達罪性則與福无
異以金剛慧決了此相无縛无解者是為入
不二法門
師子意菩薩曰有漏无漏為二若得諸法等
則不起漏不漏想不著於相亦不住无相是
為入不二法門
淨解菩薩曰有為无為為二若離一切數則心
如虛空以清淨慧无所閡者是為入不二法門
那羅延菩薩曰世間出世間為二世間性空
即是出世間於其中不入不出不溢不散是
為入不二法門
善意菩薩曰生死涅槃為二若見生死性則
无生死无縛无解不然不滅如是解者是為
入不二法門
現見菩薩曰盡不盡為二法若究竟盡若不
盡皆是无盡相无盡相即是空空則无有盡
不盡相如是入者是為入不二法門
普守菩薩曰我无我為二我尚不可得非我
何可得見我實性者不復起二是為入不二
法門
電天菩薩曰明无明為二无明實性即是明
明亦不可取離一切數於其中平等无二者
是為入不二法門
喜見菩薩曰色色空為二色即是空非色滅

BD04020號　維摩詰所說經卷中　（26–23）

電天菩薩曰明无明為二无明實性即是明
明亦不可取離一切數於其中平等无二者
是為入不二法門
喜見菩薩曰色色空為二色即是空非色滅
空色性自空如是受想行識識空為二識即
是空非識滅空識性自空於其中而通達者
是為入不二法門
明相菩薩曰四種異空種異為二四種性即
是空種性如前際後際空故中際亦空若能如
是知諸種性者是為入不二法門
妙意菩薩曰眼色為二若知眼性於色不貪
不恚不癡是名寂滅如是耳聲鼻香舌味身
觸意法為二若知意性於法不貪不恚不癡
是名寂滅安住其中是為入不二法門
无盡意菩薩曰布施迴向一切智為二布施
性即是迴向一切智性如是持戒忍辱精進
禪定智慧迴向一切智為二智慧性即是迴向
一切智性於其中入一相者是為入不二法門
深慧菩薩曰是空是无相是无作為二空即
无相无相即无作若空无相无作則无心意
識於一解脫門即是三解脫門者是為入不
二法門
寂根菩薩曰佛法眾為二佛即是法法即是
眾是三寶皆无為相與虛空等一切法亦尒
能隨此行者是為入不二法門
心无閡菩薩曰身身滅為二身即是身滅所
以者何見身實相者不起見身及見滅身身

BD04020號　維摩詰所說經卷中　（26–24）

寂根菩薩曰佛法眾爲二佛即是法法即是
眾是三寶皆无爲相與虛空等一切法亦尒
能隨此行者是爲入不二法門
心无閡菩薩曰身身滅爲二身即是身滅所
以者何見身實相者不起見身及以滅身身
與滅身无二无分別於其中不驚不懼者是
爲入不二法門
上善菩薩曰身口意善爲二是三業皆无作
相身无作相即口无作相口无作相即意无
作相是三業无作相即一切法无作相能如
是隨无作慧者是爲入不二法門
福田菩薩曰福行罪行不動行爲二三行實
性即是空空則无福行无罪行无不動行於
此三行而不起者是爲入不二法門
華嚴菩薩曰從我起二爲二見我實相者不
起二法若不住二法則无有識无所識者是爲
入不二法門
德藏菩薩曰有所得相爲二若无所得則无
取捨无取捨者是爲入不二法門
月上菩薩曰闇與明爲二无闇无明則无有
二所以者何如入滅受想定无闇无明一切
法相亦復如是於其中平等入者是爲入不
二法門
寶印手菩薩曰樂涅槃不樂世間爲二若不
樂涅槃不厭世間則无有二所以者何若有
縛則有解若本无縛其誰求解无縛无解則
无樂厭是爲入不二法門
珠頂王菩薩曰正道邪道爲二住正道者則不

BD04020號　維摩詰所說經卷中　（26–25）

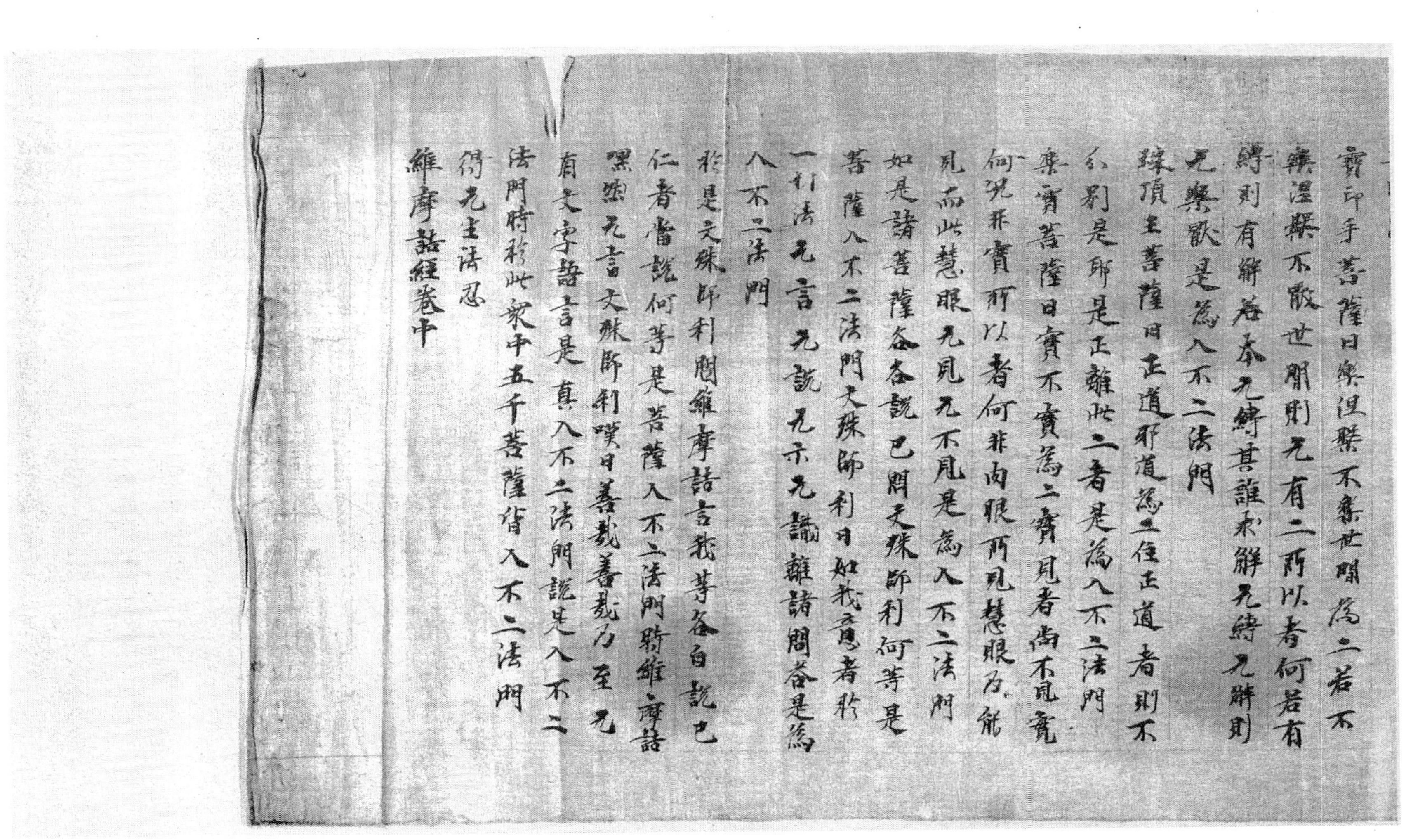
寶印手菩薩曰樂涅槃不樂世間爲二若不
樂涅槃不厭世間則无有二所以者何若有
縛則有解若本无縛其誰求解无縛无解則
无樂厭是爲入不二法門
珠頂王菩薩曰正道邪道爲二住正道者則不
分別是邪是正離此二者是爲入不二法門
樂實菩薩曰實不實爲二實見者尚不見實
何況非實所以者何非肉眼所見慧眼乃能
見而此慧眼无見无不見是爲入不二法門
如是諸菩薩各各說已問文殊師利何等是
菩薩入不二法門文殊師利曰如我意者於
一切法无言无說无示无識離諸問答是爲
入不二法門
於是文殊師利問維摩詰我等各自說已
仁者當說何等是菩薩入不二法門時維摩詰
默然无言文殊師利歎曰善哉善哉乃至无
有文字語言是真入不二法門說是入不二
法門時於此眾中五千菩薩皆入不二法門
得无生法忍
維摩詰經卷中

BD04020號　維摩詰所說經卷中　（26–26）

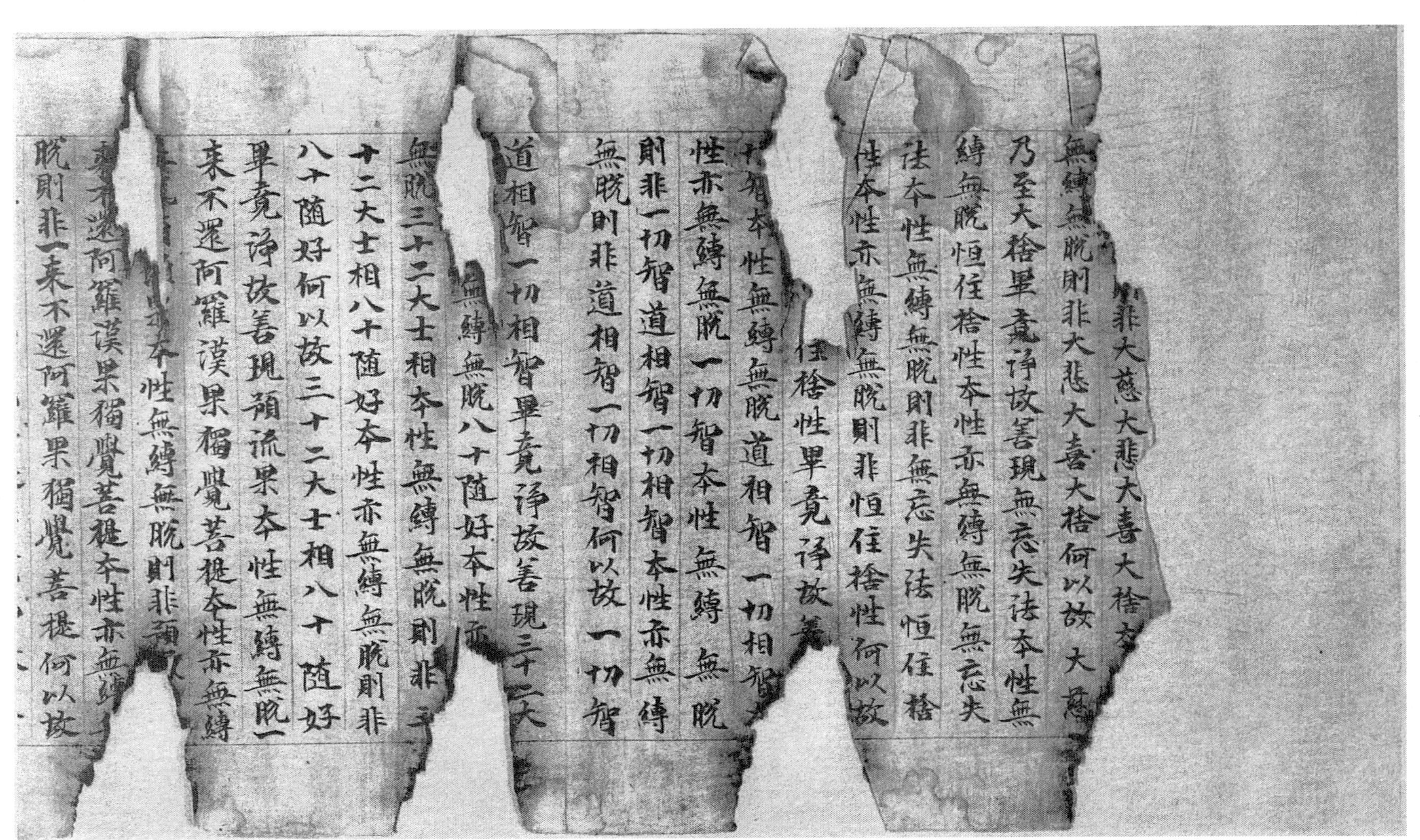

BD04021 號　大般若波羅蜜多經卷三八二　（17–1）

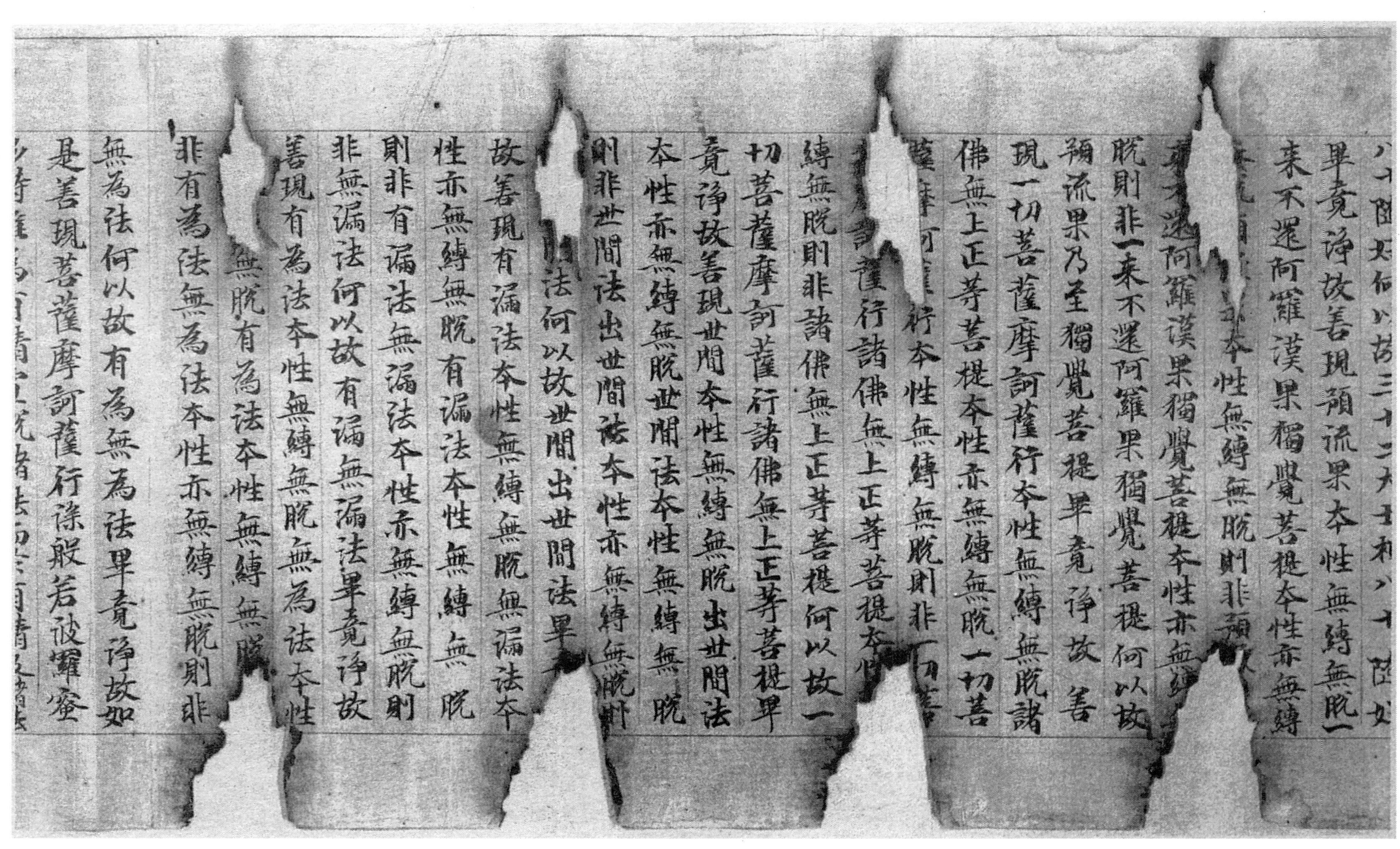

BD04021 號　大般若波羅蜜多經卷三八二　（17–2）

無脫有為法本性無縛無脫
非有為法無為法本性亦無縛無脫則非
無為法何以故有為無為法畢竟淨故如
是善現菩薩摩訶薩行深般若波羅蜜
多時雖為有情宣說諸法而於有情及諸法
性都無所得何以故以諸有情及一切法
復次善現菩薩摩訶薩行深般若波羅蜜
多時以無所住為方便故住一切法無所得
中謂以無所住為方便故住色空以無所住
為方便故住受想行識空以無所住為方便
故住眼處空以無所住為方便故住耳鼻
處空以無所住為方便故住色處空
無所住為方便故住聲香味觸法處空以
無所住為方便故住眼界空以無所住為方便
故住耳鼻舌身意界空以無所住為方便故
住色界空以無所住為方便故住聲香味
觸法界空以無所住為方便故住眼識界
無所住為方便故住耳鼻舌身意識界
空以無所住為方便故住眼觸空以無所住
為方便故住耳鼻舌身意觸空以無所住
為方便故住眼觸為緣所生諸受空以無所
住為方便故住耳鼻舌身意觸為緣所生
諸受空以無所住為方便故住地界空以
無所住為方便故住水火風空識界空以無
所住為方便故住因緣空以無所住為方便

BD04021號　大般若波羅蜜多經卷三八二　（17–3）

為方便故住耳鼻舌身意觸空以無所住
為方便故住眼觸為緣所生諸受空以無所
住為方便故住耳鼻舌身意觸為緣所生
諸受空以無所住為方便故住地界空以
無所住為方便故住水火風空識界空以無
所住為方便故住因緣空以無所住為方便
故住等無間緣所緣緣增上緣空以無所
住為方便故住從諸緣所生法空以無所住
為方便故住無明空以無所住為方便故住
行識名色六處觸受愛取有生老死愁歎
苦憂惱空以無所住為方便故住布施波羅
蜜多空以無所住為方便故住淨戒安忍精
進靜慮般若波羅蜜多空以無所住為方便
故住四靜慮空以無所住為方便故住四無量
四無色定空以無所住為方便故住四念住
無所住為方便故住四正斷四神足五
根五力七等覺支八聖道支空以無所住
為方便故住空解脫門空以無所住為方
便故住無相無願解脫門空以無所住為方
便故住內空空以無所住為方便故住外空
內外空空空大空勝義空有為空無為空畢
竟空無際空散空無變異空本性空自相空
共相空一切法空不可得空無性空自性空
無性自性空空以無所住為方便故住苦聖諦
空以無所住為方便故住集滅道聖諦空
以無所住為方便故住八解脫空以無所住
為方便故住八勝處九次第定十遍處空以

BD04021號　大般若波羅蜜多經卷三八二　（17–4）

共相空一切法空不可得空無性空自性空
無性自性空空以無所住為方便故住苦聖諦
空以無所住為方便故住集滅道聖諦空
以無所住為方便故住八解脫空以無所住
為方便故住八勝處九次第定十遍處空以
無所住為方便故住一切陀羅尼門空以無
所住為方便故住一切三摩地門空以無所
住為方便故住極喜地空以無所住為方便
故住離垢地發光地焰慧地極難勝地現前
地遠行地不動地善慧地法雲地空以無
所住為方便故住五眼空以無所住為方便
故住六神通空以無所住為方便故住佛十
力空以無所住為方便故住四無所畏四無
礙解十八佛不共法空以無所住為方便故
住大慈空以無所住為方便故住大悲大喜
大捨空以無所住為方便故住無忘失法空
以無所住為方便故住恒住捨性空以無所
住為方便故住一切智空以無所住為方便
故住道相智一切相智空以無所住為方便
故住三十二大士相空以無所住為方便故
住八十隨好空以無所住為方便故住預流
果空以無所住為方便故住一來不還阿羅
漢果獨覺菩提空以無所住為方便故住一
切菩薩摩訶薩行空以無所住為方便故住
諸佛無上正等菩提空以無所住為方便故
住世間法空以無所住為方便故住出世間

BD04021號　大般若波羅蜜多經卷三八二　（17–5）

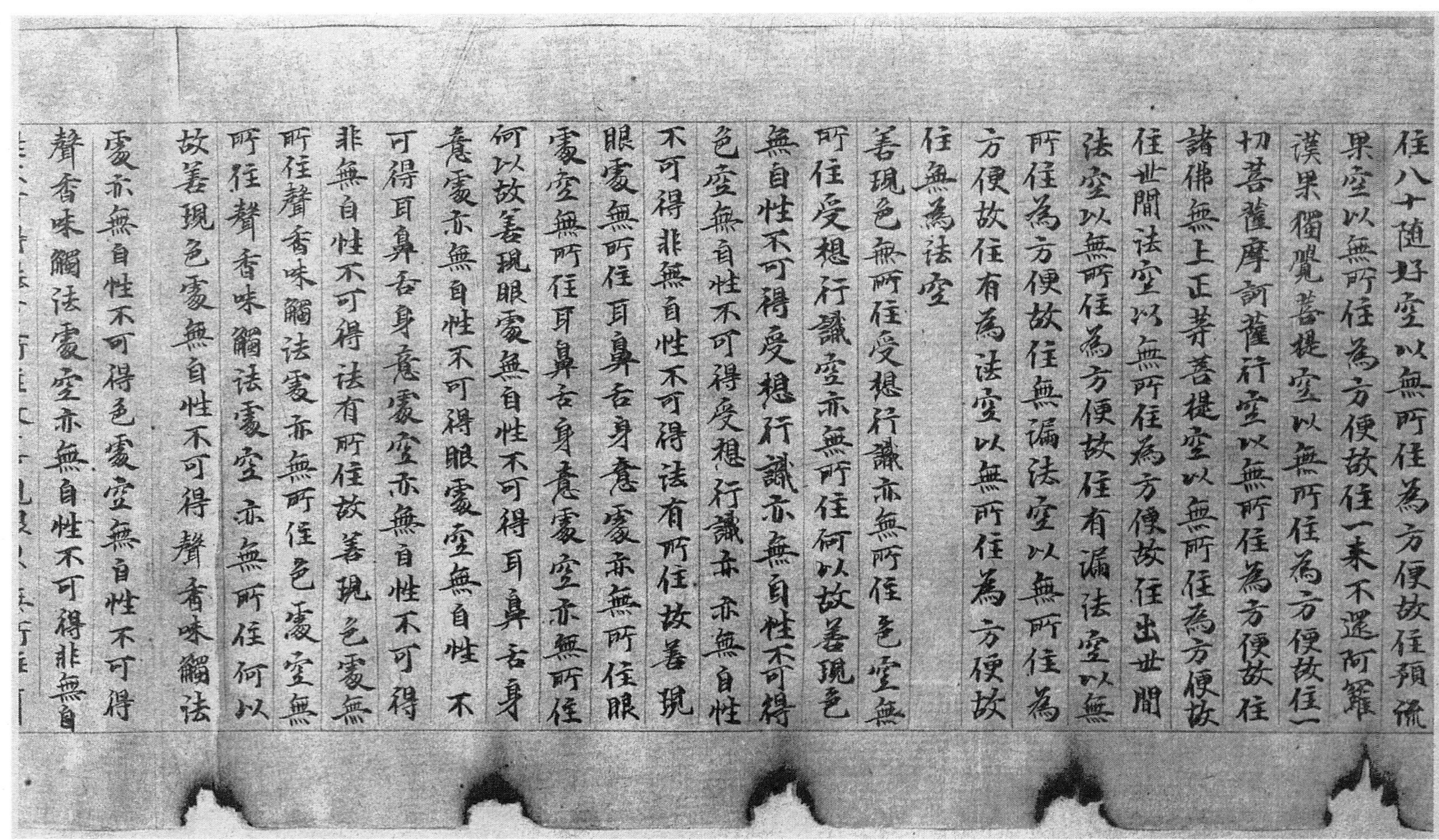

住八十隨好空以無所住為方便故住預流
果空以無所住為方便故住一來不還阿羅
漢果獨覺菩提空以無所住為方便故住一
切菩薩摩訶薩行空以無所住為方便故住
諸佛無上正等菩提空以無所住為方便故
住世間法空以無所住為方便故住出世間
法空以無所住為方便故住有漏法空以無
所住為方便故住無漏法空以無所住為
方便故住有為法空以無所住為方便故
住無為法空
善現色無所住受想行識亦無所住色空無
所住受想行識空亦無所住何以故善現色
無自性不可得受想行識亦無自性不可得
色空無自性不可得受想行識亦無自性
不可得非無自性不可得法有所住故善現
眼處無所住耳鼻舌身意處亦無所住眼
處空無所住耳鼻舌身意處空亦無所住
何以故善現眼處無自性不可得耳鼻舌身
意處亦無自性不可得眼處空無自性不
可得耳鼻舌身意處空亦無自性不可得
非無自性不可得法有所住故善現色處無
所住聲香味觸法處亦無所住色處空無
所住聲香味觸法處空亦無所住何以
故善現色處無自性不可得聲香味觸法
處亦無自性不可得色處空無自性不可得
聲香味觸法處空亦無自性不可得非無自

BD04021號　大般若波羅蜜多經卷三八二　（17–6）

故善現色處無自性不可得聲香味觸法
處亦無自性不可得色處空無自性不可得
聲香味觸法處空亦無自性不可得非無自
性不可得法有所住故善現眼界無所住耳
鼻舌身意界亦無所住眼界空無所住耳鼻
舌身意界空亦無所住何以故善現眼界
無自性不可得耳鼻舌身意界亦無自性不
可得眼界空無自性不可得耳鼻舌身意界
空亦無自性不可得非無自性不可得法有所
所住故善現色界無所住聲香味觸法界亦
無所住色界空無所住聲香味觸法界空亦
無所住何以故善現色界無自性不可得聲
香味觸法界亦無自性不可得色界空無自
性不可得聲香味觸法界空亦無自性不可
得非無自性不可得法有所住故善現眼識
界無所住耳鼻舌身意識界亦無所住眼識
界空無所住耳鼻舌身意識界空亦無所住
何以故善現眼識界無自性不可得耳鼻舌
身意識界亦無自性不可得眼識界空無自
性不可得耳鼻舌身意識界空亦無自性不
可得非無自性不可得法有所住故善現眼
觸無所住耳鼻舌身意觸亦無所住眼觸空
無所住耳鼻舌身意觸空亦無所住何以故
善現眼觸無自性不可得耳鼻舌身意觸
亦無自性不可得眼觸空無自性不可得耳鼻
舌身意觸空亦無自性不可得非無自性不

BD04021 號　大般若波羅蜜多經卷三八二　（17–7）

觸無所住耳鼻舌身意觸亦無所住眼觸空
無所住耳鼻舌身意觸空亦無所住何以故
善現眼觸無自性不可得耳鼻舌身意觸
亦無自性不可得眼觸空無自性不可得耳鼻
舌身意觸空亦無自性不可得非無自性不
可得法有所住故善現眼觸為緣所生諸受
無所住耳鼻舌身意觸為緣所生諸受亦無
所住眼觸為緣所生諸受空無所住耳鼻舌
身意觸為緣所生諸受空亦無所住何以故
善現眼觸為緣所生諸受無自性不可得耳
鼻舌身意觸為緣所生諸受亦無自性不可
得眼觸為緣所生諸受空無自性不可得耳
鼻舌身意觸為緣所生諸受空亦無自性不
可得非無自性不可得法有所住故善現地
界無所住水火風空識界亦無所住地界空
無所住水火風空識界空亦無所住何以故
善現地界無自性不可得水火風空識界亦
無自性不可得地界空無自性不可得水火風
空識界空亦無自性不可得非無自性不
可得法有所住故善現因緣無所住等無間
緣所緣緣增上緣亦無所住因緣空無所住
等無間緣所緣緣增上緣空亦無所住何以
故善現因緣無自性不可得等無間緣所緣
緣增上緣亦無自性不可得因緣空無自性
不可得等無間緣所緣緣增上緣空亦無自
性不可得非無自性不可得法有所住故善

BD04021 號　大般若波羅蜜多經卷三八二　（17–8）

緣增上緣亦無自性不可得因緣空無自性
不可得等無間緣所緣緣增上緣空亦無自
性不可得非無自性不可得法有所住故善
現從諸緣所生法無所住從諸緣所生法空
亦無所住何以故善現從諸緣所生法無自
性不可得從諸緣所生法空亦無自性不可
得非無自性不可得法有所住故善現無明
無所住行識名色六處觸受愛取有生老死
愁歎苦憂惱亦無所住無明空無所住行乃
至老死愁歎苦憂惱空亦無所住何以故善
現無明無自性不可得行乃至老死愁歎苦
憂惱亦無自性不可得無明空無自性不可
得行乃至老死愁歎苦憂惱空亦無自性
可得非無自性不可得法有所住故
善現布施波羅蜜多無所住淨戒安忍精進
靜慮般若波羅蜜多亦無所住布施波羅蜜
多空無所住淨戒安忍精進靜慮般若波羅
蜜多空亦無所住何以故善現布施波羅蜜
多無自性不可得淨戒安忍精進靜慮般若
波羅蜜多亦無自性不可得布施波羅蜜
多空無自性不可得淨戒安忍精進靜慮般
若波羅蜜多空亦無自性不可得非無自性
不可得法有所住故善現四靜慮無所住四
無量四無色定亦無所住四靜慮空無所
住四無量四無色定空亦無所住何以故善
現四靜慮無自性不可得四無量四無色

BD04021號　大般若波羅蜜多經卷三八二　（17–9）

不可得法有所住故善現四靜慮無所住四
無量四無色定亦無所住四靜慮空無所
住四無量四無色定空亦無所住何以故善
現四靜慮無自性不可得四無量四無色
定亦無自性不可得四靜慮空無自不可得
四無量四無色定空亦無自性不可得非
無自性不可得法有所住故善現四念住無
所住四正斷四神足五根五力七等覺支
八聖道支亦無所住四念住空無所住四正
斷乃至八聖道支空亦無所住何以故善現
四念住無自性不可得四正斷乃至八聖道
支亦無自性不可得四念住空無自性不可
得四正斷乃至八聖道支空亦無自性不可
得非無自性不可得法有所住故善現空解
脫門無所住無相無願解脫門亦無所住
空解脫門空無所住無相無願解脫門空
亦無所住何以故善現空解脫門無自性
不可得無相無願解脫門亦無自性不可得
空解脫門空無自性不可得無相無願解
脫門空亦無自不可得非無自性不可得
法有所住故善現內空無所住外空內外空
空空大空勝義空有為空無為空畢竟空
無際空散空無變異空本性空自相空共
相空一切法空不可得空無性空自性空無
性自性空亦無所住內空空無所住外空乃至
無性自性空空亦無所住何以故善現內空

BD04021號　大般若波羅蜜多經卷三八二　（17–10）

空空大空勝義空有為空無為空畢竟空
無際空散空無變異空本性空自相空共
相空一切法空不可得空無性空自性空無
性自性空亦無所住內空無所住外空乃至
無性自性空亦無所住何以故善現內空
無自性不可得外空乃至無性自性空亦無
自性不可得內空空無自性不可得外空乃
至無性自性空空亦無自性不可得非無自
性不可得法有所住故善現苦聖諦無所住
集滅道聖諦亦無所住苦聖諦空無所
住集滅道聖諦空亦無所住何以故善現苦
聖諦無自性不可得集滅道聖諦亦無自
性不可得苦聖諦空無自性不可得集滅道
聖諦空亦無自性不可得非無自性不可得
法有所住故善現八解脫無所住八勝處九
次第定十遍處亦無所住八解脫空無所住
八勝處九次第定十遍處空亦無所住何以
故善現八解脫無自性不可得八勝處九次
第定十遍處亦無自性不可得八解脫空無
自性不可得八勝處九次第定十遍處空亦
無自性不可得非無自性不可得法有所住
故善現一切陀羅尼門無所住一切三摩地
門亦無所住一切陀羅尼門空無所住一切
三摩地門空亦無所住何以故善現一切陀
羅尼門無自性不可得一切三摩地門亦無
自性不可得一切陀羅尼門空無自性不可

BD04021號　大般若波羅蜜多經卷三八二　（17–11）

門亦無所住一切陀羅尼門空無所住一切
三摩地門空亦無所住何以故善現一切陀
羅尼門無自性不可得一切三摩地門亦無
自性不可得一切陀羅尼門空無自性不可
得一切三摩地門空亦無自性不可得非無
自性不可得法有所住故善現極喜地無所
住離垢地發光地焰慧地極難勝地現前
地遠行地不動地善慧地法雲地亦無所住極
喜地空無所住離垢地乃至法雲地空亦無
所住何以故善現極喜地無自性不可得離
垢地乃至法雲地亦無自性不不可得極喜
地空無自性不可得離垢地乃至法雲地空亦
無自性不可得非無自性不可得法有所住
故
善現五眼無所住六神通亦無所住五眼空
無所住六神通空亦無所住何以故善現五
眼無自性不可得六神通亦無自性不可得
五眼空無自性不可得六神通空亦無自性
不可得非無自性不可得法有所住故善現
佛十力無所住四無所畏四無礙解十八佛
不共法亦無所住佛十力空無所住四無所
畏四無礙解十八佛不共法空亦無所住何
以故善現佛十力無自性不可得四無所畏
四無礙解十八佛不共法亦無自性不可得
佛十力空無自性不可得四無所畏四無礙
解十八佛不共法空亦無自性不可得非無

BD04021號　大般若波羅蜜多經卷三八二　（17–12）

畏四無礙解十八佛不共法空亦無所住何
以故善現佛十力無自性不可得四無所畏
四無礙解十八佛不共法亦無自性不可得
佛十力空無自性不可得四無所畏四無礙
解十八佛不共法空亦無自性不可得非無
自性不可得法有所住故善現大慈無所住
大悲大喜大捨亦無所住大慈空無所住大
悲大喜大捨空亦無所住何以故善現大慈
無自性不可得大悲大喜大捨亦無自性不
可得大慈空無自性不可得大悲大喜大捨
空亦無自性不可得非無自性不可得法
有所住故善現無忘失法無所住恒住捨性
亦無所住無忘失法空無所住恒住捨性空亦
無所住何以故善現無忘失法無自性不可
得恒住捨性亦無自性不可得無忘失法空
無自性不可得恒住捨性空亦無自性不可
得非無自性不可得法有所住故善現一切
智無所住道相智一切相智亦無所住一切智
空無所住道相智一切相智空亦無所住何
以故善現一切智無自性不可得道相智一
切相智亦無自性不可得一切智空無自性
不可得道相智一切相智空亦無自性不可
得非無自性不可得法有所住故
善現三十二大士相無所住八十隨好亦無所
住三十二大士相空無所住八十隨好空亦
無所住何以故善現三十二大士相無自性

BD04021 號　大般若波羅蜜多經卷三八二　（17–13）

不可得道相智一切相智空亦無自性不可
得非無自性不可得法有所住故
善現三十二大士相無所住八十隨好亦無所
住三十二大士相空無所住八十隨好空亦
無所住何以故善現三十二大士相無自性
不可得八十隨好亦無自性不可得三十
二大士相空無自性不可得八十隨好空亦
無自性不可得非無自性不可得法有所住
故善現預流果無所住一來不還阿羅漢果
獨覺菩提亦無所住預流果空無所住一來
不還阿羅漢果獨覺菩提空亦無所住何以
故善現預流果無自性不可得一來不還阿
羅漢果獨覺菩提亦無自性不可得預流
果空無自性不可得一來不還阿羅漢果獨
覺菩提空亦無自性不可得非無自性不可得
法有所住故善現一切菩薩摩訶薩行無
所住諸佛無上正等菩提亦無所住一切菩薩
摩訶薩行空無所住諸佛無上正等菩提
空亦無所住何以故善現一切菩薩摩訶薩
行無自性不可得諸佛無上正等菩提亦無
自性不可得一切菩薩摩訶薩行空無自性
不可得諸佛無上正等菩提空亦無自性
不可得非無自性不可得法有所住故善現世
間法無所住出世間法亦無所住世間法空
無所住出世間法空亦無所住何以故善現
世間法無自性出世間法亦無自性不可

BD04021 號　大般若波羅蜜多經卷三八二　（17–14）

空亦無所住何以故善現一切菩薩摩訶薩
行無自性不可得諸佛無上正等菩提亦無
自性不可得一切菩薩摩訶薩行空無自性
不可得諸佛無上正等菩提空亦無自性
不可得非無自性不可得法有所住故善現世
間法無所住出世間法亦無所住世間法空
無所住出世法空亦無所住何以故善現
世間法無自性出世間法亦無自性不可
得世間法空無自性不可得出世間法
空亦無自性不可得非無自性不可得法有
所住故善現有漏法無所住無漏法亦無所
住有漏法空無所住無漏法空亦無所住何
以故善現有漏法無自性不可得無漏法亦
無自性不可得有漏法空無自性不可得無
漏法空亦無自性不可得非無自性不可得
法有所住故善現有為法無所住無為法
亦無所住有為法空無所住無為法空亦無
所住何以故善現有為法無自性不可得無
為法無自性不可得有為法空無自性不可
得無為法空亦無自性不可得非無自性不
可得法有所住故
善現非無性法住無性法非有性法住有性
法非無性法住有性法非有性法住無性法
非自性法住自性法非他性法住他性法非
自性法住他性法非他性法住自性法何以
故是一切法皆不可得不可得法當何所住

BD04021號　大般若波羅蜜多經卷三八二　（17–15）

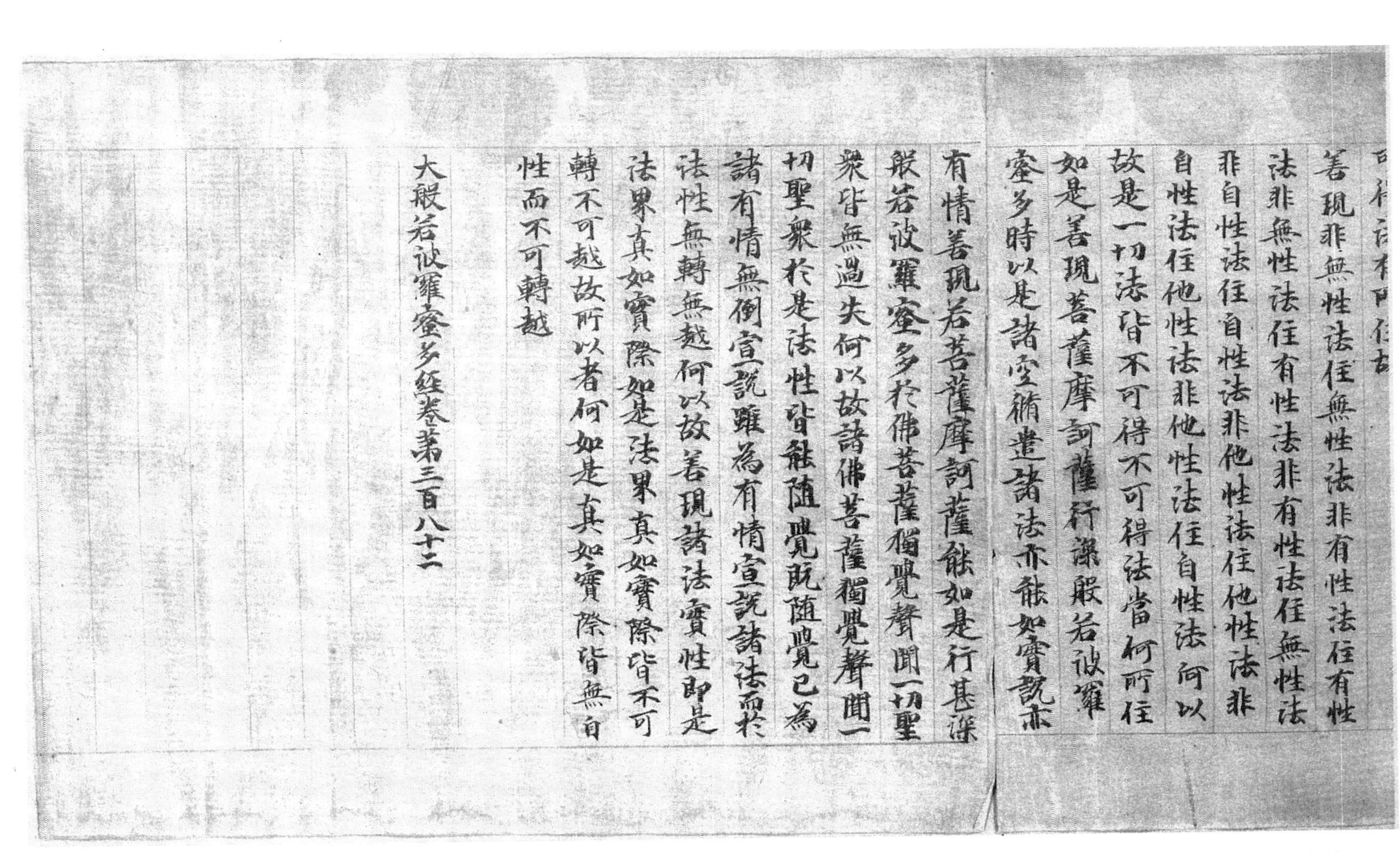
可得法有所住故
善現非無性法住無性法非有性法住有性
法非無性法住有性法非有性法住無性法
非自性法住自性法非他性法住他性法非
自性法住他性法非他性法住自性法何以
故是一切法皆不可得不可得法當何所住
如是善現菩薩摩訶薩行深般若波羅
蜜多時以是諸空觀遣諸法亦能如實說亦
有情善現若菩薩摩訶薩能如是行甚深
般若波羅蜜多於佛菩薩獨覺聲聞一切聖
衆皆無過失何以故諸佛菩薩獨覺聲聞一
切聖衆於是法性皆能隨覺既隨覺已為
諸有情無倒宣說雖為有情宣說諸法而於
法性無轉無越何以故善現諸法實性即是
法界真如實際如是法界真如實際皆不可
轉不可越故所以者何如是真如實際皆無自
性而不可轉越

大般若波羅蜜多經卷第三百八十二

BD04021號　大般若波羅蜜多經卷三八二　（17–16）

BD04021號　大般若波羅蜜多經卷三八二　　　　（17–17）

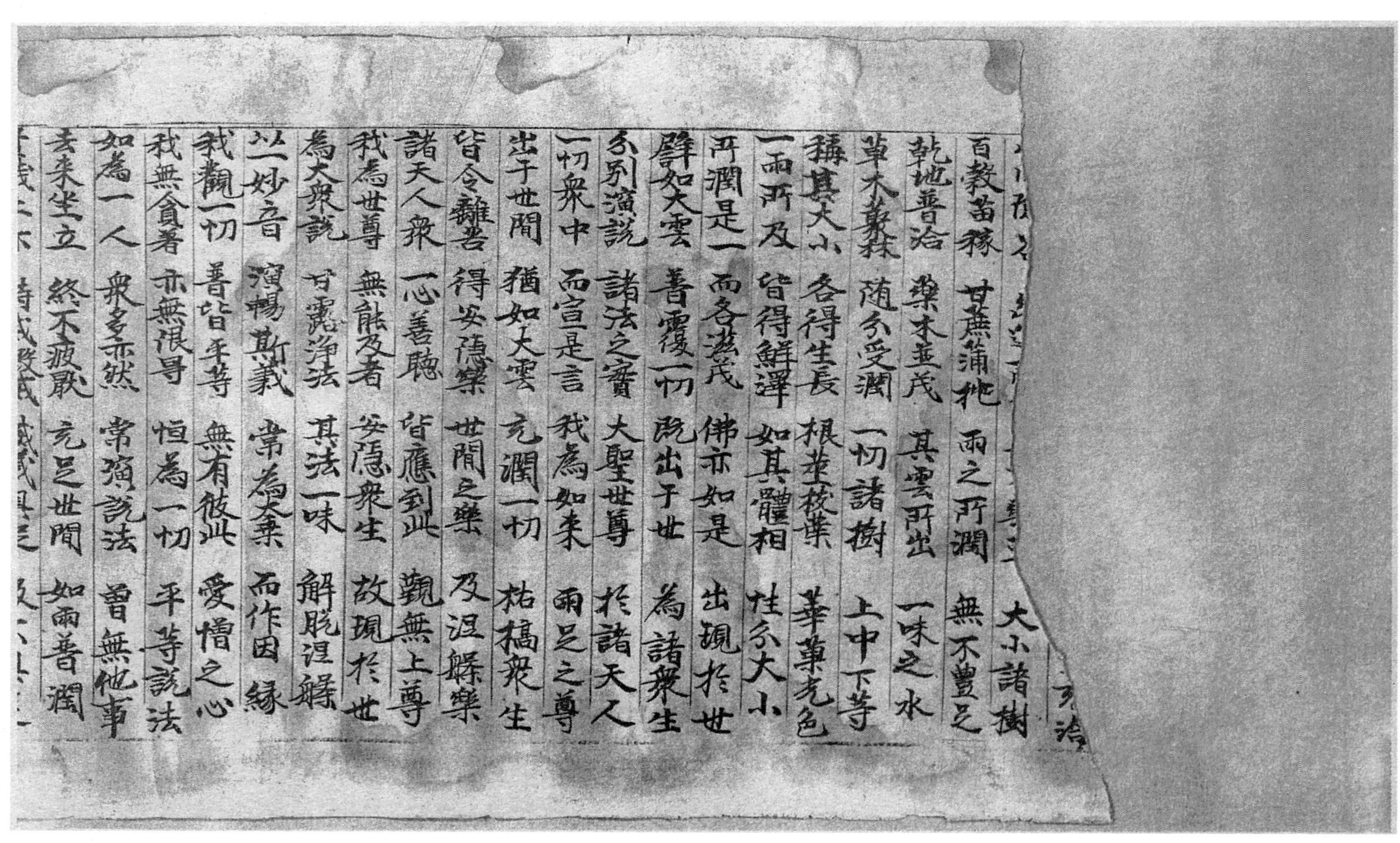

BD04022號　妙法蓮華經卷三　　　　（4–1）

以一妙音　演暢斯義　常為大乘　而作因緣
我觀一切　普皆平等　無有彼此　愛憎之心
我無貪著　亦無限㝵　恒為一切　平等說法
如為一人　衆多亦然　常演說法　曾無他事
去來坐立　終不疲猒　充足世間　如雨普潤
貴賤上下　持戒毀戒　威儀具足　及不具足
正見邪見　利根鈍根　等雨法雨　而無懈惓
一切衆生　聞我法者　隨力所受　住於諸地
或處人天　轉輪聖王　釋梵諸王　是小藥草
知無漏法　能得涅槃　起六神通　及得三明
獨處山林　常行禪定　得緣覺證　是中藥草
求世尊處　我當作佛　行精進定　是上藥草
又諸佛子　專心佛道　常行慈悲　自知作佛
決定無疑　是名小樹　安住神通　轉不退輪
度無量億　百千衆生　如是菩薩　名為大樹
佛平等說　如一味雨　隨衆生性　所受不同
如彼草木　所稟各異　佛以此喻　方便開示
種種言辭　演說一法　於佛智慧　如海一渧
我雨法雨　充滿世間　一味之法　隨力修行
如彼叢林　藥草諸樹　隨其大小　漸增茂好
諸佛之法　常以一味　令諸世間　普得具足
漸次修行　皆得道果　聲聞緣覺　處於山林
住最後身　聞法得果　是名藥草　各得增長
若諸菩薩　智慧堅固　了達三界　求最上乘
是名小樹　而得增長　復有住禪　得神通力
聞諸法空　心大歡喜　放無數光　度諸衆生

BD04022號　妙法蓮華經卷三　（4–2）

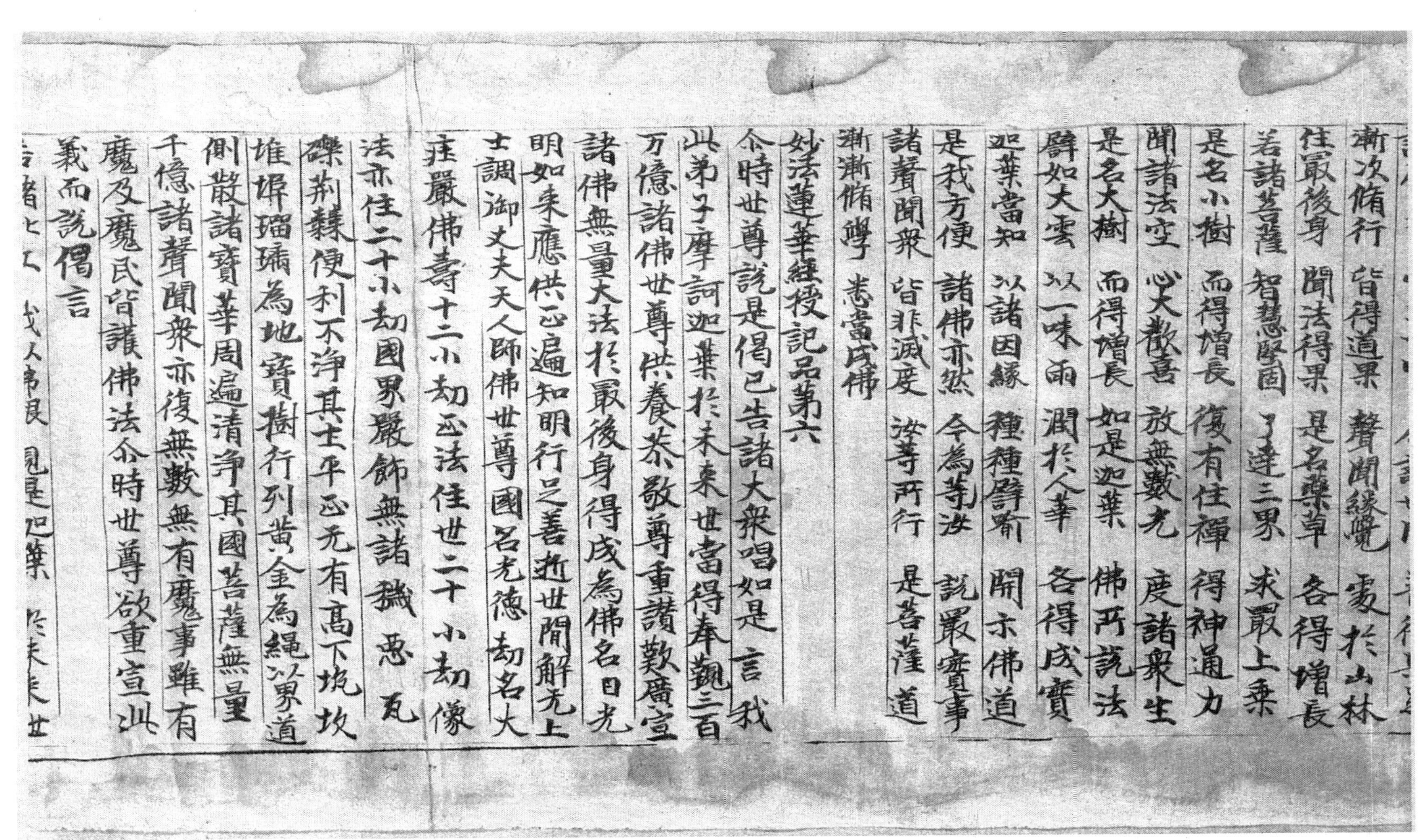
漸次修行　皆得道果　聲聞緣覺　處於山林
住最後身　聞法得果　是名藥草　各得增長
若諸菩薩　智慧堅固　了達三界　求最上乘
是名小樹　而得增長　復有住禪　得神通力
聞諸法空　心大歡喜　放無數光　度諸衆生
是名大樹　而得增長　如是迦葉　佛所說法
譬如大雲　以一味雨　潤於人華　各得成實
迦葉當知　以諸因緣　種種譬喻　開示佛道
是我方便　諸佛亦然　今為汝等　說最實事
諸聲聞衆　皆非滅度　汝等所行　是菩薩道
漸漸修學　悉當成佛

妙法蓮華經授記品第六

尒時世尊說是偈已告諸大衆唱如是言我
此弟子摩訶迦葉於未來世當得奉覲三百
万億諸佛世尊供養恭敬尊重讚歎廣宣
諸佛無量大法於最後身得成為佛名曰光
明如來應供正遍知明行足善逝世間解无上
士調御丈夫天人師佛世尊國名光德劫名大
莊嚴佛壽十二小劫正法住世二十小劫像
法亦住二十小劫國界嚴飾無諸穢惡瓦
礫荊棘便利不淨其土平正无有高下坑坎
堆阜瑠璃為地寶樹行列黃金為繩以界道
側散諸寶華周遍清淨其國菩薩無量
千億諸聲聞衆亦復無數無有魔事雖有
魔及魔民皆護佛法尒時世尊欲重宣此
義而說偈言
告諸比丘　我以佛眼　見是迦葉　於未來世

BD04022號　妙法蓮華經卷三　（4–3）

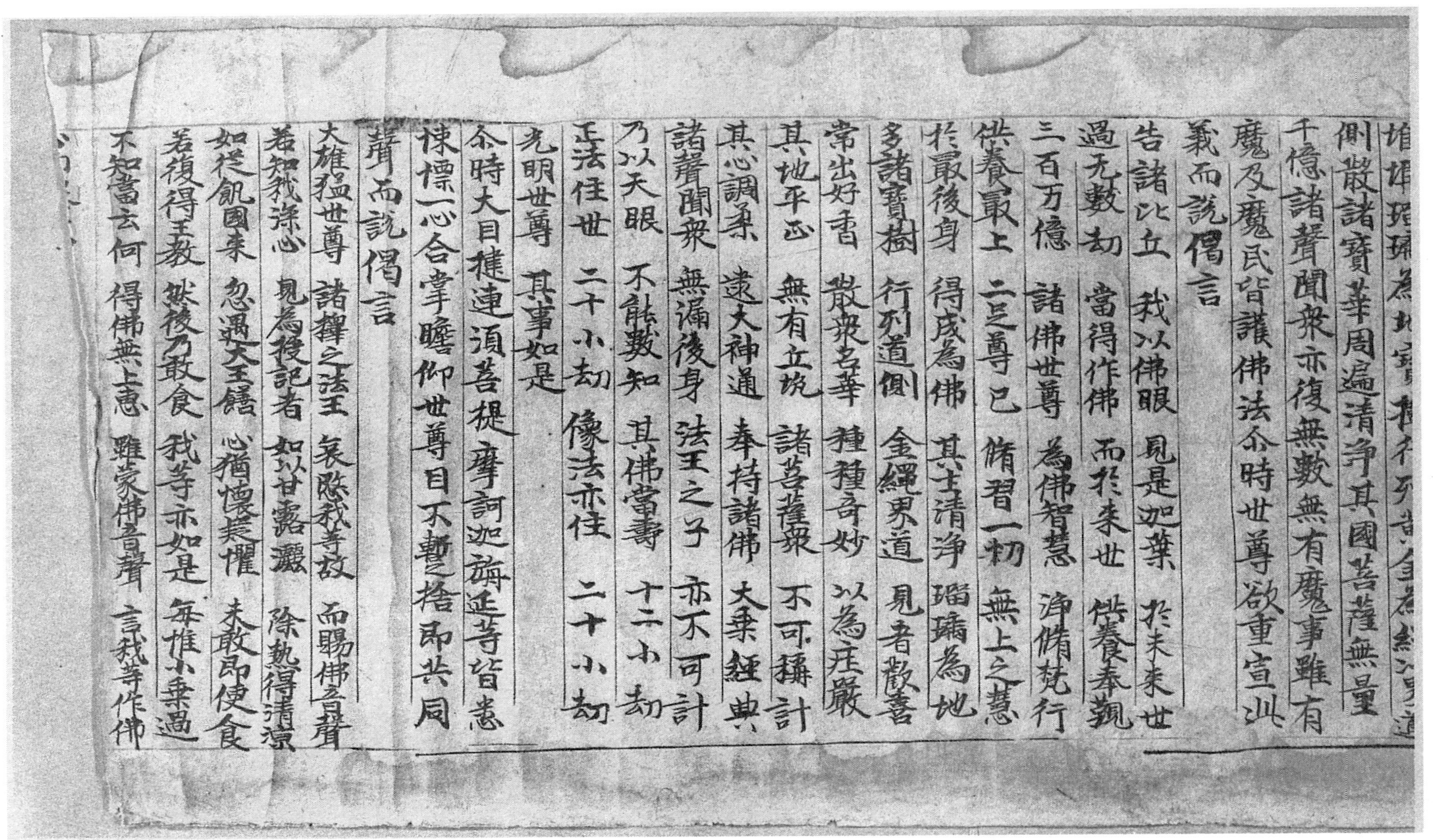

BD04022 號　妙法蓮華經卷三　（4–4）

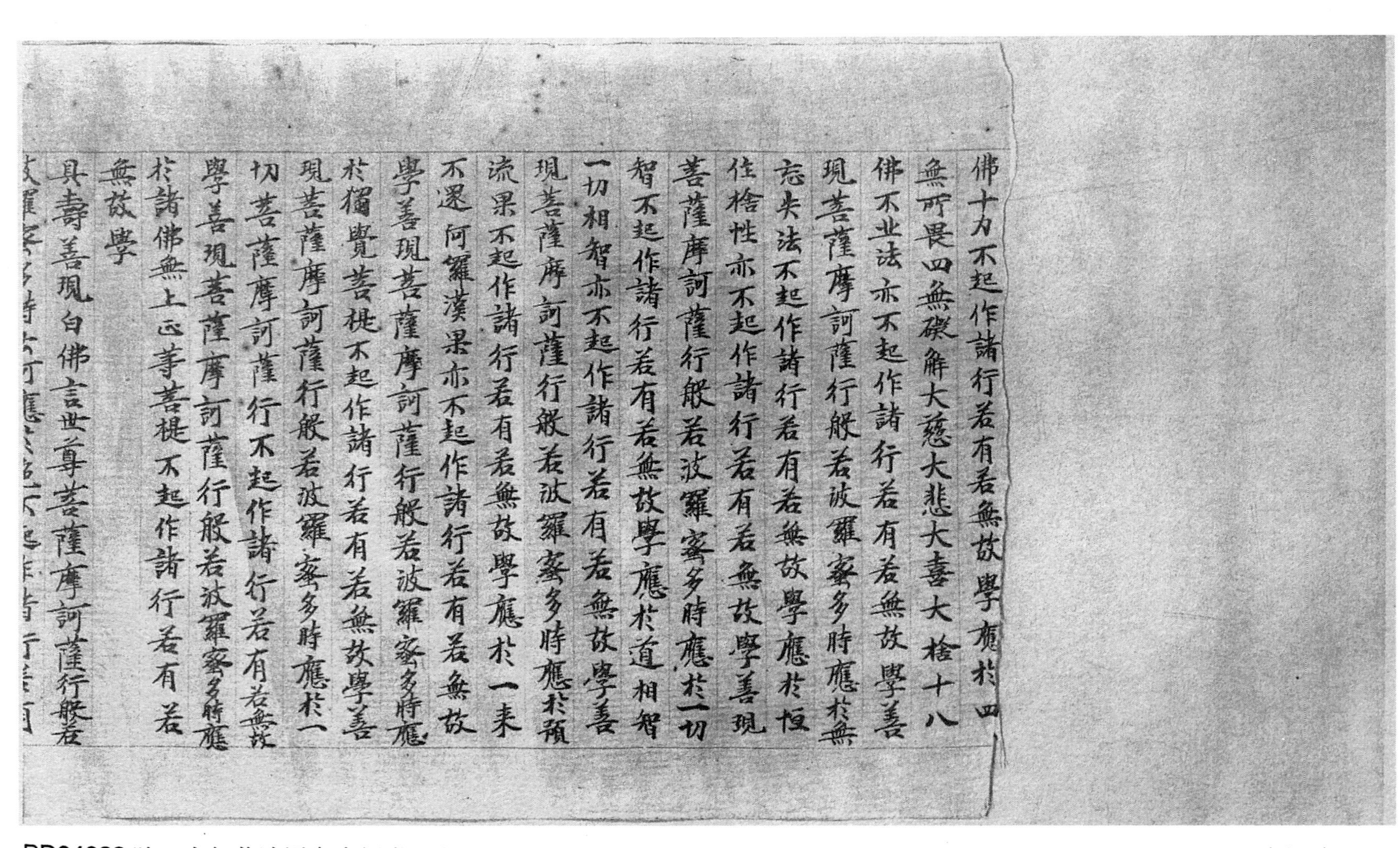

BD04023 號　大般若波羅蜜多經卷三六〇　（6–1）

切菩薩摩訶薩行不起作諸行若有若無故
學善現菩薩摩訶薩行般若波羅蜜多時應
於諸佛無上正等菩提不起作諸行若有若
無故學
具壽善現白佛言世尊菩薩摩訶薩行般若
波羅蜜多時云何應於色不起作諸行若有
若無故學云何應於受想行識亦不起作諸
行若有若無故學世尊菩薩摩訶薩行般
若波羅蜜多時云何應於眼處不起作諸行若
有若無故學云何應於耳鼻舌身意處亦不
起作諸行若有若無故學世尊菩薩摩訶薩
行般若波羅蜜多時云何應於色處不起作
諸行若有若無故學云何應於聲香味觸法
處亦不起作諸行若有若無故學世尊菩薩
摩訶薩行般若波羅蜜多時云何應於眼界
不起作諸行若有若無故學云何應於耳鼻
舌身意界亦不起作諸行若有若無故學世
尊菩薩摩訶薩行般若波羅蜜多時云何應
於色界不起作諸行若有若無故學云何應
於聲香味觸法界亦不起作諸行若有若無
故學世尊菩薩摩訶薩行般若波羅蜜多時
云何應於眼識界不起作諸行若有若無故
學云何應於耳鼻舌身意識界亦不起作諸
行若有若無故學世尊菩薩摩訶薩行般若
波羅蜜多時云何應於眼觸不起作諸行若
有若無故學云何應於耳鼻舌身意觸亦不
起作諸行若有若無故學世尊菩薩摩訶薩
行般若波羅蜜多時云何應於眼觸為緣所

BD04023號　大般若波羅蜜多經卷三六〇　（6–2）

學云何應於耳鼻舌身意觸亦不起作諸
行若有若無故學世尊菩薩摩訶薩行般若
波羅蜜多時云何應於眼觸不起作諸行若
有若無故學云何應於耳鼻舌身意觸亦不
起作諸行若有若無故學世尊菩薩摩訶薩
行般若波羅蜜多時云何應於眼觸為緣所
生諸受不起作諸行若有若無故學云何應
於耳鼻舌身意觸為緣所生諸受亦不起作
諸行若有若無故學世尊菩薩摩訶薩行般
若波羅蜜多時云何應於地界不起作諸行
若有若無故學云何應於水火風空識界亦
不起作諸行若有若無故學世尊菩薩摩訶
薩行般若波羅蜜多時云何應於無明不起
作諸行若有若無故學云何應於行識名色
六處觸受愛取有生老死愁歎苦憂惱亦不起
作諸行若有若無故學世尊菩薩摩訶薩
行般若波羅蜜多時云何應於布施波羅蜜
多不起作諸行若有若無故學云何應於淨
戒安忍精進靜慮般若波羅蜜多亦不起作
諸行若有若無故學世尊菩薩摩訶薩行般
若波羅蜜多時云何應於內空不起作諸行
若有若無故學云何應於外空內外空空空
大空勝義空有為空無為空畢竟空無際空
散空無變異空本性空自相空共相空一切法
法空不可得空無性空自性空無性自性空
亦不起作諸行若有若無故學世尊菩薩摩
訶薩行般若波羅蜜多時云何應於真如不
起作諸行若有若無故學云何應於法界法

BD04023號　大般若波羅蜜多經卷三六〇　（6–3）

法空不可得空無性空自性空無性自性空
亦不起作諸行若有若無故學世尊菩薩摩
訶薩行般若波羅蜜多時云何應扵真如不
起作諸行若有若無故學云何應扵法界法
性不虛妄性不變異性平等性離生性法定
法住實際虛空界不思議界亦不起作諸行
若有若無故學世尊菩薩摩訶薩行般若波
羅蜜多時云何應扵苦聖諦不起作諸行若
有若無故學云何應扵集滅道聖諦亦不起
作諸行若有若無故學世尊菩薩摩訶薩行
般若波羅蜜多時云何應扵四念住不起作
諸行若有若無故學云何應扵四正斷四神
足五根五力七等覺支八聖道支亦不起作諸
行若有若無故學世尊菩薩摩訶薩行般
若波羅蜜多時云何應扵四靜慮不起作諸
行若有若無故學云何應扵四無量四無色
定亦不起作諸行若有若無故學世尊菩薩
摩訶薩行般若波羅蜜多時云何應扵八解
脫不起作諸行若有若無故學云何應扵八
勝處九次第定十遍處亦不起作諸行若有
若無故學世尊菩薩摩訶薩行般若波羅蜜
多時云何應扵一切三摩地門不起作諸行若
有若無故學云何應扵一切陁羅尼門亦不
起作諸行若有若無故學世尊菩薩摩訶
薩行般若波羅蜜多時云何應扵空解脫門
不起作諸行若有若無故學云何應扵無相
無願解脫門亦不起作諸行若有若無故學
世尊菩薩摩訶薩行般若波羅蜜多時云何

BD04023號　大般若波羅蜜多經卷三六〇　（6–4）

有若無故學云何應扵一切陁羅尼門亦不
起作諸行若有若無故學世尊菩薩摩訶
薩行般若波羅蜜多時云何應扵空解脫門
不起作諸行若有若無故學云何應扵無相
無願解脫門亦不起作諸行若有若無故學
世尊菩薩摩訶薩行般若波羅蜜多時云何
應扵五眼不起作諸行若有若無故學云何
應扵六神通亦不起作諸行若有若無故學
世尊菩薩摩訶薩行般若波羅蜜多時云何
應扵佛十力不起作諸行若有若無故學云
何應扵四無所畏四無礙解大慈大悲大喜
大捨十八佛不共法亦不起作諸行若有若
無故學世尊菩薩摩訶薩行般若波羅蜜多
時云何應扵無忘失法不起作諸行若有若
無故學云何應扵恒住捨性亦不起作諸行
若有若無故學世尊菩薩摩訶薩行般若波
羅蜜多時云何應扵一切智不起作諸行若有
若無故學云何應扵道相智一切相智亦不
起作諸行若有若無故學世尊菩薩摩訶
薩行般若波羅蜜多時云何應扵預流果不
起作諸行若有若無故學云何應扵一來不
還阿羅漢果亦不起作諸行若有若無故學
世尊菩薩摩訶薩行般若波羅蜜多時云何
應扵獨覺菩提不起作諸行若有若無故學
世尊菩薩摩訶薩行般若波羅蜜多時云何
應扵一切菩薩摩訶薩行不起作諸行若有
若無故學世尊菩薩摩訶薩行般若波羅蜜
多時云何應扵諸佛無上正等菩提不起作

BD04023號　大般若波羅蜜多經卷三六〇　（6–5）

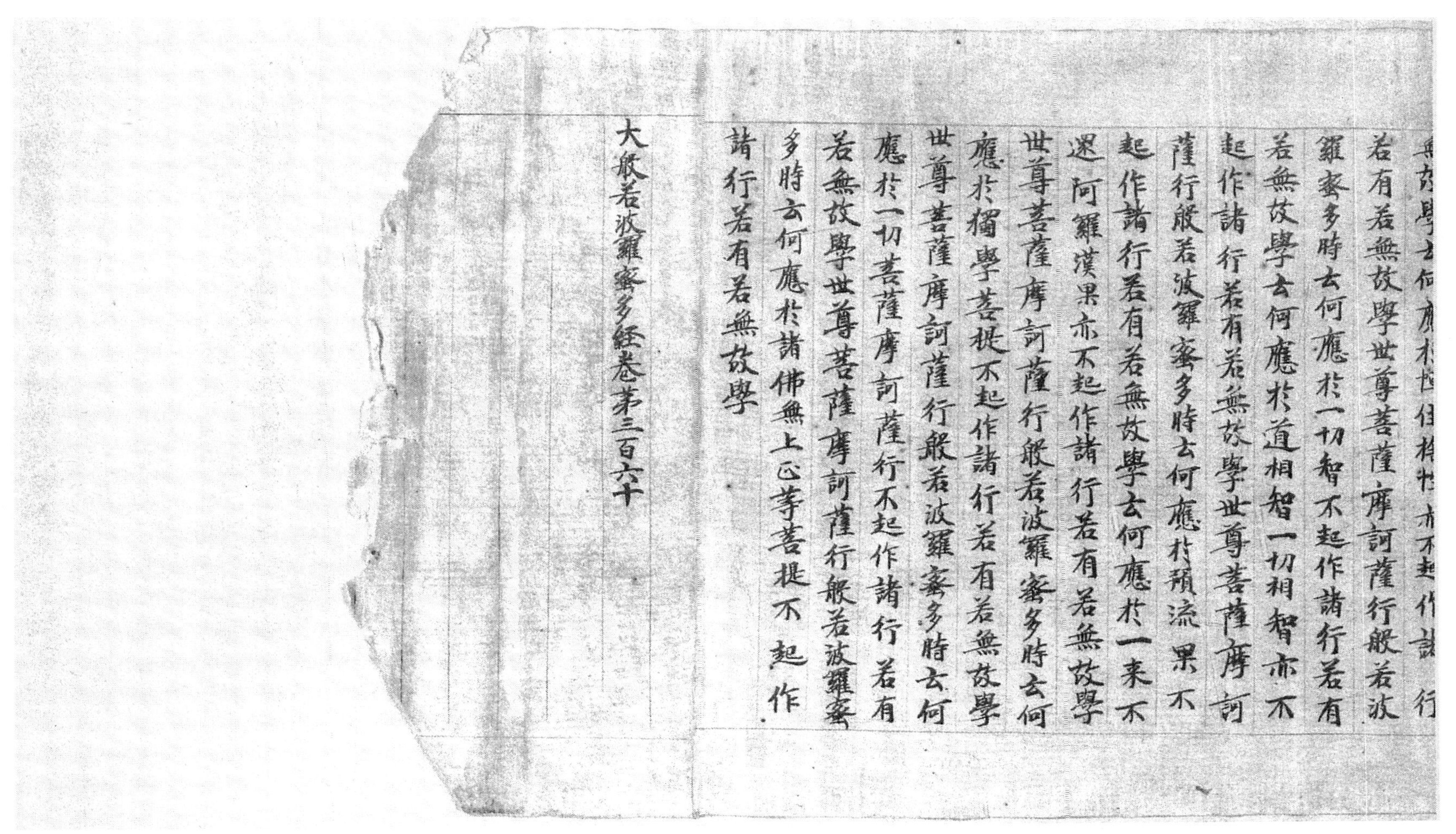

若有若無故學世尊菩薩摩訶薩行般若波
羅蜜多時云何應於一切智不起作諸行若有
若無故學云何應於道相智一切相智亦不
起作諸行若有若無故學世尊菩薩摩訶
薩行般若波羅蜜多時云何應於預流果不
起作諸行若有若無故學云何應於一來不
還阿羅漢果亦不起作諸行若有若無故學
世尊菩薩摩訶薩行般若波羅蜜多時云何
應於獨覺菩提不起作諸行若有若無故學
世尊菩薩摩訶薩行般若波羅蜜多時云何
應於一切菩薩摩訶薩行不起作諸行若有
若無故學世尊菩薩摩訶薩行般若波羅蜜
多時云何應於諸佛無上正等菩提不起作
諸行若有若無故學

大般若波羅蜜多經卷第三百六十

BD04023 號　大般若波羅蜜多經卷三六〇　　（6–6）

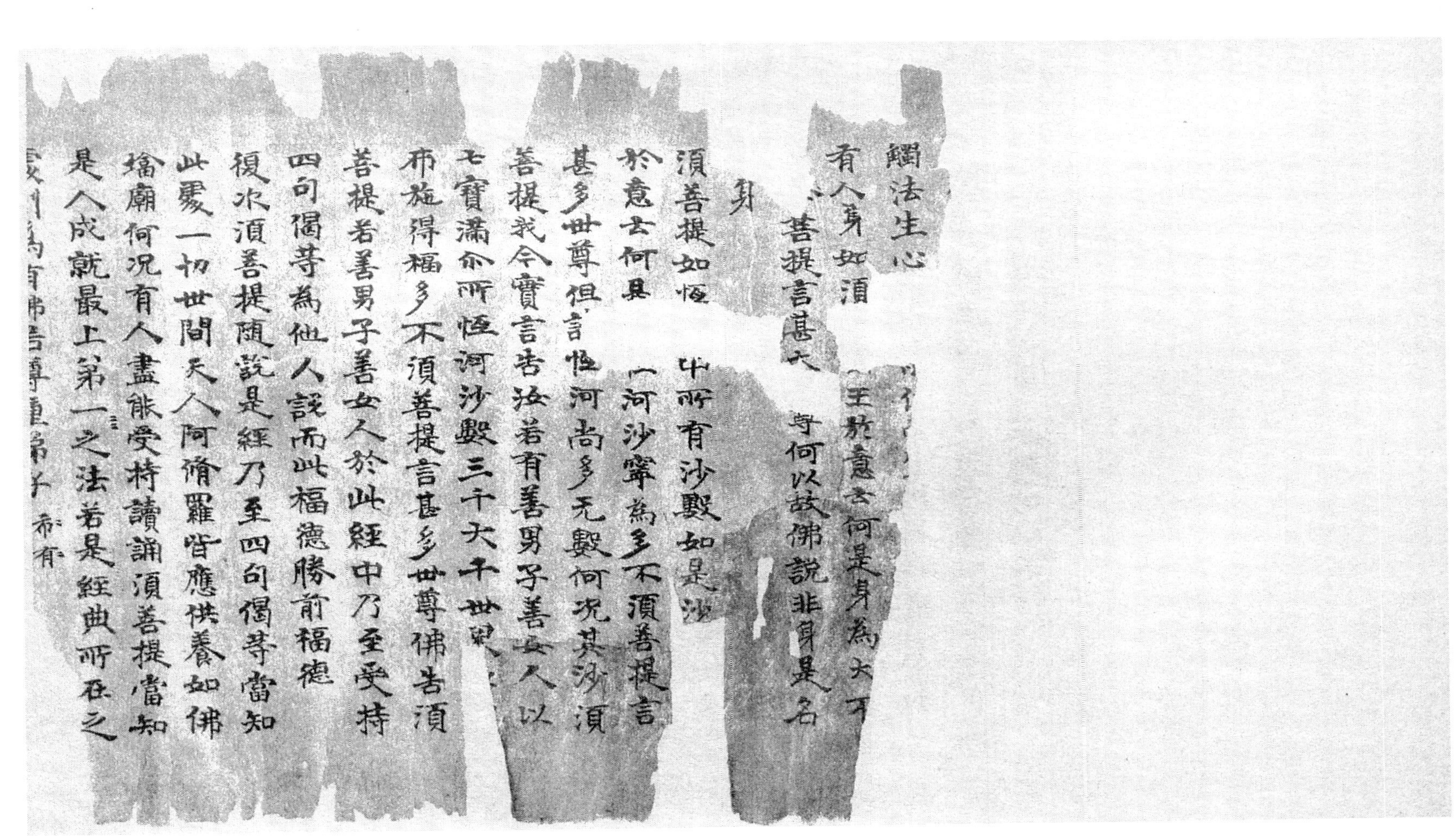

觸法生心
有人身如須　王於意云何是身為大不
菩提言甚大　尊何以故佛說非身是名
身
須菩提如恒　中所有沙數如是沙
於意云何是　一河沙寧為多不須菩提言
甚多世尊但言恒河尚多无數何況其沙須
菩提我今實言告汝若有善男子善女人以
七寶滿爾所恒河沙數三千大千世界
布施得福多不須菩提言甚多世尊佛告須
菩提若善男子善女人於此經中乃至受持
四句偈等為他人說而此福德勝前福德
復次須菩提隨說是經乃至四句偈等當知
此處一切世間天人阿脩羅皆應供養如佛
塔廟何況有人盡能受持讀誦須菩提當知
是人成就最上第一之法若是經典所在之
則為有佛若尊重弟子　亦有

BD04024 號　金剛般若波羅蜜經（偽卷）　　（4–1）

四句偈等為他人說而此福德勝前福德
復次須菩提隨說是經乃至四句偈等當知
此處一切世間天人阿脩羅皆應供養如佛
塔廟何況有人盡能受持讀誦須菩提當知
是人成就最上第一之法若是經典所在之
處則為有佛若尊重弟子　希有
爾時須菩提白佛言世尊當何名此
持佛告須菩提是經名為金剛
名字汝當奉持所以者何
蜜則非般若波羅蜜
說法不須菩提
是故如來說福德多
持乃至四句偈等為他人說其福勝彼何以
故須菩提一切諸佛及諸佛阿耨多羅三藐
三菩提法皆從此經出須菩提所謂佛法者
即非佛法
須菩提於意云何須陀洹能作是念我得須
陀洹果不須菩提言不也世尊何以故須陀
洹名為入流而　所入不入色聲香味觸法
是名須陀洹須菩提於意云何斯陀含能作
是念我得斯陀含果不須菩提言不也世尊
何以故斯陀含名一往來而實无往來是名斯
陀含須菩提於意云何阿那含能作是念我
得阿那含果不須菩提言不也世尊何以故
阿那含名為不來而實无不來是故名阿那

BD04024 號　金剛般若波羅蜜經（偽卷）　（4–2）

即非佛法
須菩提於意云何須陀洹能作是念我得須
陀洹果不須菩提言不也世尊何以故須陀
洹名為入流而　所入不入色聲香味觸法
是名須陀洹須菩提於意云何斯陀含能作
是念我得斯陀含果不須菩提言不也世尊
何以故斯陀含名一往來而實无往來是名斯
陀含須菩提於意云何阿那含能作是念我
得阿那含果不須菩提言不也世尊何以故
阿那含名為不來而實无不來是故名阿那
含須菩提於意云何阿羅漢能作是念我得
阿羅漢道不須菩提言不也世尊何以故實
无有法名阿羅漢世尊若阿羅漢作是念我
得阿羅漢道即為著我人衆生壽者世尊佛
說我得无諍三昧人中最為第一是第一離
欲阿羅漢世尊我不作是念我是離欲阿羅
漢世尊我若作是念我得阿羅漢道世尊則
不說須菩提是樂　蘭那行者以須菩提實
名須菩提　是樂阿蘭那行

BD04024 號　金剛般若波羅蜜經（偽卷）　（4–3）

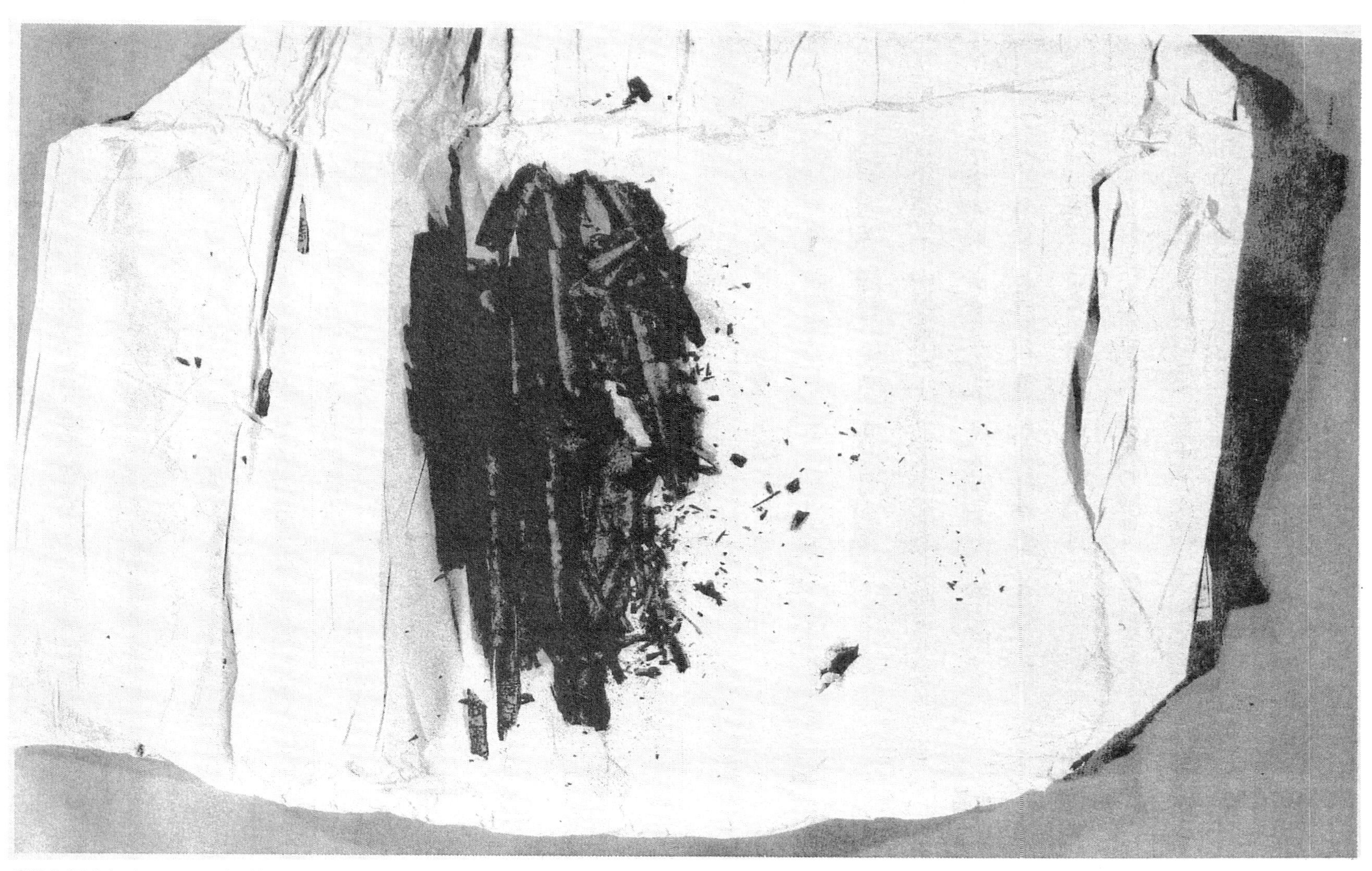

BD04024號　金剛般若波羅蜜經（僞卷）　　　　（4–4）

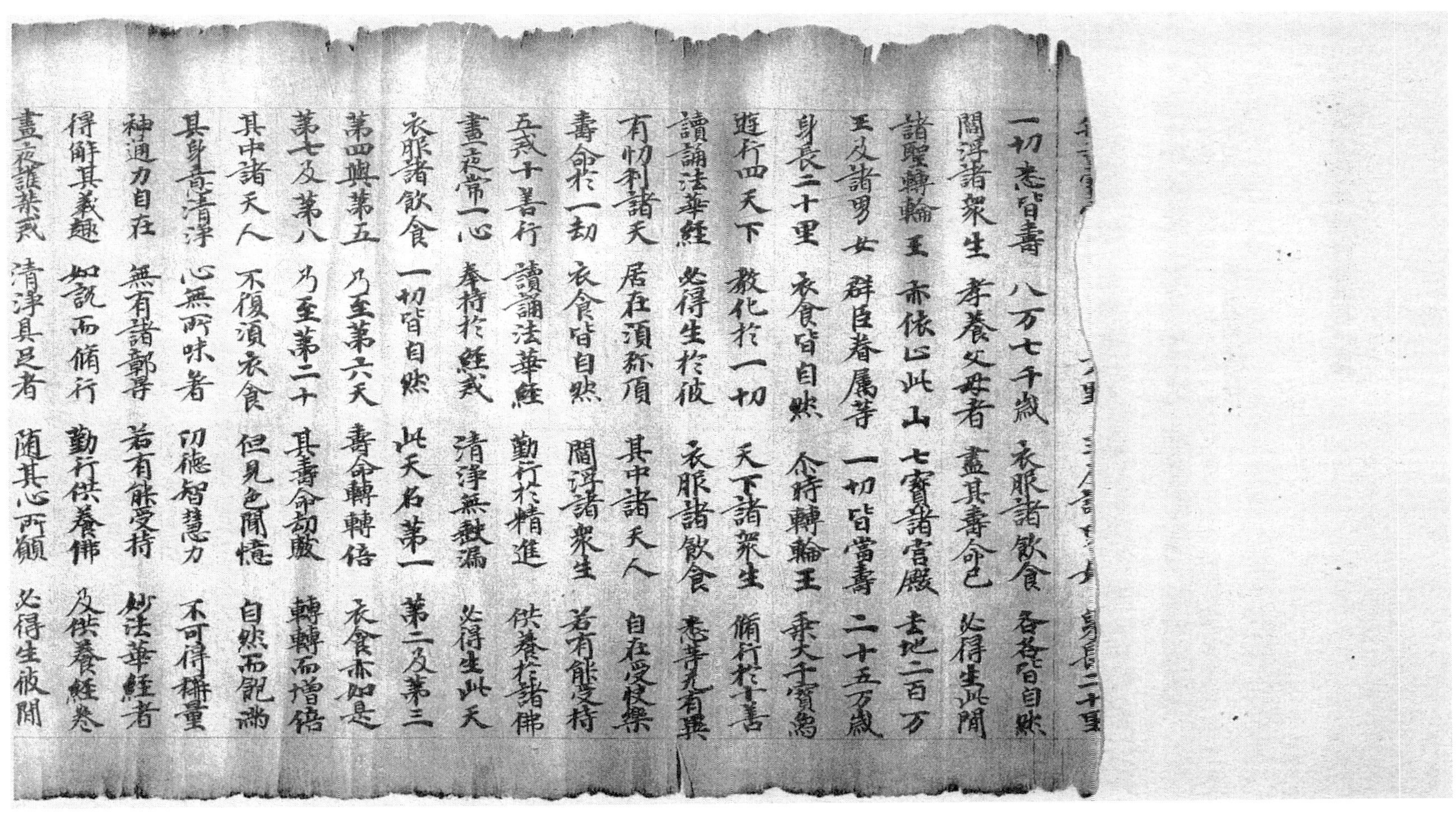

一切悉皆壽　八万七千歲　衣服諸飲食　各各皆自然
閻浮諸衆生　孝養父母者　盡其壽命已　必得生此間
諸聖轉輪王　亦依止此山　七寶諸宮殿　去地二百万
王及諸男女　群臣眷屬等　一切皆當壽　二十五万歲
身長二十里　衣食皆自然　介持轉輪王　乘大千寶鳥
遊行四天下　教化於一切　天下諸衆生　脩行於十善
讀誦法華經　必得生於彼　衣服諸飲食　悉等无有異
有忉利諸天　居在須彌頂　其中諸天人　自在受快樂
壽命於一劫　衣食皆自然　閻浮諸衆生　若有能受持
五戒十善行　讀誦法華經　勤行於精進　供養於諸佛
盡夜常一心　奉持於經戒　清淨無缺漏　必得生此天
衣服諸飲食　一切皆自然　此天名第一　第二及第三
第四與第五　乃至第六天　壽命轉轉倍　衣食亦如是
第七及第八　乃至第二十　其壽命劫數　轉轉而增倍
其中諸天人　不復須衣食　但見色聞憶　自然而飽滿
其身意清淨　心無所味著　功德智慧力　不可得稱量
神通力自在　無有諸鄣导　若有能受持　妙法華經者
得解其義趣　如說而脩行　勤行供養佛　及供養經卷
盡夜護禁戒　清淨具足者　隨其心所願　必得生彼間

BD04025號　妙法蓮華經度量天地品　　　　（4–1）

其中諸天人　不復須衣食　住身色隨性　自然而[illegible]
其身意清淨　心無所味著　切德智慧力　不可得稱量
神通力自在　無有諸鄣碍　若有能受持　妙法華經者
得解其義趣　如說而脩行　勤行供養佛　及供養經卷
晝夜讚歎哉　清淨具足者　隨其心所願　必得生彼間
切德神通力　悉等無有異　其第二十一　乃至有頂天
而於是中間　無有諸天人　諸佛菩薩等　於中而止住
其壽命劫數　不可得思議　其天地相去　百万億由旬
日月去於地　八十億万里　諸星宿去地　皆七十億万
其次須弥山　縱廣有三百　三十六万里　高下亦如是
閻浮提縱廣　其數皆如是　西方居耶尼　其縱廣四百
四十八万里　清淨無瑕穢　北方鬱單越　縱廣於六百
六十四万里　無有諸煩惱　弗于逮縱廣　五百五万里
金剛大鐵圍　高二百万里　其小鐵圍山　高百二十万
大海廣五千　深於三千里　小海千五百　其水深一千
大江八十里　水深於四十　小江廣四十　深於二十里
其河廣三里　深於一里半　其日月周圍　一千七百里
大星百二十　中星廣八十　其諸小星等　觀世音當知
天下有四時　寒熱及調和　是事何因緣　日行於三道
冬行於南道　夏行於北道　春秋行中道　是故令天下
調和無寒熱　黃金水精日　白銀琉璃月　及諸星宿等
悉皆為白銀　於上有諸天　皆為白銀身　隨諸星大小
於上而止息　夏行於北道　盡退於水精　黃金而正現
金剛及火車　皆悉而佐助　是故天下熱　冬行於南道
攝去於火車　盡退於黃金　水精而正現　以水車助之
是故天下寒　月在於天中　照曜於天下　而有生滅相

BD04025號　妙法蓮華經度量天地品　（4–2）

[illegible]
於上而止息　夏行於北道　盡退於水精　黃金而正現
金剛及火車　皆悉而佐助　是故天下熱　冬行於南道
攝去於火車　盡退於黃金　水精而正現　以水車助之
是故天下寒　月在於天中　照曜於天下　而有生滅相
是故何因緣　而須輪王等　而典知於月　自以於身手
轉側而幡覆　自於初生時　而現於琉璃　少出於白銀
隱弊於琉璃　而漸見白銀　至於十五日　琉璃盡隱沒
正現於白銀　是故天下明　過十五日已　漸漸而復轉
隱弊於白銀　漸現於琉璃　至於三十日　白銀悉皆沒
琉璃皆正現　是故天下暗　是大三千界　一切百億天
壽命及劫數　多少與次第　若食若不食　悉皆同平等
百億須弥山　高下及大小　四方諸大地　闊狹與多少
鐵圍大鐵圍　諸大海水等　小海江河水　高下及深淺
如是種種事　悉等無有異　百億諸日月　高下及周圍
寒熱與明暗　一切皆同等　天下諸衆生　性分及大小
衣食不衣食　貧富與貴賤　受樂及受苦　長短與好醜
善惡業力報　在於四方生　三千世界中　一切皆如是
觀世音菩薩　聞佛說是已　心懷大歡喜　以偈而讚言
稱讚言善哉　善哉無上尊　我常遊諸國　饒益於衆生
下至向鼻獄　上至有頂天　盡皆入其中　現身為說法
衆不知天地　深淺及遠近　我等於今日　得聞佛所說
心皆大歡喜　無有諸疑惑

妙法蓮華經度量天地品

BD04025號　妙法蓮華經度量天地品　（4–3）

悉知天地　深淺及遠近　我等於今日　得聞佛所說
心皆大歡喜　無有諸疑惑
妙法蓮華經度量天地品

BD04025 號　妙法蓮華經度量天地品　（4–4）

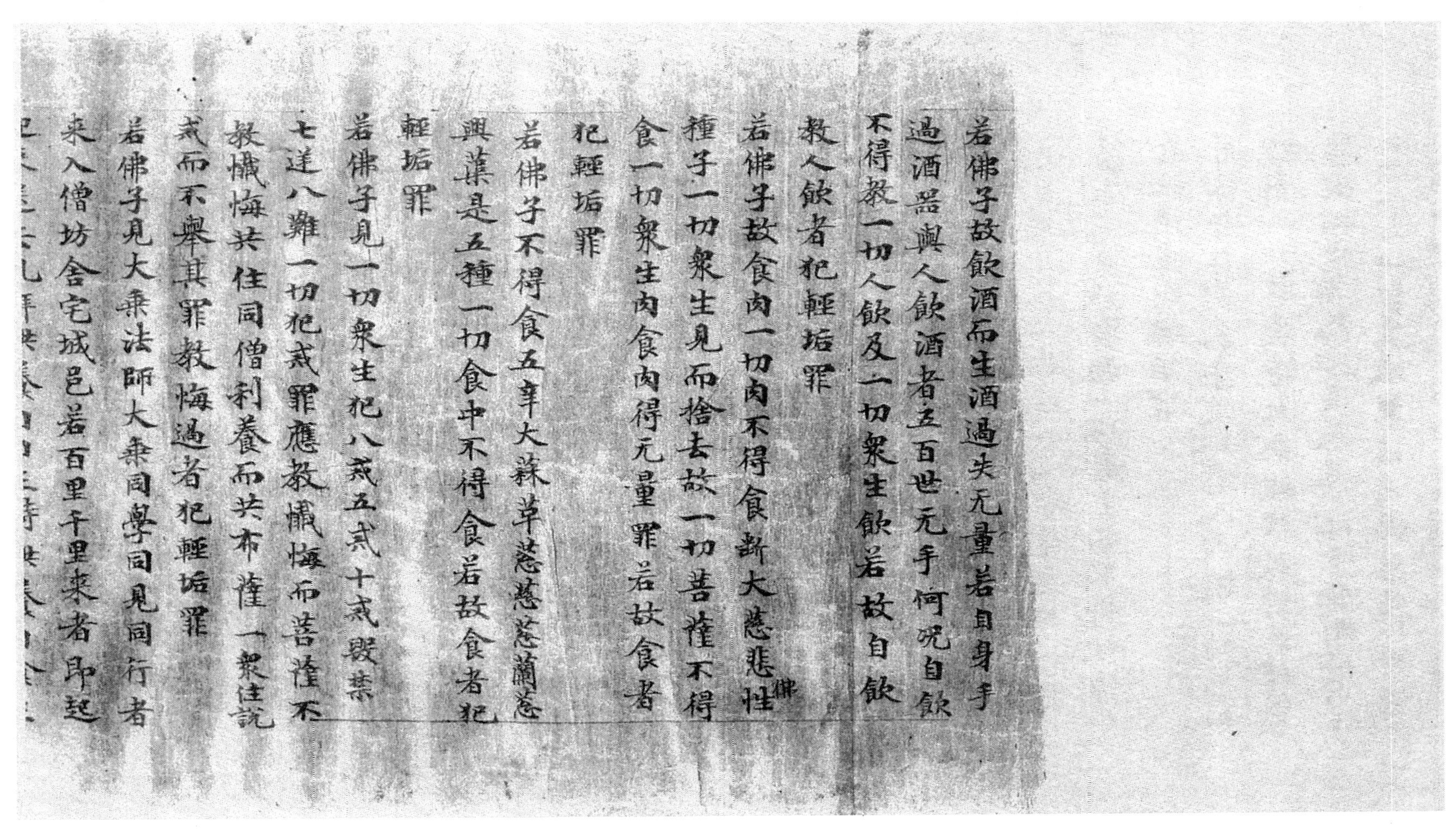
若佛子故飲酒而生酒過失无量若自身手
過酒器與人飲酒者五百世无手何況自飲
不得教一切人飲及一切衆生飲若故自飲
教人飲者犯輕垢罪
若佛子故食肉一切肉不得食斷大慈悲性佛
種子一切衆生見而捨去故一切菩薩不得
食一切衆生肉食肉得无量罪若故食者
犯輕垢罪
若佛子不得食五辛大蒜革葱慈葱蘭葱
興蕖是五種一切食中不得食若故食者犯
輕垢罪
若佛子見一切衆生犯八戒五戒十戒毀禁
七逆八難一切犯戒罪應教懺悔而菩薩不
教懺悔共住同僧利養而共布薩一衆住說
戒而不舉其罪教悔過者犯輕垢罪
若佛子見大乘法師大乘同學同見同行者
來入僧坊舍宅城邑若百里千里來者即起

BD04026 號　梵網經盧舍那佛說菩薩心地戒品第十卷下　（4–1）

七逆八難一切犯戒罪應教懺悔而菩薩不
教懺悔共住同僧利養而共布薩一衆住說
戒而不舉其罪教悔過者犯輕垢罪
若佛子見大乘法師大乘同學同見同行者
來入僧坊舍宅城邑若百里千里來者即起
迎來送去礼拜供養日日三時供養日食三
兩金百味飲食牀座醫藥供事法師一切所
須盡給與之常請法師三時說法日日三時
礼拜不生瞋心患惱之心為法滅身請法若
不尒者犯輕垢罪
若佛子一切處有講法毗尼經律大宅舍中
有講法處是新學菩薩應持經律卷至法師
所聽受諮問若山林樹下僧地房中一切說
法處悉至聽受若不至彼聽受者犯輕垢罪
若佛子心背大乘常住經律言非佛說而受
持二乘聲聞外道惡見一切禁戒邪見經律
者犯輕垢罪
若佛子見一切疾病人常應供養如佛无異
八福田中看病福田第一福田若師僧父母
弟子疾病諸根不具百種病苦皆供養令差
而菩薩以瞋恨心不至僧房中城邑曠野山林
道路中見病不救濟者犯輕垢罪
若佛子不得畜一切刀杖弓箭鉾斧鬪戰之
具及惡網羅罥煞生之器一切不得畜而菩
薩乃至煞父母尚不加報况煞一切衆生

BD04026號　梵網經盧舍那佛說菩薩心地戒品第十卷下　（4–2）

而菩薩以瞋恨心不至僧房中城邑曠野山林
道路中見病不救濟者犯輕垢罪
若佛子不得畜一切刀杖弓箭鉾斧鬪戰之
具及惡網羅罥煞生之器一切不得畜而菩
薩乃至煞父母尚不加報况煞一切衆生
若故畜刀杖者犯輕垢罪
如是十戒應當學敬心奉持下六品中廣明
佛言佛子為利養惡心故通國使命軍陣合
會興師相伐煞无量衆生而菩薩不得入軍
中往來况故作國賊若故作者犯輕垢罪
若佛子故販賣良人奴婢六畜市易棺材板
木盛死之具尚不應自作况教人作若故作
者犯輕垢罪
若佛子以惡心故无事謗他良人善人法師
師僧國王貴人言犯七逆十重於父母兄弟
六親中應生孝順心慈悲心而反更加於逆害
使墮不如意處者犯輕垢罪
若佛子以惡心故放大火焚燒山林曠野四
月乃至九月放火若燒他人家屋宅城邑僧
坊田木及鬼神官物一切有主物不得故燒
若故燒者犯輕垢罪
若佛子自佛弟子及外道人六親一切善知
識應一一教受持大乘經律教解義理使發
菩提心十發趣心十長養心十金剛心於三
十心中一一解其次第法用而菩薩以惡

BD04026號　梵網經盧舍那佛說菩薩心地戒品第十卷下　（4–3）

識應一一教受持大乘經律教解義理使發
菩提心十發趣心十長養心十金剛心於三
十心中一一解其次第法用而菩薩以惡
心瞋心橫教他二乘聲聞經律外道邪見
論等犯輕垢罪
若佛子應以好心先學大乘威儀經律廣
開解義味見後新學菩薩有百里千里來求
大乘經律應如法為說一切苦行若燒身燒
臂燒指若不燒身臂指供養諸佛非出家菩
薩乃至餓虎狼師子口中一切餓鬼悉應捨身
肉手足而供養之然後一一次第為說正法
使心開意解而菩薩為利養故應荅不荅倒
說經律文字无前无後謗三寶說者犯輕垢
罪
若佛子自為飲食錢物利養名譽故親近
國王王子大臣百官恃作形勢乞索打拍牽挽
橫取錢物一切求利名為惡求名求教他人
求都无慈心无孝順心者犯輕垢罪
若佛子學誦戒者日日六時持菩薩戒解其
義理佛性之性而菩薩不解一句一偈戒律
因緣詐言能解者即為自欺誑亦欺誑他人

BD04026號　梵網經盧舍那佛說菩薩心地戒品第十卷下　（4–4）

佛告觀世音　及諸菩薩衆　并及於一切　諸天人民等
汝等今善聽　當為汝分別　今汝諸大衆　一切皆得聞
吾今說實事　勿得有疑惑　此大地深遠　二十億萬里
次有香潤澤　亦二十萬里　其次有雜寶　金銀及頗梨
車𤦲與馬瑙　玫瑰琉璃珠　是諸彌寶等　四十億萬里
金粟及銀剛　皆八十萬億　銀粟百萬億　金剛二百億
无極大風持　不使得傾動　如是諸大地　是天之操柱
天下一切物　皆因依於地　一切諸川流　大海與小海
江河及溪谷　藥草諸樹木　如是之等類　皆因地而生
土山與黑山　及諸彌樓山　鐵圍大鐵圍　金剛及須弥
并及於一切　衆如七寶山　皆因此大地　涌出彌寶成
又諸須弥山　於諸山中王　四寶涌出地　高出於世間
何等以為四　南名為琉璃　西名為頗梨　北名為馬瑙
東名為黃金　故名為四寶　琉璃光炎色　照曜於南方
衆生得見者　謂名為清天　頗梨光炎照　天下悉皆白
馬瑙與黃金　隨色而照耀　其四寶光照　照耀於四方
一切衆生見　皆言謂為天　護世四天王　皆依止四住
无量寶宮殿　去地百萬里　王及諸男女　身長二千里

BD04027號　妙法蓮華經度量天地品　（2–1）

无極大風持 不使得傾動 如是諸大地 是天之樑柱
天下一切物 皆因依於地 一切諸川流 大海與小海
江河及嵠谷 藥草諸樹木 如是之等類 皆因地而生
土山與黑山 及諸珎樓山 鐵圍大鐵圍 金剛及須弥
并及於一切 衆妙七寶山 皆因此大地 涌出珎寶成
又諸須弥山 於諸山中王 四寶涌出地 高出於世間
何等以為四 南名為琉璃 西名為頗梨 北名為馬瑙
東名為黄金 故名為四寶 琉璃光炎色 照曜於南方
衆生得見者 謂名為清天 頗梨光炎照 天下悉皆白
馬瑙與黄金 隨色而照耀 其四寶光照 照耀於四方
一切衆生見 皆言謂為天 護世四天王 皆依止四住
无量寶宮殿 去地百萬里 王及諸男女 身長二千里
一切悉皆壽 八萬七千歲 衣服諸飲食 各各皆自然
閻浮諸衆生 孝養父母者 盡其壽命已 必得生世間
諸聖轉輪王 亦依止此山 七寶諸宮殿 去地二百萬
王及諸男女 羣臣眷屬等 一切皆當壽 二十五萬歲
身長二十里 衣食皆自然 尒時轉輪王 乘大千寶象
遊行四天下 教化於一切 天下諸衆生 脩行於十善

BD04027 號　妙法蓮華經度量天地品　（2–2）

來所逕諸國六種震動皆悉雨於七寶蓮
華百千天樂不鼓自鳴是菩薩目如廣大青
蓮華葉正使和合百千万月其面貌端政復
過於此身真金色无量百千功德莊嚴威德
熾盛光明照耀諸相具足如那羅延堅固之
身入七寶臺上昇虛空去地七多羅樹諸菩
薩衆恭敬圍繞而來詣此娑婆世界耆闍崛
山到已下七寶臺以價直百千瓔珞持至釋
迦牟尼佛所頭面礼足奉上瓔珞而白佛言
世尊淨華宿王智佛問訊世尊少病少惱
起居輕利安樂行不四大調和不世事可忍不
衆生易度不无多貪欲瞋恚愚癡嫉妬慳慢
不无不孝父母不敬沙門耶見不善心不攝五
情不世尊衆生能降伏諸魔怨不久滅度多
寶如來在七寶塔中來聽法不又問訊多寶
如來安隱少惱堪忍久住不世尊我今欲見
多寶佛身唯願世尊示我令見尒時釋迦
牟尼佛語多寶佛是妙音菩薩欲得相見
時多寶佛告妙音言善哉善哉汝能為供

BD04028 號　妙法蓮華經卷七　（4–1）

情不世尊衆生能降伏諸魔怨不久滅度多
寶如來在七寶塔中來聽法不又問訊多寶
如來安隱少惱堪忍久住不世尊我今欲見
多寶佛身唯願世尊示我令見尒時釋迦
牟尼佛語多寶佛是妙音菩薩欲得相見
時多寶佛告妙音言善哉善哉汝能為供
養釋迦牟尼佛及聽法華經并見文殊師利
等故來至此
尒時華德菩薩白佛言世尊是妙音菩薩
種何善根脩何功德有是神力佛告華德
菩薩過去有佛名雲雷音王多陀阿伽度阿
羅訶三藐三佛陀國名現一切世間劫名憙見
妙音菩薩於万二千歲以十万種伎樂供養雲
雷音王佛并奉上八万四千七寶鉢以是因
緣果報今生淨華宿王智佛所有是神力
華德於汝意云何尒時雲雷音王佛所妙音
菩薩伎樂供養奉上寶器者豈異人乎今此
妙音菩薩摩訶薩是華德是妙音菩薩已曾
供養親近無量諸佛久殖德本又值恒河沙
等百千万億那由他佛
華德汝但見妙音菩薩其身在此而是菩薩
現種種身處處為諸衆生說是經典或現梵
王身或現帝釋身或現自在天身或現大自
在天身或現天大將軍身或現毗沙門王身

BD04028號　妙法蓮華經卷七　（4–2）

華德汝但見妙音菩薩其身在此而是菩薩
現種種身處處為諸衆生說是經典或現梵
王身或現帝釋身或現自在天身或現大自
在天身或現天大將軍身或現毗沙門王身
或現轉輪王身或現諸小王身或現長者身
或現居士身或現宰官身或現婆羅門身
或現比丘比丘尼優婆塞優婆夷身或現長者
居士婦女身或現宰官婦女身或現婆羅門
婦女身或現童男童女身或現天龍夜叉乾
闥婆阿脩羅迦樓羅緊那羅摩睺羅伽人
非人等身而說是經諸有地獄餓鬼畜生及
衆難處皆能救濟乃至於王後宮變為女身
而說是經
華德是妙音菩薩能救護娑婆世界諸衆
生者是妙音菩薩如是種種變化現身在此
娑婆國土為諸衆生說是經典於神通變
化智慧無所損減是菩薩以若干智慧明照娑
婆世界令一切衆生各得所知於十方恒河沙
世界中亦復如是若應以聲聞形得度者現
聲聞形而為說法應以辟支佛形得度者現
辟支佛形而為說法應以菩薩形得度者現
菩薩形而為說法應以佛形得度者即現佛
形而為說法如是種種隨所應度而為現
形乃至應以滅度而得度者示現滅度華德

BD04028號　妙法蓮華經卷七　（4–3）

菩薩形而為說法應以佛形得度者即現佛
形而為說法如是種種隨所應度者而為現
形乃至應以滅度而得度者示現滅度華德
妙音菩薩摩訶薩成就大神通智慧之力其
事如是
尒時華德菩薩白佛言世尊是妙音菩薩深
種善根世尊是菩薩住何三昧而能如是在所
變現度脫衆生佛告華德菩薩善男子其三
昧名現一切色身妙音菩薩住是三昧中能如
是饒益无量衆生說是妙音菩薩品時與
妙音菩薩俱來者八万四千人皆得現一切
色身三昧此娑婆世界无量菩薩亦得是
三昧及陁羅尼尒時妙音菩薩摩訶薩供養
釋迦牟尼佛及多寶佛塔已還歸本土所經
諸國六種震動雨寶蓮華作百千万億種種
伎樂既到本國與八万四千菩薩圍遶至淨
華宿王智佛所白佛言世尊我到娑婆世界
饒益衆生見釋迦牟尼佛及見多寶佛塔礼
拜供養又見文殊師利法王子及見藥王菩薩
得懃精進力菩薩勇施菩薩等亦令是八万
四千菩薩得現一切色身三昧說是妙音菩
薩來往品時四万二千天子得无生法忍華
德菩薩得法華三昧

BD04028 號　妙法蓮華經卷七　（4–4）

BD04029 號　瑜伽師地論卷五一　（8–1）

性可得是第二因又六識身无覆无記異熟攝類不可得是第
三因又六識身又[illegible]識轉即彼所依應有
執受餘无執受不應道理設許[illegible]應理諸識遠離故是
第四因又所依止應成數數執受過失所以者何由彼眼識於一
時轉一時不轉餘識亦尒是第五因又先業及現在緣以爲因
故善不善等性可得故異熟種類可得故各別所依諸識轉故
數數執受依止過故不應道理　何故若无阿賴耶識最初
生起不應道理謂有難言若決定有阿賴耶識應有二識俱
時生起應告彼言汝於无過妄生過想何以故容有二識俱時轉起
所以者何且如有一俱時欲見乃至欲知隨有一識最初生起不應道
理由彼尒時作意无別根境亦尒以何因緣識不俱轉　何故若
无諸識俱轉與眼等識同行意識明了體性不可得耶謂或有
時憶念過去曾所受境尒時意識行不明了非於現境意現行
時得有如是不明了相是故應許諸識俱轉或許意識无明
了性　何故若无阿賴耶識有種子性不應道理謂六識身展
轉異故所以者何從善无間不善性生不善无間復善性生從二无間
无記性生劣界无間中界生中界无間妙界生如是妙界无間乃
至劣界生有漏无間无漏生无漏无間有漏生世間无間出世生
世无間世間生非如是相有種子性應正道理又彼諸識長時間斷
不應相續長時流轉是故此亦不應道理　何故若无諸識俱轉
業用差別不應道理謂若略說有四種業一了別器業二了別依業
三了別我業四了別境業此諸了別剎那剎那俱轉可得是故
一識於一剎那有如是等業用差別不應道理　何故若无阿賴耶
識身受差別不應道理謂如有一或如理思或不如理思或无理思
或隨尋伺或處定心或不在定尒時於身諸領受起非一衆多種種
差別彼應无有然現可得是故定有阿賴耶識　何故若
无阿賴耶識處无心定不應道理謂入无想定或滅盡定應如
捨命識離於身非不離身如世尊說當於尒時識不離
身故　何故若无阿賴耶識命終時識不應道理謂臨終
時或從上身分識漸捨離冷觸漸起或從下身分非彼意識

BD04029號　瑜伽師地論卷五一　（8–2）

无阿賴耶識處无心定不應道理謂入无想定或滅盡定應如
捨命識離於身非不離身如世尊說當於尒時識不離
身故　何故若无阿賴耶識命終時識不應道理謂臨終
時或從上身分識漸捨離冷觸漸起或從下身分非彼意識
有時不轉故知唯有阿賴耶識能執持身若捨離即於身分
冷觸可得身无覺受意識不尒是故若无阿賴耶識不應道理
復次嗢拕南曰　所緣若相應　更互爲緣性　與識等俱轉　雜染行還滅
若略說阿賴耶識由四種相建立流轉由一種相建立還滅云何四相建
立流轉當知建立所緣轉故建立相應轉故建立互爲緣性轉故建
立識等俱轉轉故云何一相建立還滅謂由建立雜染轉故及由建
立彼還滅故　云何建立所緣轉相謂若略說阿賴耶識由於二種
所緣境轉一由了別內執受故二由了別外无分別器相故了別內執受
者謂能了別遍計所執自性妄執習氣及諸色根根所依處此於
有色界若在无色唯有習氣執受了別了別外无分別器相者謂能
了別依止緣內執受阿賴耶識故於一切時无有間斷器世間相譬如
燈焰生時內執膏炷外發光明如是阿賴耶識緣內執受緣外器相
起道理應知亦尒　復次阿賴耶識緣境微細世聰慧者亦難了故
復次阿賴耶識緣境无廢時无變易從初執受剎那乃至命終一味
了別而轉故　復次阿賴耶識於所緣境念念生滅當知剎那相續流
轉非一非常　復次阿賴耶識當言於欲界中緣狹小執受境於
色界中緣廣大執受境於无色界空无邊處識无邊處緣无量
執受境於无所有處緣微細執受境於非想非非想處緣極微細
執受境　如是了別二種所緣境微細了別故相似
了別故剎那了別故了別狹小執受所緣故了別廣大執受所緣
故了別无量執受所緣故了別微細執受所緣故了別極微細
執受所緣故應知建立阿賴耶識所緣轉相　云何建立相應
轉相謂阿賴耶識與五遍行心相應法恒共相應謂作意觸受
相思如是五法亦唯異熟所攝最極微細世聰慧者亦難了故
常一類緣境而轉又阿賴耶識相應受一向不苦不樂无記性攝當

BD04029號　瑜伽師地論卷五一　（8–3）

了別故剎那了別故了別狹小執受所緣故了別廣大執受所緣
故了別无量執受所緣故了別微細執受所緣故了別極微細
執受所緣故應知建立阿賴耶識所緣轉相　云何建立相應
轉相謂阿賴耶識與五遍行心相應法恒共相應謂作意觸受
相思如是五法亦唯異熟所攝最極微細世聰慧者亦難了知
常一類緣境而轉又阿賴耶識相應受一向不苦不樂无記性攝當
知餘心法行相亦尒如是遍行心法應故異熟一類相應故極微細
轉相應故恒常一類緣境而轉相應故不苦不樂相應故一向无
記相應故應知建立阿賴耶識相應轉相　云何建立互為緣性
轉相謂阿賴耶識與諸轉識作二緣性一為彼種子故二為彼所依
故為種子者謂所有善不善无記轉識轉時一切皆用阿賴耶識為
種子故為所依者謂由阿賴耶識執受色根五種識身依之而轉
非无執受又由有阿賴耶識故得有末那由此末那為依止故意
識得轉譬如依止眼等五根五識身轉非无五根意識亦尒非无意根
復次諸轉識與阿賴耶識作二緣性一於現法中能長養彼種子故
二於後法中為彼得生攝殖彼種子故於現法中長養彼種子者
謂如如依止阿賴耶識善不善无記轉識轉時如是如是於一依止同生
同滅熏習阿賴耶識由此因緣後後轉識善不善无記性轉更增
長轉更熾盛轉更明了而轉於後法中為彼得生攝殖彼種子者
謂彼熏習種類能引攝當來異熟无記阿賴耶識如是為彼種
子故為彼所依故長養種子故攝殖種子故應知建立阿賴耶識
與諸轉識互為緣性轉相　云何建立阿賴耶識與轉識等俱轉轉
相謂阿賴耶識或於一時唯與一種轉識俱轉所謂末那何以
故由此末那我見慢等恒共相應思量行相若有心位若无心位常
與阿賴耶識一時俱轉緣阿賴耶識以為境界執我起慢思量
行相或於一時與二俱轉謂末那及意識或於一時與三俱轉謂
五識身隨一轉時或於一時與四俱轉謂五識身隨二轉時或時
乃至與七俱轉謂五識身和合轉時又復意識淤行末那以
為依止彼未滅時相了別縛不得解脫末那滅已相縛解脫又復意
識能緣他境及緣自境緣他境者謂緣五識身所緣境界或

BD04029號　瑜伽師地論卷五一　（8–4）

行相或於一時與二俱轉謂末那及意識或於一時與三俱轉謂
五識身隨一轉時或於一時與四俱轉謂五識身隨二轉時或時
乃至與七俱轉謂五識身和合轉時又復意識淤行末那以
為依止彼未滅時相了別縛不得解脫末那滅已相縛解脫又復意
識能緣他境及緣自境緣他境者謂緣五識身所緣境界或
類不類緣自境者謂緣法為境　復次阿賴耶識或於一時與苦
受樂受不苦不樂受俱時而轉此受與轉識相應依彼而起
謂於人中若欲界天若於一分鬼傍生中俱生不苦不樂受與轉
識相應苦受樂受不苦不樂受相雜俱轉若那落迦等中他
所肤奪不苦不樂受與純苦無雜受俱時而轉當知此受被
肤奪故難可了知如那落迦等中一向苦受俱轉如是於下三
靜慮地一向樂受俱轉於第四靜慮地及至有頂一向不苦不樂
受俱轉　復次阿賴耶識或於一時與轉識相應善不善无
記諸心法俱時而轉　如是阿賴耶識雖與轉識俱時而轉
亦與客受善不善无記心法俱時而轉然不應說與彼相
應何以故由不與彼同緣轉故如眼識雖與眼根俱轉然不相
應此亦如是應知此中依少分相似道理故得為喻又如諸法懸
法性无有差別然相異故於一身中一時俱轉互不相違如是阿賴
耶識與諸轉識於一身中一時俱轉當知更互亦不相違又如於
一暴流有多波浪一時而轉互不相違又如於清淨鏡面有多
影像一時而轉互不相違如是於一阿賴耶識有多轉識一時俱轉
當知更互亦不相違又如一眼識於一時間於一事境唯取一類无異
色相或於一時頓取非一種種色相如眼識於眾多色如是耳識於眾
聲鼻識於眾香舌識於眾味亦尒又如身識或於一時於一事境
唯取一類无異觸相或於一時頓取非一種種觸相如是分別意識於
一時間或取一境相或取非一種種境相當知道理亦不相違又前說
末那恒與阿賴耶識俱轉乃至未斷當知當與俱生任運四種煩
惱一時相應謂薩迦耶見我慢我愛及與无明此中煩惱若在定
地若不定地當知恒行不與善等相違是有覆无記性
如是阿賴耶識與轉識俱轉故與諸受俱轉故與善等俱轉故

BD04029號　瑜伽師地論卷五一　（8–5）

一時間或取一境相或取非一種種境相當知道理亦不相違　又前說
未斷煩惱與阿賴耶識俱轉乃至未斷當知當與俱生任運四種煩
惱一時相應謂薩迦耶見我慢我愛及與无明此中煩惱若屬定
地若不定地當知恒行不與善等相違是有覆无記性
如是阿賴耶識與轉識俱轉故與諸受俱轉故與善等俱轉故
應知建立阿賴耶識俱轉轉相　云何建立阿賴耶識雜染還
滅相謂略說阿賴耶識是一切雜染根本所以者何由此識是有情世
間生起根本能生諸根根所依處及轉識等故亦是器世間生起根本
由能生起器世間故亦是有情互起根本一切有情相望互為增上緣
故所以者何无有有情與餘有情互相見等時不生苦樂等更相受用
由此道理當知有情界互為增上緣又即此阿賴耶識能持一切法
種子故於現在世是苦諦體亦是未來苦諦生因又是現在集
諦生因如是能生有情世間故能生器世間故是苦諦體故能
生未來苦諦故能生現在集諦故當知阿賴耶識是一切雜染
根本　復次阿賴耶識所攝持順解脫分及順決擇分等善法
種子此非集諦因由順解脫分等善根與流轉相違故所餘世間
所有善根因此生故轉更明盛由此因緣彼所攝受自類種子
轉有功能轉有勢力增長種子速得成立復由此種子故彼諸善法
轉明盛生又復能感當來轉增勝可愛可樂諸異熟果　復次
依此一切種子阿賴耶識故薄伽梵說有眼界色界眼識界乃至
有意界法界意識界由於阿賴耶識中有種種界故又如經說
惡叉聚喻由於阿賴耶識中有多界故　是故此雜染根本阿賴
耶識修善法故方得轉滅　復次此修善法若諸異生以緣轉識為
境作意方便住心能入最初聖諦現觀非未見諦者於諸諦中
未得法眼便能通達一切種子阿賴耶識此未見諦者修如是行已
或入聲聞正性離生或入菩薩正性離生達一切法真法界已亦能
通達阿賴耶識當於爾時能總觀察自內所有一切雜染亦能了
知自身外為相縛所縛內為麤重縛所縛　復次修觀行者以
阿賴耶識是一切戲論所攝諸行界故略彼諸行於阿賴耶識
中總為一團一積一聚為一聚已由緣真如境智修習多修習故而

BD04029 號　瑜伽師地論卷五一　（8-6）

或入聲聞正性離生或入菩薩正性離生達一切法真法界已亦能
通達阿賴耶識當於爾時能總觀察自內所有一切雜染亦能了
知自身外為相縛所縛內為麤重縛所縛　復次修觀行者以
阿賴耶識是一切戲論所攝諸行界故略彼諸行於阿賴耶識
中總為一團一積一聚為一聚已由緣真如境智修習多修習故而
得轉依轉依无間當言已斷阿賴耶識由此斷故當言已斷一
切雜染當知轉依由相違故能永對治阿賴耶識　又阿賴耶識體
是无常有取受性轉依是常无取受性緣真如境聖道方能轉
依故　又阿賴耶識恒為一切麤重所隨轉依究竟遠離一切所有
麤重　又阿賴耶識是煩惱轉因聖道不轉因轉依是煩惱不轉因
聖道轉因應知但是建立因性非生因性　又阿賴耶識令於善淨
无記法中不得自在轉依令於一切善淨无
記法中得大自在　又阿賴耶識斷滅相者謂由此識正斷滅故捨二
種取其身雖住猶如變化所以者何當來後有苦因斷故便捨當
來後有之取於現法中一切煩惱因永斷故便捨現法一切雜染所依
之取一切麤重永遠離故唯有命緣暫時得住由有此故聖經中言
命時但受身邊際受命邊際受廣說乃至即於現法一切所受究
竟滅盡　如是建立雜染根本故趣入通達修習作意故建立
轉依故當知建立阿賴耶識雜染還滅相　如是已依總義道理
建立心意識名義差別由此道理於三界等諸心意識一切雜染清
淨道理應隨決了餘處所顯心意識理但隨所化有情差別
要見慧所化雜說方便令彼易得入故　問若成就阿賴耶識亦
成就轉識耶設成就轉識亦成就阿賴耶識耶答應作四句或
有成就阿賴耶識非轉識謂无心睡眠无心悶絕入无想定入滅盡
定生无想天或有成就轉識非阿賴耶識謂阿羅漢若諸獨覺
不退菩薩及諸如來住有心位或有俱成就謂餘有情住
有心位或有俱不成就謂阿羅漢若諸獨覺不退菩薩及諸
如來入滅盡定處无餘依般涅槃界　問此諸法自性各
別各住自相何因緣故十八界中唯六識界自性建立所餘諸為

BD04029 號　瑜伽師地論卷五一　（8-7）

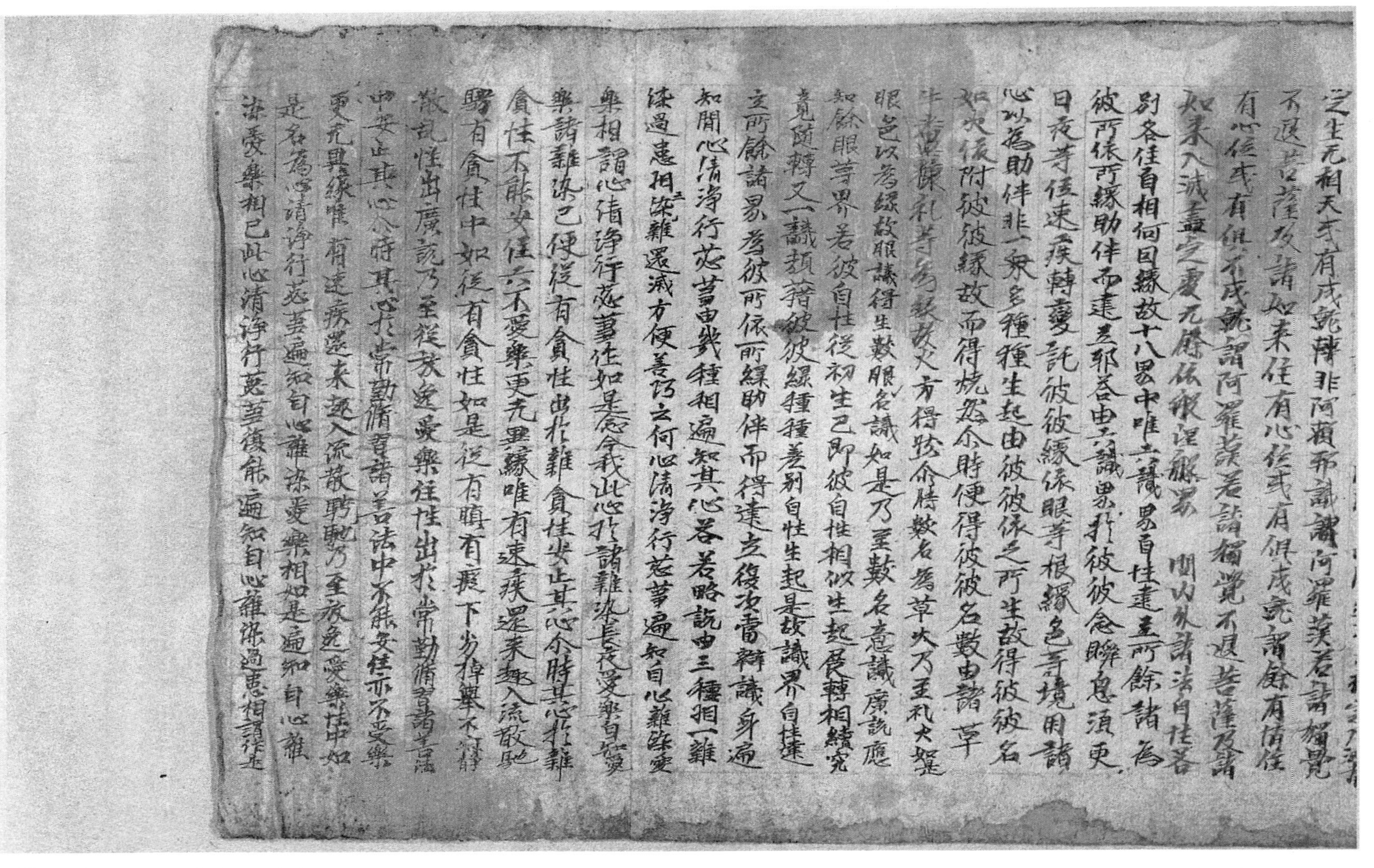

BD04029號　瑜伽師地論卷五一　　（8–8）

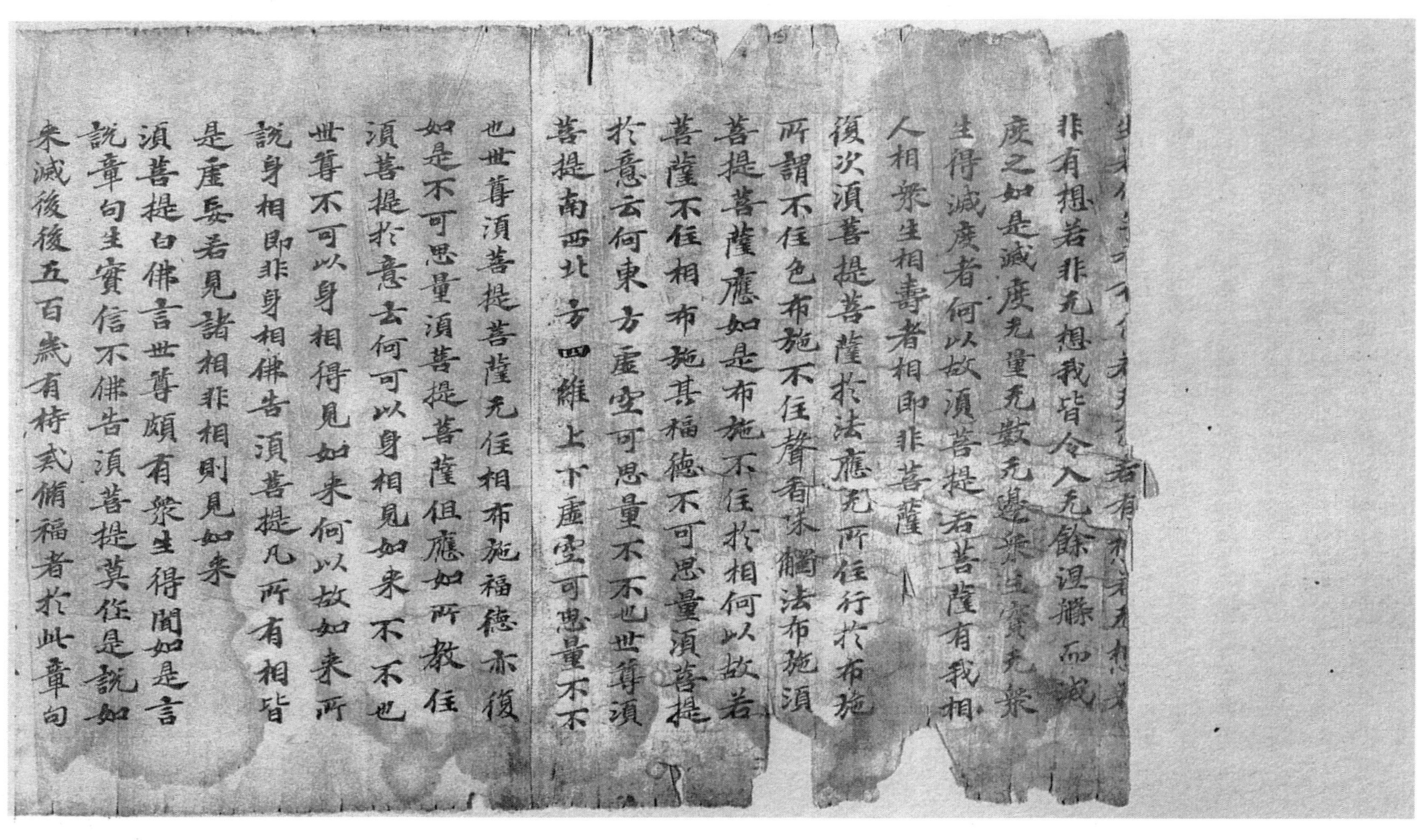

BD04030號　金剛般若波羅蜜經　　（15–1）

說身相即非身相佛告須菩提凡所有相皆
是虛妄若見諸相非相則見如來
須菩提白佛言世尊頗有衆生得聞如是言
說章句生實信不佛告須菩提莫作是說如
來滅後後五百歲有持戒脩福者於此章句
能生信心以此爲實當知是人不於一佛二
佛三四五佛而種善根已於无量千万佛所
種諸善根聞是章句乃至一念生淨信者須
菩提如來悉知悉見是諸衆生得如是无量
福德何以故是諸衆生无復我相人相衆生
相壽者相无法相亦无非法相何以故是諸
衆生若心取相則爲著我人衆生壽者若取
法相即著我人衆生壽者何以故若取非法
相即著我人衆生壽者是故不應取法不應
取非法以是義故如來常說汝等比丘知我
說法如筏喻者法尚應捨何況非法
須菩提於意云何如來得阿耨多羅三藐三
菩提耶如來有所說法耶須菩提言如我解
佛所說義无有定法名阿耨多羅三藐三菩
提亦无有定法如來可說何以故如來所說
法皆不可取不可說非法非非法所以者何
一切賢聖皆以无爲法而有差別
須菩提於意云何若人滿三千大千世界七
寶以用布施是人所得福德寧爲多不須菩
提言甚多世尊何以故是福德即非福德性

BD04030 號　金剛般若波羅蜜經　（15–2）

一切賢聖皆以无爲法而有差別
須菩提於意云何若人滿三千大千世界七
寶以用布施是人所得福德寧爲多不須菩
提言甚多世尊何以故是福德即非福德性
是故如來說福德多若復有人於此經中受
持乃至四句偈等爲他人說其福勝彼何以故須
菩提一切諸佛及諸佛阿耨多羅三藐三菩提法
皆從此經出須菩提所謂佛法者即非佛法
須菩提於意云何須陁洹能作是念我得須
陁洹果不須菩提言不也世尊何以故須陁
洹名爲入流而无所入不入色聲香味觸法
是名須陁洹須菩提於意云何斯陁含能作
是念我得斯陁含果不須菩提言不也世尊
何以故斯陁含名一往來而實无往來是名
斯陁含須菩提於意云何阿那含能作是念
我得阿那含果不須菩提言不也世尊何以
故阿那含名爲不來而實无來是故名阿那
含須菩提於意云何阿羅漢能作是念我得
阿羅漢道不須菩提言不也世尊何以故實
无有法名阿羅漢世尊若阿羅漢作是念我
得阿羅漢道即爲著我人衆生壽者世尊佛
說我得无諍三昧人中最爲第一是第一離
欲阿羅漢我不作是念我是離欲阿羅漢世
尊我若作是念我得阿羅漢道世尊則不說
須菩提是樂阿蘭那行者以須菩提實无所

BD04030 號　金剛般若波羅蜜經　（15–3）

說我得无諍三昧人中最為第一是第一離
欲阿羅漢我不作是念我是離欲阿羅漢世
尊我若作是念我得阿羅漢道世尊則不說
須菩提是樂阿蘭那行者以須菩提實无所
行而名須菩提是樂阿蘭那行佛告須菩提
於意云何如來昔在然燈佛所於法有所得
不世尊如來在然燈佛所於法實无所得
須菩提於意云何菩薩莊嚴佛土不不也世
尊何以故莊嚴佛土者則非莊嚴是名莊嚴
是故須菩提諸菩薩摩訶薩應如是生清淨
心不應住色生心不應住聲香味觸法生心應
无所住而生其心須菩提譬如有人身如須
弥山王於意云何是身為大不須菩提言甚
大世尊何以故佛說非身是名大身
須菩提如恒河中所有沙數如是沙等恒河
於意云何是諸恒河沙寧為多不須菩提言
甚多世尊但諸恒河尚多无數何况其沙須
菩提我今實言告汝若有善男子善女人以
七寶滿尒所恒河沙數三千大千世界以用
布施得福多不須菩提言甚多世尊佛告須
菩提若善男子善女人於此經中乃至受持
四句偈等為他人說而此福德勝前福德
復次須菩提隨說是經乃至四句偈等當知
此處一切世間天人阿脩羅皆應供養如佛

BD04030號　金剛般若波羅蜜經　（15–4）

布施得福多不須菩提言甚多世尊佛告須
菩提若善男子善女人於此經中乃至受持
四句偈等為他人說而此福德勝前福德
復次須菩提隨說是經乃至四句偈等當知
此處一切世間天人阿脩羅皆應供養如佛
塔廟何况有人盡能受持讀誦須菩提當知
是人成就最上第一希有之法若是經典所
在之處則為有佛若尊重弟子
尒時須菩提白佛言世尊當何名此經我等
云何奉持佛告須菩提是經名為金剛般若
波羅蜜以是名字汝當奉持所以者何須菩
提佛說般若波羅蜜則非般若波羅蜜須菩
提於意云何如來有所說法不須菩提白佛
言世尊如來无所說須菩提於意云何三千
大千世界所有微塵是為多不須菩提言甚
多世尊須菩提諸微塵如來說非微塵是名
微塵如來說世界非世界是名世界須菩提於
意云何可以三十二相見如來不不也世
尊不可以三十二相得見如來何以故如來
說三十二相即是非相是名三十二相
須菩提若有善男子善女人以恒河沙等身
命布施若復有人於此經中乃至受持四句偈
等為他人說其福甚多
尒時須菩提聞說是經深解義趣涕淚悲泣而
白佛言希有世尊佛說如是甚深經典我

BD04030號　金剛般若波羅蜜經　（15–5）

須菩提若有善男子善女人以恒河沙等身
命布施若復有人於此經中乃至受持四句偈
等為他人說其福甚多
尒時須菩提聞說是經深解義趣涕淚悲泣而
白佛言希有世尊佛說如是甚深經典我
從昔來所得慧眼未曾得聞如是之經世尊
若復有人得聞是經信心清淨則生實相當
知是人成就第一希有功德世尊是實相者
則是非相是故如來說名實相世尊我今得
聞如是經典信解受持不足為難若當來世
後五百歲其有眾生得聞是經信解受持是
人則為第一希有何以故此人无我相人相
眾生相壽者相所以者何我相即是非相人
相眾生相壽者相即是非相何以故離一切
諸相則名諸佛佛告須菩提如是如是若復
有人得聞是經不驚不怖不畏當知是人甚
為希有何以故須菩提如來說第一波羅蜜
非第一波羅蜜是名第一波羅蜜
須菩提忍辱波羅蜜如來說非忍辱波羅蜜
何以故須菩提如我昔為歌利王割截身體
我於尒時无我相无人相无眾生相无壽者
相何以故我於往昔節節支解時若有我相
人相眾生相壽者相應生瞋恨須菩提又念
過去於五百世作忍辱仙人於尒所世无我
相无人相无眾生相无壽者相是故須菩提

BD04030號　金剛般若波羅蜜經　（15–6）

相何以故我於往昔節節支解時若有我相
人相眾生相壽者相應生瞋恨須菩提又念
過去於五百世作忍辱仙人於尒所世无我
相无人相无眾生相无壽者相是故須菩提
菩薩應離一切相發阿耨多羅三藐三菩提
心不應住色生心不應住聲香味觸法生心應
生无所住心若心有住則為非住是故佛
說菩薩心不應住色布施須菩提菩薩為利
益一切眾生應如是布施如來說一切諸相
即是非相又說一切眾生則非眾生須菩提
如來是真語者實語者如語者不誑語者不
異語者須菩提如來所得法此法无實无虛
須菩提若菩薩心住於法而行布施如人入
闇則无所見若菩薩心不住法而行布施如
人有目日光明照見種種色
須菩提當來之世若有善男子善女人能於此經
受持讀誦則為如來以佛智慧悉知是人悉
見是人皆得成就无量无邊功德
須菩提若有善男子善女人初日分以恒河
沙等身布施中日分復以恒河沙等身布施
後日分亦以恒河沙等身布施如是无量百
千万億劫以身布施若復有人聞此經典信
心不逆其福勝彼何况書寫受持讀誦為人解說
須菩提以要言之是經有不可思議不可稱
量无邊功德如來為發大乘者說為發最上

BD04030號　金剛般若波羅蜜經　（15–7）

後日分亦以恒河沙等身布施如是无量百
千万億劫以身布施若復有人聞此經典信
心不逆其福勝彼何况書寫受持讀誦爲解説
須菩提以要言之是經有不可思議不可稱
量无邊功德如來爲發大乘者説爲發冣上
乘者説若有人能受持讀誦廣爲人説如來
悉知是人悉見是人皆得成就不可量不可
稱无有邊不可思議功德如是人等則爲荷
擔如來阿耨多羅三藐三菩提何以故須菩
提若樂小法者著我見人見衆生見壽者見
則於此經不能聽受讀誦爲人解説須菩提
在在處處若有此經一切世間天人阿脩羅
所應供養當知此處則爲是塔皆應恭敬作
禮圍遶以諸華香而散其處
復次須菩提善男子善女人受持讀誦此經
若爲人輕賤是人先世罪業應墮惡道以今
世人輕賤故先世罪業則爲消滅當得阿耨多
羅三藐三菩提須菩提我念過去无量阿僧
祇劫於然燈佛前得值八百四千万億那由
他諸佛悉皆供養承事无空過者若復有
人於後末世能受持讀誦此經所得功德於
我所供養諸佛功德百分不及一千万億分
乃至筭數譬喻所不能及須菩提若善男子
善女人於後末世有受持讀誦此經所得功德我
若具説者或有人聞心則狂亂狐疑不信須菩提

BD04030號　金剛般若波羅蜜經　（15–8）

人於後末世能受持讀誦此經所得功德於
我所供養諸佛功德百分不及一千万億分
乃至筭數譬喻所不能及須菩提若善男子
善女人於後末世有受持讀誦此經所得功德我
若具説者或有人聞心則狂亂狐疑不信須菩提
當知是經義不可思議果報亦不可思議
尒時須菩提白佛言世尊善男子善女人發阿
耨多羅三藐三菩提心云何應住云何降
伏其心佛告須菩提善男子善女人發阿耨
多羅三藐三菩提者當生如是心我應滅度
一切衆生滅度一切衆生已而无有一衆生
實滅度者何以故若菩薩有我相人相衆生
相壽者相則非菩薩所以者何須菩提實无
有法發阿耨多羅三藐三菩提者
須菩提於意云何如來於然燈佛所有法得
阿耨多羅三藐三菩提不不也世尊如我解
佛所説義佛於然燈佛所无有法得阿耨多
羅三藐三菩提佛言如是如是須菩提實无
有法如來得阿耨多羅三藐三菩提須菩提
若有法如來得阿耨多羅三藐三菩提者然燈
佛則不與我受記汝於來世當得作佛号釋
迦牟尼以實无有法得阿耨多羅三藐三菩提
是故然燈佛與我受記作是言汝於來世當
得作佛号釋迦牟尼何以故如來者即諸法
如義若有人言如來得阿耨多羅三藐三菩

BD04030號　金剛般若波羅蜜經　（15–9）

迦牟尼以實无有法得阿耨多羅三藐三菩提
是故然燈佛與我受記作是言汝於来世當
得作佛号釋迦牟尼何以故如来者即諸法
如義若有人言如来得阿耨多羅三藐三菩
提須菩提實无有法佛得阿耨多羅三藐
三菩提須菩提如来所得阿耨多羅三藐三
菩提於是中无實无虚是故如来說一切法
皆是佛法須菩提所言一切法者即非一切
法是故名一切法
須菩提譬如人身長大須菩提言世尊如来
說人身長大則爲非大身是名大身
須菩提菩薩亦如是若作是言我當滅度无
量衆生則不名菩薩何以故須菩提實无有
法名爲菩薩是故佛說一切法无我无人无
衆生无壽者須菩提若菩薩作是言我當莊
嚴佛土是不名菩薩何以故如来說莊嚴佛
土者即非莊嚴是名莊嚴須菩提若菩薩通
達无我法者如来說名真是菩薩
須菩提於意云何如来有肉眼不如是世尊
如来有肉眼須菩提於意云何如来有天眼
不如是世尊如来有天眼須菩提於意云何
如来有慧眼不如是世尊如来有慧眼須菩
提於意云何如来有法眼不如是世尊如来
有法眼須菩提於意云何如来有佛眼不如
是世尊如来有佛眼須菩提於意云何恒河

BD04030號　金剛般若波羅蜜經　（15–10）

如来有慧眼不如是世尊如来有慧眼須菩
提於意云何如来有法眼不如是世尊如来
有法眼須菩提於意云何如来有佛眼不如
是世尊如来有佛眼須菩提於意云何恒河
中所有沙佛說是沙不如是世尊如来說是
沙須菩提於意云何如一恒河中所有沙有
如是等恒河是諸恒河所有沙數佛世界如
是寧爲多不甚多世尊佛告須菩提尒所國
土中所有衆生若干種心如来悉知何以故
如来說諸心皆爲非心是名爲心所以者何
須菩提過去心不可得現在心不可得未来
心不可得須菩提於意云何若有人滿三千
大千世界七寶以用布施是人以是因緣得
福多不如是世尊此人以是因緣得福甚多
須菩提若福德有實如来不說得福德多以
福德无故如来說得福德多
須菩提於意云何佛可以具足色身見不不
也世尊如来不應以具足色身見何以故如
来說具足色身即非具足色身是名具足色
身須菩提於意云何如来可以具足諸相見
不不也世尊如来不應以具足諸相見何以故
如来說諸相具足即非具足是名諸相具足
須菩提汝勿謂如来作是念我當有所說
法莫作是念何以故若人言如来有所說法

BD04030號　金剛般若波羅蜜經　（15–11）

不不也世尊如来不應以具足諸相見何以故
如来說諸相具足即非具足是名諸相具足
須菩提汝勿謂如来作是念我當有所說
法莫作是念何以故若人言如来有所說法
即為謗佛不能解我所說故須菩提說法
者无法可說是名說法
須菩提白佛言世尊佛得阿耨多羅三藐三
菩提為无所得耶如是如是須菩提我於阿
耨多羅三藐三菩提乃至无有少法可得是
名阿耨多羅三藐三菩提復次須菩提是法
平等无有高下是名阿耨多羅三藐三菩提
以无我无人无衆生无壽者脩一切善法則
得阿耨多羅三藐三菩提須菩提所言善法
者如来說非善法是名善法須菩提若三千
大千世界中所有諸須弥山王如是等七寶
聚有人持用布施若人以此般若波羅蜜經
乃至四句偈等受持讀誦為他人說於前福
德百分不及一百千万億分乃至筭數譬喻
所不能及須菩提於意云何汝等勿謂如来
作是念我當度衆生須菩提莫作是念何以
故實无有衆生如来度者若有衆生如来度
者如来則有我人衆生壽者須菩提如来說
有我者則非有我而凡夫之人以為有我須
菩提凡夫者如来說則非凡夫
須菩提於意云何可以卅二相觀如来 不須

BD04030號　金剛般若波羅蜜經　（15–12）

故實无有衆生如来度者若有衆生如来度
者如来則有我人衆生壽者須菩提如来說
有我者則非有我而凡夫之人以為有我須
菩提凡夫者如来說則非凡夫
須菩提於意云何可以卅二相觀如来 不須
菩提言如是如是以卅二相觀如来佛言須
菩提若以卅二相觀如来者轉輪聖王則是
如来須菩提白佛言世尊如我解佛所說義
不應以卅二相觀如来尒時世尊而說偈言
若以色見我 以音聲求我 是人行邪道 不能見如来
須菩提汝若作是念如来不以具足相故得阿
耨多羅三藐三菩提須菩提莫作是念如
来不以具足相故得阿耨多羅三藐三菩提須
菩提汝若作是念發阿耨多羅三藐三菩
提者說諸法斷滅莫作是念何以故發阿耨
多羅三藐三菩提者於法不說斷滅相須菩
提若菩薩以滿恒河沙等世界七寶布施若
復有人知一切法无我得成於忍此菩薩勝
前菩薩所得功德須菩提以諸菩薩不受福
德故須菩提白佛言世尊云何菩薩不受福
德須菩提菩薩所作福德不應貪著是故說
不受福德須菩提若有人言如来若来若去
若坐若卧是人不解我所說義何以故如来
者无所從来亦无所去故名如来
須菩提若善男子善女人以三千大千世界

BD04030號　金剛般若波羅蜜經　（15–13）

不受福德須菩提若有人言如來若來若去
若坐若卧是人不解我所說義何以故如來
者无所從來亦无所去故名如來
須菩提若善男子善女人以三千大千世界
碎爲微塵於意云何是微塵衆寧爲多不甚
多世尊何以故若是微塵衆實有者佛則不
說是微塵衆所以者何佛說微塵衆則非微
塵衆是名微塵衆世尊如來所說三千大千
世界則非世界是名世界何以故若世界實
有者則是一合相如來說一合相則非一合相
是名一合相須菩提一合相者則是不可說
但凡夫之人貪著其事須菩提若人言佛說
我見人見衆生見壽者見須菩提於意云
何是人解我所說義不世尊是人不解如來
所說義何以故世尊說我見人見衆生見壽
者見即非我見人見衆生見壽者見是名我
見人見衆生見壽者見須菩提發阿耨多羅
三藐三菩提心者於一切法應如是知如是見
如是信解不生法相須菩提所言法相者如
來說即非法相是名法相須菩提若有人
以滿无量阿僧祇世界七寶持用布施若有
善男子善女人發菩薩心者持於此經乃至
四句偈等受持讀誦爲人演說其福勝彼云
何爲人演說不取於相如如不動何以故
一切有爲法　如夢幻泡影　如露亦如電　應作如是觀

BD04030號　金剛般若波羅蜜經　（15–14）

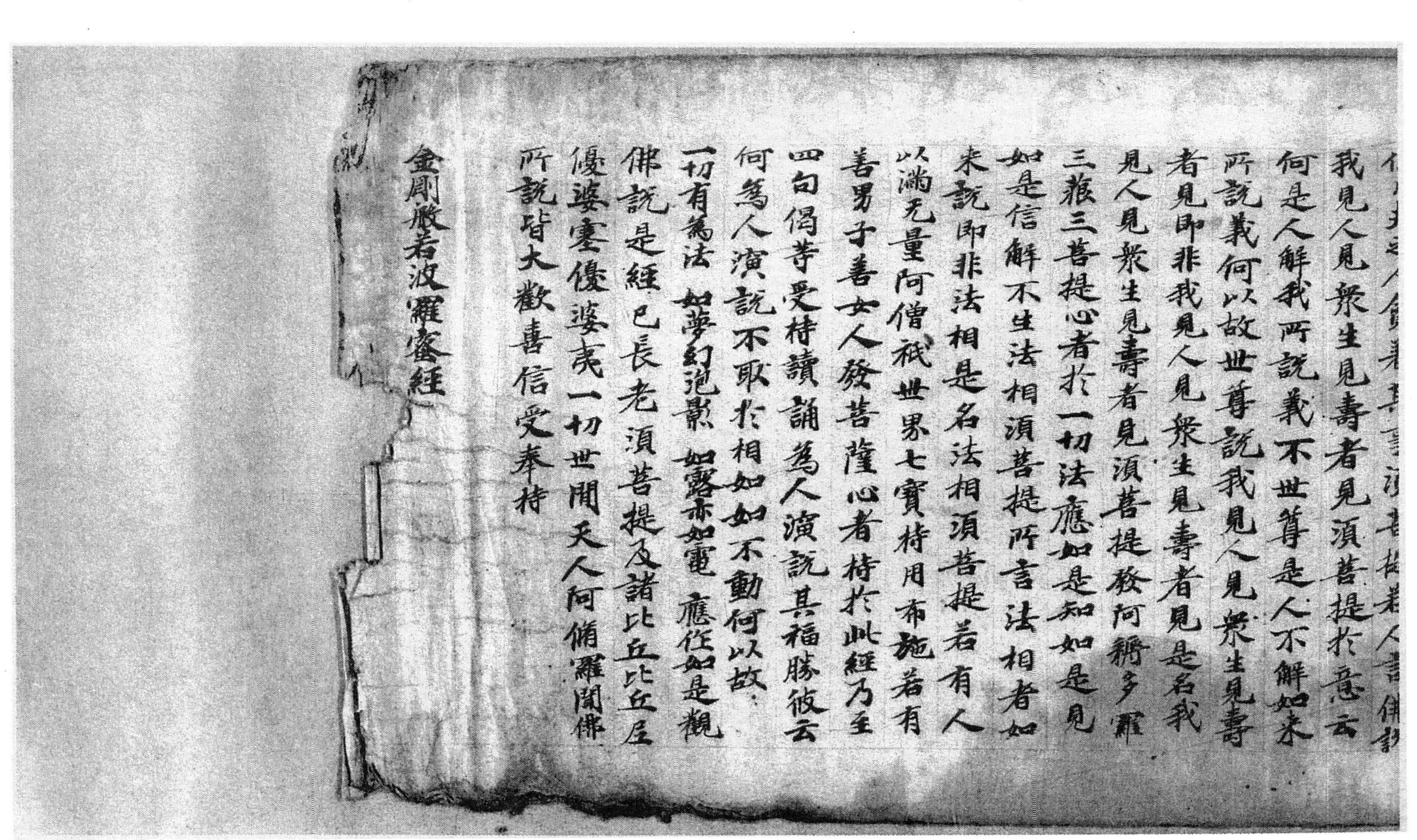

但凡夫之人貪著其事須菩提若人言佛說
我見人見衆生見壽者見須菩提於意云
何是人解我所說義不世尊是人不解如來
所說義何以故世尊說我見人見衆生見壽
者見即非我見人見衆生見壽者見是名我
見人見衆生見壽者見須菩提發阿耨多羅
三藐三菩提心者於一切法應如是知如是見
如是信解不生法相須菩提所言法相者如
來說即非法相是名法相須菩提若有人
以滿无量阿僧祇世界七寶持用布施若有
善男子善女人發菩薩心者持於此經乃至
四句偈等受持讀誦爲人演說其福勝彼云
何爲人演說不取於相如如不動何以故
一切有爲法　如夢幻泡影　如露亦如電　應作如是觀
佛說是經已長老須菩提及諸比丘比丘尼
優婆塞優婆夷一切世間天人阿脩羅聞佛
所說皆大歡喜信受奉持
金剛般若波羅蜜經

BD04030號　金剛般若波羅蜜經　（15–15）

[illegible]天不動光音天善施眼天樂
大乘天普音聲天樂稱光天如是一切已滿
无相平等法界悉在如来大衆海數於一切
衆生悉行平等无量妙色皆已成就於十力
中能善安住處一切衆而不傾動隨所至方
无能壞者如来所乘常現在前離煩惱鄣其
心清淨諸結使山皆已摧滅覩佛姿顏无量
妙色光明普照所以者何如来往昔於无量
劫行菩薩道時以四攝法善攝衆生於諸如
来集諸善根種種因緣方便教化立如来道
深殖无量如来善根皆令安立一切智道遂
得无量功德勢力皆悉成就如来願海菩薩
所行具足清淨各隨本行皆得出要悉由如
来光明照故乘解脫力入如来海於佛法門
悉得自在善海摩醯首羅天於法界虛空寂
靜方便光明法門而得自在大自在稱光明
天於一切法普遊法門而得自在功德淨眼
天於一切法不生不滅方便法門而得自在
天慧光天於一切法方便智海遊光法門而
得自在靜光音天於一切禪无量喜樂普起
法門而得自在施善眼天於轉癡畏遊靜法
門而得自在不思議天於无量境界入不起

BD04031號　大方廣佛華嚴經（晉譯五十卷本）卷一　（17–1）

天於一切法不生不滅方便法門而得自在
天慧光天於一切法方便智海遊光法門而
得自在靜光音天於一切禪无量喜樂普起
法門而得自在施善眼天於轉癡畏遊靜法
門而得自在不思議天於无量境界入不起
法門而得自在樂大乘天於一切法不来不
去无所依住法門而得自在普雜音天於佛
境界寂靜法門而得自在樂稱光天於无量
境界法門而得自在尒時善光海大自在天
以如来神力故觀察一切自在天衆以偈頌曰
无盡平等妙境界　悉皆充滿如来身
无取无起永寂滅　爲一切故歸出世
諸佛法王出世間　能立无上正教法
如来境界无邊際　世間自在稱无上
佛難思議无倫匹　相好光明照十方
大聖世尊正教道　猶如淨眼覩明珠
一切世間衆生類　不能思議佛功德
消滅一切愚癡闇　超昇无上智慧臺
如来功難德思議　衆生見者煩惱滅
得見不動自在尊　能生无量悅樂心
衆生大海癡醉心　爲現寂靜微妙法
能然无上智慧燈　是則方便真淨眼
如来清淨妙色身　悉能顯現遍十方
此身非有无所依　如是見佛真實觀
如来音聲无罣导　應受化者无不聞
湛然不動无往反　是名善慧樂法門
一切十方无遍佛　寂靜法門天人主

BD04031號　大方廣佛華嚴經（晉譯五十卷本）卷一　（17–2）

如来清淨妙色身　悉能顯現遍十方
此身非有无所依　如是見佛眞實觀
如来音聲无罣㝵　應受化者无不聞
湛然不動无往反　是名善慧樂法門
一切十方无邊佛　寂靜法門天人主
如来光明靡不照　是莊嚴幢妙法門
佛於无邊諸劫海　常求正覺悟衆生
无量方便化一切　清淨廣稱如是見
復有樂業光明天王於觀一切衆生諸根法
雲法門而得自在淨莊嚴天於一切佛妙色
方便念觀法門而得自在樂樂天王於一毛
孔見不思議諸佛國土境界法門而得自在普
門慧眼天於入普門觀察法門界法門而得
自在不轉愛天於轉一切衆生處處受生法
門而得自在善慧光天於入一切世間境界
不可思議法門而得自在无垢淨光天於一
切衆生一切法中出要法門而得自在无垢
光天於變化者能使入佛法境界法門而得
自在介時樂業光明天王承佛神力觀察一
切果實天衆以偈頌曰
一切佛境界　甚深難思議　諸餘衆生類　莫能測量者
如来善開導　无量諸群生　能令悉願樂　志求无上道
佛以神道力　住世普開化　一切衆生類　各隨其所聞
疾成郁永除　慧命淨无垢　能觀諸如来　衆妙淨法海
諸法眞實相　寂滅无所依　如来方便力　能爲衆生現
如来於諸法　无性无所依　而能現衆像　顯相猶明燈
以諸緣譬喻　方便隨所樂　爲現諸如来　智慧神道力

BD04031 號　大方廣佛華嚴經（晉譯五十卷本）卷一　　（17–3）

佛以神道力　住世普開化　一切衆生類　各隨其所聞
疾成郁永除　慧命淨无垢　能觀諸如来　衆妙淨法海
諸法眞實相　寂滅无所依　如来方便力　能爲衆生現
如来於諸法　无性无所依　而能現衆像　顯相猶明燈
以諸緣譬喻　方便隨所樂　爲現諸如来　智慧神道力
因悟各異門　无量難思議　建爲正法幢　令入功德海
如来神道力　能於一毛孔　各爲衆演說　无上寂滅法
一一諸如来　各爲其眷屬　顯法无量門　功德之大海
皆悉師子吼　演諸說佛法　是則大智尊　无上方便力
十方諸佛土　一切群生類　悉能爲彼現　如来之正法
如来未曾有　去来之異相　皆令彼歡喜　不退慧境界
如来爲衆生　普現業報相　猶若日光照　衆像靡不現
又爲彼衆生　演說寂滅法　令彼見眞實　甚深智慧處
如来自觀察　甚深微妙義　隨彼衆生根　普雨甘露法
爲開諸法門　无量難思議　悉歸入寂滅　平等眞實觀
无數无量劫　廣稱大智悲　逮成等正覺　度脫群生類
普雨甘露法　隨器皆充滿　如龍興慶雲　等雨於一切
復有淨智天王於觀衆生善根法門而得自
在顯妙天王於一切有覺照法門而得自在
勝妙天王於捨持雜中法門而得自在普燈
天王於樂佛出世解脫法門而得自在智炎
天王於一切衆生甚深法中能生歡喜法門
而得自在樂化天王於化菩薩功德周備入
无盡法門而得自在踊化天王於普觀无量
苦惱衆生慈悲智滿法門而得自在介時淨
智天王承佛神力普觀遍淨天衆以偈頌曰
諸佛正法无鄣㝵　周遍十方无量界
[illegible]難思議　[illegible]門无量海

BD04031 號　大方廣佛華嚴經（晉譯五十卷本）卷一　　（17–4）

无盡法門而得自在踊化天王於普觀无量
苦惱衆生慧悲智滿法門而得自在尒時淨
智天王承佛神力普觀遍淨天衆以偈頌曰
諸佛正法无鄣㝵　周遍十方无量界
現佛境界難思議　離垢法門无量海
如來處此无所依　法身清淨无起滅
而能照現无量土　一切悉見天中天
无量劫海脩方便　光明普照十方界
清淨法界如如性　寂滅微妙最无上
衆生愚癡翳心目　无眼輪轉生死中
如來導以清淨道　開示无上最勝門
如來所乘无上道　一切衆生莫能思
佛現一切妙色門　善念樂觀淨眼見
佛說微妙總持門　如一切刹微塵等
調伏一切衆生故　清淨慧能眼照見
如來出世甚難值　无量億劫時一遇
難諸難處遍衆會　唯佛世尊能應時
一切衆生難思議　佛能悉現淨妙法
觀見如來无量德　猶如照明見衆像
三世諸佛所得法　教化衆生難思議
悉觀念此功德已　樂法踊躍大歡喜
衆生沒在煩惱海　愚癡邪濁大恐怖
佛以慈悲究竟度　見淨境界如天幢
佛放无量大光明　一一光明无量佛
无數方便皆悉現　化度一切衆生類
復有愛樂天子於寂靜愛樂滅衆生苦法門
而得自在妙莊光天於諸衆生心淨離垢廣

BD04031 號　大方廣佛華嚴經（晉譯五十卷本）卷一　（17–5）

佛放无量大光明　一一光明无量佛
无數方便皆悉現　化度一切衆生類
復有愛樂天子於寂靜愛樂滅衆生苦法門
而得自在妙莊光天於諸衆生心淨離垢廣
脩德海法門而得自在自在音天於一切衆
生一劫所脩功德於一念中出生法門而得
自在勝念智天於世間生住滅種種清淨功
德法門而得自在淨樂音天於一切菩薩
在兜率天宮廣說供養法門而得自在善思音
天於一劫中說諸地義以一念頃悉能受說
法門而得自在解脫光音天於莊嚴道場法
法門而得自在甚深音天於无盡神足諸功德
海法門而得自在離垢稱天於一切佛諸功
德海境界法門而得自在出淨光天於過去
諸佛願力所持歡喜功德力藏法門而得自
在尒時光音天子承佛神力遍觀光音天衆
以偈頌曰
我憶如來過去行　我行供養之憶念
如本所脩清淨善　佛光明故今悉見
如來无垢莊嚴身　增長衆生清淨心
安住慈悲善地中　是名莊嚴淨法門
如來廣大方便法　无量劫海所脩集
彼生滅法如如相　法王音聲方便門
如來神力遍十方　普照无量諸佛刹
十方諸佛皆悉現　勝念方便滅愚癡
无量刹海塵數佛　供養恭敬生歡喜
故能斷除群生闇　名妙音勝境界

BD04031 號　大方廣佛華嚴經（晉譯五十卷本）卷一　（17–6）

佛[illegible]如[illegible]　法[illegible]音聲方便門
如來神力遍十方　普照无量諸佛剎
十方諸佛皆悉現　隨念方便滅惡趣
无量剎海塵數佛　供養恭敬生歡喜
故能斷除群生闇　名妙音隨境界
无量劫海甚弥曠　說方便地无倫匹
而演妙法无窮盡　心方便門得自在
如來无量自在力　於念念普中示現
降神成道无稱量　是則名為妙法門
佛持深廣无与等　神足示現不可量
能令諸根悉清淨　得住甚深微妙地
如來智慧无邊際　行淨无比无罣导
普見一切兩足尊　无上離垢橋方便
於過去世菩薩時　供養无量諸佛海
立大誓願難思議　是故逮得无上智
復有尸棄大梵天於諸照現諸法入不思議
法門而得自在智光梵於一切禪等觀寂靜
善住法門而得自在智光心梵於照諸法不
可思議入方便法門而得自在普音雲梵於
一切佛妙音聲海平等度入法門而得自在
應時音梵於偏伏衆生軍隨法門而得自在
寂靜光梵於一切剎能起安住分別諸法法
門而得自在善光梵於无量方便化衆生法
門而得自在照因梵於諸法淨相住寂行法
門而得自在樂目光梵於一切有无來无去
无所依心勇猛法門而得自在柔濡音梵於
无盡法隨行普照法門而得自在尒時尸棄
大梵承佛神力遍觀一切諸大梵衆以偈頌

門而得自在樂目光梵於一切有无來无去
无所依心勇猛法門而得自在柔濡音梵於
无盡法隨行普照法門而得自在尒時尸棄
大梵承佛神力遍觀一切諸大梵衆以偈頌
曰
佛身清淨常寂滅　普照十方諸世界
寂滅无相无照現　見佛身相如浮雲
一切衆生莫能測　如來法身禪境界
无量方便難思議　是智慧光照法門
一切佛剎諸微塵
一佛剎塵諸法海　一音演說悉无餘
此乘塵劫演不盡　是名光照心法門
如來妙音深滿之　衆生隨類悉得解
一切皆謂同其語　梵音普至冣无上
十方三世佛所得　一切菩薩方便行
悉於如來身中現　而於佛身无分別
佛身如空不可盡　无相无导普示現
所可應現如幻化　神變淨音靡不周
佛身无邊如虛空　智光淨音二如是
佛於諸法无鄣导　猶如月光照一切
法王安住妙法門　法身光明无不照
法性如實无異相　是名樂音海法門
復有自在天王於教化无量衆生藏法門而
得自在善眼光天令諸衆生得冣上樂法門
而得自在雜寶冠天於解衆生无量欲性方
便法門而得自在精進善慧天於衆生分別
義法門而得自在勇妙雅音天於諸衆生慈

復有自在天王於教化无量衆生雜法門而
得自在善眼光天令諸衆生得寂上樂法門
而得自在雜寶冠天於解衆生无量欲性方
便法門而得自在精進善慧天於衆生分别
義法門而得自在勇妙雜音天於諸衆生慈
念觀法門而得自在光明樂幢天於諸衆生
起出魔事法門而得自在淨境界天於諸衆
生念化法門而得自在雜色輪天於念充滿
十方諸佛法門而得自在智華妙光天於佛
功德自在覺悟充滿念隨順法門而得自在
大力光天於離世間境界法門而得自在尒
時自在天王承佛神力遍觀一切自在天衆
以偈頌曰

如来法身等法界　普應衆生悉對現
如来法王化衆生　隨順諸法悉調伏
世間一切上妙樂　眼寂滅樂爲最勝
无垢妙法如来室　清淨勝眼如實見
如来普照諸世間　起地枯林降法雨
衆生蒙潤疑網除　是實智幢妙法門
如来所演一妙音　廣大法海說无餘
佛以一音遍十方　是名勝勇妙法門
一切十方諸佛土　入佛一毛猶不滿
佛以大慈如虛空　是名清淨慧法門
一切衆生慢高山　佛以十力碎无餘
佛慈光明照十方　是名光幢妙法門
淨觀如滅来衰惑　淨見智慧悉无滿
永離恚起諸恐怖　是名寂境妙法門
如来毛孔悉放光　隨其所應得聞法

BD04031號　大方廣佛華嚴經（晉譯五十卷本）卷一　（17-9）

佛慈光明照十方　是名光幢妙法門
淨觀如滅来衰惑　淨見智慧悉无滿
永離恚起諸恐怖　是名寂境妙法門
如来毛孔悉放光　隨其所應得聞法
普導衆生至善趣　是名光幢妙法門
一切十方諸佛事　此衆一切悉得見
如来法界滿虛空　是名淨業勝法門
无量劫海諸佛國　皆是最勝慧境界
如来於此无高心　是大力幢妙法門

復有善化天王於一切法分别化法門而得
自在靜光時天於觀一切有及我真實法門
而得自在化力光天於諸衆生離癡智慧滿
之法門而得自在雜天勝於諸佛音聲歎起
一切微妙勇猛法門而得自在念光天於一
切佛相好功德具足无盡法門而得自在涌
雲音天於淨智慧次第憶念過去无量劫法
門而得自在淨光勝天於一切衆生長養種
種功德智慧法門而得自在樂光髻天於一
切空界結跏趺坐无导法門而得自在樂智
慧天於一切方便境界无盡力法門而得自
在華光結天於諸衆生業行苦樂等觀法門
而得自在尒時善化天王承佛神力遍觀化
樂天衆以偈頌曰

法身於世難思議　如来普現應衆生
緣性无造非真實　行業莊嚴現世間
方便求佛无所有　猶之十方不可得
法身示現无真實　出生自在如是見

BD04031號　大方廣佛華嚴經（晉譯五十卷本）卷一　（17-10）

法身於世難思議　如來普現應衆生
緣性无造非真實　行業莊嚴現世間
方便求佛无所有　譬之十方不可得
法身示現无真實　出生自在如是見
无量劫海脩諸行　斷除衆生愚癡冥
如來智慧甚清淨　是名佛慧除癡力
一切世界妙音聲　悉无能及如來音
一音遠振遍十方　是名勝音妙法門
一切衆生諸功德　不及如來一相福
佛德如空无邊際　是名生光妙法門
三世无量劫中事　世界成敗種種相
於一毛孔悉能現　是名清淨无上智
求空邊際猶可得　佛一毛孔无崖限
佛德如是不思議　是名如來淨智見
佛於先世无量劫　具滿一切波羅蜜
懃脩精進无猒怠　是名樂見淨法門
行業因緣難思議　佛為衆生說无餘
普現諸法淨无穢　是名无上深法門
觀見如來一毛孔　一切衆生悉入中
衆生亦无往來想　是名諸方照法門
復有晃韋天王於成就諸佛轉法輪法門而
得自在樂寶髻天於虛空界淨光法門而得
自在勝幢天於廣顯海入諸衆生寂靜法門
而得自在百光明天於一切法无上无相觀
行法門而得自在超勇月天於佛境界超勇
覺力法門而得自在勝眼光天於善脩集不
可沮壞菩提心法門而得自在宿莊嚴天於

BD04031 號　大方廣佛華嚴經（晉譯五十卷本）卷一　（17–11）

而得自在百光明天於一切法无上无相觀
行法門而得自在超勇月天於佛境界超勇
覺力法門而得自在勝眼光天於善脩集不
可沮壞菩提心法門而得自在宿莊嚴天於
詣十方佛調伏衆生方便法門而得自在樂
靜妙天於无邊心海念念迴向隨器普現法
門而得自在尒時晃韋天王承佛神力遍觀
晃韋天衆以偈頌曰
如來普周等法界　為妬衆生出現世
隨諸所欲為說法　是名无上勝法王
如來宿世无量行　清淨顯海具足滿
一切諸法悉周備　是名方便勝功德
如來法身不思議　法界法性辯亦然
光明普照一切法　寂靜諸法皆悉現
衆生癡冥結業鄣　高心放逸馳境界
如來為說寂滅法　歡喜善樂悉能見
一切世間尊上歸　救護群生除衆苦
衆生樂觀无上尊　猶如滿月顯高山
諸佛境界不思議　一切法界亦如是
於諸法力悉究竟　定慧方便皆成就
清淨境功界德海　一切衆生有緣者
聞佛功德數菩提　消除塵垢成軍勝
如世間海微塵數　諸佛子等悉來集
供養如來聽受法　悉觀法幢方便王
復有夜摩天王於諸衆生離憂迴向善根法
門而得自在悅樂光天於諸境界法門而得
自在无盡慧天於離惠具大慈悲法門而得

BD04031 號　大方廣佛華嚴經（晉譯五十卷本）卷一　（17–12）

供養如来聽受法　悉觀法幢方便王
復有夜摩天王於諸衆生離憂迴向善根法
門而得自在悅樂光天於諸境界法門而得
自在无盡慧天於離憲具大慈悲法門而得
自在淨莊嚴天於分別諸根法門而得自在
持須弥天於无量揔持照明法門而得自在
不思議慧天於諸境界業行真實不思議法
門而得自在脊輪天於轉法輪調伏衆生法
門而自得在不思議光天於衆生界勝眼普
觀法門而得自在月婆顏天於諸法寶普現
法門而得自在普音遍觀天於諸天衆而應
隨作心淨法門而得自在尒時夜摩天王承
佛神力遍觀夜摩天衆以偈頌曰
佛於无量大劫海　生死煩惱永已盡
能教衆生清淨道　佛為一切智慧燈
如来法身甚弥曠　周遍十方无崖際
智慧光明方便力　寂滅禪槃二无邊
生老病死憂悲苦　毒害逼切惱衆生
為斯等類起慈悲　以无盡智示菩提
如来智慧随順覺　了達三世无鄣㝵
一切善行悉了知　是名樂化明法門
无量揔持无邊際　如来辯海无窮盡
能轉清淨妙法輪　是名須弥揔持門
无上大聖一妙身　應化周滿一切世
悉現一切衆生前　是名善光勝境界
衆生一見如来身　悉能断除衆煩惱
離遠一切諸魔事　是名清淨妙境界

BD04031號　大方廣佛華嚴經（晉譯五十卷本）卷一　（17－13）

能轉清淨妙法輪　是名須弥揔持門
无上大聖一妙身　應化周滿一切世
悉現一切衆生前　是名善光勝境界
衆生一見如来身　悉能断除衆煩惱
離遠一切諸魔事　是名清淨妙境界
佛於一切大衆中　震此衆會悉遍照
普為衆生雨法雨　是名普音稱法門
復有釋提桓因於三世佛出興住滅決定大
智念喜法門而得自在普稱滿天於衆生色
如来色身諸功德力清淨法門而得自在慈
眼天於平等慈雲蔭覆法門而得自在寶光
稱天於衆光色具足念佛普勢法門而得自
在樂喜髻天於觀衆生業報法門而得自在
樂念天於諸佛國具淨法門而得自在須弥
勝音天於觀世間生滅法門而得自在念智
慧天於起當来菩薩諸行化衆生回趣念法
門而得自在淨華光天於一切娛天衆法門
而得自在慧日眼天於諸天處教化流通善
根法門而得自在尒時釋提桓因承佛神力
遍觀三十三天衆以偈頌曰
若念一切三世佛　廣能觀察佛境界
諸佛國土成敗事　以佛神力皆悉見
佛身清淨滿十方　妙色无比應一切
光明照曜最殊特　具足光稱如是見
本脩方便大慈海　充滿一切諸衆生
悉能調伏一切衆　開清淨眼見无極
念佛功德无量故　得生廣大歡喜心
世間无与如来等　離[illegible]滿[illegible]王法門

BD04031號　大方廣佛華嚴經（晉譯五十卷本）卷一　（17－14）

佛身清淨滿十方　妙色无比應一切
光明照曜眾殊特　具足光稱如是見
本脩方便大慈海　充滿一切諸眾生
悉能調伏一切眾　開清淨眼見无極
念佛功德无量故　得生廣大歡喜心
世間无与如來等　離垢稱王住法門
清淨業海滿眾生　一切悉見无有餘
種種因起深廣福　如是善見猶滿月
諸佛充滿十遍方　一切眾生无不見
既得見已悉調伏　皆得无上方便念
如來智身明淨眼　周遍一切十方剎
悉念眾生皆觀見　妙音宣化无不斷
佛一毛孔現眾行　佛子見已具脩習
具足成就量无德　如是善慧猶滿月
一切眾生得悅樂　皆因如來神力生
如來无量功德故　是名无垢離華門
若能須臾念如來　乃至一念功德力
永得遠離眾惡趣　智慧日光滅衆闇

復有日光天子於照十方諸眾生身盡未來
際正住莊嚴法門而得自在眼光炎天於照
諸色无上智海法門而得自在須弥光天於
起眾生轉勝清淨功德法門而得自在淨寶
月天於樂處一切皆行法門而得自在勇猛
不退天於无鄣導普照法門而得自在妙華
光天於淨日光照眾生身法門而得自在勝
光天於光照世間積集功德法門而得自在
寶髻天於眾寶海現種種色境界法門而得

BD04031號　大方廣佛華嚴經（晉譯五十卷本）卷一　（17–15）

起眾生轉勝清淨功德法門而得自在淨寶
月天於樂處一切皆行法門而得自在勇猛
不退天於无鄣導普照法門而得自在妙華
光天於淨日光照眾生身法門而得自在勝
光天於光照世間積集功德法門而得自在
寶髻天於眾寶海現種種色境界法門而得
自在明眼天於一切趣開清淨眼觀法界藏
法門而得自在勝地天於諸眾生淨乘法門
而得自在尒時日光天子承佛神力遍觀日
天子眾以偈頌曰

佛慧光明无邊際　普照十方无量土
令一切眾而觀佛　種種方便化眾生
眾生大海廣无量　悉能具足知其心
開發眾生智慧海　善勝光明如是見
如來普為出興世　遍照十方悉无餘
如來法身无等等　以无上慧演說法
无數劫海諸有中　離行皆行為眾生
是故淨光如虛空　妙身顯現猶滿月
佛演妙音无鄣导　周遍十方悉无餘
分別廣演一切法　因緣方便具足說
放大光明不思議　十方世界悉明淨
令人歡喜發道意　是名莊嚴勝法門
一切世間諸光明　不及佛身一毛光
佛光微妙難思議　寶勝能現此神變
一切諸佛法如是　各坐十方道樹下
為眾分別道非道　清淨妙眼如是見
療癡眾生盲无目　為斯皆顯開淨眼

BD04031號　大方廣佛華嚴經（晉譯五十卷本）卷一　（17–16）

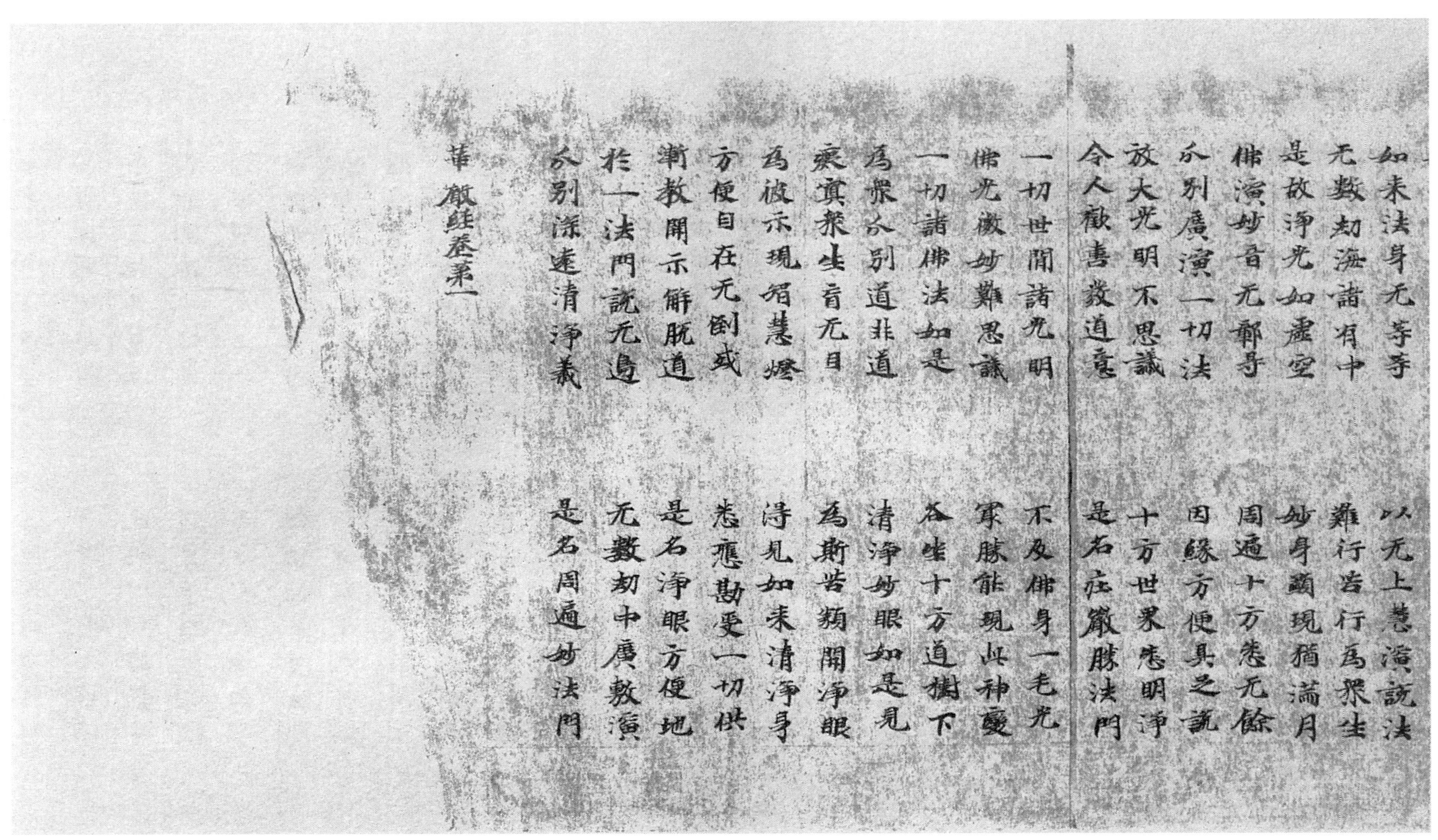

BD04031號　大方廣佛華嚴經（晉譯五十卷本）卷一　（17–17）

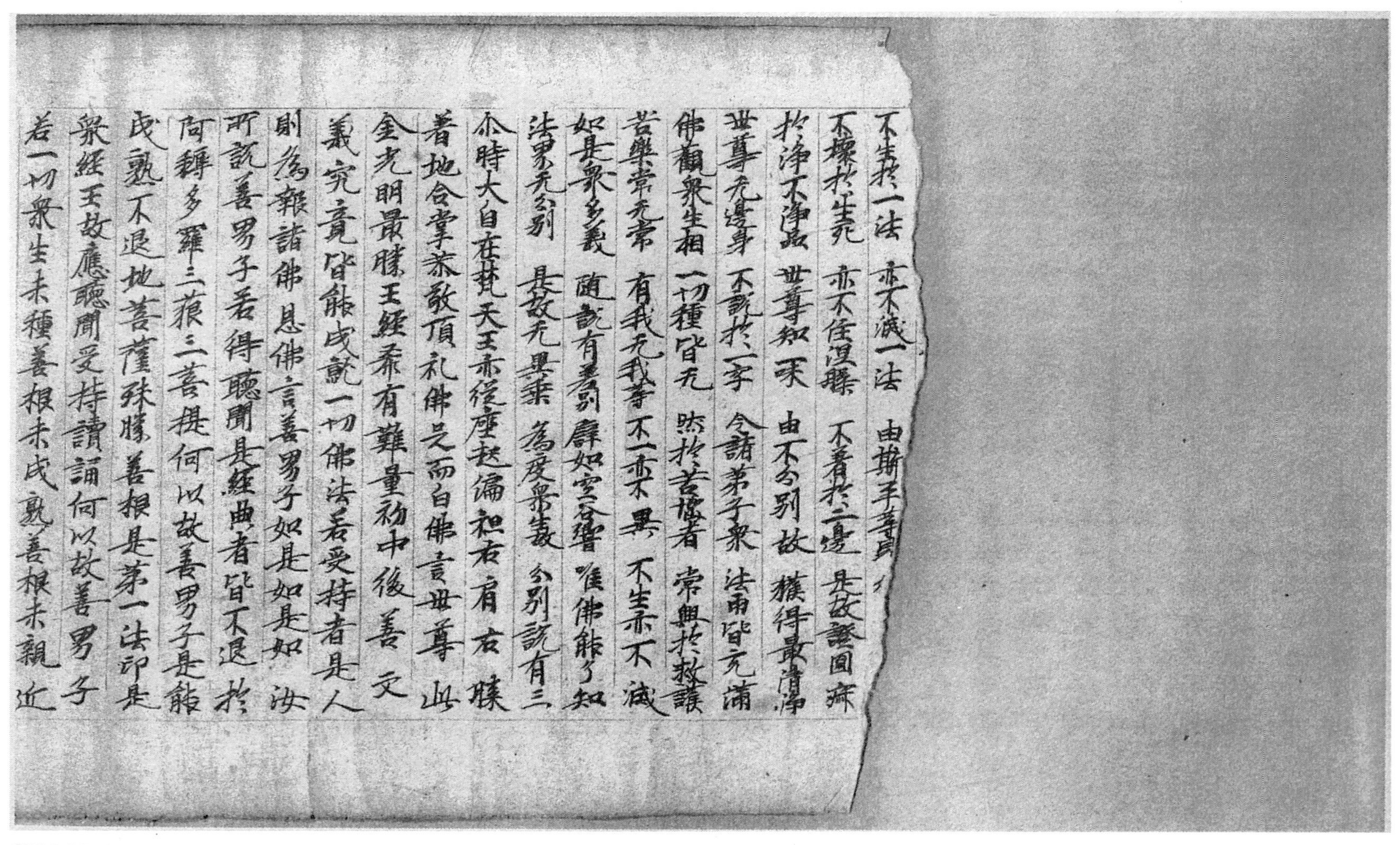

BD04032號　金光明最勝王經卷四　（4–1）

所說善男子吾得聽聞是經典者皆不退於
阿耨多羅三藐三菩提何以故善男子是能
成熟不退地菩薩殊勝善根是第一法印是
衆經王故應聽聞受持讀誦何以故善男子
若一切衆生未種善根未成熟善根未親近
諸佛者不能聽聞是微妙法若善男子善女
人能聽受者一切罪障皆悉除滅得最清淨
常得見佛不離諸佛及善知識勝行之人恒
聞妙法住不退地獲得如是勝陁羅尼門所
謂无盡无減海印出妙功德陁羅尼无盡无減
通達衆生意行言語陁羅尼无盡无減日
圓无垢相光陁羅尼无盡无減滿月相光陁
羅尼无盡无減能伏諸惑演功德流陁羅尼
无盡无減破金剛山陁羅尼无盡无減說不
可說義因緣藏陁羅尼无盡无減通達實語
法則音聲陁尼无盡无減虛空无垢心行
印陁羅尼无盡无減无邊佛身皆能顯現
陁羅尼无盡无減
善男子如是等无盡无減諸陁羅門得成
就故是菩薩摩訶薩能於十方一切佛土化
作佛身演說无上種種正法於法真如不動
不住不來不去善能成熟一切衆生善根亦
不見一衆生可成熟者雖說種種諸法於言
詞中不動不住不去不來能於生滅證无生滅
以何因緣說諸行法无有去來由一切法體
无異故說是法時三万億菩薩摩訶薩得
无生法忍无量諸菩薩不退菩提心无量无

BD04032 號　金光明最勝王經卷四　（4–2）

不見一衆生可成熟者雖說種種諸法於言
詞中不動不住不去不來能於生滅證无生滅
以何因緣說諸行法无有去來由一切法體
无異故說是法時三万億菩薩摩訶薩得
无生法忍无量諸菩薩不退菩提心无量无
邊苾芻苾芻尼得法眼淨无量衆生發菩薩
心尒時世尊而說頌曰
勝法能逆生死流　甚深微妙難得見
有情盲冥貪欲覆　由不見故受衆苦
尒時大衆俱從座起頂禮佛足而白佛言世
尊若所在處講宣讀誦此金光明最勝王經
我等大衆皆悉往彼為作聽衆是說法師令
得利益安樂无障身意泰然我等皆當盡
心供養亦令聽衆安隱快樂所住國土无諸怨
賊恐怖厄難飢饉之苦人民熾盛此說法處
道場之地一切諸天人非人等一切衆生不
應履踐及以汙穢何以故說法之處即是制
底當以香花繒綵幡蓋而為供養我等常
為守護令離衰損佛告大衆善男子汝
等應當精勤脩習此妙經典是則正法久住
於世
金光明最勝王經卷第四

BD04032 號　金光明最勝王經卷四　（4–3）

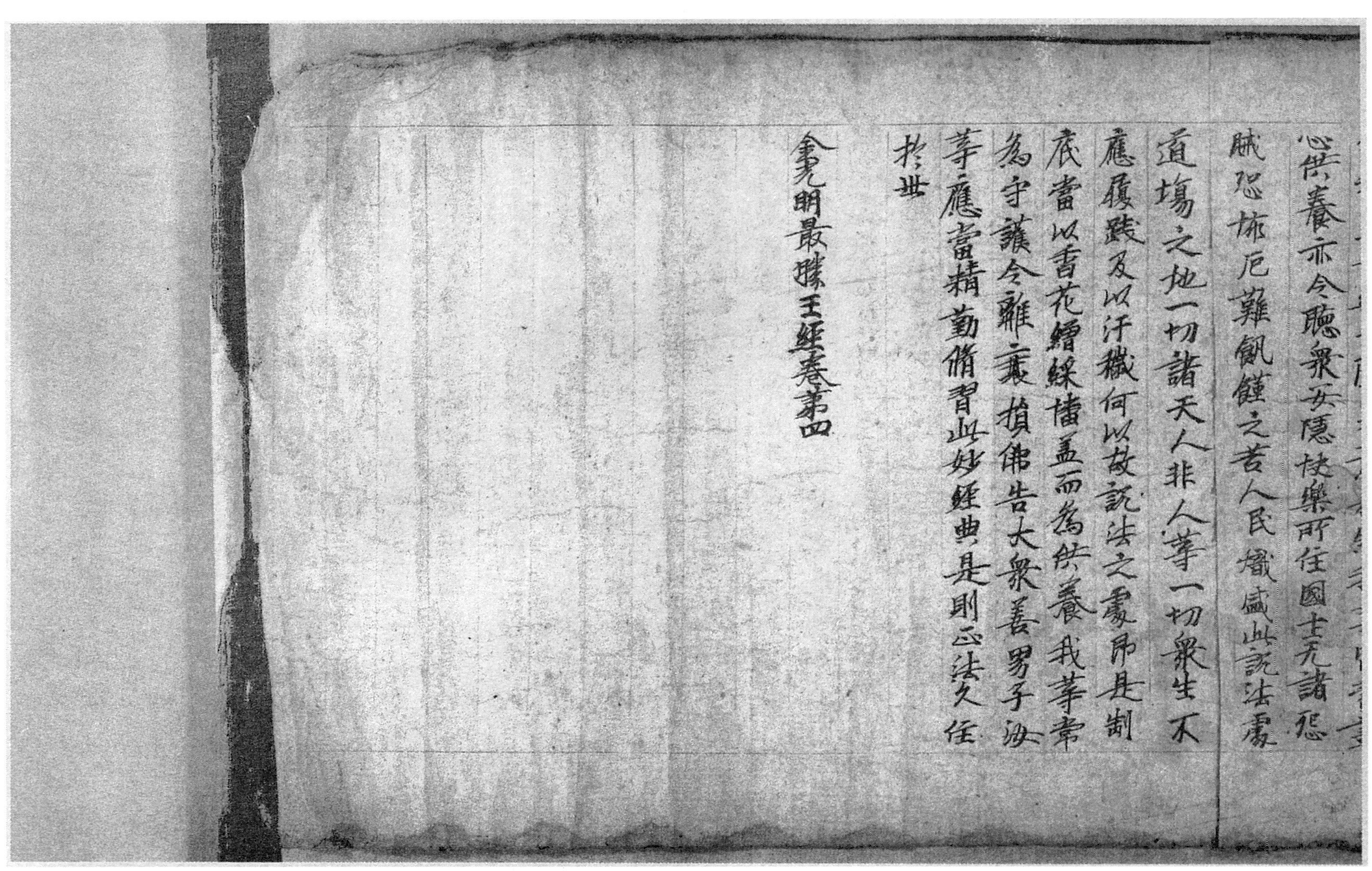
心供養亦令聽衆安隱快樂所住國土无諸怨
賊恐怖厄難飢饉之苦人民熾盛此說法處
道場之地一切諸天人非人等一切衆生不
應履踐及以汙穢何以故說法之處即是制
底當以香花繒綵幡蓋而為供養我等常
為守護令離衰損佛告大衆善男子汝
等應當精勤脩習此妙經典是則正法久住
於世
金光明最勝王經卷第四

BD04032 號　金光明最勝王經卷四　（4–4）

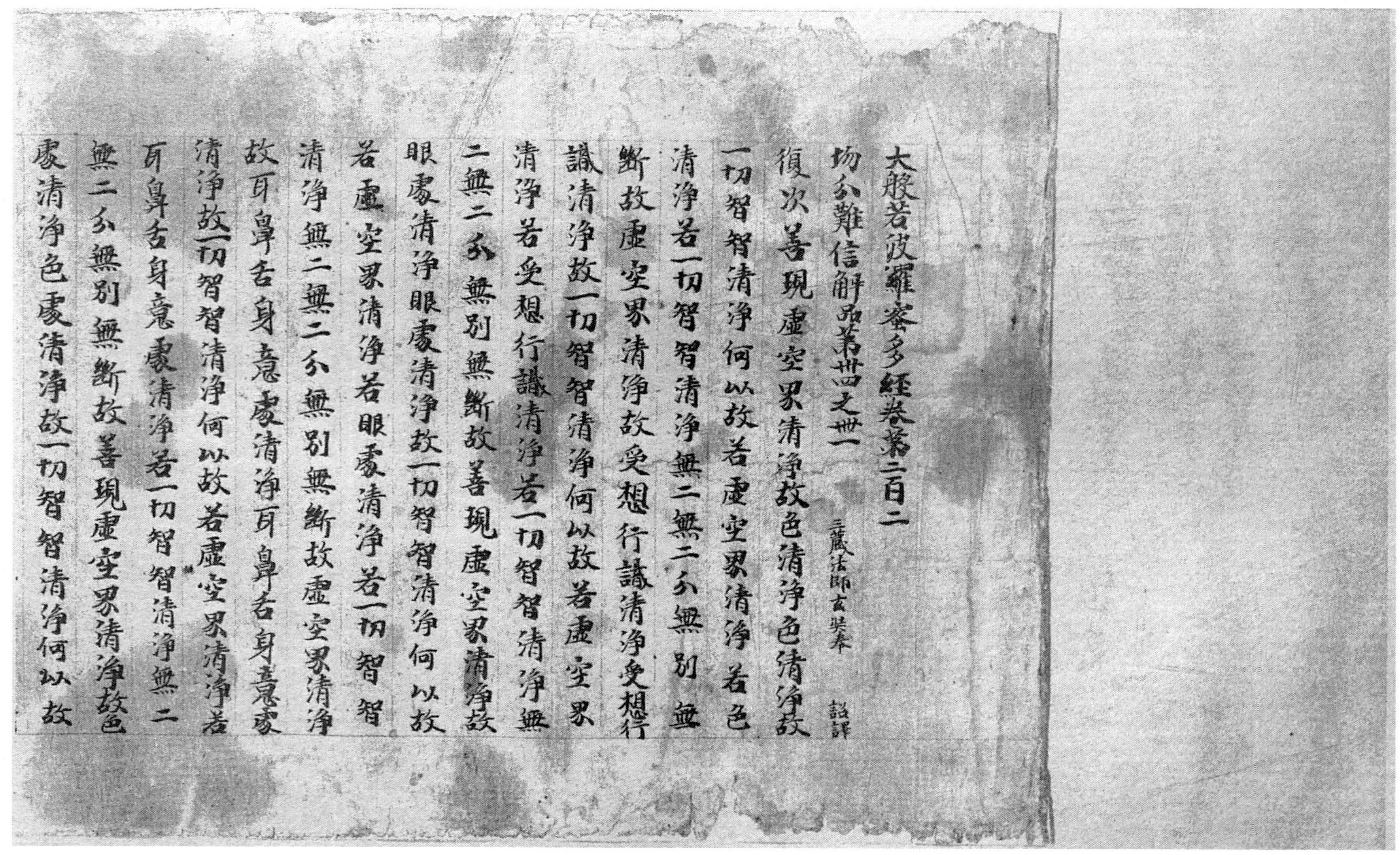
大般若波羅蜜多經卷第二百二
初分難信解品第卅四之卌一　三藏法師玄奘奉　詔譯
復次善現虛空界清淨故色清淨色清淨故
一切智智清淨何以故若虛空界清淨若色
清淨若一切智智清淨無二無二分無別無
斷故虛空界清淨故受想行識清淨受想行
識清淨故一切智智清淨何以故若虛空界
清淨若受想行識清淨若一切智智清淨無
二無二分無別無斷故善現虛空界清淨故
眼處清淨眼處清淨故一切智智清淨何以故
若虛空界清淨若眼處清淨若一切智智
清淨無二無二分無別無斷故虛空界清淨
故耳鼻舌身意處清淨耳鼻舌身意處
清淨故一切智智清淨何以故若虛空界清淨若
耳鼻舌身意處清淨若一切智智清淨無二
無二分無別無斷故善現虛空界清淨故色
處清淨色處清淨故一切智智清淨何以故

BD04033 號　大般若波羅蜜多經卷二二二　（13–1）

故耳鼻舌身意處清淨耳鼻舌身意處
清淨故一切智智清淨何以故若虛空界清淨若
耳鼻舌身意處清淨若一切智智清淨無二
無二分無別無斷故善現虛空界清淨故色
處清淨色處清淨故一切智智清淨何以故
若虛空界清淨若色處清淨若一切智智清
淨無二無二分無別無斷故虛空界清淨
故聲香味觸法處清淨聲香味觸法處清
淨故一切智智清淨何以故若虛空界清淨若
聲香味觸法處清淨若一切智智清淨無二無
二分無別無斷故善現虛空界清淨故眼界
清淨眼界清淨故一切智智清淨何以故若
虛空界清淨若眼界清淨若一切智智清淨
無二無二分無別無斷故虛空界清淨故色
界眼識界及眼觸眼觸為緣所生諸受清淨
色界乃至眼觸為緣所生諸受清淨故一切
智智清淨何以故若虛空界清淨若色界乃
至眼觸為緣所生諸受清淨若一切智智清
淨無二無二分無別無斷故善現虛空界
清淨故耳界清淨耳界清淨故一切智智
清淨何以故若虛空界清淨若耳界清淨
若一切智智清淨無二無二分無別無斷故虛
空界清淨故聲界耳識界及耳觸耳觸為緣所
生諸受清淨聲界乃至耳觸為緣所生諸受清
淨故一切智智清淨何以故若虛空界清淨若

BD04033號　大般若波羅蜜多經卷二二二　（13–2）

若一切智智清淨無二無二分無別無斷故虛
空界清淨故聲界耳識界及耳觸耳觸為緣所
生諸受清淨聲界乃至耳觸為緣所生諸受清
淨故一切智智清淨何以故若虛空界清淨若
聲界乃至耳觸為緣所生諸受清淨若一
切智智清淨無二無二分無別無斷故善現
虛空界清淨故鼻界清淨鼻界清淨故一切
智智清淨何以故若虛空界清淨若鼻界清
淨若一切智智清淨無二無二分無別無斷
故虛空界清淨故香界鼻識界及鼻觸鼻觸
為緣所生諸受清淨香界乃至鼻觸為緣所
生諸受清淨故一切智智清淨何以故若虛
空界清淨若香界乃至鼻觸為緣所生諸受
清淨若一切智智清淨無二無二分無別無斷
故善現虛空界清淨故舌界清淨舌界清
淨故一切智智清淨何以故若虛空界清淨
若舌界清淨若一切智智清淨無二無二分
無別無斷故虛空界清淨故味界舌識界及
舌觸舌觸為緣所生諸受清淨味界乃至舌
觸為緣所生諸受清淨故一切智智清淨何
以故若虛空界清淨若味界乃至舌觸為緣
所生諸受清淨若一切智智清淨無二無二分
無別無斷故善現虛空界清淨故身界清
淨身界清淨故一切智智清淨何以故若虛
空界清淨若身界清淨若一切智智清淨

BD04033號　大般若波羅蜜多經卷二二二　（13–3）

所生諸受清淨若一切智智清淨無二無二分
無別無斷故善現虛空界清淨故身界清
淨身界清淨故一切智智清淨何以故若虛
空界清淨若身界清淨若一切智智清淨
無二無二分無別無斷故虛空界清淨故觸界
身識界及身觸身觸為緣所生諸受清淨
觸界乃至身觸為緣所生諸受清淨故一切智
智清淨何以故若虛空界清淨若觸界乃至
身觸為緣所生諸受清淨若一切智智清淨無
二無二分無別無斷故善現虛空界清淨
故意界清淨意界清淨故一切智智清淨何
以故若虛空界清淨若意界清淨若一切智
智清淨無二無二分無別無斷故虛空界清
淨故法界意識界及意觸意觸為緣所生諸
受清淨法界乃至意觸為緣所生諸受清淨
故一切智智清淨何以故若虛空界清淨若
法界乃至意觸為緣所生諸受清淨若一切智
智清淨無二無二分無別無斷故善現虛空
界清淨故地界清淨地界清淨故一切智
智清淨何以故若虛空界清淨若地界清
淨若一切智清淨無二無二分無別無斷故
虛空界清淨故水火風空識界清淨水火風
空識界清淨故一切智智清淨何以故若虛
空界清淨若水火風空識界清淨若一切智
智清淨無二無二分無別無斷故善現虛空

BD04033號　大般若波羅蜜多經卷二二二　（13–4）

智清淨何以故若虛空界清淨若地界清
淨若一切智清淨無二無二分無別無斷故
虛空界清淨故水火風空識界清淨水火風
空識界清淨故一切智智清淨何以故若虛
空界清淨若水火風空識界清淨若一切智
智清淨無二無二分無別無斷故善現虛空
界清淨故無明清淨無明清淨故一切智智
清淨何以故若虛空界清淨若無明清淨若
一切智智清淨無二無二分無別無斷故虛空
界清淨故行識名色六處觸受愛取有生
老死愁歎苦憂惱清淨行乃至老死愁歎苦
憂惱清淨故一切智智清淨何以故若虛空
界清淨若行乃至老死愁歎苦憂惱清淨若
一切智智清淨無二無二分無別無斷故
善現虛空界清淨故布施波羅蜜多清淨布
施波羅蜜多清淨故一切智智清淨何以故
若虛空界清淨若布施波羅蜜多清淨若一
切智智清淨無二無二分無別無斷故虛空界
清淨故淨戒安忍精進靜慮般若波羅蜜多
清淨淨戒乃至般若波羅蜜多清淨故一
切智智清淨何以故若虛空界清淨若淨戒
乃至般若波羅蜜多清淨若一切智智清淨
無二無二分無別無斷故善現虛空界清淨
故內空清淨內空清淨故一切智智清淨何
以故若虛空界清淨若內空清淨若一切智

BD04033號　大般若波羅蜜多經卷二二二　（13–5）

乃至般若波羅蜜多清淨若一切智智清淨
無二無二分無別無斷故善現虛空界清淨
故內空清淨內空清淨故一切智智清淨何
以故若虛空界清淨若內空清淨若一切智
智清淨無二無二分無別無斷故虛空界清
淨故外空內外空空空大空勝義空有為空
無為空畢竟空無際空散空無變異空本性
空自相空共相空一切法空不可得空無性空
自性空無性自性空清淨外空乃至無性
自性空清淨故一切智智清淨何以故若虛
空界清淨若外空乃至無性自性空清淨若
一切智智清淨無二無二分無別無斷故善
現虛空界清淨故真如清淨真如清淨故一
切智智清淨何以故若虛空界清淨若真如
清淨若一切智智清淨無二無二分無別無斷
故虛空界清淨故法界法性不虛妄性不
變異性平等性離生性法定法住實際不思
議界清淨法界乃至不思議界清淨故一切智
智清淨何以故若虛空界清淨若法界乃至
不思議界清淨若一切智智清淨無二無二
分無別無斷故善現虛空界清淨故苦聖
諦清淨苦聖諦清淨故一切智智清淨何以
故若虛空界清淨若苦聖諦清淨若一切智
智清淨無二無二分無別無斷故虛空界清淨
故集滅道聖諦清淨集滅道聖諦清淨故

BD04033號　大般若波羅蜜多經卷二二二　（13–6）

諦清淨若苦聖諦清淨故一切智智清淨何以
故若虛空界清淨若苦聖諦清淨若一切智
智清淨無二無二分無別無斷故虛空界清淨
故集滅道聖諦清淨集滅道聖諦清淨故
一切智智清淨何以故若虛空界清淨若集
滅道聖諦清淨若一切智智清淨無二無二分
無別無斷故善現虛空界清淨故四靜慮清
淨四靜慮清淨故一切智智清淨何以故若
虛空界清淨若四靜慮清淨若一切智智
清淨無二無二分無別無斷故虛空界清淨
故四無量四無色定清淨四無量四無色定
清淨故一切智智清淨何以故若虛空界清
淨若四無量四無色定清淨若一切智智清
淨無二無二分無別無斷故善現虛空界清
淨故八解脫清淨八解脫清淨故一切智智
清淨何以故若虛空界清淨若八解脫清淨
若一切智智清淨無二無二分無別無斷故
虛空界清淨故八勝處九次第定十遍處清
淨八勝處九次第定十遍處清淨故一切智
智清淨何以故若虛空界清淨若八勝處九
次第定十遍處清淨若一切智智清淨無二
無二分無別無斷故善現虛空界清淨故四
念住清淨四念住清淨故一切智智清淨何
以故若虛空界清淨若四念住清淨若一切智
智清淨無二無二分無別無斷故虛空界
清淨故四正斷四神足五根五力七等覺支

BD04033號　大般若波羅蜜多經卷二二二　（13–7）

無二分無別無斷故善現虛空界清淨故四
念住清淨四念住清淨故一切智智清淨何
以故若虛空界清淨若四念住清淨若一切智
智清淨無二無二分無別無斷故虛空界
清淨故四正斷四神足五根五力七等覺支
八聖道支清淨四正斷乃至八聖道支清淨
故一切智智清淨何以故若虛空界清淨若
四正斷乃至八聖道支清淨若一切智智清
淨無二無二分無別無斷故善現虛空界清
淨故空解脫門清淨空解脫門清淨故一切
智智清淨何以故若虛空界清淨若空解脫
門清淨若一切智智清淨無二無二分無別
無斷故虛空界清淨故無相無願解脫門
清淨無相無願解脫門清淨故一切智智清淨
何以故若虛空界清淨若無相無願解脫門
清淨若一切智智清淨無二無二分無別無
斷故善現虛空界清淨故菩薩十地清淨
菩薩十地清淨故一切智智清淨何以故若虛
空界清淨若菩薩十地清淨若一切智智清
淨無二無二分無別無斷故
善現虛空界清淨故五眼清淨五眼清淨故
一切智智清淨何以故若虛空界清淨若五
眼清淨若一切智智清淨無二無二分無別無
斷故虛空界清淨故六神通清淨六神通
清淨故一切智智清淨何以故若虛空界清

BD04033號　大般若波羅蜜多經卷二二二　（13–8）

一切智智清淨何以故若虛空界清淨若五
眼清淨若一切智智清淨無二無二分無別無
斷故虛空界清淨故六神通清淨六神通
清淨故一切智智清淨何以故若虛空界清
淨若六神通清淨若一切智智清淨無二無
二分無別無斷故善現虛空界清淨故佛十
力清淨佛十力清淨故一切智智清淨何以
故若虛空界清淨若佛十力清淨若一切智
智清淨無二無二分無別無斷故虛空界清
淨故四無所畏四無礙解大慈大悲大喜大
捨十八佛不共法清淨四無所畏乃至十八
佛不共法清淨故一切智智清淨何以故若
虛空界清淨若四無所畏乃至十八佛不共
法清淨若一切智智清淨無二無二分無別
無斷故善現虛空界清淨故無忘失法清
淨無忘失法清淨故一切智智清淨何以故若
虛空界清淨若無忘失法清淨若一切智智
清淨無二無二分無別無斷故虛空界清淨
恒住捨性清淨恒住捨性清淨故一切智智
清淨何以故若虛空界清淨若恒住捨性清
淨若一切智智清淨無二無二分無別無斷
故善現虛空界清淨故一切智清淨一切智
清淨故一切智智清淨何以故若虛空界清
淨若一切智清淨若一切智智清淨無二無
二分無別無斷故虛空界清淨故道相智
一切相智清淨道相智一切相智清淨故一切

BD04033號　大般若波羅蜜多經卷二二二　（13–9）

清淨故一切智智清淨何以故若虛空界清
淨若一切智智清淨無二無
二分無別無斷故虛空界清淨故道相智
一切相智清淨道相智一切相智清淨故一切
智智清淨何以故若虛空界清淨若道相智
一切相智清淨若一切智智清淨無二無二
分無別無斷故善現虛空界清淨故一切陀
羅尼門清淨一切陀羅尼門清淨故一切智智
清淨何以故若虛空界清淨若一切陀羅
尼門清淨若一切智智清淨無二無分無
別無斷故虛空界清淨故一切三摩地門清
淨一切三摩地門清淨故一切智智清淨何
以故若虛空界清淨若一切三摩地門清淨
若一切智智清淨無二無二分無別無斷故
善現虛空界清淨故預流果清淨預流果清
淨故一切智智清淨何以故若虛空界清淨
若預流果清淨若一切智智清淨無二無二
分無別無斷故虛空界清淨故一來不還阿
羅漢果清淨一來不還阿羅漢果清淨故一
切智智清淨何以故若虛空界清淨若一來
不還阿羅漢果清淨若一切智智清淨無二
無二分無別無斷故善現虛空界清淨故
獨覺菩提清淨獨覺菩提清淨故一切智智清
淨何以故若虛空界清淨若獨覺菩提清淨
若一切智智清淨無二無二分無別無斷故
善現虛空界清淨故一切菩提薩摩訶薩行清

BD04033號　大般若波羅蜜多經卷二二二　（13–10）

不還阿羅漢果清淨若一切智智清淨無二
無二分無別無斷故善現虛空界清淨故
獨覺菩提清淨獨覺菩提清淨故一切智智清
淨何以故若虛空界清淨若獨覺菩提清淨
若一切智智清淨無二無二分無別無斷故
善現虛空界清淨故一切菩提薩摩訶薩行清
淨一切菩薩摩訶薩行清淨故一切智智清
淨何以故若虛空界清淨若一切菩薩摩訶
薩行清淨若一切智智清淨無二無二分無
別無斷故善現虛空界清淨故諸佛無上正
等菩提清淨諸佛無上正等菩提清淨故一
切智智清淨何以故若虛空界清淨若諸佛
無上正等菩提清淨若一切智智清淨無二
無二分無別無斷故
復次善現不思議界清淨故色清淨色清淨
故一切智智清淨何以故若不思議界清淨若
色清淨若一切智智清淨無二無二分無
別無斷故不思議界清淨故受想行識清
淨受想行識清淨故一切智智清淨何以故若
不思議界清淨若受想行識清淨若一切智
智清淨無二無二分無別無斷故善現不思
議界清淨故眼處清淨眼處清淨故一切智
智清淨何以故若不思議界清淨若眼處清
淨若一切智智清淨無二無二分無別無斷
故不思議界清淨故耳鼻舌身意處清淨耳
鼻舌身意處清淨故一切智智清淨何以故

BD04033號　大般若波羅蜜多經卷二二二　（13–11）

識界清淨故眼處清淨眼處清淨故一切智
智清淨何以故若不思議界清淨若眼處清
淨若一切智智清淨無二無二分無別無斷
故不思議界清淨故耳鼻舌身意處清淨耳
鼻舌身意處清淨故一切智智清淨何以故
若不思議界清淨若耳鼻舌身意處清淨
若一切智智清淨無二無二分無別無斷故善
現不思議界清淨故色處清淨色處清淨故
一切智智清淨何以故若不思議界清淨若
色處清淨若一切智智清淨無二無二分無
別無斷故不思議界清淨故聲香味觸法處
清淨聲香味觸法處清淨故一切智智清淨何
以故若不思議界清淨若聲香味觸法處
清淨若一切智智清淨無二無二分無別無斷
故善現不思議界清淨故眼界清淨眼界
清淨故一切智智清淨何以故若不思議界
清淨若眼界清淨若一切智智清淨無二無
二分無別無斷故不思議界清淨故色界眼
識界及眼觸眼觸為緣所生諸受清淨色界
乃至眼觸為緣所生諸受清淨故一切智智清
淨何以故若不思議界清淨若色界乃至
眼觸為緣所生諸受清淨若一切智智清淨
無二無二分無別無斷故善現不思議界清
淨故耳界清淨耳界清淨故一切智智清淨
何以故若不思議界清淨若耳界清淨若一
切智智清淨無二無二分無別無斷故不思

BD04033號　大般若波羅蜜多經卷二二二　　（13–12）

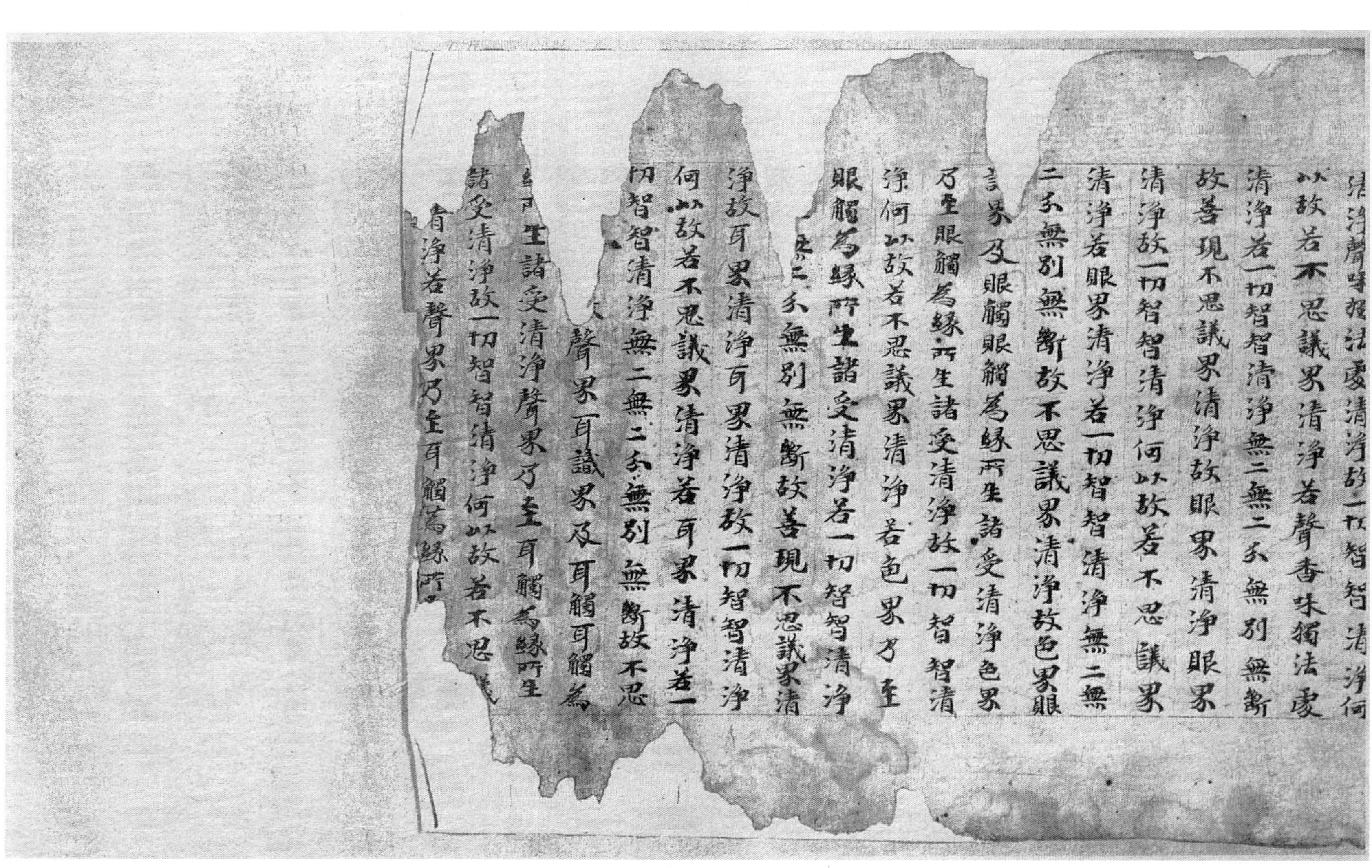
清淨聲香味觸法處清淨故一切智智清淨何
以故若不思議界清淨若聲香味觸法處
清淨若一切智智清淨無二無二分無別無斷
故善現不思議界清淨故眼界清淨眼界
清淨故一切智智清淨何以故若不思議界
清淨若眼界清淨若一切智智清淨無二無
二分無別無斷故不思議界清淨故色界眼
識界及眼觸眼觸為緣所生諸受清淨色界
乃至眼觸為緣所生諸受清淨故一切智智清
淨何以故若不思議界清淨若色界乃至
眼觸為緣所生諸受清淨若一切智智清淨
無二無二分無別無斷故善現不思議界清
淨故耳界清淨耳界清淨故一切智智清淨
何以故若不思議界清淨若耳界清淨若一
切智智清淨無二無二分無別無斷故不思
聲界耳識界及耳觸耳觸為
緣所生諸受清淨聲界乃至耳觸為緣所生
諸受清淨故一切智智清淨何以故若不思
清淨若聲界乃至耳觸為緣所

BD04033號　大般若波羅蜜多經卷二二二　　（13–13）

藐尼室唎多　　薄虎君
阿呲娑猷　　　莎訶
佛告舍利子此无染著陁羅尼
薩能善安住能正受持者
一切苦百劫若千劫若百千
窮盡身亦不被刀仗毒藥
害何以故舍利子此无染著
諸佛母未來諸佛母現在諸佛母舍利子若
復有人以十阿僧企耶三千大千世界滿中七
寶奉施諸佛及以上妙衣服飲食種種供養
經无數劫若復有人於此陁羅尼乃至一句能
能受持者所生之福倍多於彼何以故舍利子
此无染著陁羅尼甚深法門是諸佛母故
時具壽舍利子及諸大衆聞是法已皆大
歡喜咸願受持
金光明最勝王經如意寶珠品第十四
尒時世尊於大衆中告阿難陁曰汝等當知
有陁羅尼名如意寶珠遠離一切災厄亦能
遮止諸惡雷電過去如來應正等覺所共
宣說我於今時於此經中亦為汝等大衆宣
說能於人天為大利益哀愍世間擁護一切
令得安樂時諸大衆及阿難陁聞佛語已

BD04034號　金光明最勝王經卷七　（14–1）

[illegible]
尒時世尊於大衆中告阿難陁曰汝等當知
有陁羅尼名如意寶珠遠離一切災厄亦能
遮止諸惡雷電過去如來應正等覺所共
宣說我於今時於此經中亦為汝等大衆宣
說能於人天為大利益哀愍世間擁護一切
令得安樂時諸大衆及阿難陁聞佛語已
各各至誠瞻仰世尊聽受呪佛言汝等諦
聽於此東方有光明電王名阿揭多　南方有光
明電王名設羝嚕西方有光明電王名主多光
北方有光明電王名蘇多末尼若有善男子
善女人得聞如是電王名字及知方處者此
人即便遠離一切怖畏之事及諸災橫悉皆
消殄若於住處書此四方電王名者於所住
處无雷電怖亦无災厄及諸障惱非時枉死
悉皆遠離尒時世尊即說呪曰
怛姪他　你弭你弭你弭　尼民達哩
窒哩盧迦盧羯你　窒哩輸擁波你　曷喇叉曷喇叉
我某甲及此住處一切恐怖所有苦惱雷電
霹靂乃至枉死悉皆遠離莎訶
尒時觀自在菩薩摩訶薩在大衆中即從
坐起偏袒右肩合掌恭敬白佛言世尊我
今亦於佛前略說如意寶珠神呪於諸人天
為大利益哀愍世間擁護一切令得安樂有
威力所求如願即說呪曰
怛姪他　唱帝　毗唱帝你唱帝　鉢喇窒體雞

BD04034號　金光明最勝王經卷七　（14–2）

為大利益哀愍世間擁護一切令得安樂有
威力所求如願即說呪曰
怛姪他喝帝 毗喝帝你喝帝 鉢喇窒體雞
鉢喇底 丁礼 簸室 嚧 戍提目羝 毗末㘑
鉢喇婆莎 蘇活反 嚧 安荼 入聲 嚧般茶嚧 稅 平聲 帝
般荼囉婆死你 喝囉羯荼 引 嚧 劫畢嚧
氷揭羅 惡綺 達地目企 曷哈又 曷哈又
我某甲及此住處一切恐怖所有苦惱乃至
枉死悉皆遠離願我莫見罪惡之事常蒙
聖觀自在菩薩大悲威光之所護念莎訶
尒時執金剛秘密主菩薩即從座起合掌恭
敬白佛言世我今亦說陁羅尼呪名曰无勝
於諸人天為大利益哀愍世間擁護一切有
大威力所求如願即說呪曰
怛 姪 他 毋你毋你 毋尼嚧末底末底
蘇末底莫訶末底 呵呵呵 磨婆以 那悉底帝 引
波跛跋折攞波你 惡魁 大舍 姪果荼 上 莎訶
世尊我此神呪名曰无勝擁護若有男女一心受
持書寫讀誦憶念不忘我於晝夜常護是人
於一切恐怖乃至枉死悉皆遠離
尒時索訶世界主梵天王即從座起合掌恭
敬白佛言世尊我亦有陁羅尼微妙法門於
諸人天為大利益哀愍世間擁護一切有大
威力所求如願即說呪曰
怛 姪 他 𪘏里剎里地里莎訶 跋囉甜魔布嚧
跋 羅 甘 末泥 跋羅甜摩揭婢 補澀波僧悉里醯莎訶

BD04034 號　金光明最勝王經卷七　（14–3）

敬白佛言世尊我亦有陁羅尼微妙法門於
諸人天為大利益哀愍世間擁護一切有大
威力所求如願即說呪曰
怛 姪 他 𪘏里剎里地里莎訶 跋囉甜魔布嚧
跋 囉 甜 末泥 跋囉甜麼揭婢 補澀波僧悉怛㘑莎訶
世尊我此神呪名曰梵治悉能擁護持是呪者
令離憂惱及諸羅 罪 業乃至枉死悉皆遠離
尒時帝釋天主即從座起合掌恭敬白佛
言世尊我亦有陁羅尼名跋折羅蔔你是大明
呪能除一切恐怖厄難乃至枉死悉皆遠離
拔苦與樂利益人天即說呪曰
怛姪他毗你婆喇你 畔拖磨 彈 滯
磨懺你擻擻尔矐哩 健陁哩 旃荼哩
摩登耆 上 卜羯死 薩羅跋喇鞞 去
咽娜末住㗚磨嗢多喇你 莫呼喇你達剌你計
斫羯囉 婆 杖 捨代哩奢伐哩莎訶
尒時多聞天王持國天王增長天王廣目天
王俱從座起合掌恭敬白佛言世尊我今亦
有神呪名施一切衆生无畏於諸苦惱常為
擁護令得安樂增益壽命无諸患苦乃至枉
死悉皆遠離即說呪曰
怛姪他 補澀閉 蘇補澀閉 度磨鉢喇呵𠼝
阿離耶鉢喇設悉帝 扇帝涅目帝 怛揭例窣覩帝
悉哆鼻帝莎訶
尒時復有諸大龍王所謂末那斯龍王電光
龍王无熱池龍王電舌龍王妙光龍王俱從

BD04034 號　金光明最勝王經卷七　（14–4）

怛姪他 稍泥㘑 稍稍泥㘑 度度 鉤喇 叵喃
阿離耶 鈴喇護 悉帝 痾帝 濕目帝 怛揭例 筆覩帝
悉哆鼻帝 莎訶
尒時復有諸大龍王所謂末那斯龍王電光
龍王无熱池龍王電舌龍王妙光龍王俱從
座起合掌恭敬白佛言世尊我亦有如意珠
陁羅尼能除惡電除諸恐怖能於人天爲大
利益哀愍世間擁護一切有大威力所求如
願乃至枉死悉皆遠離一切毒藥皆令止息
一切造作蠱道呪術不吉祥事悉令除
滅我今以此神呪奉獻世尊唯願哀愍
慈納受當令我等離此龍趣永捨慳貪何
以故由此慳貪於生死中受諸苦惱我等願
斷慳貪種子即說呪曰
怛姪他 阿折囇 阿末囇 阿蜜㗚帝 惡叉褒 阿㗚褒
奔泥 鉢喇耶 法帝 薩婆 波跛 鉢唎苫摩 尼褒
莎訶 阿離褒 般豆蘿 波尼褒 莎訶
世尊若有善男子善女人口中說此陁羅尼
明呪或書寫經卷受持讀誦恭敬供養者
終无雷電霹靂及諸恐怖苦惱憂患乃至
枉死悉皆遠離所有毒藥蠱魅厭禱害人虎
狼師子毒蛇之類乃至蚊虻悉不爲害
尒時世尊普告大衆善哉善哉此等神呪皆
有大力能隨衆生心所求事悉令圓滿爲
大利益除不至心汝等勿疑時諸大衆聞
佛說已歡喜信受

尒時世尊普告大衆善哉善哉此等神呪皆
有大力能隨衆生心所求事悉令圓滿爲
大利益除不至心汝等勿疑時諸大衆聞
佛說已歡喜信受
金光明最勝王經大辯才天女品第十五
尒時大辯才天女於大衆中即從座起頂
禮佛足白佛言世尊若有法師說是金光
明最勝王經者我當益其智慧具足莊嚴
言說之辯若彼法師於此經中文字句義所
有妄失皆令憶持能善開悟復與陁羅尼
摠持无礙又此金光明最勝王經爲彼有情已
於百千佛所種諸善根當受持者於贍部洲
廣行流布不速隱沒復令无量有情聞是
經典皆得不可思議捷利辯才无盡大慧善解
衆論及諸伎術能出生死速趣无上正等菩
提於現世中增益壽命資身之具悉令圓
滿世尊我當爲彼持經法師及餘有情於
此經典樂聽聞者說其呪藥洗浴之法彼人所
有惡星災變與初生時星屬相違疫病之
苦鬪諍戰陣惡夢鬼神蠱毒厭魅呪術
起屍如是諸惡爲障難者悉令除滅諸有
智者應作如是洗浴之法當取香藥三十二
味所謂
昌蒲 跋者 牛黃 瞿盧折娜 苜蓿香 塞畢力迦 麝香 莫訶婆伽 雄黃 末捺眵羅
合昏樹 尸利灑 白及 因達囉喝悉哆 芎藭 闍莫迦 苟杞根 苫弭 松脂 室利薜瑟得迦

起厭如是諸惡為障難者悉令除滅諸有
智者應作如是洗浴之法當取香藥三十二
味所謂
昌蒲(跋者) 牛黃(瞿盧折娜) 苜蓿香(塞畢力迦) 麝香(莫訶婆伽) 雄黃(末捺眵羅)
合昏樹(尸利灑) 白及(因達囉喝悉哆) 芎藭(闍莫迦) 苟杞根(苫弭) 松脂(室利薜瑟得迦)
桂皮(咄者) 香附子(目窣哆) 沈香(惡揭嚕) 栴檀(栴檀娜) 零凌香(多揭羅)
丁子(索瞿者) 鬱金(荼矩麼) 婆律膏(曷羅娑) 葦香(捺剌柁) 竹黃(路戰娜)
細豆蔲(蘇泣迷羅) 甘松(苫弭哆) 藿香(鉢怛羅) 茅根香(嗢尸羅) 叱脂(薩洛計)
艾納(世黎也) 安息香(窶具攞) 芥子(薩利殺跛) 馬芹(葉婆你) 龍花鬚(那伽雞薩羅)
白膠(薩折羅婆) 青木(矩瑟侘) 皆等分
以布灑星日一處擣篩取其香末當以此呪
呪一百八遍呪曰
怛姪他 蘇訖栗帝 訖栗帝訖栗計 劫摩怛里
繕怒羯囉滯 郝羯喇滯 因達囉闍利膩
鑠羯囒滯 鉢設姪囇 阿伐底 羯細 計
娜 矩覩矩覩 脚迦鼻麗 劫鼻麗劫鼻麗
劫毗羅末底(丁里) 尸羅末底 删底度囉末底里
波伐雉畔雉囇 室囇室囇 怛底悉體羝莎訶
若樂如法洗浴時 應作壇場方八肘
可於寂靜安隱處 念所求事不離心
應塗牛糞作其壇 於上普散諸花彩
當以淨潔金銀器 盛滿美味并乳蜜
於彼壇場四門所 四人守護法如常
令四童子好嚴身 各於一角持瓶水
於彼常燒安息香 五音之樂聲不絕
幡蓋莊嚴懸繒綵 安在壇場之四邊

BD04034號　金光明最勝王經卷七　　（14–7）

當以[illegible]
於彼壇場四門所 四人守護法如常
令四童子好嚴身 各於一角持瓶水
於彼常燒安息香 五音之樂聲不絕
幡蓋莊嚴懸繒綵 安在壇場之四邊
復於場內置明鏡 利刀兼箭各四枚
於壇中心埋大盆 應以漏版安其上
用前香末以和湯 亦復安在其壇內
既作如斯布置已 然後誦呪結其壇
結界呪曰
怛姪他 頞囒計 娜也泥(去) 四麗 㺯麗 祇麗
企企麗莎訶
如是結界已方入於壇內 呪水三七遍 散灑於四方
次可呪香湯滿一百八遍 四邊安幔障 然後洗浴身
呪水呪湯呪曰
怛姪他(一) 索揭智(貞勵反下同 二) 毗揭智(三) 毗揭荼伐底(四)
莎訶
若洗浴訖其洗浴湯及壇場中供養飲
食棄河池內餘皆收攝 如是浴已方著淨衣
既出壇場入淨室內 呪師教其發弘誓願 永
斷眾惡常(修)諸善 於諸有情興大悲心 以是因
緣當獲无量隨心福報 復說頌曰
若有病苦諸眾生 種種方藥治不差
若依如是洗浴法 并復讀誦斯經典
常於日夜念不散 專想慇懃生信心
所有患苦盡消除 解脫貧窮足財寶

BD04034號　金光明最勝王經卷七　　（14–8）

若有病苦諸眾生　種種方藥治不差
若依如是洗浴法　并復讀誦斯經典
常於日夜念不散　專想慇懃生信心
所有患苦盡消除　解脫貧窮足財寶
四方星辰及日月　威神擁護得延年
吉祥安隱福德增　災變厄難皆除遣
次誦護身呪三七遍呪曰
怛姪他 三謎 毗三謎 莎訶 索揭滞 毗揭滞 莎
訶 毗揭荼亭耶反 代底莎訶 沙揭羅三步多也
莎訶 塞建陁 摩多也莎訶 尼攞建 佗
也莎訶 阿鉢囉市多 毗唎耶也莎訶
呬摩篏哆三步多也莎訶 阿你蜜 攞
薄怛囉也莎訶 南謨薄伽代都 跋囉甜甘反摩
寫莎訶 南謨薩囉酸蘇活反底 莫訶提鼻裔莎訶
悉甸覩漫此云成就我某甲 曼怛囉鉢柂莎訶
怛喇覩仳姪哆 跋囉甜 摩奴末覩莎訶
介時大辯才天女說洗浴法壇場呪已前
礼佛足白佛言世尊若有苾芻苾芻尼鄔波
索迦鄔波斯迦受持讀誦書寫流布是妙
經王如說行者若在城邑聚落曠野山林僧
尼住處我為是人将諸眷屬作天伎樂来詣
其所而為擁護除諸病苦流星變恠疫病鬪
諍王法所拘惡夢惡神為障礙者蠱道厭
術悉皆除殄饒益是等持經之人苾芻等眾
及諸聽者皆令速度生死大海不退菩提
介時世尊聞是說已讚辯才天女言善哉

諍王法所拘惡夢惡神為障礙者蠱道厭
術悉皆除殄饒益是等持經之人苾芻等眾
及諸聽者皆令速度生死大海不退菩提
介時世尊聞是說已讚辯才天女言善哉
善哉天女汝能安樂利益无量无邊有情
說此神呪及以香水壇場法式果報難思汝
當擁護最勝經王勿令隱沒常得流通介時
大辯才天女礼佛足已還復本座
介時法師授記憍陳如婆羅門承佛威力於
大眾中前礼佛足讚請辯才天女曰
聰明勇進辯才天　人天供養悉應受
名聞世間遍充滿　能與一切眾生願
依高山頂勝住處　葺茅為室在中居
恒結耎草以為衣　在處常翹故一足
諸天大眾皆来集　咸同一心申讚讚
唯願智慧辯才天　以妙言詞施一切
介時辯才天女即便受請為說呪曰
怛姪他 莫𠺕口灑 阿伐帝 阿伐吒代底丁里反
馨遇綠名具綠　名具羅伐　底
鴦具師末唎口三末底　毗三末底 惡近唎
莫近唎 怛羅口　怛羅者伐底
質質哩室哩蜜哩　末難地曇去末唎口
八羅拏畢唎裏　盧迦逝瑟跓世反
盧迦失囉瑟恥　盧迦畢唎裏
悉馱跋唎帝　毗麼目企輕利反
輸口竹唎　阿鉢唎底喝帝

八羅弩畢唎裹　盧迦逝瑟跙(世又)
盧迦失囉瑟耻　盧迦畢唎裹
卷馱跋唎帝　呲麼目企(輕利反)
輸只析唎　阿鉢唎底喝帝
阿鉢唎底喝哆勃地
南毋只南毋只　莫訶提鼻
鉢喇底近(入)唎脊(丈恨)弩(上)
南謨摩塞迦囉　我某甲勃地　達哩奢吧
勃地阿鉢喇底喝哆　婆(上)吱覩市婆謎呲
輸姪覩舍卷怛囉輸路迦曇怛囉畢揭迦
迦婢耶地數　怛姪他莫訶鉢喇婆鼻
吧里蜜里吧里蜜里　呲析喇覩謎勃地
我某甲勃地輸提　薄伽伐點提呲皺
薩羅酸點(丁狹反)　羯囉(魯家)滞雞由囉
雞由囉末底　吧里蜜里吧里蜜里
阿婆訶耶須　莫訶提鼻
勃陁薩帝娜　達摩薩帝娜　僧
伽薩帝娜　曰達囉薩帝娜　跋嘍弩薩帝娜
裹盧雞薩底婆地娜　鞊鉝(引)薩帝娜
薩底伐者㳂娜　阿婆訶耶須
莫訶提鼻　吧里蜜里吧里蜜里
呲析喇覩　我某甲勃地
南謨薄伽伐底(丁利)　莫訶提鼻薩囉酸底
卷句覩曇怛囉鉢陁彌莎訶
尒時辯才天女說是呪已告婆羅門言善

BD04034號　金光明最勝王經卷七　（14–11）

呲析喇覩　我某甲勃地
南謨薄伽伐底(丁利)　莫訶提鼻薩囉酸底
卷句覩曇怛囉鉢陁彌莎訶
尒時辯才天女說是呪已告婆羅門言善
哉大士能為衆生求妙辯才及諸珎寶神
通智慧廣利一切速證菩提如是應知受
持法式即說呪曰
先可誦此陁羅尼　令使純熟无謬失
歸敬三寶諸天衆　請求加護願隨心
敬礼諸佛及法寶　菩薩獨覺聲聞衆
次礼梵王并帝釋　及護世者四天王
一切常修梵行人　悉可至誠慇重敬
可於寂靜蘭若處　大聲誦前呪讚法
應在佛像天能前　隨其所有脩供養
於彼一切衆生類　發起慈悲哀愍心
世尊妙相紫金身　繫想正念心无亂
世尊護念說教法　隨彼根機令習定
於其句義善思惟　復依空性而修習
應在世尊形像前　一心正念而安坐
即得妙智三摩地　并獲最勝陁羅尼
如來金口演說法　妙響調伏諸人天
舌相隨緣現希有　廣長能覆三千界
如是諸佛妙音聲　至誠憶念心无畏
諸佛皆由發弘願　得此舌相不思議
宣說諸法皆非有　譬如虛空无所著
諸佛音聲及舌相　繫念思量願圓滿

BD04034號　金光明最勝王經卷七　（14–12）

舌相隨緣現希有　廣長能覆三千界
如是諸佛妙音聲　至誠憶念心无畏
諸佛皆由發弘願　得此舌相不思議
宣說諸法皆非有　譬如虛空无所著
諸佛音聲及舌相　繫念思量願圓滿
若見供養辯才天　或見弟子隨師教
授此秘法令修學　尊重隨心皆得成
若人欲得最上智　應當一心持此法
增長福智諸功德　必定成就勿生疑
若求財者得多財　求名稱者獲名稱
求出離者得解脫　必定成就勿生疑
无量无邊諸功德　隨其內心之所願
若能如是依行者　必得成就勿生疑
當於淨處著新衣　應作壇場隨大小
以四淨瓶盛美味　香花供養可隨時
懸諸繒綵并幡蓋　塗香末香嚴飾
供養佛及辯才天　求見天身皆遂願
應三七日誦前呪　可對大辯天神前
若其不見此天神　應更用心經九日
於後夜中猶不見　更求清淨勝妙處
如法應畫辯才天　供養誦持心无捨
晝夜不生於懈怠　自利利他无窮盡
所獲果報施群生　於所求願皆成就
殷勤求請心不移　天眼他心皆悉得
尒時憍陳如婆羅門聞是說已歡喜踊躍

BD04034號　金光明最勝王經卷七　（14–13）

如法應畫辯才天　供養誦持心无捨
晝夜不生於懈怠　自利利他无窮盡
所獲果報施群生　於所求願皆成就
殷勤求請心不移　天眼他心皆悉得
尒時憍陳如婆羅門聞是說已歡喜踊躍
歎未曾有告諸大衆作如是言汝等人天一
切大衆如是當知皆一心聽我今更欲依世諦
法讚彼勝妙辯才天女即說頌曰
敬礼天女那羅延　於世界中得自在
我今讚歎彼尊者　皆如往昔仙人說
吉祥成就心安隱　聰明慚愧有名聞
爲母能生於世間　勇猛常行大精進
於軍陣處戰恒勝　長養調伏心慈忍
現爲閻羅之長姊　常著青色野蠶衣
好醜容儀皆具有　眼目能令見者怖
無量勝行超世間　歸信之人咸攝受
或在山巖深險處　或居坎窟及河邊
或在大樹諸叢林　天女多依此中住
假使山林野人輩　亦常供養於天女
以孔雀羽作幢旗　於一切時常護世
師子虎狼恒圍繞　牛羊雞等亦相依
振大鈴鐸出音聲　頻陀山衆皆聞響

BD04034號　金光明最勝王經卷七　（14–14）

行一切智不行道相智一切相智不住菩薩
殊勝神通成熟有情嚴淨佛土而得无上正
等菩提佛言不也善現諸菩薩摩訶薩所有菩
提雖无行處而諸菩薩摩訶薩要行布施淨戒
安忍精進靜慮般若波羅蜜多要行內空外
空內外空空空大空勝義空有為空无為
[illegible]竟空无際空散空无變異空本性空
自相空共相空一切法空不可得空无性空
自性空无性自性空要行四念住四正斷四神
足五根五力七等覺支八聖道支要行苦集
滅道聖諦要行四靜慮四无量四无色定要
行八解脫八勝處九次第定十遍處要行一
切陁羅尼門一切三摩地門要行空解脫門
无相无願解脫門要入菩薩正性離生要行
極喜地離垢地發光地焰慧地極難勝地現
前地遠行地不動地善慧地法雲地要行五眼
六神通要行佛十力四无所畏四无礙解大
慈大悲大喜大捨十八佛不共法要行三十
二大士相八十隨好要行无忘失法恒住
捨性要行一切智道相智一切相智要住菩
薩殊勝神通成熟有情嚴淨佛土方得无

BD04035 號　大般若波羅蜜多經卷三九〇　（15–1）

極喜地離垢地發光地焰慧地極難勝地現
前地遠行地不動地善慧地法雲地要行五眼
六神通要行佛十力四无所畏四无礙解大
慈大悲大喜大捨十八佛不共法要行三十
二大士相八十隨好要行无忘失法恒住
捨性要行一切智道相智一切相智要住菩
薩殊勝神通成熟有情嚴淨佛土方得无
上正等菩提
時具壽善現復白佛言世尊諸菩薩摩訶薩
所有菩提若无行處將无菩薩摩訶薩不住
布施波羅蜜多不住淨戒安忍精進靜慮般
若波羅蜜多久脩令滿不住內空不住外
空內外空空空大空勝義空有為空无為
空畢竟空無際空散空无變異空本性空
自相空共相空一切法空不可得空无性空
自性空无性自性空久脩令滿不住四念住
不住四正斷四神足五根五力七等覺支八
聖道支久脩令滿不住苦聖諦不住集滅道
聖諦久脩令滿不住四靜慮不住四無量四
无色定久脩令滿不住八解脫不住八勝處
九次第定十遍處久脩令滿不住一切陁羅
尼門不住一切三摩地門久脩令滿不住空
解脫門不住无相无願解脫門久脩令滿不
入菩薩正性離生不住極喜地不住離垢地
發光地焰慧地極難勝地現前地遠行地不
動地善慧地法雲地久脩令滿不住五眼不
住六神通久脩令滿不住佛十力不住四无

BD04035 號　大般若波羅蜜多經卷三九〇　（15–2）

解脫門不住无相无願解脫門久脩令滿不
入菩薩正性離生不住極喜地不住離垢地
發光地焰慧地極難勝地現前地遠行地不
動地善慧地法雲地久脩令滿不住五眼不
住六神通久脩令滿不住佛十力不住四无
所畏四无礙解大慈大悲大喜大捨十八佛
不共法久脩令滿不住三十二大士相不住
八十隨好久脩令滿不住无忘失法不住恒
住捨性久脩令滿不住一切智不住道相智
一切相智久脩令滿不作菩薩殊勝神通成
熟有情嚴淨佛土久脩令滿而得无上正等
菩提
佛言不也善現諸菩薩摩訶薩所有菩提雖
无行處而諸菩薩摩訶薩要住布施淨戒安
忍精進靜慮般若波羅蜜多久脩令滿要住
內空外空內外空空空大空勝義空有為
空无為空畢竟空无際空散空无變異空
本性空自相空共相空一切法空不可得
空无性空自性空无性自性空久脩令滿要
住四念住四正斷四神足五根五力七等
覺支八聖道支久脩令滿要住苦集滅道聖
諦久脩令滿要住四靜慮四無量四無色定
久脩令滿要住八解脫八勝處九次第定十
遍處久脩令滿要住一切陁羅尼門一切三
摩地門久脩令滿要住空解脫門无相无願
解脫門久脩令滿要入菩薩正性離生要住
極喜地離垢地發光地焰慧地極難勝地現

BD04035號　大般若波羅蜜多經卷三九〇　（15–3）

諦久脩令滿要住四靜慮四無量四無色定
久脩令滿要住八解脫八勝處九次第定十
遍處久脩令滿要住一切陁羅尼門一切三
摩地門久脩令滿要住空解脫門无相无願
解脫門久脩令滿要入菩薩正性離生要住
極喜地離垢地發光地焰慧地極難勝地現
前地遠行地不動地善慧地法雲地久脩令
滿要住五眼六神通久脩令滿要住佛十
力四无所畏四无礙解大慈大悲大喜大捨
十八佛不共法久脩令滿要住三十二大士
相八十隨好久脩令滿要住无忘失法恒住
捨性久脩令滿要住一切智道相智一切相
智久脩令滿要住菩薩殊勝神通成熟有情
嚴淨佛土久脩令滿乃得无上正等菩提善
現若菩薩摩訶薩脩諸善根未極圓滿終不
能得所求无上正等菩提
復次善現若菩薩摩訶薩欲得无上正等菩
提應住色本性空應住受想行識本性空
應住眼處本性空應住耳鼻舌身意處本
性空應住色處本性空應住聲香味觸法
處本性空應住眼界本性空應住耳鼻舌
身意界本性空應住色界本性空應住聲香
味觸法界本性空應住眼識界本性空應
住耳鼻舌身意識界本性空應住眼觸本性
空應住耳鼻舌身意觸界本性空應住眼觸
為緣所生諸受本性空應住耳鼻舌身意
觸為緣所生諸受本性空應住地界本性

BD04035號　大般若波羅蜜多經卷三九〇　（15–4）

住耳鼻舌身意識界本性空應住眼觸本性
空應住耳鼻舌身意觸界本性空應住眼觸
為緣所生諸受本性空應住耳鼻舌身意
觸為緣所生諸受本性空應住地界本性
空應住水火風空識界本性空應住因緣
本性空應住等无間緣所緣緣增上緣本性
空應住從緣所生諸法本性空應住无明
本性空應住行識名色六處觸受愛取有
生老死愁歎苦憂惱本性空應住布施波
羅蜜多本性空應住淨戒安忍精進靜慮
般若波羅蜜多本性空應住內空外空
內外空空空大空勝義空有為空无為空
畢竟空无際空散空無變異空本性空自相
空共相空一切法空不可得空无性空自性
空无性自性空本性空應住四念住本性空應
住四正斷四神足五根五力七等覺支八聖
道支本性空應住苦聖諦本性空應住集滅
道聖諦本性空應住四靜慮本性空應住四
无量四无色定本性空應住八解脫本性空
應住八勝處九次第定十遍處本性空應住
陀羅尼門本性空應住三摩地門本性空應
住空解脫門本性空應住无相无願解脫門
本性空應住極喜地本性空應住離垢地發
光地焰慧地極難勝地現前地遠行地不
動地善慧地法雲地本性空應住五眼本性
空應住六神通本性空應住佛十力本性空

BD04035 號　大般若波羅蜜多經卷三九〇　（15–5）

住空解脫門本性空應住无相无願解脫門
本性空應住極喜地本性空應住離垢地發
光地焰慧地極難勝地現前地遠行地不
動地善慧地法雲地本性空應住五眼本性
空應住六神通本性空應住佛十力本性空
應住四无所畏四无礙解大慈大悲大喜大
捨十八佛不共法本性空應住三十二大士
相本性空應住八十隨好本性空應住无忘
失法本性空應住恒住捨性本性空應住一
切智本性空應住道相智一切相智本性空
應住預流果本性空應住一來不還阿羅漢
果獨覺菩提本性空應住一切菩薩摩訶薩
行本性空應住諸佛无上正等菩提本性空
應住一切法本性空應住一切有情本性空
脩諸功德令圓滿已便證无上正等菩提
善現是諸法本性空及有情本性空最極寂
靜无有少法能增能減能生能滅能斷能常
能染能淨能得果能現觀善現當知菩薩摩
訶薩依世俗言說施設法故說脩般若波羅
蜜多如實了知本性空已證得无上正等菩
提非真勝義何以故真勝義中无色可得亦
无受想行識可得无眼處可得亦無耳鼻舌
身意處可得无色處可得亦无聲香味觸
法處可得无眼界可得亦无耳鼻舌身意界
可得无色界可得亦无聲香味觸法界可得
无眼識界可得亦无耳鼻舌身意識界可
得无眼觸可得亦无耳鼻舌身意觸可得無

BD04035 號　大般若波羅蜜多經卷三九〇　（15–6）

身意處可得亦无聲香味觸
法處可得无眼界可得亦无耳鼻舌身意界
可得无色界可得亦无聲香味觸法界可得
无眼識界可得亦无耳鼻舌身意識界可
得无眼觸可得亦无耳鼻舌身意觸可得無
眼觸爲緣所生諸受可得亦無耳鼻舌身意
觸爲緣所生諸受可得无地界可得亦無水
火風空識界可得无因緣可得亦无等无間
緣所緣緣增上緣可得无從緣所生諸法可
得無無明可得亦無行識名色六處觸受愛
取有生老死愁歎苦憂惱可得無布施波羅
蜜多可得亦無淨戒安忍精進靜慮般若波
羅蜜多可得無內空可得亦無外空內外空
空空大空勝義空有爲空無爲空畢竟空无
際空散空無變異空本性空自相空共相空
一切法空不可得空無性空自性空無性自性
空可得無四念住可得亦無四正斷四神
足五根五力七等覺支八聖道支可得無苦
聖諦可得亦無集滅道聖諦可得無四靜慮
可得亦無四無量四無色定可得无八解脫
可得亦无八勝處九次第定十遍處可得无
陁羅尼門可得亦無三摩地門可得无空
解脫門可得亦无无相无願解脫門可得无
極喜地可得亦無離垢地發光地焰慧地極
難勝地現前地遠行地不動地善慧地法雲
地可得无五眼可得亦无六神通可得无佛
十力可得亦無四無所畏四無礙解大慈大

BD04035號　大般若波羅蜜多經卷三九〇　（15–7）

陁羅尼門可得亦無三摩地門可得无空
解脫門可得亦无无相无願解脫門可得无
極喜地可得亦無離垢地發光地焰慧地極
難勝地現前地遠行地不動地善慧地法雲
地可得无五眼可得亦无六神通可得无佛
十力可得亦無四無所畏四無礙解大慈大
悲大喜大捨十八佛不共法可得無三十二
大士相可得亦無八十隨好可得無無忘
失法可得亦无恒住捨性可得无一切智可
得亦无道相智一切相智可得无預流果可
得亦无一來不還阿羅漢果獨覺菩提可得
无一切菩薩摩訶薩行可得亦无諸佛无上
正等菩提可得无行菩薩摩訶薩行者可
得亦无行无上正等菩提者可得善現如
是諸法皆依世俗言說施設不依勝義善現
諸菩薩摩訶薩脩行般若波羅蜜多從初發
心雖極猛利爲諸有情行菩提行而於此
心都无所得於諸有情亦無所得於大菩提
亦无所得於佛菩薩亦无所得
尒時具壽善現白佛言世尊若一切法都无
所有皆不可得云何菩薩摩訶薩行菩提行
云何能得無上菩提佛告善現於意云何汝
於先時依止斷界斷諸煩惱得无漏根住无
間定得預流果若一來果若不還果若阿
羅漢果汝於彼時頗見有情若心若道若諸
道果有可得不善現答言不也世尊不也善

BD04035號　大般若波羅蜜多經卷三九〇　（15–8）

於先時依止斷界斷諸煩惱得无漏根依无
間定得預流果若一来果若不還果若阿
羅漢果汝於彼時頗見有情若心若道若諸
道果有可得不善現荅言不也世尊不也善
逝佛言善現若汝彼時都无所得云何言得
阿羅漢果善現荅言依世俗說不依勝義佛
告善現如是如是如汝所說諸菩薩摩訶薩
亦復如是依世俗說行菩提行及得无上正
等菩提不依勝義善現依世俗故施設有色
施設有受想行識依世俗故施設有眼處施
設有耳鼻舌身意處依世俗故施設有色處
施設有聲香味觸法處依世俗故施設有眼
界施設有耳鼻舌身意界依世俗故施設
有色界施設有聲香味觸法界依世俗故
施設有眼識界施設有耳鼻舌身意識界
依世俗故施設有眼觸施設有耳鼻舌身
意觸依世俗故施設有眼觸為緣所生諸受
施設有耳鼻舌身意觸為緣所生諸受依
世俗故施設有地界施設有水火風空識界
依世俗故施設有因緣施設有等无間緣所
緣緣增上緣依世俗故施設有從緣所生諸
法依世俗故施設有無明施設有行識名
色六處觸受愛取有生老死愁歎苦憂惱
世俗故施設有布施波羅蜜多施設有淨
戒安忍精進靜慮般若波羅蜜多依世俗故
施設有內空施設有外空內外空空空大空

BD04035 號　大般若波羅蜜多經卷三九〇　（15-9）

法依世俗故施設有無明施設有行識名
色六處觸受愛取有生老死愁歎苦憂惱
世俗故施設有布施波羅蜜多施設有淨
戒安忍精進靜慮般若波羅蜜多依世俗故
施設有內空施設有外空內外空空空大空
勝義空有為空無為空畢竟空无際空散空
無變異空本性空自相空共相空一切法空
不可得空无性空自性空无性自性空依世
俗故施設有四念住施設有四正斷四神足五
根五力七等覺支八聖道支依世俗故施設
有苦聖諦施設有集滅道聖諦依世俗故施
設有四靜慮施設有四無量四無色定依世
俗故施設有八解脫施設有八勝處九次第
定十遍處依世俗故施設有陁羅尼門施設
有三摩地門依世俗故施設有空解脫門
施設有無相無願解脫門依世俗故施設有
極喜地施設有離垢地發光地焰慧地極難
勝地現前地遠行地不動地善慧地法雲
地依世俗故施設有五眼施設有六神通
依世俗故施設有佛十力施設有四無所畏
四無礙解大慈大悲大喜大捨十八佛不共
法依世俗故施設有三十二大士相施設有
八十隨好依世俗故施設有无忘失法施
設有恒住捨性依世俗故施設有一切智施
設有道相智一切相智依世俗故施設有預
流果施設有一来不還阿羅漢果獨覺菩

BD04035 號　大般若波羅蜜多經卷三九〇　（15-10）

法依世俗故施設有三十二大士相施設有
八十隨好依世俗故施設有无忘失法施
設有恒住捨性依世俗故施設有一切智施
設有道相智一切相智依世俗故施設有預
流果施設有一來不還阿羅漢果獨覺菩
提依世俗故施設有一切菩薩摩訶薩行
施設有諸佛无上正等菩提依世俗故施設
有有情施設有菩薩諸佛世尊不依勝義
善現諸菩薩摩訶薩不見有法能於无上正
等菩提有增有減有益有損以一切法本性
空故善現諸菩薩摩訶薩於一切法觀本性
空尚不可得況初發心而有可得況脩布施
波羅蜜多而有可得況脩淨戒安忍精進
靜慮般若波羅蜜多而有可得況住內空而
有可得況住外空內外空空空大空勝義空
有為空无為空畢竟空无際空散空无變異
空本性空自相空共相空一切法空不可得
空无性空自性空无性自性空而有可得況
脩四念住而有可得況脩四正斷四神足五
根五力七等覺支八聖道支而有可得況住
苦聖諦而有可得況住集滅道聖諦而有可
得況脩四靜慮而有可得況脩四無量四無
色定而有可得況脩八解脫而有可得況脩
八勝處九次第定十遍處而有可得況脩
陁羅尼門而有可得況脩三摩地門而有
可得況脩空解脫門而有可得況脩无相

BD04035號　大般若波羅蜜多經卷三九〇　　（15-11）

苦聖諦而有可得況住集滅道聖諦而有可
得況脩四靜慮而有可得況脩四無量四無
色定而有可得況脩八解脫而有可得況脩
八勝處九次第定十遍處而有可得況脩
陁羅尼門而有可得況脩三摩地門而有
可得況脩空解脫門而有可得況脩无相
无願解脫門而有可得況脩極喜地而有可
得況脩離垢地發光地焰慧地極難勝地現
前地遠行地不動地善慧地法雲地而有可
得況脩五眼而有可得況脩六神通而有可
得況脩佛十力而有可得況脩四无所畏四
无礙解大慈大悲大喜大捨十八佛不共法
而有可得況脩三十二大士相而有可得況
脩八十隨好而有可得況脩無忘失法而有
可得況脩恒住捨性而有可得況脩一切智
而有可得況脩道相智一切相智而有可得
況脩一切菩薩摩訶薩行而有可得況脩諸
佛無上正等菩提而有可得善現諸菩薩摩
訶薩於所脩住一切佛法若有所得无有是
處如是善現諸菩薩摩訶薩脩行無上正等
菩提證得無上正等菩提饒益有情常無間
斷

初分成熟有情品第七十一之一

尒時具壽善現白佛言世尊若菩薩摩訶薩
脩行布施波羅蜜多脩行淨戒安忍精進靜
慮般若波羅蜜多安住內空安住外空內外
空空空大空勝義空有為空无為空畢竟

BD04035號　大般若波羅蜜多經卷三九〇　　（15-12）

初分成熟有情品第七十一之一
尒時具壽善現白佛言世尊若菩薩摩訶薩
脩行布施波羅蜜多脩行淨戒安忍精進靜
慮般若波羅蜜多安住內空安住外空內外
空空空大空勝義空有為空无為空畢竟
空無際空散空无變異空本性空自相空共相
空一切法空不可得空无性空自性空无性
自性空脩行四念住脩行四正斷四神足五
根五力七等覺支八聖道支安住苦聖諦安
住集滅道聖諦脩行四靜慮脩行四无量四
无色定脩行八解脫脩行八勝處九次第定
十遍處脩行陁羅尼門脩行三摩地門脩行
空解脫門脩行无相無願解脫門脩行極喜
地脩行離垢地發光地焰慧地極難勝地現
前地遠行地不動地善慧地法雲地脩行五
眼脩行六神通脩行佛十力脩行四無所畏
四無礙解大慈大悲大喜大捨十八佛不共
法脩行三十二大士相八十隨好脩行無忘
失法脩行恒住捨性脩行一切智脩行道相
智一切相智脩行一切菩薩摩訶薩行脩行
諸佛無上正等菩提脩行菩薩道若未圓滿
不能證得所求無上正等菩提世尊云何菩
薩摩訶薩脩菩薩道令得圓滿能證无上正
等菩提佛告善現若菩薩摩訶薩脩行般若
波羅蜜多方便善巧脩行布施波羅蜜多時
不得布施不得能施不得所施不得所為亦

BD04035 號　大般若波羅蜜多經卷三九〇　（15–13）

智一切相智脩行一切菩薩摩訶薩行脩行
諸佛無上正等菩提脩行菩薩道若未圓滿
不能證得所求無上正等菩提世尊云何菩
薩摩訶薩脩菩薩道令得圓滿能證无上正
等菩提佛告善現若菩薩摩訶薩脩行般若
波羅蜜多方便善巧脩行布施波羅蜜多時
不得布施不得能施不得所施不得所為亦
不遠離如是諸法而行布施波羅蜜多是菩
薩摩訶薩則能圓滿脩菩薩道善現若菩薩
摩訶薩脩行般若波羅蜜多方便善巧脩行
淨戒安忍精進靜慮般若波羅蜜多時不得
淨戒安忍精進靜慮般若不得能脩不得所
脩不得所為亦不遠離如是諸法而行淨戒
安忍精進靜慮般若波羅蜜多是菩薩摩訶
薩則能圓滿脩菩薩道如是善現諸菩薩摩
訶薩脩行般若波羅蜜多方便善巧脩菩薩
道令得圓滿能證无上正等菩提善現若菩
薩摩訶薩脩行般若波羅蜜多方便善巧安
住內空時不得內空不得能住不得所住不
得所為亦不遠離如是諸法而住內空是菩
薩摩訶薩則能圓滿脩菩薩道善現若菩薩
摩訶薩脩行般若波羅蜜多時方便善巧安
住外空內外空空空大空勝義空有為空无
為空畢竟空无際空散空无變異空本性空
自相空共相空一切法空不可得空无性空
自性空无性自性空時不得外空乃至无性
自性空不得能住不得不住不得所為亦不

BD04035 號　大般若波羅蜜多經卷三九〇　（15–14）

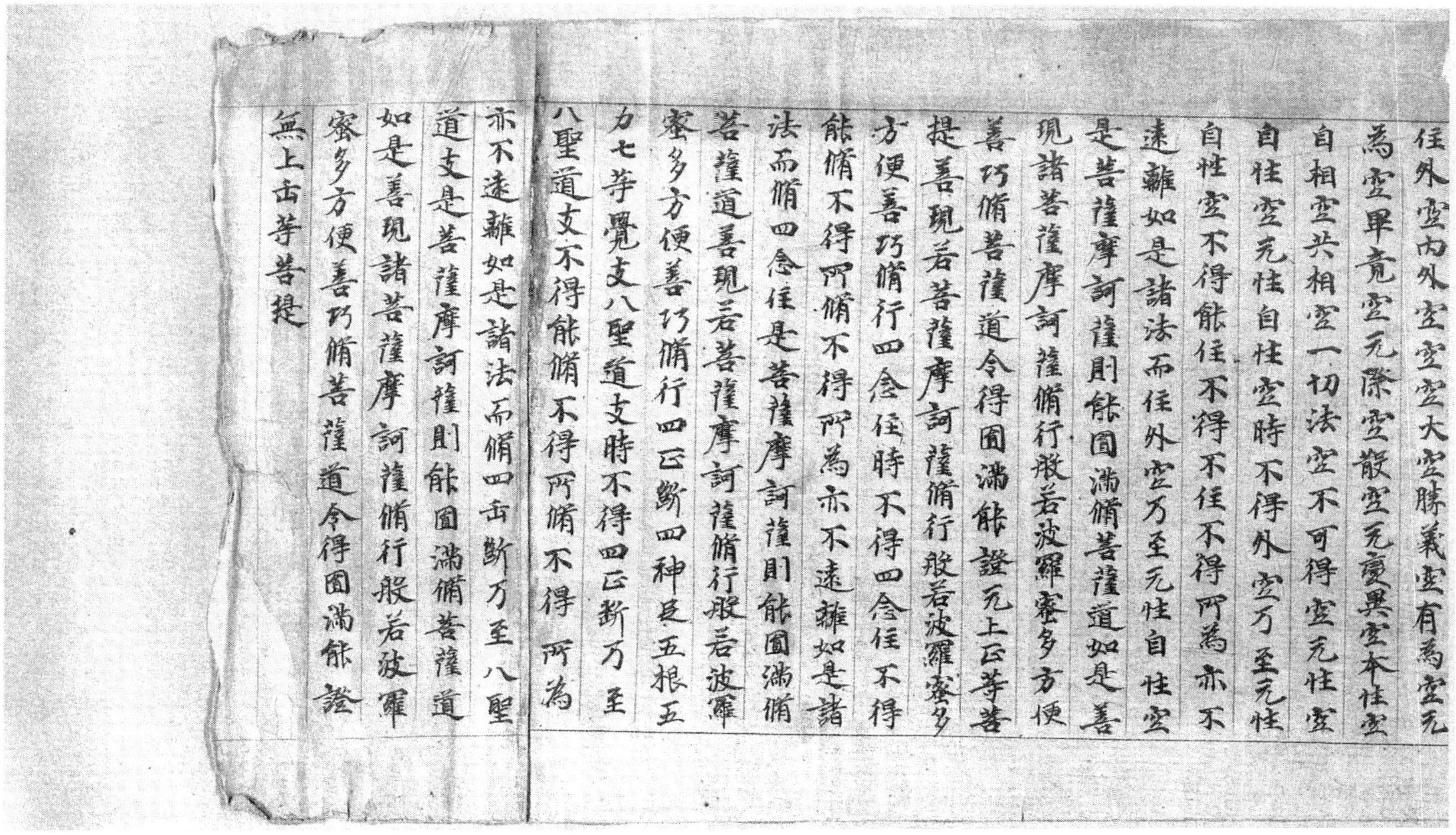

住外空內外空空空大空勝義空有為空无
為空畢竟空无際空散空无變異空本性空
自相空共相空一切法空不可得空无性空
自性空无性自性空時不得外空乃至无性
自性空不得能住不得不住不得所為亦不
遠離如是諸法而住外空乃至无性自性空
是菩薩摩訶薩則能圓滿脩菩薩道如是善
現諸菩薩摩訶薩脩行般若波羅蜜多方便
善巧脩菩薩道令得圓滿能證无上正等菩
提善現若菩薩摩訶薩脩行般若波羅蜜多
方便善巧脩行四念住時不得四念住不得
能脩不得所脩不得所為亦不遠離如是諸
法而脩四念住是菩薩摩訶薩則能圓滿脩
菩薩道善現若菩薩摩訶薩脩行般若波羅
蜜多方便善巧脩行四正斷四神足五根五
力七等覺支八聖道支時不得四正斷乃至
八聖道支不得能脩不得所脩不得所為
亦不遠離如是諸法而脩四正斷乃至八聖
道支是菩薩摩訶薩則能圓滿脩菩薩道
如是善現諸菩薩摩訶薩脩行般若波羅
蜜多方便善巧脩菩薩道令得圓滿能證
無上正等菩提

BD04035 號　大般若波羅蜜多經卷三九〇　　（15–15）

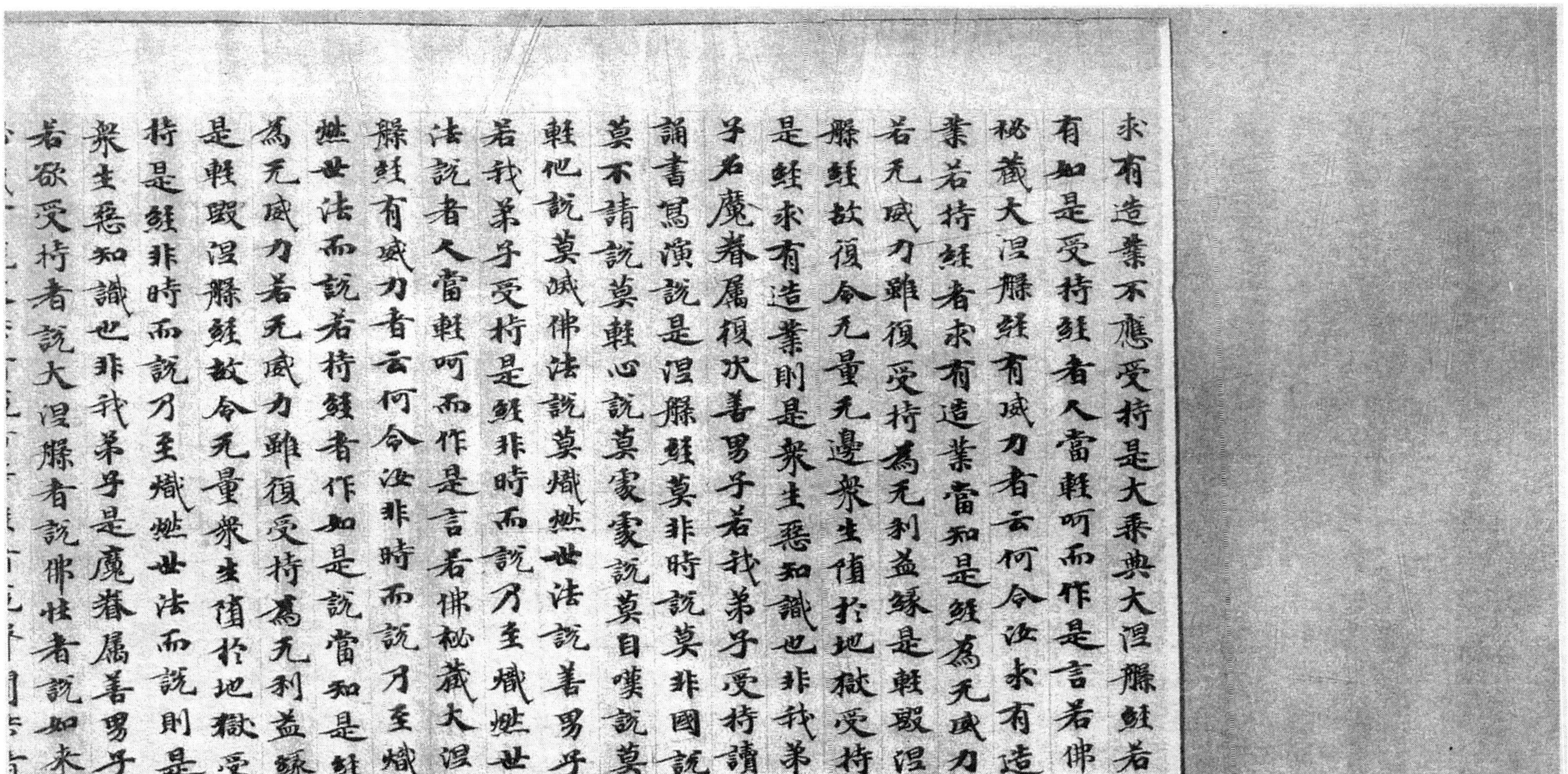

求有造業不應受持是大乘典大涅槃經若
有如是受持經者人當輕呵而作是言若佛
秘藏大涅槃經有威力者云何令汝求有造
業若持經者求有造業當知是經為无威力
若无威力雖復受持為无利益緣是輕毀涅
槃經故復令无量无邊衆生墮於地獄受持
是經求有造業則是衆生惡知識也非我弟
子是魔眷屬復次善男子若我弟子受持讀
誦書寫演說是涅槃經莫非時說莫非國說
莫不請說莫輕心說莫處處說莫自嘆說莫
輕他說莫滅佛法說莫熾然世法說善男子
若我弟子受持是經非時而說乃至熾然世
法說者人當輕呵而作是言若佛秘藏大涅
槃經有威力者云何令汝非時而說乃至熾
然世法而說若持經者作如是說當知是經
為无威力若无威力雖復受持為无利益緣
是輕毀涅槃經故令无量衆生墮於地獄受
持是經非時而說乃至熾然世法而說則是
衆生惡知識也非我弟子是魔眷屬善男子
若欲受持者說大涅槃者說佛性者說如來

BD04036 號　大般涅槃經（北本　異卷）卷一七　　（5–1）

是輕毀涅槃經故令无量衆生墮於地獄受
持是經非時而說乃至熾燃世法而說則是
衆生惡知識也非我弟子是魔眷屬善男子
若欲受持者說大涅槃者說佛性者說如來
秘藏者說大乘者說方等經者說聲聞乘者
說辟支佛乘者說解脫者見佛性者先當清
淨其身以身淨故則无可責无可責故令无
量人於大涅槃生清淨信信心生故恭敬是
經若聞一偈一句一字及說法者則得發於
阿耨多羅三藐三菩提心當知是人則是衆
生真善知識非惡知識是我弟子非魔眷屬
是名菩薩非世間也善男子是名世間之所
不知不見不覺而是菩薩所知見覺復次善
男子云何復名一切世間不知見覺而是菩
薩所知見覺所謂六念處何等爲六念佛念
法念僧念戒念施念天善男子云何念佛如
来應正遍知明行足善逝世間解无上士調
御丈夫天人師佛世尊常不變易具足十力
四无所畏大師子吼名大沙門大婆羅門大
淨畢竟到於彼岸无能勝者无見頂者无有
怖畏不驚不動獨一无侶无師自悟疾智大
智利智深智解脫智不共智廣普智畢竟智
智寶成就人中爲王人中牛王人中龍王人
中丈夫人中蓮華分陁利華調御人師爲大
施主大法之師以知法故名大法師以知義
故名大法師以知時故名大法師以知是故

BD04036 號　大般涅槃經（北本　異卷）卷一七　　（5–2）

智寶成就人中爲王人中牛王人中龍王人
中丈夫人中蓮華分陁利華調御人師爲大
施主大法之師以知法故名大法師以知義
故名大法師以知時故名大法師以知是故
名大法師以知我故名大法師知大衆故名
大法師以知衆生種種性故名大法師以知
衆生根利鈍中故名大法師說中道故名大
法師云何名如来如過去諸佛所說不變云
何不變過去諸佛爲度衆生說十二部經如
来亦尒故名如来諸佛世尊從六波羅蜜三
十七品十一空来至大涅槃如来亦尒是故
號佛爲如来也諸佛世尊爲衆生故隨宜方
便開示三乘壽命无量不可稱計如来亦尒
是故號佛爲如来也云何爲應世間之法悉
名怨家佛應害故故名爲應夫四魔者是菩
薩怨諸佛如来爲菩薩時能以智慧破壞四
魔是故名應復次應者名爲遠離爲菩薩時
應當遠離无量煩惱故名爲應復次應者名
樂過去諸佛爲菩薩時雖於无量阿僧祇劫
爲衆生故受諸苦惱然无不樂而常樂之如
来亦尒是故名應又復應者一切人天應以
種種香華瓔珞幢幡伎樂而供養之是故名
應云何正遍知正者名不顛倒遍知者於四
顛倒无不通達又復正者名爲苦行遍知者
知因苦行定有苦果又復正者名世間中遍
知者畢竟定知脩習中道得阿耨多羅三藐
三菩提又復正者名爲可數可稱可量遍知

BD04036 號　大般涅槃經（北本　異卷）卷一七　　（5–3）

應云何正遍知正者名不顛倒遍知者於四
顛倒无不通達又復正者名為苦行遍知者
知因苦行定有苦果又復正者名世間中遍
知者畢竟定知脩習中道得阿耨多羅三藐
三菩提又復正者名為可數可稱可量遍知
者不可數不可量不可稱是故號佛為正遍
知也善男子聲聞緣覺亦有遍知亦不遍知
何以故遍者名五陰十二入十八界聲聞緣
覺亦得遍知是名遍知云何不遍知善男子
假使二乘於无量劫觀一色陰不能盡知以
是義故聲聞緣覺无有遍知云何明行足明
者名得无量善果行名脚足善果者名阿耨
多羅三藐三菩提脚足者名為戒慧乘戒慧
足得阿耨多羅三藐三菩提是故名為明行
足也又復明者名呪行者名吉足者名果善
男子是名世間義呪者名為解脱吉者名為
阿耨多羅三藐三菩提果者名為大般涅槃
是故名為明行足也又復明者名光行者名
業足者名果善男子是名世間義光者名不
放逸業者名六波羅蜜果者名為阿耨多羅
三藐三菩提又復明者名為三明一菩薩明
二諸佛明三无明明菩薩明者即是般若波
羅蜜諸佛明者即是佛眼无明明者即畢竟
空行者於无量劫為衆生故脩諸善業足者
明見佛性以是義故名明行足云何善逝善
者名高逝名不高善男子是名世間義高者
名為阿耨多羅三藐三菩提不高者即如來

BD04036號　大般涅槃經（北本　異卷）卷一七　（5–4）

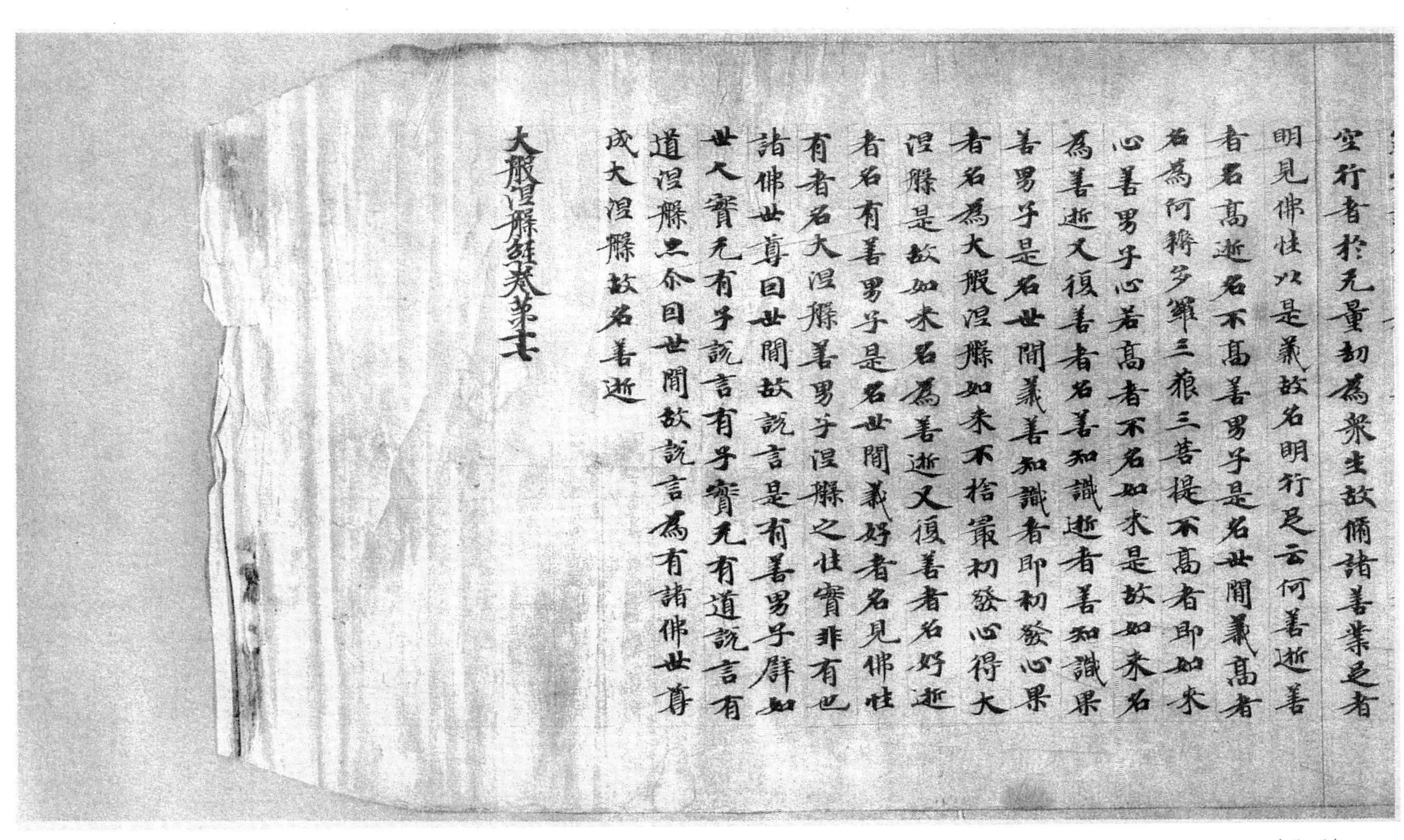
空行者於无量劫為衆生故脩諸善業足者
明見佛性以是義故名明行足云何善逝善
者名高逝名不高善男子是名世間義高者
名為阿耨多羅三藐三菩提不高者即如來
心善男子心若高者不名如來是故如來名
為善逝又復善者名善知識逝者善知識果
善男子是名世間義善知識者即初發心果
者名為大般涅槃如來不捨最初發心得大
涅槃是故如來名為善逝又復善者名好逝
者名有善男子是名世間義好者名見佛性
有者名大涅槃善男子涅槃之性實非有也
諸佛世尊因世間故說言是有善男子譬如
世人實无有子說言有子實无有道說言有
道涅槃亦爾因世間故說言為有諸佛世尊
成大涅槃故名善逝

大般涅槃經卷第十七

BD04036號　大般涅槃經（北本　異卷）卷一七　（5–5）

能而生[illegible]不具足如是
乃至水火風空時等无不具足一切和合種子
滅時而芽得生
此中地界不作是念我能任持種子如是水界
亦不作是念我能潤漬於種火界亦不作是念
我能暖於種子風界亦不作念我能動搖於
種空界亦不作念我能不障於種時亦不作
念我能變於種子種子亦不作是念我能生
芽芽亦不作是念我今從此衆緣而生雖然
有此衆緣而種滅時芽即得生如是有花
之時實即得生彼芽亦非自作亦非他作
非自他俱作非自在作亦非時變非自性生亦
非无因而生雖然地水火風空時界等和合種
滅之時而芽得生是故應如是觀外因緣法緣
相應義
應以五種觀彼外因緣法何等為五不常不斷
不移從於小因而生大果與彼相似云何不常
為芽與種各別異故彼芽非種非種壞時而
芽得生亦非不滅而得生起種壞之時而芽得
生是故不常云何不斷非過去種壞而生於
芽亦非不滅而得生起種子亦壞當尒之時如
秤高下而芽得生是故不斷云何不移芽與

BD04037號　大乘稻芉經　　（6–1）

不移從於小因而生大果與彼相似云何不常
為芽與種各別異故彼芽非種非種壞時而
芽得生亦非不滅而得生起種壞之時而芽得
生是故不常云何不斷非過去種壞而生於
芽亦非不滅而得生起種子亦壞當尒之時如
秤高下而芽得生是故不斷云何不移芽與
種別芽非種故是故不移云何小因而生大
果從小種子而生大果是故從於小因而生大
果云何與彼相似如所殖種生彼果故是故
與彼相似是以五種觀外因緣之法
如是內因緣法亦以二種而得生起云何為二所謂
因相應緣相應何者是內因緣法因相應義
所謂始從无明緣行乃至生緣老死若无明不
生行亦不有乃至若无有生老死非有如是有
无明故行乃得生乃至有生故老死得有无明
亦不作是念我能生行行亦不作念我從无
明而生乃至生亦不作是念我能生於老死
老死亦不作念我從生有雖然有无明故行乃
得生如是有生故老死得有是故應如是觀
內因緣法因相應義
應云何觀內因緣法緣相應事為六界和合故
以何六界和合所謂地水火風空識界等和合
故應如是觀內因緣法緣相應事
何者是內因緣法地界之相為此身中作堅硬
者名為地界為令此身而聚集者名為水界
能消身所食飲嚼噉者名為火界為此身中
作內外出入息者名為風界為此身中作虛通
者名為空界五識身相應及有漏意識猶
如束蘆能成就此身名色芽者名為識界若
[illegible]

BD04037號　大乘稻芉經　　（6–2）

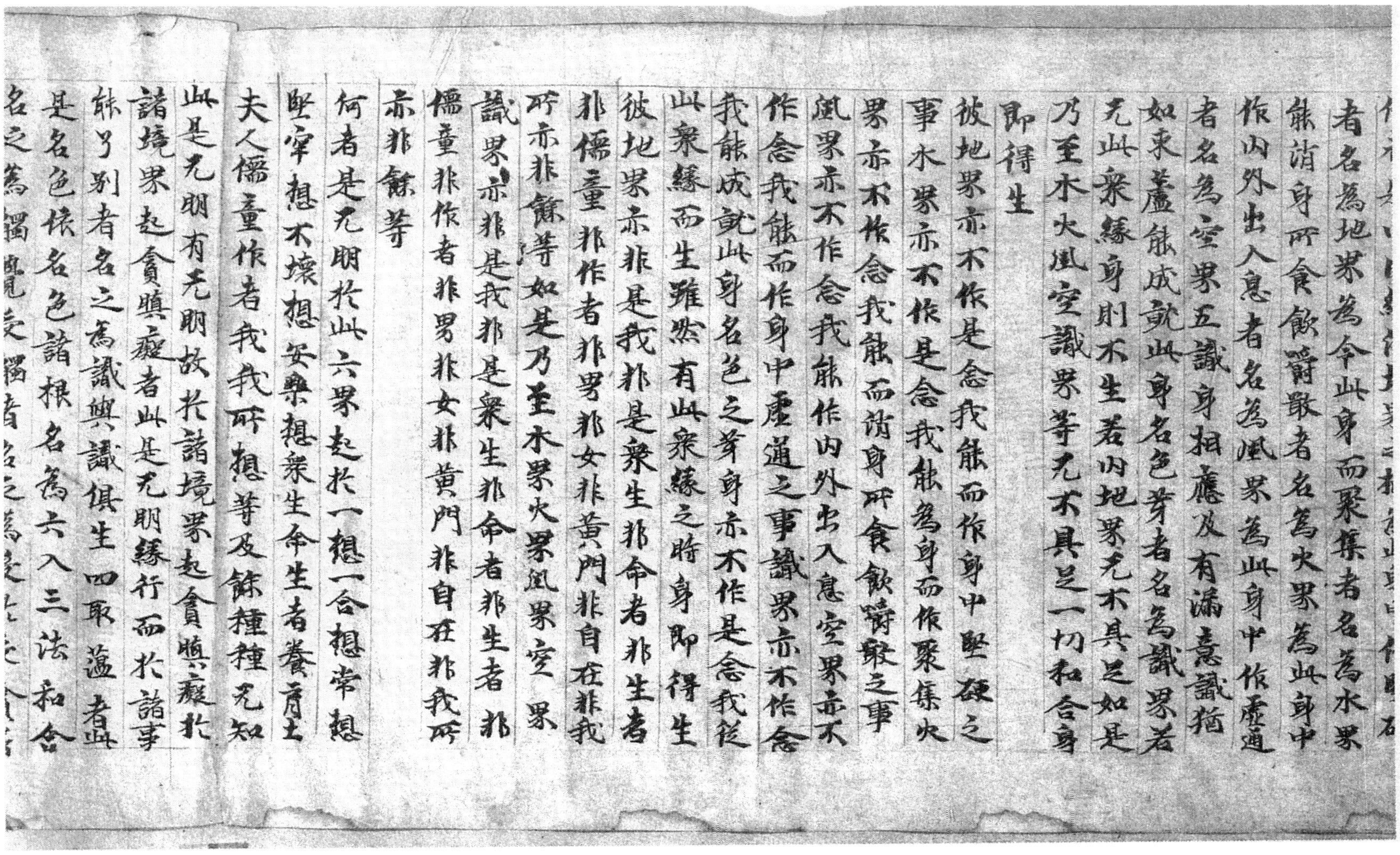

者名為地界為令此身而聚集者名為水界
能消身所食飲嚼噉者名為火界為此身中
作内外出入息者名為風界為此身中作虛通
者名為空界五識身相應及有漏意識猶
如束蘆能成就此身名色芽者名為識界若
无此衆緣身則不生若内地界无不具足如是
乃至水火風空識界等无不具足一切和合身
即得生
彼地界亦不作是念我能而作身中堅硬之
事水界亦不作是念我能為身而作聚集火
界亦不作念我能而消身所食飲嚼噉之事
風界亦不作念我能作内外出入息空界亦不
作念我能而作身中虛通之事識界亦不作念
我能成就此身名色之芽身亦不作是念我從
此衆緣而生雖然有此衆緣之時身即得生
彼地界亦非是我非是衆生非命者非生者
非儒童非作者非男非女非黄門非自在非我
所亦非餘等如是乃至水界火界風界空界
識界亦非是我非是衆生非命者非生者非
儒童非作者非男非女非黄門非自在非我所
亦非餘等
何者是无明於此六界起於一想一合想常想
堅牢想不壞想安樂想衆生命生者養育士
夫人儒童作者我我所想等及餘種種无知
此是无明有无明故於諸境界起貪瞋癡於
諸境界起貪瞋癡者此是无明緣行而於諸事
能了别者名之為識與識俱生四取藴者此
是名色依名色諸根名為六入三法和合
名之為觸覺受觸者名之為受

BD04037號　大乘稻芉經　（6–3）

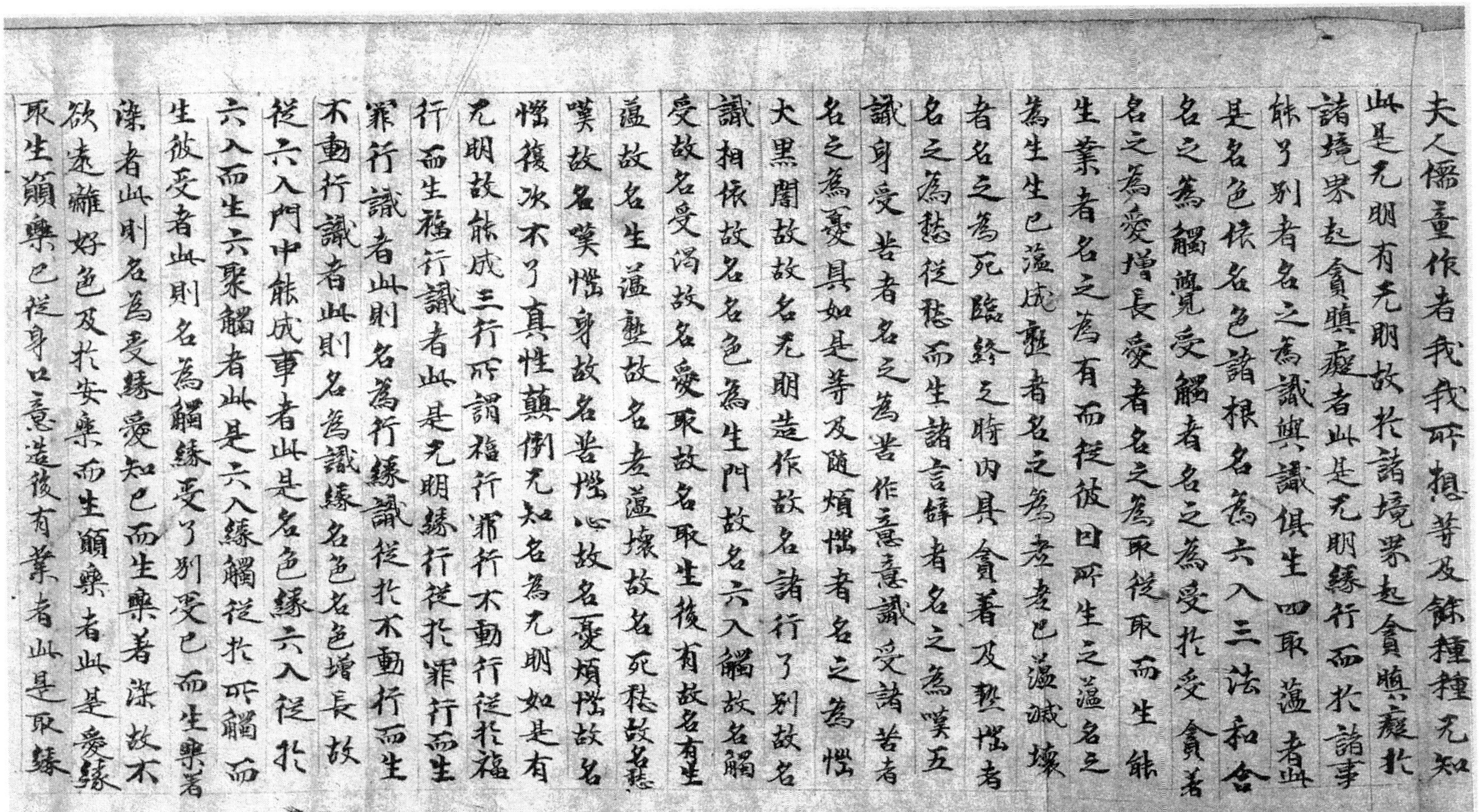

夫人儒童作者我我所想等及餘種種无知
此是无明有无明故於諸境界起貪瞋癡於
諸境界起貪瞋癡者此是无明緣行而於諸事
能了别者名之為識與識俱生四取藴者此
是名色依名色諸根名為六入三法和合
名之為觸覺受觸者名之為受於受貪著
名之為愛增長愛者名之為取從取而生能
生業者名之為有而從彼因所生之藴名之
為生生已藴成熟者名之為老老已藴滅壞
者名之為死臨終之時内具貪著及熱惱者
名之為愁從愁而生諸言辭者名之為嘆五
識身受苦者名之為苦作意意識受諸苦者
名之為憂具如是等及隨煩惱者名之為惱
大黑闇故名无明造作故名諸行了别故名
識相依故名名色為生門故名六入觸故名觸
受故名受渴故名愛取故名取生後有故名有生
藴故名生藴熟故名老藴壞故名死愁故名愁
嘆故名嘆惱身故名苦惱心故名憂煩惱故名
惱復次不了真性顛倒无知名為无明如是有
无明故能成三行所謂福行罪行不動行從於福
行而生福行識者此是无明緣行從於罪行而生
罪行識者此則名為行緣識從於不動行而生
不動行識者此則名為識緣名色名色增長故
從六入門中能成事者此是名色緣六入從於
六入而生六聚觸者此是六入緣觸從於所觸而
生彼受者此則名為觸緣受了别受已而生樂著
深者此則名為受緣愛知已而生樂著深故不
欲遠離好色及於安樂而生願樂者此是愛緣
取生願樂已從身口意造後有業者此是取緣

BD04037號　大乘稻芉經　（6–4）

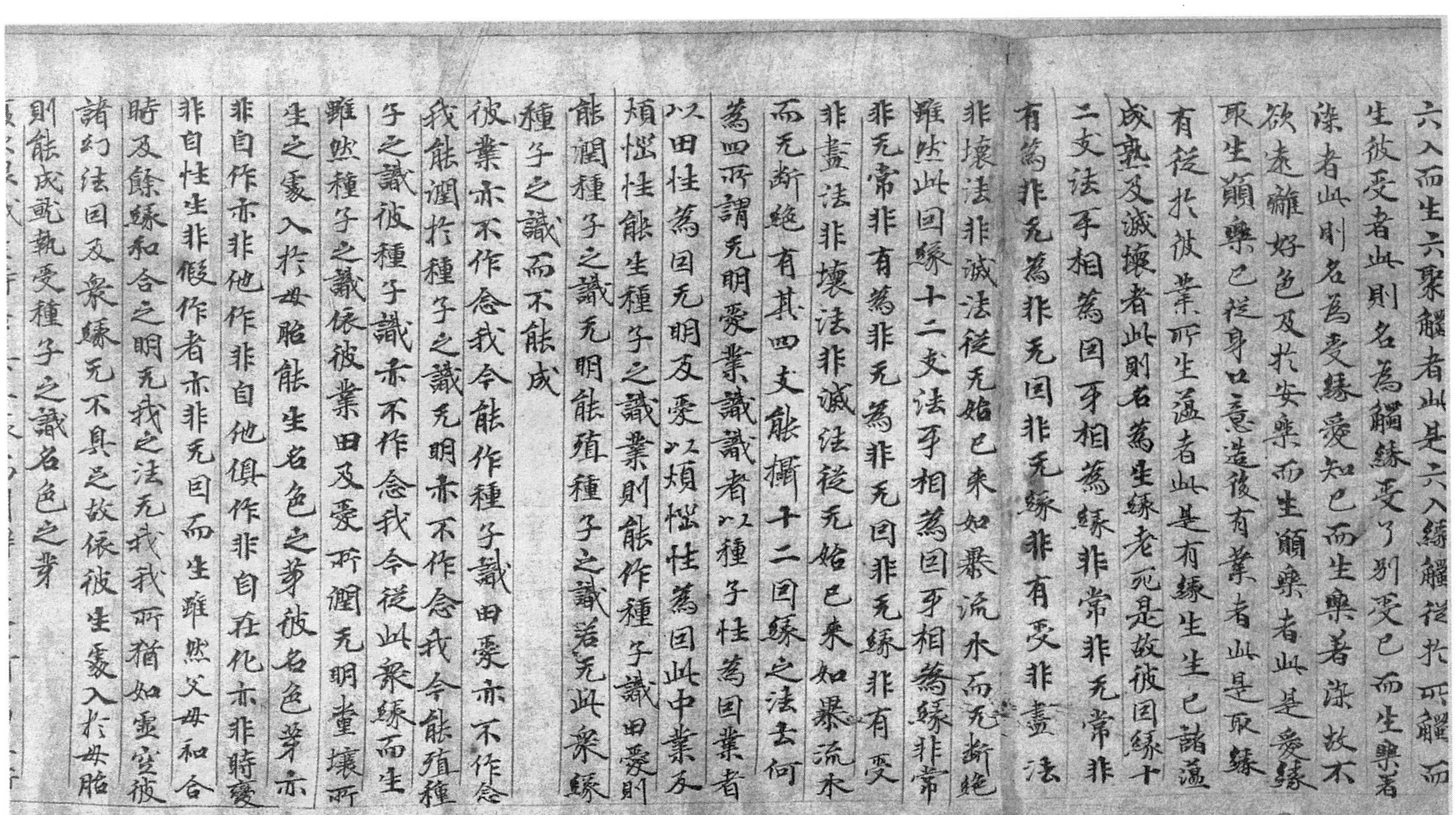

六入而生六聚觸者此是六入緣觸從於所觸而
生彼受者此則名為觸緣受了別受已而生樂著
染者此則名為受緣愛知已而生樂著染故不
欲遠離好色及於安樂而生願樂者此是愛緣
取生願樂已從身口意造後有業者此是取緣
有從於彼業所生蘊者此是有緣生生已諸蘊
成熟及滅壞者此則名為生緣老死是故彼因緣十
二支法互相為因互相為緣非常非无常非
有為非无為非无因非无緣非有受非盡法
非壞法非滅法從无始已來如暴流水而无斷絕
雖然此因緣十二支法互相為因互相為緣非常
非无常非有為非无為非无因非无緣非有受
非盡法非壞法非滅法從无始已來如暴流水
而无斷絕有其四支能攝十二因緣之法云何
為四所謂无明愛業識識者以種子性為因業者
以田性為因无明及愛以煩惱性為因此中業及
煩惱性能生種子之識業則能作種子識田愛則
能潤種子之識无明能殖種子之識若无此衆緣
種子之識而不能成
彼業亦不作念我今能作種子識田愛亦不作念
我能潤於種子之識无明亦不作念我今能殖種
子之識彼種子識亦不作念我今從此衆緣而生
雖然種子之識依彼業田及愛所潤无明糞壤所
生之處入於母胎能生名色之芽彼名色芽亦
非自作亦非他作非自他俱作非自在化亦非時變
非自性生非假作者亦非无因而生雖然父母和合
時及餘緣和合之明无我之法无我我所猶如虛空彼
諸幻法因及衆緣无不具足故依彼生處入於母胎
則能成就執受種子之識名色之芽

BD04037 號　大乘稻芉經　（6–5）

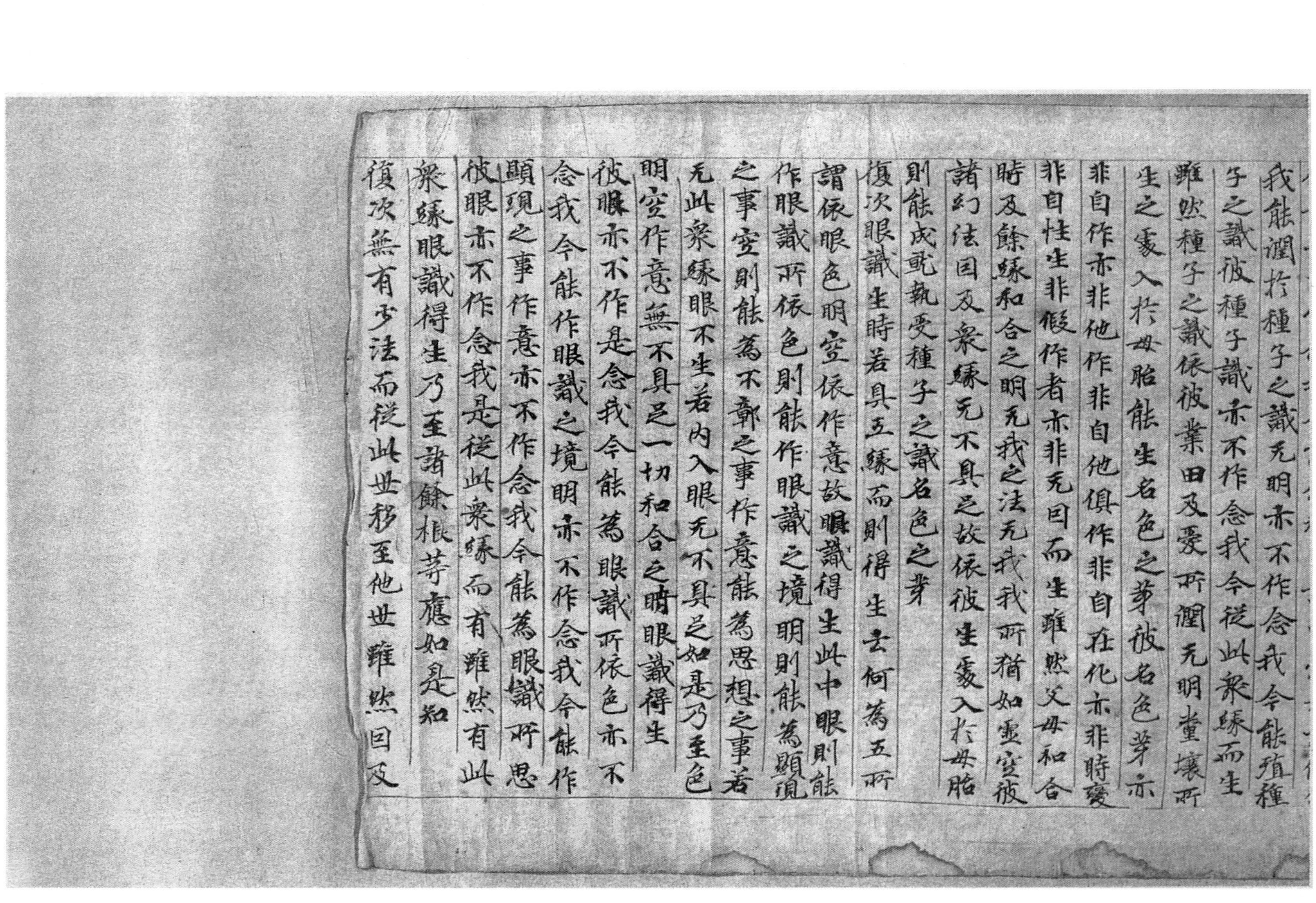

我能潤於種子之識无明亦不作念我今能殖種
子之識彼種子識亦不作念我今從此衆緣而生
雖然種子之識依彼業田及愛所潤无明糞壤所
生之處入於母胎能生名色之芽彼名色芽亦
非自作亦非他作非自他俱作非自在化亦非時變
非自性生非假作者亦非无因而生雖然父母和合
時及餘緣和合之明无我之法无我我所猶如虛空彼
諸幻法因及衆緣无不具足故依彼生處入於母胎
則能成就執受種子之識名色之芽
復次眼識生時若具五緣而則得生云何為五所
謂依眼色明空依作意故眼識得生此中眼則能
作眼識所依色則能作眼識之境明則能為顯現
之事空則能為不鄣之事作意能為思想之事若
无此衆緣眼不生若內入眼无不具足如是乃至色
明空作意無不具足一切和合之時眼識得生
彼眼亦不作是念我今能為眼識所依色亦不
念我今能作眼識之境明亦不作念我今能作
顯現之事作意亦不作念我今能為眼識所思
彼眼亦不作念我是從此衆緣而有雖然有此
衆緣眼識得生乃至諸餘根等應如是知
復次無有少法而從此世移至他世雖然因及

BD04037 號　大乘稻芉經　（6–6）

南无甘露功德佛　南无无瞋恨佛
南无甘露香佛　南无月明佛
南无乳聲佛　南无无畏日佛
南无得无畏佛　南无喜愛佛
南无不錯智佛　南无世愛佛
從此以上四千七百佛十二部經一切賢聖
南无天燈佛　南无信聖佛
南无天蓋佛　南无龍光佛
南无勝步佛　南无法威德佛
南无見有佛　南无慚愧面佛
南无勝色佛　南无普眼佛
南无功德光佛　南无勝積佛
南无定寶佛　南无功德幢佛
南无世自在劫佛　南无无畏觀佛
南无攝智佛　南无降怨佛
南无去光明佛　南无勝積佛
南无一念光佛　南无力士奮迅佛
南无師子足佛　南无貳愛佛
南无信世間佛　南无勝威德光明佛
南无師子奮迅蹟佛　南无无垢去佛

BD04038號　佛名經（十六卷本）卷六　（9–1）

南无去光明佛　南无勝積佛
南无一念光佛　南无力士奮迅佛
南无師子足佛　南无貳愛佛
南无信世間佛　南无勝威德光明佛
南无師子奮迅蹟佛　南无无垢去佛
南无快定智佛　南无離无明佛
南无功德聚佛　南无攝慧佛
南无大智味佛　南无寶步佛
南无心日佛　南无觀方佛
南无信說佛　南无思惟忍佛
南无法蓋佛　南无不可降伏月佛
南无天華佛　南无天波頭摩佛
南无普威德佛　南无月明佛
南无功德莊嚴佛　南无相王佛
南无稱思惟佛　南无樹幢佛
南无淨行佛　南无威德步佛
南无信衆佛　南无善香佛
南无智者讚嘆佛　南无智慧光明佛
南无智鎧佛　南无威德力佛
南无勝威德佛　南无佛歡喜佛
南无勝信佛　南无一切愛佛
南无離諸佛　南无思義佛
南无大高佛　南无聖人面佛
南无黠慧信佛　南无攝菩提佛
南无妙聲佛　南无大威德佛

BD04038號　佛名經（十六卷本）卷六　（9–2）

南无勝信佛　南无一切愛佛
南无離諸佛　南无思義佛
南无大高佛　南无聖人向佛
南无黠慧信佛　南无攝菩提佛
南无妙聲佛　南无大威德佛
南无樂師子佛　南无普寶佛
南无一切世愛佛　南无尒金剛佛
南无師子聲佛　南无過大佛
南无導師佛　南无人月佛
南无大莊嚴佛　南无日光佛
南无快佛　南无普摩尼香佛
南无寂行佛　南无攝稱佛
南无梵供養佛　南无大吼佛
南无應供佛　南无黠慧信佛
南无量願佛　南无世光佛
南无見忍佛　南无大華佛
南无有我佛　南无如意佛
南无善菩提根佛　南无地得佛
南无天德佛　南无不怯弱聲佛
南无普現佛　南无月光明佛
南无勝信佛　南无決定色佛
從此以上四千八百佛十二部尊經一切賢聖
南无方便心佛　南无智味佛
南无一切德信佛　南无難降伏佛
南无普見佛　南无月光明佛

BD04038號　佛名經（十六卷本）卷六　（9–3）

南无勝信佛　南无決定色佛
從此以上四千八百佛十二部尊經一切賢聖
南无方便心佛　南无智味佛
南无一切德信佛　南无難降伏佛
南无普見佛　南无月光明佛
南无月蓋佛　南无世福佛
南无信供養佛　南无樂勝佛
南无善蓋佛　南无慚愧賢佛
南无能觀佛　南无師子聲佛
南无丈行佛　南无普信佛
南无器聲佛　南无勝愛佛
南无普行佛　南无普智佛
南无奮迅佛　南无月幢佛
南无堅行佛　南无天供養佛
南无能驚怖佛　南无勝稱佛
南无成就一切功德佛　南无堅固佛
南无甘露光佛　南无大聲佛
南无高聲佛　南无大力佛
南无大盡佛　南无信甘露佛
南无行善提佛　南无勝聲思惟佛
南无高光佛　南无怖勝佛
南无樂種種聲佛　南无愛義佛
南无修行信佛　南无離憂佛
南无善生佛　南无威德力佛
南无信一切德佛　南无聲稱佛

BD04038號　佛名經（十六卷本）卷六　（9–4）

南无修行信佛　南无離憂佛
南无善生佛　南无威德力佛
南无信功德佛　南无聲稱佛
南无放光明德佛　南无髮奮迅佛
南无勝王佛　南无林華佛
南无功德華佛　南无捨諍佛
南无大廣佛　南无大稱佛
南无虗空愛佛　南无甘露奮迅佛
南无日聚佛　南无月聲佛
南无天幢佛　南无與清淨佛
南无能日佛　南无快可見佛
南无堅意勝聲佛　南无雨甘露佛
南无无畏聲佛　南无善根聲佛
南无勝聲佛　南无勝愛佛
南无甘露稱佛　南无法華佛
南无大莊嚴佛　南无世間尊重佛
南无勝意佛　南无弥留光佛
南无清淨思惟佛　南无高光明佛
南无破怨佛　南无甘露城佛
南无華佛　南无大稱佛
次礼十二部尊經大藏法輪
南无弥勒上下經　南无陁羅尼經
南无小泥洹經　南无摩登伽經
南无十輪經　南无五式經
南无不退輪經　南无入大乘輪經

BD04038號　佛名經（十六卷本）卷六　（9–5）

次礼十二部尊經大藏法輪
南无弥勒上下經　南无陁羅尼經
南无小泥洹經　南无摩登伽經
南无十輪經　南无五式經
南无不退輪經　南无入大乘輪經
南无付法藏經　南无摴伽經
南无摴伽阿拔多羅經　南无大丈夫經
南无善辯菩薩經　南无弥勒發問經
南无法自在王經　南无勝鵄經
南无文殊師利經　南无佛說明度經
南无佛說安般經　南无十緣經
從此以上四千九百佛十二部尊經一切賢聖
南无佛說般泥洹經　南无佛說決定比丘經
南无佛說觀弥勒菩薩生兜率天經
南无佛說危脆經　南无相經解脫經
南无寶車經　南无千佛名目七佛名經
南无僧忍經
次礼十方諸大菩薩
南无日藏菩薩　南无不獣意菩薩
南无觀世音菩薩　南无滿尸利菩薩
南无執寶印菩薩　南无常舉手菩薩
南无弥勒菩薩　南无敬首菩薩
南无覺首菩薩　南无寶首菩薩
南无慧首菩薩　南无德首菩薩
南无目首菩薩　南无明首菩薩
南无法首菩薩　南无智首菩薩

BD04038號　佛名經（十六卷本）卷六　（9–6）

南无[illegible]菩薩　南无常舉手菩薩
南无弥勒菩薩　南无敬首菩薩
南无覺首菩薩　南无寶首菩薩
南无慧首菩薩　南无德首菩薩
南无目首菩薩　南无明首菩薩
南无法首菩薩　南无智首菩薩
南无賢首菩薩　南无法慧菩薩
南无功德林菩薩　南无金剛幢菩薩
南无金剛藏菩薩　南无善財童子菩薩
南无轉不退法輪菩薩
南无發心即轉法輪菩薩
南无離垢淨菩薩
南无除諸蓋菩薩
南无示威儀見皆愛喜菩薩
南无妙相嚴淨王意菩薩
南无不誑一切衆生菩薩
南无无量功德海意菩薩
南无諸根常定不亂菩薩
南无寶意菩薩
次礼聲聞緣覺一切賢聖
南无阿利多辟支佛　南无婆利多辟支佛
南无多伽樓辟支佛　南无稱辟支佛
南无見辟支佛　南无愛見辟支佛
南无覺辟支佛　南无乾陁羅辟支佛
南无妻辟支佛　南无梨沙婆辟支佛
礼三寶已次復懺悔

BD04038號　佛名經（十六卷本）卷六　（9–7）

南无阿利多辟支佛　南无婆利多辟支佛
南无多伽樓辟支佛　南无稱辟支佛
南无見辟支佛　南无愛見辟支佛
南无覺辟支佛　南无乾陁羅辟支佛
南无妻辟支佛　南无梨沙婆辟支佛
礼三寶已次復懺悔
已懺煩惱障已懺悔業障所除報障今當次
第披陳懺悔經中說言業報至時非空非海
中非入山石間无有地方所脫之不受報唯有
懺悔力乃能得除滅何以知然釋提桓因五
衰相見恐懼切心歸誠三寶五相即滅得延
天年如是等比經教所明其事非一故知懺
悔實能滅禍但凡夫之人若不善友伍獎導則
靡惡而不造致使大命將盡臨窮之際地獄
惡相皆現在前當尒之時悔懼交至不預修
善臨窮方悔後將何及乎殃禍異處宿預嚴
持當獨趣入遠到地獄所住得前行入於火
鑊身心摧碎精神痛苦如此之時欲求一礼一
懺豈復可得衆生等莫自恃盛年財寶勢
力懶墮懈怠放逸自恣死苦一至无問老少
貧富貴賤皆悉磨滅奄忽而至不令人知夫
人命无常喻如朝露出息雖在入息難保云
何以此而不懺悔旦千天使者既來无常
殺鬼卒至盛年壯色无得免者當尒之
時華堂邃宇何關人事高車大馬豈得自
[illegible]

BD04038號　佛名經（十六卷本）卷六　（9–8）

[illegible]如大善以[illegible]教而明其罪一故知慚
悔實能滅禍但凡夫之人若不善友將導則
靡慈而不造致使大命將盡臨窮之際地獄
慈相皆現在前當尒之時悔懼交至不預修
善臨窮方悔後將何及乎殃禍異處宿預嚴
持當獨趣入遠到地獄所住得前行入於火
鑊身心摧碎精神痛苦如此之時欲求一礼一
懺豈復可得衆生等莫自恃盛年財寶勢
力懶墮懈怠放逸自恣死苦一至无問老少
貧富貴賤皆悉磨滅奄忽而至不令人知夫
人命无常喻如朝露出息雖在入息難保去
何以此而不懺悔旦乎天使者既來无常
煞鬼卒至盛年壯色无得免者當尒之
時華堂邃宇何關人事高車大馬豈得自
隨妻子眷屬非復我親七珍寶飾遁為他玩
以此而言世間果報皆為幻化上天雖樂會
歸敗壞壽盡魂逝墮三塗是故佛語須跋陁
言法師鬱頭藍弗利根聰明能伏煩惱至於
非非想處命終還作畜生道中飛狸之身
况復餘者故知未登聖果已還皆應流轉備

BD04038 號　佛名經（十六卷本）卷六　（9–9）

瑠璃光佛若夜惡夢鳥鳴[illegible]
魍魎鬼神之所嬈者亦當礼敬瑠璃光佛若為
水火之所焚溺者亦當礼敬瑠璃光佛若入
山谷為虎狼熊羆蒺蔾諸獸蟒龍蚖虵蝮蝎
種種雜類若有惡心來相向者心當存念瑠
璃光佛山中諸難不能為害若他方怨賊偷
竊惡人怨家債主欲來侵陵心當存念瑠璃
光佛則不為害以善男女礼敬瑠璃光如來
功德所致華報如是況果報也是故吾今勸
諸四輩礼事瑠璃光佛至真等正覺
佛告文殊我但為汝略說瑠璃光佛礼敬功
德若使我廣說是瑠璃光佛无量功德與一
切人求心中所願者從一切至一劫故不周
遍其世間人若有著牀蓐黄困篤惡病連年
累月不差者聞我說是瑠璃光佛名字之時
横病之厄无不除愈唯除宿殃不請耳
佛告文殊若有男子女人受三自歸若五戒
若十戒若善信菩薩廿四戒若沙門二百五
十戒若比丘尼五百戒若菩薩戒若破是諸
戒若能至心一懺悔者復聞我說瑠璃光佛
終不墮三惡道中必得解脫若人愚癡不受
父母師友教誨不信佛不信經戒不信聖僧
應墮三惡道中者亡失人種受畜生身聞我

BD04039 號　灌頂章句拔除過罪生死得度經　（4–1）

横病之厄无不除愈唯除宿殃不請耳
佛告文殊若有男子女人受三自歸若五戒
若十戒若善信菩薩廿四戒若沙門二百五
十戒若比丘尼五百戒若菩薩戒若破是諸
戒若能至心一懺悔者復聞我說瑠璃光佛
終不墮三惡道中必得解脫若人愚癡不受
父母師友教誨不信佛不信經戒不信聖僧
應墮三惡道中者亡失人種受畜生身聞我
說是瑠璃光佛善願功德者即得解脫
佛告文殊世有惡人雖受佛禁戒觸事違犯
或然无道偷竊他人財寶欺詐妄語婬他婦
女飲酒鬪亂兩舌惡口罵詈罵人犯戒爲惡
復祠祀鬼神有如是過罪當墮地獄中若當
屠割若抱銅柱若鐵鉤出舌若洋銅灌口者
聞我說是藥師瑠璃光佛无不即得解脫者
也
佛告文殊其世間人豪貴下賤不信佛不信
經道不信沙門不信有須陀洹不信有斯陀
含不信有阿那含不信有阿羅漢不信有辟
支佛不信有十住菩薩不信有三世之事不
信有十方諸佛不信有本師釋迦文佛不信
人死神明更生善者受福惡者受殃有如是
之罪應墮三惡道聞我說是藥師瑠璃光佛
名字之者一切過罪自然消滅
佛告文殊若有善男子善女人聞我說是藥
師瑠璃光佛至真等正覺其誰不發无上正
真道意後皆當得作佛人居世間仕宦不遷

BD04039號　灌頂章句拔除過罪生死得度經　（4–2）

之罪應墮三惡道聞我說是藥師瑠璃光佛
名字之者一切過罪自然消滅
佛告文殊若有善男子善女人聞我說是藥
師瑠璃光佛至真等正覺其誰不發无上正
真道意後皆當得作佛人居世間仕宦不遷
治生不得飢寒困厄亡失財產无復方計聞
我說是藥師瑠璃光佛各各得心中所願者
仕官皆得高遷財物自然長益飲食无饒皆
得富貴若爲縣官之所拘錄惡人侵枉若爲
怨家所得便者心當存念瑠璃光佛若他婦
女產生難者皆當存念是瑠璃光佛兒則易
生身體平正无諸疾痛六情完具聰明智慧
壽命得長不遭枉横善神擁護不爲惡鬼觝
其頭也
佛說是語時阿難在右邊佛顧語阿難言汝
信我爲文殊師利說往昔東方過十恒河沙
世界有佛名藥師瑠璃光本願功德者不阿
難白佛言唯天中天佛之所言何敢不信邪
佛復語阿難言世間人雖有眼耳鼻舌身意
人常用是六事以自迷惑但信世間魔邪之
言不信至真至誠度世苦切之語如是人輩
難可開化
阿難白佛言世尊世人多有惡逆下賤之者
若聞佛說是經開人耳目破治人病除人陰
冥使覩光明解人疑結去人重罪千劫万劫
无復憂患皆因佛說是藥師瑠璃光本願功
德患令安隱得其福也

BD04039號　灌頂章句拔除過罪生死得度經　（4–3）

難可開化
阿難白佛言世尊世人多有惡逆下賤之者
若聞佛說是經開人耳目破治人病除人陰
冥使覩光明解人疑結去人重罪千劫万劫
无復憂患皆因佛說是藥師瑠璃光本願功
德患令安隱得其福也
佛言阿難汝口為言善而汝內心狐疑不信
我言阿難汝莫作是念以自毀敗佛言阿難
我見汝心我知汝意汝知之不阿難即以頭
面著地長跪白佛言審如天中天所說我造
次聞佛說是藥師瑠璃光極大尊貴智慧巍
巍難可度量我心有小疑耳敢不首伏佛言
汝智慧狹劣少見少聞汝聞我說深妙之法
无上空義應生信敬貴重之心必當得至无
上正真道也
文殊師利問佛言世尊佛說是藥師瑠璃光
如來无量功德如是不審誰肯信此言者佛
荅文殊言唯有百億諸菩薩摩訶薩當信是
言耳唯有十方三世諸佛當信是言
佛言我說是藥師瑠璃光如來本願功德難
可得見何況得聞亦難得說亦難得書寫亦
難得讀文殊師利若有善男子善女人能信
是經受持讀誦書著竹帛復能為他人解說

BD04039號　灌頂章句拔除過罪生死得度經　（4–4）

尒時釋迦如來於過去無量世時百千万億劫多生
波羅柰國廣發四弘誓願，直求无上菩提，不惜身
命，常以己身及一切万物給施衆生。慈力王時，見五夜叉
為噉人血肉飢火所逼，其王哀愍，乃身布施餧五夜叉。
歌利王時，割截身體，節節支解。尸毗王時，割股救其鴿(?)月
光王時，一樹下施頭千遍，求其智慧。寶燈王時，剜身千龕
供養十方諸佛，身上然燈千盞。薩埵王子時，捨身擲(?)虎，濟其飢
虎。悉達太子時，廣大藏布施一切飢餓貧乏之人，令得飽滿。善
所有國城妻子，象馬七珍等，施与一切衆生。或時為王，或時為太
子，於波羅柰國五天之境捨身捨命，不作為難，非但一生，如是百
千万億劫精懃身心，發其大願，種種苦行，无不修行，令其心願滿足
故，於三无數劫中精修万行，只為一切衆生，果滿方成佛位。佛者何謂
佛者覺也，覺悟身中煩惱如之性，覺心内煩惱之怨，出生死之坐(?)勞
跋提之間，城六通，具足五眼，无明為三界大師，作四生慈父，從清
淨土，着(?)藏垢衣，出現娑婆，化諸弟子。　學(?)
三大僧祇劫滿(?)，　六波羅蜜行周旋，　百千功德身將滿
八十隨形相欲全。　來向此間來救度，　且於何處大其緣
當時不在諸餘國，　示現摧居覺(?)王天，　未審此處隨者是也

BD04040號　八相成道變文（擬）　（16–1）

[illegible]閻浮提[illegible]五[illegible]三界大師[illegible]作四生慈父[illegible]清

淨土菩薩語衣出現娑婆化諸弟子　作子

三大僧祇劫分滿　六波羅蜜行周旋　百千功德身將滿

八十隨形相欲全　未向此間來救度　且於何處大甚緣

當時不在諸餘國　亦現擁居兜率天　未審兜率陀者是

梵語奏言知足天　既名亦欲率是知足　此是欲界第四天也

呪　況說欲界有其六天　第一四天王天　第二忉利天　第三須摩夜

天　第四兜率陀天也　第五樂變化天　第六他化自在天

如是六天之內　近上則玄極太寂　近下則閙動煩喧　中者兜率

陀天不寂不閙　所以補仏後仏　物然補在依此宮　今我如來世

尊　只當是處

於是我仏觀見閻浮提衆生業重　流浪難出苦源

我仏觀見閻浮提衆生業鄣深重苦海難

離　欲擬下界　專籠救趍生死　遂遣金團天子先届

凡間　選一奇方堪吾降質　於此之時　有何言語

我今欲擬下閻浮　汝等速須揀一國

遍看下方諸世界　何處堪吾託生

金團天子奉遣下界　遍凡間　數選奇方

並不堪世尊託質　唯有迦毗衛國　似虛堪居

卻往天中　且由啓諸世尊

云云　當日金團天子

維摩　迦毗羅城　遍看十六大國　從門皆道不堪　諸身來下人間

猶報合生何處　天子奏言

祖宗千代輪王　我觀遍去世尊　亦現皆生仏國

晉了卻歸天界　陪於此下生　將囍七月中旬

託儴摩耶腹內　百千天子排空下　同向迦毗羅國生

是時摩耶夫人　夢相有孕　日滿[illegible]

程京千代輪王　我觀閻浮去世尊　示現皆生仏國
普了却歸天界　降於閻浮下生　將於七月中旬
託蔭摩耶腹內　百千天子排空下　同向迦毗羅衛生
是時摩耶夫人夢想有殊　日滿將充　宮中煩悶而愁
忽遂伴嬪妃於後苑觀看　無憂樹時攀樹枝　徜徉加
其身從右脇誕出　當此之時有何言語　云了
無憂樹下暫攀花　右脇生來釋氏家　五百夫人隨太子
三千宮女捧摩耶　當前再政　鸞鳳養成　蘭殿保樓臺
產後孩童多瑞福　明君前奏喜無休
太子既生之下　感得九龍吐水沐浴一身　舉左手而指天
垂右臂而於地　東西徐步　足蹈蓮花　凡人覩此　皆殊祥
退者個瞻之異瑞　當爾之時　道何言語
九龍吐水浴身胎　八部神光曜殿臺　希期瑞相頭中現
遠襯蓮花足下開　指天天上我為尊　指地地
中我最勝仁　我生胎分今朝盡　是降菩薩後身
於是大王憐愛太子　時向後宮　遣樹妃　遂交育養
其時被諸大臣道　大王太子本是妖精鬼魅　諸王須向
奇三吾也　存立人間　必定破家滅國　當爾之時　如何
云云語
太子生下瑞靈顏　諸臣猜道是妖奸
臣請大王須除弃　留存家國恐不安
當時又殊并蜜見　諸臣不識是出世之仙　恐諸損傷
太子發化作一臣　數越起超班　謹對奏言　大王莫取
諸臣言語

BD04040號　八相成道變文（擬）　（16–3）

臣請大王須除弃　留存家國恐不安
當時文殊菩薩密見諸臣不識是出世之仙恐謟損傷
太子遂作一臣數越起踴越班謹對奏言大王密莫取
諸臣言口數細意存思此是異聖奇仁不同凡類當爾之
時於何言語
太子相好無等倫　降下閻浮化理民
居家定作輪王位　出世應為大法尊
文殊菩薩遂向大王道大王若不信南山頂上阿斯陀仙仁
於行歲久道行精專屈請將來令交瞻相大王便
患此事云云　南山有一阿斯仙　於行歲久道行專
顏貌已過經千載　早登五道相人間
聽著閻浮內第一　世上無比共八青眉
屈請將來令交相　臣此今朝不虛然
既見菩薩語了大王感取見言來日屈請仙人後晨便
令行奇遴請上殿對說　因由大王夫人產生乃出
奇祥太子生下便語曰稱唯吾天上人間獨我無勝因請仙
皆占相斷人仙師見太子出來流淚滿目手拭眼淚口說
希嗟當爾之時道何言語
大王屈請聖仙才　後晨便到門前來　屈排綺席花鋪設
共王夜撒上殿階　啟白申說夫人家　生下太子大喜哉
仙人忽見淚盈目　嗚嗟傷嘆手顏頭
仙人既泣之後却向大王道太子是出世之尊不是凡人
之數大王若不信城南有一涅神是世已來人叱日祖
[illegible]

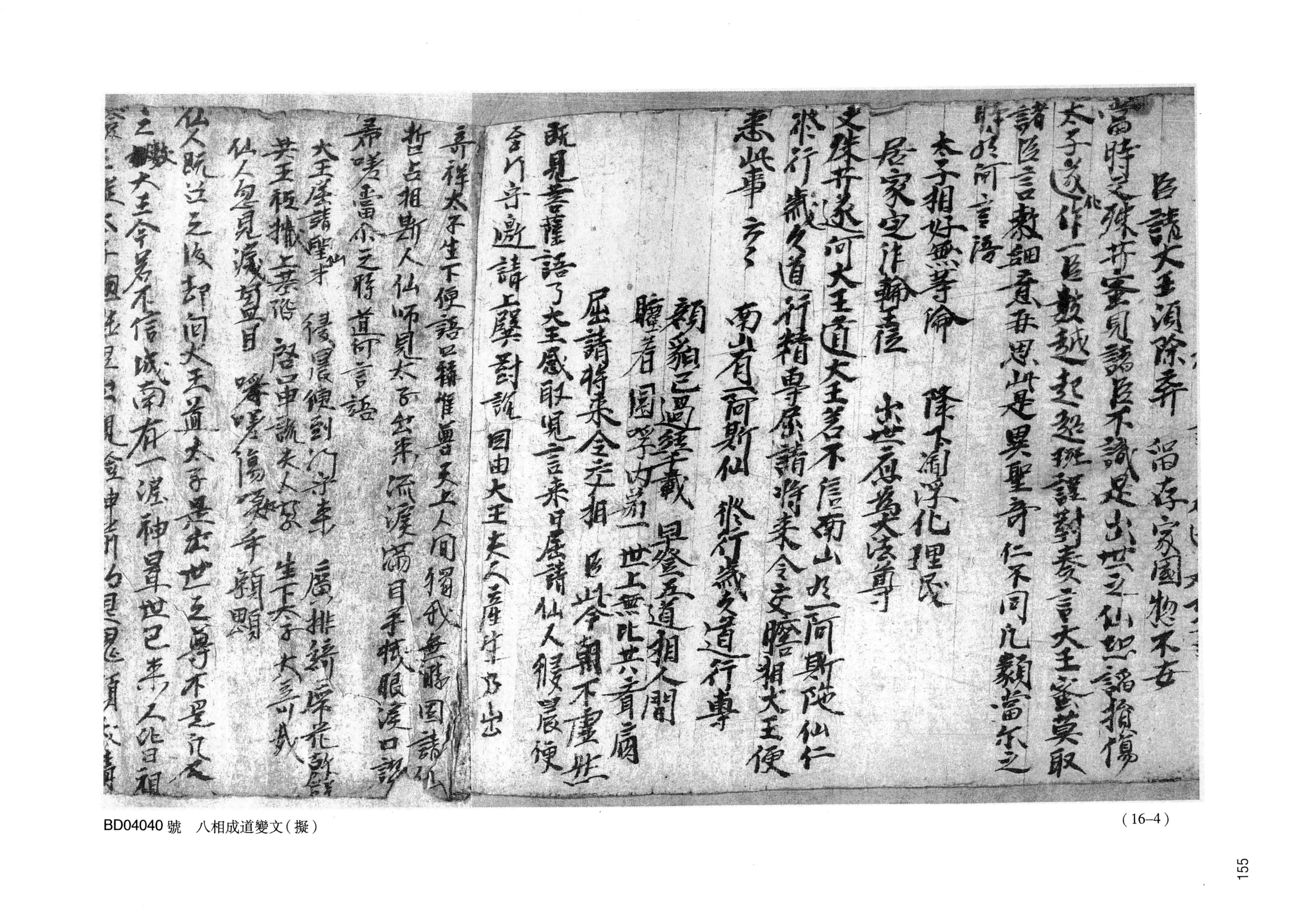

BD04040號　八相成道變文（擬）

（16–4）

仙人既过之後却向大王道太子是出世之尊不是凡大
之數大王今若不信城南有一涅神輩世已來人從日祖
驗王疑太子聰慧但出親驗神前的是鬼類妖精
是神能為徵血若不是精妖之類只合不動不憂於
尔之時有何言語

城南有一摩醯神　見説尋常多採嗔
豈或行譁嗚善　亂前定驗現其真
大王但將此太子　纔見必合始知頭
若是禎祥於本土　的定嫉邪化為塵

大王明日廣排支枝出城南將百方之精兵并太子前
隨駕幸行至神廟五里以來涅神頗北方天王唱一聲
雖是涅神一步一倒直至大王馬前礼拜乞罪
仏子

咄咄涅堪出像身　空將昧語誑將人
從此大王懷抱子　便是牟尼大世尊
回何不趁出門逆　礼拜求哀乞罪愆
捨却多生耶見行　從茲兑作罷神形

大王道聖者尋常多採愚今日礼拜甚人涅神道不是
礼拜大王礼拜大王太子何故與子有三十二相八十種好
頂背圓光紫磨金色在家作轉輪位王出家定
證佛身所以礼拜大王見説上事却便歸宮處分婇
女頻起伴擬太子恒在左右不離終朝太子身於十
九意憂五欲天宗聲道太子此事下界難度

BD04040號 八相成道變文（擬）

（16–6）

生下人身不長久　日月流速定推催
太子作偈已了，却使歸宮，迷悶憂煩，怨甚不悦。大王
見太子愁憂不樂，更添百般細樂，万種音聲，令遣
宮內歡娛太子，都不入耳，每無處分，坐處來震於荒
驟白馬，卻往南門觀看。是時太子車駕及諸侍
從，纔出南門，忽爾行次，不遠別見一老人，
鬢白如霜，鬢毛似雪，眉中有千重碎皺，頂上存百
道深筋，雙目則淚長垂，兩手乃穿杖拄杖，
著人耳語無聲，纔行步行，喘息細喘。
太子見已，即便驚怕，當尓之時，道何言語：
業狀似要是何人　面無光色髓如銀
為復世人無二種　為復老人只一身
太子見已，莫辯聖凡，令遣車匿問之：此是何人□
也？車匿奉命，直見老公，借問是何人，審此命立數
何問。聲沒應聲，接推策良久之方始迴答老人道：
吾今業報已過，鐘漏將窮，眼暗都不識人，耳
聾不聞音韻，十步之內，九□伴長嗟，壽限將
臨，此名為老。殿下既問，世號寶時，當尔之時，古詞
言語：　鷄皮鶴髮身□□　耳聾眼暗不能行
此老郎不將去　必定留停□從生
太子聞是語，車匿卻往重問，再三審之道，太子恒

言語　鷄皮鶴髮身??拄杖　耳聾眼??不能行
此老都不將去　必定留傳?汝生
太子遂遣車匿却往重向再三審之道太子恒
在宮闈不知世間之事為復人總悉衰老為復
只是於人請不惜情子細分說　南邊崇俟驗
直見老翁具說所問根葉直申太子情懇老翁
答問擢嗟叮叮說道我筆乳夫當下共同聽
之不異吾知裏老老轉了便到後生雖然壁下
尊高老相再復如是既蒙來問具說來由
於此之時右何言語
眼暗都渾不便色　耳聾高語不聞聲
移行三里二里時　雖是四迴五迴歇
太子聞已轉更流淚悉眉迴答一偈
太子聞言情惙悲　不可全得汝分明
我是老來何處避　聞悉眾菓花世界之聲
太子作偈已了更積愁憂嘆息長嘘淚珠流滴
當便迴駕却入宮闈父王聞太子還宮遂喚大臣存
問今晨殿下散悶閑將遊觀幸萌何見何景懷
太子崇問具答上情所憂??答頻都無人色大臣
並出申奏大王知今晨太子無精無憂更加轉
大王聞奏嗟連責並遣婇女嬪妃相勸便

BD04040號　八相成道變文（擬）

（16–8）

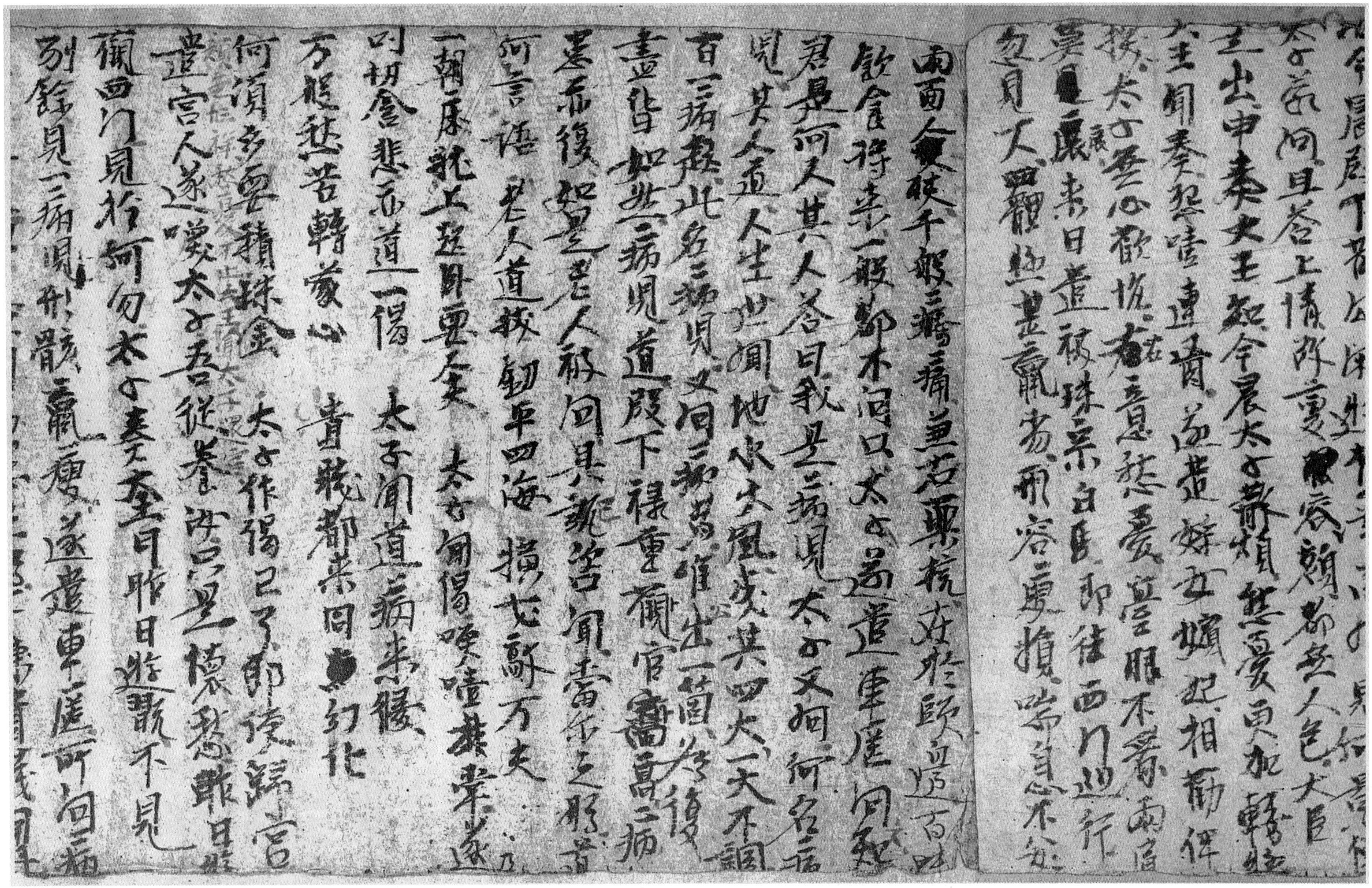

BD04040號　八相成道變文（擬）

（16–9）

BD04040號　八相成道變文（擬）

（16–10）

親自勸勉若聞世間恩愛不過父子情深細論
世上恩憐情莫過於親生男女昨日是宿生緣業
今世託我胎中且作國王大臣此合不然天地自
違數日都無歡顏離問巡將轉加憂煩百身
尚為子居何況我輩君王若是男兒之男直中心
出所有財物庫藏任意般將不管与誰任破
用既奉父王勸免元來不輸情懷愁眾兩眉濃
識雙眼父王勸諫太子不得無計思量當作之縣
勝緣一國作人王富貴淩天極高强

此望我子長快樂一日何愁苦轉悲傷
太子遊遍莫高貴逞豪雄　人生無會大難逢
生死病死相煎逼　積財千万總成空
太子乘日遂還車座於於宗往出城門在於
路太爾看之次忽見一人前跌染衣餘行淺步失
不忽見即遣車匿問之君是何人在此路躡先
答曰我是師僧太子却問何名師僧老人答曰諸漏
已盡煩惱頓除嚴在孟中辰生架上捨割世間
恩愛惟求佛果提不戀煩喧精勤大乘此名僧
太子聞已嘆喜非常下馬虔敬恭於一心合掌礼拜
於三寶便問和尚是誰之弟子和尚答曰我是三界
大師四生慈父為人天之道首作苦海之舡船
[illegible]

BD04040號　八相成道變文(擬)　　（16–11）

恩愛，惟求仏果提，不應煩諠，精勤大都，此名师僊

太子聞已，歡喜非常，下馬虔恭，於一心合掌礼拜

於三寶，便問和尚：是誰之弟子？和尚答曰：我是三界

大师，四生慈父，為人天之道首，作苦海之舟船，釋

迦牟尼如來，我之师父。和尚蒙問，且答實情

當爾之時，和尚既蒙太子問，一一實情並乃具說知

者，說我祖本师父，便是如來大牟尼

和尚答偈已了，太子卻問：如何修行，證得此身？

將欲學乃饑此身？太子聞已，便生歡喜

太子見已，便歸析　頓捨煩惱斷貪嗔

元來獲成仏事　決定修行證此身

爾時，太子悟身之而非，了幻體之無常，是夜

子時，感天人而唱道，嗟之太子修行時至

何得端坐？太子忽從睡覺，報言：空中如此嗟呼，是

何人也？即將空中報曰：我是金團天子，遣助太子修行

王是去時，何勞懈怠？太子答云：我大王令五百官監

守，伴三將不離，終朝如何去得？天人答言：我交一醞

睡神下界，令百人盡皆昏沉，即便相隨，何有不得。言

之已了，官人並總睡著，只流車匿醒悟，被得半殿

白馬牽來，直至階前，感四天王，以接馬蹄，擁一隊

而騰空，登時當三月日，在八眾離迦毗之羅城，赴雪

山而苦行

讚了三更鼓　寺東物聲半夜鐘

BD04040號　八相成道變文（擬）　　（16–12）

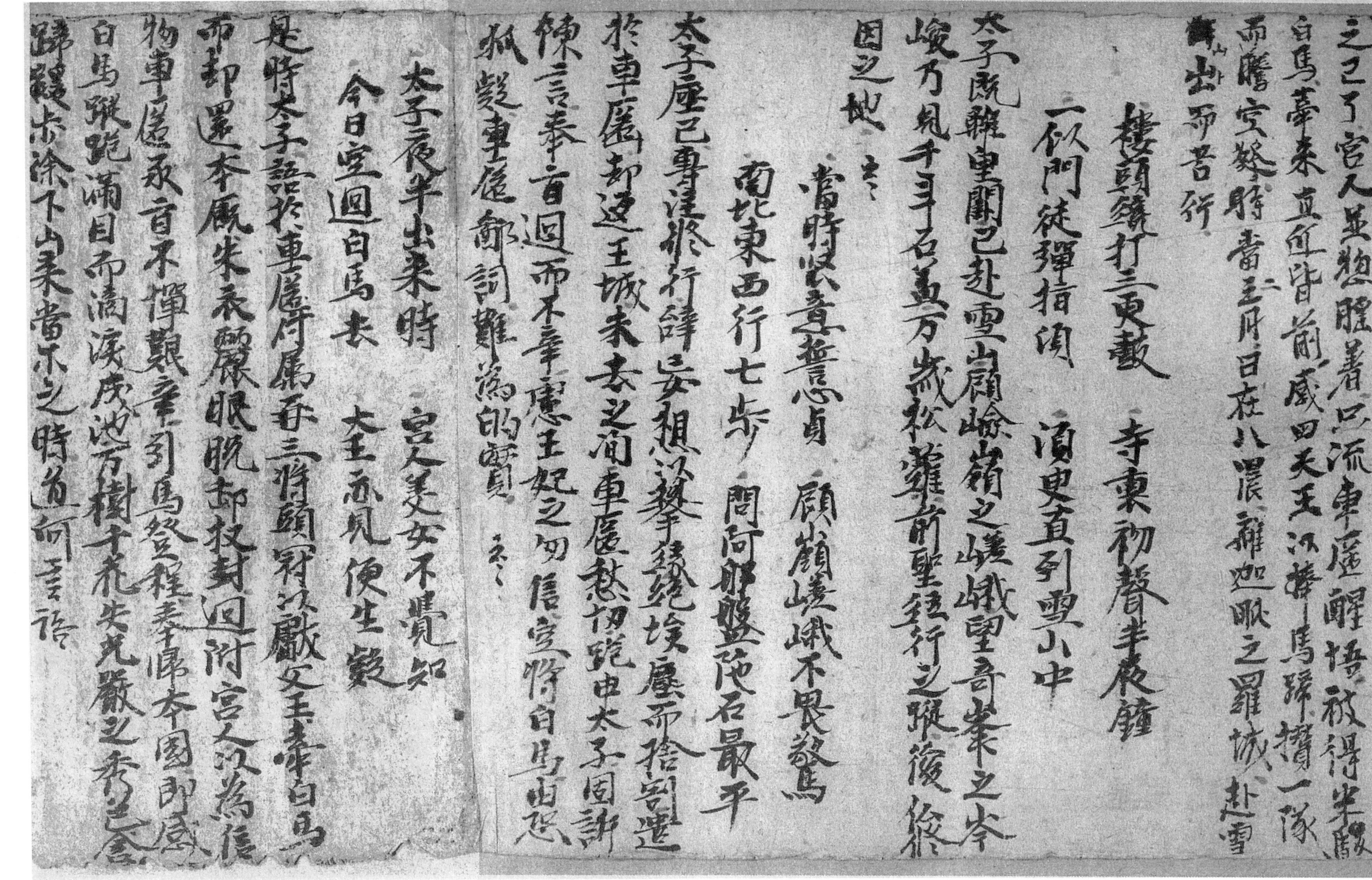

BD04040號　八相成道變文（擬）

（16–13）

而却還本處朱衣麗眼晚却杖封迴附宮人以為信
物車匿承旨不憚艱辛引馬登程奉歸本國即感
白馬躑躅滿目而淚流況方樹十花失光嚴之香色含
歸縶步徐下山來當爾之時道何言語

行行行來下青山　馬叫人悲慘別顏
千樹夜花光璨爛　一溪流水綠潺潺
心憂到被君王問　皆總思量奏對言
亦入城夫人惣喜　洞太子如今在阿那邊

太子自別車匿之後上高嶺之岩龕之弘闊以求貞求
旋之至切入於禪室宣意安祥食一麥而為乘養四
大之納於蘆穿透膝鵲為巢斷有漏之凡軀悟
無邊之上德精專聖道果契那羅獨住山間唯祈淨
行　云云

自別車匿住雪山　苦行積勤志肖尊
日食一麻或一麥　鵲散巢窠頂上安

太子一從守道行滿六年當臘月八日之時下山於熙連河
沐浴為久專懃行身力全無惟殘骨筋體尤困頓河
中洗濯浣穢潔不清既欲出來不能攀岸又感殊而
盡手攀辟樹天恭氣仙於河灘達於彼岸遂乘
吉祥長者鋪香草以懃懃崇崇尊嚴身金黃之儀
體　云云

六年苦行志懃懃　四智俱圓感覺身
下河堆連河沐浴　紫金滿覆於其體
上讒草座勸黎民　奇真黎光明素如銀

BD04040 號　八相成道變文（擬）　（16–14）

BD04040 號　八相成道變文（擬）

（16–15）

BD04040號　八相成道變文（擬）

（16–16）

BD04040號背　雜寫　　（3-1）

（3–2）

BD04040 號背　雜寫

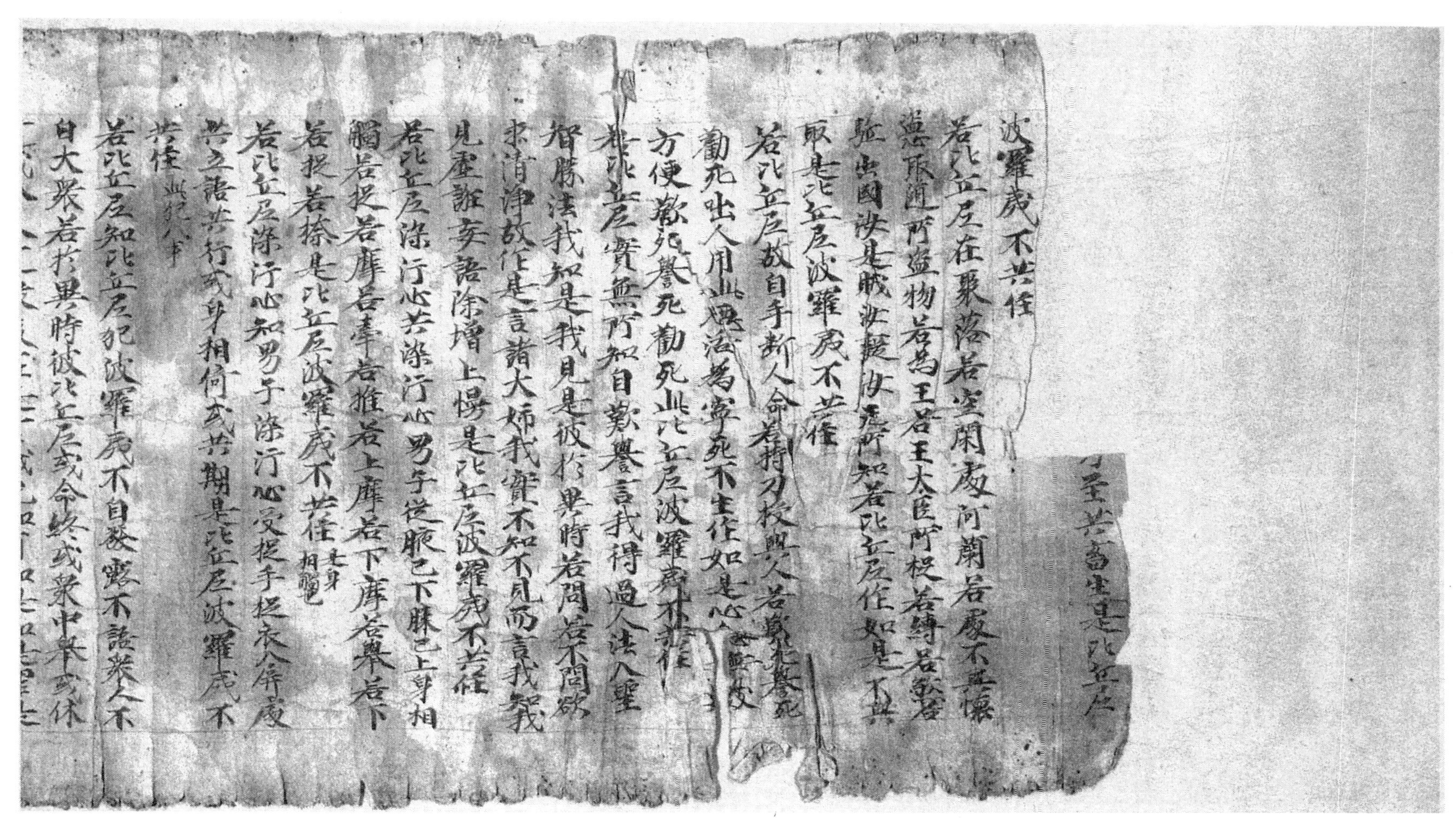

BD04041 號　四分比丘尼戒本　（6–1）

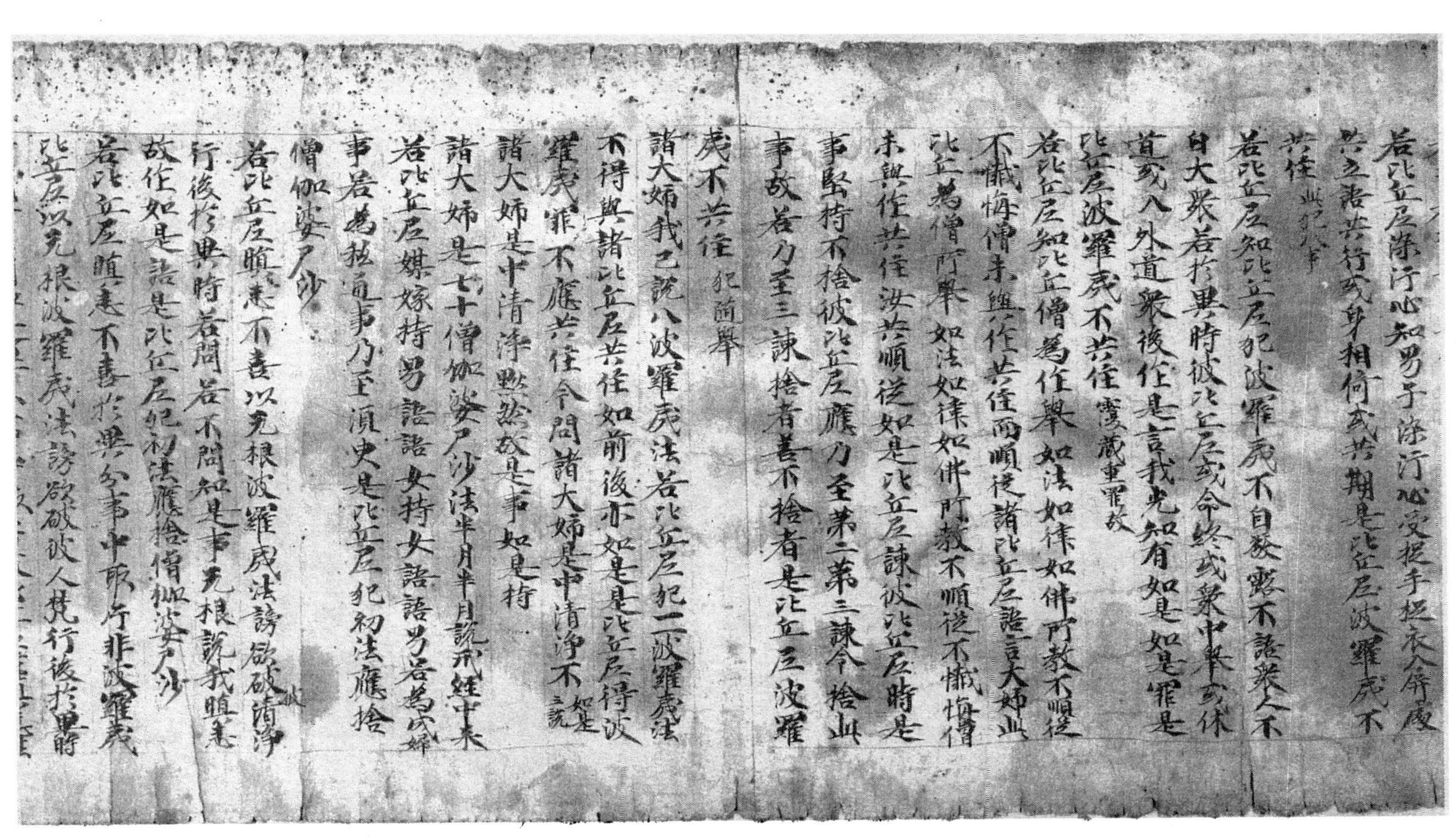

BD04041 號　四分比丘尼戒本　（6–2）

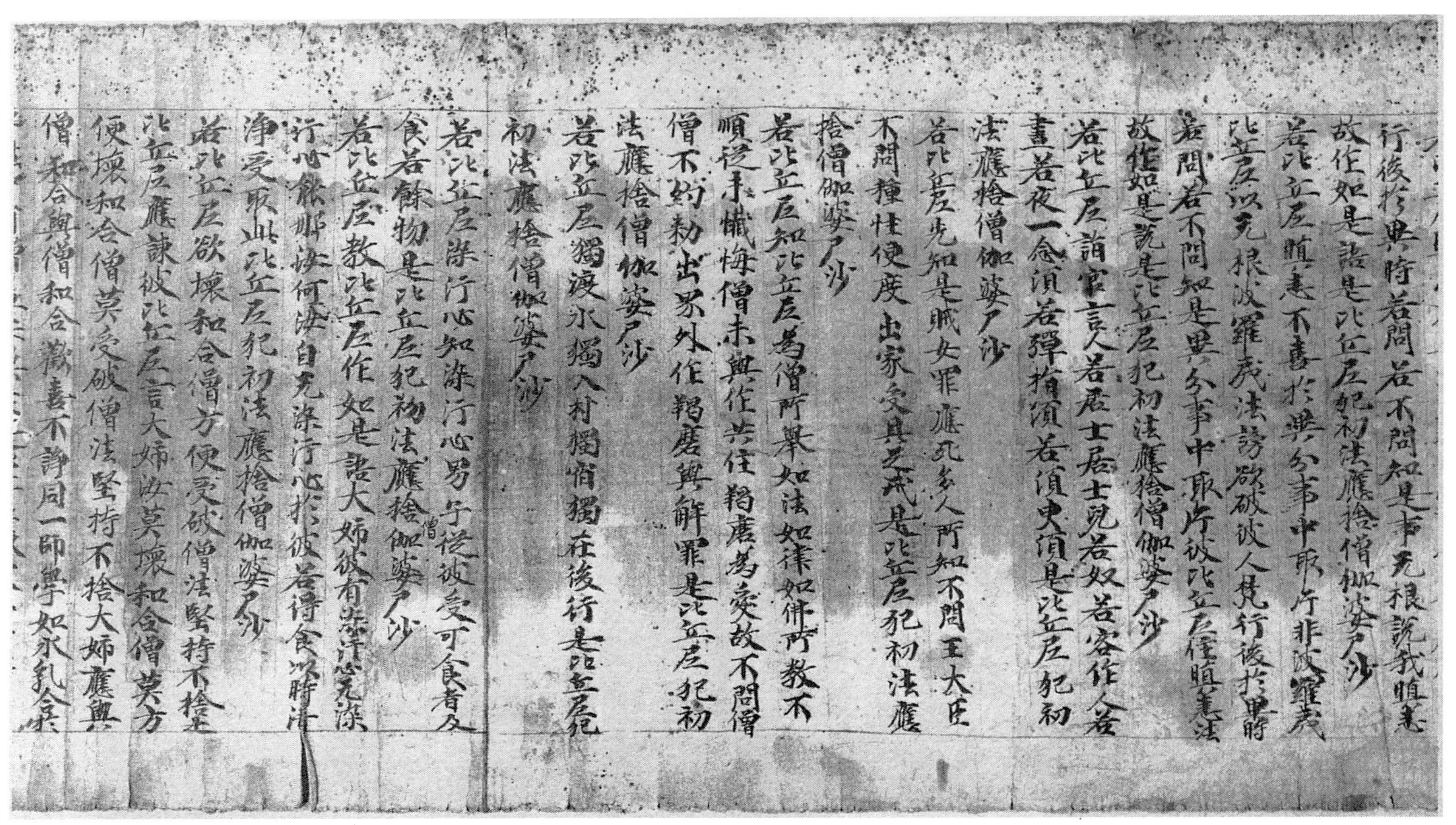

行後於異時若問若不問知是事无根說我瞋恚
故作如是語是比丘尼犯初法應捨僧伽婆尸沙
若比丘尼瞋恚不喜於異分事中取片非波羅夷
比丘尼以无根波羅夷法謗欲破彼人梵行後於異時
若問若不問知是異分事中取片故比丘尼住瞋恚法
故作如是說是比丘尼犯初法應捨僧伽婆尸沙
若比丘尼詣官言人若居士居士兒若奴若客作人若
晝若夜一念頃若彈指頃若須臾頃是比丘尼犯初
法應捨僧伽婆尸沙
若比丘尼先知是賊女罪應死多人所知不問王大臣
不問種姓便度出家受具足戒是比丘尼犯初法應
捨僧伽婆尸沙
若比丘尼知比丘尼為僧所舉如法如律如佛所教不
順從未懺悔僧未與作共住羯磨為愛故不問僧
僧不約勑出界外作羯磨與解罪是比丘尼犯初
法應捨僧伽婆尸沙
若比丘尼獨渡水獨入村獨宿獨在後行是比丘尼犯
初法應捨僧伽婆尸沙
若比丘尼染汙心知染汙心男子從彼受可食者及
食若餘物是比丘尼犯初法應捨僧伽婆尸沙
若比丘尼教比丘尼作如是語大姊彼有染汙心无染
汙心能那汝何汝自无染汙心於彼若得食以時清
淨受取此比丘尼犯初法應捨僧伽婆尸沙
若比丘尼欲壞和合僧方便受破僧法堅持不捨是
比丘尼應諫彼比丘尼言大姊汝莫壞和合僧莫方
便壞和合僧莫受破僧法堅持不捨大姊應與
僧和合與僧和合歡喜不諍同一師學如水乳合在

BD04041 號　四分比丘尼戒本　（6–3）

若比丘尼欲壞和合僧方便受破僧法堅持不捨是
比丘尼應諫彼比丘尼言大姊汝莫壞和合僧莫方
便壞和合僧莫受破僧法堅持不捨大姊應與
僧和合與僧和合歡喜不諍同一師學如水乳合在
佛法中有增益安樂住是比丘尼諫彼比丘尼時堅
持不捨是比丘尼應三諫捨此事故乃至三諫捨者善
不捨者是比丘尼犯三法應捨僧伽婆尸沙
若比丘尼有餘比丘尼群黨若一若二若三乃至无
數彼比丘尼語是比丘尼言大姊汝莫諫此比丘尼
此比丘尼是法語比丘尼律語比丘尼此比丘尼所說我
等心喜樂此比丘尼所說我等忍可是比丘尼語彼
比丘尼言大姊莫作是說言此比丘尼是法語比丘尼
律語比丘尼此比丘尼所說我等喜樂此比丘尼所
說我等忍可何以故此比丘尼所說非法語非
律語大姊莫欲破壞和合僧當樂欲和合僧大
姊與僧和合歡喜不諍同一師學如水乳合於佛
法中有增益安樂住是比丘尼諫彼比丘尼時堅持
不捨是比丘尼應三諫捨此事故乃至三諫捨者善
不捨者是比丘尼犯三法應捨僧伽婆尸沙
若比丘尼依城邑若村落住汙他家行惡行行惡行
亦見亦聞汙他家亦見亦聞是比丘尼諫彼比丘
尼言大姊汝汙他家行惡行行惡行亦見亦聞汙
他家亦見亦聞大姊汝汙他家行惡行今可離此
村落去不須住此彼比丘尼語此比丘尼作是言
大姊諸比丘尼有愛有恚有怖有癡有如是
同罪比丘尼有駈者有不駈者是諸比丘尼語彼
比丘尼言大姊莫作是語有愛有恚有怖有癡
亦莫言有如是同罪比丘尼有駈者有不駈者

BD04041 號　四分比丘尼戒本　（6–4）

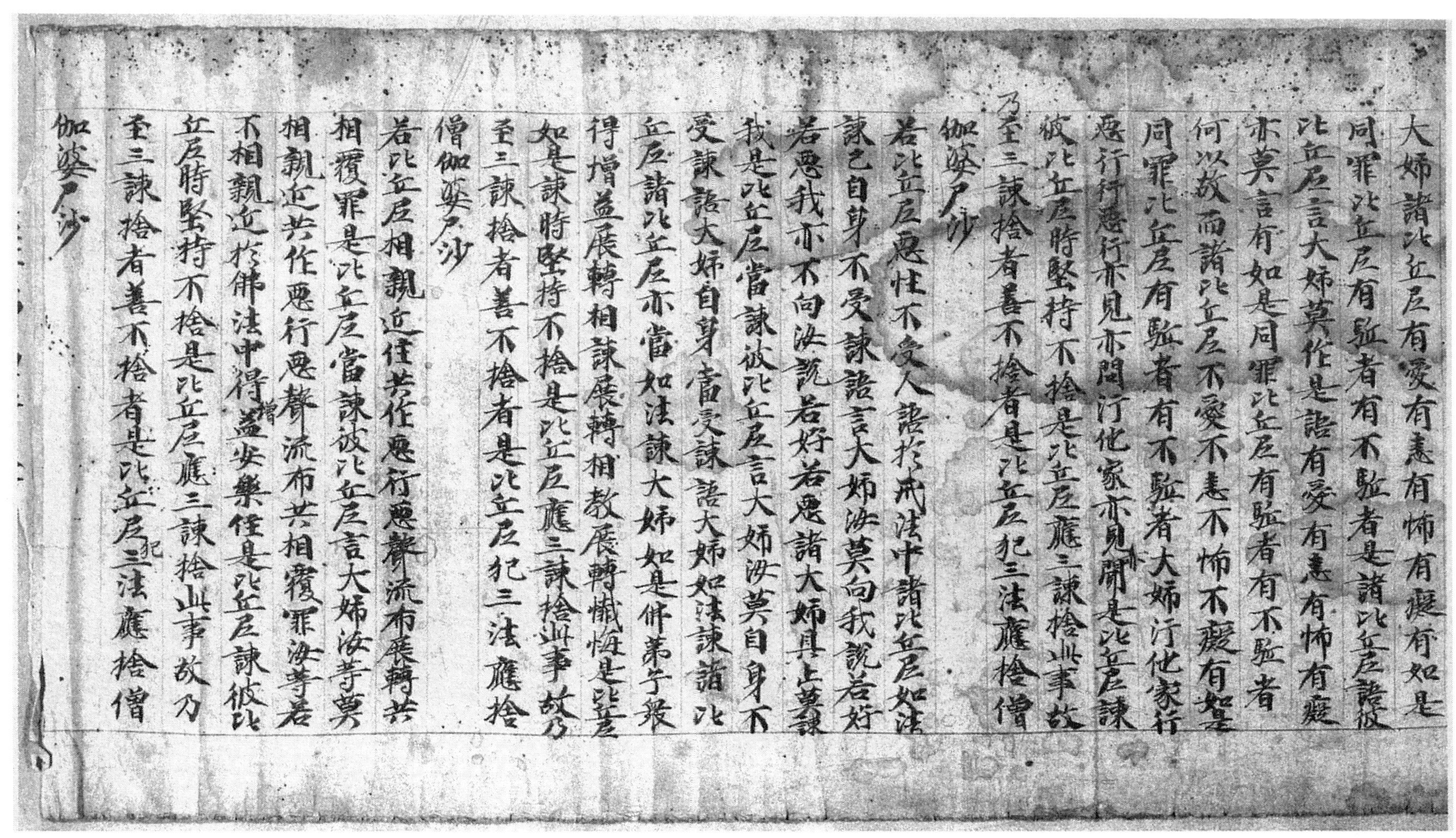
大姊諸比丘尼有愛有恚有怖有癡有如是
同罪比丘尼有驅者有不驅者是諸比丘尼語彼
比丘尼言大姊莫作是語有愛有恚有怖有癡
亦莫言有如是同罪比丘尼有驅者有不驅者
何以故而諸比丘尼不愛不恚不怖不癡有如是
同罪比丘尼有驅者有不驅者大姊汙他家行
惡行行惡行亦見亦聞汙他家亦見亦聞是比丘尼諫
彼比丘尼時堅持不捨是比丘尼應三諫捨此事故
乃至三諫捨者善不捨者是比丘尼犯三法應捨僧
伽婆尸沙
若比丘尼惡性不受人語於戒法中諸比丘尼如法
諫已自身不受諫語言大姊汝莫向我說若好
若惡我亦不向汝說若好若惡諸大姊具止莫諫
我是比丘尼當諫彼比丘尼言大姊汝莫自身不
受諫語大姊自身當受諫語大姊如法諫諸比
丘尼諸比丘尼亦當如法諫大姊如是佛弟子眾
得增益展轉相諫展轉相教展轉懺悔是比丘尼
如是諫時堅持不捨是比丘尼應三諫捨此事故乃
至三諫捨者善不捨者是比丘尼犯三法應捨
僧伽婆尸沙
若比丘尼相親近住共作惡行惡聲流布展轉共
相覆罪是比丘尼當諫彼比丘尼言大姊汝等莫
相親近共作惡行惡聲流布共相覆罪汝等若
不相親近於佛法中得增益安樂住是比丘尼諫彼比
丘尼時堅持不捨是比丘尼應三諫捨此事故乃
至三諫捨者善不捨者是比丘尼犯三法應捨僧
伽婆尸沙

BD04041號　四分比丘尼戒本　（6–5）

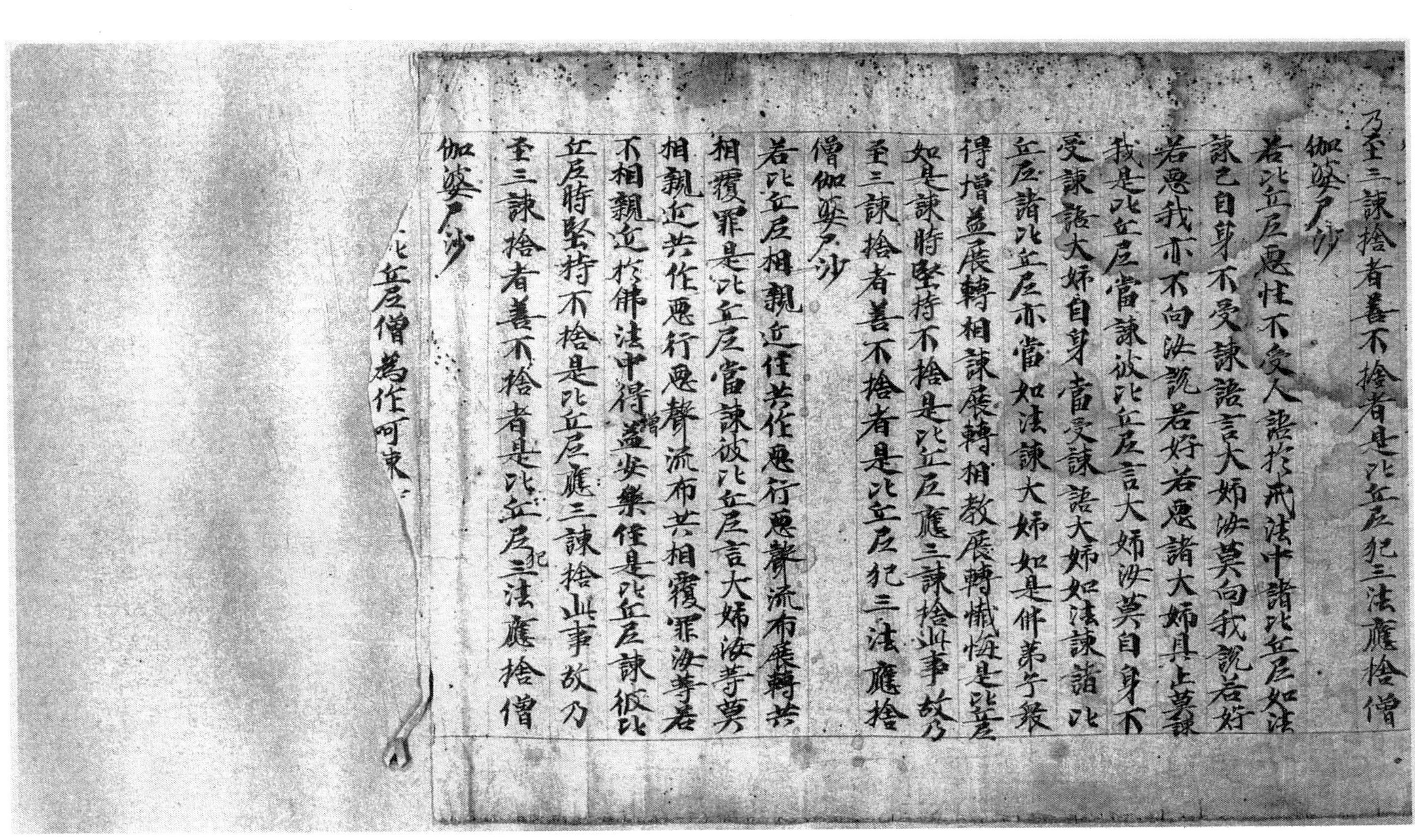
乃至三諫捨者善不捨者是比丘尼犯三法應捨僧
伽婆尸沙
若比丘尼惡性不受人語於戒法中諸比丘尼如法
諫已自身不受諫語言大姊汝莫向我說若好
若惡我亦不向汝說若好若惡諸大姊具止莫諫
我是比丘尼當諫彼比丘尼言大姊汝莫自身不
受諫語大姊自身當受諫語大姊如法諫諸比
丘尼諸比丘尼亦當如法諫大姊如是佛弟子眾
得增益展轉相諫展轉相教展轉懺悔是比丘尼
如是諫時堅持不捨是比丘尼應三諫捨此事故乃
至三諫捨者善不捨者是比丘尼犯三法應捨
僧伽婆尸沙
若比丘尼相親近住共作惡行惡聲流布展轉共
相覆罪是比丘尼當諫彼比丘尼言大姊汝等莫
相親近共作惡行惡聲流布共相覆罪汝等若
不相親近於佛法中得增益安樂住是比丘尼諫彼比
丘尼時堅持不捨是比丘尼應三諫捨此事故乃
至三諫捨者善不捨者是比丘尼犯三法應捨僧
伽婆尸沙
比丘尼僧爲作呵柬

BD04041號　四分比丘尼戒本　（6–6）

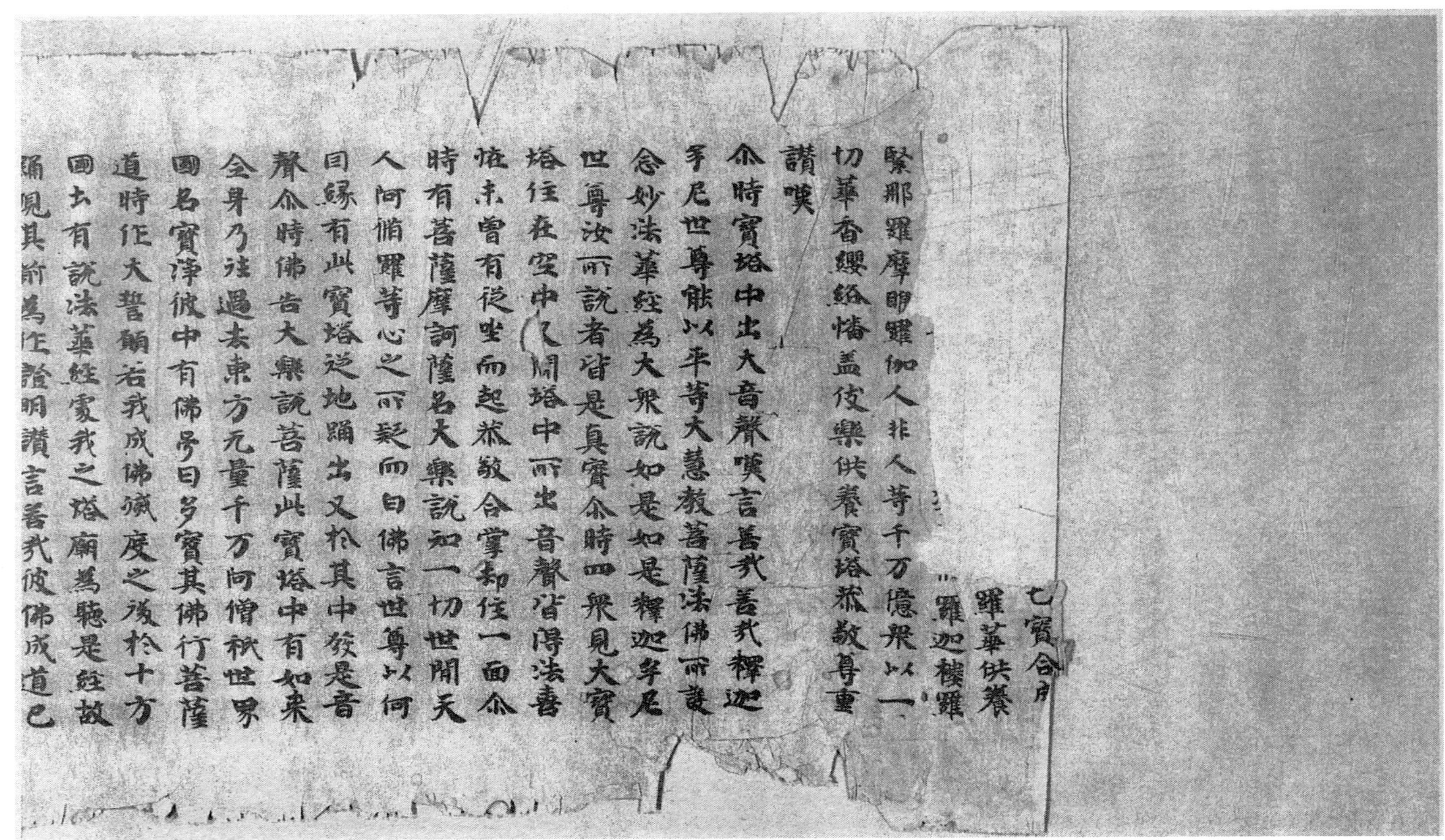

七寶合成
羅華供養
羅迦樓羅
緊那羅摩睺羅伽人非人等千万億衆以一
切華香瓔珞幡蓋伎樂供養寶塔恭敬尊重
讚歎
尒時寶塔中出大音聲歎言善哉善哉釋迦
牟尼世尊能以平等大慧教菩薩法佛所護
念妙法華經為大衆說如是如是釋迦牟尼
世尊如所說者皆是真實尒時四衆見大寶
塔住在空中又聞塔中所出音聲皆得法喜
怪未曾有從坐而起恭敬合掌却住一面尒
時有菩薩摩訶薩名大樂說知一切世間天
人阿脩羅等心之所疑而白佛言世尊以何
因緣有此寶塔從地踊出又於其中發是音
聲尒時佛告大樂說菩薩此寶塔中有如來
全身乃往過去東方无量千万億阿僧祇世界
國名寶淨彼中有佛号曰多寶其佛行菩薩
道時作大誓願若我成佛滅度之後於十方
國土有說法華經處我之塔廟為聽是經故
踊現其前為作證明讚言善哉彼佛成道已

BD04042號　妙法蓮華經（羅什原本）卷六　（20–1）

全身乃往過去東方无量千万億阿僧祇世界
國名寶淨彼中有佛号曰多寶其佛行菩薩
道時作大誓願若我成佛滅度之後於十方
國土有說法華經處我之塔廟為聽是經故
踊現其前為作證明讚言善哉彼佛成道已
臨滅度時於天人大衆中告諸比丘我滅度
後欲供養我全身者應起一大塔其佛神通
願力十方世界在在處處若有說法華經者
彼之寶塔皆踊出其前全身在於塔中讚言
善哉善哉大樂說今多寶如來塔聞說法華
經故從地踊出讚言善哉善哉是時大樂說
菩薩以如來神力故白佛言世尊我等願欲見
此佛身佛告大樂說菩薩摩訶薩是多寶
佛有深重願若我寶塔為聽法華經故出於
諸佛前時其有欲以我身示四衆者彼佛分
身諸佛在於十方世界說法盡還集一處然
後我身乃出現耳大樂說我分身諸佛在於
十方世界說法者今應當集大樂說白佛言
世尊我等亦願欲見世尊分身諸佛禮拜供
養
尒時佛放白毫一光即見東方五百万億那
由他恒河沙等國土諸佛彼諸國土皆以頗
梨為地寶樹寶衣以為莊嚴无數千万億菩
薩充滿其中遍張寶幔寶網羅上彼國諸佛
以大妙音而說諸法及見无量千万億菩薩遍
滿諸國為衆說法南西北方四維上下白毫
相光所照之處亦復如是尒時十方諸佛各
告衆菩薩言善男子我今應往娑婆世界釋

BD04042號　妙法蓮華經（羅什原本）卷六　（20–2）

以大妙音而說諸法及見无量万億菩薩遍
滿諸國為衆說法南西北方四維上下白毫
相光所照之處亦復如是尒時十方諸佛各
告衆菩薩言善男子我今應往娑婆世界釋
迦牟尼佛所并供養多寶如來寶塔時娑婆
世界即變清淨流離為地寶樹莊嚴黃金為
繩以界八道无諸聚落村營城邑大海江河
山川林藪燒大寶香曼陁羅華遍布其地以
寶網幔羅覆其上懸諸寶鈴唯留此會衆移
諸天人置於他土是時諸佛各將一大菩薩
以為侍者至娑婆世界各到寶樹下一一寶
樹高五百由旬枝葉華菓次第莊嚴諸寶樹
下皆有師子之坐高五由旬亦以大寶而校
餝之尒時諸佛各於此坐結加趺坐如是展
轉遍滿三千大千世界而於釋迦牟尼佛一
方所分之身猶故未盡時釋迦牟尼佛欲容
受所分身諸佛故八方各更變二百万億那
由他國皆令清淨无有地獄餓鬼畜生及阿
脩羅又移諸天人置於他土所化之國亦以
流離為地寶樹莊嚴樹高五百由旬枝葉華
菓次第嚴餝樹下皆有寶師子坐高五由旬
種種諸寶以為莊校亦无大海江河及目真
隣陁山摩訶目真隣陁山鐵圍山大鐵圍山
須弥山等諸山王通為一佛國土寶地平正
寶校露幔遍覆其上懸諸幡蓋燒大寶香諸
天寶華遍布其地釋迦牟尼佛為諸佛當來
坐故復於八方各變二百万億那由他國皆

BD04042 號　妙法蓮華經（羅什原本）卷六　　（20–3）

須弥山等諸山王通為一佛國土寶地平正
寶校露幔遍覆其上懸諸幡蓋燒大寶香諸
天寶華遍布其地釋迦牟尼佛為諸佛當來
坐故復於八方各變二百万億那由他國皆
令清淨无有地獄餓鬼畜生及阿脩羅又移
諸天人置於他土所化之國亦以流離為地
寶樹莊嚴樹高五百由旬枝葉華菓次第莊
嚴樹下皆有寶師子坐高五由旬亦以大寶
而校餝之亦无大海江河及目真隣陁山摩
訶目真隣陁山鐵圍山大鐵圍山須弥山等
諸山王通為一佛國土寶地平正寶交露幔
遍覆其上懸諸幡蓋燒大寶香諸天寶華遍
布其地尒時東方釋迦牟尼所分之身百千
万億那由他恒河沙等國土中諸佛各各說
法來集於此如是次第十方諸佛皆悉來集
坐於八方尒時一一方四百万億那由他國
土諸佛如來遍滿其中是時諸佛各在寶樹
下坐師子坐皆遣侍者問訊釋迦牟尼佛各
賷寶華滿掬而告之言善男子汝往詣耆闍
崛山釋迦牟尼佛所如我辭曰少病少惱氣
力安樂及菩薩聲聞衆悉安隱不以此寶華
散佛供養而作是言彼某甲佛與欲開此寶
塔諸佛遣使亦復如是尒時釋迦牟尼佛見
所分身佛悉已來集各各坐於師子之坐皆
聞諸佛與欲同開寶塔即從坐起住虛空中
一切四衆起立合掌一心觀佛於是釋迦牟
尼佛以右指開七寶塔戶出大音聲如却開
鑰開大城門即時一切衆會皆見多寶如來

BD04042 號　妙法蓮華經（羅什原本）卷六　　（20–4）

聞諸佛與欲同開寶塔即從坐起住虛空中
一切四衆起立合掌一心觀佛於是釋迦牟
尼佛以右指開七寶塔戶出大音聲如却關
鑰開大城門即時一切衆會皆見多寶如来
於寶塔中坐師子座全身不散如入禪定又聞
其言善哉善哉釋迦牟尼佛快說是法華
經我為聽是經故而来至此尒時四衆等見
過去无量千万億劫滅度佛說如是言歎未
曾有以天寶華聚散多寶佛及釋迦牟尼佛
上尒時多寶佛於寶塔中分半座與釋迦牟
尼佛而作是言釋迦牟尼佛可就此座即時
釋迦牟尼佛入其塔中坐其半座結加趺坐
尒時大衆見二如来在七寶塔中師子座上
結加趺坐各作是念佛座高遠唯願如来以
神通力令我等輩俱處虛空即時釋迦牟尼
佛以神通力接諸大衆皆在虛空以大音聲
普告四衆誰能於此娑婆國土廣說妙法華
經今正是時如来不久當入涅槃佛欲以此妙
法華經付囑有在尒時世尊欲重宣此義而
說偈言
聖主世尊　雖久滅度　在寶塔中　尚為法来
諸人云何　不懃為法
此佛滅度　无央數劫　處處聽法　以難遇故
彼佛本願　我滅度後　在在所往　常為聽法
又我分身　无量諸佛　如恒沙等　来欲聽法
及見滅度　多寶如来
各捨妙土　及弟子等　天人龍神　諸供養事
令法久住　故来至此
為坐諸佛　以神通力　移无量衆　令國清淨

又我分身　无量諸佛　如恒沙等　来欲聽法
及見滅度　多寶如来
各捨妙土　及弟子等　天人龍神　諸供養事
令法久住　故来至此
為坐諸佛　以神通力　移无量衆　令國清淨
諸佛各各　詣寶樹下　如清淨池　蓮華莊嚴
其寶樹下　諸師子座　佛坐其上　光明嚴飾
如夜闇中　然大炬火
身出妙香　遍十方國　衆生蒙薰　喜不自勝
譬如大風　吹小樹枝　以是方便　令法久住
告諸大衆　我滅度後　誰能護持　讀說斯經
今於佛前　自說誓言
其多寶佛　雖久滅度　以大誓願　而師子吼
多寶如来　及與我身　所集化佛　當知此意
諸佛子等　誰能護法　當發大願　令得久住
其有能護　此經法者　則為供養　我及多寶
此多寶佛　處於寶塔　常遊十方　為是經故
亦復供養　諸来化佛　莊嚴光飾　諸世界者
若說此經　則為見我　多寶如来　及諸化佛
諸善男子　各諦思惟　此為難事　宜發大願
諸餘經典　數如恒沙　雖說此等　未足為難
若接須弥　擲置他方　无數佛土　亦未為難
若以足指　動大千界　遠擲他國　亦未為難
若立有頂　為衆演說　无量餘經　亦未為難
若佛滅後　於惡世中　能說此經　是則為難
假使有人　手把虛空　而以遊行　亦未為難
於我滅後　若自書持　若使人書　是則為難
若以大地　置足甲上　昇於梵天　亦未為難
佛滅度後　於惡世中　暫讀此經　是則為難

若佛滅後　於惡世中　能說此經　是則為難
假使有人　手把虛空　而以遊行　亦未為難
於我滅後　若自書持　若使人書　是則為難
若以大地　置足甲上　昇於梵天　亦未為難
佛滅度後　於惡世中　暫讀此經　是則為難
假使劫燒　擔負乾草　入中不燒　亦未為難
我滅度後　若持此經　為一人說　是則為難
若持八万　四千法藏　十二部經　為人演說
令諸聽者　得六神通　雖能如是　亦未為難
於我滅後　聽受此經　問其義趣　是則為難
若人說法　令千万億　无量无數　恒沙眾生
得阿羅漢　具六神通　雖有是益　亦未為難
於我滅後　若能奉持　如斯經典　是則為難
我為佛道　於无量土　從始至今　廣說諸經
而於其中　此經第一　若有能持　則持佛身
諸善男子　於我滅後　誰能受持　讀誦此經
今於佛前　自說誓言
此經難持　若暫持者　我則歡喜　諸佛亦然
如是之人　諸佛所讚　是則勇猛　是則精進
是名持戒　行頭陀者　則為疾得　无上佛道
能於來世　讀持此經　是真佛子　住純善地
佛滅度後　能解其義　是諸天人　世間之眼
於恐畏世　能須臾說　一切天人　皆應供養
妙法蓮華經持品弟十二
尒時藥王菩薩摩訶薩及大樂說菩薩摩訶
薩與二万菩薩眷屬俱皆於佛前作是誓言
唯願世尊不以為慮我等於佛滅後當奉持
讀誦說此經典後惡世眾生善根轉少多增

BD04042號　妙法蓮華經（羅什原本）卷六　（20–7）

尒時藥王菩薩摩訶薩及大樂說菩薩摩訶
薩與二万菩薩眷屬俱皆於佛前作是誓言
唯願世尊不以為慮我等於佛滅後當奉持
讀誦說此經典後惡世眾生善根轉少多增
上慢貪利供養增不善根遠離解脫雖難可
教化我等當起大忍讀誦此經持說書寫種
種供養不惜身命尒時眾中五百阿羅漢得
受記者白佛言世尊我等亦自誓願於異國
土廣說此經復有學无學八千人得受記者
從座而起合掌向佛作是誓言世尊我等亦
當於他國土廣說此經所以者何是娑婆國
中人多弊惡懷增上慢功德淺薄瞋濁諂曲
心不實故
尒時佛姨母摩訶波闍波提比丘尼與學无
學比丘尼六千人俱從座而起一心合掌瞻
仰尊顏目不暫捨於時世尊告憍曇彌何故
憂色而視如來汝心將无謂我不說汝名受
阿耨多羅三藐三菩提記耶憍曇彌我先揔
說一切聲聞皆已受記今汝欲知記者將來
之世當於六万八千億諸佛法中為大法師
及六千學无學比丘尼俱為法師汝如是漸
漸具菩薩道當得作佛號一切眾生喜見如
來應供正遍知明行足善逝世間解无上士
調御丈夫天人師佛世尊憍曇彌是一切眾
生喜見佛及六千菩薩轉次授記得阿耨多
羅三藐三菩提尒時羅睺羅母耶輸陁羅比
丘尼作是念世尊於授記中獨不說我名佛

BD04042號　妙法蓮華經（羅什原本）卷六　（20–8）

調御丈夫天人師佛世尊憍曇彌是一切衆
生喜見佛及六千菩薩轉次授記得阿耨多
羅三藐三菩提尒時羅睺羅母耶輸陁羅比
丘尼作是念世尊於授記中獨不說我名佛
告耶輸陁羅汝於來世百千万億諸佛法中
脩菩薩行為大法師漸具佛道於善國中當
得作佛号具足千万光相如來應供正遍知
明行足善逝世間解无上士調御丈夫天人
師佛世尊佛壽无量阿僧祇劫尒時摩訶波
闍波提比丘尼及耶輸陁羅比丘尼并其眷
屬皆大歡喜得未曾有即於佛前而說偈言
世尊導師　安隱天人　我等聞記　心安具足
諸比丘尼說是偈已白佛言世尊我等亦能
於他方國廣宣此經
尒時世尊視八十万億那由他諸菩薩摩訶薩
是諸菩薩皆是阿惟越致轉不退法輪得諸
陁羅尼即從座起至於佛前一心合掌而作
是念若世尊告勑我等持說此經者當如佛
教廣宣斯法復作是念佛今嘿然不見告勑
我當云何時諸菩薩敬順佛意并欲自滿本
願便於佛前作師子吼而發誓言世尊我等
於如來滅度後周旋往反十方世界能令衆
生書寫此經受持讀誦解說其義如法脩行
正憶念皆是佛之威力唯願世尊在於他方
遥見守護即時諸菩薩俱同發聲而說偈言
唯願不為慮　於佛滅度後　恐怖惡世中　我等當廣說
有諸无智人　惡口罵詈等　及加刀杖者　我等皆當忍

BD04042 號　妙法蓮華經（羅什原本）卷六　（20–9）

遥見守護即時諸菩薩俱同發聲而說偈言
唯願不為慮　於佛滅度後　恐怖惡世中　我等當廣說
有諸无智人　惡口罵詈等　及加刀杖者　我等皆當忍
惡世中比丘　耶智心諂曲　未得謂為得　我慢心充滿
或有阿練若　納衣在空閑　自謂行真道　輕賤人間者
貪著利養故　與白衣說法　為世所恭敬　如六通羅漢
是人懷惡心　常念世俗事　假名阿練若　好出我等過
而作如是言　此諸比丘等　為貪利養故　說外道論議
自作此經典　誑惑世間人　為求名聞故　分別於是經
常在大衆中　欲毀我等故　向國王大臣　婆羅門居士
及餘比丘衆　誹謗說我惡　謂是耶見人　說外道論議
我等敬佛故　悉忍是諸惡　為斯所輕言　汝等皆是佛
如此輕慢言　皆當忍受之
濁劫惡世中　多有諸恐怖　惡鬼入其身　罵詈毀辱我
我等敬信佛　當著忍辱鎧　為說是經故　忍此諸難事
我不愛身命　但惜无上道　我等於來世　護持佛所囑
世尊自當知　濁世惡比丘　不知佛方便　隨宜所說法
惡口而顰蹙　數數見擯出　遠離於塔寺　如是等衆惡
念佛告勑故　皆當忍是事
諸聚落城邑　其有求法者　我皆到其所　說佛所囑法
我是世尊使　處衆无所畏　我當善說法　願佛安隱住
我於世尊前　諸來十方佛　發如是誓言　佛自知我心
妙法蓮華經安樂行品第十三
尒時文殊師利法王子菩薩摩訶薩白佛言
世尊是諸菩薩甚為難有敬順佛故發大誓
願於後惡世護持讀誦說是法華經世尊菩薩
摩訶薩於後惡世云何能說是經世尊告文殊

BD04042 號　妙法蓮華經（羅什原本）卷六　（20–10）

妙法蓮華經安樂行品第十四
爾時文殊師利法王子菩薩摩訶薩白佛言
世尊是諸菩薩甚為難有敬順佛故發大誓
願於後惡世護持讀說是法華經世尊菩薩
摩訶薩於後惡世云何能說是經佛告文殊
師利若菩薩摩訶薩於後惡世欲說是經當
安住四法一者安住菩薩行處親近處能為
衆生演說是經文殊師利云何名菩薩摩訶
薩行處若菩薩摩訶薩住忍辱地柔和善順
而不卒暴心亦不驚又復於法无所行而觀
諸法如實相亦不行不分別是名菩薩摩訶
薩行處云何名菩薩摩訶薩親近處菩薩摩
訶薩不親近國王王子大臣官長不親近諸
外道梵志尼揵子等及造世俗文筆讚詠外
書及路伽耶陁逆路伽耶陁者亦不親近諸
有凶戲相扠相撲及那羅等種種變現之戲又
不親近旃陁羅及畜猪雞狗田獵魚捕諸
惡律儀如是人等或時來者則為說法无所
希望又不親近求聲聞比丘比丘尼優婆塞
優婆夷亦不問訊若於房中若經行處若在
講堂中不共住止或時來者隨宜說法无所
希求文殊師利又菩薩摩訶薩不應於女人
身取能生欲想相而為說法亦不樂見若入
他家不與小女處女寡女等共語亦復不近
五種不男之人以為親厚不獨入他家若有
因緣須獨入時但一心念佛若為女人說法
不露齒咲不現胷臆乃至為法猶不親厚況
復餘事不樂畜年少弟子沙弥小兒亦不樂

他家不與小女處女寡女等共語亦復不近
五種不男之人以為親厚不獨入他家若有
因緣須獨入時但一心念佛若為女人說法
不露齒咲不現胷臆乃至為法猶不親厚況
復餘事不樂畜年少弟子沙弥小兒亦不樂
與同師常好坐禪在於閑處修攝其心文殊
師利是名初親近處復次菩薩摩訶薩觀一
切法空如實相不顛倒不動不退不轉如虛
空无所有性一切語言道斷不生不出不起
无名无相實无所有无量无邊无导无鄣但
以因緣有從顛倒生故說常樂觀如是法相
是名菩薩摩訶薩第二親近處尒時世尊欲
重宣此義而說偈言
若有菩薩　於後惡世　无怖畏心　欲說是經
應入行處　及親近處　常離國王　及國王子
大臣官長　凶險戲者　及旃陁羅　外道梵志
亦不親近　增上慢人　貪著小乘　三藏學者
破戒比丘　名字羅漢　及比丘尼　好戲咲者
深著五欲　求現滅度　諸優婆夷　皆勿親近
若是人等　以好心來　到菩薩所　為聞佛道
菩薩則以　无所畏心　不懷悕望　而為說法
寡女處女　及諸不男　皆勿親近　以為親厚
亦莫親近　屠兒魁膾　田獵魚捕　為利煞害
販肉自活　衒賣女色　如是之人　皆勿親近
凶險相撲　種種嬉戲　諸婬女等　盡勿親近
莫獨屏處　為女說法　若說法時　无得戲咲
入里乞食　將一比丘　若无比丘　一心念佛
是則名為　行處近處　以此二處　能安樂說

販肉自活　衒賣女色　如是之人　皆勿親近
凶險相撲　種種嬉戲　諸婬女等　盡勿親近
莫獨屏處　為女說法　若說法時　无得戲咲
入里乞食　將一比丘　若无比丘　一心念佛
是則名為　行處近處　以此二處　能安樂說
又復不行　上中下法　有為无為　實不實法
亦不分別　是男是女　不得諸法　不知不見
是則名為　菩薩行處　一切諸法　空无所有
无有常住　亦无起滅　是名智者　所親近處
顛倒分別　諸法有无　是實非實　是生非生
在於閑處　脩攝其心　安住不動　如須弥頂
觀一切法　皆无所有　猶如虛空　无有堅固
不生不出　不動不退　常住一相　是名近處
若有比丘　於我滅後　入是行處　及親近處
說斯經時　无有怯弱　菩薩有時　入於靜室
以正憶念　隨宜觀法　從禪定起　為諸國王
王子臣民　婆羅門等　開化演暢　說斯經典
其心安隱　无有怯弱
文殊師利　是名菩薩　安住初法　能於後世
說法華經
又文殊師利如来滅後於末法中欲說是經
應住安樂行若口宣說若讀經時不樂說人
及經典過亦不輕慢諸餘法師不說他人好
惡長短於聲聞人亦不稱名說其過惡亦不稱
不名讚歎其美又亦不生怨嫌之心善脩如
是安樂心故諸有聽者不逆其意有所難問
不以小乘法答但以大乘而為解說令得一
切種智尒時世尊欲重宣此義而說偈言

BD04042 號　妙法蓮華經（羅什原本）卷六　（20–13）

及經典過亦不輕慢諸餘法師不說他人好
惡長短於聲聞人亦不稱名說其過惡亦不稱
不名讚歎其美又亦不生怨嫌之心善脩如
是安樂心故諸有聽者不逆其意有所難問
不以小乘法答但以大乘而為解說令得一
切種智尒時世尊欲重宣此義而說偈言
菩薩常樂　安隱說法　於清淨地　而施床座
以油塗身　澡浴塵穢　著新淨衣　內外俱淨
安處法座　隨問為說　若有比丘　及比丘尼
諸優婆塞　及優婆夷　國王王子　群臣士民
以微妙義　和顏為說　若有難問　隨義而荅
因緣譬喻　敷演分別　以是方便　皆使發心
漸漸增益　入於佛道　除嬾惰意　及懈怠想
離諸憂惱　慈心說法　晝夜常說　无上道教
以諸因緣　无量譬喻　開示衆生　咸令歡喜
衣服臥具　飲食湯藥　而於其中　无所悕望
但一心念　說法因緣　願成佛道　令衆亦尒
是則大利　安樂供養
我滅度後　若有比丘　能演說斯　妙法華經
心无嫉恚　諸惱鄣㝵　亦无憂愁　及罵詈者
又无怖畏　加刀杖等　亦无擯出　安住忍故
智者如是　善脩其心　能住安樂　如我上說
其人功德　千億万劫　筭數譬喻　說不能盡
又文殊師利菩薩摩訶薩於後末世法欲滅
時受持讀誦斯經典者无懷嫉妬諂誑之心
亦勿輕罵學佛道者求其長短若比丘比丘
尼優婆塞優婆夷求聲聞者求辟支佛者求
菩薩道者无得惱之令其疑悔語其人言汝

BD04042 號　妙法蓮華經（羅什原本）卷六　（20–14）

時受持讀誦斯經典者，无懷嫉妬諂誑之心，亦勿輕罵學佛道者，求其長短。若比丘、比丘尼、優婆塞、優婆夷，求聲聞者、求辟支佛者、求菩薩道者，无得惱之，令其疑悔，語其人言：汝等去道甚遠，終不能得一切種智。所以者何？汝是放逸之人，於道懈怠故。又亦不應戲論諸法，有所諍競。當於一切衆生起大悲想，於諸如來起慈父想，於諸菩薩起大師想，於十方諸大菩薩常應深心恭敬禮拜。於一切衆生平等說法，以順法故，不多不少，乃至深愛法者，亦不為多說。文殊師利，是菩薩摩訶薩於後末世法欲滅時，有成就是第三安樂行者，說是法時，无能惱亂，得好同學共讀誦是經，亦得大衆而來聽受，聽已能持，持已能誦，誦已能說，說已能書，若使人書，供養經卷，恭敬尊重讚嘆。尒時世尊欲重宣此義而說偈言：

若欲說是經　當捨嫉恚慢　諂誑邪偽心　常脩質直行
不輕蔑於人　亦不戲論法　不令他疑悔　云汝不得佛
是佛子說法　常柔和能忍　慈悲於一切　不生懈怠心
十方大菩薩　愍衆故行道　應生恭敬心　是則我大師
於諸佛世尊　生无上父想　破於憍慢心　說法无鄣㝵
第三法如是　智者應守護　一心安樂行　无量衆所敬

又文殊師利，菩薩摩訶薩於後末世法欲滅時，有持是法華經者，於在家出家人中生大慈心，於非菩薩人中生大悲心，應作是念：如是之人則為大失，如來方便隨宜說法，不聞

BD04042號　妙法蓮華經（羅什原本）卷六　（20–15）

又文殊師利，菩薩摩訶薩於後末世法欲滅時，有持是法華經者，於在家出家人中生大慈心，於非菩薩人中生大悲心，應作是念：如是之人則為大失，如來方便隨宜說法，不聞不知不覺，不問不信不解。其人雖不問不信不解是經，我得阿耨多羅三藐三菩提時，隨在何地，以神通力、智慧力引之，令得住是法中。文殊師利，是菩薩摩訶薩於如來滅後，有成就此第四法者，說是法時，无有過失，常為比丘、比丘尼、優婆塞、優婆夷、國王、王子、大臣、人民、婆羅門、居士等供養恭敬，尊重讚嘆。虛空諸天為聽法故，亦常隨侍。若在聚落城邑、空閑林中，有人來欲難問者，諸天晝夜常為法故而衛護之，能令聽者皆得歡喜。所以者何？此經是一切過去、未來、現在諸佛神力所護故。文殊師利，是法華經於无量國中，乃至名字不可得聞，何況得見受持讀誦。文殊師利，譬如強力轉輪聖王，欲以威勢降伏諸國，而諸小王不順其命，時轉輪王起種種兵而往討罰。王見兵衆戰有功者，即大歡喜，隨功賞賜，或與田宅、聚落、城邑，或與衣服、嚴身之具，或與種種珍寶、金、銀、琉璃、車璖、馬瑙、珊瑚、虎珀、象馬、車乘、奴婢、人民。唯髻中明珠，不以與之。所以者何？獨王頂上有此一珠，若以與之，王諸眷屬必大驚怪。文殊師利，如來亦復如是，以禪定智慧力得法國土，王於三界。而諸魔王不肯順伏，如來賢聖諸將與之共戰

BD04042號　妙法蓮華經（羅什原本）卷六　（20–16）

虎魄象馬車乘奴婢人民唯髻中明珠不以
與之所以者何獨王頂上有此一珠若以與
之王諸眷屬必大驚怪文殊師利如來亦復
如是以禪定智慧力得法國土王於三界而
諸魔王不肯順伏如來賢聖諸將與之共戰
其有功者心亦歡喜於四衆中為說諸經令
其心悅賜以禪定解脫无漏根力諸法之財
又復賜與涅槃之城言得滅度引導其心令
皆歡喜而不為說是法華經文殊師利如轉
輪王見諸兵衆有大功者心甚歡喜以此難
信之珠久在髻中不妄與人而今與之如來
亦復如是於三界中為大法王以法教化一
切衆生見賢聖軍與五陰魔煩惱魔死魔共
戰有大功勳滅三毒出三界破魔網尒時如
來亦大歡喜此法華經能令衆生至一切智
一切世間多怨難信先所未說而今說之文
殊師利此法華經是諸如來第一之說於說
諸中最為甚深末後賜與如彼強力之王久
護明珠今乃與人文殊師利此法華經諸佛
如來秘密之藏於諸經中最在其上長夜守
護不妄宣說始於今日乃與汝等而敷演之
尒時世尊欲重宣此義而說偈言
常行忍辱　哀愍一切　乃能演說　佛所讚經
後末世時　持此經者　於家出家　及非菩薩
應生慈悲　斯等不聞　不信是經　則為大失
我得佛道　以諸方便　為說此經　令住其中
譬如強力　轉輪之王　兵戰有功　賞賜諸物

BD04042號　妙法蓮華經（羅什原本）卷六　（20–17）

常行忍辱　哀愍一切　乃能演說　佛所讚經
後末世時　持此經者　於家出家　及非菩薩
應生慈悲　斯等不聞　不信是經　則為大失
我得佛道　以諸方便　為說此經　令住其中
譬如強力　轉輪之王　兵戰有功　賞賜諸物
象馬車乘　嚴身之具　及諸田宅　聚落城邑
或與衣服　種種珍寶　奴婢財物　歡喜賜與
如有勇健　能為難事　王解髻中　明珠賜之
如來亦尒　為諸法王　忍辱大力　智慧寶藏
以大慈悲　如法化世　見一切人　受諸苦惱
欲求解脫　與諸魔戰　為是衆生　說種種法
以大方便　說此諸經　既知衆生　得其力已
末後乃為　說是法華　如王解髻　明珠與之
此經為尊　衆經中上　我常守護　不妄開示
今正是時　為汝等說　我滅度後　求佛道者
欲得安隱　演說斯經　應當親近　如是四法
讀是經者　常无憂惱　又无病痛　顏色鮮白
不生貧窮　卑賤醜陋　衆生樂見　如慕賢聖
天諸童子　以為給使　刀杖不加　毒不能害
若人惡罵　口則閉塞　遊行无畏　如師子王
智慧光明　如日之照　若於夢中　但見妙事
見諸如來　坐師子坐　諸比丘衆　圍遶說法
又見龍神　阿脩羅等　數如恒沙　恭敬合掌
自見其身　而為說法　又見諸佛　身相金色
放无量光　照於一切　以梵音聲　演說諸法
佛為四衆　說无上法　見身處中　合掌讚佛
聞法歡喜　而為供養　得陁羅尼　證不退智

BD04042號　妙法蓮華經（羅什原本）卷六　（20–18）

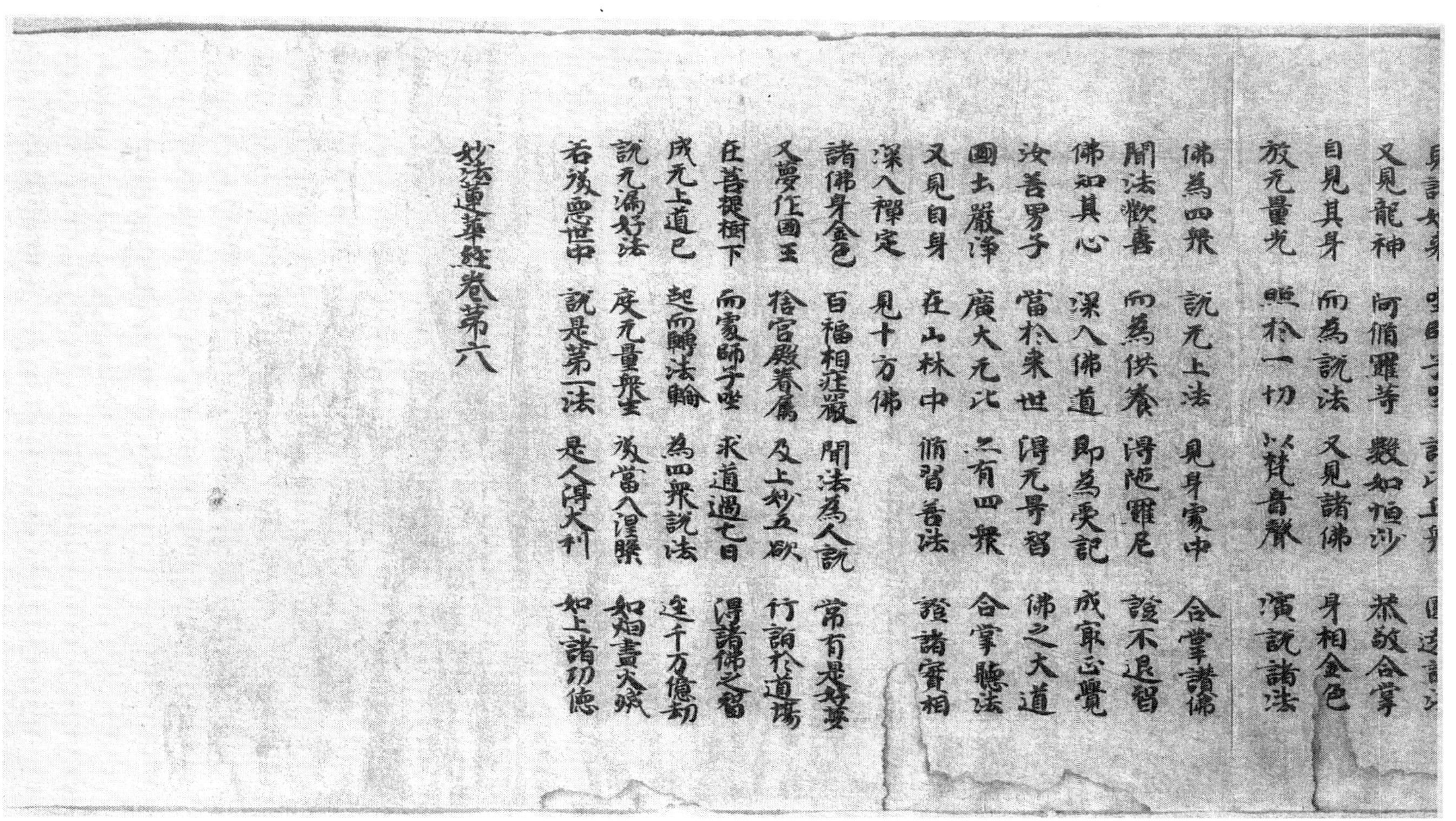

又見龍神　阿脩羅等　數如恒沙　恭敬合掌
自見其身　而為說法　又見諸佛　身相金色
放无量光　照於一切　以梵音聲　演說諸法
佛為四衆　說无上法　見身處中　合掌讚佛
聞法歡喜　而為供養　得陁羅尼　證不退智
佛知其心　深入佛道　即為受記　成最正覺
汝善男子　當於來世　得无量智　佛之大道
國土嚴淨　廣大无比　亦有四衆　合掌聽法
又見自身　在山林中　脩習善法　證諸實相
深入禪定　見十方佛
諸佛身金色　百福相莊嚴　聞法為人說　常有是好夢
又夢作國王　捨宮殿眷屬　及上妙五欲　行詣於道場
在菩提樹下　而處師子座　求道過七日　得諸佛之智
成无上道已　起而轉法輪　為四衆說法　經千万億劫
說无漏妙法　度无量衆生　後當入涅槃　如烟盡燈滅
若後惡世中　說是第一法　是人得大利　如上諸功德

妙法蓮華經卷第六

BD04042 號　妙法蓮華經(羅什原本)卷六　(20–19)

又夢作國王　捨宮殿眷屬　及上妙五欲　行詣於道場
在菩提樹下　而處師子座　求道過七日　得諸佛之智
成无上道已　起而轉法輪　為四衆說法　經千万億劫
說无漏妙法　度无量衆生　後當入涅槃　如烟盡燈滅
若後惡世中　說是第一法　是人得大利　如上諸功德

妙法蓮華經卷第六

BD04042 號　妙法蓮華經(羅什原本)卷六　(20–20)

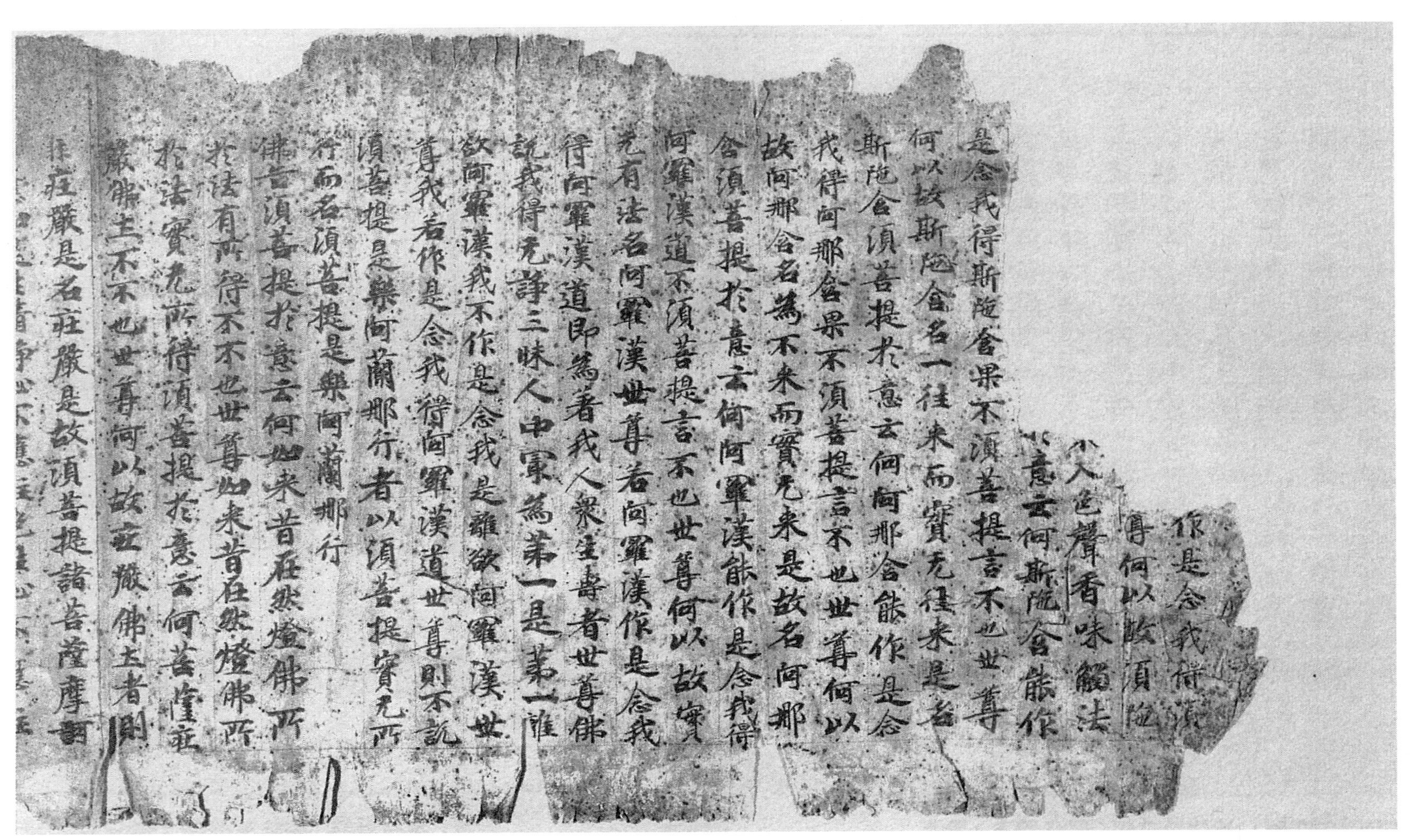

作是念我得須
尊何以故須陁
入色聲香味觸法
意云何斯陁含能作
是念我得斯陁含果不須菩提言不也世尊
何以故斯陁含名一往來而實无往來是名
斯陁含須菩提於意云何阿那含能作是念
我得阿那含果不須菩提言不也世尊何以
故阿那含名為不來而實无來是故名阿那
含須菩提於意云何阿羅漢能作是念我得
阿羅漢道不須菩提言不也世尊何以故實
无有法名阿羅漢世尊若阿羅漢作是念我
得阿羅漢道即為著我人衆生壽者世尊佛
說我得无諍三昧人中最為第一是第一離
欲阿羅漢我不作是念我是離欲阿羅漢世
尊我若作是念我得阿羅漢道世尊則不說
須菩提是樂阿蘭那行者以須菩提實无所
行而名須菩提是樂阿蘭那行
佛告須菩提於意云何如來昔在然燈佛所
於法有所得不不也世尊如來昔在然燈佛所
於法實无所得須菩提於意云何菩薩莊
嚴佛土不不也世尊何以故莊嚴佛土者則
非莊嚴是名莊嚴是故須菩提諸菩薩摩訶
[illegible]

BD04043號　金剛般若波羅蜜經　（4–1）

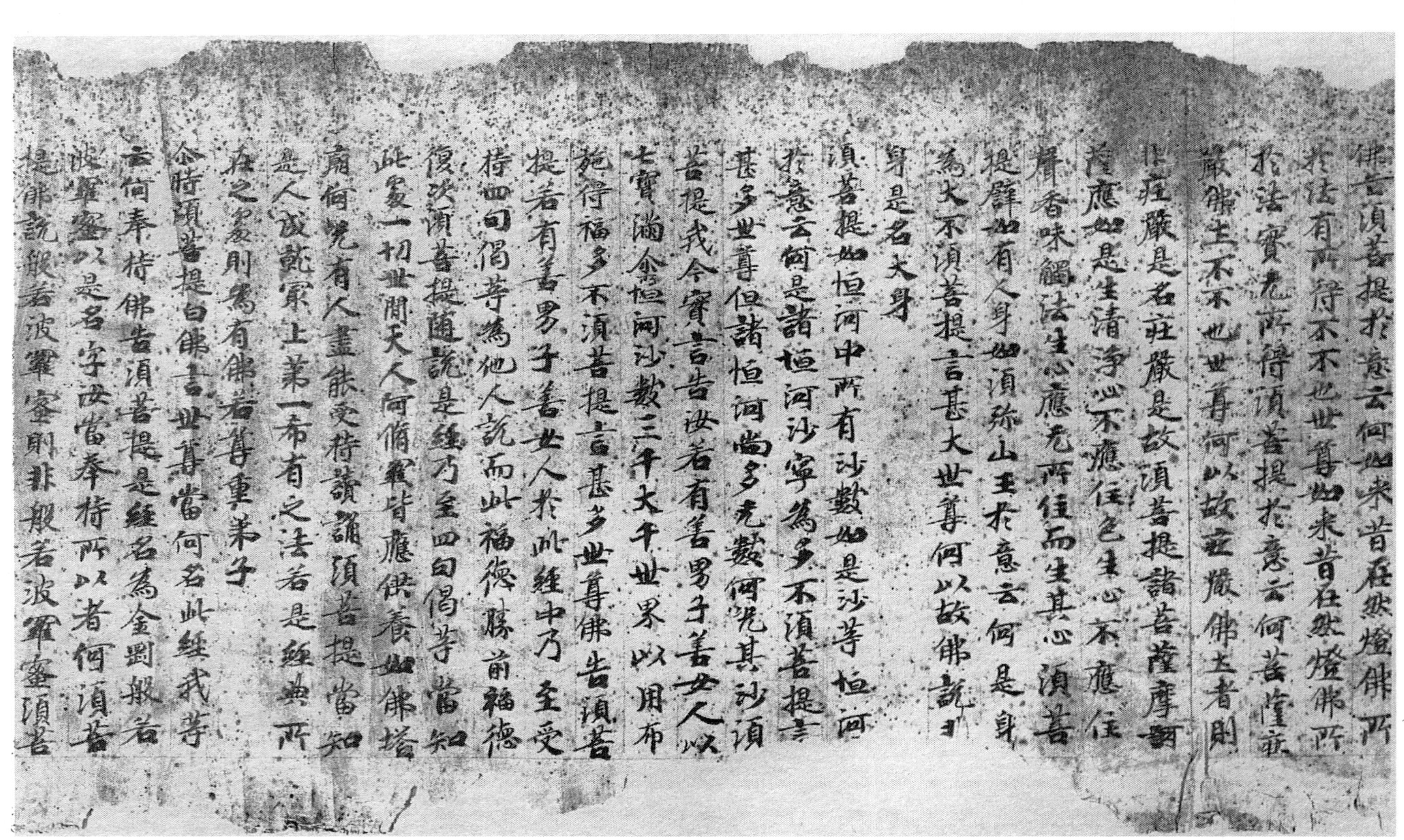

佛告須菩提於意云何如來昔在然燈佛所
於法有所得不不也世尊如來昔在然燈佛所
於法實无所得須菩提於意云何菩薩莊
嚴佛土不不也世尊何以故莊嚴佛土者則
非莊嚴是名莊嚴是故須菩提諸菩薩摩訶
薩應如是生清淨心不應住色生心不應住
聲香味觸法生心應无所住而生其心須菩
提譬如有人身如須弥山王於意云何是身
為大不須菩提言甚大世尊何以故佛說非
身是名大身
須菩提如恒河中所有沙數如是沙等恒河
於意云何是諸恒河沙寧為多不須菩提言
甚多世尊但諸恒河尚多无數何況其沙須
菩提我今實言告汝若有善男子善女人以
七寶滿爾所恒河沙數三千大千世界以用布
施得福多不須菩提言甚多世尊佛告須菩
提若善男子善女人於此經中乃至受
持四句偈等為他人說而此福德勝前福德
復次須菩提隨說是經乃至四句偈等當知
此處一切世間天人阿脩羅皆應供養如佛塔
廟何況有人盡能受持讀誦須菩提當知
是人成就最上第一希有之法若是經典所
在之處則為有佛若尊重弟子
爾時須菩提白佛言世尊當何名此經我等
云何奉持佛告須菩提是經名為金剛般若
波羅蜜以是名字汝當奉持所以者何須菩
提佛說般若波羅蜜則非般若波羅蜜須菩

BD04043號　金剛般若波羅蜜經　（4–2）

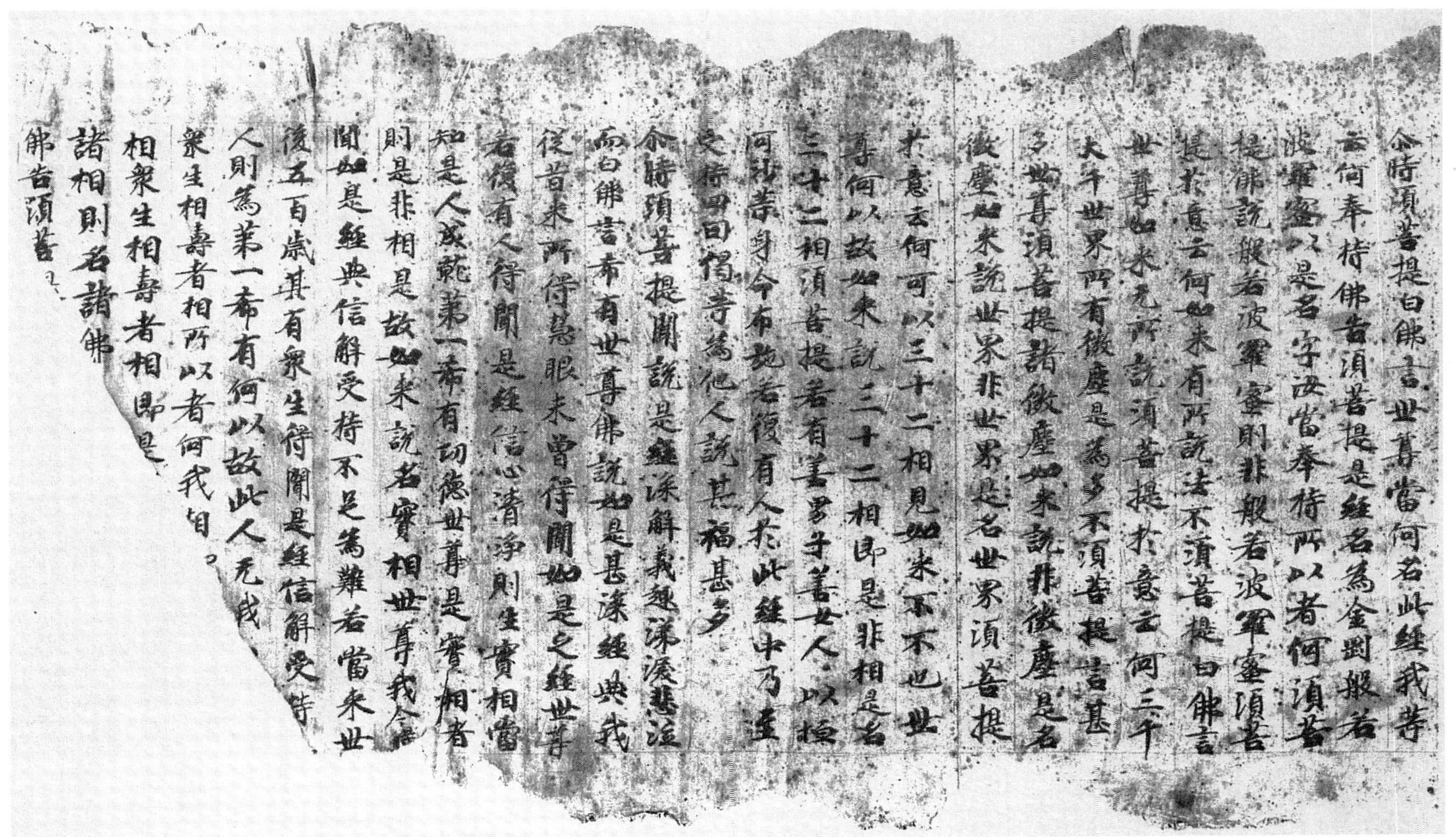

BD04043 號　金剛般若波羅蜜經　（4–3）

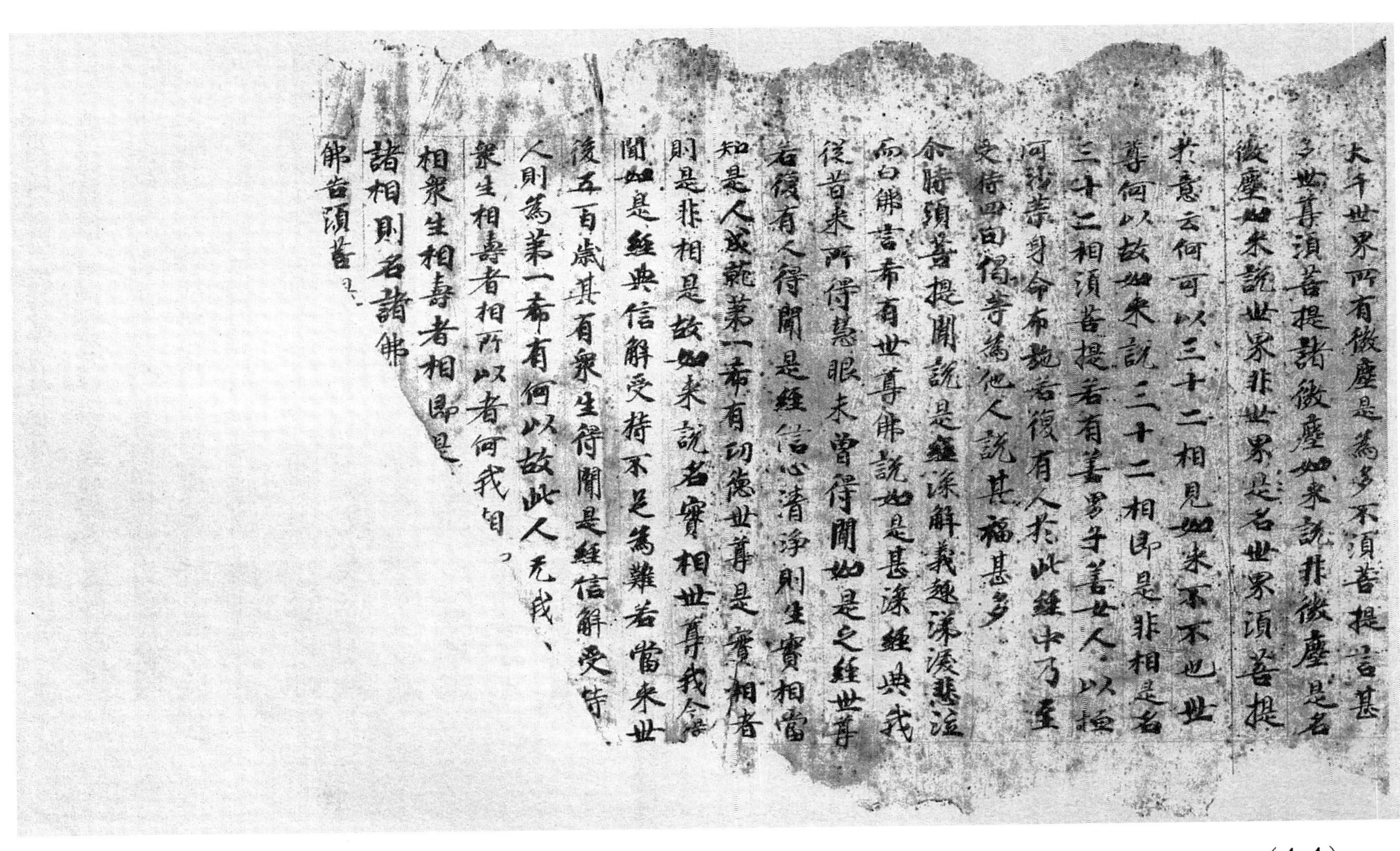

BD04043 號　金剛般若波羅蜜經　（4–4）

乃至童子戲　若草木及筆　或以指爪甲　而畫作佛像
如是諸人等　漸漸積功德　具足大悲心　皆已成佛道
但化諸菩薩　度脫无量衆　若人於塔廟　寶像及畫像
以華香幡蓋　敬心而供養　若使人作樂　擊鼓吹角貝
簫笛琴箜篌　琵琶鐃銅鈸　如是衆妙音　盡持以供養
或以歡喜心　歌唄頌佛德　乃至一小音　皆已成佛道
若人散亂心　乃至以一華　供養於畫像　漸見无數佛
或有人禮拜　或復但合掌　乃至舉一手　或復小低頭
以此供養像　漸見无量佛　自成无上道　廣度无數衆
入无餘涅槃　如薪盡火滅　若人散亂心　入於塔廟中
一稱南无佛　皆已成佛道　於諸過去佛　在世或滅後
若有聞是法　皆已成佛道　未來諸世尊　其數无有量
是諸如來等　亦方便說法　一切諸如來　以无量方便
度脫諸衆生　入佛无漏智　若有聞法者　无一不成佛
諸佛本誓願　我所行佛道　普欲令衆生　亦同得此道
未來諸佛　雖說百千億　无數諸法門　其實為一乘
諸佛兩足尊　知法常无性　佛種從緣起　是故說一乘
是法住法位　世間相常住　於道場知已　導師方便說
天人所供養　現在十方佛　其數如恒沙　出現於世間
安隱衆生故　亦說如是法　知第一寂滅　以方便力故
雖示種種道　其實為佛乘　知衆生諸行　深心之所念

BD04044號　妙法蓮華經卷一　（4–1）

諸佛兩足尊　知法常无性　佛種從緣起　是故說一乘
是法住法位　世間相常住　於道場知已　導師方便說
天人所供養　現在十方佛　其數如恒沙　出現於世間
安隱衆生故　亦說如是法　知第一寂滅　以方便力故
雖示種種道　其實為佛乘　知衆生諸行　深心之所念
過去所習業　欲性精進力　及諸根利鈍　以種種因緣
譬喻亦言辭　隨應方便說　今我亦如是　安隱衆生故
以種種法門　宣示於佛道　我以智慧力　知衆生性欲
方便說諸法　皆令得歡喜　舍利弗當知　我以佛眼觀
見六道衆生　貧窮无福慧　入生死險道　相續苦不斷
深著於五欲　如犛牛愛尾　以貪愛自蔽　盲瞑无所見
不求大勢佛　及與斷苦法　深入諸邪見　以苦欲捨苦
為是衆生故　而起大悲心　我始坐道場　觀樹亦經行
於三七日中　思惟如是事　我所得智慧　微妙最第一
衆生諸根鈍　著樂癡所盲　如斯之等類　云何而可度
爾時諸梵王　及諸天帝釋　護世四天王　及大自在天
并餘諸天衆　眷屬百千萬　恭敬合掌禮　請我轉法輪
我即自思惟　若但讚佛乘　衆生沒在苦　不能信是法
破法不信故　墜於三惡道　我寧不說法　疾入於涅槃
尋念過去佛　所行方便力　我今所得道　亦應說三乘
作是思惟時　十方佛皆現　梵音慰喻我　善哉釋迦文
第一之導師　得是无上法　隨諸一切佛　而用方便力
我等亦皆得　最妙第一法　為諸衆生類　分別說三乘
少智樂小法　不自信作佛　是故以方便　分別說諸果
雖復說三乘　但為教菩薩　舍利弗當知　我聞聖師子
深淨微妙音　一稱南无佛　復作如是念　我出濁惡世

BD04044號　妙法蓮華經卷一　（4–2）

第一之導師 得是无上法 隨諸一切佛 而用方便力
我等亦皆得 最妙第一法 為諸眾生類 分別說三乘
少智樂小法 不自信作佛 是故以方便 分別說諸果
雖復說三乘 但為教菩薩 舍利弗當知 我聞聖師子
深淨微妙音 一稱南无佛 復作如是念 我出濁惡世
如諸佛所說 我亦隨順行 思惟是事已 即趣波羅柰
諸法寂滅相 不可以言宣 以方便力故 為五比丘說
是名轉法輪 便有涅槃音 及以阿羅漢 法僧差別名
從久遠劫來 讚示涅槃法 生死苦永盡 我常如是說
舍利弗當知 我見佛子等 志求佛道者 无量千万億
咸以恭敬心 皆來至佛所 曾從諸佛聞 方便所說法
我即作是念 如來所以出 為說佛慧故 今正是其時
舍利弗當知 鈍根小智人 著相憍慢者 不能信是法
今我喜无畏 於諸菩薩中 正直捨方便 但說无上道
菩薩聞是法 疑網皆已除 千二百羅漢 悉亦當作佛
如三世諸佛 說法之儀式 我今亦如是 說无分別法
諸佛興出世 懸遠值遇難 正使出于世 說是法復難
无量无數劫 聞是法亦難 能聽是法者 斯人亦復難
譬如優曇華 一切皆愛樂 天人所希有 時時乃一出
聞法歡喜讚 乃至發一言 則為已供養 一切三世佛
是人甚希有 過於優曇華 汝等勿有疑 我為諸法王
普告諸大眾 但以一乘道 教化諸菩薩 无聲聞弟子
汝等舍利弗 聲聞及菩薩 當知是妙法 諸佛之秘要
以五濁惡世 但樂著諸法 如是等眾生 終不求佛道
當來世惡人 聞佛說一乘 迷惑不信受 破法墮惡道
有慚愧清淨 志求佛道者 當為如是等 廣讚一乘道

BD04044號　妙法蓮華經卷一　（4–3）

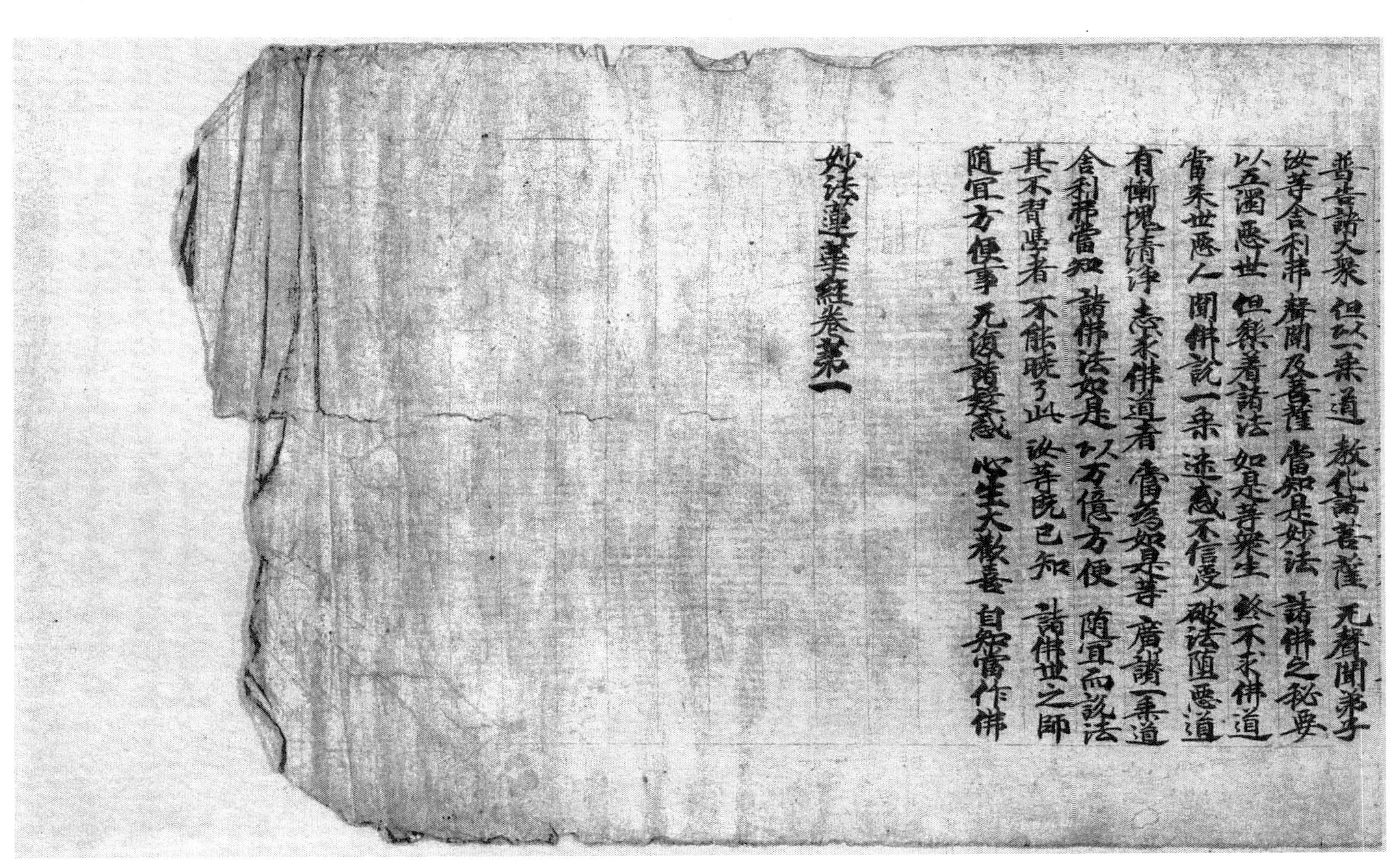

普告諸大眾 但以一乘道 教化諸菩薩 无聲聞弟子
汝等舍利弗 聲聞及菩薩 當知是妙法 諸佛之秘要
以五濁惡世 但樂著諸法 如是等眾生 終不求佛道
當來世惡人 聞佛說一乘 迷惑不信受 破法墮惡道
有慚愧清淨 志求佛道者 當為如是等 廣讚一乘道
舍利弗當知 諸佛法如是 以万億方便 隨宜而說法
其不習學者 不能曉了此 汝等既已知 諸佛世之師
隨宜方便事 无復諸疑惑 心生大歡喜 自知當作佛

妙法蓮華經卷第一

BD04044號　妙法蓮華經卷一　（4–4）

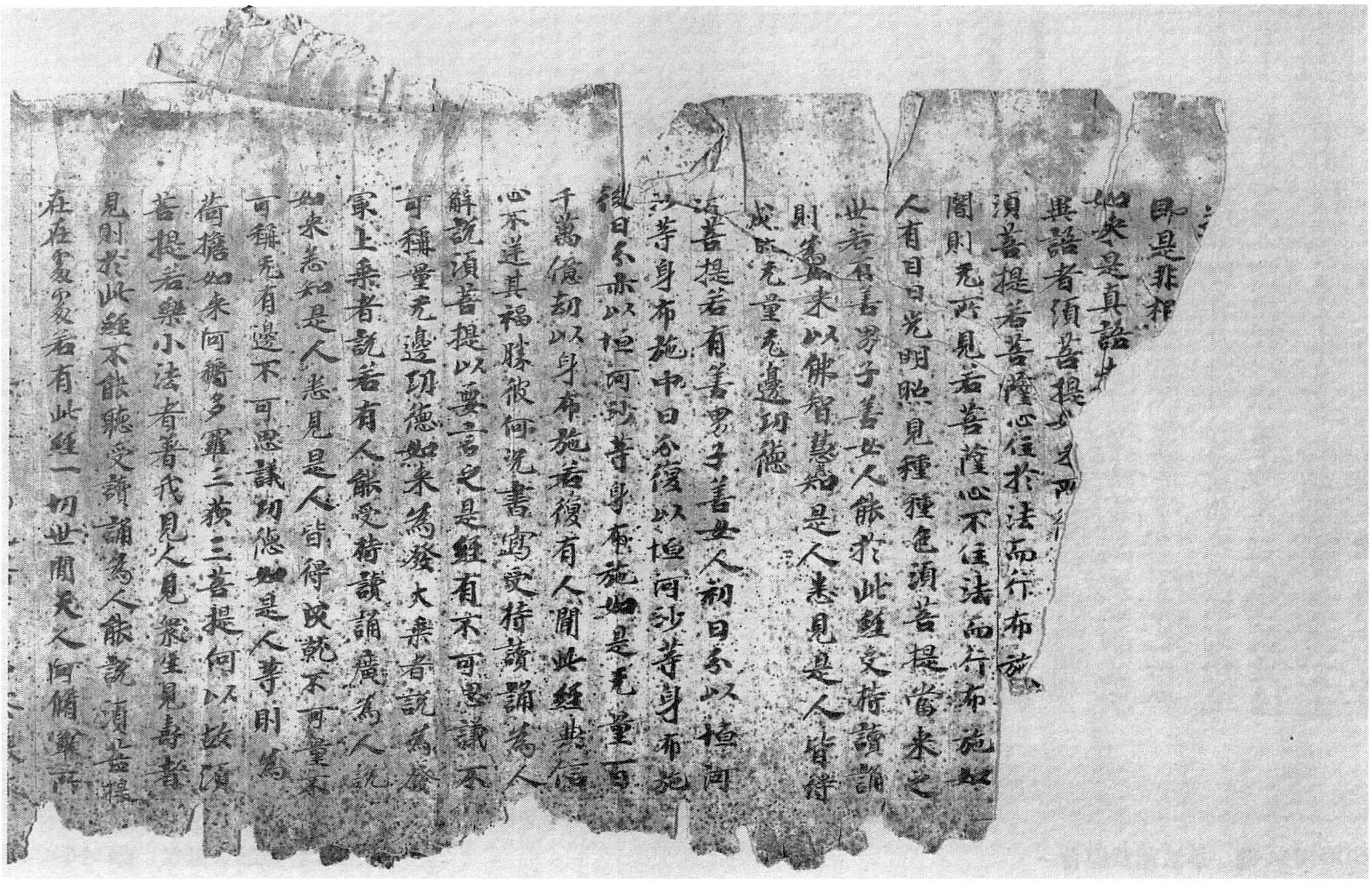

即是非相
如來是真語者
異語者須菩提如來所
須菩提若菩薩心住於法而行布施
闇則無所見若菩薩心不住法而行布施如
人有目日光明照見種種色須菩提當來之
世若有善男子善女人能於此經受持讀誦
則為如來以佛智慧悉知是人悉見是人皆得
成就無量無邊功德
須菩提若有善男子善女人初日分以恒河
沙等身布施中日分復以恒河沙等身布施
後日分亦以恒河沙等身布施如是無量百
千萬億劫以身布施若復有人聞此經典信
心不逆其福勝彼何況書寫受持讀誦為人
解說須菩提以要言之是經有不可思議不
可稱量無邊功德如來為發大乘者說為發
最上乘者說若有人能受持讀誦廣為人說
如來悉知是人悉見是人皆得成就不可量不
可稱無有邊不可思議功德如是人等則為
荷擔如來阿耨多羅三藐三菩提何以故須
菩提若樂小法者著我見人見眾生見壽者
見則於此經不能聽受讀誦為人解說須菩提
在在處處若有此經一切世間天人阿脩羅所

BD04045 號　金剛般若波羅蜜經　（3–1）

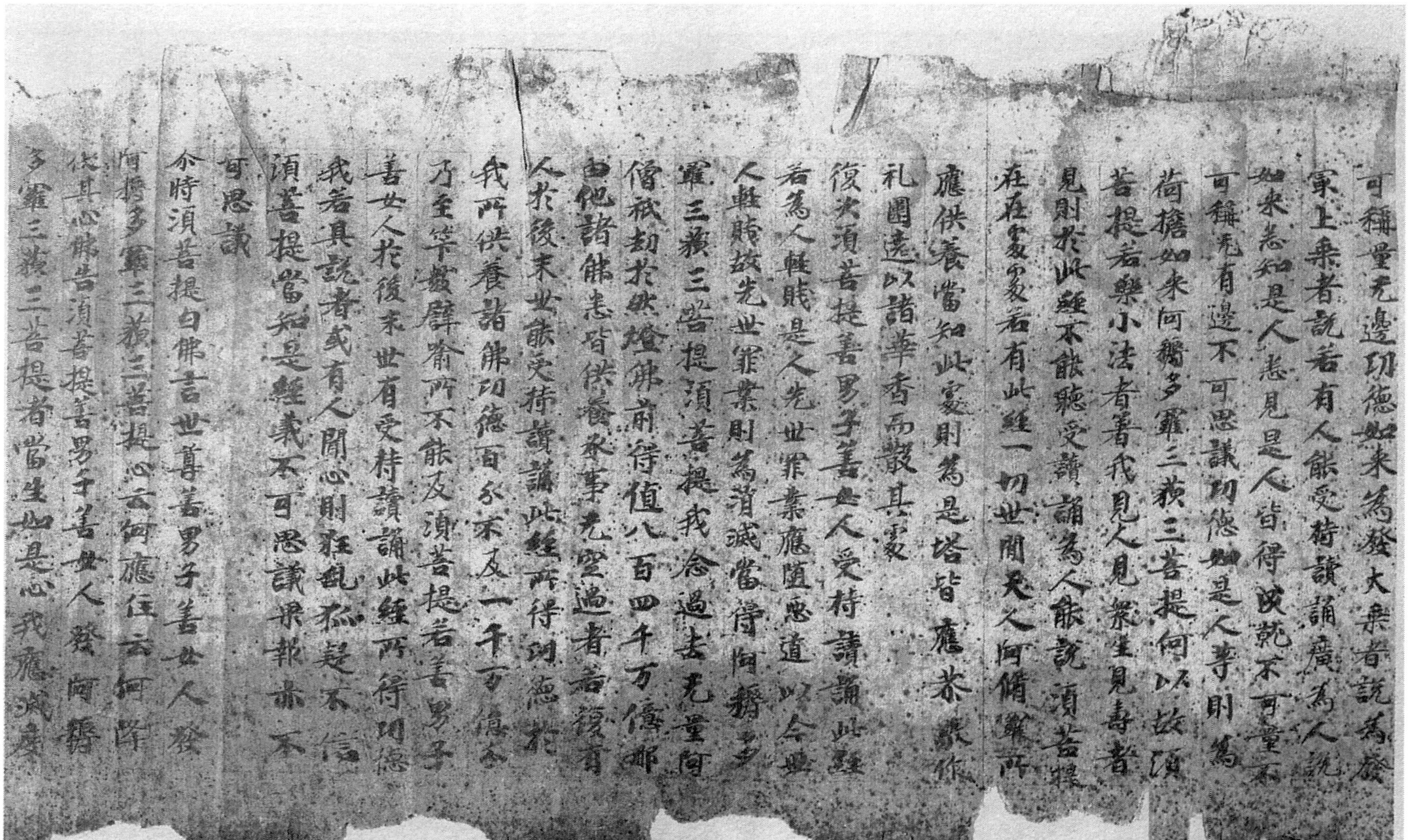

可稱量無邊功德如來為發大乘者說為發
最上乘者說若有人能受持讀誦廣為人說
如來悉知是人悉見是人皆得成就不可量不
可稱無有邊不可思議功德如是人等則為
荷擔如來阿耨多羅三藐三菩提何以故須
菩提若樂小法者著我見人見眾生見壽者
見則於此經不能聽受讀誦為人解說須菩提
在在處處若有此經一切世間天人阿脩羅所
應供養當知此處則為是塔皆應恭敬作
禮圍遶以諸華香而散其處
復次須菩提善男子善女人受持讀誦此經
若為人輕賤是人先世罪業應墮惡道以今世
人輕賤故先世罪業則為消滅當得阿耨多
羅三藐三菩提須菩提我念過去無量阿
僧祇劫於然燈佛前得值八百四千萬億那
由他諸佛悉皆供養承事無空過者若復有
人於後末世能受持讀誦此經所得功德於
我所供養諸佛功德百分不及一千萬億分
乃至算數譬喻所不能及須菩提若善男子
善女人於後末世有受持讀誦此經所得功德
我若具說者或有人聞心則狂亂狐疑不信
須菩提當知是經義不可思議果報亦不
可思議
爾時須菩提白佛言世尊善男子善女人發
阿耨多羅三藐三菩提心云何應住云何降
伏其心佛告須菩提善男子善女人發阿耨
多羅三藐三菩提者當生如是心我應滅度

BD04045 號　金剛般若波羅蜜經　（3–2）

可思議
尒時須菩提白佛言世尊善男子善女人發
阿耨多羅三藐三菩提心云何應住云何降
伏其心佛告須菩提善男子善女人發阿耨
多羅三藐三菩提者當生如是心我應滅度
一切衆生滅度一切衆生已而无有一衆生實
滅度者何以故若菩薩有我相人相衆生
相壽者相則非菩薩所以者何須菩提實无
有法發阿耨多羅三藐三菩提者須菩提於
意云何如來於然燈佛所有法得阿耨多羅
三藐三菩提不不也世尊如我解佛所說義佛
於然燈佛所无有法得阿耨多羅三藐三
菩提佛言如是如是須菩提實无有法如來
得阿耨多羅三藐三菩提須菩提若有法如
來得阿耨多羅三藐三菩提者然燈佛則不
與我授記汝於來世當得作佛号釋迦牟尼
以實无有法得阿耨多羅三藐三菩提是故
然燈佛與我授記作是言汝於來世當得作
佛号釋迦牟尼何以故如來者即諸法如義
若有人言如來得阿耨多羅三藐三菩提須
菩提實无有法佛得阿耨多羅三藐三菩提
須菩提如來所得阿耨多羅三藐三菩提

BD04045 號　金剛般若波羅蜜經　（3–3）

法皆不可取不可說非法非非法所以者何
一切賢聖皆以无為法而有差別
須菩提於意云何若人滿三千大千世界七
寶以用布施是人所得福德寧為多不須菩
提言甚多世尊何以故是福德即非福德性
是故如來說福德多若復有人於此經中受
持乃至四句偈等為他人說其福勝彼何以
故須菩提一切諸佛及諸佛阿耨多羅三藐
三菩提法皆從此經出須菩提所謂佛法者
即非佛法
須菩提於意云何須陁洹能作是念我得須
陁洹果不須菩提言不也世尊何以故須陁
洹名為入流而无所入不入色聲香味觸法
是名須陁洹須菩提於意云何斯陁含能作
是念我得斯陁含果不須菩提言不也世尊
何以故斯陁含名一往來而實无往來是名
斯陁含須菩提於意云何阿那含能作是念
我得阿那含果不須菩提言不也世尊何以
故阿那含名為不來而實无來是故名阿那

BD04046 號　金剛般若波羅蜜經　（6–1）

是念我得斯陁含果不須菩提言不也世尊
何以故斯陁含名一往来而實无往来是名
斯陁含須菩提於意云何阿那含能作是念
我得阿那含果不須菩提言不也世尊何以
故阿那含名爲不来而實无来是故名阿那
含須菩提於意云何阿羅漢能作是念我得
阿羅漢道不須菩提言不也世尊何以故實
无有法名阿羅漢世尊若阿羅漢作是念我
得阿羅漢道即爲著我人衆生壽者世尊佛
説我得无諍三昧人中最爲第一是第一離
欲阿羅漢我不作是念我是離欲阿羅漢世
尊我若作是念我得阿羅漢道世尊則不説
須菩提是樂阿蘭那行者以須菩提實无所
行而名須菩提是樂阿蘭那行
佛告須菩提於意云何如来昔在然燈佛所
於法有所得不世尊如来在然燈佛所於法
實无所得須菩提於意云何菩薩莊嚴佛土
不不也世尊何以故莊嚴佛土者則非莊嚴
是名莊嚴是故須菩提諸菩薩摩訶薩應如
是生清淨心不應住色生心不應住聲香味
觸法生心應无所住而生其心須菩提譬如
有人身如須弥山王於意云何是身爲大不須
菩提言甚大世尊何以故佛説非身是名大身
須菩提如恒河中所有沙數如是沙等恒河
於意云何是諸恒河沙寧爲多不須菩提言
甚多世尊但諸恒河尚多无數何況其沙須
菩提我今實言告汝若有善男子善女人以

BD04046 號　金剛般若波羅蜜經　（6–2）

於意云何是諸恒河沙寧爲多不須菩提言
甚多世尊但諸恒河尚多无數何況其沙須
菩提我今實言告汝若有善男子善女人以
七寶滿尒所恒河沙數三千大千世界以用
布施得福多不須菩提言甚多世尊佛告須
菩提若善男子善女人於此經中乃至受持
四句偈等爲他人説而此福德勝前福德復
次須菩提隨説是經乃至四句偈等當知此
處一切世間天人阿脩羅皆應供養如佛塔
廟何況有人盡能受持讀誦須菩提當知是
人成就最上第一希有之法若是經典所在
之處則爲有佛若尊重弟子
尒時須菩提白佛言世尊當何名此經我等
云何奉持佛告須菩提是經名爲金剛般若
波羅蜜以是名字汝當奉持所以者何須菩
提佛説般若波羅蜜則非般若波羅蜜須菩
提於意云何如来有所説法不須菩提白佛
言世尊如来无所説須菩提於意云何三千
大千世界所有微塵是爲多不須菩提言甚
多世尊須菩提諸微塵如来説非微塵是名微
塵如来説世界非世界是名世界須菩提於意
云何可以卅二相見如来不不也世尊不可以卅
二相得見如来何以故如来説卅二相即是非相
是名卅二相須菩提若有善男子善女人以恒河
沙等身命布施若復有人於此經中乃至受持
四句偈等爲他人説其福甚多
尒時須菩提聞説是經深解義趣涕淚悲泣

BD04046 號　金剛般若波羅蜜經　（6–3）

二相得見如来何以故如来說卅二相即是非相
是名卅二相須菩提若有善男子善女人以恒河
沙等身命布施若復有人於此經中乃至受持
四句偈等為他人說其福甚多
尒時須菩提聞說是經深解義趣涕淚悲泣
而白佛言希有世尊佛說如是甚深經典我
從昔来所得慧眼未曾得聞如是之經世尊
若復有人得聞是經信心清淨則生實相當
知是人成就第一希有功德世尊是實相者
則是非相是故如来說名實相世尊我今得
聞如是經典信解受持不足為難若當來世
後五百歲其有衆生得聞是經信解受持是
人則為第一希有何以故此人无我相人相
衆生相壽者相所以者何我相即是非相人
相衆生相壽者相即是非相何以故離一切
諸相則名諸佛
佛告須菩提如是如是若復有人得聞是經
不驚不怖不畏當知是人甚為希有何以故
須菩提如来說第一波羅蜜非第一波羅蜜
是名第一波羅蜜須菩提忍辱波羅蜜如来
說非忍辱波羅蜜何以故須菩提如我昔為
歌利王割截身體我於尒時无我相无人相
无衆生相无壽者相何以故我於往昔節節
支解時若有我相人相衆生相壽者相應生
瞋恨須菩提又念過去於五百世作忍辱仙
人於尒所世无我相无人相无衆生相无壽
者相是故須菩提菩薩應離一切相發阿耨
多羅三藐三菩提心不應住色生心不應住

BD04046 號　金剛般若波羅蜜經　（6–4）

支解時若有我相人相衆生相壽者相應生
瞋恨須菩提又念過去於五百世作忍辱仙
人於尒所世无我相无人相无衆生相无壽
者相是故須菩提菩薩應離一切相發阿耨
多羅三藐三菩提心不應住色生心不應住
聲香味觸法生心應生无所住心若心有住
則為非住是故佛說菩薩心不應住色布施
須菩提菩薩為利益一切衆生應如是布施
如来說一切諸相即是非相又說一切衆生
則非衆生須菩提如来是真語者實語者如
語者不誑語者不異語者須菩提如来所得
法此法无實无虛須菩提若菩薩心住於法
而行布施如人入闇則无所見若菩薩心不
住法而行布施如人有目日光明照見種種
色須菩提當来之世若有善男子善女人能
於此經受持讀誦則為如来以佛智慧悉知
是人悉見是人皆得成就无量无邊功德
須菩提若有善男子善女人初日分以恒河
沙等身布施中日分復以恒河沙等身布施
後日分亦以恒河沙等身布施如是无量百
千万億劫以身布施若復有人聞此經典信
心不逆其福勝彼何況書寫受持讀誦為人
解說須菩提以要言之是經有不可思議不
可稱量无邊功德如来為發大乘者說為發
最上乘者說若有人能受持讀誦廣為人說
如来悉知是人悉見是人皆得成就不可量
不可稱无有邊不可思議功德如是人等則為

BD04046 號　金剛般若波羅蜜經　（6–5）

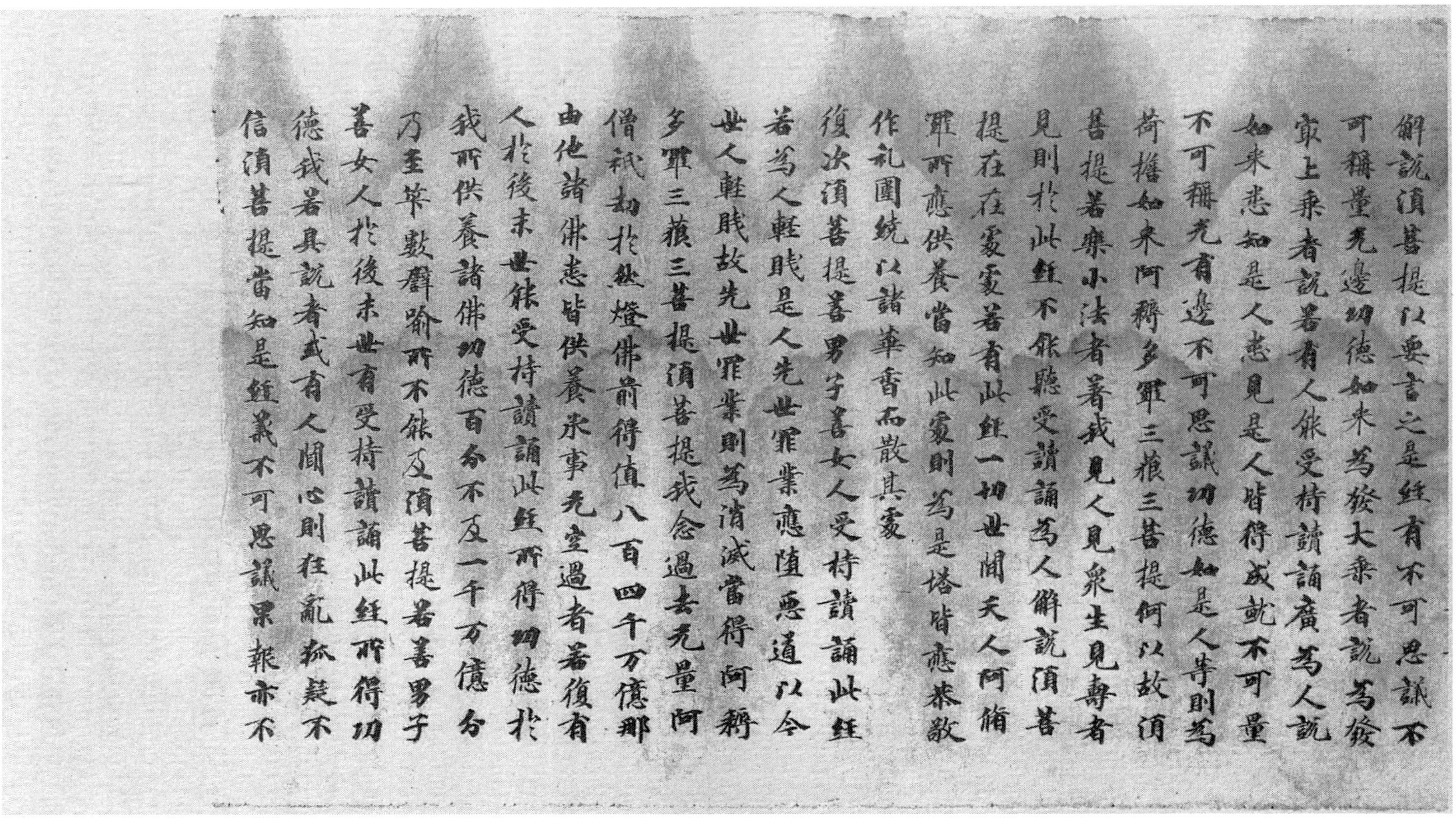

解說須菩提以要言之是經有不可思議不
可稱量无邊功德如來為發大乘者說為發
最上乘者說若有人能受持讀誦廣為人說
如來悉知是人悉見是人皆得成就不可量
不可稱无有邊不可思議功德如是人等則為
荷擔如來阿耨多羅三藐三菩提何以故須
菩提若樂小法者著我見人見衆生見壽者
見則於此經不能聽受讀誦為人解說須菩
提在在處處若有此經一切世間天人阿脩
羅所應供養當知此處則為是塔皆應恭敬
作禮圍繞以諸華香而散其處
復次須菩提善男子善女人受持讀誦此經
若為人輕賤是人先世罪業應墮惡道以今
世人輕賤故先世罪業則為消滅當得阿耨
多羅三藐三菩提須菩提我念過去无量阿
僧祇劫於然燈佛前得值八百四千万億那
由他諸佛悉皆供養承事无空過者若復有
人於後末世能受持讀誦此經所得功德於
我所供養諸佛功德百分不及一千万億分
乃至筭數譬喻所不能及須菩提若善男子
善女人於後末世有受持讀誦此經所得功
德我若具說者或有人聞心則狂亂狐疑不
信須菩提當知是經義不可思議果報亦不

BD04046號　金剛般若波羅蜜經　（6–6）

至心歸命華生德天尊　至心歸命於衆堅[illegible]尊
至心歸命智明天尊　至心歸命智衆天尊
至心歸命離胎天尊　至心歸命大醫天尊
至心歸命壞諸煩惱天尊　至心歸命无量智讃天尊
至心歸命華生天尊　至心歸命轉諸難天尊
至心歸命施名聞天尊　至心歸命名親天尊
至心歸命名堅固天尊　礼三寶已次復懺悔
至心歸命十方常住三寶　良等懺悔无始劫
来至于今日或於道法之間一切諸郭經中
所説人身難得道尊難聞衆師難值信心難生
六根難具善友難逢而今相與宿殖善根
得此人身六根完具又值善友得聞大道正
法於其中間復各不能盡心精懃苦行怨於
未来長溺万苦无有出期是故今日應須至
心慚愧稽首歸依今皆懺悔
至心歸命十方常住三寶衆等自從无始已
来至于今日常以无明覆心煩惱郭弊見尊
形像不能盡心恭敬輕慢衆師殘害善友破
壞毀觀焚燒形像或自處華堂安置尊像
卑猥之處使令煙薰日暴風吹雨霑塵土汙
黷雀鼠殘毀共同住宿曾无礼敬或裸露像

BD04047號　太上洞玄靈寶天尊名（擬）　（5–1）

至心[illegible]

来至于今日常以无明覆心煩惱鄣弊見尊
形像不能盡心恭敬輕慢衆師残害善友破
壞毀觀焚焼形像或自處華堂安置尊像
卑猥之處使令煙薫日暴風吹雨露塵土汙
點雀鼠残毀共同住宿曾无礼敬或裸露像
身初不嚴飾或遮掩燈燭開閉殿堂鄣像
光明如是等罪今日至誠悉皆懺悔

至心歸命北方度仙上聖天尊　至心歸命真想天尊
至心歸命當度衆生天尊　至心歸命得道天尊
至心歸命保命天尊　至心歸命歸金寶天尊
至心歸命宣遵天尊　至心歸命誠有天尊
至心歸命无号天尊　至心歸命大法施天尊
至心歸命上清天尊　至心歸命靈陰天尊
至心歸命信天尊　至心歸命嚴整天尊
至心歸命太華天尊　至心歸命玄都天尊
至心歸命入妙門天尊　至心歸命若注海天尊
至心歸命八冥天尊　至心歸命普度天尊
至心歸命除愛獄天尊　至心歸命知正道天尊
至心歸命細微天尊　至心歸命感應天尊
至心歸命制命門天尊　至心歸命斷口業天尊
至心歸命泥丸天尊　至心歸命變化天尊
至心歸命遊玄天尊　至心歸命度仙天尊
至心歸命達靈天尊　至心歸命受号无爲天尊
至心歸命宿世因緣天尊　至心歸命高上慈救天尊
至心歸命真身天尊　至心歸命忍垢天尊
至心歸命存濟天尊　至心歸命貴生天尊

BD04047號　太上洞玄靈寶天尊名（擬）　（5–2）

至心歸命遊玄天尊　至心歸命度仙天尊
至心歸命達靈天尊　至心歸命受号无為天尊
至心歸命宿世因緣天尊　至心歸命高上慧救天尊
至心歸命真身天尊　至心歸命忍垢天尊
至心歸命存濟天尊　至心歸命貴生天尊
至心歸命應感天尊　至心歸命遠遊天尊
至心歸命九閡天尊　至心歸命流光天尊
至心歸命法喜天尊　至心歸命太上高玄天尊
至心歸命玉蘭天尊　至心歸命威聖天尊
至心歸命棄耶天尊　至心歸命入无為天尊
至心歸命鎮生天尊　至心歸命寶藏天尊
至心歸命華都天尊　礼三寶已次復懺悔
至心歸命十方常住三寶等衆自從无始已
來至于今日或於道法之間以不淨手把捉
經卷或臨經書非法俗話或安置床頭坐起
不敬或開閉箱篋虫鼠杇爛或褾袖脫落部
黨失次或遺脫漏誤紙墨破列自不循理或
自道恭敬玄他輕賤不肯流轉如是等罪今
皆懺悔
至心歸命十方常住三寶衆等自從无始已
來或卧地聽經仰眠讀誦高聲語咲亂他聽
法或耶解尊語僻說聖意非法說法法說非
法非犯說犯犯說非犯輕罪說重重罪說輕
或杪前着後杪後着前前後着中中着前後
倚飾文辞安置不典或為利養名與為人說
去无直德心求法師過而為論義非理猾說

法或耶解尊語僻說聖意非法說法說法說非
法非犯說犯犯說非犯輕罪說重重罪說輕
或杪前着後杪後着前前後着中中着前後
倚飾文辭安置不典或為利養名與為人說
法无道德心求法師過而為論義非理彈說
不為長解求出世法或輕慯尊言遵重耶教
毀呰大乘讚譽小道如是等罪今日至誠皆
悉懺悔

至心歸命華英天尊　至心歸命玉真天尊
至心歸命寶林天尊　至心歸命玉寶天尊
至心歸命知智天尊　至心歸命保賢天尊
至心歸命翹心天尊　至心歸命化夷狄天尊
至心歸命威神天尊　至心歸命化生天尊
至心歸命盟魔天尊　至心歸命栢空天尊
至心歸命梵形天尊　至心歸命郎生人中天尊
至心歸命步虛天尊　至心歸命大度天尊
至心歸命預善天尊　至心歸命持禁戒天尊
至心歸命无畏老天尊　至心歸命迴靈天尊
至心歸命南陵天尊　至心歸命四象天尊
至心歸命自育天尊　至心歸命香林天尊
至心歸命徐來天尊　至心歸命容與天尊
至心歸命教化万物天尊　至心歸命定念天尊
至心歸命常樂道天尊　至心歸命三光天尊
至心歸命更生天尊　至心歸命受功天尊
至心歸命玉都天尊　至心歸命道軋天尊
至心歸命威光天尊　至心歸命孫綸天尊

志懺悔
至心歸命華英天尊　至心歸命玉真天尊
至心歸命寶林天尊　至心歸命玉寶天尊
至心歸命知智天尊　至心歸命保賢天尊
至心歸命翹心天尊　至心歸命化夷狄天尊
至心歸命威神天尊　至心歸命化生天尊
至心歸命盟魔天尊　至心歸命栢空天尊
至心歸命梵形天尊　至心歸命即生人中天尊
至心歸命步虛天尊　至心歸命大度天尊
至心歸命預善天尊　至心歸命持禁戒天尊
至心歸命无景老天尊　至心歸命迴靈天尊
至心歸命南陵天尊　至心歸命四象天尊
至心歸命自育天尊　至心歸命香林天尊
至心歸命徐來天尊　至心歸命容與天尊
至心歸命教化万物天尊　至心歸命定念天尊
至心歸命常樂道天尊　至心歸命三光天尊
至心歸命更生天尊　至心歸命受功天尊
至心歸命玉都天尊　至心歸命道乾天尊
至心歸命威光天尊　至心歸命弥綸天尊

BD04047號背　大乘百法明門論開宗義決疏（擬）

（5–1）

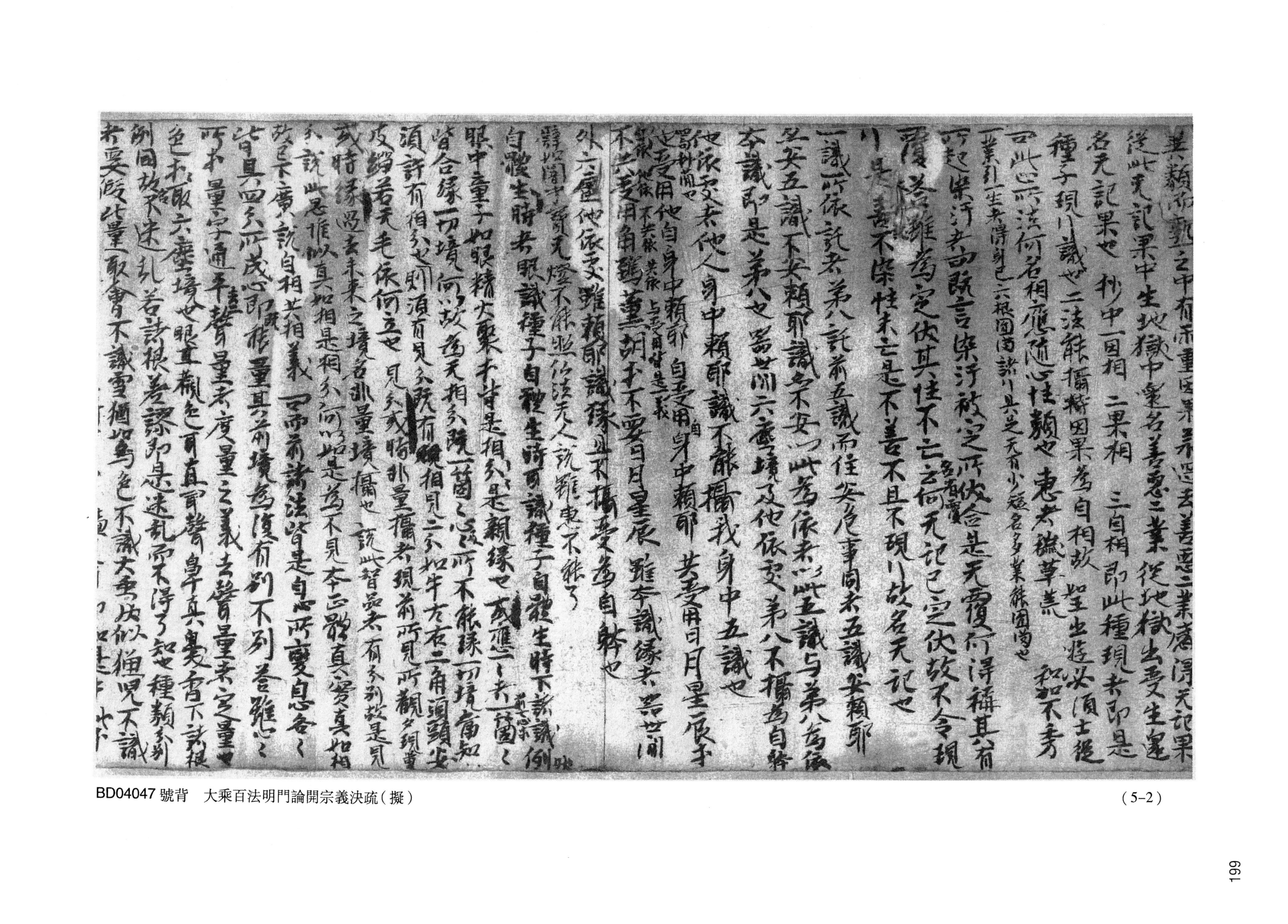

BD04047 號背　大乘百法明門論開宗義決疏（擬）　　（5–2）

BD04047號背　大乘百法明門論開宗義決疏（擬）

決定有境多重未可我心所有十三箇遍行別境善十一中二大八根
本三如衆多異類並生何不得依不无間緣依
可向下便答此是四緣義有別者一者因緣即是種子義有爲法者
有生有滅有來有去一切造作之法總名也 親辨自果者
根種色種識種心所種心種各自從本種成辨自果〻體
有二種子現〻界謂三界地謂九地此衆多種子各有自生功能
故名功能差別 能引次後者種子能起現〻復薰本識現〻
爲因〻能生現〻識也及起同時者同時心所也 此唯望彼者此
現〻望无始種子爲因緣性彼望現識爲種子依者此文則
彼望種子爲現識依 此兼後種者始論現〻依用也及伏相應者
即識心王及心所也所變相分見分三性三界九地種子從心所變
似更不生故除於果善法无記者即是第六識中一分无記不
能薰種也 此唯望彼〻此現〻却望本識爲因緣性也
可現〻望現〻爲因緣得不答不可開道者前一聚心王心所齊等
後一聚齊等而生令彼後心定生可眼中有衆多種子爲等无
間緣得不種子但有引生之義不不應作等无間緣如似不應
法非此緣攝也 阿羅漢人前念是有漏後念證真故名除入
无餘等又无當起者前念滅又无當來所起心之名不等无間緣
可八識聚三界〻九地不得依等无間緣不云〻 所緣〻者能緣心所緣
境帶己相者即是相分也心或麁即是心王名識心所〻慮是能緣
心所杖是所緣境也 體不相離者相分与見分似所緣相似能緣相
故名不離也 疎所緣〻能緣或有有親緣或疎緣或有或无
有疎緣要〻定有親 若无親緣必不能緣疎也 必得生故者
无疎緣 親緣必得緣 次間持八識詮間親疎也 若前五識缺
者无同時意識名缺及第七識是俱生故者 第七与第八俱時而生
恒時不相捨也 未轉依位者未能轉染取淨轉凡成聖轉小令大
所未能轉體必杖外質是疎緣也 第六識親疎總通也
第八識所變身土者身即己身土即國土山河可互受用者見恭
敬父〻恭敬見〻互受用父賴耶〻父受用見賴耶名疎緣也所變根種
於他有情者第八變根及種子是親緣我身中賴耶緣他身中賴不
得他身中賴耶緣我身中賴耶不得一向約內名親緣也〻不互爲質
[illegible]第七平等性智化利有情名

BD04047號背　大乘百法明門論開宗義決疏（擬）　（5–4）

BD04047號背　大乘百法明門論開宗義決疏（擬）

（5–5）

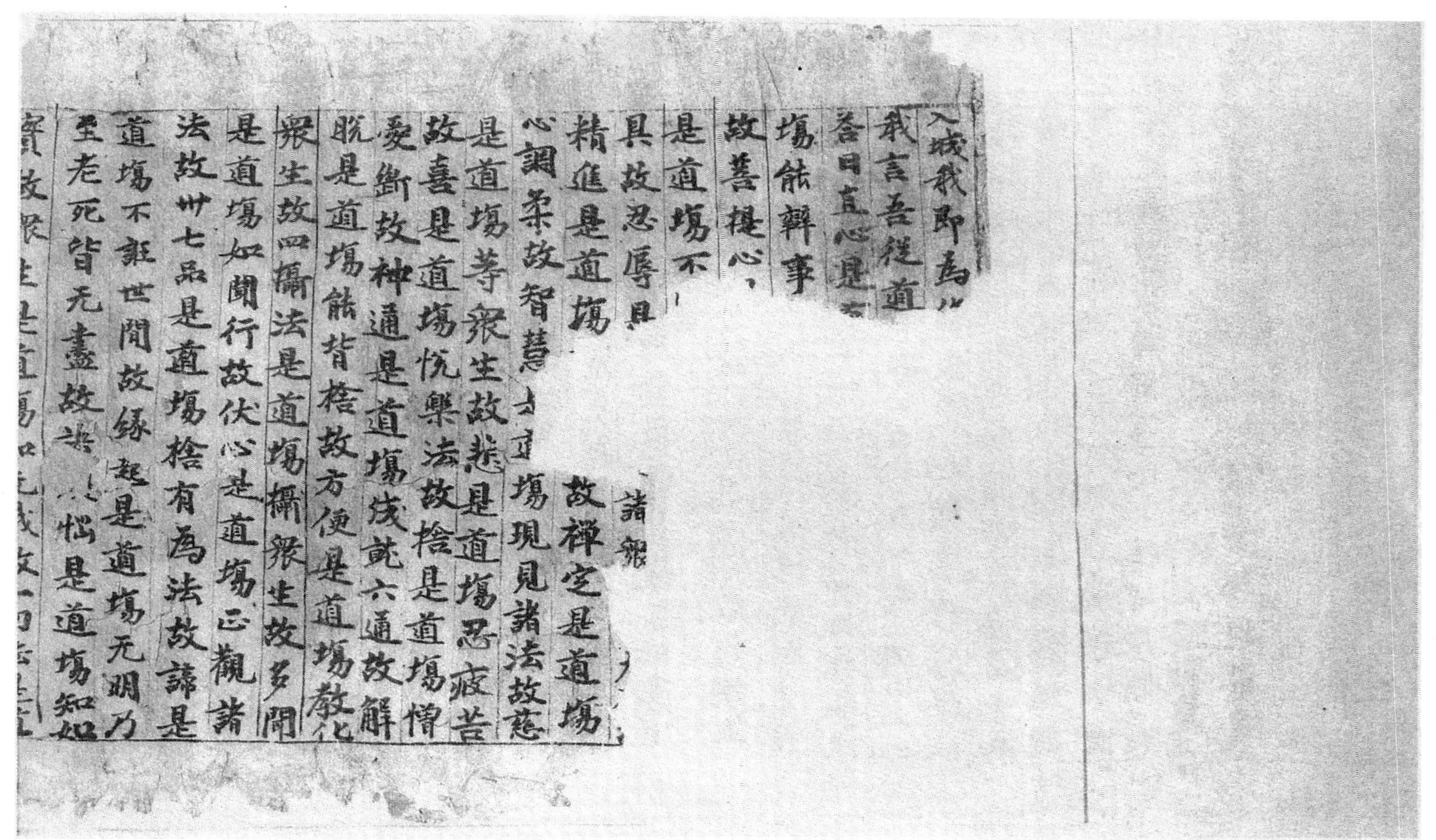

入城我即為作
我言吾從道
荅曰直心是
場能辦事
故菩提心
是道場不
具故忍辱具　諸衆
精進是道場　故禪定是道場
心調柔故智慧　場現見諸法故慈
是道場等衆生故悲是道場忍疲苦
故喜是道場悅樂法故捨是道場憎
愛斷故神通是道場成就六通故解
脫是道場能背捨故方便是道場教化
衆生故四攝是道場攝衆生故多聞
是道場如聞行故伏心是道場正觀諸
法故卅七品是道場捨有為法故諦是
道場不誑世間故緣起是道場无明乃
至老死皆无盡故諸煩惱是道場知如
實故衆生是道場知无我故一切法是道

BD04048號　維摩詰所說經卷上　（7–1）

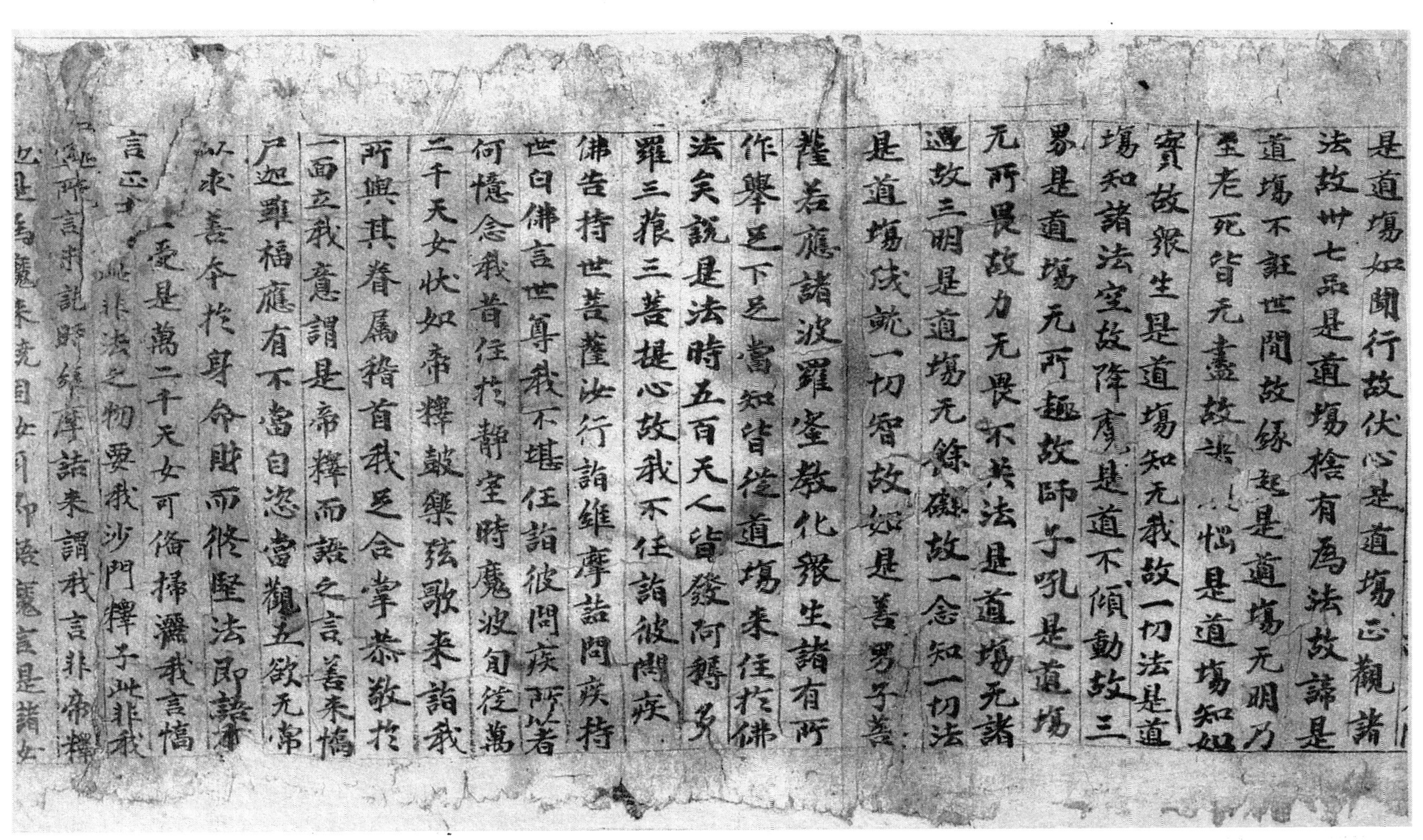

是道場如聞行故伏心是道場正觀諸
法故卅七品是道場捨有為法故諦是
道場不誑世間故緣起是道場无明乃
至老死皆无盡故諸煩惱是道場知如
實故衆生是道場知无我故一切法是道
場知諸法空故降魔是道場不傾動故三
界是道場无所趣故師子吼是道場
无所畏故力无畏不共法是道場无諸
過故三明是道場无餘礙故一念知一切法
是道場成就一切智故如是善男子菩
薩若應諸波羅蜜教化衆生諸有所
作舉足下足當知皆從道場來住於佛
法矣說是法時五百天人皆發阿耨多
羅三藐三菩提心故我不任詣彼問疾
佛告持世菩薩汝行詣維摩詰問疾持
世白佛言世尊我不堪任詣彼問疾所以者
何憶念我昔住於靜室時魔波旬從萬
二千天女狀如帝釋鼓樂絃歌來詣我
所與其眷屬稽首我足合掌恭敬於
一面立我意謂是帝釋而語之言善來憍
尸迦雖福應有不當自恣當觀五欲无常
以求善本於身命財而修堅法即語我
言正士受是萬二千天女可備掃灑我言憍
此非法之物要我沙門釋子此非我
所言未訖維摩詰來謂我言非帝釋
魔來嬈固汝耳即語魔言是諸女

BD04048號　維摩詰所說經卷上　（7–2）

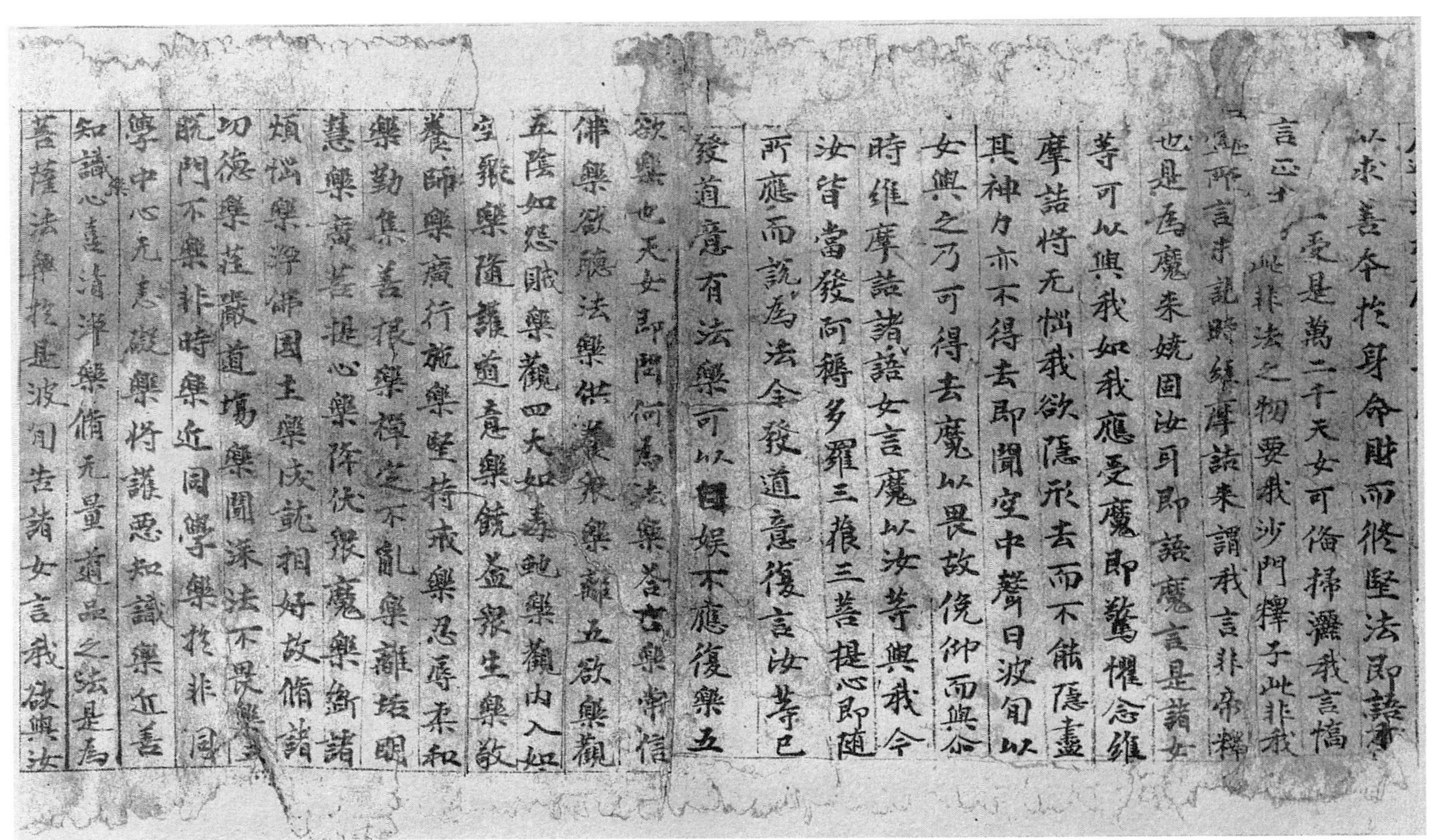

BD04048 號　維摩詰所説經卷上　（7–3）

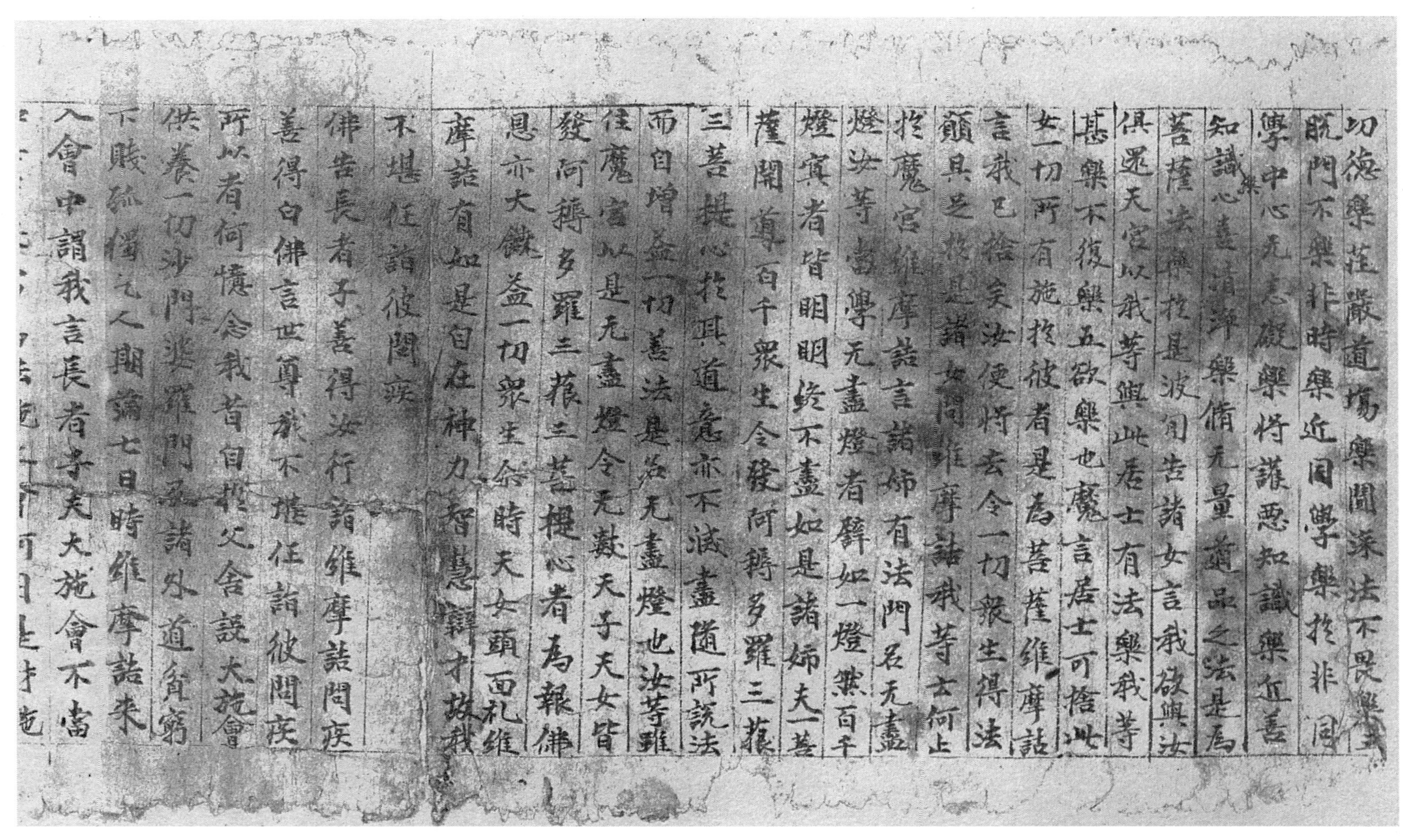

BD04048 號　維摩詰所説經卷上　（7–4）

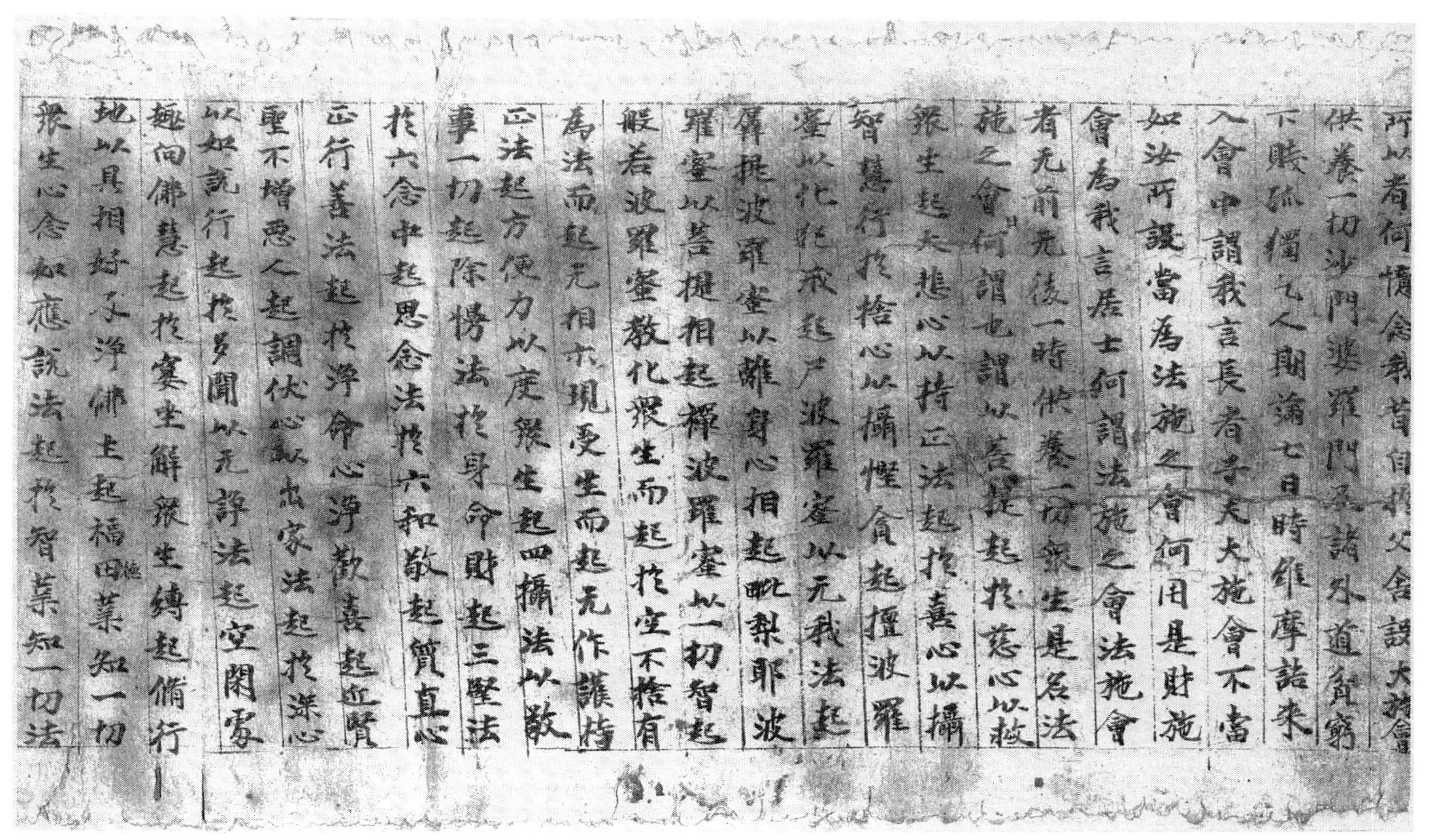
所以者何憶念我昔自於父舍設大施會
供養一切沙門婆羅門及諸外道貧窮
下賤孤獨乞人期滿七日時維摩詰來
入會中謂我言長者子夫大施會不當
如汝所設當為法施之會何用是財施
會為我言居士何謂法施之會法施會
者无前无後一時供養一切衆生是名法
施之會曰何謂也謂以菩提起於慈心以救
衆生起大悲心以持正法起於喜心以攝
智慧行於捨心以攝慳貪起檀波羅
蜜以化犯戒起尸波羅蜜以无我法起
羼提波羅蜜以離身心相起毗梨耶波
羅蜜以菩提相起禪波羅蜜以一切智起
般若波羅蜜教化衆生而起於空不捨有
為法而起无相示現受生而起无作護持
正法起方便力以度衆生起四攝法以敬
事一切起除慢法於身命財起三堅法
於六念中起思念法於六和敬起質直心
正行善法起於淨命心淨歡喜起近賢
聖不憎惡人起調伏心以出家法起於深心
以如說行起於多聞以无諍法起空閑處
趣向佛慧起於宴坐解衆生縛起修行
地以具相好及淨佛土起福德田業知一切
衆生心念如應說法起於智業知一切法

BD04048號　維摩詰所說經卷上　（7–5）

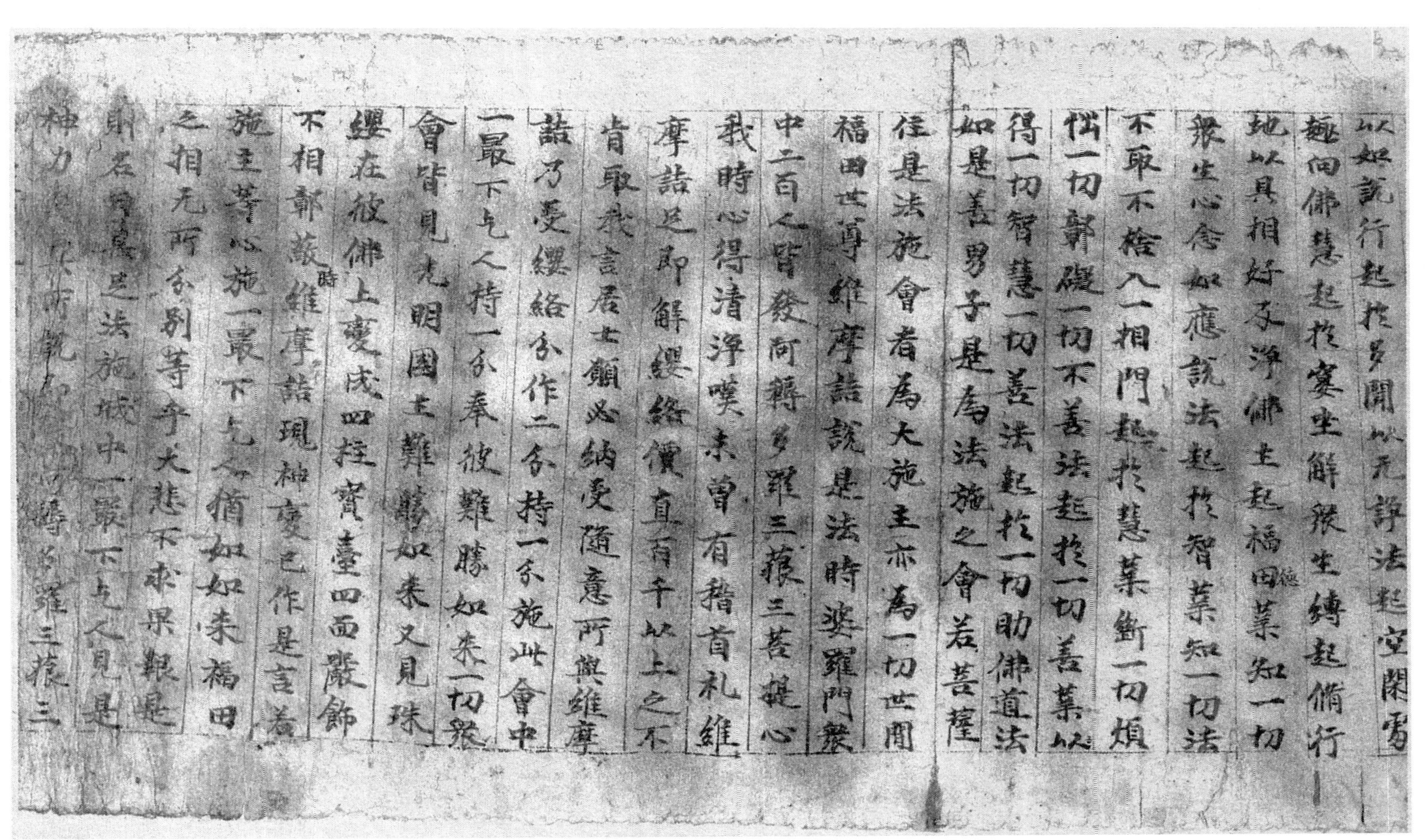
以如說行起於多聞以无諍法起空閑處
趣向佛慧起於宴坐解衆生縛起修行
地以具相好及淨佛土起福德田業知一切
衆生心念如應說法起於智業知一切法
不取不捨入一相門起於慧業斷一切煩
惱一切鄣礙一切不善法起於一切善業以
得一切智慧一切善法起於一切助佛道法
如是善男子是為法施之會若菩薩
住是法施會者為大施主亦為一切世間
福田世尊維摩詰說是法時婆羅門衆
中二百人皆發阿耨多羅三藐三菩提心
我時心得清淨歎未曾有稽首礼維
摩詰足即解瓔珞價直百千以上之不
肯取我言居士願必納受隨意所與維摩
詰乃受瓔珞分作二分持一分施此會中
一最下乞人持一分奉彼難勝如來一切衆
會皆見光明國土難勝如來又見珠
瓔在彼佛上變成四柱寶臺四面嚴飾
不相鄣蔽時維摩詰現神變已作是言若
施主等心施一最下乞人猶如如來福田
之相无所分別等于大悲不求果報是
則名曰具足法施城中一最下乞人見是
神力聞其所說皆發阿耨多羅三藐三

BD04048號　維摩詰所說經卷上　（7–6）

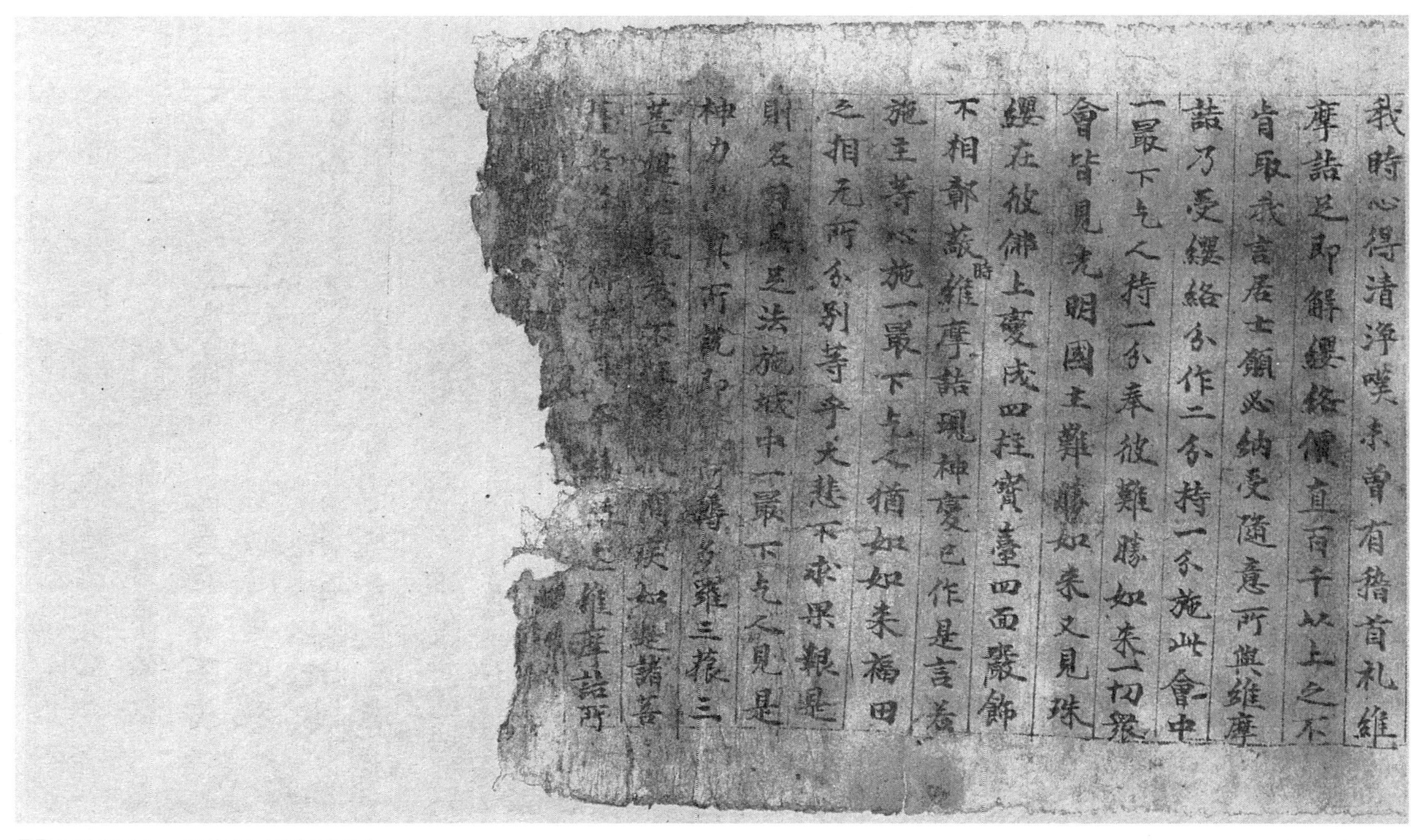

BD04048 號　維摩詰所說經卷上　（7–7）

BD04048 號背　名籍（擬）　（2–1）

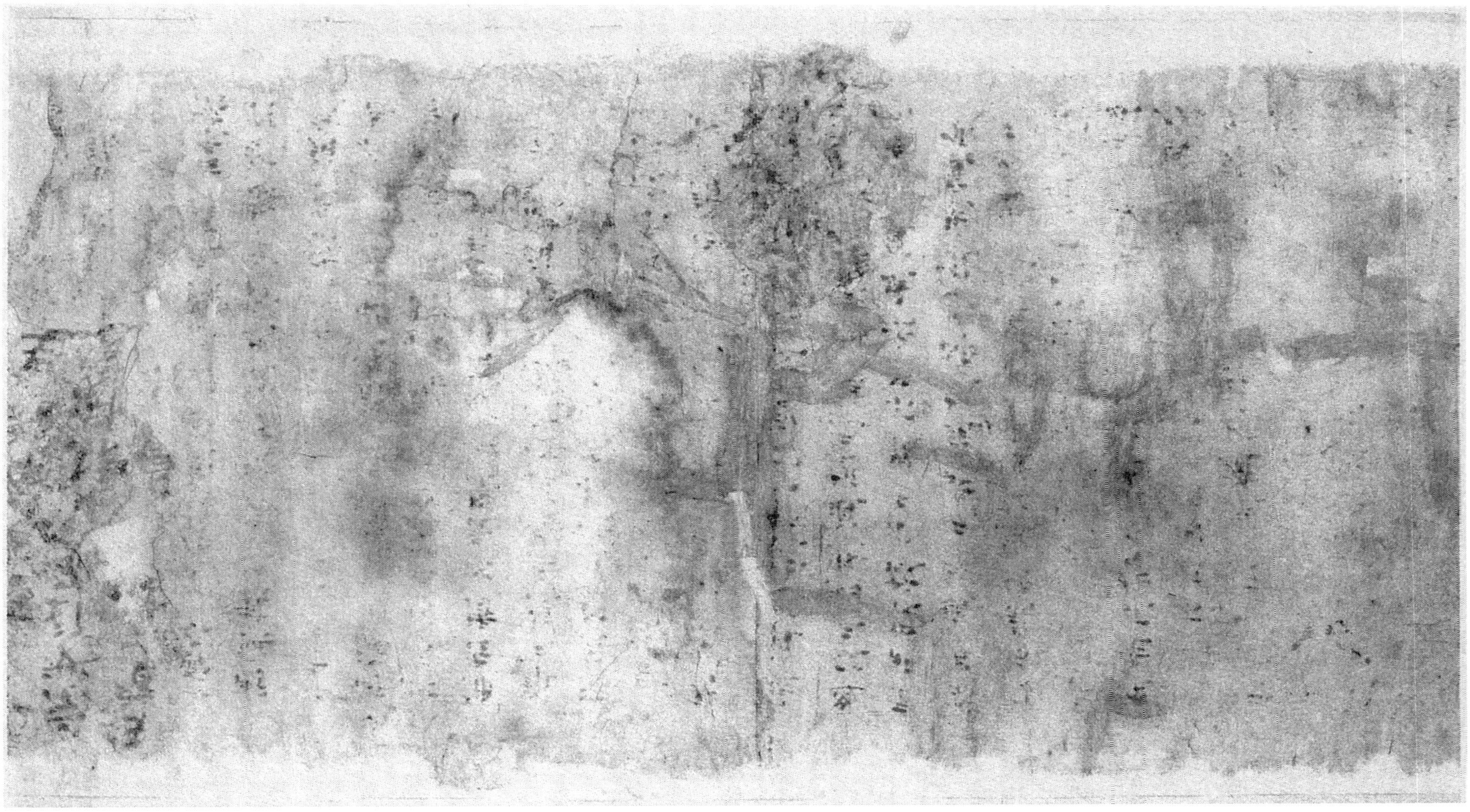

BD04048 號背　名籍（擬）　（2–2）

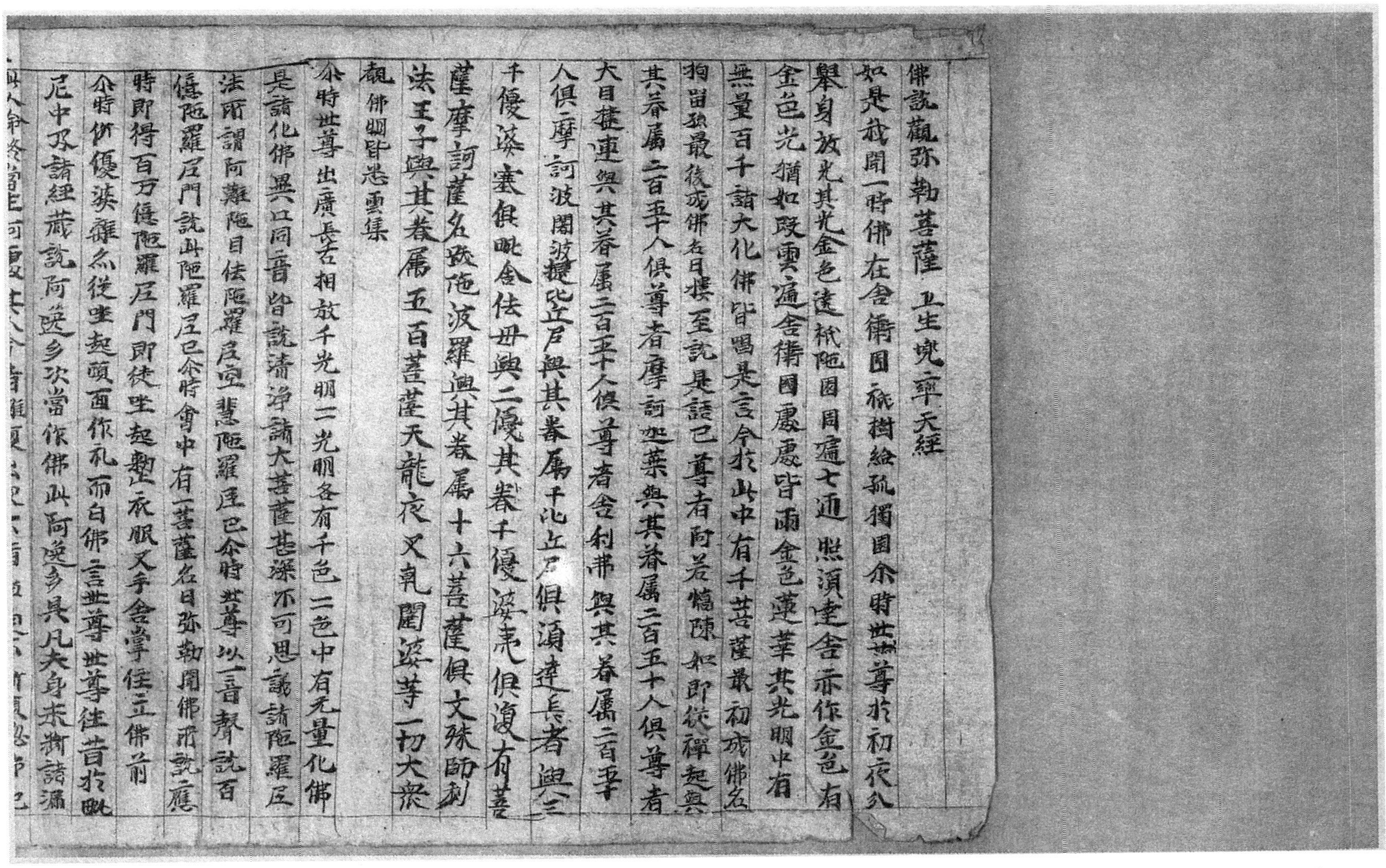

佛說觀弥勒菩薩上生兜率天經
如是我聞一時佛在舍衛國祇樹給孤獨園尒時世尊於初夜分
舉身放光其光金色遶祇陀園周遍七匝照須達舍亦作金色有
金色光猶如雲氣遍舍衛國處處皆雨金色蓮華其光明中有
無量百千諸大化佛皆唱是言今於此中有千菩薩最初成佛名
拘留孫最後成佛名曰樓至說是語已尊者阿若憍陳如即從禪起與
其眷屬二百五十人俱尊者摩訶迦葉與其眷屬二百五十人俱尊者
大目揵連與其眷屬二百五十人俱尊者舍利弗與其眷屬二百五十
人俱摩訶波闍波提比丘尼與其眷屬千比丘尼俱須達長者與三
千優婆塞俱毗舍佉母與二千優婆夷俱復有菩
薩摩訶薩名跋陀婆羅與其眷屬十六菩薩俱文殊師利
法王子與其眷屬五百菩薩天龍夜叉乾闥婆等一切大衆
覩佛光明皆悉雲集
尒時世尊出廣長舌相放千光明一一光明各有千色一一色中有无量化佛
是諸化佛異口同音皆說清淨諸大菩薩甚深不可思議諸陀羅尼
法所謂阿難陀目佉陀羅尼空慧陀羅尼無礙性陀羅尼尒時世尊以一音聲說百
億陀羅尼門說此陀羅尼已尒時會中有一菩薩名曰弥勒聞佛所說應
時即得百万億陀羅尼門即從坐起整衣服叉手合掌住立佛前
尒時優波離亦從坐起頭面作礼而白佛言世尊世尊往昔於毗
尼中及諸經藏說阿逸多次當作佛此阿逸多具凡夫身未斷諸漏

BD04049 號　觀彌勒菩薩上生兜率天經　（6–1）

薩摩訶薩名跋陀波羅與其眷屬十六菩薩俱文殊師利
法王子與其眷屬五百菩薩天龍夜叉乾闥婆等一切大衆
覩佛光明皆悉雲集
尒時世尊出廣長舌相放千光明一一光明各有千色一一色中有无量化佛
是諸化佛異口同音皆說清淨諸大菩薩甚深不可思議諸陀羅尼
法所謂阿難陀目佉陀羅尼空慧陀羅尼已尒時世尊以一音聲說百
億陀羅尼門說此陀羅尼已尒時會中有一菩薩名曰弥勒聞佛所說應
時即得百万億陀羅尼門即從坐起整衣服叉手合掌住立佛前
尒時優波離亦從坐起頭面作礼而白佛言世尊世尊往昔於毗
尼中及諸經藏說阿逸多次當作佛此阿逸多具凡夫身未斷諸漏
此人命終當生何處其人今者雖復出家不修禪定不斷煩惱佛記
此人成佛无疑此人命終生何國土佛告優波離諦聽諦聽善思念之如
來應正遍知今於此衆說弥勒菩薩摩訶薩阿耨多羅三藐三菩
提記此人從今十二年後命終必得往生兜率陀天上尒時兜率陀天上有五百
億天子一一天子皆修甚深檀波羅蜜為供養一生補處菩薩故以天
福力造作宮殿各各脫身栴檀摩尼寶冠為長跪合掌發是願言我
今持是无價寶珠及以天冠為供養大心衆生故此人來世不久當成阿
耨多羅三藐三菩提我於彼佛莊嚴國界得受記者令我寶冠化成供
具如是諸天子等各各長跪發弘誓願亦復如是時諸天子作是願已是
諸寶冠化作五百万億寶宮一一寶宮有七重垣一一垣七寶所成一一寶出
五百億光明一一光明中有五百億蓮華一一蓮華化作五百億七寶行樹一一
樹葉有五百億寶色一一寶色有五百億閻浮檀金光一一閻浮檀金光
中出五百億諸天寶女一一寶女住立樹下執百億寶无數瓔珞出妙
音樂時樂音中演說不退轉地法輪之行其樹生菓如頗梨色一切
衆色入頗梨色中是諸光明右旋婉轉流出衆音衆音演說大慈大悲
法一一垣墻高六十二由旬厚十四由旬有五百億龍王圍遶此垣一一龍王雨
五百億七寶行樹莊嚴垣上自然有風吹動此樹樹相振觸演說苦
空无常无我諸波羅蜜尒時此宮有一大神名牢度跋提即從坐起遍
礼十方佛發弘誓願若我福德應為弥勒菩薩造善法堂令我

衆色入頗梨色中是諸光明右旋婉轉流出衆音衆音演說大慈大悲
法一一垣墻高六十二由旬厚十四由旬有五百億龍王圍遶此垣一一龍王雨
五百億七寶行樹莊嚴垣上自然有風吹動此樹樹相振觸演說苦
空无常无我諸波羅蜜尒時此宮有一大神名牢度跋提即從坐起遍
礼十方佛發弘誓願若我福德應為弥勒菩薩造善法堂令我
額上自然出珠既發願已額上自然出百億寶珠瑠璃頗梨一切衆色
无不具足如紫紺摩尼表裏暎徹此摩尼光迴旋空中化為卌九
重微妙寶宮一一蘭楯万億梵摩尼寶所共合成諸蘭楯間自然化生
九億天子五百億天女一一天子手中化生无量億万七寶蓮華一一蓮華
上有无量億光其光明中具諸樂器如是天樂不鼓自鳴此聲出時諸
女自然執衆樂器競起歌舞所詠歌音演說十善四弘誓願諸
天聞者皆發无上道心時諸園中有八色瑠璃渠一一渠有百五
億寶珠而用合成一一渠中有八味水八色具足其水上踊遊梁棟
間於四門外化生四華水出花中如寶華流一一華上有廿四天女
身色微妙如諸菩薩莊嚴身相手中自然化五百億寶器
一一器中天諸甘露自然盈滿左肩荷佩无量瓔珞左肩復負无量
樂器如雲住空從水而出讚歎菩薩六波羅蜜若有往生兜
率天上自然得此天女侍御亦有七寶大師子座高四由旬閻浮檀
金无量衆寶以為莊嚴座四角頭生四蓮華一一蓮華百寶所成一一寶
出百億光明其光微妙化為五百億衆寶雜華莊嚴寶帳時
十方面百千梵王各各持一梵天妙寶以為寶鈴懸寶帳上時小梵
王持天衆寶以為羅網弥覆帳上尒時百千无數天子天女眷屬
各持寶華以布座上是諸蓮華自然皆出五百億寶女手執白
拂侍立帳內持宮四角有四寶柱一一寶柱有百千樓閣梵摩尼珠以為
交絡時諸閣間有百千天女色妙无比手執樂器其樂音中演說
苦空无常无我諸波羅蜜如是天宮有百億万无量寶色一一諸女亦
同寶色尒時十方无量諸天命終皆願往生兜率天宮時兜率天宮有
五大神第一大神名曰寶幢身雨七寶散宮墻內一一寶珠化成无量樂
器懸處空中發无量音適衆生意第二大神名曰華德身雨

交路時諸閣間有百千天女色妙无比手執樂器其樂音中演說
苦空无常无我諸波羅蜜如是天宮有百億万无量寶色一一諸女亦
同寶色爾時十方无量諸天命終皆願往生兜率天宮時兜率天宮有
五大神第一大神名曰寶幢身雨七寶散宮墻內一一寶珠化成无量樂
器懸處空中不鼓自鳴有无量音適眾生意第二大神名曰華德身雨
眾華彌覆宮墻化成華蓋一一華蓋百千幢幡以為導引第三大神
名曰香音身毛孔中雨出微妙海此岸栴檀香其香如雲作百寶色遶
宮七匝第四大神名曰喜樂雨如意珠一一寶珠自然住在幢幡之上
顯說无量歸佛歸法歸比丘僧及說五戒无量善法諸波羅蜜饒益勸
助菩提意者第五大神名曰正音聲身諸毛孔流出眾水一一水上有五百
億華一一華上有廿五玉女一一玉女身諸毛孔出一切音聲勝天魔后所有
音樂佛告優波離此名兜率陁天十善報應勝妙福處若我住世一小
劫中廣說一生補處菩薩報應及十善果者不能窮盡今為汝
等略而解說佛告優波離若有比丘及一切大眾不厭生死樂生
天者愛敬无上菩提心者欲為彌勒作弟子者當作是觀作是觀者應持
五戒八齋具足身心精進不求斷結修十善法一一思惟兜率陁
天上上妙快樂作是觀者名為正觀若他觀者名為邪觀
爾時優波離即從坐起整衣服頭面作禮白佛言世尊兜率陁
天上乃有如是極妙樂事今此大士何時於閻浮提沒生於彼
天佛告優波離却後十二年二月十五日於波羅捺國劫波利村
波婆利大婆羅門家本所生處結跏趺坐如入滅定身紫金色光明
艷赫如百千日上至兜率陁天其身舍利如鑄金像不動不搖身圓光
中有首楞嚴三昧般若波羅蜜字義炳然時諸天人
尋即為起眾寶妙塔供養舍利時兜率陁天七寶臺內摩尼殿
上師子床坐忽然化生於蓮華上結跏趺坐身如閻浮檀金色長十
六由旬卅二相八十種好皆悉具足頂上肉髻髮紺琉璃色釋迦毗楞
伽摩尼百千万億甄叔迦寶以嚴天冠其天寶冠有百万億
色一一色中有无量百千化佛諸化菩薩以為侍者復有他方諸

BD04049 號　觀彌勒菩薩上生兜率天經

（6–4）

尋即為起眾寶妙塔供養舍利時兜率陁天七寶臺內摩尼殿
上師子床坐忽然化生於蓮華上結跏趺坐身如閻浮檀金色長十
六由旬卅二相八十種好皆悉具足頂上肉髻髮紺琉璃色釋迦毗楞
伽摩尼百千万億甄叔迦寶以嚴天冠其天寶冠有百万億
色一一色中有无量百千化佛諸化菩薩以為侍者復有他方諸
大菩薩作十八變隨意自在住天冠中彌勒眉間有白
毫相光流出眾光作百寶色卅二相一一相中有五百億寶色
一一好亦有五百億寶色一一相好艷出八万四千光明雲與諸
天子各坐華座晝夜六時常說不退轉地法輪之行經一時中成
就五百億天子令不退轉於阿耨多羅三藐三菩提如是處兜率陁
天晝夜恒說此法度諸天子閻浮提歲數五十六億万歲爾
乃下生於閻浮提如彌勒下生經說佛告優波離是名彌勒菩薩於閻
浮提沒生兜率陁天因緣佛滅度後我諸弟子若有精懃修諸功德威
儀不缺掃塔塗地以眾名香妙華供養行眾三昧深入正受讀誦經典如
是等人應當至心雖不斷結如得六通應當繫念念佛形像稱彌勒
名如是等輩若一念頃受八戒齋修諸淨業發弘誓願命
終之後譬如壯士屈申臂頃即得往生兜率陁天於蓮華上結
跏趺坐百千天子作天伎樂持曼陁羅華摩訶曼陁羅華以散其
上讚言善哉善男子汝於閻浮提廣修福業來生此處此處名兜
率陁天今此天主名曰彌勒汝當歸依應聲即禮禮已諦觀眉間
白毫相光即得超越九十億劫生死之罪是時菩薩隨其宿緣為說
妙法令其堅固不退轉於无上道心如是等眾生若淨諸業行六事
法必定无疑當得生於兜率天上值遇彌勒亦隨彌勒下閻浮提第
一聞法於未來世值遇賢劫一切諸佛於星宿劫亦得值遇諸佛世尊於諸
佛前受菩提記佛告優波離佛滅度後比丘比丘尼優婆塞優婆夷
天龍夜叉乾闥婆阿修羅迦樓羅緊那羅摩睺羅伽等是諸大眾
若有得聞彌勒菩薩訶薩名者聞已歡喜恭敬禮拜此人命終如
彈指頃即得往生如前无異但得聞是彌勒名者命終亦不墮黑闇處
邊地邪見諸惡律儀恒生正見眷屬成就不謗三寶佛告優婆離

BD04049 號　觀彌勒菩薩上生兜率天經

（6–5）

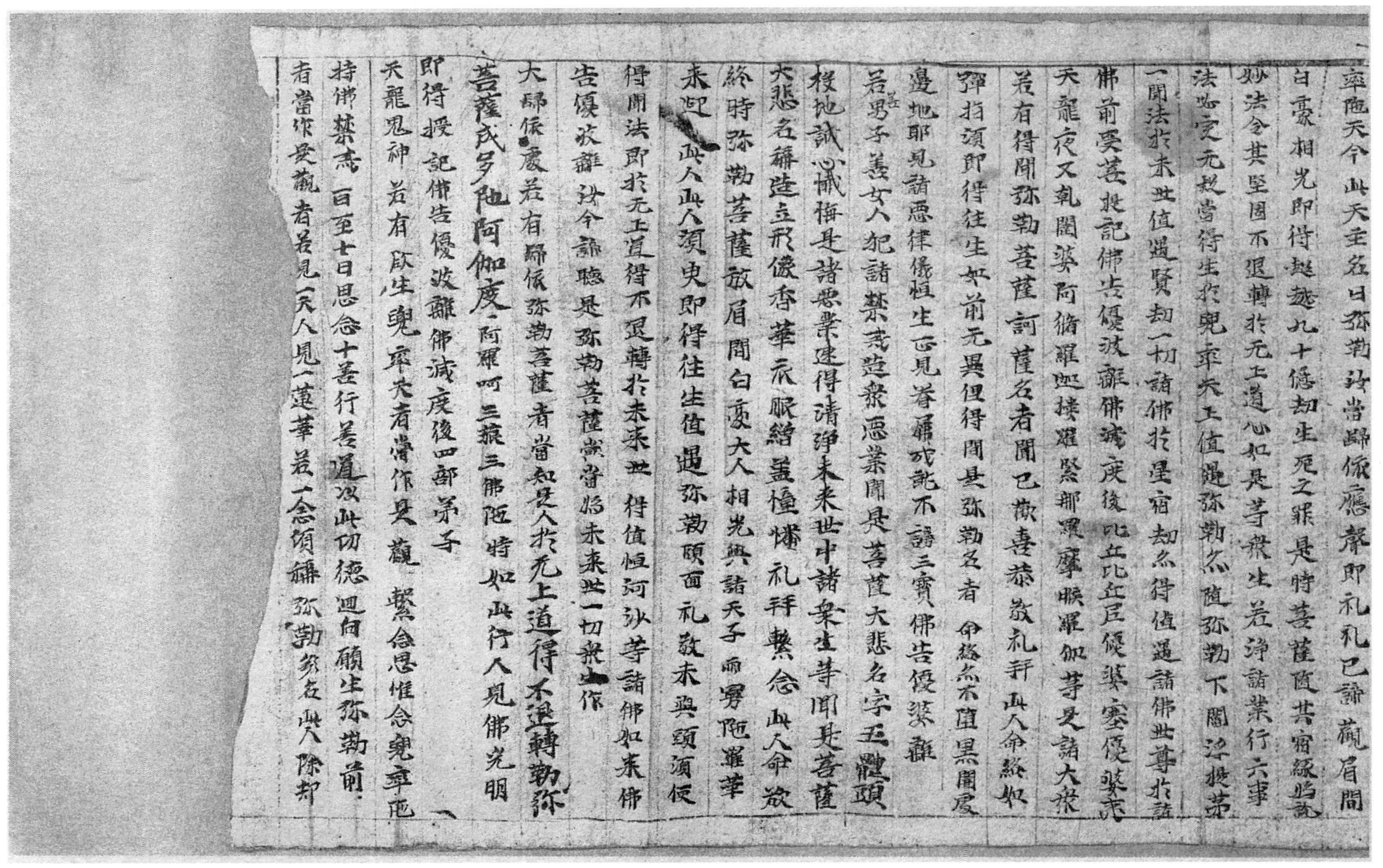

率陁天今此天主名曰弥勒汝當歸依應聲即礼礼已諦觀眉間
白豪相光即得超越九十億劫生死之罪是時菩薩隨其宿緣為說
妙法令其堅固不退轉於无上道心如是等衆生若淨諸業行六事
法必定无疑當得生於兜率天上值遇弥勒亦隨弥勒下閻浮提第
一聞法於未來世值遇賢劫一切諸佛於星宿劫亦得值遇諸佛世尊於諸
佛前受菩提記佛告優波離佛滅度後比丘比丘尼優婆塞優婆夷
天龍夜叉乾闥婆阿脩羅迦樓羅緊那羅摩睺羅伽等是諸大衆
若有得聞弥勒菩薩摩訶薩名者聞已歡喜恭敬礼拜此人命終如
彈指頃即得往生如前无異但得聞是弥勒名者命終亦不墮黑闇處
邊地耶見諸惡律儀恒生正見眷屬成就不謗三寶佛告優婆離
若善男子善女人犯諸禁戒造衆惡業聞是菩薩大悲名字五體投
投地誠心懺悔是諸惡業速得清淨未來世中諸衆生等聞是菩薩
大悲名稱造立形像香華衣服繒蓋幢幡礼拜繫念此人命欲
終時弥勒菩薩放眉間白豪大人相光與諸天子雨曼陁羅華
來迎此人此人須臾即得往生值遇弥勒頭面礼敬未舉頭頃便
得聞法即於无上道得不退轉於未來世得值恒河沙等諸佛如來佛
告優波離汝今諦聽是弥勒菩薩當為未來世一切衆生作
大歸依處若有歸依弥勒菩薩者當知是人於无上道得不退轉弥勒
菩薩成多陁阿伽度阿羅呵三藐三佛陁時如此行人見佛光明
即得授記佛告優波離佛滅度後四部弟子
天龍鬼神若有欲生兜率天者當作是觀繫念思惟念兜率陁
持佛禁戒一日至七日思念十善行善道以此功德迴向願生弥勒前
者當作是觀作是觀者若見一天人見一蓮華若一念頃稱弥勒名此人除却

BD04049 號　觀彌勒菩薩上生兜率天經　（6–6）

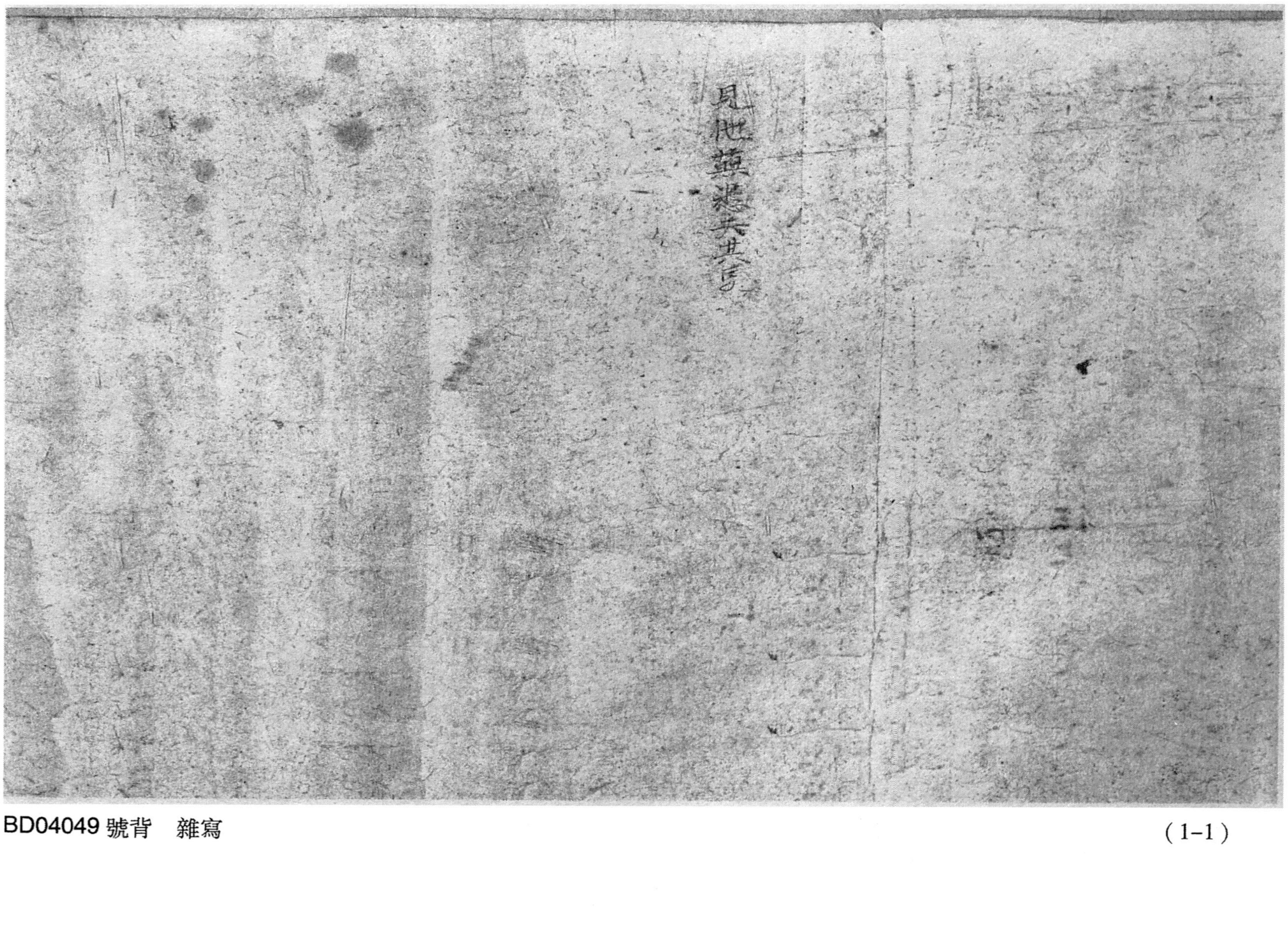

BD04049 號背　雜寫　（1–1）

…舍利…
…是等諸大…
諸佛所頂礼佛足…

二兩

復有菩薩摩訶薩百千万億人俱有大威德
如大龍王名稱普聞衆所知識施戒清淨無
常奉持忍行精勤經无量劫超諸靜慮繫心
現前開闡慧門善修方便自在遊戲微妙
…逮得摠持辯才无盡斷諸煩惱累除清
不久當成一切種智降魔軍衆而擊法鼓制
諸外道令起淨心轉妙法輪度人天衆十方
佛土悉已莊嚴六趣有情无不蒙益成就大
智具足大忍住大慈悲心有大堅固力處事
諸佛不般涅槃發弘誓心盡未來際廣於佛
所深種淨因於三世法悟无生忍適於二乘
所行境界以大善巧化世間於大師教能
敷演秘密之法甚深空性皆已了知无復

BD04050號　金光明最勝王經卷一　（3–1）

智具足大忍住大慈悲心有大堅固力處事
諸佛不般涅槃發弘誓心盡未來際廣於佛
所深種淨因於三世法悟无生忍適於二乘
所行境界以大善巧化世間於大師教能
敷演秘密之法甚深空性皆已了知无復
疑惑其名曰无障礙轉法輪菩薩常發心轉
法輪菩薩常精進菩薩不休息菩薩慈氏菩
薩妙吉祥菩薩觀自在菩薩總持自在王菩
薩大辯莊嚴王菩薩妙高山王菩薩大海深
王菩薩寶幢菩薩大寶幢菩薩地藏菩薩
虛空藏菩薩寶手自在菩薩金剛手菩薩歡
喜力菩薩大法力菩薩大莊嚴光菩薩大金光
莊嚴菩薩淨戒菩薩常定菩薩極清淨慧菩
薩堅固精進菩薩心如虛空菩薩不斷大願菩
薩施藥菩薩療諸煩惱病菩薩醫王菩薩歡
喜高王菩薩得上授記菩薩大雲淨光菩薩
大雲持法菩薩大雲名稱喜樂菩薩大雲現
无邊稱菩薩大雲師子吼菩薩大雲牛王吼
菩薩大雲吉祥菩薩大雲寶德菩薩大雲日
藏菩薩大雲月藏菩薩大雲星光菩薩大雲
火光菩薩大雲電光菩薩大雲雷音菩薩大
雲慧雨充遍菩薩大雲清淨雨王菩薩大雲
花樹王菩薩大雲青蓮花香菩薩大雲寶栴
檀香清涼身菩薩大雲除闇菩薩大雲破翳
菩薩如是等无量大菩薩衆各於晡時從定

BD04050號　金光明最勝王經卷一　（3–2）

[illegible]嚴光菩薩大金光
莊嚴菩薩淨戒菩薩常定菩薩極清淨慧菩
薩堅固精進菩薩心如虛空菩薩不斷大願菩
薩施藥菩薩療諸煩惱病菩薩醫王菩薩歡
喜高王菩薩得上授記菩薩大雲淨光菩薩
大雲持法菩薩大雲名稱喜樂菩薩大雲現
無邊稱菩薩大雲師子吼菩薩大雲牛王吼
菩薩大雲吉祥菩薩大雲寶德菩薩大雲日
藏菩薩大雲月藏菩薩大雲星光菩薩大雲
火光菩薩大雲電光菩薩大雲雷音菩薩大
雲慧雨充遍菩薩大雲清淨雨王菩薩大雲
花樹王菩薩大雲青蓮花香菩薩大雲寶旃
檀香清涼身菩薩大雲除闇菩薩大雲破翳
菩薩如是等無量大菩薩眾各於晡時從定
而起往詣佛所頂禮佛足右繞三帀退坐一
面
復有梨車毗童子五億八千其名曰師子光
童子師子慧童子法授童子因陀羅授童子

BD04050 號　金光明最勝王經卷一　（3–3）

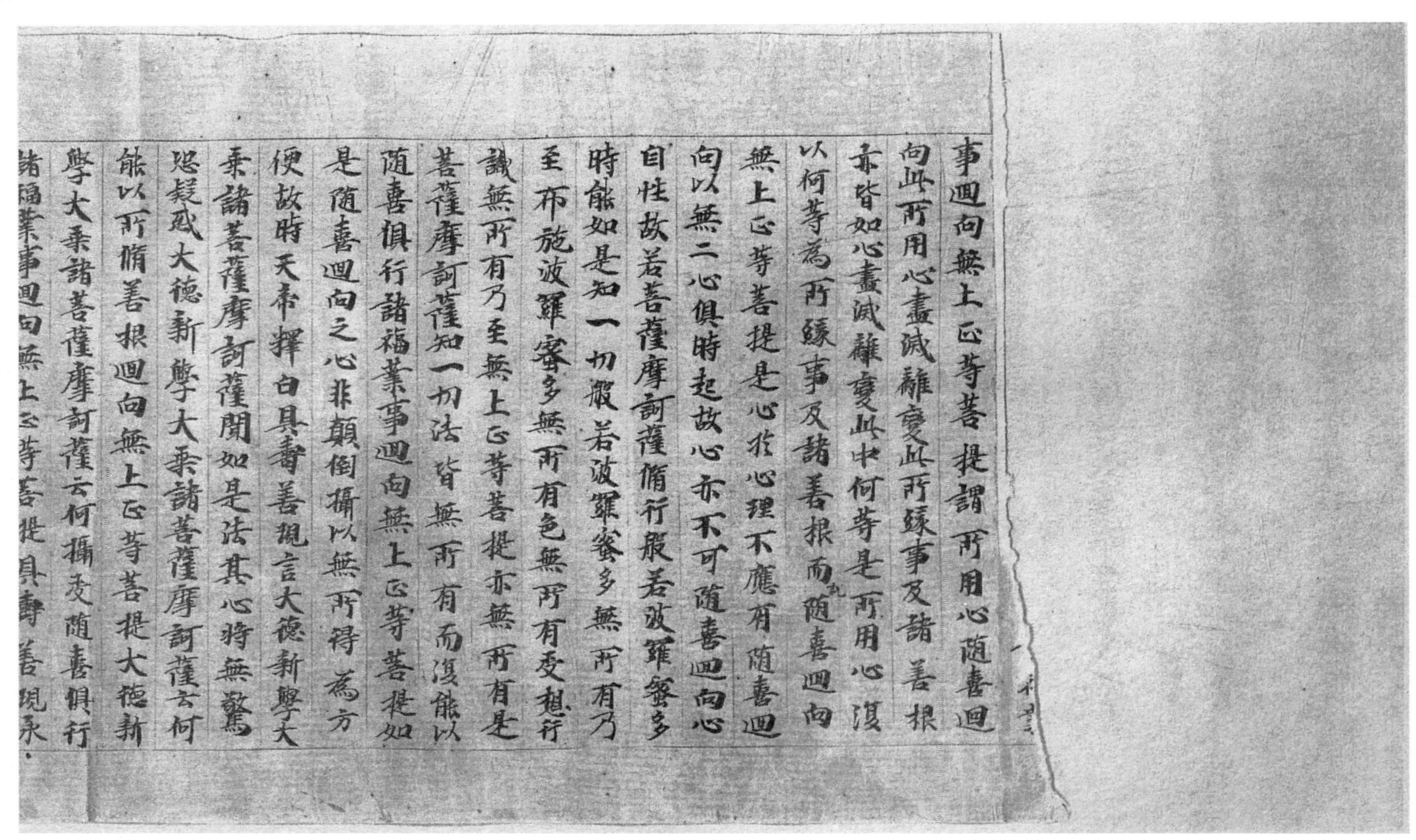
事迴向無上正等菩提謂所用心隨喜迴
向此所用心盡滅離變此所緣事及諸善根
亦皆如心盡滅離變此中何等是所用心復
以何等為所緣事及諸善根而説隨喜迴向
無上正等菩提是心於心理不應有隨喜迴
向以無二心俱時起故心亦不可隨喜迴向心
自性故若菩薩摩訶薩脩行般若波羅蜜多
時能如是知一切般若波羅蜜多無所有乃
至布施波羅蜜多無所有色無所有受想行
識無所有乃至無上正等菩提亦無所有是
菩薩摩訶薩知一切法皆無所有而復能以
隨喜俱行諸福業事迴向無上正等菩提如
是隨喜迴向之心非顛倒攝以無所得為方
便故時天帝釋白具壽善現言大德新學大
乘諸菩薩摩訶薩聞如是法其心將無驚
怖疑惑大德新學大乘諸菩薩摩訶薩云何
能以所脩善根迴向無上正等菩提大德新
學大乘諸菩薩摩訶薩云何攝受隨喜俱行
諸福業事迴向無上正等菩提具壽善現承

BD04051 號　大般若波羅蜜多經卷四三二　（7–1）

便故時天帝釋白具壽善現言大德新學大
乘諸菩薩摩訶薩聞如是法其心將無驚
恐疑惑大德新學大乘諸菩薩摩訶薩云何
能以所脩善根迴向無上正等菩提大德新
學大乘諸菩薩摩訶薩云何攝受隨喜俱行
諸福業事迴向無上正等菩提具壽善現承
慈氏菩薩摩訶薩威力加被告天帝釋言憍
尸迦新學大乘諸菩薩摩訶薩若脩般若乃
至布施波羅蜜多以無所得為方便無相為
方便攝受般若乃至布施波羅蜜多是菩薩
摩訶薩由此因緣多信解內空乃至無性自
性空多信解四念住廣說乃至十八佛不共
法常為善友之所攝受如是善友以無量門
巧妙文義為其廣說般若靜慮精進安忍淨
戒布施波羅蜜多相應之法以如是法教誡
教授令其乃至得入菩薩正性離生未入菩薩
正性離生亦常不離所脩般若波羅蜜多乃
至布施波羅蜜多內空乃至無性自性空四
念住廣說乃至十八佛不共法亦為廣說種
種魔事令其聞已於諸魔事心無增減何以
故諸魔事業性無所有不可得故亦以此法
教誡教授令其乃至得入菩薩正性離生常
不離佛於諸佛所種諸善根復由善根所攝
受故常生菩薩摩訶薩家乃至無上正等菩
提於諸善根常不遠離憍尸迦新學大乘諸
菩薩摩訶薩若能如是以無所得為方便無

故諸魔事業性無所有不可得故亦以此法
教誡教授令其乃至得入菩薩正性離生常
不離佛於諸佛所種諸善根復由善根所攝
受故常生菩薩摩訶薩家乃至無上正等菩
提於諸善根常不遠離憍尸迦新學大乘諸
菩薩摩訶薩若能如是以無所得為方便無
相為方便攝受諸功德於諸功德多深信解
常為善友之所攝受聞如是法心不驚恐亦
不疑惑復次憍尸迦新學大乘諸菩薩摩
訶薩隨所脩集布施波羅蜜多乃至般若波
羅蜜多隨所安住內空乃至無性自性空隨
所脩集四念住廣說乃至十八佛不共法及
餘無量無邊佛法皆應以無所得為方便無
相為方便與諸有情平等共有迴向無上正
等菩提復次憍尸迦新學大乘諸菩薩摩訶
薩善於十方無數無量無邊世界一切如來應
正等覺斷諸有路絕戲論道棄諸重擔摧
聚落刺盡諸有結具足正智心善解脫巧說
法者及彼如來應正等覺諸弟子眾所成戒
蘊定蘊慧蘊解脫蘊解脫智見蘊及餘所作
種種功德并於是處所種善根謂剎帝利大
族婆羅門大族長者大族居士大族等所種
善根若四大王眾天乃至他化自在天所種
善根若梵眾天乃至色究竟天等所種善根
如是一切合集稱量現前發起皆餘善根為
最為勝為尊為高為妙為微妙為上為無

[illegible]
善根若四大王衆天乃至他化自在天所種
善根若梵衆天乃至色究竟天等所種善根
如是一切合集稱量現前發起皆餘善根爲
㝡爲勝爲尊爲高爲妙爲微妙爲上爲無
上無等無等等隨喜之心復以如是隨喜俱
行諸福業事與諸有情平等共有迴向無上
正等菩提
尒時慈氏菩薩摩訶薩問具壽善現言大德
新學大乘諸菩薩摩訶薩若念諸佛及弟子
衆所有功德并人天等所種善根如是一切
合集稱量現前發起比餘善根爲㝡爲勝爲
尊爲高爲妙爲微妙爲上爲無上無等無等
等隨喜之心復以如是隨喜善根與諸有情
平等共有迴向無上正等菩提是菩薩摩訶
薩云何不墮想顛倒心顛倒見顛倒耶時具
壽善現荅慈氏菩薩摩訶薩言大士若菩薩
摩訶薩於所念佛及弟子衆所有功德不起
諸佛及弟子衆功德之想於人天等所種善
根不起善根人天等相於所發起隨喜迴向
大菩提心亦復不起隨喜迴向菩提心想是
菩薩摩訶薩所起隨喜迴向之心無想顛倒
無心顛倒無見顛倒若菩薩摩訶薩於所念
佛及弟子衆所有功德起佛弟子功德之想
於人天等所種善根起彼善根人天等想於
所發起隨喜迴向大菩提心起所發起隨喜
迴向菩提心想是菩薩摩訶薩所起隨喜迴

BD04051號　大般若波羅蜜多經卷四三二　（7–4）

[illegible]
無心顛倒無見顛倒若菩薩摩訶薩於所念
佛及弟子衆所有功德起佛弟子功德之想
於人天等所種善根起彼善根人天等想於
所發起隨喜迴向大菩提心起所發起隨喜
迴向菩提心想是菩薩摩訶薩所起隨喜迴
向之心有想顛倒有心顛倒有見顛倒復次
大士若菩薩摩訶薩以如是隨喜心念一切
佛及弟子衆功德善根正知此心盡滅離變
非能隨喜正知彼法其性亦然非所隨喜又
正了達能迴向心法性亦尒非能迴向及正了
達所迴向法其性亦尒非所迴向若有能依
如是所說隨喜迴向是正非邪諸菩薩摩訶
薩皆應如是隨喜迴向復次大士若菩薩摩
訶薩普於過去未來現在一切如來應正等
覺從初發心至得無上正等菩提乃至法滅
於其中間所有功德若佛弟子及諸獨覺依
彼佛法所起善根若諸異生聞彼說法所種
善根若龍藥叉健達縛阿素洛揭路荼緊捺
洛莫呼洛伽人非人等聞彼說法所種善
根若刹帝利大族婆羅門大族長者大族居
士大族聞彼說法所種善根若四大王衆天
乃至色究竟天聞彼說法所種善根若善男
子善女人等聞彼說法發趣無上正等覺心
勤脩種種諸菩薩行如是一切合集稱量現前
發起比餘善根爲㝡爲勝爲尊爲高爲妙爲
微妙爲上爲無上無等無等等隨喜之心復

BD04051號　大般若波羅蜜多經卷四三二　（7–5）

乃至色究竟天聞彼說法所種善根若善男
子善女人等聞彼說法發趣無上正等覺心
勤脩種種諸菩薩行如是一切合集稱量現前
發起比餘善根為最為勝為尊為高為妙為
微妙為上為無上無等無等等隨喜之心復
以如是隨喜善根與諸有情平等共有迴向
無上正等菩提於如是時若正解了諸能隨
喜迴向之法盡滅離變諸所隨喜迴向之法
自性皆空雖如是知而能隨喜迴向無上正
等菩提復於是時若正解了都無有法可能
隨喜迴向於法所以者何以一切法自性皆
空空中都無能所隨喜迴向法故雖如是知
而能隨喜迴向無上正等菩提是菩薩摩訶
薩若能如是隨喜迴向脩行般若乃至布施
波羅蜜多無想顛倒無心顛倒無見顛倒何
以故是菩薩摩訶薩於隨喜心不生執著於
所隨喜功德善根亦不執著於迴向心不生
執著於所迴向無上菩提亦不執著由無執
著不墮顛倒如是菩薩所起隨喜迴向之
心名為無上遠離一切妄想分別

大般若波羅蜜多經卷第四百卅二

BD04051號　大般若波羅蜜多經卷四三二　（7–6）

等菩提復於是時若正解了都無有法可能
隨喜迴向於法所以者何以一切法自性皆
空空中都無能所隨喜迴向法故雖如是知
而能隨喜迴向無上正等菩提是菩薩摩訶
薩若能如是隨喜迴向脩行般若乃至布施
波羅蜜多無想顛倒無心顛倒無見顛倒何
以故是菩薩摩訶薩於隨喜心不生執著於
所隨喜功德善根亦不執著於迴向心不生
執著於所迴向無上菩提亦不執著由無執
著不墮顛倒如是菩薩所起隨喜迴向之
心名為無上遠離一切妄想分別

大般若波羅蜜多經卷第四百卅二

勘了　修昊寫　第一校

BD04051號　大般若波羅蜜多經卷四三二　（7–7）

BD04052 號　受三歸八戒文（擬）

（6–1）

既發請已當須懇惻發露懺悔諸罪及發增上之心若
受戒若不發心而受戒者由如覆鉢承水无所容納猒苦源
斷惡當知大聖滅沒經歷多歲諸仏菩薩如後斯則現世間仏日潛
輝三乘道塞魔軍熾盛欲求覺興殘害有情未曾止息輪
迴五趣受无量苦皆由不能受戒品專行十惡廣造諸非致使无出
期未受如斯苦是故大聖垂慈開方便門教令懺悔受戒
方達生死今日今時各各生怕怖至誠心懺悔諸罪
弟子某甲等合道場人自從无始曠大劫來至於今日无明所覆
煩惱自纏不善因緣造諸惡業身業不善行殺盜婬口業不善
妄言綺語惡口兩舌意業不善貪嗔耶見飲酒食肉破齋
破戒破塔壞寺焚燒經像盜用三寶財物於出家人所輕慢
寶說其過惡如斯等罪无量无邊卒陳難盡今對十方
仏前諸大菩薩一切賢聖前發露懺悔願罪消滅悲愍故
弟子某甲等合道場人自從无始曠大劫來受六道身不覺
不知至于今日生耶見家耶師教授習學耶法廣造諸罪
无量无邊由若塵沙不可知數殺生偷盜邪行妄語飲酒食
宍噉用五辛妄言綺語惡口兩舌十惡五逆无不皆為口四身三
恒常損害或汙穢伽藍履踐塔寺或復損常住盜用招
提三寶資財恣情劫奪或汙淨梵行觸惱淨人或輕忽
聖凡陵突師長離間彼此阻隔君臣破和合僧撥无因果或

BD04052號　受三歸八戒文（擬）　　（6–2）

宍唼用五辛妄言綺語惡口兩舌十惡五逆无不皆爲口四身三
恒常㥪毒或汙穢伽藍履踐塔寺或復損常住盜用招
提三寶資財恣情劫奪或汙淨梵行觸惱淨人或輕忽
聖凡陵蔑師長離間彼此阻隔君臣破和合僧撥无因果或
求名利自讚毀他或說出家在家過惡或故作慢作見偷
隨喜如是等罪无量无邊今日今時盡未來際一切諸惡誓
當總斷一切諸善誓當總修終一切衆生誓當總度无上菩提誓
當速證今日今時所有罪障若輕若重若麁若細若多若少
頓皆消滅 三說
既懺悔已身器清淨方堪受持无
上戒品夫欲受戒先當歸依三寶者即是一切衆生良友福田
各各虔誠至心專注歸敬 弟子某甲等今道場人歸依仏兩足
尊 歸依法離欲尊 歸依僧衆中尊 三說 弟子某甲等
今道場人歸依仏竟 歸依法竟 歸依僧竟 三說 [illegible]某主真八等
正覺是我大師從今已往稱仏爲師更不歸餘天魔外道惟
願諸仏慈悲攝受 一切如來皆攝受善男子善女人
爲聖弟子 此即戒品以發受我如來八關淨戒今諸衆生身心
但不造惡 一不煞生若有害他性命斷彼心識之名煞生
二不偸盜不与而取種種方便以將潤已此名偸盜 三不婬欲雖
是自妻一切須斷不得同床共當及同監共食非法語咲談挃
欲等事皆名犯戒 四不妄語惑乱他人是名犯戒 五不得飲
酒殺乱行諸非法 六不得香油塗身口脂面脂等莊粉盡不得

BD04052號　受三歸八戒文（擬）

（6–3）

三不偷盜不与而取種種方便以將用已此名偷盜　三不婬欲雖
是自妻一切須斷不得同床共宿及同盤共食非法語咲說婬
欲等事皆名犯戒　四不妄語惑亂他人是名犯戒　五不得飲
酒發亂行諸非法　六不得香油塗身口脂面脂等莊粉畫不得
塗飾歌舞倡伎　即是琵琶箜篌箏笛八等事不應輙弄故往
觀聽即是喜咲處音樂等事　七不得眠高廣大床即是
父母尊貴種種床悉不得眠　八不過中食下至一餅一葉悉不得
過中 加上戒 說相與如是能持否　如是八戒在汝身中似大明珠如香遍
體表裏芬馥即如日月出照世間諸仏如來三乘聖人皆因此戒今得
成仏汝是凡夫具足煩惱未能如仏長劫終行且持我此八支淨戒
從今朝至明清旦不得犯能持否　虔誠聽三遍　仏子　不煞亦
不盜不婬不妄語遠酒離花香高床過中食如是等八法聖人所
離汝是凡夫具足煩惱未能如仏長劫終行且一日一夜隨仏出家持我
此八支淨戒從今朝至明清旦不得犯能持否　三遍　次則釋別
相因果差別 一不煞生者當來之世感得長命亦得金剛不壞之身 若犯此戒隨三惡中若生人中短命多病 仏子諸仏世尊從初發心乃至成仏於其中間常
行慈悲種種方便護諸衆終不起心而興煞害我仏如來由不煞衆
生故今得成仏感得金剛不壞之身壽命無有窮盡
第二不偷盜者 當來之世感得富貴自在多饒財寶 若犯此戒隨三惡道中若生人中世世貧窮衣不蔽形食不充口 諸仏世尊從初發心乃至成仏於其中間常行饒益
種種財寶施与衆生終不起心盜他財物我仏如來由不偷盜故今
得成仏感得手指纖長網縵相 當來之世感得手指纖長網縵相 七聖財寶用無窮盡
第三不婬欲者 當來之世感得諸根圓滿金色香潔蓮花化生不處胞胎 若犯此戒當來之世墮三惡中若生之中感得多諸惡疾五欲纏流衆衣不具 諸仏如來從初發心乃至成仏於其中間常修梵行
男女之色上不眼觀況起心故行婬我仏如來由不婬欲故今得成仏
[illegible]

BD04052號　受三歸八戒文（擬）　　（6–4）

第二不偷盜者，諸仏世尊從初發心乃至成仏，於其中間常行布施
若犯此戒隨三惡道中，若生人中世世生於貧窮，衣不蔽形，食不充口
種種財寶施与衆生，終不起心盜他財物。我仏如來由不偷盜故，今
得成仏，感得手指纖長，網縵爲相，七聖財寶用無窮盡
當來之世感得諸根圓滿，金色香潔，蓮花化生，不受胞胎
第三不婬欲者，諸仏如來從初發心乃至成仏，於其中間常修梵行，
男女之色上不眼觀，何況起心故行婬。我仏如來由不婬欲故，今得成仏，
馬王藏相，莊嚴法身，具足諸根，色力堅固
第四不妄語者，諸仏世尊從初發心乃至成仏，於其中間常行正語，
終不誑人。我仏如來由不妄語故，今得成仏，出廣長舌相，覆面輪，
乃至展轉至於梵世，是真語者，如語者，不誑語者，不異語者，允有
言說，人皆信受
當來之世感得聰明點慧，如師子王，縱任自在。若犯此戒，世世生生多諸放逸
第五不飲酒者，諸仏如來從初發心乃至成仏，於其中間常行正惠，終不飲
酒故行放逸。我仏如來由不飲酒放逸故，今得成仏，感得威儀庠
序，如師子王，智惠光明如日之照，乃至夢中常見妙事
第六不香油脂粉塗身及故往觀聽花鬘瓔珞歌舞倡伎
者。我仏世尊由持此戒故，今得成仏，敢得卅二相，八十種好，莊嚴
法身，圓光一尋，遍照十方，常釋梵前護，王隨後，一音說法，衆
生隨類各得解，除供養仏故，餘不得作
第七不得上高廣大床者，諸仏如來從初發心乃至成仏，於其
中間常行謙敬，終不自身昇高廣大床。我仏如來由不昇高
廣大床故，今得成仏，敢得受用金剛之座，菩提樹下降破四魔
足下千輻輪相，舉足動步，地神散花，凡衆生往，如來足跡，百年不受
當來之世感得永離飢饉之世，所是食長嫩，變爲甘露

BD04052號　受三歸八戒文（擬）　（6–5）

法身圓光一尋遍照十方帝釋引前梵王隨後一音說法衆
生隨類各得解除俗養仏故餘不得位
第七不得上高廣大床者諸仏如來從初發心乃至成仏於其　當來之世感得自在尊貴衆人敬仰之身　若犯此戒感得身體矩陋无有威得被人驅使之報
中間常行謙敬終不自身昇高廣大床我仏如來由不昇高
廣大床故今得成仏敢得受用金剛之座菩提樹下降破四魔
足下千輻輪相舉足動處地神散花凡衆生繼如來足跡年不受
身
第八不破齋夜食者諸仏世尊從初發心乃至成仏於其中間常　當來之世感得永離飢饉之世所是食飯變為甘露　若犯此戒墮餓鬼之中長受飢羸不得滴惡飲食之報
終知足一食上自節根何況破齋夜食我仏如來不破齋夜食故
今得成仏敢得卅二盞鮮白齋容天諸甘露以為上味法喜禪
悦充足身心　既受戒已　跪踴合掌發願歸家　弟子某甲
等今道場人解脫將如是三歸功德八戒善根盡將迴施一切衆生
未離苦者願皆離苦未得樂者願皆得樂未解脫者願皆
得解脫未成佛者速願成佛願弟子等見在身中無諸災
障煩惱惡業念念消除智惠善牙運運增長行住坐臥
身心安樂當來世中同共往生兜率天宮見仏彌勒仏
下生同得龍花三會聞仏說法皆得受脫一時成仏

法華經[illegible]經法中㝡
為照明又如日天子能除諸闇此經亦復如
是能破一切不善之闇又如諸小王中轉輪
聖王㝡為第一此經亦復如是於衆中㝡
為其尊又如帝釋於三十三天中此經亦
復如是諸經中王又如大梵天王一切衆生
之父此經亦復如是一切賢聖學无學及
發菩薩心者之父又如一切凡夫人中須陁洹
斯陁含阿那含阿羅漢辟支佛為第一此經
亦復如是一切如来所説若菩薩所説若聲
聞所説諸經中㝡為第一有能受持是經
典者亦復如是於一切衆生中亦為第一
切聲聞辟支佛中菩薩為第一此經亦復如
是於一切諸經法中㝡為第一如佛為諸法
王此經亦復如是諸經中王宿王華此經能
救一切衆生者此經能令一切衆生離諸苦
惱此經能大饒益一切衆生充滿其願如清涼
池能滿一切諸渴乏者如寒者得火如裸者

BD04053號　妙法蓮華經卷六　（4–1）

典者亦復如是於一切衆生中亦為第一
切聲聞辟支佛中菩薩為第一此經亦復如
是於一切諸經法中㝡為第一如佛為諸法
王此經亦復如是諸經中王宿王華此經能
救一切衆生者此經能令一切衆生離諸苦
惱此經能大饒益一切衆生充滿其願如清涼
池能滿一切諸渴乏者如寒者得火如裸者
得衣如商人得主如子得母如渡得船如病
得醫如暗得燈如貧得寶如民得王如賈客得
海如炬除暗此法華經亦復如是能令衆
生離一切苦一切病痛能解一切生死之縛
若人得聞此法華經若自書若使人書所得
功德以佛智慧籌量多少不得其邊若書
是經卷華香瓔珞燒香末香塗香幢蓋衣
服種種之燈蘇燈油燈諸香油燈瞻蔔油燈須
曼油燈波羅羅油燈婆利師迦油燈那婆摩
利油燈供養所得功德亦復无量宿王華若
有人聞是藥王菩薩本事品者亦得无量无
邊功德若有女人聞是藥王菩薩本事品能
受持者盡是女身後不復受若如来滅後後
五百歳中若有女人聞是經典如説脩行於
此命終即往安樂世界阿弥陁佛大菩薩衆圍
繞住處生蓮華中寶座之上不復為貪欲所
惱亦復不為瞋恚愚癡所惱亦復不為憍慢
嫉妬諸垢所惱得菩薩神通无生法忍得是
忍已眼根清淨以是清淨眼根見七百万
二千億那由他恒河沙等諸佛如来是時諸

BD04053號　妙法蓮華經卷六　（4–2）

[illegible]往安樂世界阿弥陀佛大菩薩衆圍
繞住處生蓮華中寶座之上不復為貪欲所
惱亦復不為瞋恚愚癡所惱亦復不為憍慢
嫉妬諸垢所惱得菩薩神通无生法忍得是
忍已眼根清淨以是清淨眼根見七百万
二千億那由他恒河沙等諸佛如來是時諸
佛遥共讃言善哉善哉善男子汝能於釋迦
牟尼佛法中受持讀誦思惟是經為他人說
所得福德无量无邊火不能燒水不能漂汝
之功德千佛共說不能令盡汝今已能破諸魔
賊壞生死軍諸餘怨敵皆悉摧滅善男子百
千諸佛以神通力共守護汝於一切世間天人
之中无如汝者唯除如來其諸聲聞辟支
佛乃至菩薩智慧禪定无有與汝等者宿
王華此菩薩成就如是功德智慧之力若有人
聞是藥王菩薩本事品能隨喜讃善者是
人現世口中常出青蓮華香身毛孔中常出
牛頭栴檀香所得功德如上所說是故宿王
華以此藥王菩薩本事品囑累於汝我滅度
後後五百歲中廣宣流布於閻浮提无令斷
絶惡魔魔民諸天龍夜叉鳩槃荼等得其便
也宿王華汝當以神通之力守護是經所以者
何此經則為閻浮提人病之良藥若人有病
得聞是經病即消滅不老不死宿王華汝
若見有受持是經者應以青蓮華盛滿末香
供散其上散已作是念言此人不久必當取草
坐於道場破諸魔軍當吹法螺擊大法鼓度
脫一切衆生老病死海是故求佛道者見有

BD04053號　妙法蓮華經卷六　（4–3）

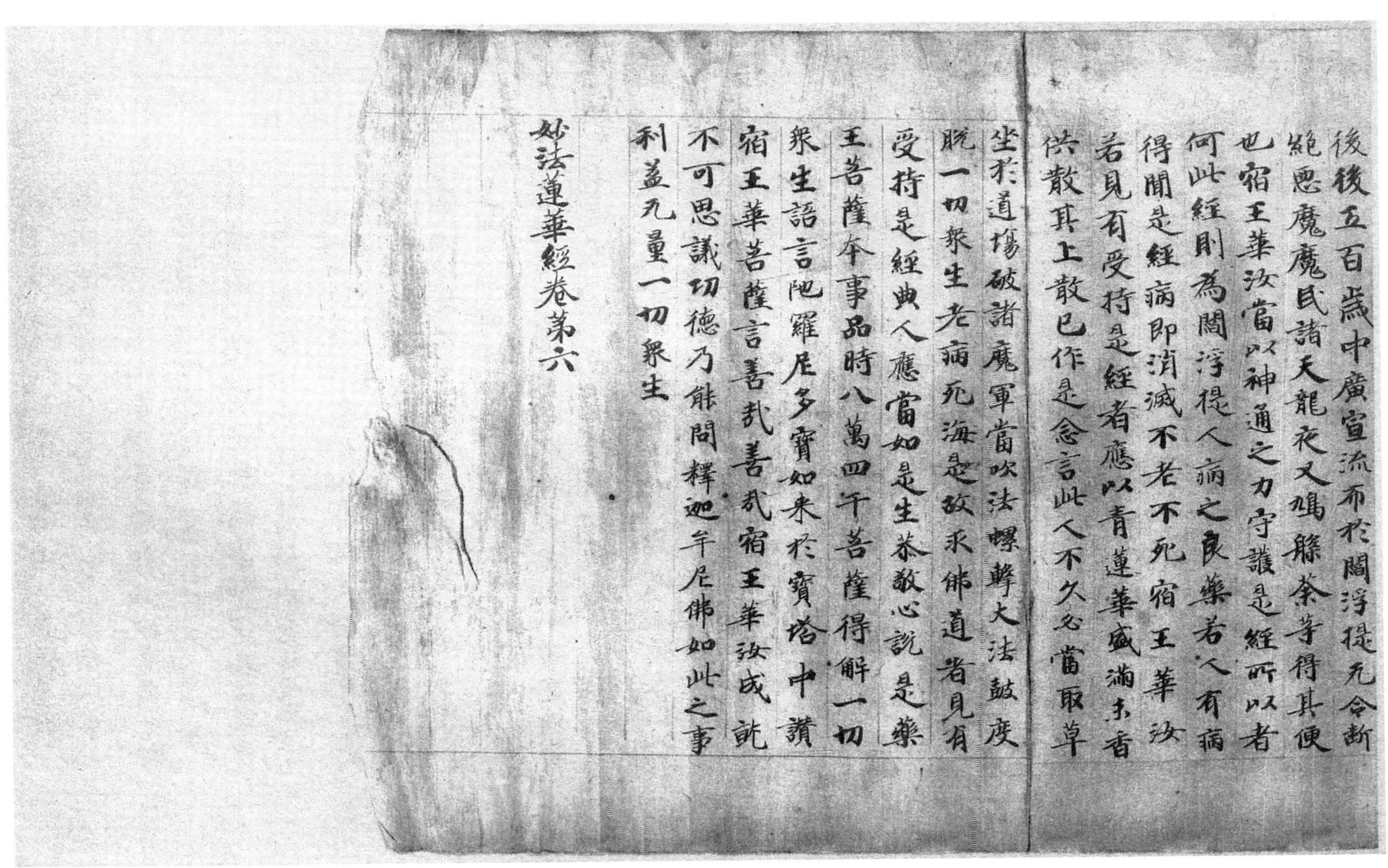
後後五百歲中廣宣流布於閻浮提无令斷
絶惡魔魔民諸天龍夜叉鳩槃荼等得其便
也宿王華汝當以神通之力守護是經所以者
何此經則為閻浮提人病之良藥若人有病
得聞是經病即消滅不老不死宿王華汝
若見有受持是經者應以青蓮華盛滿末香
供散其上散已作是念言此人不久必當取草
坐於道場破諸魔軍當吹法螺擊大法鼓度
脫一切衆生老病死海是故求佛道者見有
受持是經典人應當如是生恭敬心說是藥
王菩薩本事品時八萬四千菩薩得解一切
衆生語言陁羅尼多寶如來於寶塔中讃
宿王華菩薩言善哉善哉宿王華汝成就
不可思議功德乃能問釋迦牟尼佛如此之事
利益无量一切衆生

妙法蓮華經卷第六

BD04053號　妙法蓮華經卷六　（4–4）

妙文義為他廣説宣示開演顯
別義趣令其易解復作是言來善男子汝當
於此甚深般若波羅蜜多至心聽聞受持讀
誦令善通利如理思惟隨此般若波羅蜜多
所説法門應正信解若正信解則能脩學如是
般若波羅蜜多若能脩學如是般若波羅蜜多
則能證得一切智法若能證得一切智法
則脩般若波羅蜜多增益圓滿若脩般若波
羅蜜多增益圓滿便證無上正等菩提憍尸
迦是善男子善女人等所獲功德甚多於前
復次憍尸迦若贍部洲諸有情類皆於無上
正等菩提得不退轉有善男子善女人等於
此般若波羅蜜多以無量門巧妙文義為他
廣説宣示開演顯了解釋分別義趣令其
易解復作是言來善男子汝當於此甚深般若
波羅蜜多至心聽聞受持讀誦令善通利如
理思惟隨此般若波羅蜜多所説法門應正
信解若正信解則能脩學如是般若波羅蜜
多若能脩學如是般若波羅蜜多則能證得

BD04054 號　大般若波羅蜜多經卷四三二　（5–1）

廣説宣示開演顯了解釋分別義趣令其
易解復作是言來善男子汝當於此甚深般若
波羅蜜多至心聽聞受持讀誦令善通利如
理思惟隨此般若波羅蜜多所説法門應正
信解若正信解則能脩學如是般若波羅蜜
多若能脩學如是般若波羅蜜多則能證得
一切智法若能證得一切智法則脩般若波
羅蜜多增益圓滿若脩般若波羅蜜多增益
圓滿便證無上正等菩提憍尸迦是善男子
善女人等所獲功德甚多於前復次憍尸迦
置贍部洲諸有情類若四大洲一切有情若
小千界一切有情若中千界一切有情若此
三千大千世界一切有情若復十方各如殑
伽沙等世界一切有情皆於無上正等菩提
得不退轉有善男子善女人等於此般若波
羅蜜多以無量門巧妙文義為他廣説宣示
開演顯了解釋分別義趣令其易解復作是
言來善男子汝當於此甚深般若波羅蜜多
至心聽聞受持讀誦令善通利如理思惟隨
此般若波羅蜜多所説法門應正信解若正
信解則能脩學如是般若波羅蜜多若能脩
學如是般若波羅蜜多則能證得一切智法
若能證得一切智法則脩般若波羅蜜多增
益圓滿若脩般若波羅蜜多增益圓滿便證
無上正等菩提憍尸迦是善男子善女人等
所獲功德甚多於前

BD04054 號　大般若波羅蜜多經卷四三二　（5–2）

[illegible]得一切智法
若能證得一切智法則能般若波羅蜜多增
益圓滿若能般若波羅蜜多增益圓滿便證
無上正等菩提憍尸迦是善男子善女人等
所獲功德甚多於前
復次憍尸迦若善男子善女人等教贍部洲
諸有情類皆趣無上正等菩提復於般若波
羅蜜多以無量門巧妙文義為其廣說宣示
開演顯了解釋分別義趣令其易解有善男
子善女人等教一有情令於無上正等菩提
得不退轉復於般若波羅蜜多以無量門巧
妙文義為其廣說宣示開演顯了解釋分別
義趣令其易解憍尸迦此善男子善女人等
所獲功德甚多於前復次憍尸迦置贍部洲
諸有情類若善男子善女人等教四大洲一
切有情若小千界一切有情若中千界一切
有情若此三千大千世界一切有情若復十
方各如殑伽沙等世界一切有情皆趣無上
正等菩提復於般若波羅蜜多以無量門巧
妙文義為其廣說宣示開演顯了解釋分別
義趣令其易解有善男子善女人等教一有
情令於無上正等菩提得不退轉復於般若
波羅蜜多以無量門巧妙文義為其廣說宣
示開演顯了解釋分別義趣令其易解憍尸
迦此善男子善女人等所獲功德甚多於前
復次憍尸迦若善男子善女人等教贍部洲
諸有情類皆於無上正等菩提得不退轉復

情令於無上正等菩提得不退轉復於般若
波羅蜜多以無量門巧妙文義為其廣說宣
示開演顯了解釋分別義趣令其易解憍尸
迦此善男子善女人等所獲功德甚多於前
復次憍尸迦若善男子善女人等教贍部洲
諸有情類皆於無上正等菩提得不退轉復
於般若波羅蜜多以無量門巧妙文義為其
廣說宣示開演顯了解釋分別義趣令其易
解若一有情作如是語我今欣樂速證無上
正等菩提拔濟有情諸惡趣苦有善男子善
女人等為成彼事以無量門巧妙文義廣說
般若波羅蜜多宣示開演顯了解釋分別義
趣令其易解憍尸迦此善男子善女人等所
獲功德甚多於前何以故憍尸迦住不退轉
地菩薩摩訶薩不甚假藉所說法故於大菩
提定趣向故必於無上正等菩提不退轉故
欣樂速證大菩提者要甚假藉所說法故於
無上覺求速證故觀生死苦一切有情運大
悲心極痛切故復次憍尸迦置贍部洲諸有
情類若善男子善女人等教四大洲一切有
情若小千界一切有情若中千界一切有情
若此三千大千世界一切有情若復十方各
如殑伽沙等世界一切有情皆於無上正等菩
提得不退轉復於般若波羅蜜多以無量
門巧妙文義為其廣說宣示開演顯了解釋
分別義趣令其易解若一切有情作如是語
我今欣樂速證無上正等菩提拔濟有情三

如殑伽沙等世界一切有情皆於無上正等菩
提得不退轉復於般若波羅蜜多以無量
門巧妙文義為其廣說宣示開演顯了解釋
分別義趣令其易解若一切有情作如是語
我今欣樂速證無上正等菩提拔濟有情三
惡趣苦有善男子善女人等為成彼事以無
量門巧妙文義廣說般若波羅蜜多宣示開
演顯了解釋分別義趣令其易解憍尸迦此
善男子善女人等所獲功德甚多於前何以
故憍尸迦住不退轉地菩薩摩訶薩不甚假
藉所說法故於大菩提定趣向故必於無上
正等菩提不退轉故欣樂速證大菩提者要
甚假藉所說法故於無上覺求速證故觀生
死苦一切有情運大悲心極痛切故
尒時天帝釋白佛言世尊如如菩薩摩訶薩
轉近無上等菩提如是如是應以布施波
羅蜜多乃至般若波羅蜜多教誡教授應以
內空乃至無性自性空教誡教授應以四念
住乃至八聖道支教誡教授如是乃至應以
佛十力乃至十八佛不共法教誡教授應以

BD04054號　大般若波羅蜜多經卷四三二　（5–5）

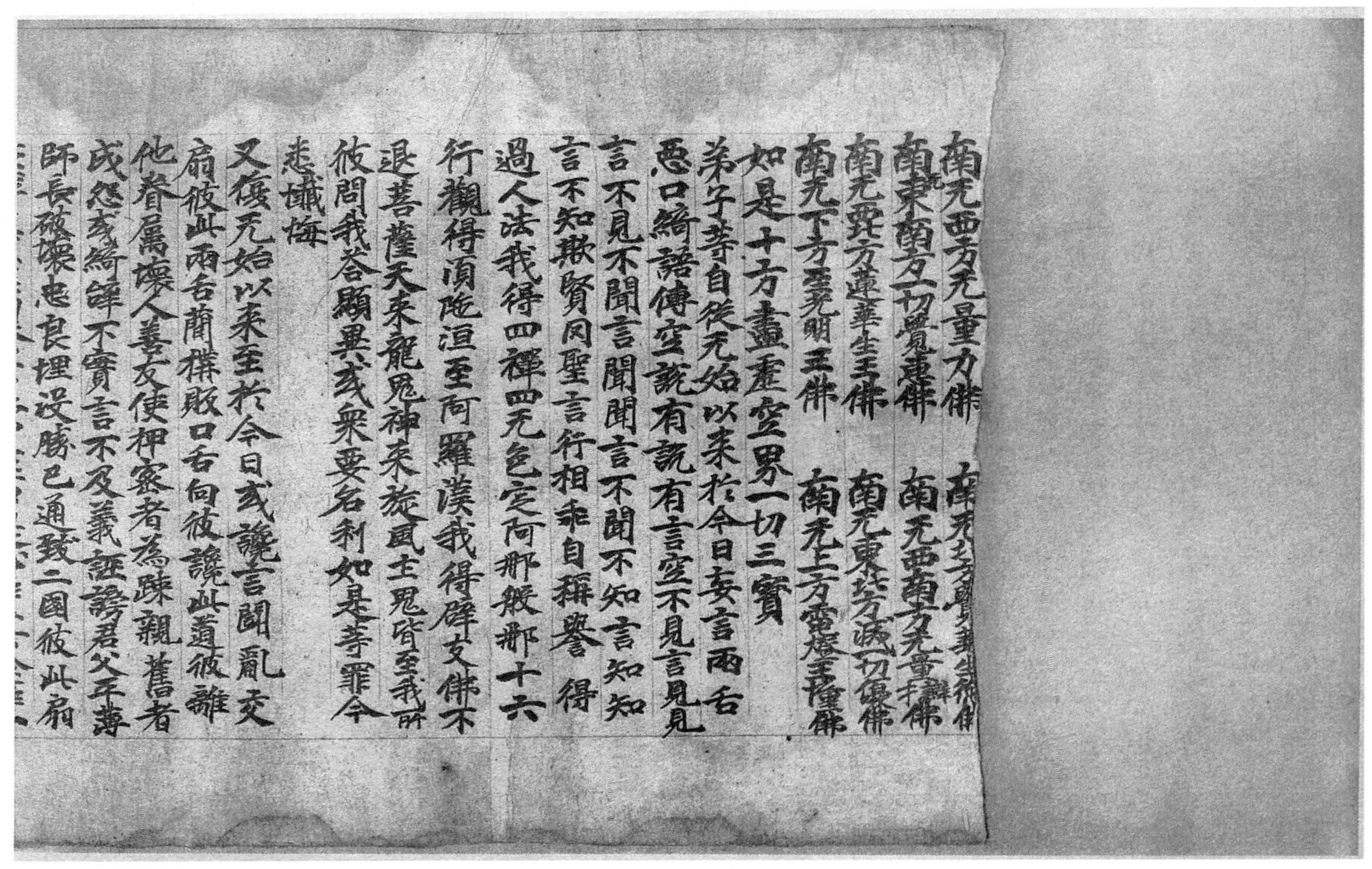
南无西方无量力佛　南无北方[illegible]佛
南无東南方一切覺意佛　南无西南方无量[illegible]佛
南无西北方蓮華生王佛　南无東北方滅一切[illegible]佛
南无下方無光明王佛　南无上方雷燈王幢佛
如是十方盡虛空界一切三寶
弟子等自從无始以來於今日妄言兩舌
惡口綺語傳虛說有說有言虛不見言見
言不見不聞言聞聞言不聞不知言知知
言不知欺賢罔聖言行相乖自稱譽得
過人法我得四禪四无色定阿那般那十六
行觀得須陁洹至阿羅漢我得辟支佛不
退菩薩天來龍鬼神來旋風土鬼皆至我所
彼問我答顯異惑衆要名利如是等罪今
悉懺悔
又復无始以來至於今日或讒言鬪亂交
扇彼此兩舌鬪構敗口舌向彼讒此道彼離
他眷屬壞人善友使[illegible]寃者為疎親舊者
成怨或綺語不實言不及義誣謗君父平[illegible]
師長破壞忠良埋没勝己通致二國彼此扇

BD04055號　佛名經（十六卷本）卷一一　（9–1）

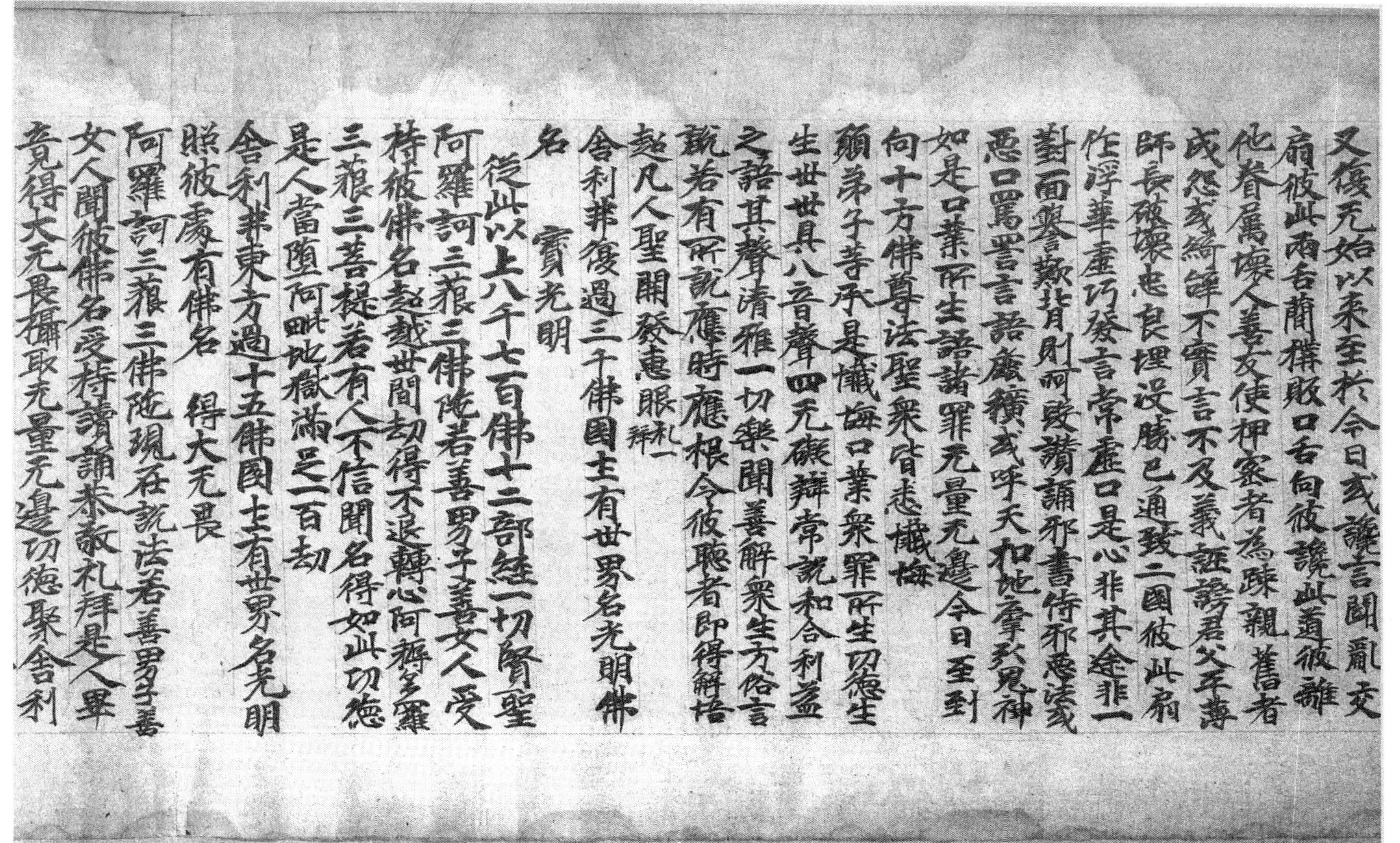

又復无始以來至於今日或讒言鬪亂交
扇彼此兩舌鬪構敗口舌向彼讒此道彼離
他眷屬壞人善友使相疑者為踈親舊者
成怨或綺辭不實言不及義誣謗君父尊
師長破壞忠良埋没勝己通致二國彼此扇
作浮華虛巧發言常虛口是心非其途非一
對面譽言歎背則呵毀讃誦邪書侍邪惡法或
惡口罵詈言語麁獷或呼天扣地牽引鬼神
如是口業所生諸罪无量无邊今日至到
向十方佛尊法聖衆皆悉懺悔
願弟子等承是懺悔口業衆罪所生功德生
生世世具八音聲四无礙辯常說和合利益
之語其聲清雅一切樂聞善解衆生方俗言
說若有所說應時應根令彼聽者即得解悟
超凡入聖開發慧眼　礼一拜
舍利弗復過三千佛國土有世界名光明佛
名　寶光明
從此以上八千七百佛十二部經一切賢聖
阿羅訶三藐三佛陁若善男子善女人受
持彼佛名超越世間劫得不退轉心阿耨多羅
三藐三菩提若有人不信聞名得如此功德
是人當墮阿毗地獄滿足一百劫
舍利弗東方過十五佛國土有世界名光明
照彼處有佛名　得大无畏
阿羅訶三藐三佛陁現在說法若善男子善
女人聞彼佛名受持讀誦恭敬礼拜是人畢
竟得大无畏攝取无量无邊功德聚舍利

BD04055號　佛名經（十六卷本）卷一一　（9–2）

阿羅訶三藐三佛陁現在說法若善男子善
女人聞彼佛名受持讀誦恭敬礼拜是人畢
竟得大无畏攝取无量无邊功德聚舍利
弗過萬七千佛國土有世界名摩尼光明
彼處有佛名　燃燈佛
阿羅訶三藐三佛陁現在說法若善男子
善女人聞彼佛名至心恭敬礼拜受持讀誦是
人攝得如來十力
舍利弗復過八千佛國土有寶世界彼世界
中有佛名　寶聲　如來阿羅訶三藐
三佛陁現在說法若善男子善女人聞彼佛
名至心受持讀誦至心礼拜是人畢竟得四
聖諦畢竟得阿耨多羅三藐三菩提
舍利弗復過廿千佛國土有佛世界名光
明佛名　无邊无垢
阿羅訶三藐三佛陁現在說法若善男子
善女人聞彼佛名至心信受持讀誦恭敬礼
拜若復有人以滿三千大千世界七寶布施
比聞无垢佛名受持讀誦功德千万分不及
一乃至筭數分不及一何以故若衆生善根
微薄不能得聞无垢佛名若有善男子善
女人聞无邊離垢如來名是人非於一佛所種
諸善根亦非十佛所種諸善根是人乃是百
千万佛種諸善根是人超越世間卅八劫
舍利弗東方過九千佛國土有世界名妙聲
佛名月聲　阿羅訶三藐三佛陁現在
說法若善男子善女人聞彼佛名受持

BD04055號　佛名經（十六卷本）卷一一　（9–3）

諸善根亦非十佛所種諸善根是人乃是百
千万佛種諸善根是人起越世間卌八劫
舍利弗東方過九千佛國土有世界名妙聲
佛名月聲　阿羅訶三藐三佛陁現在
說法若善男子善女人聞彼佛名能受持
讀誦至心礼敬是人所得一切功德白法具足
如滿月畢竟得阿耨多羅三藐三菩提
舍利弗復過十千佛國土有世界名无畏
佛名阿无邊稱
阿羅訶三藐三佛陁現在說法若善男子
善女人聞彼佛名受持讀誦合掌作如是
言南无无邊稱世尊若復有人七寶如須弥
等布施日日如是滿足百年此福德聚比持佛
名功德百分不及一乃至筭數譬喻所不
能及
舍利弗復過千五百佛國土有世界名日
然燈佛名　日月光明
阿羅訶三藐三佛陁現在說法若善男子
善女人聞彼佛名受持讀誦䠒跪合掌右膝
著地三遍作如是言南无日月光明世尊南
无日月光明世尊南无日月光明世尊是人
速成阿耨多羅三藐三菩提
舍利弗復過三十千佛國土有世界名无
垢佛名无垢光明
阿羅訶三藐三佛陁現在說法若善男子
善女人天龍夜叉羅刹若人非人聞是佛
名畢竟不退阿耨多羅三藐三菩提　不

BD04055 號　佛名經（十六卷本）卷一一　（9–4）

舍利弗復過三十千佛國土有世界名无
垢佛名无垢光明
阿羅訶三藐三佛陁現在說法若善男子
善女人天龍夜叉羅刹若人非人聞是佛
名畢竟不退阿耨多羅三藐三菩提　不
入惡道
舍利弗東方過十千佛國土有世界名百
光明佛名清淨光明
阿羅訶三藐三佛陁現在說法若天龍夜
叉人非人聞名者必得人身远貪瞋癡煩
惱若人聞不信者六十千劫墮大地獄舍利
弗復過　佛國土有世界名善德佛名
日光明　阿羅訶三藐三佛陁現在說法
若人畢竟清淨心稱佛名所得功德滿足如
日輪畢竟能伏一切諸魔外道起越世間卌劫
舍利弗復過六十千佛國土有世界名住七
覺分　佛名无邊寶
阿羅訶三藐三佛陁現在說法若人聞彼
佛名是人具足得七寶分能置眾生著勝
寶中畢竟成就无量功德聚
舍利弗復過五百佛國土有世界名華鏡
像佛名華勝
阿羅訶三藐三佛陁現在說法若人聞彼佛
名信心敬重彼人一切善法成就如華敷起
越世間五十五劫
舍利弗復過百千億佛國土有世界名远離
一切憂惱佛名　妙身
阿羅訶三藐三佛陁現在說法若[illegible]

BD04055 號　佛名經（十六卷本）卷一一　（9–5）

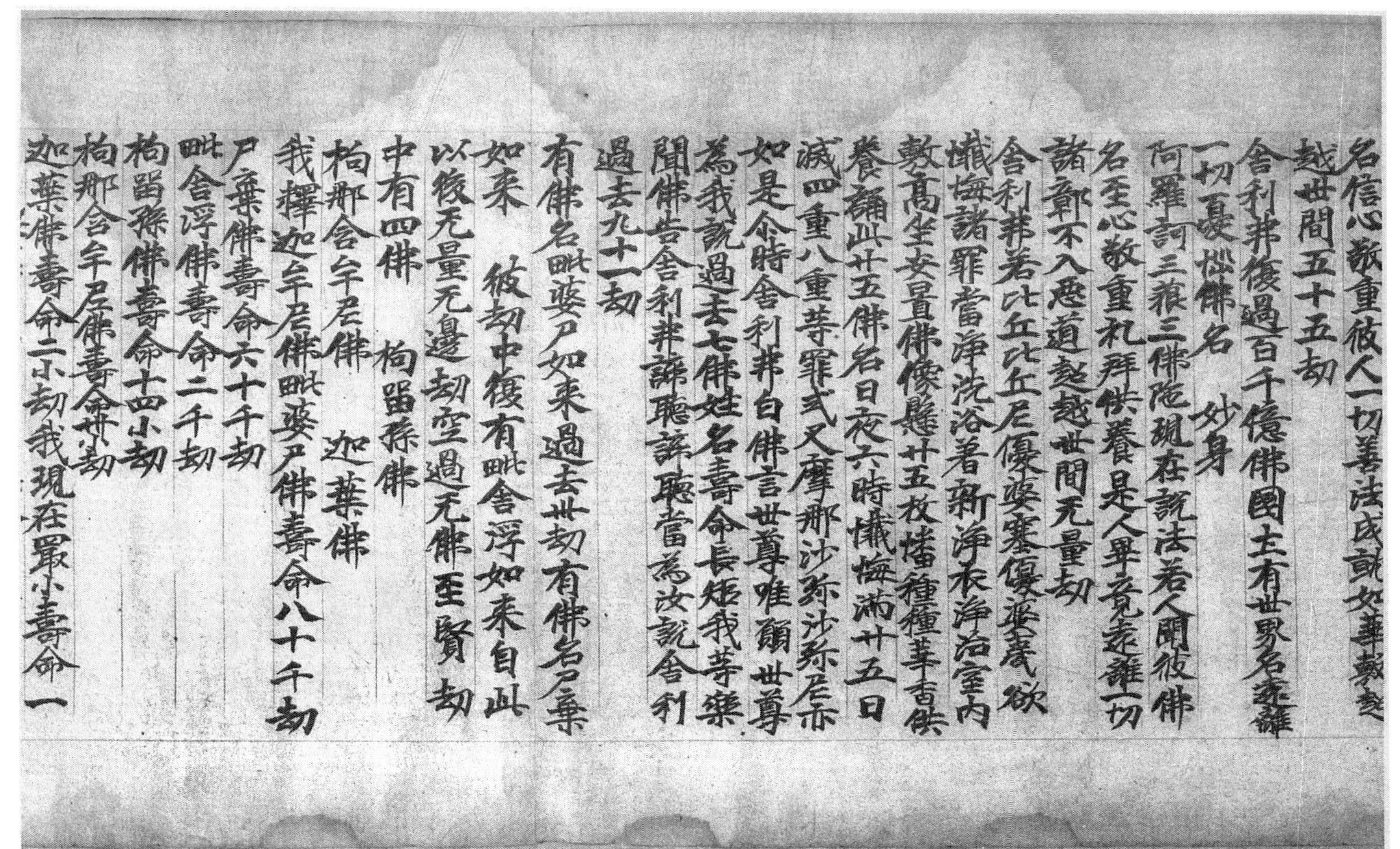

名信心敬重彼人一切善法成就如華敷
越世間五十五劫
舍利弗復過百千億佛國土有世界名遠離
一切憂惱佛名　妙身
阿羅訶三藐三佛陁現在說法若人聞彼佛
名至心敬重礼拜供養是人畢竟遠離一切
諸難不入惡道超越世間无量劫
舍利弗若比丘比丘尼優婆塞優婆夷欲
懺悔諸罪當淨洗浴著新淨衣淨治室內
敷高坐安置佛像懸廿五枚旛種種華香供
養誦此廿五佛名日夜六時懺悔滿廿五日
滅四重八重等罪式叉摩那沙彌沙彌尼亦
如是介時舍利弗白佛言世尊唯願世尊
為我說過去七佛姓名壽命長短我等樂
聞佛告舍利弗諦聽諦聽當為汝說舍利
過去九十一劫
有佛名毗婆尸如來過去卅劫有佛名尸棄
如來　彼劫中復有毗舍浮如來自此
以後无量无邊劫空過无佛至賢劫
中有四佛　拘留孫佛
拘那含牟尼佛　迦葉佛
我釋迦牟尼佛毗婆尸佛壽命八十千劫
尸棄佛壽命六十千劫
毗舍浮佛壽命二千劫
拘留孫佛壽命十四小劫
拘那含牟尼佛壽命卅小劫
迦葉佛壽命二小劫我現在最小壽命一

BD04055號　佛名經（十六卷本）卷一一　（9–6）

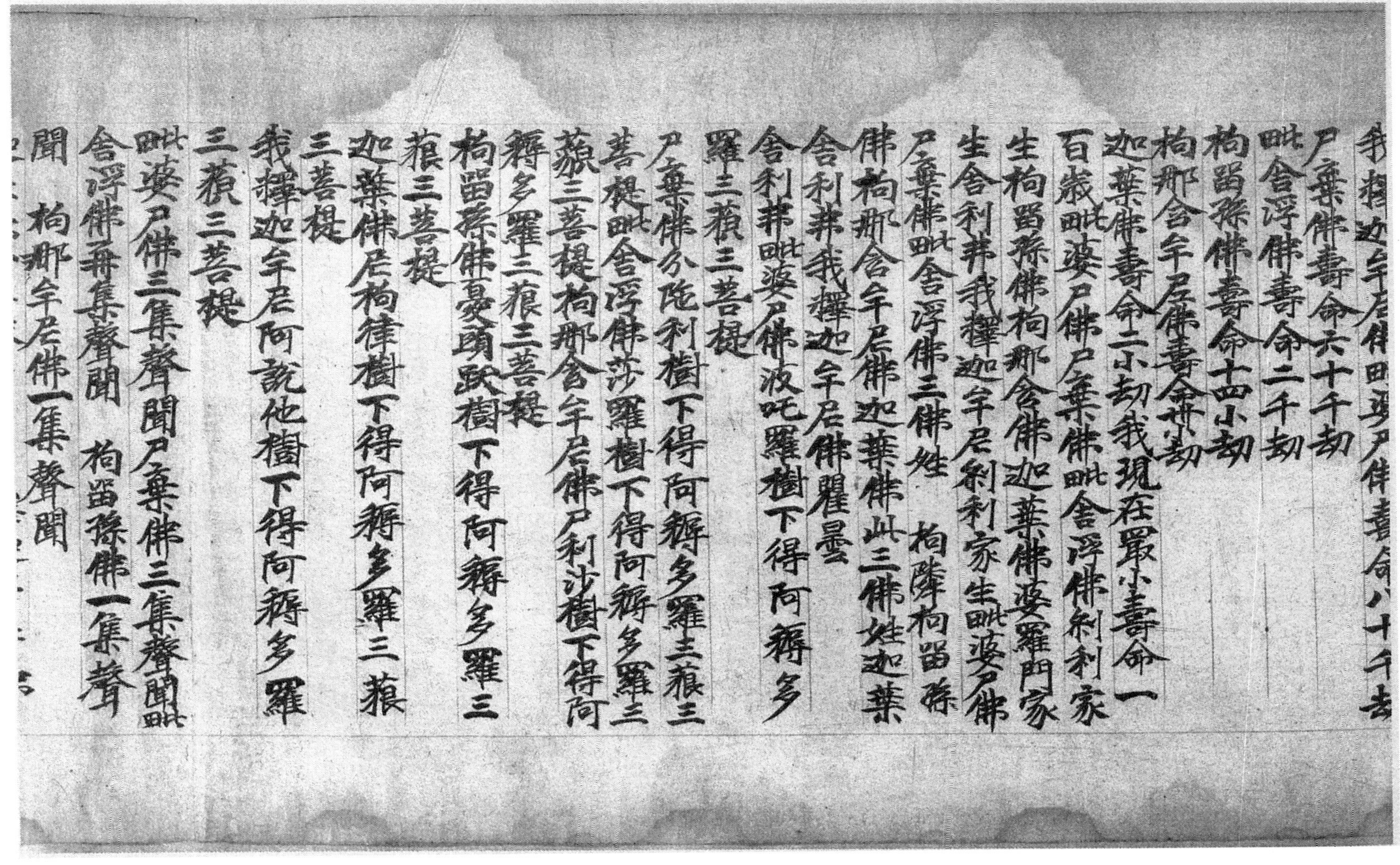

我釋迦牟尼佛毗婆尸佛壽命八十千劫
尸棄佛壽命六十千劫
毗舍浮佛壽命二千劫
拘留孫佛壽命十四小劫
拘那含牟尼佛壽命卅小劫
迦葉佛壽命二小劫我現在最小壽命一
百歲毗婆尸佛尸棄佛毗舍浮佛剎利家
生拘留孫佛拘那含佛迦葉佛婆羅門家
生舍利弗我釋迦牟尼剎利家生毗婆尸佛
尸棄佛毗舍浮佛三佛姓　拘隣拘留孫
佛拘那含牟尼佛迦葉佛此三佛姓迦葉
舍利弗我釋迦牟尼佛瞿曇
舍利弗毗婆尸佛波吒羅樹下得阿耨多
羅三藐三菩提
尸棄佛分陁利樹下得阿耨多羅三藐三
菩提毗舍浮佛莎羅樹下得阿耨多羅三
藐三菩提拘那含牟尼佛尸利沙樹下得阿
耨多羅三藐三菩提
拘留孫佛憂頭跋樹下得阿耨多羅三
藐三菩提
迦葉佛尼拘律樹下得阿耨多羅三藐
三菩提
我釋迦牟尼阿說他樹下得阿耨多羅
三藐三菩提
毗婆尸佛三集聲聞尸棄佛三集聲聞毗
舍浮佛再集聲聞　拘留孫佛一集聲
聞　拘那牟尼佛一集聲聞

BD04055號　佛名經（十六卷本）卷一一　（9–7）

三藐
我釋迦牟尼阿說他樹下得阿耨多羅
三藐三菩提
毗婆尸佛三集聲聞尸棄佛三集聲聞毗
舍浮佛再集聲聞　拘留孫佛一集聲
聞　拘那含牟尼佛一集聲聞
迦葉佛一集聲聞　我釋迦牟尼佛
一集聲聞　毗婆尸佛弟一聲聞
弟子一名吉沙二名看茶
毗舍浮佛弟一聲聞弟子一名星宿二名上
拘留孫佛弟一聲聞弟子一名疾二名力
拘那含牟尼佛弟一聲聞弟子一名活二
名毗頭羅　尸棄佛弟一聲聞弟子
一名勝二名自在
迦葉佛弟一聲聞弟子一名輪那二名頗羅
墮　我釋迦牟尼佛弟一聲聞弟子
一名舍利弗二名目揵連如如上二人等前者
智慧弟一後神通弟一毗婆尸佛侍者名无
憂尸棄佛侍者名離畏毗舍浮佛侍者
名寂
拘留孫佛侍者名智拘那含文尼佛侍者
名覲　加葉佛侍者名迦夫我侍者名
歡喜
毗婆尸佛子名戍陰尸棄佛子名不可量
毗舍浮佛子名善智　拘留孫佛子名上
拘那含文尼佛子名勝　迦葉佛子
名道師　我子名羅睺羅
毗婆尸佛父名槃頭母名槃頭　意成名槃

BD04055號　佛名經（十六卷本）卷一一　（9–8）

名毗頭羅　尸棄佛弟一聲聞弟子
一名勝二名自在
迦葉佛弟一聲聞弟子一名輪那二名頗羅
墮　我釋迦牟尼佛弟一聲聞弟子
一名舍利弗二名目揵連如如上二人等前者
智慧弟一後神通弟一毗婆尸佛侍者名无
憂尸棄佛侍者名離畏毗舍浮佛侍者
名寂
拘留孫佛侍者名智拘那含文尼佛侍者
名覲　加葉佛侍者名迦夫我侍者名
歡喜
毗婆尸佛子名戍陰尸棄佛子名不可量
毗舍浮佛子名善智　拘留孫佛子名上
拘那含文尼佛子名勝　迦葉佛子
名道師　我子名羅睺羅
毗婆尸佛父名槃頭母名槃頭　意成名槃
頭尸棄佛父名鉤那母名勝城名阿樓那䟦
提毗舍浮佛父名阿樓那天子母名稱意城
名隨意
拘留孫佛婆羅門種父名功德母名廣彼

BD04055號　佛名經（十六卷本）卷一一　（9–9）

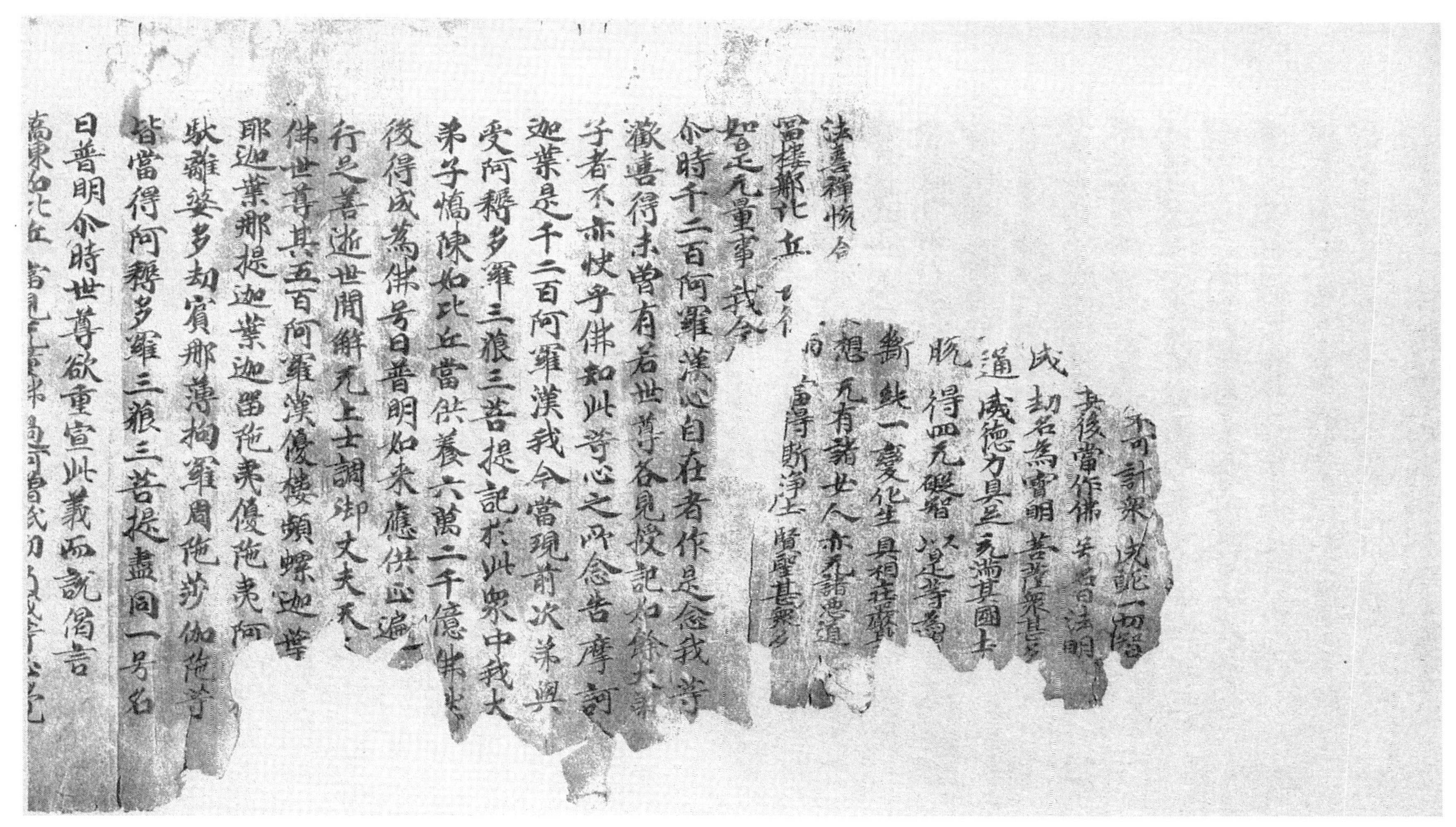
不可計衆 成就一切智
其後當作佛 号名曰法明
成 劫名爲寶明 菩薩衆甚多
通 威德力具足 充滿其國土
脫 得四无礙智 以是等爲僧
斷 純一變化生 具相莊嚴身
想 无有諸女人 亦无諸惡道
富樓那比丘 當得斯淨土 賢聖衆甚多

法喜禪悅食
富樓那比丘
如是无量事 我今
尒時千二百阿羅漢心自在者作是念我等
歡喜得未曾有若世尊各見授記如餘大弟
子者不亦快乎佛知此等心之所念告摩訶
迦葉是千二百阿羅漢我今當現前次第與
受阿耨多羅三藐三菩提記於此衆中我大
弟子憍陳如比丘當供養六萬二千億佛然
後得成爲佛号曰普明如來應供正遍知明
行足善逝世間解无上士調御丈夫天人
佛世尊其五百阿羅漢優樓頻螺迦葉伽
耶迦葉那提迦葉迦留陀夷優陀夷阿
㝹樓馱離婆多劫賓那薄拘羅周陀莎伽陀等
皆當得阿耨多羅三藐三菩提盡同一号名
曰普明尒時世尊欲重宣此義而說偈言
憍陳如比丘 當見无量佛 過阿僧祇劫 乃成等正覺

BD04056號　妙法蓮華經（八卷本）卷四　（19-1）

行足善逝世間解无上士調御丈夫天人
佛世尊其五百阿羅漢優樓頻螺迦葉伽
耶迦葉那提迦葉迦留陀夷優陀夷阿
㝹樓馱離婆多劫賓那薄拘羅周陀莎伽陀等
皆當得阿耨多羅三藐三菩提盡同一号名
曰普明尒時世尊欲重宣此義而說偈言
憍陳如比丘 當見无量佛 過阿僧祇劫 乃成等正覺
常放大光明 具足諸神通 名聞遍十方 一切之所敬
常說无上道 故号爲普明 其國土清淨 菩薩皆勇猛
咸昇妙樓閣 遊諸十方國 以无上供具 奉獻於諸佛
作是供養已 心懷大歡喜 須臾還本國 有如是神力
佛壽六万劫 正法住倍壽 像法復倍是 法滅天人憂
其五百比丘 次第當作佛 同号曰普明 轉次而授記
我滅度之後 某甲當作佛 其所化世間 亦如我今日
國土之嚴淨 及諸神通力 菩薩聲聞衆 正法及像法
壽命劫多少 皆如上所說 迦葉汝已知 五百自在者
餘諸聲聞衆 亦當復如是 其不在此會 汝當爲宣說
尒時五百阿羅漢於佛前得受記已歡喜踊
躍即從座起到於佛前頭面礼足悔過自責
世尊我等常作是念自謂已得究竟滅度今
乃知之如无智者所以者何我等應得如來智
慧而便自以小智爲足世尊譬如有人至親友
家醉酒而卧是時親友官事當行以无價寶
珠繫其衣裏與之而去其人醉卧都不覺知起
已遊行到於他國爲衣食故勤力求索甚大艱
難若少有所得便以爲足於後親友會遇
見之而作是言咄哉丈夫何爲衣食乃至
如是我昔欲令汝得安樂五欲自恣於某年
日月以无價寶珠繫汝衣裏今故現在而汝

BD04056號　妙法蓮華經（八卷本）卷四　（19-2）

珠與之而去其人醉臥都不覺知起
已遊行到於他國為衣食故勤力求索甚大艱
難若少有所得便以為足於後親友會遇
見之而作是言咄哉丈夫何為衣食乃至
如是我昔欲令汝得安樂五欲自恣於某年
日月以无價寶珠繫汝衣裏今故現在而汝
不知勤苦憂惱以求自活甚為癡也汝今可
以此寶貿易所須常可如意无所乏短佛亦
如是為菩薩時教化我等令發一切智心而
尋癈忘不知不覺既得阿羅漢道自謂滅
度資生艱難得少為足一切智願猶在不失今
者世尊覺悟我等作如是言諸比丘汝等
所得非究竟滅我久令汝等種佛善根以方
便故示涅槃相而汝謂為實得滅度世尊我
今乃知實是菩薩得受阿耨多羅三藐三菩
提記以是因緣甚大歡喜得未曾有尒時
阿若憍陳如等欲重宣此義而說偈言

我等聞无上　安隱授記聲　歡喜未曾有　礼无量智佛
今於世尊前　自悔諸過咎　於无量佛寶　得少涅槃分
如无智愚人　便自以為足　譬如貧窮人　往至親友家
其家甚大富　具設諸餚饍　以无價寶珠　繫著內衣裏
嘿與而捨去　時臥不覺知　是人既已起　遊行詣他國
求衣食自濟　資生甚艱難　得少便為足　更不願好者
不覺內衣裏　有无價寶珠　與珠之親友　後見此貧人
苦切責之已　示以所繫珠　貧人見此珠　其心大歡喜
富有諸財物　五欲而自恣　我等亦如是　世尊於長夜
常愍見教化　令種无上願　我等无智故　不覺亦不知
得少涅槃分　自足不求餘　今佛覺悟我　言非實滅度
得佛无上慧　尒乃為真滅　我今從佛聞　授記莊嚴事

BD04056號　妙法蓮華經（八卷本）卷四　（19-3）

是人既已起　遊行詣他國
求衣食自濟　資生甚艱難　得少便為足　更不願好者
不覺內衣裏　有无價寶珠　與珠之親友　後見此貧人
苦切責之已　示以所繫珠　貧人見此珠　其心大歡喜
富有諸財物　五欲而自恣　我等亦如是　世尊於長夜
常愍見教化　令種无上願　我等无智故　不覺亦不知
得少涅槃分　自足不求餘　今佛覺悟我　言非實滅度
得佛无上慧　尒乃為真滅　我今從佛聞　授記莊嚴事
及轉次受決　身心遍歡喜

妙法蓮華經授學无學人記品第九

尒時阿難羅睺羅而作是念我等每自思惟
設得受記不亦快乎即從座起到於佛前頭
面礼足俱白佛言世尊我等於此亦應有分
唯有如來我等所歸又我等為一切世間天人
阿脩羅所見知識阿難常為侍者護持法藏
羅睺羅是佛之子若佛見授阿耨多羅三藐
三菩提記者我願既滿衆望亦足尒時學无
學聲聞弟子二千人皆從座起偏袒右肩到
於佛前一心合掌瞻仰世尊如阿難羅睺羅
所願住立一面尒時佛告阿難汝於來世當
得作佛号山海慧自在通王如來應供正
遍知明行足善逝世間解无上士調御丈夫
天人師佛世尊當供養六十二億諸佛護持
法藏然後得阿耨多羅三藐三菩提教化二
十千萬億恒河沙諸菩薩等令成阿耨多
羅三藐三菩提國名常立勝幡其土清淨瑠
璃為地劫名妙音遍滿其佛壽命无量千万
億阿僧祇劫若人於千萬億无量阿僧祇劫中
算數挍計不能得知正法住世倍於壽命像

BD04056號　妙法蓮華經（八卷本）卷四　（19-4）

[illegible]
十千萬億恒河沙諸菩薩等令成阿耨多
羅三藐三菩提國名常立勝幡其土清淨琉
璃爲地劫名妙音遍滿其佛壽命无量千万
億阿僧祇劫若人於千萬億无量阿僧祇劫中
筭數校計不能得知正法住世倍於壽命像
法住世復倍正法阿難是山海慧自在通王
佛爲十方无量千万億恒河沙等諸佛如
來所共讚歎稱其功德尒時世尊欲重宣此
義而說偈言
我今僧中說　阿難持法者　當供養諸佛　然後成正覺
号曰山海慧　自在通王佛　其國土清淨　名常立勝幡
教化諸菩薩　其數如恒沙　佛有大威德　名聞滿十方
壽命无有量　以愍衆生故　正法倍壽命　像法復倍是
如恒河沙等　无數諸衆生　於此佛法中　種佛道因緣
尒時會中新發意菩薩八千人咸作是念我
等尚不聞諸大菩薩得如是記有何因緣而
諸聲聞得如是決尒時世尊知諸菩薩心之
所念而告之曰諸善男子我與阿難等於空
王佛所同時發阿耨多羅三藐三菩提心阿
難常樂多聞我常勤精進是故我已得成
阿耨多羅三藐三菩提而阿難護持我法亦
護將來諸佛法藏教化成就諸菩薩衆其
本願如是故獲斯記阿難面於佛前自聞授記
及國土莊嚴所願具足心大歡喜得未曾有即
時憶念過去无量千萬億諸佛法藏通達
无礙如今所聞亦識本願尒時阿難而說偈言
世尊甚希有　令我念過去　无量諸佛法　如今日所聞
我今无復疑　安住於佛道　方便爲侍者　護持諸佛法

BD04056號　妙法蓮華經（八卷本）卷四　（19–5）

護將來諸佛法藏教化成就諸菩薩衆其
本願如是故獲斯記阿難面於佛前自聞授記
及國土莊嚴所願具足心大歡喜得未曾有即
時憶念過去无量千萬億諸佛法藏通達
无礙如今所聞亦識本願尒時阿難而說偈言
世尊甚希有　令我念過去　无量諸佛法　如今日所聞
我今无復疑　安住於佛道　方便爲侍者　護持諸佛法
尒時佛告羅睺羅汝於來世當得作佛号蹈
七寶華如來應供正遍知明行足善逝世間解
无上士調御丈夫天人師佛世尊當供養十世
界微塵等數諸佛如來常爲諸佛而作長
子猶如今也是蹈七寶華佛國土莊嚴壽命
劫數所化弟子正法像法亦如山海慧自在
通王如來无異亦爲此佛而作長子過是已
後當得阿耨多羅三藐三菩提尒時世尊欲
重宣此義而說偈言
我爲太子時　羅睺爲長子　我今成佛道　受法爲法子
於未來世中　見无量億佛　皆爲其長子　一心求佛道
羅睺羅密行　唯我能知之　現爲我長子　以示諸衆生
无量億千万　功德不可數　安住於佛法　以求无上道
尒時世尊見學无學二千人其意柔軟寂然
清淨一心觀佛佛告阿難汝見是學无學二
千人不唯然已見阿難是諸人等當供養五十
世界微塵數諸佛如來恭敬尊重護持法
藏末後同時於十方國各得成佛皆同一号名
曰寶相如來應供正遍知明行足善逝世間
解无上士調御丈夫天人師佛世尊壽命一劫
國土莊嚴聲聞菩薩正法像法皆悉同等
尒時世尊欲重宣此義而說偈言

BD04056號　妙法蓮華經（八卷本）卷四　（19–6）

曰寶相如來應供正遍知明行足善逝世間
解无上士調御丈夫天人師佛世尊壽命一劫
國土莊嚴聲聞菩薩正法像法皆悉同等
尒時世尊欲重宣此義而說偈言
是二千聲聞　今於我前住　悉皆與授記　未來當成佛
所供養諸佛　如上說塵數　護持其法藏　後當成正覺
各於十方國　悉同一名号　俱時坐道場　以證无上慧
皆名為寶相　國土及弟子　正法與像法　悉等无有異
咸以諸神通　度十方衆生　名聞普周遍　漸入於涅槃
尒時學无學二千人聞佛授記歡喜踊躍而
說偈言
世尊慧燈明　我聞授記音　心歡喜充滿　如甘露見灌
妙法蓮華經法師品第十
尒時世尊因藥王菩薩告八萬大士藥王汝
見是大衆中无量諸天龍王夜叉乾闥婆阿
脩羅迦樓羅緊那羅摩睺羅伽人與非人及
比丘比丘尼優婆塞優婆夷求聲聞者求辟
支佛者求佛道者如是等類咸於佛前聞
妙法華經一偈一句乃至一念隨喜者我皆與
授記當得阿耨多羅三藐三菩提佛告藥王
又如來滅度之後若有人聞妙法華經乃至
一偈一句一念隨喜者我亦與授阿耨多羅三
藐三菩提記若復有人受持讀誦解說書
寫妙法華經乃至一偈於此經卷敬視如佛
種種供養華香瓔珞末香塗香燒香繒
蓋幢幡衣服伎樂乃至合掌恭敬藥王當知
是諸人等已曾供養十萬億佛於諸佛所成
就大願愍衆生故生此人間藥王若有人問何
等衆生於未來世當得作佛應示是諸人

種種供養華香瓔珞末香塗香燒香繒
蓋幢幡衣服伎樂乃至合掌恭敬藥王當知
是諸人等已曾供養十萬億佛於諸佛所成
就大願愍衆生故生此人間藥王若有人問何
等衆生於未來世當得作佛應示是諸人
等於未來世必得作佛何以故若善男子善
女人於法華經乃至一句受持讀誦解說書
寫種種供養經卷華香瓔珞末香塗香燒香繒
蓋幢幡衣服伎樂合掌恭敬是人一切世間所
應瞻奉應以如來供養而供養之當知此人是
大菩薩成就阿耨多羅三藐三菩提哀愍衆
生願生此間廣演分別妙法華經何況盡能
受持種種供養者藥王當知是人自捨清淨
業報於我滅度後愍衆生故生於惡世廣
演此經若是善男子善女人我滅度後能
竊為一人說法華經乃至一句當知是人則如
來使如來所遣行如來事何況於大衆中廣
為人說藥王若有惡人以不善心於一劫中現
於佛前常毀罵佛其罪尚輕若人以一惡言
毀訾在家出家讀誦法華經者其罪甚重
藥王其有讀誦法華經者當知是人以佛
莊嚴而自莊嚴則為如來肩所荷擔其所至
方應隨向礼一心合掌恭敬供養尊重讚歎華
香纓絡粖香塗香燒香繒蓋幢幡衣服餚饌
作諸伎樂人中上供而供養之應持天寶而以
散之天上寶聚應以奉獻所以者何是人歡
喜說法須臾聞之即得究竟阿耨多羅三藐
三菩提故尒時世尊欲重宣此義而說偈言

作諸伎樂人中上供而供養之應持天寶而以
散之天上寶聚應以奉獻所以者何是人歡
喜說法須臾聞之即得究竟阿耨多羅三藐
三菩提故尒時世尊欲宣此義而說偈言
若欲住佛道 成就自然智 常當勤供養 受持法華者
其有欲疾得 一切種智慧 當受持是經 并供養持者
若有能受持 妙法華經者 當知佛所使 愍念諸衆生
諸有能受持 妙法華經者 捨於清淨土 愍衆故生此
當知如是人 自在所欲生 能於此惡世 廣說无上法
應以天華香 及天寶衣服 天上妙寶聚 供養說法者
吾滅後惡世 能持是經者 當合掌礼敬 如供養世尊
上饌衆甘美 及種種衣服 供養是佛子 兾得須臾聞
若能於後世 受持是經者 我遣在人中 行於如來事
若於一劫中 常懷不善心 作色而罵佛 獲无量重罪
其有讀誦持 是法華經者 須臾加惡言 其罪復過彼
有人求佛道 而於一劫中 合掌在我前 以无數偈讚
由是讚佛故 得无量功德 歎美持經者 其福復過彼
於十八億劫 最妙色聲 及與香味觸 供養持經者
如是供養已 若得須臾聞 則應自欣慶 我今獲大利
藥王今告汝 我所說諸經 而於此經中 法華最第一
尒時佛復告藥王菩薩摩訶薩我所說經典
无量千万億已說今說當說而於其中此法華
經最為難信難解藥王此經是諸佛秘要
之藏不可分布妄授與人諸佛世尊之所守護
從昔已來未曾顯說而此經者如來現在猶多
怨嫉況滅度後藥王當知如來滅後其能書
持讀誦供養為他人說者如來則為以衣
覆之又為他方現在諸佛之所護念是人有

BD04056號　妙法蓮華經（八卷本）卷四

（19–9）

之藏不可分布妄授與人諸佛世尊之所守護
從昔已來未曾顯說而此經者如來現在猶多
怨嫉況滅度後藥王當知如來滅後其能書
持讀誦供養為他人說者如來則為以衣
覆之又為他方現在諸佛之所護念是人有
大信力及志願力諸善根力當知是人與如
來共宿則為如來手摩其頭藥王在在處處
若說若讀若誦若書若經卷所住處皆應
起七寶塔極令高廣嚴飾不須復安舍利
所以者何此中已有如來全身此塔應以一切
華香瓔珞繒蓋幢幡伎樂歌頌供養恭敬
尊重讚歎若有人得見此塔礼拜供養當知
是等皆近阿耨多羅三藐三菩提藥王多有人
在家出家行菩薩道若不能得見聞讀誦書
持供養是法華經者當知是人未善行菩薩
道若有得聞是經典者乃能善行菩薩之道
其有衆生求佛道者若見若聞是法華經
聞已信解受持者當知是人得近阿耨多羅
三藐三菩提藥王譬如有人渴乏須水於彼高
原穿鑿求之猶見乾土知水尚遠施功不已
轉見濕土遂漸至泥其心決定知水必近菩薩
亦復如是若未聞未解未能修習是法華
經當知是人去阿耨多羅三藐三菩提尚遠
若得聞解思惟修習必知得近阿耨多羅
三藐三菩提所以者何一切菩薩阿耨多羅三
藐三菩提皆屬此經此經開方便門示真實
相是法華經藏深固幽遠无人能到今佛教
化成就菩薩而為開示藥王若有菩薩聞是

BD04056號　妙法蓮華經（八卷本）卷四

（19–10）

若得聞解思惟脩習必知得近阿耨多羅
三藐三菩提所以者何一切菩薩阿耨多羅三
藐三菩提皆屬此經此經開方便門示真實
相是法華經藏深固幽遠无人能到今佛教
化成就菩薩而為開示藥王若有菩薩聞是
法華經驚疑怖畏當知是為新發意菩薩
若聲聞人聞是經驚疑怖畏當知是為增上
慢者藥王若有善男子善女人如來滅後欲
為四眾說是法華經者云何應說是善男子
善女人入如來室著如來衣坐如來座尒乃應
為四眾廣說斯經如來室者一切眾生中大
慈悲心是如來衣者柔和忍辱心是如來座
者一切法空是安住是中然後以不懈怠心
為諸菩薩及四眾廣說是法華經藥王我
於餘國遣化人為其集聽法眾亦遣化比丘
比丘尼優婆塞優婆夷聽其說法是諸化人
聞法信受隨順不逆若說法者在空閑處我
時廣遣天龍鬼神乾闥婆阿脩羅等聽其
說法我雖在異國時時令說法者得見我身
若於此經忘失句逗我還為說令得具足尒
時世尊欲重宣此義而說偈言
欲捨諸懈怠　應當聽此經　是經難得聞　信受者亦難
如人渴須水　穿鑿於高原　猶見乾燥土　知去水尚遠
漸見濕土泥　決定知近水　藥王汝當知　如是諸人等
不聞法華經　去佛智甚遠　若聞是深經　決了聲聞法
是諸經之王　聞已諦思惟　當知此人等　近於佛智慧
若人說此經　應入如來室　著於如來衣　而坐如來座
處眾无所畏　廣為分別說　大慈悲為室　柔和忍辱衣

漸見濕土泥　決定知近水　藥王汝當知　如是諸人等
不聞法華經　去佛智甚遠　若聞是深經　決了聲聞法
是諸經之王　聞已諦思惟　當知此人等　近於佛智慧
若人說此經　應入如來室　著於如來衣　而坐如來座
處眾无所畏　廣為分別說　大慈悲為室　柔和忍辱衣
諸法空為座　處此為說法　若說此經時　有人惡口罵
加刀杖瓦石　念佛故應忍　我千万億土　現淨堅固身
於无量億劫　為眾生說法　若我滅度後　能說此經者
我遣化四眾　比丘比丘尼　及清淨士女　供養於法師
引導諸眾生　集之令聽法　若人欲加惡　刀杖及瓦石
則遣變化人　為之作衛護　若說法之人　獨在空閑處
寂寞无人聲　讀誦此經典　我尒時為現　清淨光明身
若忘失章句　為說令通利　若人具是德　或為四眾說
空處讀誦經　皆得見我身　若人在空閑　我遣天龍王
夜叉鬼神等　為作聽法眾　是人樂說法　分別无罣礙
諸佛護念故　能令大眾喜　若親近法師　速得菩薩道
隨順是師學　得見恒沙佛

妙法蓮華經見寶塔品第十一

尒時佛前有七寶塔高五百由旬縱廣二百五
十由旬從地踊出住在空中種種寶物而莊
挍之五千欄楯龕室千万无數幢幡以為嚴
飾垂寶瓔珞寶鈴萬億而懸其上四面皆出
多摩羅跋栴檀之香充遍世界其諸幡蓋以
金銀琉璃車𤦲馬瑙真珠玫瑰七寶合成高
至四天王宮三十三天雨天曼陀羅華供養
寶塔餘諸天龍夜叉乾闥婆阿脩羅迦樓
羅緊那羅摩睺羅伽人非人等千萬億眾
以一切華香瓔珞幡蓋伎樂供養寶塔恭敬

至四天王宮三十三天雨天曼陁羅華供養
寶塔餘諸天龍夜叉乾闥婆阿脩羅迦樓
羅緊那羅摩睺羅伽人非人等千萬億衆
以一切華香瓔珞幡蓋伎樂供養寶塔恭敬
尊重讚歎尒時寶塔中出大音聲歎言善哉
善哉釋迦牟尼世尊能以平等大慧教菩
薩法佛所護念妙法華經為大衆說如是如是
釋迦牟尼世尊如所說者皆是真實尒時四
衆見大寶塔住在空中又聞塔中所出音聲
皆得法喜恠未曾有從座而起恭敬合掌却
住一面尒時有菩薩摩訶薩名大樂說知一切
世間天人阿脩羅等心之所疑而白佛言世尊
以何因緣有此寶塔從地踊出又於其中發
是音聲尒時佛告大樂說菩薩此寶塔中有
如來全身乃往過去東方无量千万億阿僧
祇世界國名寶淨彼中有佛号曰多寶其
佛行菩薩道時作大誓願若我成佛滅度
之後於十方國土有說法華經處我之塔廟
為聽是經故踊現其前為作證明讚言善
哉彼佛成道已臨滅度時於天人大衆中告諸
比丘我滅度後欲供養我全身者應起一
大塔其佛以神通願力十方世界在在處處
若有說法華經者彼之寶塔皆踊出其前
全身在於塔中讚言善哉善哉大樂說今多寶
如來塔聞說法華經故從地踊出讚言善哉
善哉是時大樂說菩薩以如來神力故白佛
言世尊我等願欲見此佛身佛告大樂說菩
薩摩訶薩是多寶佛有深重願若我寶塔

若有說法華經者彼之寶塔皆踊出其前
全身在於塔中讚言善哉善哉大樂說今多寶
如來塔聞說法華經故從地踊出讚言善哉
善哉是時大樂說菩薩以如來神力故白佛
言世尊我等願欲見此佛身佛告大樂說菩
薩摩訶薩是多寶佛有深重願若我寶塔
為聽法華經故出於諸佛前時其有欲以我
身示四衆者彼佛分身諸佛在於十方世界說
法盡還集一處然後我身乃出現耳大樂說我
分身諸佛在於十方世界說法者今應當集
大樂說白佛言世尊我等亦願欲見世尊分
身諸佛礼拜供養尒時佛放白豪一光即見東
方五百万億那由他恒河沙等國土諸佛彼
諸國土皆以頗梨為地寶樹寶衣以為莊嚴
无數千万億菩薩充滿其中遍張寶幔寶
網羅上彼國諸佛以大妙音而說諸法及見无
量千萬億菩薩遍滿諸國為衆說法南西
北方四維上下白豪相光所照之處亦復如是
尒時十方諸佛各告衆菩薩言善男子我今
應往娑婆世界釋迦牟尼佛所并供養多寶
如來寶塔時娑婆世界即變清淨琉璃為
地寶樹莊嚴黄金為繩以界八道无諸聚落
村營城邑大海江河山川林藪燒大寶香曼
陁羅華遍布其地以寶網幔羅覆其上懸諸
寶鈴唯留此會衆移諸天人置於他土是時
諸佛各將一大菩薩以為侍者至娑婆世界各
到寶樹下一一寶樹高五百由旬枝葉華菓
次第莊嚴諸寶樹下皆有師子之座高五由
旬亦以大寶而校飾之尒時諸[illegible]

陁羅華遍布其地以寶網幔羅覆其上懸諸
寶鈴唯留此會衆移諸天人置於他土是時
諸佛各將一大菩薩以為侍者至娑婆世界各
到寶樹下一一寶樹高五百由旬枝葉華菓
次第莊嚴諸寶樹下皆有師子之座高五由
旬亦以大寶而校餝之尒時諸佛各於此座
結跏趺坐如是展轉遍滿三千大千世界而
於釋迦牟尼佛一方所分之身猶故未盡時
釋迦牟尼佛欲容受所分身諸佛故八方各
更變二百萬億那由他國皆令清淨无有地
獄餓鬼畜生及阿脩羅又移諸天人置於他
土所化之國亦以瑠璃為地寶樹莊嚴樹高
五百由旬枝葉華菓次第嚴餝樹下皆有寶
師子座高五由旬種種諸寶以為莊校亦无
大海江河及目真鄰陁山摩訶目真鄰陁山
鐵圍山大鐵圍山須弥山等諸山王通為一佛
佛國土寶地平正寶交露幔遍覆其上懸
諸幡蓋燒大寶香諸天寶華遍布其地釋
迦牟尼佛為諸佛當來坐故復於八方各更
變二百萬億那由他國皆令清淨无有地獄餓
鬼畜生及阿脩羅又移諸天人置於他土所化之
國亦以瑠璃為地寶樹莊嚴樹高五百由旬
枝葉華菓次第莊嚴樹下皆有寶師子座
高五由旬亦以大寶而校餝之亦无大海江河
及目真鄰陁山摩訶目真鄰陁山鐵圍山大鐵
圍山須弥山等諸山王通為一佛國土寶地平
正寶交露幔遍覆其上懸諸幡蓋燒大寶
香諸天寶華遍布其地尒時東方釋迦牟

高五由旬亦以大寶而校餝之亦无大海江河
及目真鄰陁山摩訶目真鄰陁山鐵圍山大鐵
圍山須弥山等諸山王通為一佛國土寶地平
正寶交露幔遍覆其上懸諸幡蓋燒大寶
香諸天寶華遍布其地尒時東方釋迦牟
尼所分之身百千萬億那由他恒河沙等國
土中諸佛各各說法來集於此如是次第十
方諸佛皆悉來集坐於八方尒時一一方四百
万億那由他國土諸佛如來遍滿其中是時諸
佛各在寶樹下坐師子座皆遣侍者問訊釋
迦牟尼佛各賷寶華滿掬而告之言善男
子汝往詣耆闍崛山釋迦牟尼佛所如我辭
日少病少惱氣力安樂及菩薩聲聞衆悉
安隱不以此寶華散佛供養而作是言彼某甲
佛與欲開此寶塔諸佛遣使亦復如是尒時
釋迦牟尼佛見所分身佛悉已來集各各坐
於師子之座皆聞諸佛與欲同開寶塔即從
座起住虛空中一切四衆起立合掌心觀佛
於是釋迦牟尼佛以右指開七寶塔戶出
大音聲如却關鑰開大城門即時一切衆會
皆見多寶如來於寶塔中坐師子座全身不
散如入禪定又聞其言善哉善哉釋迦牟尼佛
快說是法華經我為聽是經故而來至此尒
時四衆等見過去无量千万億劫滅度佛說
如是言歎未曾有以天寶華聚散多寶佛及
釋迦牟尼佛上尒時多寶佛於寶塔中分半
座與釋迦牟尼佛而作是言釋迦牟尼佛
可就此座即時釋迦牟尼佛入其塔中坐其半

時四衆等見過去无量千万億劫滅度佛說
如是言歎未曾有以天寶華聚散多寶佛及
釋迦牟尼佛上尒時多寶佛於寶塔中分半
座與釋迦牟尼佛而作是言釋迦牟尼佛
可就此座即時釋迦牟尼佛入其塔中坐其半
座結跏趺坐尒時大衆見二如來在七寶塔
中師子座上結跏趺坐各作是念佛坐高遠
唯願如來以神通力令我等輩俱處虛空即
時釋迦牟尼佛以神通力接諸大衆皆在虛
空以大音聲普告四衆誰能於此娑婆國土
廣說妙法華經今正是時如來不久當入涅
槃佛欲以此妙法華經付囑有在尒時世
尊欲重宣此義而說偈言
聖主世尊 雖久滅度 在寶塔中 尚為法來
諸人云何 不勤為法 此佛滅度 无央數劫
處處聽法 以難遇故 彼佛本願 我滅度後
在在所往 常為聽法 又我分身 无量諸佛
如恒沙等 來欲聽法 及見滅度 多寶如來
各捨妙土 及弟子衆 天人龍神 諸供養事
令法久住 故來至此 為坐諸佛 以神通力
移无量衆 令國清淨 諸佛各各 詣寶樹下
如清淨池 蓮華莊嚴 其寶樹下 諸師子座
佛坐其上 光明嚴飾 如夜闇中 然大炬火
身出妙香 遍十方國 衆生蒙熏 喜不自勝
譬如大風 吹小樹枝 以是方便 令法久住
告諸大衆 我滅度後 誰能護持 讀誦斯經
今於佛前 自說誓言 其多寶佛 雖久滅度
以大誓願 而師子吼 多寶如來 及與我身

BD04056號　妙法蓮華經（八卷本）卷四　　（19–17）

身出妙香 遍十方國 衆生蒙熏 喜不自勝
譬如大風 吹小樹枝 以是方便 令法久住
告諸大衆 我滅度後 誰能護持 讀誦斯經
今於佛前 自說誓言 其多寶佛 雖久滅度
以大誓願 而師子吼 多寶如來 及與我身
所集化佛 當知此意 諸佛子等 誰能護法
當發大願 令得久住 其有能護 此經法者
則為供養 我及多寶 此多寶佛 處於寶塔
常遊十方 為是經故 亦復供養 諸來化佛
莊嚴光飾 諸世界者 若說此經 則為見我
多寶如來 及諸化佛 諸善男子 各諦思惟
此為難事 宜發大願 諸餘經典 數如恒沙
雖說此等 未足為難 若接須彌 擲置他方
无數佛土 亦未為難 若以足指 動大千界
遠擲他國 亦未為難 若立有頂 為衆演說
无量餘經 亦未為難 若佛滅後 於惡世中
能說此經 是則為難 假使有人 手把虛空
而以遊行 亦未為難 於我滅後 若自書持
若使人書 是則為難 若以大地 置足甲上
昇於梵天 亦未為難 佛滅度後 於惡世中
暫讀此經 是則為難 假使劫燒 擔負乾草
入中不燒 亦未為難 我滅度後 若持此經
為一人說 是則為難 若持八萬 四千法藏
十二部經 為人演說 令諸聽者 得六神通
雖能如是 亦未為難 於我滅後 聽受此經
問其義趣 是則為難 若人說法 令千萬億
无量无數 恒沙衆生 得阿羅漢 具六神通
雖有是益 亦未為難 於我滅後 若能奉持

BD04056號　妙法蓮華經（八卷本）卷四　　（19–18）

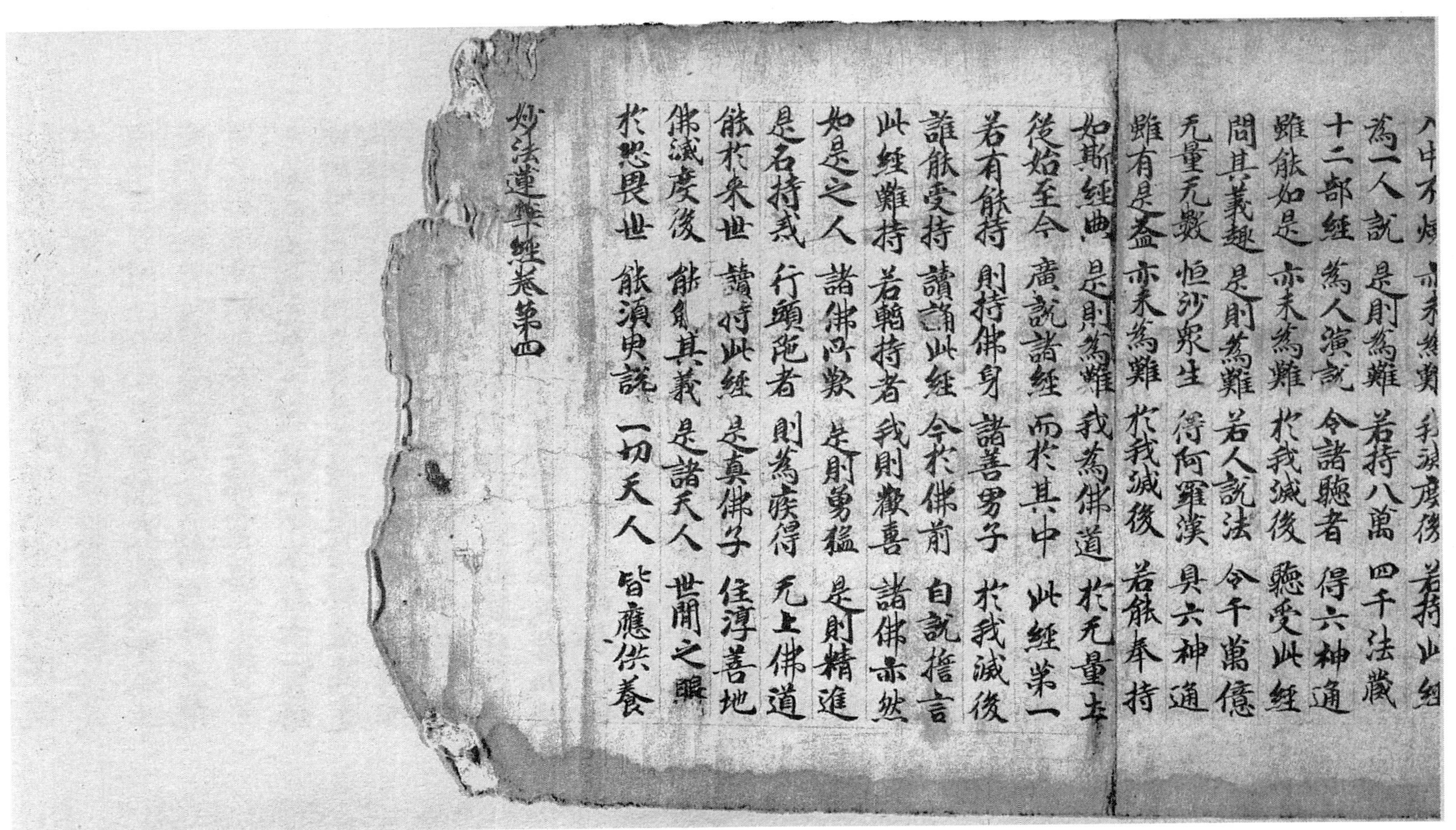

BD04056號　妙法蓮華經（八卷本）卷四　　（19–19）

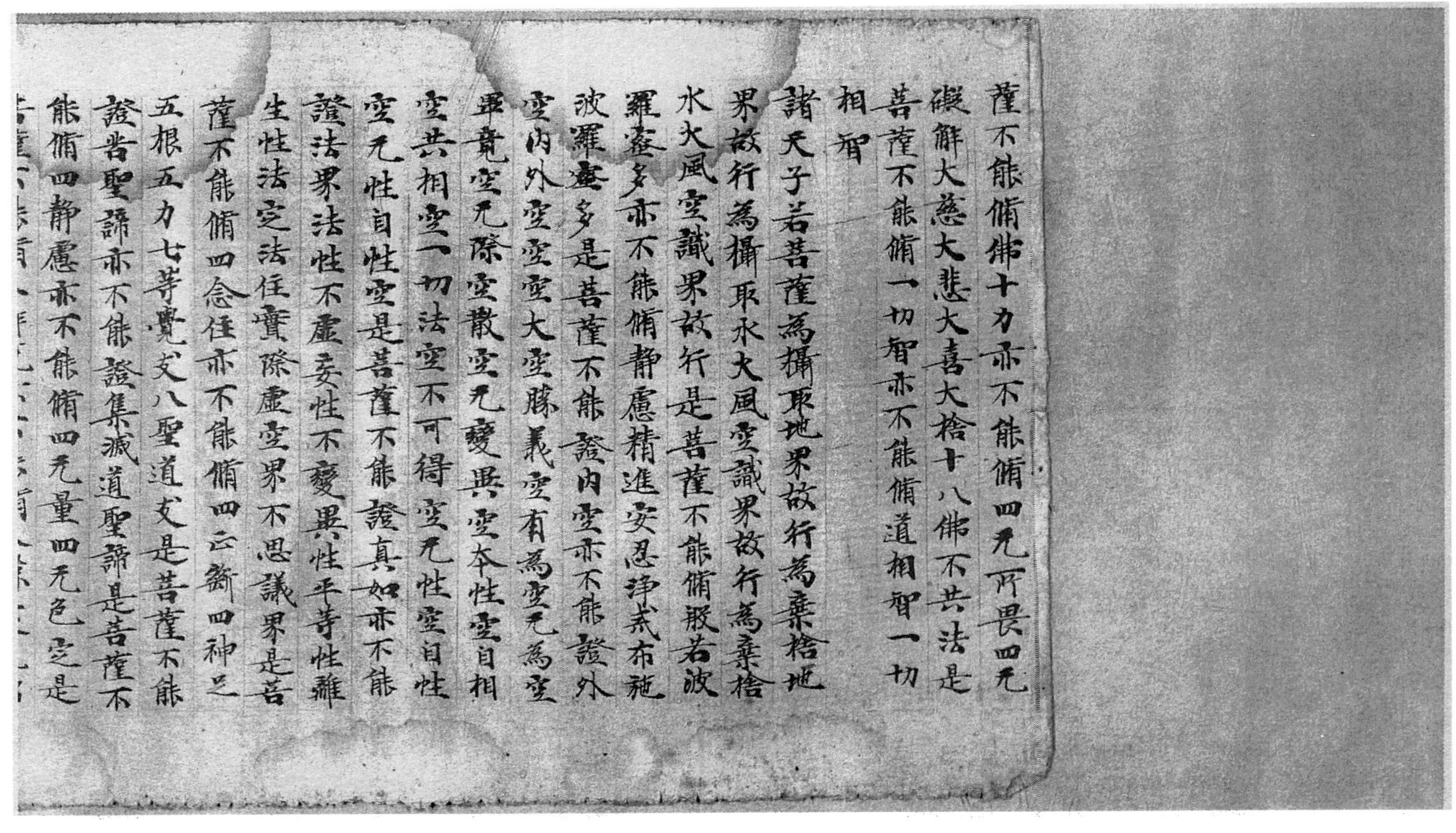

BD04057號　大般若波羅蜜多經卷三二〇　　（13–1）

生性法定法住實際虛空界不思議界是菩
薩不能脩四念住亦不能脩四正斷四神足
五根五力七等覺支八聖道支是菩薩不能
證苦聖諦亦不能證集滅道聖諦是菩薩不
能脩四靜慮亦不能脩四无量四无色定是
菩薩不能脩八解脫亦不能脩八勝處九次
第定十遍處是菩薩不能脩空解脫門亦不
能脩无相无願解脫門是菩薩不能脩五眼亦
不能脩六神通是菩薩不能脩三摩地門亦
不能脩陁羅尼門是菩薩不能脩佛十力
亦不能脩四无所畏四无礙解大慈大悲大
喜大捨十八佛不共法是菩薩不能脩一切
智亦不能脩道相智一切相智
諸天子若菩薩為攝取无明故行為棄捨无
明故行為攝取行識名色六處觸受愛取有
生老死故行為棄捨行乃至老死故行是菩
薩不能脩般若波羅蜜多亦不能脩靜慮精
進安忍淨戒布施波羅蜜多是菩薩不能證
內空亦不能證外空內外空空空大空勝義
空有為空无為空畢竟空无際空散空无變
異空本性空自相空共相空一切法空不可
得空无性空自性空无性自性空是菩薩不
能證真如亦不能證法界法性不虛妄性不
變異性平等性離生性法定法住實際虛空
界不思議界是菩薩不能脩四念住亦不能
脩四正斷四神足五根五力七等覺支八聖
道支是菩薩不能證苦聖諦亦不能證集滅

得空无性空自性空无性自性空是菩薩不
能證真如亦不能證法界法性不虛妄性不
變異性平等性離生性法定法住實際虛空
界不思議界是菩薩不能脩四念住亦不能
脩四正斷四神足五根五力七等覺支八聖
道支是菩薩不能證苦聖諦亦不能證集滅
道聖諦是菩薩不能脩四靜慮亦不能脩四
无量四无色定是菩薩不能脩八解脫亦不
能脩八勝處九次第定十遍處是菩薩不能
脩空解脫門亦不能脩无相无願解脫門是
菩薩不能脩五眼亦不能脩六神通是菩薩
不能脩三摩地門亦不能脩陁羅尼門是菩
薩不能脩佛十力亦不能脩四无所畏四无
礙解大慈大悲大喜大捨十八佛不共法是
菩薩不能脩一切智亦不能脩道相智一切
相智
諸天子若菩薩為攝取布施波羅蜜多故行
為棄捨布施波羅蜜多故行為攝取淨戒安
忍精進靜慮般若波羅蜜多故行為棄捨淨
戒乃至般若波羅蜜多故行是菩薩不能脩
般若波羅蜜多亦不能脩靜慮精進安忍淨
戒布施波羅蜜多是菩薩不能證內空亦不
能證外空內外空空空大空勝義空有為空
无為空畢竟空无際空散空无變異空本性
空自相空共相空一切法空不可得空无性
空自性空无性自性空是菩薩不能證真如
亦不能證法界法性不虛妄性不變異性平

能證外空內外空空空大空勝義空有為空
无為空畢竟空无際空散空无變異空本性
空自相空共相空一切法空不可得空无性
空自性空无性自性空是菩薩不能證真如
亦不能證法界法性不虛妄性不變異性平
等性離生性法定法住實際虛空界不思議
界是菩薩不能脩四念住亦不能脩四正斷
四神足五根五力七等覺支八聖道支是菩
薩不能證苦聖諦亦不能證集滅道聖諦是
菩薩不能脩四靜慮亦不能脩四无量四无
色定是菩薩不能脩八解脫亦不能脩八勝
處九次第定十遍處是菩薩不能脩空解脫
門亦不能脩无相无願解脫門是菩薩不能
脩五眼亦不能脩六神通是菩薩不能脩三
摩地門亦不能脩陁羅尼門是菩薩不能脩
佛十力亦不能脩四无所畏四无礙解大慈
大悲大喜大捨十八佛不共法是菩薩不能
脩一切智亦不能脩道相智一切相智
諸天子若菩薩為攝取內空故行為棄捨內
空故行為攝取外空內外空空空大空勝義
空有為空无為空畢竟空无際空散空无變
異空本性空自相空共相空一切法空不可
得空无性空自性空无性自性空故行為棄
捨外空乃至无性自性空故行是菩薩不能
脩般若波羅蜜多亦不能脩靜慮精進安忍
淨戒布施波羅蜜多是菩薩不能證內空亦
不能證外空內外空空空大空勝義空有為

BD04057 號　大般若波羅蜜多經卷三二〇　（13–4）

捨外空乃至无性自性空故行是菩薩不能
脩般若波羅蜜多亦不能脩靜慮精進安忍
淨戒布施波羅蜜多是菩薩不能證內空亦
不能證外空內外空空空大空勝義空有為
空无為空畢竟空无際空散空无變異空本
性空自相空共相空一切法空不可得空无
性空自性空无性自性空是菩薩不能證真
如亦不能證法界法性不虛妄性不變異性
平等性離生性法定法住實際虛空界不思
議界是菩薩不能脩四念住亦不能脩四正
斷四神足五根五力七等覺支八聖道支是
菩薩不能證苦聖諦亦不能證集滅道聖諦
是菩薩不能脩四靜慮亦不能脩四无量四
无色定是菩薩不能脩八解脫亦不能脩八
勝處九次第定十遍處是菩薩不能脩空解
脫門亦不能脩无相无願解脫門是菩薩不
能脩五眼亦不能脩六神通是菩薩不能脩
三摩地門亦不能脩陁羅尼門是菩薩不能
脩佛十力亦不能脩四无所畏四无礙解大
慈大悲大喜大捨十八佛不共法是菩薩不
能脩一切智亦不能脩道相智一切相智
諸天子若菩薩為攝取真如故行為棄捨真
如故行為攝取法界法性不虛妄性不變異
性平等性離生性法定法住實際虛空界不
思議界故行為棄捨法界乃至不思議界故
行是菩薩不能脩般若波羅蜜多亦不能脩
靜慮精進安忍淨戒布施波羅蜜多是菩薩

BD04057 號　大般若波羅蜜多經卷三二〇　（13–5）

如故行為攝取法界法性不虛妄性不變異
性平等性離生性法定法住實際虛空界不
思議界故行為棄捨法界乃至不思議界故
行是菩薩不能脩般若波羅蜜多亦不能脩
靜慮精進安忍淨戒布施波羅蜜多是菩薩
不能證內空亦不能證外空內外空空空大
空勝義空有為空无為空畢竟空无際空散
空无變異空本性空自相空共相空一切法
空不可得空无性空自性空无性自性空是
菩薩不能證真如亦不能證法界法性不虛
妄性不變異性平等性離生性法定法住實
際虛空界不思議界是菩薩不能脩四念住
亦不能脩四正斷四神足五根五力七等覺
支八聖道支是菩薩不能證苦聖諦亦不能
證集滅道聖諦是菩薩不能脩四靜慮亦不
能脩四无量四无色定是菩薩不能脩八解
脫亦不能脩八勝處九次第定十遍處是菩
薩不能脩空解脫門亦不能脩无相无願解
脫門是菩薩不能脩五眼亦不能脩六神通
是菩薩不能脩三摩地門亦不能脩陁羅尼
門是菩薩不能脩佛十力亦不能脩四无所
畏四无礙解大慈大悲大喜大捨十八佛不
共法是菩薩不能脩一切智亦不能脩道相
智一切相智
諸天子若菩薩為攝取四念住故行為棄捨
四念住故行為攝取四正斷四神足五根五
力七等覺支八聖道支故行為棄捨四正斷

BD04057號　大般若波羅蜜多經卷三二〇　（13-6）

共法是菩薩不能脩一切智亦不能脩道相
智一切相智
諸天子若菩薩為攝取四念住故行為棄捨
四念住故行為攝取四正斷四神足五根五
力七等覺支八聖道支故行為棄捨四正斷
乃至八聖道支故行是菩薩不能脩般若波
羅蜜多亦不能脩靜慮精進安忍淨戒布施
波羅蜜多是菩薩不能證內空亦不能證外
空內外空空空大空勝義空有為空无為空
畢竟空无際空散空无變異空本性空自相
空共相空一切法空不可得空无性空自性
空无性自性空是菩薩不能證真如亦不能
證法界法性不虛妄性不變異性平等性離
生性法定法住實際虛空界不思議界是菩
薩不能脩四念住亦不能脩四正斷四神足
五根五力七等覺支八聖道支是菩薩不能
證苦聖諦亦不能證集滅道聖諦是菩薩不
能脩四靜慮亦不能脩四无量四无色定是
菩薩不能脩八解脫亦不能脩八勝處九次
第定十遍處是菩薩不能脩空解脫門亦不
能脩无相无願解脫門是菩薩不能脩五眼
亦不能脩六神通是菩薩不能脩三摩地門
亦不能脩陁羅尼門是菩薩不能脩佛十力
亦不能脩四无所畏四无礙解大慈大悲大
喜大捨十八佛不共法是菩薩不能脩一切
智亦不能脩道相智一切相智
諸天子若菩薩為攝取苦聖諦故行為棄捨
苦聖諦故行

BD04057號　大般若波羅蜜多經卷三二〇　（13-7）

亦不能修四无所畏四无礙解大慈大悲大
喜大捨十八佛不共法是菩薩不能修一切
智亦不能修道相智一切相智
諸天子若菩薩為攝取苦聖諦故行為棄捨
苦聖諦故行為攝取集滅道聖諦故行為棄
捨集滅道聖諦故行是菩薩不能修般若波
羅蜜多亦不能修靜慮精進安忍淨戒布施
波羅蜜多是菩薩不能證內空亦不能證外
空內外空空空大空勝義空有為空无為空
畢竟空无際空散空无變異空本性空自相
空共相空一切法空不可得空无性空自性
空无性自性空是菩薩不能證真如亦不能
證法界法性不虛妄性不變異性平等性離
生性法定法住實際虛空界不思議界是菩
薩不能修四念住亦不能修四正斷四神足
五根五力七等覺支八聖道支是菩薩不能
證苦聖諦亦不能證集滅道聖諦是菩薩不
能修四靜慮亦不能修四无量四无色定是
菩薩不能修八解脫亦不能修八勝處九次
第定十遍處是菩薩不能修空解脫門亦不
能修无相无願解脫門是菩薩不能修五眼
亦不能修六神通是菩薩不能修三摩地門
亦不能修陀羅尼門是菩薩不能修佛十力
亦不能修四无所畏四无礙解大慈大悲大
喜大捨十八佛不共法是菩薩不能修一切
智亦不能修道相智一切相智

BD04057 號　大般若波羅蜜多經卷三二〇　（13–8）

亦不能修六神通是菩薩不能修三摩地門
亦不能修陀羅尼門是菩薩不能修佛十力
亦不能修四无所畏四无礙解大慈大悲大
喜大捨十八佛不共法是菩薩不能修一切
智亦不能修道相智一切相智
諸天子若菩薩為攝取四靜慮故行為棄捨
四靜慮故行為攝取四无量四无色定故行
為棄捨四无量四无色定故行是菩薩不能
修般若波羅蜜多亦不能修靜慮精進安忍
淨戒布施波羅蜜多是菩薩不能證內空亦
不能證外空內外空空空大空勝義空有為
空无為空畢竟空无際空散空无變異空本
性空自相空共相空一切法空不可得空无
性空自性空无性自性空是菩薩不能證真
如亦不能證法界法性不虛妄性不變異性
平等性離生性法定法住實際虛空界不思
議界是菩薩不能修四念住亦不能修四正
斷四神足五根五力七等覺支八聖道支是
菩薩不能證苦聖諦亦不能證集滅道聖諦
是菩薩不能修四靜慮亦不能修四无量四
无色定是菩薩不能修八解脫亦不能修八
勝處九次第定十遍處是菩薩不能修空解
脫門亦不能修无相无願解脫門是菩薩不
能修五眼亦不能修六神通是菩薩不能修
三摩地門亦不能修陀羅尼門是菩薩不能
修佛十力亦不能修四无所畏四无礙解大
慈大悲大喜大捨十八佛不共法是菩薩不

BD04057 號　大般若波羅蜜多經卷三二〇　（13–9）

…能脩无相无願解脫門是菩薩不
能脩五眼亦不能脩六神通是菩薩不能脩
三摩地門亦不能脩陁羅尼門是菩薩不能
脩佛十力亦不能脩四无所畏四无礙解大
慈大悲大喜大捨十八佛不共法是菩薩不
能脩一切智亦不能脩道相智一切相智
諸天子若菩薩為攝取八解脫故行為捨棄
八解脫故行為攝取八勝處九次第定十遍
處故行為棄捨八勝處九次第定十遍處故
行是菩薩不能脩般若波羅蜜多亦不能脩
靜慮精進安忍淨戒布施波羅蜜多是菩薩
不能證內空亦不能證外空內外空空空大
空勝義空有為空无為空畢竟空无際空散空
无變異空本性空自相空共相空一切法空
不可得空无性空自性空无性自性空是菩
薩不能證真如亦不能證法界法性不虛妄
性不變異性平等性離生性法定法住實際
虛空界不思議界是菩薩不能脩四念住亦
不能脩四正斷四神足五根五力七等覺支
八聖道支是菩薩不能證苦聖諦亦不能證
集滅道聖諦是菩薩不能脩四靜慮亦不能
脩四无量四无色定是菩薩不能脩八解脫
亦不能脩八勝處九次第定十遍處是菩薩
不能脩空解脫門亦不能脩无相无願解脫
門是菩薩不能脩五眼亦不能脩六神通是
菩薩不能脩三摩地門亦不能脩陁羅尼門
是菩薩不能脩佛十力亦不能脩四无所畏

BD04057號　大般若波羅蜜多經卷三二〇　（13–10）

…八勝處九次第定十遍處是菩薩
不能脩空解脫門亦不能脩无相无願解脫
門是菩薩不能脩五眼亦不能脩六神通是
菩薩不能脩三摩地門亦不能脩陁羅尼門
是菩薩不能脩佛十力亦不能脩四无所畏
四无礙解大慈大悲大喜大捨十八佛不共
法是菩薩不能脩一切智亦不能脩道相智
一切相智
諸天子若菩薩為攝取空解脫門故行為棄
捨空解脫門故行為攝取无相无願解脫門
故行為棄捨无相无願解脫門故行是菩薩
不能脩般若波羅蜜多亦不能脩靜慮精
進安忍淨戒布施波羅蜜多是菩薩不能證
內空亦不能證外空內外空空空大空勝義
空有為空无為空畢竟空无際空散空无變
異空本性空自相空共相空一切法空不可得
空无性空自性空无性自性空是菩薩不能
證真如亦不能證法界法性不虛妄性不變
異性平等性離生性法定法住實際虛空界
不思議界是菩薩不能脩四念住亦不能脩
四正斷四神足五根五力七等覺支八聖道
支是菩薩不能證苦聖諦亦不能證集滅道
聖諦是菩薩不能脩四靜慮亦不能脩四无
量四无色定是菩薩不能脩八解脫亦不能
脩八勝處九次第定十遍處是菩薩不能脩
空解脫門亦不能脩无相无願解脫門是菩
薩不能脩五眼亦不能脩六神通是菩薩不

BD04057號　大般若波羅蜜多經卷三二〇　（13–11）

聖諦是菩薩不能脩四靜慮亦不能脩四无
量四无色定是菩薩不能脩八解脫亦不能
脩八勝處九次第定十遍處是菩薩不能脩
空解脫門亦不能脩无相无願解脫門是菩
薩不能脩五眼亦不能脩六神通是菩薩不
能脩三摩地門亦不能脩陁羅尼門是菩薩
不能脩佛十力亦不能脩四无所畏四无礙
解大慈大悲大喜大捨十八佛不共法是菩
薩不能脩一切智亦不能脩道相智一切相
智
諸天子若菩薩為攝取五眼故行為棄捨五
眼故行為攝取六神通故行為棄捨六神通
故行是菩薩不能脩般若波羅蜜多亦不能
脩靜慮精進安忍淨戒布施波羅蜜多是菩
薩不能證内空亦不能證外空内外空空空
大空勝義空有為空无為空畢竟空无際空
散空无變異空本性空自相空共相空一切
法空不可得空无性空自性空无性自性空
是菩薩不能證真如亦不能證法界法性不
虛妄性不變異性平等性離生性法定法住
實際虛空界不思議界是菩薩不能脩四念
住亦不能脩四正斷四神足五根五力七等
覺支八聖道支是菩薩不能證苦聖諦亦不
能證集滅道聖諦是菩薩不能脩四靜慮亦
不能脩四无量四无色定是菩薩不能脩八
解脫亦不能脩八勝處九次第定十遍處是

BD04057號　大般若波羅蜜多經卷三二〇　（13–12）

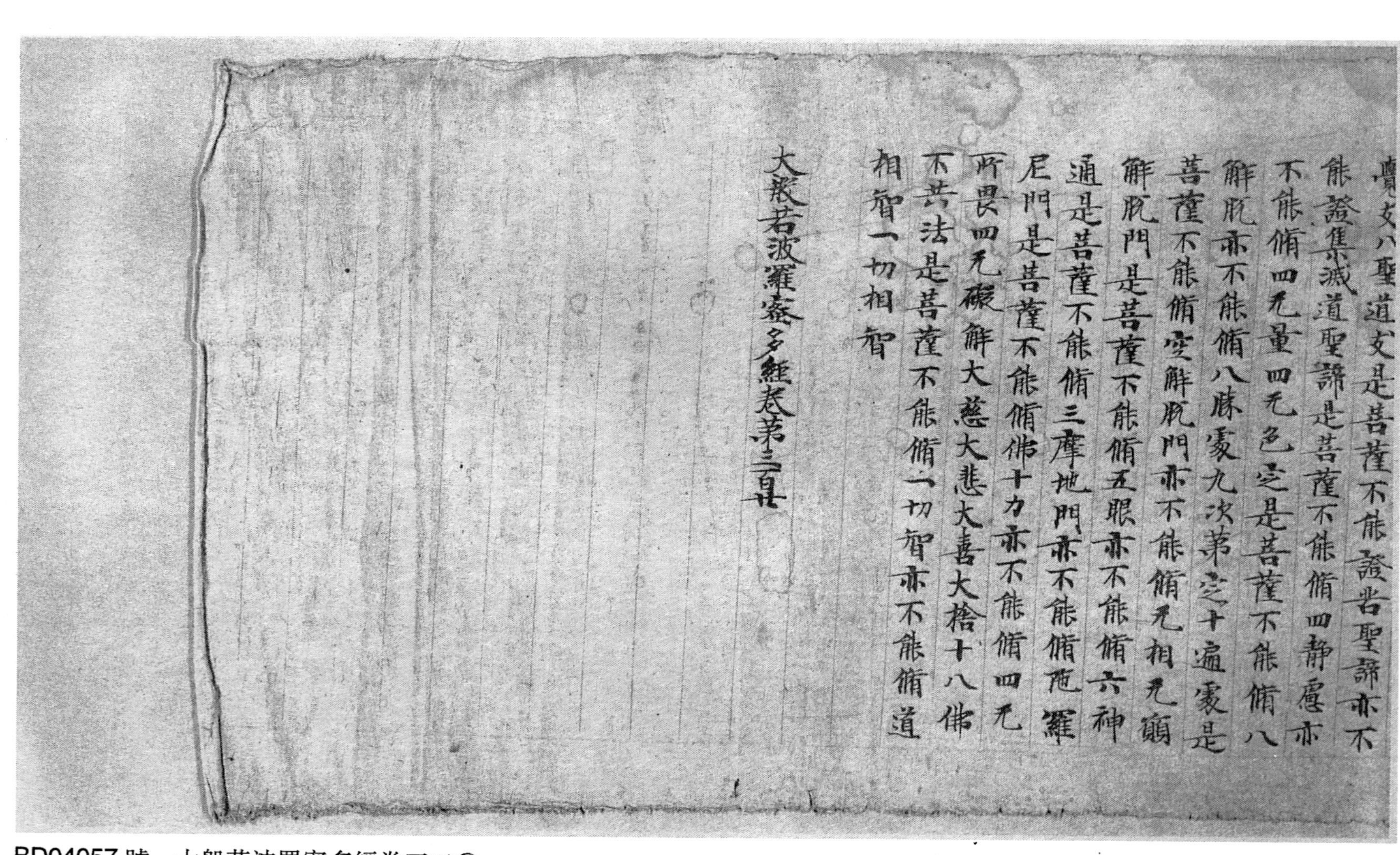
覺支八聖道支是菩薩不能證苦聖諦亦不
能證集滅道聖諦是菩薩不能脩四靜慮亦
不能脩四无量四无色定是菩薩不能脩八
解脫亦不能脩八勝處九次第定十遍處是
菩薩不能脩空解脫門亦不能脩无相无願
解脫門是菩薩不能脩五眼亦不能脩六神
通是菩薩不能脩三摩地門亦不能脩陁羅
尼門是菩薩不能脩佛十力亦不能脩四无
所畏四无礙解大慈大悲大喜大捨十八佛
不共法是菩薩不能脩一切智亦不能脩道
相智一切相智

大般若波羅蜜多經卷第三百廿

BD04057號　大般若波羅蜜多經卷三二〇　（13–13）

乃至算數譬[illegible]
善女人於後末世有受持讀誦此經所得功
須菩提當知是經義不可思議果報亦不可思議
尒時須菩提白佛言世尊善男子善女人發
阿耨多羅三藐三菩提心云何應住云何降
伏其心佛告須菩提善男子善女人發阿耨
多羅三藐三菩提者當生如是心我應滅度
一切衆生滅度一切衆生已而无有一衆生
實滅度者何以故若菩薩有我相人相衆生
相壽者相則非菩薩所以者何須菩提實无
有法發阿耨多羅三藐三菩提者
須菩提於意云何如來於然燈佛所有法得
阿耨多羅三藐三菩提不不也世尊如我解
佛所說義佛於然燈佛所无有法得阿耨多
羅三藐三菩提佛言如是如是須菩提實无
有法如來得阿耨多羅三藐三菩提須菩提
若有法如來得阿耨多羅三藐三菩提者然
燈佛則不與我受記汝於來世當得作佛号釋
迦牟尼以實无有法得阿耨多羅三藐三菩
提是故然燈佛與我受記作是言汝於來世當
得作佛号釋迦牟尼何以故如來者即諸法

BD04058號　金剛般若波羅蜜經　（3–1）

有法如來得阿耨多羅三藐三菩提須菩提
若有法如來得阿耨多羅三藐三菩提者然
燈佛則不與我受記汝於來世當得作佛号釋
迦牟尼以實无有法得阿耨多羅三藐三菩
提是故然燈佛與我受記作是言汝於來世當
得作佛号釋迦牟尼何以故如來者即諸法
如義若有人言如來得阿耨多羅三藐三菩
提須菩提實无有法佛得阿耨多羅三藐
三菩提須菩提如來所得阿耨多羅三藐三
菩提於是中无實无虛是故如來說一切法
皆是佛法須菩提所言一切法者即非一切
法是故名一切法
須菩提譬如人身長大須菩提言世尊如來
須菩提菩薩亦如是若作是言我當滅度无
量衆生則不名菩薩何以故須菩提實无有
法名為菩薩是故佛說一切法无我无人无
衆生无壽者須菩提若菩薩作是言我當莊
嚴佛土是不名菩薩何以故如來說莊嚴佛
土者即非莊嚴是名莊嚴須菩提若菩薩通
達无我法者如來說名真是菩薩
須菩提於意云何如來有肉眼不如是世尊
如來有肉眼須菩提於意云何如來有天眼
不如是世尊如來有天眼須菩提於意云何
如來有慧眼不如是世尊如來有慧眼須菩
提於意云何如來有法眼不如是世尊如來
有法眼須菩提於意云何如來有佛眼不如
是世尊如來有佛眼須菩提於意云何恒河
中所有沙佛說是沙不如是世尊如來說是沙
沙須菩提於意云何如一恒河中所有沙有如

BD04058號　金剛般若波羅蜜經　（3–2）

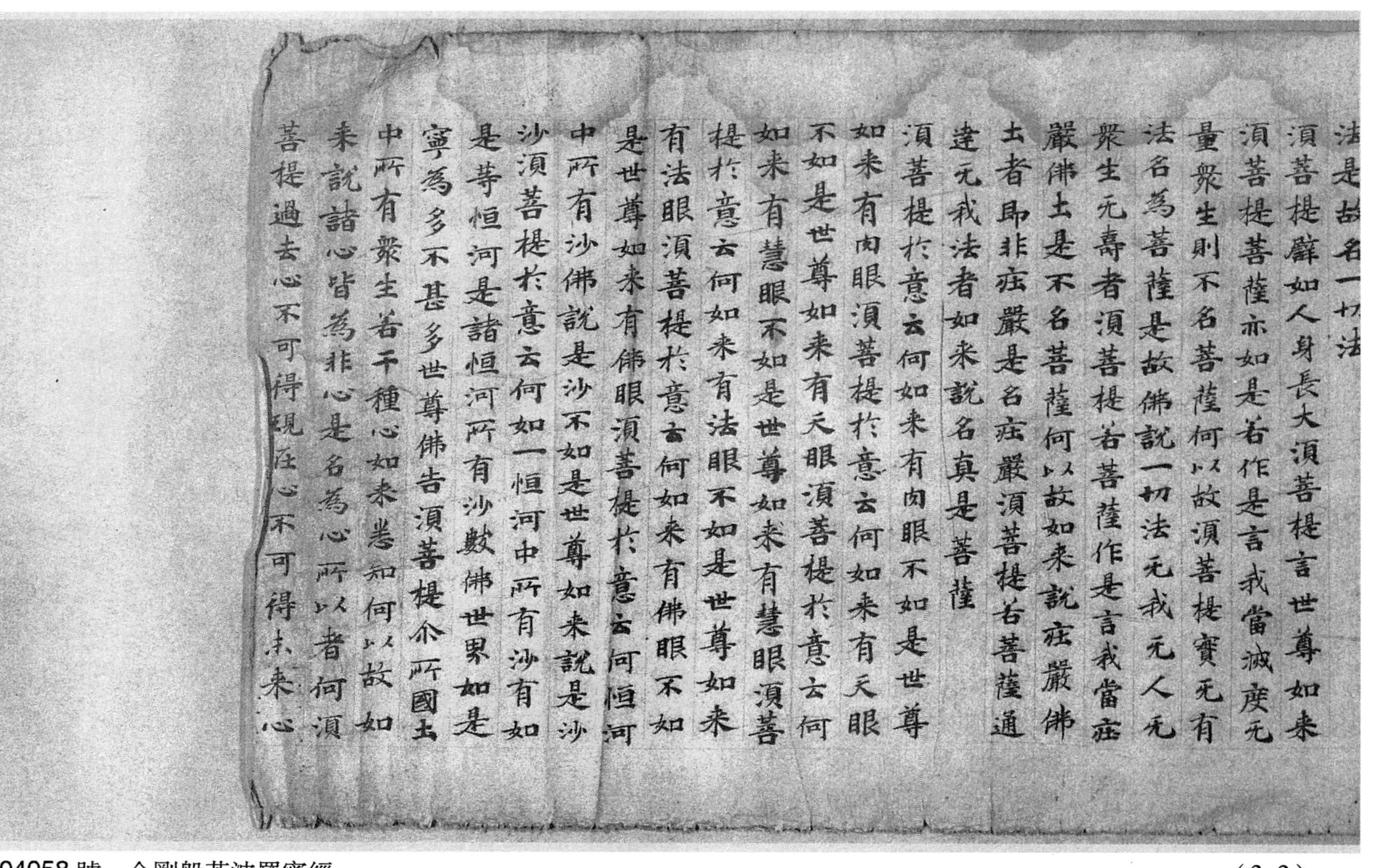

法是故名一切法
須菩提譬如人身長大須菩提言世尊如来
須菩提菩薩亦如是若作是言我當滅度无
量衆生則不名菩薩何以故須菩提實无有
法名爲菩薩是故佛說一切法无我无人无
衆生无壽者須菩提若菩薩作是言我當莊
嚴佛土是不名菩薩何以故如来說莊嚴佛
土者即非莊嚴是名莊嚴須菩提若菩薩通
達无我法者如来說名真是菩薩
須菩提於意云何如来有肉眼不如是世尊
如来有肉眼須菩提於意云何如来有天眼
不如是世尊如来有天眼須菩提於意云何
如来有慧眼不如是世尊如来有慧眼須菩
提於意云何如来有法眼不如是世尊如来
有法眼須菩提於意云何如来有佛眼不如
是世尊如来有佛眼須菩提於意云何恒河
中所有沙佛說是沙不如是世尊如来說是
沙須菩提於意云何如一恒河中所有沙有如
是等恒河是諸恒河所有沙數佛世界如是
寧爲多不甚多世尊佛告須菩提尒所國土
中所有衆生若干種心如来悉知何以故如
来說諸心皆爲非心是名爲心所以者何須
菩提過去心不可得現在心不可得未来心

BD04058 號　金剛般若波羅蜜經　（3–3）

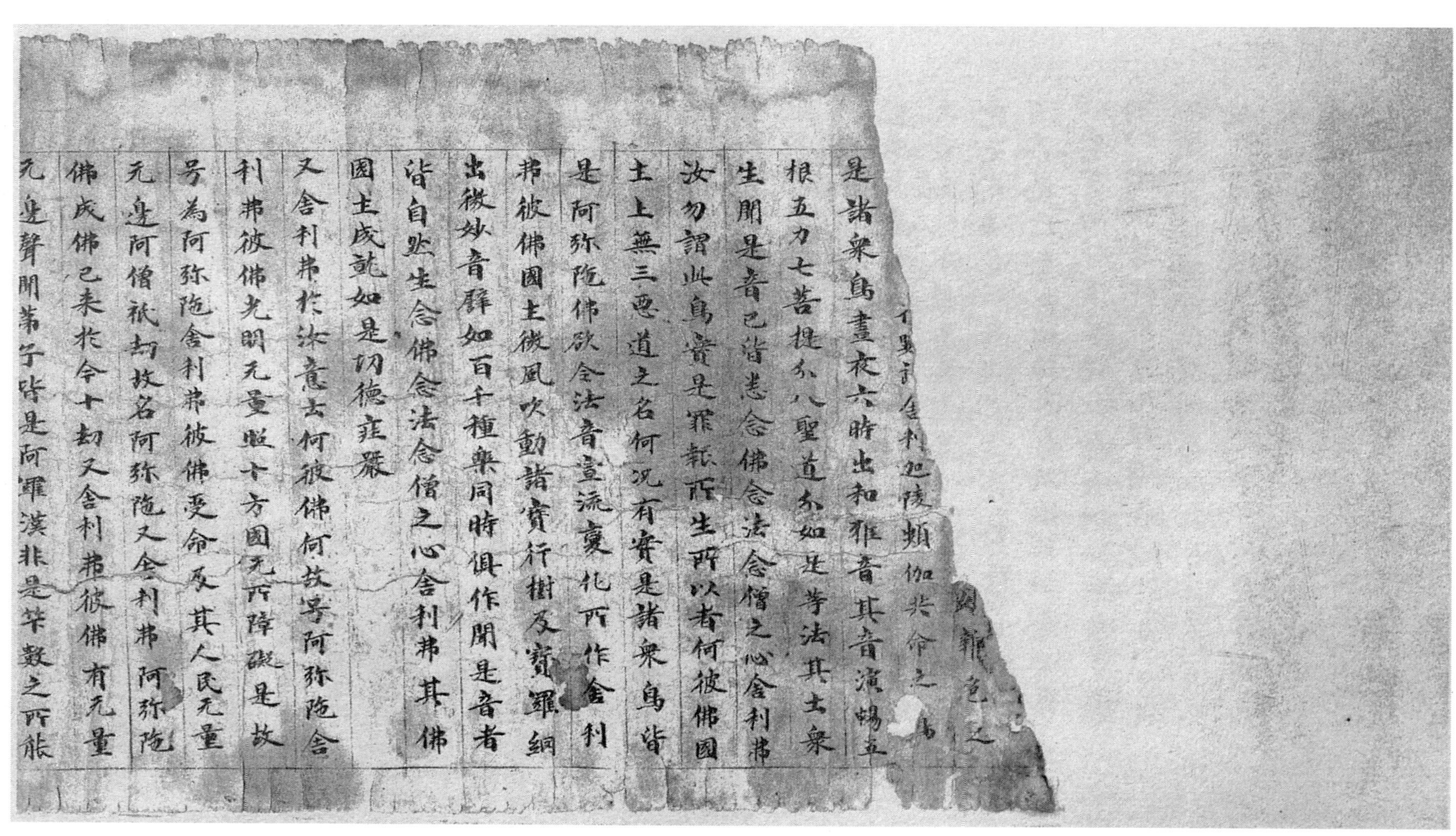

舍利迦陵頻伽共命之鳥
是諸衆鳥晝夜六時出和雅音其音演暢五
根五力七菩提分八聖道分如是等法其土衆
生聞是音已皆悉念佛念法念僧舍利弗
汝勿謂此鳥實是罪報所生所以者何彼佛國
土無三惡道之名何況有實是諸衆鳥皆
是阿弥陀佛欲令法音宣流變化所作舍利
弗彼佛國土微風吹動諸寶行樹及寶羅網
出微妙音譬如百千種樂同時俱作聞是音者
皆自然生念佛念法念僧之心舍利弗其佛
國土成就如是功德莊嚴
又舍利弗於汝意云何彼佛何故号阿弥陀舍
利弗彼佛光明无量照十方國无所障礙是故
号爲阿弥陀舍利弗彼佛壽命及其人民无量
无邊阿僧祇劫故名阿弥陀又舍利弗阿弥陀
佛成佛已来於今十劫又舍利弗彼佛有无量
无邊聲聞弟子皆是阿羅漢非是筭數之所能

BD04059 號　阿彌陀經　（4–1）

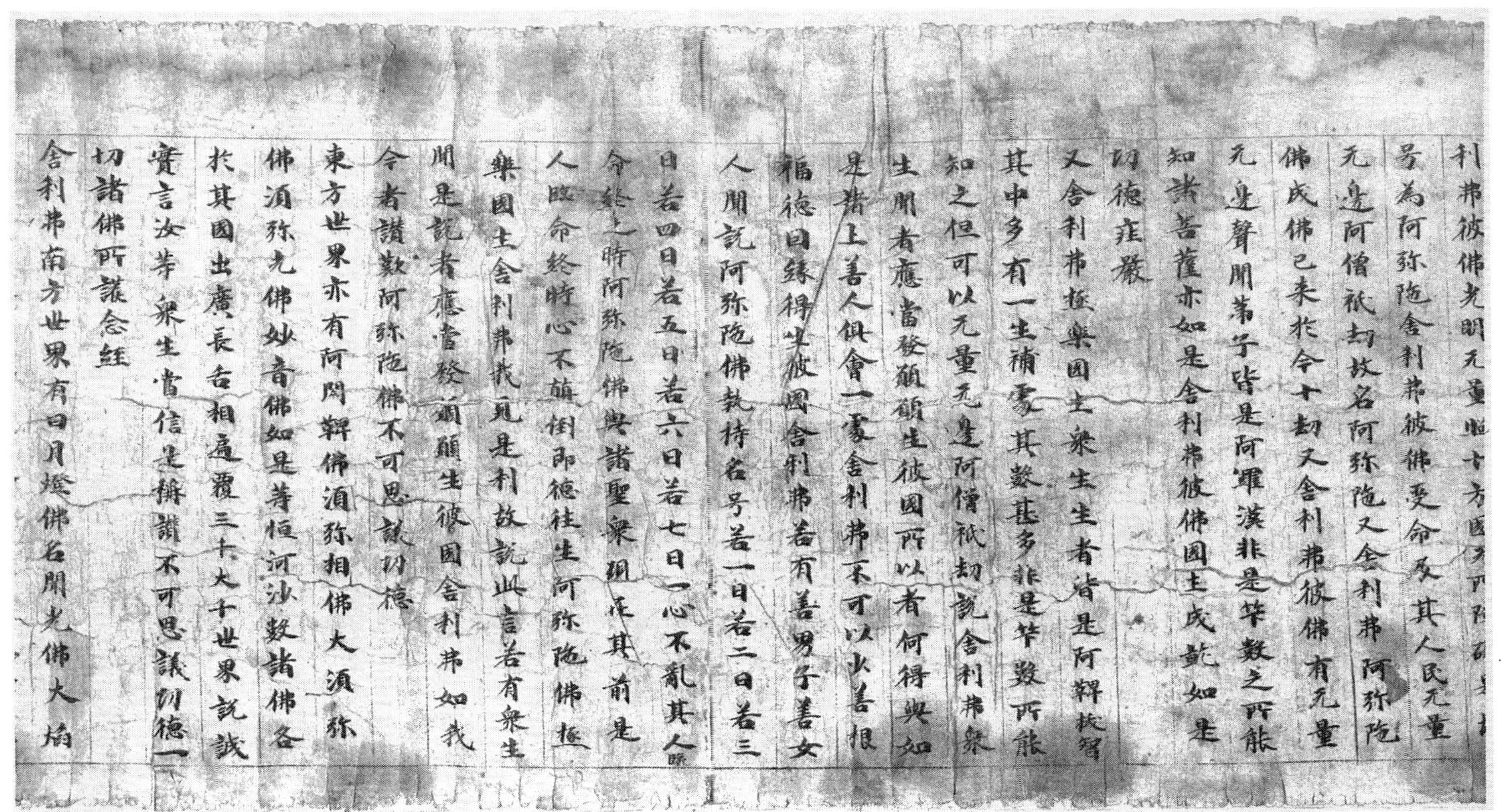

BD04059 號　阿彌陀經　　（4–2）

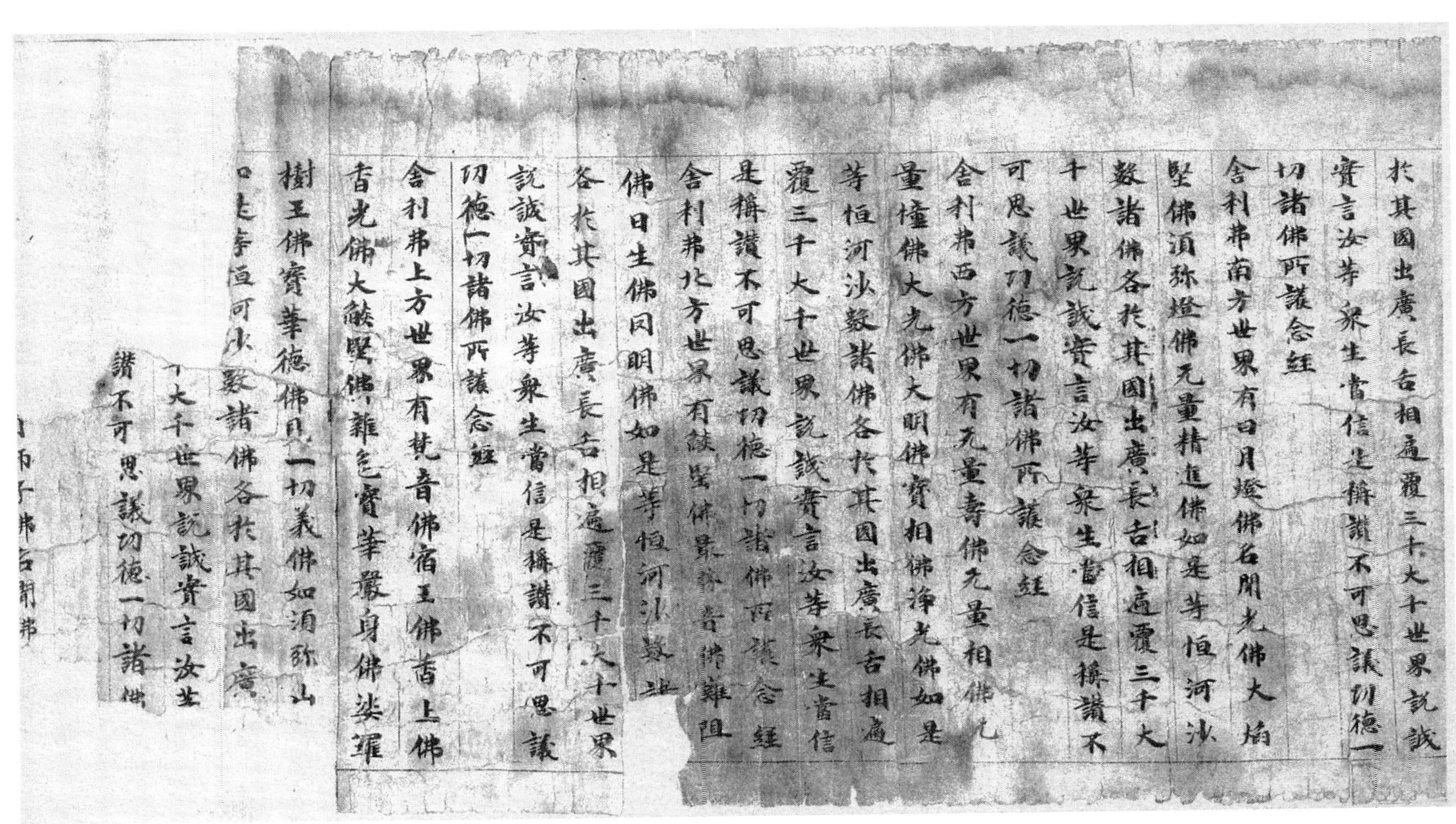

BD04059 號　阿彌陀經　　（4–3）

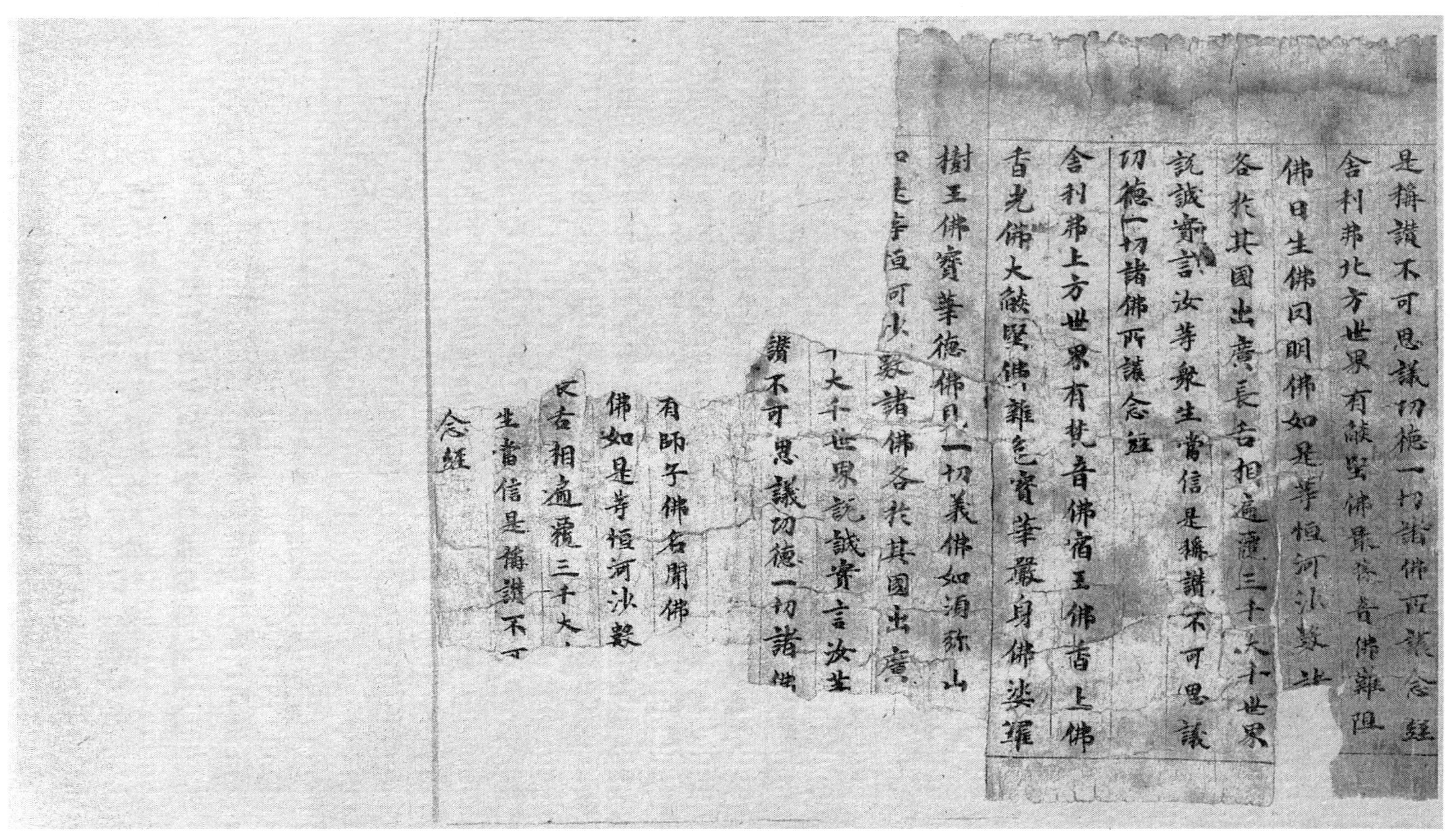
是稱讚不可思議功德一切諸佛所護念經
舍利弗北方世界有燄肩佛最勝音佛難沮
佛日生佛网明佛如是等恒河沙數諸
各於其国出廣長舌相遍覆三千大千世界
説誠實言汝等衆生當信是稱讚不可思議
功德一切諸佛所護念經
舍利弗上方世界有梵音佛宿王佛香上佛
香光佛大燄肩佛雜色寶華嚴身佛娑羅
樹王佛寶華德佛見一切義佛如須弥山
口是等恒河沙數諸佛各於其国出廣
大千世界説誠實言汝等衆生
讚不可思議功德一切諸佛
有師子佛名聞佛
佛如是等恒河沙數
長舌相遍覆三千大
生當信是稱讚不可
念經

BD04059號　阿彌陀經　（4–4）

云何非義不可說故云何非義非非義畢竟
空故云何為字有名稱故云何非字无名字
故云何非字非非字斷一切字故云何非苦
非樂斷一切受故云何非我未能具得八自
在故云何非非我以其常故云何非我非非
我不作不受故云何為空第一義空故云何
非空以其常故云何非空非非空能為善法
作種子故善男子若有人能思惟解了大涅
槃經如是之義當知是人則見佛性佛性者
不可思議乃是諸佛如來境界非諸聲聞緣
覺所知善男子佛性者非陰界入非本无今
有非已有還无從善因緣衆生得見譬如黑
鐵入火則赤出冷還黑而是黑色非內非外
因緣故有佛性亦尒一切衆生煩惱火滅則
得聞見善男子如種滅已芽則得生而是芽
性非內非外乃至華菓亦復如是從緣故有
善男子是大涅槃微妙經典成就具足无量
功德佛性亦尒悉是无量无邊功德之所成
就尒時師子吼菩薩摩訶薩白佛言世尊若

BD04060號　大般涅槃經（北本）卷二七　（4–1）

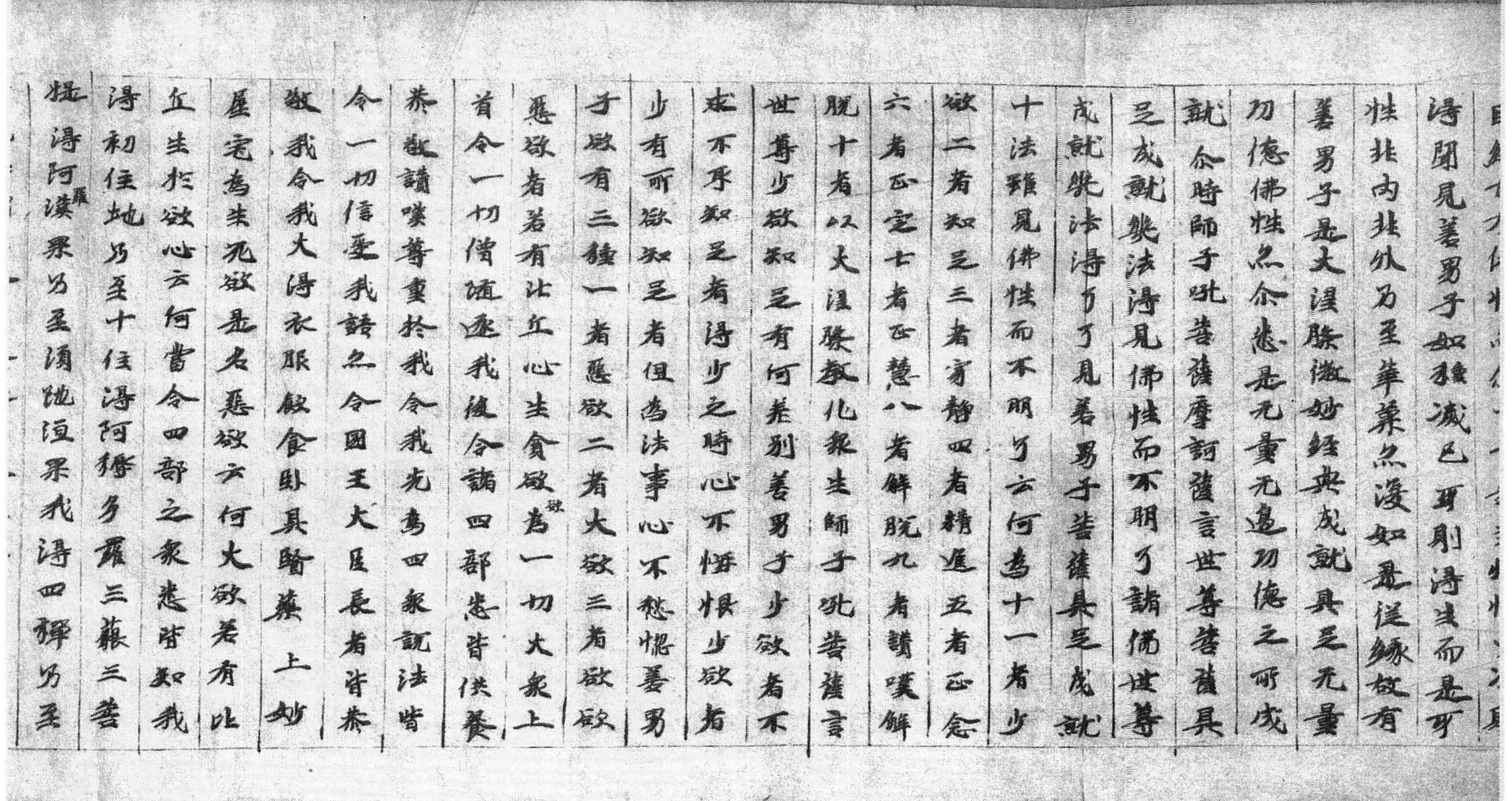

得聞見善男子如彼滅已尋則得生而是可
性非內非外乃至華葉亦復如是從緣故有
善男子是大涅槃微妙經典成就具足无量
功德佛性亦尒悉是无量无邊功德之所成
就尒時師子吼菩薩摩訶薩言世尊菩薩具
足成就幾法得見佛性而不明了諸佛世尊
成就幾法得了了見善男子菩薩具足成就
十法雖見佛性而不明了云何為十一者少
欲二者知足三者寂靜四者精進五者正念
六者正定七者正慧八者解脫九者讚嘆解
脫十者以大涅槃教化衆生師子吼菩薩言
世尊少欲知足有何差別善男子少欲者不
求不取知足者得少之時心不悔恨少欲者
少有所欲知足者但為法事心不愁惱善男
子欲有三種一者惡欲二者大欲三者欲欲
惡欲者若有比丘心生貪欲欲為一切大衆上
首令一切僧隨逐我後令諸四部悉皆供養
恭敬讚嘆尊重於我令我先為四衆說法皆
令一切信受我語亦令國王大臣長者皆恭
敬我令我大得衣服飲食卧具醫藥上妙
屋宅為生死欲是名惡欲云何大欲若有比
丘生於欲心云何當令四部之衆悉皆知我
得初住地乃至十住得阿耨多羅三藐三菩
提得阿羅漢果乃至須陁洹果我得四禪乃至

BD04060號　大般涅槃經（北本）卷二七　（4–2）

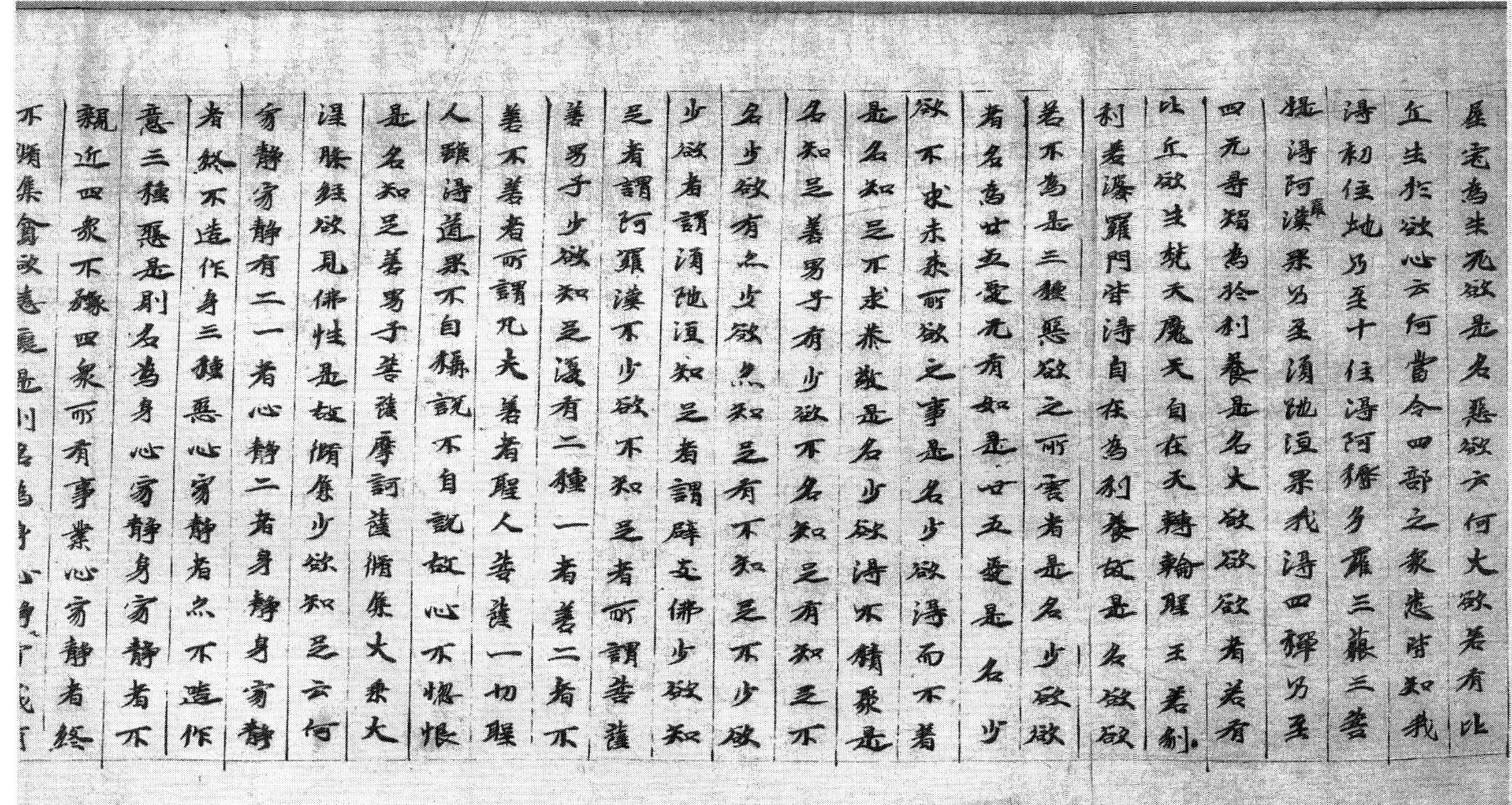

屋宅為生死欲是名惡欲云何大欲若有比
丘生於欲心云何當令四部之衆悉皆知我
得初住地乃至十住得阿耨多羅三藐三菩
提得阿羅漢果乃至須陁洹果我得四禪乃至
四无碍智為於利養是名大欲欲欲者若有
比丘欲生梵天魔天自在天轉輪聖王若刹
利若婆羅門皆得自在為利養故是名欲欲
若不為是三種惡欲之所害者是名少欲
者名為廿五愛无有如是廿五愛是名少
欲不求未來所欲之事是名少欲得而不著
是名知足不求恭敬是名少欲得不積聚是
名知足善男子有少欲不名知足有知足不
名少欲有亦少欲亦知足有不知足不少欲
少欲者謂須陁洹知足者謂辟支佛少欲知
足者謂阿羅漢不少欲不知足者所謂菩薩
善男子少欲知足復有二種一者善二者不
善不善者所謂凡夫善者聖人菩薩一切聖
人雖得道果不自稱說不自說故心不惱恨
是名知足善男子菩薩摩訶薩脩集大乘大
涅槃經欲見佛性是故脩集少欲知足云何
寂靜寂靜有二一者心靜二者身靜身寂靜
者終不造作身三種惡心寂靜者亦不造作
意三種惡是則名為身心寂靜身寂靜者不
親近四衆不豫四衆所有事業心寂靜者終
不脩集貪欲恚癡是則名為

BD04060號　大般涅槃經（北本）卷二七　（4–3）

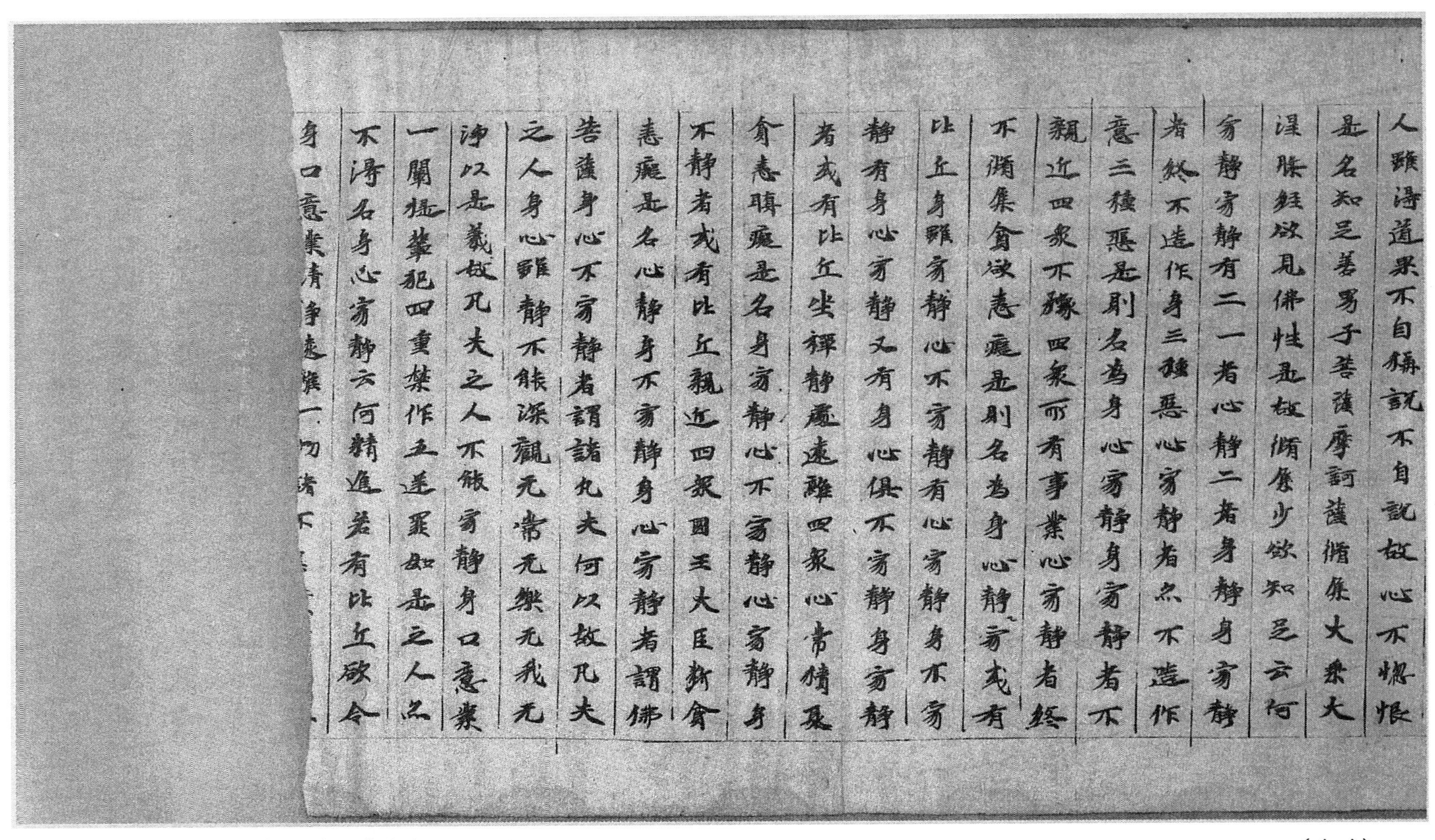

BD04060 號　大般涅槃經（北本）卷二七　　（4–4）

BD04061 號背　金光明最勝王經卷二護首、殘文書（擬）　　（1–1）

金光明最勝王經分別三身品第三　三藏法師義淨奉　制譯
尒時虛空藏菩薩摩訶薩在大衆中從座而
起偏袒右肩右膝著地合掌恭敬頂礼佛足
以上微妙金寶之花寶幢幡蓋而為供養白
佛言世尊云何菩薩摩訶薩於諸如來甚深
秘密如法脩行佛言善男子諦聽諦聽善思

BD04061號　金光明最勝王經卷二　（3–1）

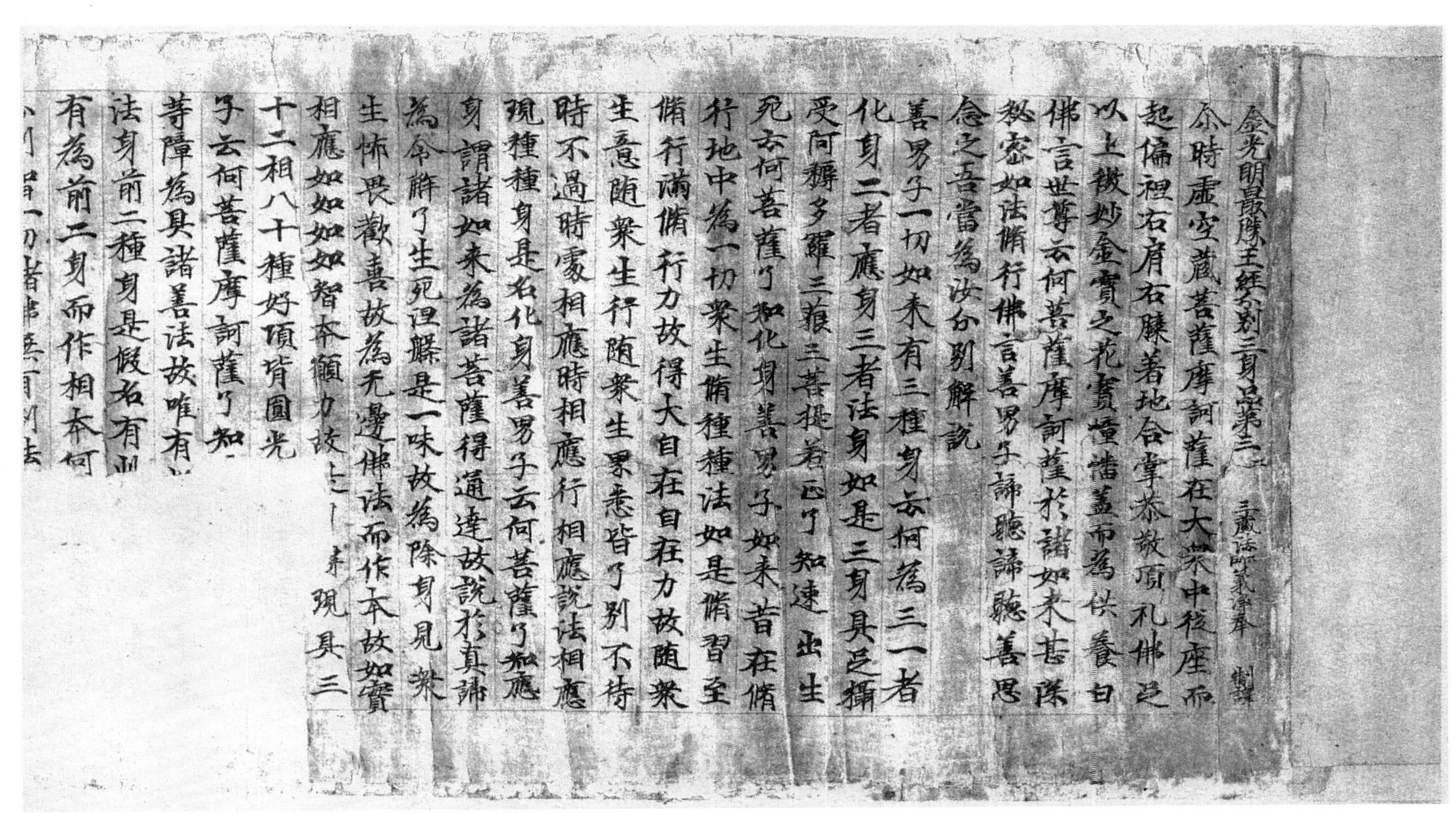

金光明最勝王經分別三身品第三　三藏法師義淨奉　制譯
尒時虛空藏菩薩摩訶薩在大衆中從座而
起偏袒右肩右膝著地合掌恭敬頂礼佛足
以上微妙金寶之花寶幢幡蓋而為供養白
佛言世尊云何菩薩摩訶薩於諸如來甚深
秘密如法脩行佛言善男子諦聽諦聽善思
念之吾當為汝分別解說
善男子一切如來有三種身云何為三一者
化身二者應身三者法身如是三身具足攝
受阿耨多羅三藐三菩提若正了知速出生
死云何菩薩了知化身善男子如來昔在脩
行地中為一切衆生脩種種法如是脩習至
脩行滿脩行力故得大自在自在力故隨衆
生意隨衆生行隨衆生界悉皆了別不待
時不過時處相應時相應行相應說法相應
現種種身是名化身善男子云何菩薩了知應
身謂諸如來為諸菩薩得通達故說於真諦
為令解了生死涅槃是一味故為除身見衆
生怖畏歡喜故為無邊佛法而作本故如實
相應如如如如智本願力故是身得現具三
十二相八十種好項背圓光
子云何菩薩摩訶薩了知
等障為具諸善法故唯有
法身前二種身是假名有
有為前二身而作根本何

BD04061號　金光明最勝王經卷二　（3–2）

念之吾當爲汝分別解說
善男子一切如來有三種身云何爲三一者
化身二者應身三者法身如是三身具足攝
受阿耨多羅三藐三菩提若正了知速出生
死云何菩薩了知化身善男子如來昔在脩
行地中爲一切衆生脩種種法如是脩習至
脩行滿脩行力故得大自在自在力故隨衆
生意隨衆生行隨衆生界悉皆了別不待
時不過時處相應時相應行相應說法相應
現種種身是名化身善男子云何菩薩了知應
身謂諸如來爲諸菩薩得通達故說於真諦
爲令解了生死涅槃是一味故爲除身見衆
生怖畏歡喜故爲无邊佛法而作本故如實
相應如如如如智本願力故[illegible]現具三
十二相八十種好項背圓光
子云何菩薩摩訶薩了知
等障爲具諸善法故唯有
法身前二種身是假名有
有爲前二身而作相本何
分別智一切諸佛無有別法
具足一切煩惱究竟滅盡

BD04061 號　金光明最勝王經卷二　（3–3）

第三厭離者相与當觀生死之中唯有无
常苦空无我不淨虛假如水上泡速起速
滅往來流轉猶若車輪生老病死八苦交
煎无時暫息衆等相与但觀自身從頭至
足其中但有卅六物髮毛抓齒膿囊唌唾生
熟二藏大腸小腸脾腎心肺肝膽腸胃肪
膏腦膜筋脈骨髓大小便利九孔常流是故
經言此身苦所集一切皆不淨何有智者而當
樂此身生死既有如此種種惡法甚可厭患
第四發菩提心者經言當樂佛身佛身者即
法身也從无量功德智慧生從六波羅蜜生
從慈悲喜捨生從卅七助菩提法生從如是
等種種功德智慧生如來身欲得此身者當
發菩提心求一切種智常樂我淨薩波若果
淨佛國土成就衆生於身命財无所悋惜
第五怨親平等者於一切衆生起慈悲心无
彼我想何以故今若見怨異親即是分別以

BD04062 號　佛名經（十六卷本）卷一　（9–1）

菩種種功德智慧生如來身欲得此身者當
發菩提心求一切種智常樂我淨薩波若果
淨佛國土成就衆生於身命財无所悋惜
第五怨親平等者於一切衆生起慈悲心无
彼我想何以故今若見怨異親即是分別以
分別故起諸著相著相因緣生諸煩惱煩惱
因緣造諸惡業惡業因緣故得苦果
第六念報佛恩者如來往昔无量劫中捨頭
目髓腦支節手足國城妻子象馬七珍爲我
等故脩諸苦行此恩此德實難酬報是故
經言若以頂戴兩肩荷負於恒沙劫亦不能
報我等欲報如來恩者當於此世勇猛精
進扞勞忍苦不惜身命建立三寶弘通大乘廣
化衆生同入正道
第七觀罪性空者无有實相從因緣生顛倒
而有既從因緣而生者狎近惡友造作无端從
因緣而滅者即是今日洗心懺悔是故經
言此罪相不在內不在外不在中間故知此
罪從本是空生如是等七種心已緣想十方
諸佛賢聖擎拳合掌披陳至到慚愧改
革舒歷心肝洗蕩腸胃如此懺悔亦何罪而
不滅亦何障而不消若復泛爾悠悠緩縱情慮
徒自勞形於事何益且復人命无常喻如轉
燭一息不還便向灰壞三塗苦報即身應
受不可以錢財寶貨囑託求脫窈窈冥冥恩
赦无期獨嬰此苦无代受者莫言我今生中无

BD04062 號　佛名經（十六卷本）卷一　（9–2）

徒自勞形於事何益且復人命无常喻如轉
燭一息不還便向灰壞三塗苦報即身應
受不可以錢財寶貨囑託求脫窈窈冥冥恩
赦无期獨嬰此苦无代受者莫言我今生中无
有此罪所以不能墾到懺悔經中道言凡夫
之人舉足動步无非是罪又復過去生中皆
悉成就无量惡業追逐行者如影隨形若
不懺悔罪惡日深故苞藏瑕疵佛教不許
說悔先罪淨名所尚故知長淪苦海寔由隱
覆是故弟子今日發露懺悔不敢覆藏所言
三障者一曰煩惱二名爲業三是果報此三種
法更相由藉因煩惱故所以起惡業惡業因
緣故得苦果是故弟子今日至心第一先應懺
悔煩惱障又此煩惱諸佛菩薩入理聖人種
種呵責亦謂此煩惱以爲怨家何以故能
斷衆生慧命根故亦謂此煩惱以之爲賊能
劫衆生諸善法故亦謂此煩惱以爲瀑河能
漂衆生入於生死大苦海故亦謂此煩惱以爲
羈鏁能繫衆生於生死獄不能得出故所以
六道牽連四生不絕惡業无窮苦果不息當
知皆是煩惱過患是故弟子今日運此增上
善心歸依佛
南无東方善德佛　南无南方寶相佛
南无西方普光佛　南无北方相德佛
南无東南方綱明佛　南无西南方上智佛
南无西北方華德佛　南无東北方明智佛

BD04062 號　佛名經（十六卷本）卷一　（9–3）

善心歸依佛
南无東方善德佛　南无南方寶相佛
南无西方普光佛　南无北方相德佛
南无東南方網明佛　南无西南方上智佛
南无西北方華德佛　南无東北方明智佛
南无下方明德佛　南无上方香積佛
如是十方盡虚空界一切三寶弟子從无始
以来至于今日或在人天六道受報有此
心識常懷愚惑繁滿胷衿或因三毒根造
一切罪或因三漏造一切罪或因三覺造一
切罪或因三受造一切罪或因三苦造一切罪
或緣三假造一切罪或貪三有造一切罪
如是等罪无量无邊惱亂一切六道死生今
日慚愧皆悉懺悔
又復弟子无始以来至于今日或因四識住
造一切罪或因四流造一切罪或因四取造一
切罪或因四執造一切罪或因四緣造一切罪
或因四大造一切罪或因四縛造一切罪或
因四食造一切罪或因四生造一切罪如是
等罪无量无邊惱亂六道一切衆生今日
慚愧皆悉懺悔　又復弟子无始以来至
於今日或因五住地煩惱造一切罪或因
五受根造一切罪或因五蓋造一切罪或
因五慳造一切罪或因五見造一切罪或因
五塵造一切罪如是等煩惱无量无邊惱
亂六道一切四生今發日露皆悉懺悔

五受根造一切罪或因五蓋造一切罪或
因五慳造一切罪或因五見造一切罪或因
五塵造一切罪如是等煩惱无量无邊惱
亂六道一切四生今發日露皆悉懺悔
又復弟子无始以来至於今日或因六情根
造一切罪或因六識造一切罪或因六想造一
切罪或因六受造一切罪或因六行造一切
罪或因六愛造一切罪或因六疑造一切罪
如是等煩惱无量无邊惱亂六道一切四生
今日慚愧發露皆悉懺悔
又復弟子无始以来至於今日或因七漏造
一切罪或因七使造一切罪或因八到造一切
罪或因八垢造一切罪或因八苦造一切罪惱
亂六道一切四生今日發露皆悉懺悔
又復无始以来至於今日或因九惱造一切
罪或因九結造一切罪或因九上緣造一切
罪或因十煩惱造一切罪或因十纏造一切
罪或因十一遍使造一切罪或因十二入造一
切罪或因十六知見造一切罪或十八界造
一切罪或因廿二根造一切罪或因廿五我造
一切罪或因六十二見造一切罪或因見諦
思惟九十八使百八煩惱晝夜熾然開諸漏
門造一切罪惱亂賢聖及以四生遍滿三界
弥亘六道无處可藏无處可避今日至到向
十方佛尊法聖衆慚愧發露皆悉懺悔
願弟子承是懺悔三毒等一切煩惱生生世

門造一切罪惱亂賢聖及以四生遍滿三界
弥亘六道无處可藏无處可避今日至到向
十方佛尊法聖衆慚愧發露皆悉懺悔
願弟子承是懺悔三毒等一切煩惱生生世
世三慧明三達朗三苦滅三願滿願弟子承
是懺悔四識等一切煩惱所生功德生生世
世廣四等心立四信業四惡趣滅得四无畏願
弟子承是懺悔五蓋等諸煩惱度五道樹
五根淨五眼成五分身願弟子承是懺悔
六愛等諸煩惱所生功德願生生世世具足
六神通滿足六度業不爲六塵惑常行六妙行
又願弟子承是懺悔七漏八垢九結十纏等一
諸煩惱所生功德生生世坐七淨華洗塵八水
具九斷智成十地行願以懺悔十一遍使及十
二入十八界等一切諸煩惱所生功德願十一空
解常用栖心自在能轉十二行輪具十八不
共之法无量功德一切圓滿至心歸命常住
三寶
三部合卷罪報應經此經有六十品略此一品
流行
南无不動光觀自在无量命尼弥寶炎弥留
金剛佛
南无火奮迅通佛　南无善寂慧月佛
南无聲自在王佛　南无清淨月輪佛
南无住阿僧祇精進功德佛
南无无盡意佛　南无寶幢佛

BD04062號　佛名經（十六卷本）卷-　（9–6）

金剛佛
南无火奮迅通佛　南无善寂慧月佛
南无聲自在王佛　南无清淨月輪佛
南无住阿僧祇精進功德佛
南无无盡意佛　南无寶幢佛
南无光明无垢藏佛　南无火奮迅通佛
南无雲普讃佛　南无師子奮迅通佛
南无弥留上王佛　南无智慧來佛
南无讃妙法幢佛　南无金光明師子奮迅王佛
南无普照積上功德王佛　南无善住如意積王佛
南无普現佛　南无釋迦牟尼佛
南无无量光佛　南无放炎佛
南无旃檀香佛　南无无垢慧深聲王佛
南无斷一切障佛　南无无量光明佛
南无作功德佛　南无普香上佛
南无不可勝奮迅聲王佛　南无降伏憍慢佛
南无毗婆尸佛　南无尸棄佛
南无毗舍浮佛　南无拘留孫佛
南无拘那含牟尼佛　南无迦葉佛
南无釋迦牟尼佛　南无成就一切義佛
南无能作无畏佛　南无寂靜王佛
南无阿閦佛　南无盧至佛
南无阿弥多佛　南无尼弥佛
南无住法佛　南无寶炎佛
南无弥留佛　南无持法佛
從此以上五百佛十二部經一切賢聖

BD04062號　佛名經（十六卷本）卷一　（9–7）

南无阿弥多佛　南无尼弥佛
南无住法佛　南无寶尖佛
南无弥留佛　南无持法佛
從此以上五百佛十二部經一切賢聖
南无金剛佛　南无持法佛
南无勇猛法佛　南无妙法光明佛
南无法月面佛　南无住法佛
南无法幢佛　南无法威德佛
南无法自在佛　南无善住法佛
南无法力佛　南无善知力佛
南无弥勒等无量佛　南无毗婆尸佛
南无尸棄佛　南无毗舍浮佛
南无拘留孫佛　南无拘那含牟尼佛
南无迦葉佛　南无釋迦牟尼佛
南无阿弥陀佛　南无照佛
南无勝色佛　南无樂意佛
南无大導師佛　南无大聖天佛
南无那羅延佛　南无樹提佛
南无慈他佛　南无毗盧遮那佛
南无旃檀佛　南无具足佛
南无化佛　南无善化佛
南无世自在佛　南无人自在佛
南无摩醯那自在佛　南无勝自在佛
南无十力自在佛　南无毗頭羅佛
南无離諸畏佛　南无離諸憂佛
南无能破諸耶佛　南无散諸耶佛

BD04062 號　佛名經（十六卷本）卷一　（9–8）

南无尸棄佛　南无毗舍浮佛
南无拘留孫佛　南无拘那含牟尼佛
南无迦葉佛　南无釋迦牟尼佛
南无阿弥陀佛　南无照佛
南无勝色佛　南无樂意佛
南无大導師佛　南无大聖天佛
南无那羅延佛　南无樹提佛
南无慈他佛　南无毗盧遮那佛
南无旃檀佛　南无具足佛
南无化佛　南无善化佛
南无世自在佛　南无人自在佛
南无摩醯那自在佛　南无勝自在佛
南无十力自在佛　南无毗頭羅佛
南无離諸畏佛　南无離諸憂佛
南无能破諸耶佛　南无散諸耶佛
南无破異意佛　南无智慧藏佛
南无寶嶽佛　南无弥留嶽佛
南无降魔佛　南无善才佛
南无堅才佛　南无堅奮迅佛
南无堅精進佛　南无堅莎羅佛
南无堅心佛　南无堅勇猛破陣佛

BD04062 號　佛名經（十六卷本）卷一　（9–9）

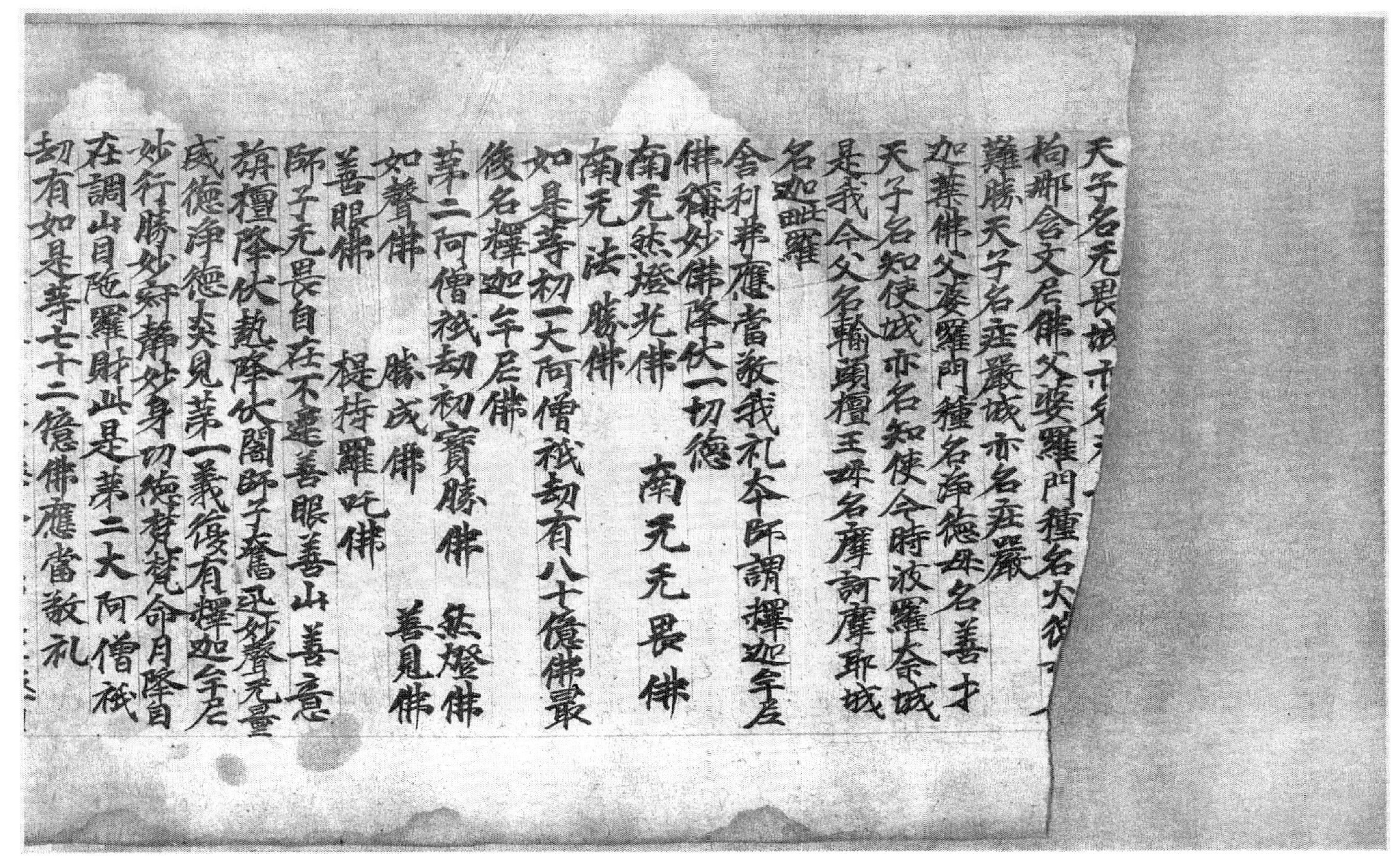

天子名无畏城亦名
拘那含牟尼佛父婆羅門種名大德
難勝天子名莊嚴城亦名莊嚴
迦葉佛父婆羅門種名淨德母名善才
天子名知使城亦名知使今時波羅柰城
是我今父名輸頭檀王母名摩訶摩耶城
名迦毗羅
舍利弗應當敬我礼本師謂釋迦牟尼
佛稱妙佛降伏一切德
南无然燈光佛　南无无畏佛
南无法勝佛
如是等初一大阿僧祇劫有八十億佛最
後名釋迦牟尼佛
苐二阿僧祇劫初寶勝佛　然燈佛
如聲佛　勝戒佛　善見佛
善眼佛　提持羅吒佛
師子无畏自在不違善眼善山善意
旃檀降伏執降伏闍師子奮迅妙聲无量
成德淨德去見苐一義復有釋迦牟尼
妙行勝妙府靜妙身切德梵命月降自
在調山目陁羅財出是苐二大阿僧祇
劫有如是等七十二億佛應當敬礼

BD04063號　佛名經（十六卷本）卷一一　（9–1）

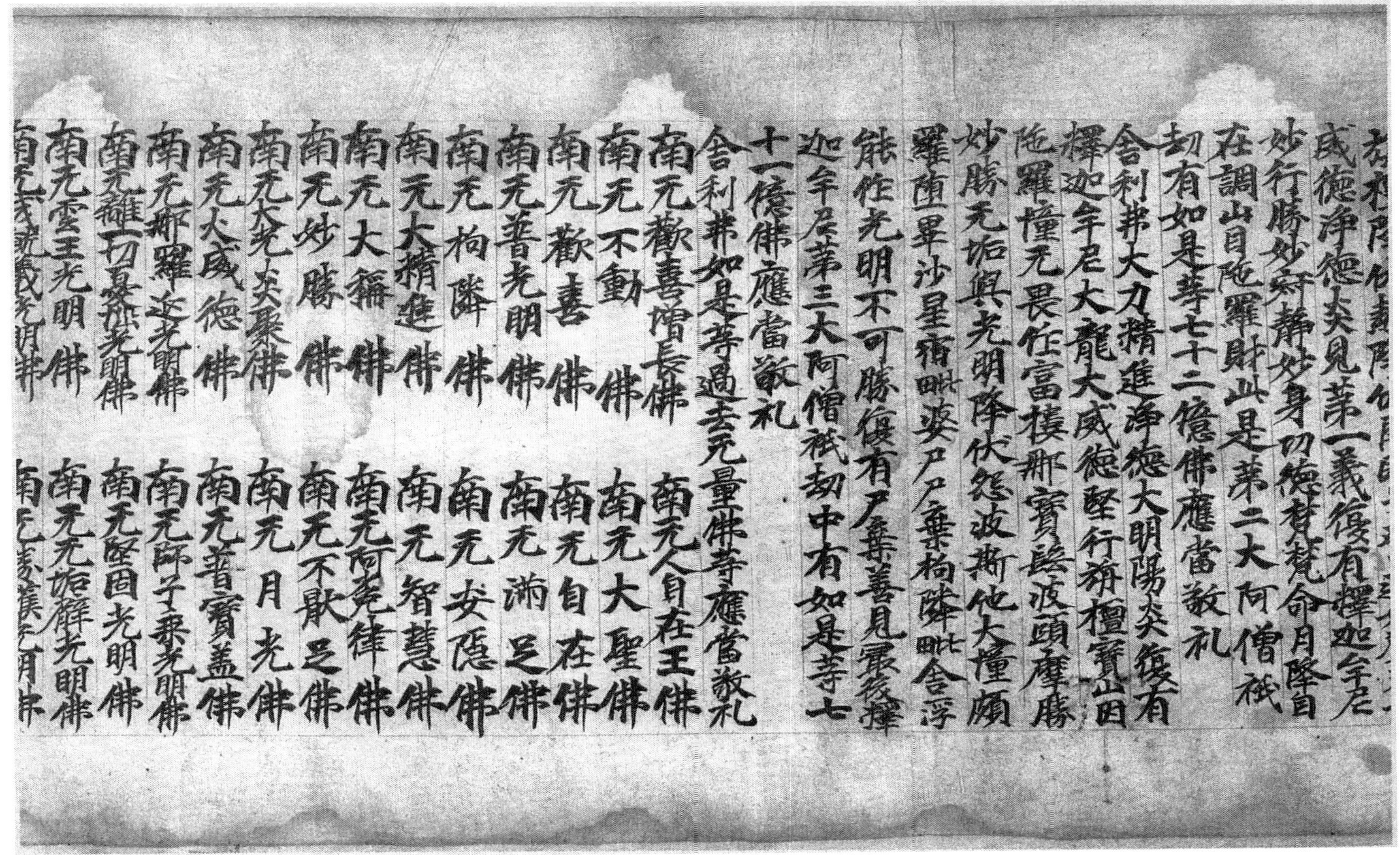

成德淨德去見苐一義復有釋迦牟尼
妙行勝妙府靜妙身切德梵命月降自
在調山目陁羅財出是苐二大阿僧祇
劫有如是等七十二億佛應當敬礼
舍利弗大力精進淨德大明陽炎復有
釋迦牟尼大龍大威德堅行旃檀寶山因
陁羅幢无畏住富樓那寶髻波頭摩勝
妙勝无垢與光明降伏怨波斯他大幢願
羅堕畢沙星宿毗婆尸尸棄拘隣毗舍浮
能住光明不可勝復有尸棄善見最後釋
迦牟尼苐三大阿僧祇劫中有如是等七
十一億佛應當敬礼
舍利弗如是等過去无量佛等應當敬礼
南无歡喜增長佛　南无人自在王佛
南无不動佛　南无大聖佛
南无歡喜佛　南无自在佛
南无善光明佛　南无满足佛
南无拘隣佛　南无安隱佛
南无大精進佛　南无智慧佛
南无大稱佛　南无阿尼律佛
南无妙勝佛　南无不猒足佛
南无大成德佛　南无月光佛
南无大光炎聚佛　南无普寶蓋佛
南无那羅延光明佛　南无師子乘光明佛
南无離一切憂惱光明佛　南无堅固光明佛
南无雲王光明佛　南无无垢解光明佛

BD04063號　佛名經（十六卷本）卷一一　（9–2）

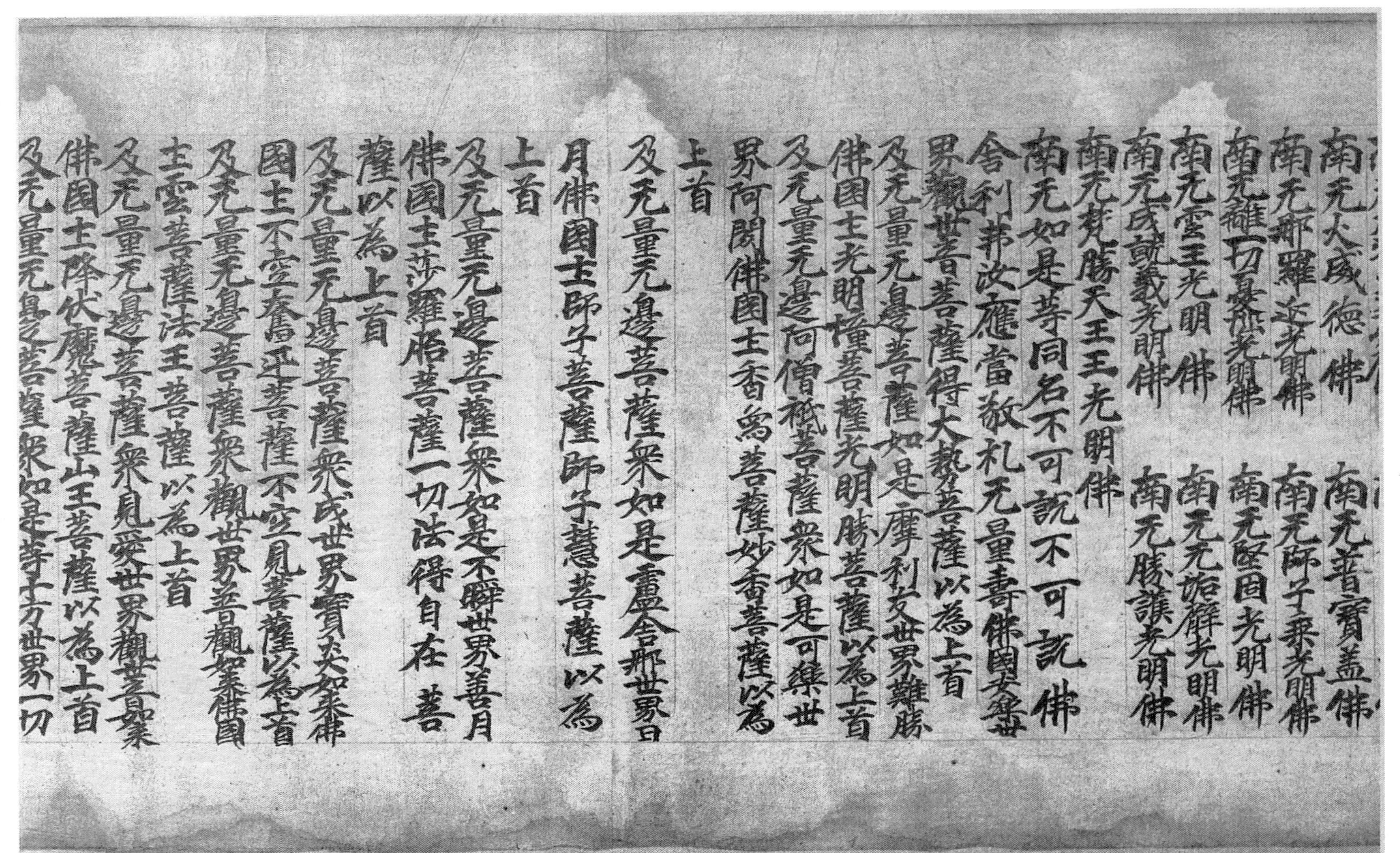
南无大威德佛　南无普寶蓋佛
南无那羅延光明佛　南无師子乘光明佛
南无雜一切莊嚴光明佛　南无堅固光明佛
南无雲王光明佛　南无无垢解光明佛
南无成就義光明佛　南无勝讓光明佛
南无梵勝天王王光明佛
南无如是等同名不可說不可說佛
舍利弗汝應當敬礼无量壽佛国安樂世
界觀世音菩薩得大勢菩薩以為上首
及无量无邊菩薩如是摩利支世界難勝
佛国土光明幢菩薩光明勝菩薩以為上首
及无量无邊阿僧祇菩薩衆如是可樂世
界阿閦佛国土香象菩薩妙香菩薩以為
上首
及无量无邊菩薩衆如是盧舍那世界日
月佛国土師子菩薩師子慧菩薩以為
上首
及无量无邊菩薩衆如是不瞬世界善月
佛国土莎羅脂菩薩一切法得自在菩
薩以為上首
及无量无邊菩薩衆成世界寶炎如來佛
国土不空奮迅菩薩不空見菩薩以為上首
及无量无邊菩薩衆觀世界普觀如來佛国
土雲善菩薩法王菩薩以為上首
及无量无邊菩薩衆見愛世界觀世音如來
佛国土降伏魔菩薩山王菩薩以為上首
及无量无邊菩薩衆如是等十方世界一切

BD04063號　佛名經（十六卷本）卷一一　（9–3）

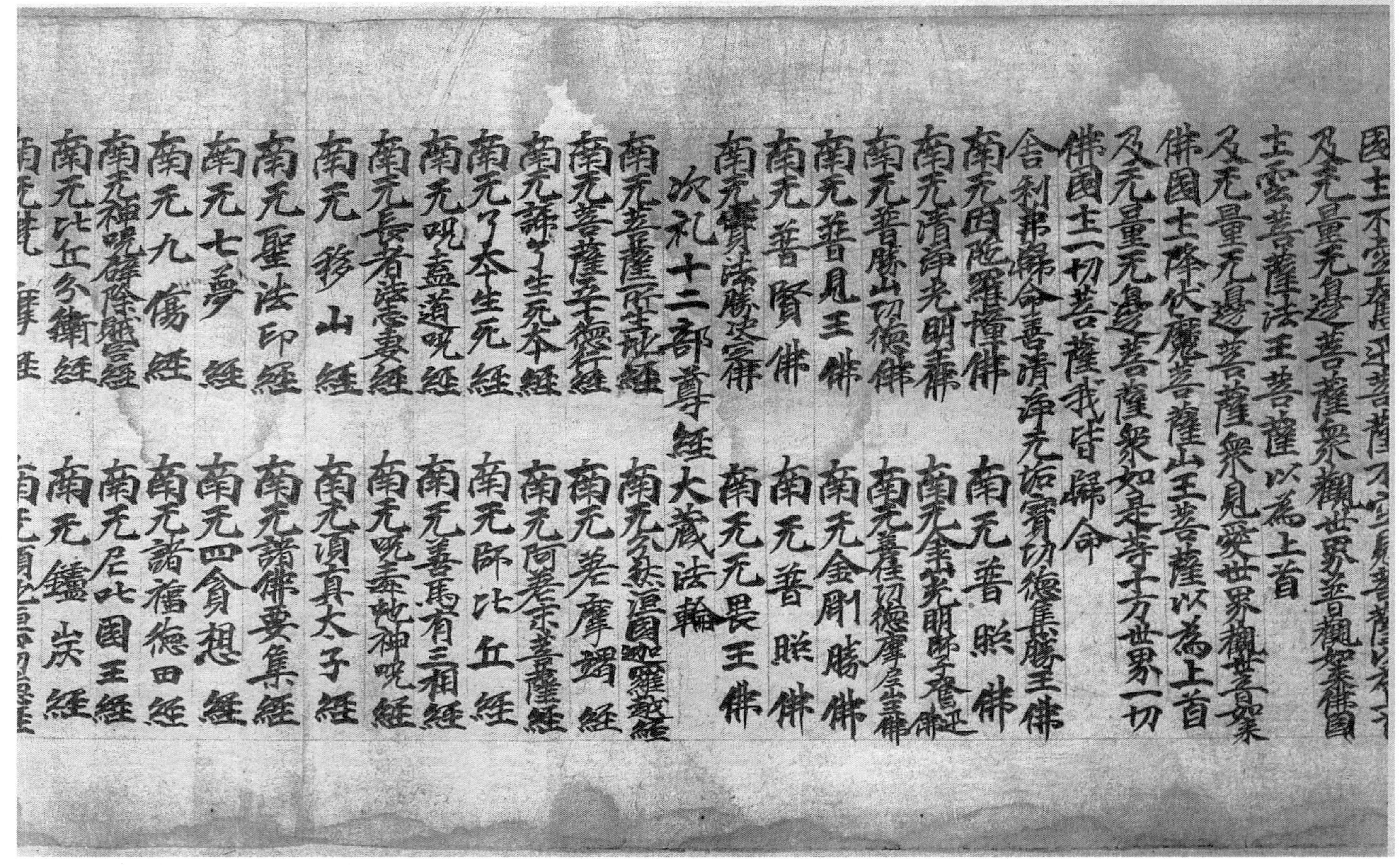
国土不空奮迅菩薩不空見菩薩以為上首
及无量无邊菩薩衆觀世界普觀如來佛国
土雲善菩薩法王菩薩以為上首
及无量无邊菩薩衆見愛世界觀世音如來
佛国土降伏魔菩薩山王菩薩以為上首
及无量无邊菩薩衆如是等十方世界一切
佛国土一切菩薩我皆歸命
舍利弗歸命善清淨无垢寶功德集勝王佛
南无因陁羅幢佛　南无善照佛
南无清淨光明佛　南无金光明師子奮迅佛
南无普勝山功德佛　南无普住功德摩尼王佛
南无普見王佛　南无金剛勝佛
南无善賢佛　南无善照佛
南无寶法勝決定佛　南无无畏王佛
次礼十二部尊經大藏法輪
南无菩薩處胎經　南无分𧋍羅國迦羅越經
南无菩薩本德經　南无差摩竭經
南无諦了生死本經　南无阿差末菩薩經
南无了本生死經　南无善馬有三相經
南无呪齒道呪經　南无師比丘經
南无長者法志妻經　南无呪毒蛇神呪經
南无移山經　南无須真太子經
南无聖法印經　南无諸佛要集經
南无七夢經　南无四貪想經
南无九傷經　南无諸福德田經
南无神呪除賊害經　南无尼吒国王經
南无比丘分衛經　南无鐵炭經
南无[illegible]經　南无[illegible]經

BD04063號　佛名經（十六卷本）卷一一　（9–4）

南无七夢經　南无四貪想經
南无九傷經　南无諸福德田經
南无袖嗅摩除賊害經　南无尼吒國王經
南无比丘分衛經　南无鐵炭經
南无梵摩經　南无須陀漚功德經
南无持齋而象食經　南无蓮華女經
次礼十方諸大菩薩
南无慧積菩薩　南无寶勝菩薩
南无天王菩薩　南无壞魔菩薩
南无電得菩薩　南无自在王菩薩
從此以上八千八百佛十二部經一切賢聖
南无一切德相嚴菩薩　南无師子吼菩薩
南无雷音菩薩　南无山相擊音菩薩
南无香象菩薩　南无白香象菩薩
南无常精進菩薩　南无不休息菩薩
南无觀世音菩薩　南无華嚴菩薩
南无妙生菩薩　南无得大勢菩薩
南无梵網菩薩　南无寶杖菩薩
南无无勝菩薩　南无嚴土菩薩
南无金髮菩薩　南无珠髮菩薩
南无彌勒菩薩
南无文殊利法王子菩薩
次礼聲聞緣覺一切賢聖
南无寶辟支佛　南无不可比辟支佛
南无歡喜辟支佛　南无喜辟支佛
南无閻喜辟支佛　南无十二婆羅門辟支佛
南无十同名婆羅辟支佛　南无大身辟支佛

BD04063號　佛名經（十六卷本）卷一一　（9–5）

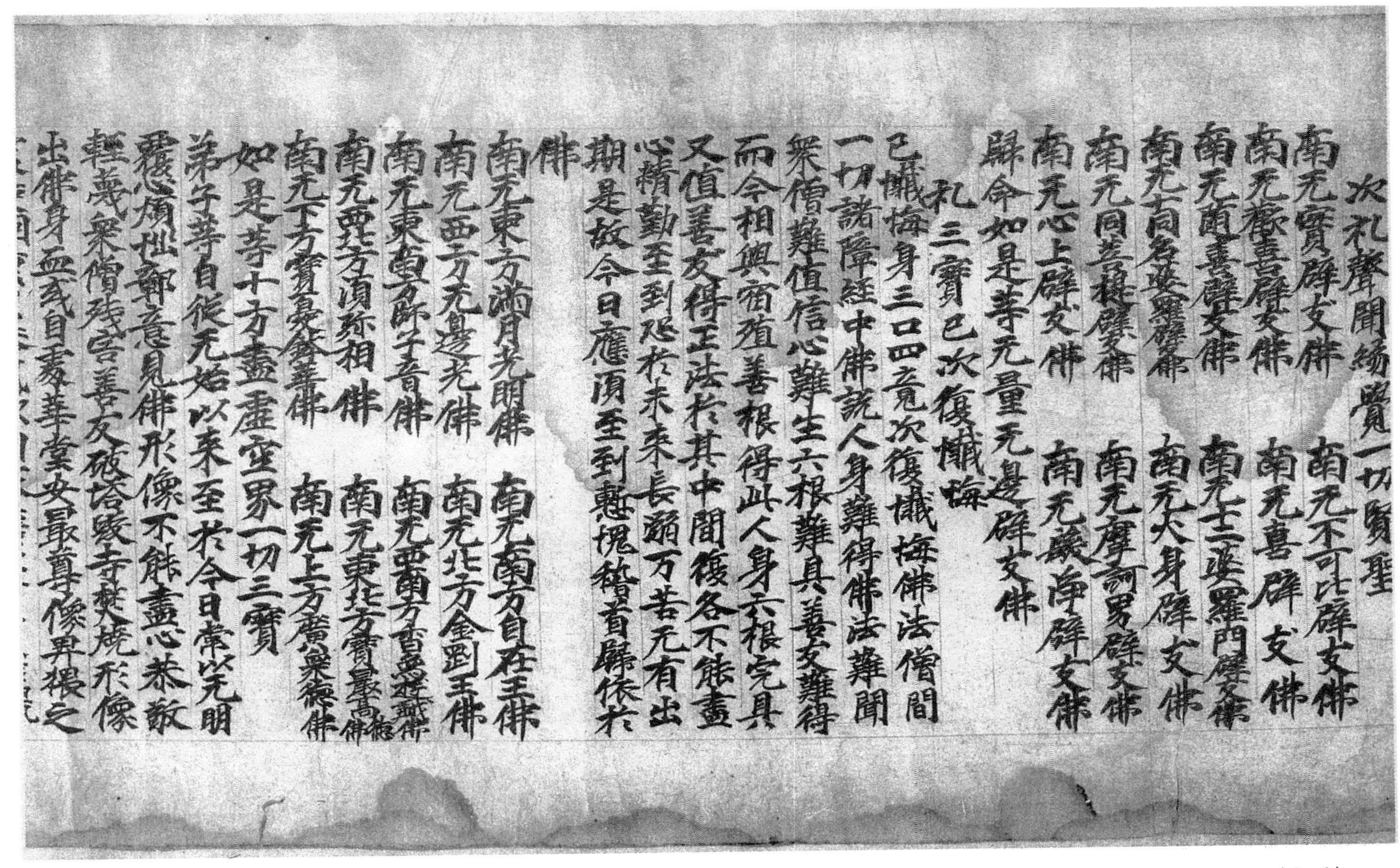
次礼聲聞緣覺一切賢聖
南无寶辟支佛　南无不可比辟支佛
南无歡喜辟支佛　南无喜辟支佛
南无閻喜辟支佛　南无十二婆羅門辟支佛
南无十同名婆羅辟支佛　南无大身辟支佛
南无同善根辟支佛　南无摩訶男辟支佛
南无心上辟支佛　南无藏淨辟支佛
歸命如是等无量无邊辟支佛
礼三寶已次復懺悔
已懺悔身三口四意竟次復懺悔佛法僧間
一切諸障經中佛說人身難得佛法難聞
衆僧難值信心難生六根難具善友難得
而今相與宿植善根得此人身六根完具
又值善友得聞正法於其中間復各不能盡
心精勤至到恐於未來長淪萬苦无有出
期是故今日應須至到慙愧稽首歸依於
佛
南无東方滿月光明佛　南无南方自在王佛
南无西方无邊光佛　南无北方金剛王佛
南无東南方師子音佛　南无西南方香象遊藏佛
南无西北方須彌相佛　南无東北方寶最高德佛
南无下方寶最錦華佛　南无上方廣衆德佛
如是等十方盡虛空界一切三寶
弟子等自從无始以來至於今日常以无明
覆心煩惱鄣意見佛形像不能盡心恭敬
輕蔑衆僧殘害善友破塔壞寺焚燒形像
出佛身血或自處華堂安最尊像卑猥之

BD04063號　佛名經（十六卷本）卷一一　（9–6）

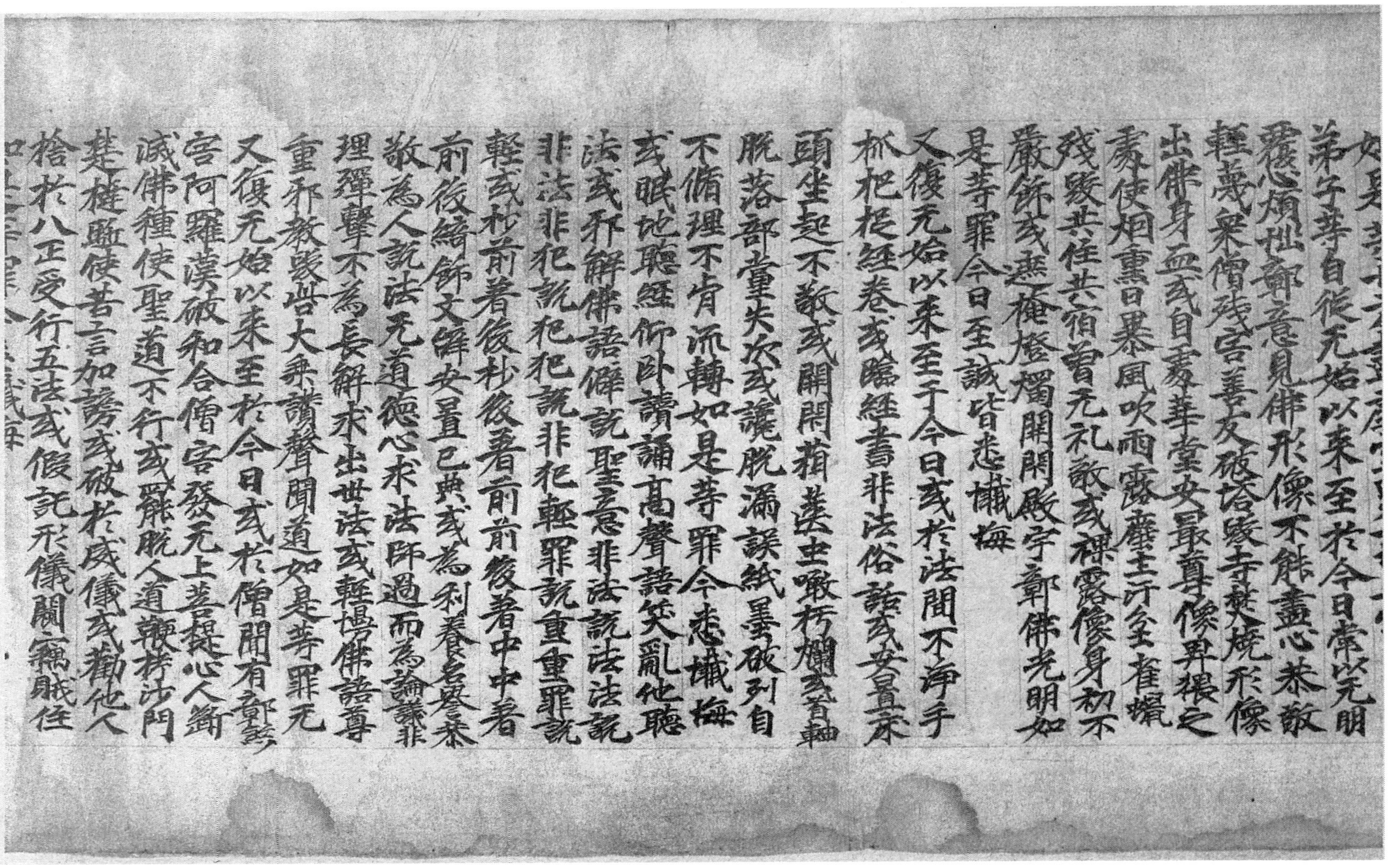

如是……

弟子等自從无始以來至於今日常以无明
覆心煩惱鄣意見佛形像不能盡心恭敬
輕蔑衆僧殘害善友破塔壞寺焚燒形像
出佛身血或自處華堂安置尊像卑猥之
處使烟熏日暴風吹雨露塵土汙坌雀鼠
殘毀共住共宿曾无礼敬或裸露像身初不
嚴飾或遮掩燈燭開閉殿宇鄣佛光明如
是等罪今日至誠皆悉懺悔
又復无始以來至于今日或於法間不淨手
把捉經卷或臨經書非法俗語或安置床
頭坐起不敬或開閉箱篋虫噉朽爛或首軸
脫落部黨失次或攘脫漏誤紙墨破列自
不脩理不肯流轉如是等罪今悉懺悔
或眠地聽經仰卧讀誦高聲語笑亂他聽
法或不解佛語僻說聖意非法說法法說
非法非犯說犯犯說非犯輕罪說重重罪說
輕或抄前著後抄後著前前後著中中著
前後綺飾文辭安置己典或為利養名聞恭
敬為人說法无道德心求法師過而為論議非
理彈擊不為長解求出世法或輕慢佛語尊
重邪教毀呰大乘讚聲聞道如是等罪无
又復无始以來至於今日或於僧間有鄣毀
害阿羅漢破和合僧害發无上菩提心人斷
滅佛種使聖道不行或羅脫人道鞭打沙門
楚撻驅使苦言加謗或破於威儀或勸他人
捨於八正受行五法或假託形儀闚竊賊住
如是等罪今悉懺悔

BD04063號　佛名經（十六卷本）卷一一　（9–7）

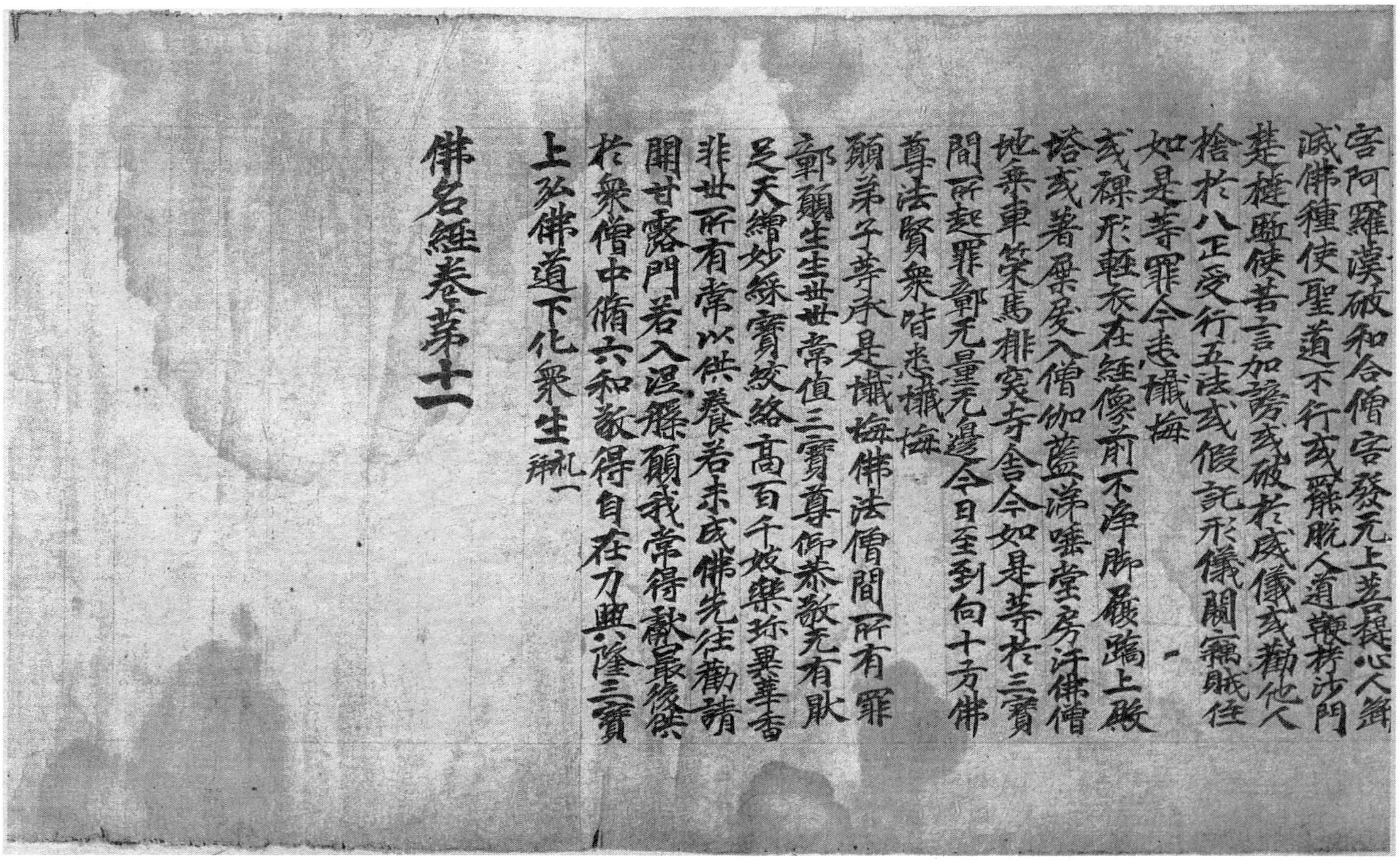

害阿羅漢破和合僧害發无上菩提心人斷
滅佛種使聖道不行或羅脫人道鞭打沙門
楚撻驅使苦言加謗或破於威儀或勸他人
捨於八正受行五法或假託形儀闚竊賊住
如是等罪今悉懺悔
或裸形輕衣在經像前不淨脚履蹋上殿
塔或著屐入僧伽藍涕唾堂房汙佛僧
地乘車策馬排突寺舍今如是等於三寶
間所起罪鄣无量无邊今日至到向十方佛
尊法賢衆皆悉懺悔
願弟子等承是懺悔佛法僧間所有罪
鄣願生生世世常值三寶尊仰恭敬无有厭
足天繒妙綵寶絞絡高百千伎樂珎異華香
非世所有常以供養若未成佛先往勸請
開甘露門若入涅槃願我常得獻最後供
於衆僧中脩六和敬得自在力興隆三寶
上弘佛道下化衆生 礼一拜

佛名經卷第十一

BD04063號　佛名經（十六卷本）卷一一　（9–8）

於衆僧中脩六和敬得自在力興隆三寶
上弘佛道下化衆生禮一拜
佛名經卷第十一

BD04063號　佛名經（十六卷本）卷一一　（9–9）

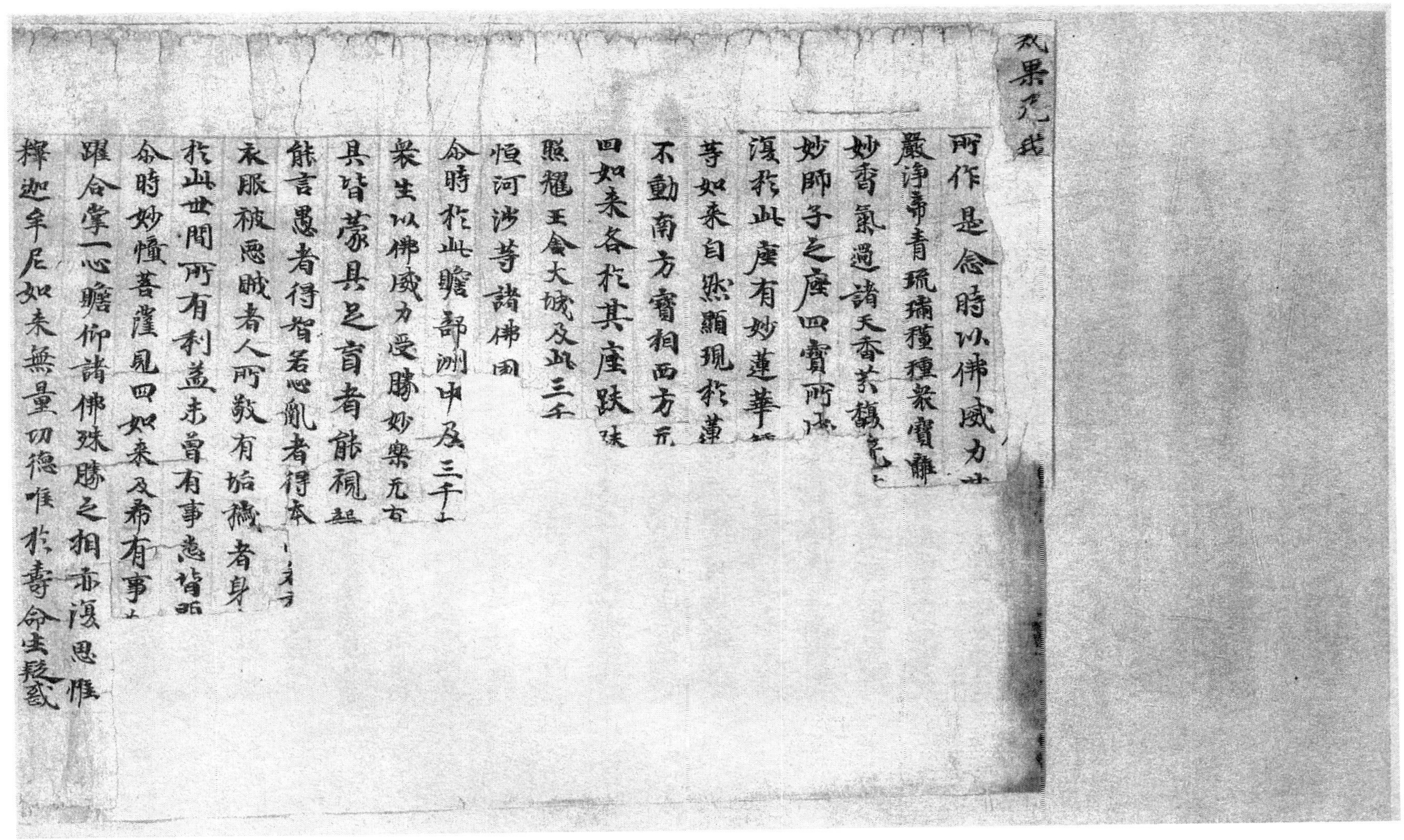

戒果乏戒
所作是念時以佛威力
嚴淨帝青琉璃種種衆寶雜
妙香氣遍諸天香芬馥充
妙師子之座四寶所成
復於此座有妙蓮華
等如來自然顯現於蓮
不動南方寶相西方无
四如來各於其座跏趺
照耀王舍大城及此三千
恒河沙等諸佛國
爾時於此贍部洲中及三千大
衆生以佛威力受勝妙樂无有
具皆蒙具足盲者能視聾
能言愚者得智若心亂者得本
衣服被惡賤者人所敬有垢穢者身
於此世間所有利益未曾有事悉皆顯
爾時妙幢菩薩見四如來及希有事
踊合掌一心瞻仰諸佛殊勝之相亦復思惟
釋迦牟尼如來無量功德唯於壽命生疑惑

BD04064號　金光明最勝王經卷一　（10–1）

於此世間所有利益未曾有事悉皆
尒時妙幢菩薩見四如來及希有事
踊躍合掌一心瞻仰諸佛殊勝之相亦復思惟
釋迦牟尼如來無量功德唯於壽命生疑惑
心云何如來功德無量壽命短促唯八十
年尒時四佛告妙幢菩薩言男子汝今不
應思忖如來壽命長短何以故善男子我
等不見諸天世間梵魔沙門婆羅門等人及
非人有能筭知佛之壽量知其齊限唯除无上
正遍知者時四如來欲說釋迦牟尼佛所有壽
量以佛威力欲色界天諸龍鬼神揵闥婆阿
蘇羅朅路荼緊那羅莫呼洛伽及无量百千
億那庾多菩薩摩訶薩悉來集會入妙幢
菩薩淨妙室中尒時四佛於大衆中欲顯釋迦
牟尼如來所有壽量而說頌曰
一切諸海水　可知其渧數　无有能數知　釋迦之壽量
析諸妙高山　如芥可知數　無有能數知　釋迦之壽量
一切大地土　可知其塵數　无有能數知　釋迦之壽量
假使量虛空　可得盡邊際　无有能度知　釋迦之壽量
若人住億劫　盡力常筭數　亦復不能知　世尊之壽量
不害衆生命　及施於飲食　由斯二種因　得壽命長遠
是故大覺尊　壽命難知數　如劫无邊際　壽命亦如是
妙幢汝當知　不應起疑惑　最勝壽无量　莫能知數者
尒時妙幢菩薩聞四如來說釋迦牟尼佛壽
量無限白言世尊云何如來亦現如是短促
壽量時四世尊告妙幢菩薩言善男子彼

BD04064號　金光明最勝王經卷一　（10–2）

是故大覺尊　壽命難知數　如劫无邊際　壽命亦如是
妙幢汝當知　不應起疑惑　最勝壽无量　莫能知數者
尒時妙幢菩薩聞四如來說釋迦牟尼佛壽
量無限白言世尊云何如來亦現如是短促
壽量時四世尊告妙幢菩薩言善男子彼
釋迦牟尼佛於五濁世出現之時人壽百年
禀性下劣善根微薄復无信解此諸衆生着
我見人見衆生壽者養育邪見我我所見斷
常見等為欲利益此諸異生及衆外道如是
等類令生正解速得成就无上菩提是故釋
迦牟尼如來亦現如是短促壽命善男子然
彼如來欲令衆生見涅槃已生難遭想憂
苦等想於佛世尊所說經教速當受持讀誦
通利為人解說不生謗毀是故如來現斯短壽
何以故彼諸衆生若見如來不般涅槃不生恭
敬難遭之想如來所說甚深經典亦不受
持讀誦通利為人宣說所以者何以常見佛
不尊重故善男子譬如有人見其父母多
有財產珎寶豐盈便於財物不生希有難遭
之想所以者何於父財物生常想故善男子彼
諸衆生亦復如是若見如來不入涅槃不生
希有難遭之想所以者何由常見故善男
子譬如有人父母貧窮資財乏少然彼貧人
或詣王家或大臣舍見其倉庫種種珎財
悉皆盈滿生希有心難遭之想時彼貧人
為欲求財廣設方便策勤无怠所以者何為

BD04064號　金光明最勝王經卷一　（10–3）

子辟如有人父母貧窮資財乏少然彼貧人
或詣王家或大臣舍見其倉庫種種珎財
悉皆盈滿生希有心難遭之想時彼貧人
爲欲求財廣設方便策勤无怠所以者何爲
捨貧窮受安樂故善男子彼諸衆生亦復如是
若見如來入於涅槃生難遭想乃至憂苦等
想復作是念於无量劫諸佛如來出現於世如烏
曇跋花時乃一現彼諸衆生發希有心起難
遭想若遇如來心生敬信聞說正法生實語
想所有經典悉皆受持不生毀謗善男子以
是因緣彼佛世尊不久住世速入涅槃善男
子是諸如來以如是等善巧方便成就衆生
尒時四佛說是語已忽然不現
尒時妙幢菩薩摩訶薩與无量百千菩薩
无量億那庾多百千衆生俱共往詣鷲峯
山中釋迦牟尼如來正遍知所頂礼佛足在一面
立時妙幢菩薩以如上事具白世尊時四如
來亦詣鷲峰至釋迦牟尼佛所各隨本方
就座而坐告侍者菩薩言善男子汝今可詣
釋迦牟尼佛所爲我致問少病少惱起居輕
利安樂行不復作是言善哉善哉釋迦牟
尼如來今可演說金光明經甚深法要爲欲
饒益一切衆生除去飢饉令得安樂我當隨
喜時彼侍者各詣釋迦牟尼佛所頂礼雙足
却住一面俱白佛言彼天人師致問無量少病
少惱起居輕利安樂行不復作是言善哉

BD04064號　金光明最勝王經卷一　(10–4)

饒益一切衆生除去飢饉令得安樂我當隨
喜時彼侍者各詣釋迦牟尼佛所頂礼雙足
却住一面俱白佛言彼天人師致問無量少病
少惱起居輕利安樂行不復作是言善哉
善哉釋迦牟尼如來今可演說金光明經甚
深法要爲欲利益一切衆生除去飢饉令得安
樂尒時釋迦牟尼如來應正等覺告彼侍者
諸菩薩言善哉善哉彼四如來乃能爲諸
衆生饒益安樂勸請於我宣揚正法尒時
世尊而說頌曰
我常在鷲山　宣說此經寶　成就衆生故　示現般涅槃
凡夫起邪見　不信我所說　爲成就彼故　示現般涅槃
時大會中有婆羅門姓憍陳如名曰法師授
記與无量百千婆羅門衆供養佛已聞世尊
說入般涅槃涕淚交流前礼佛足白言世尊
若實如來於諸衆生有大慈悲憐愍利
益令得安樂猶如父母餘无等者能與世間作
歸依處如淨滿月以大智慧能爲照明如日
初出普觀衆生愛无偏黨如羅怙羅唯願
世尊施我一願尒時世尊默然而止佛威力故於
此衆中有梨車毗童子名一切衆生喜見語
婆羅門憍陳如言大婆羅門汝今從佛欲乞
何願我能與汝婆羅門言童子我欲供養无
上世尊今從如來求請舍利如芥子許何以
故我曾聞說若善男子善女人得佛舍利
如芥子許恭敬供養是人當生三十三天而爲帝

BD04064號　金光明最勝王經卷一　(10–5)

何爾我能與汝婆羅門言童子我欲供養无
上世尊今從如來求請舍利如芥子許何以
故我曾聞說若善男子善女人得佛舍利
如芥子許恭敬供養是人當生三十三天而為帝
釋是時童子語婆羅門曰若欲願生三十三
天受勝報者應當至心聽是金光明最勝王
經於諸經中最為殊勝難解難入聲聞獨覺
所不能知此經能生无量无邊福德果報乃
至成辦无上菩提我今為汝略說其事婆羅
門言善哉童子此金光明甚深最上難解難
入聲聞獨覺尚不能知何況我等邊鄙之人
智慧微淺而能解了是故我今求佛舍利如
芥子許持還本處置函中恭敬供養命終
之後得為帝釋常受安樂云何汝今不能為
我從明行足求斯一願作是語已尒時童
子即為婆羅門而說頌曰
恒河駛流水　可生白蓮花　黃鳥作白形　黑烏變為赤
假使贍部樹　可生多羅菓　朅樹羅枝中　能出菴羅菓
斯等希有物　或容可轉變　世尊之舍利　畢竟不可得
假使用龜毛　織成上妙服　寒時可被著　方求佛舍利
假使蚊蚋足　可使成樓觀　堅固不搖動　方求佛舍利
假使水蛭蟲　口中生白齒　長大利如鋒　方求佛舍利
假使持兔角　用成於梯隥　可昇上天宮　方求佛舍利
鼠緣此梯上　除去阿蘇羅　能障空中月　方求佛舍利
若蠅飲酒醉　周行村邑中　廣造於舍宅　方求佛舍利
若使驢脣色　赤如頻婆菓　善作於歌舞　方求佛舍利

假使水蛭蟲　口中生白齒　長大利如鋒　方求佛舍利
假使持兔角　用成於梯隥　可昇上天宮　方求佛舍利
鼠緣此梯上　除去阿蘇羅　能障空中月　方求佛舍利
若蠅飲酒醉　周行村邑中　廣造於舍宅　方求佛舍利
若使驢脣色　赤如頻婆菓　善作於歌舞　方求佛舍利
烏與鵂鶹鳥　同共一處遊　彼此相順從　方求佛舍利
假使波羅葉　可成於傘蓋　能遮於大雨　方求佛舍利
假令大舩舶　盛滿諸財寶　能令陸地行　方求佛舍利
假使鷦鷯鳥　以觜銜香山　隨處任遊行　方求佛舍利
尒時法師授記婆羅門聞此頌已亦以伽他答
一切衆生喜見童子曰
善哉大童子　此衆中吉祥　善巧方便心　得佛无上記
如來大威德　能救護世間　仁可至心聽　我今次第說
諸佛境難思　世間无與等　法身性常住　脩行无差別
諸佛體皆同　所說法亦尒　諸佛无作者　亦復本无生
世尊金剛體　權現於化身　是故佛舍利　无如芥子許
佛非血肉身　云何有舍利　方便留身骨　為益諸衆生
法身是正覺　法界即如來　此是佛真身　亦說如是法
尒時會中三万二千天子聞說如來壽命長
遠皆發阿耨多羅三藐三菩提心歡喜踊躍
得未曾有異口同音而說頌曰
佛不般涅槃　正法亦不滅　為利衆生故　示現有滅盡
世尊不思議　妙體无異相　為利衆生故　現種種莊嚴
尒時妙幢菩薩親於佛前及四如來并二大士
諸天子所聞說釋迦牟尼如來壽量事已復從
座起合掌恭敬白佛言世尊若實如是諸佛

世尊不思議　妙體无異相　爲利衆生故　現種種莊嚴
尒時妙幢菩薩親於佛前及四如來幷二大士
諸天子所聞說釋迦牟尼如來壽量事已復從
座起合掌恭敬白佛言世尊若實如是諸佛
如來不般涅槃无舍利者云何經中說有涅槃
及佛舍利令諸人天恭敬供養過去諸佛現有身
骨流布於世人天供養得福无邊今復言无致
生疑惑唯願世尊哀愍我等廣爲分別
尒時佛告妙幢菩薩及諸大衆汝等當知云
般涅槃有舍利者是密意說如是之義當一
心聽善男子善菩薩摩訶薩如是應知有其十
法能解如來應正等覺真實理趣說有究
竟大般涅槃云何爲十一者諸佛如來究竟斷
盡諸煩惱障所知障故名爲涅槃二者諸佛
如來善能解了有情无性及法无性故名爲
涅槃三者能轉身依及法依故名爲涅槃四
者於諸有情任運休息化因緣故名爲涅槃
五者證得真實无差別相平等法身故名爲
涅槃六者了知生死及以涅槃无二性故名爲
涅槃七者於一切法了其根本證清淨故名
爲涅槃八者於一切法无生无滅善修行
故名爲涅槃九者真如法界實際平等得
正智故名爲涅槃十者於諸法性及涅槃性得
无差別故名爲涅槃是謂十法說有涅槃
復次善男子菩薩摩訶薩如是應知復有十
法能解如來應正等覺真實理趣說有究竟
大般涅槃云何爲十一者一切煩惱以樂欲爲

BD04064號　金光明最勝王經卷一　（10–8）

正智故名爲涅槃十者於諸法性及涅槃性得
无差別故名爲涅槃是謂十法說有涅槃
復次善男子菩薩摩訶薩如是應知復有十
法能解如來應正等覺真實理趣說有究竟
大般涅槃云何爲十一者一切煩惱以樂欲爲
本從樂欲生諸佛世尊斷樂欲故名爲涅
槃二者以諸如來斷諸樂欲不取一法以不取
故无去无來无所取故名爲涅槃三者以
無去來及无所取是則法身不生不滅无生
滅故名爲涅槃四者此無生滅非言所宣言
語斷故名爲涅槃五者无有我人唯法生滅
得轉依故名爲涅槃六者煩惱隨惑皆是客
塵法性是主无來无去佛了知故名爲涅槃
七者真如是實餘皆虛妄實性體者即是真
如真如性者即是如來名爲涅槃八者實際
之性无有戲論唯獨如來證實際法戲論永
斷名爲涅槃九者無生是實生是虛妄愚
癡之名漂溺生死如來體實無有虛妄名爲
涅槃十者不實之法是從緣生真實之法不從
緣起如來法身體真實名爲涅槃善男
子是謂十法說有涅槃
復次善男子菩薩摩訶薩如是應知復有十
法能解如來應正等覺真實理趣說有究竟
大般涅槃云何爲十一者如來善知施及施果
無我我所此施及果不正分別永除滅故名
爲涅槃二者如來善知戒及戒果无我我所

BD04064號　金光明最勝王經卷一　（10–9）

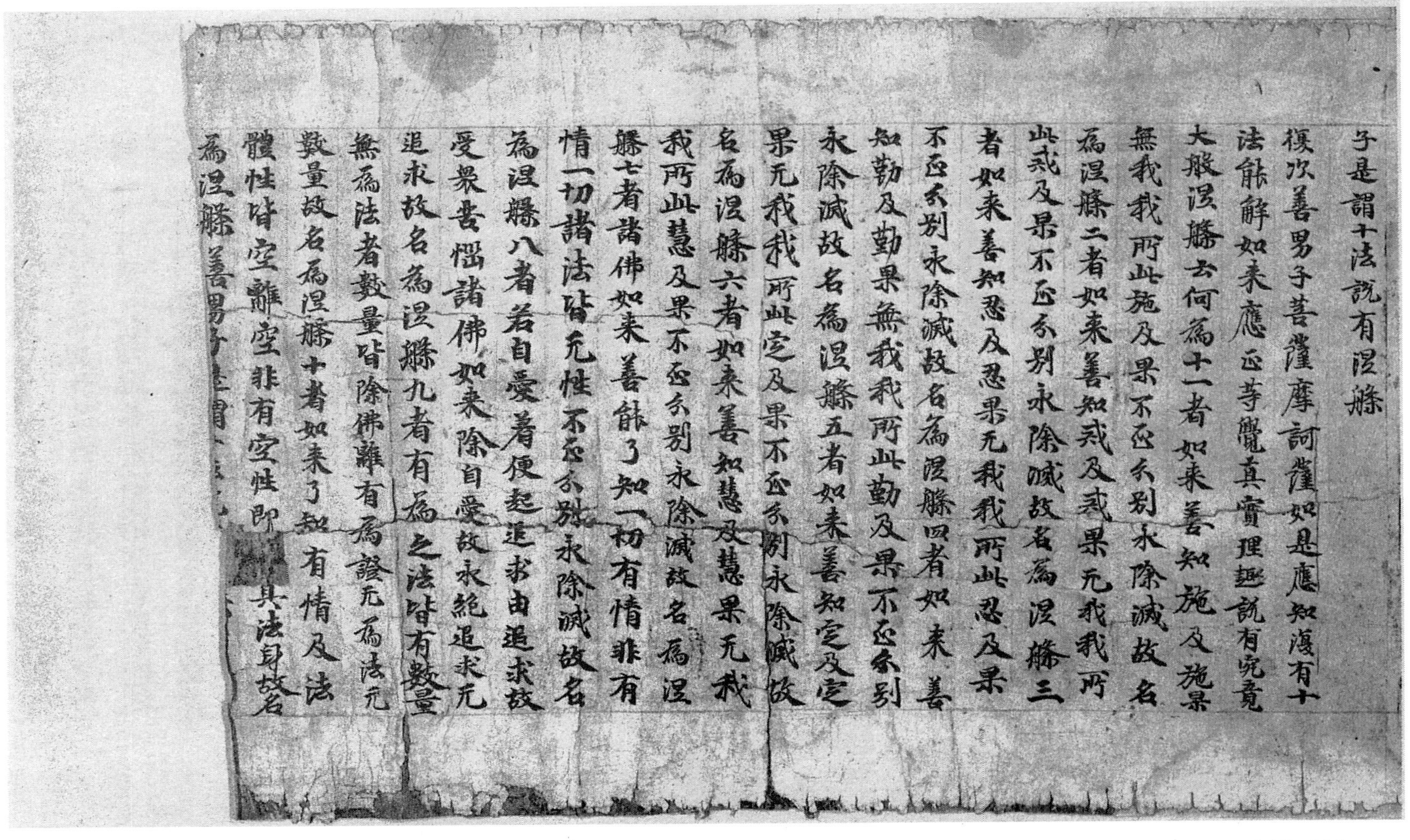

子是謂十法説有涅槃
復次善男子菩薩摩訶薩如是應知復有十
法能解如來應正等覺真實理趣説有究竟
大般涅槃云何爲十一者如來善知施及施果
無我我所此施及果不正分別永除滅故名
爲涅槃二者如來善知戒及戒果无我我所
此戒及果不正分別永除滅故名爲涅槃三
者如來善知忍及忍果无我我所此忍及果
不正分別永除滅故名爲涅槃四者如來善
知勤及勤果無我我所此勤及果不正分別
永除滅故名爲涅槃五者如來善知定及定
果无我我所此定及果不正分別永除滅故
名爲涅槃六者如來善知慧及慧果无我
我所此慧及果不正分別永除滅故名爲涅
槃七者諸佛如來善能了知一切有情非有
情一切諸法皆无性不正分別永除滅故名
爲涅槃八者若自愛着便起追求由追求故
受衆苦惱諸佛如來除自愛故永絶追求无
追求故名爲涅槃九者有爲之法皆有數量
無爲法者數量皆除佛離有爲證无爲法无
數量故名爲涅槃十者如來了知有情及法
體性皆空離空非有空性即[illegible]真法身故名
爲涅槃善男子是謂[illegible]

BD04064號　金光明最勝王經卷一　（10–10）

BD04064號背　驅怪文（擬）　（3–1）

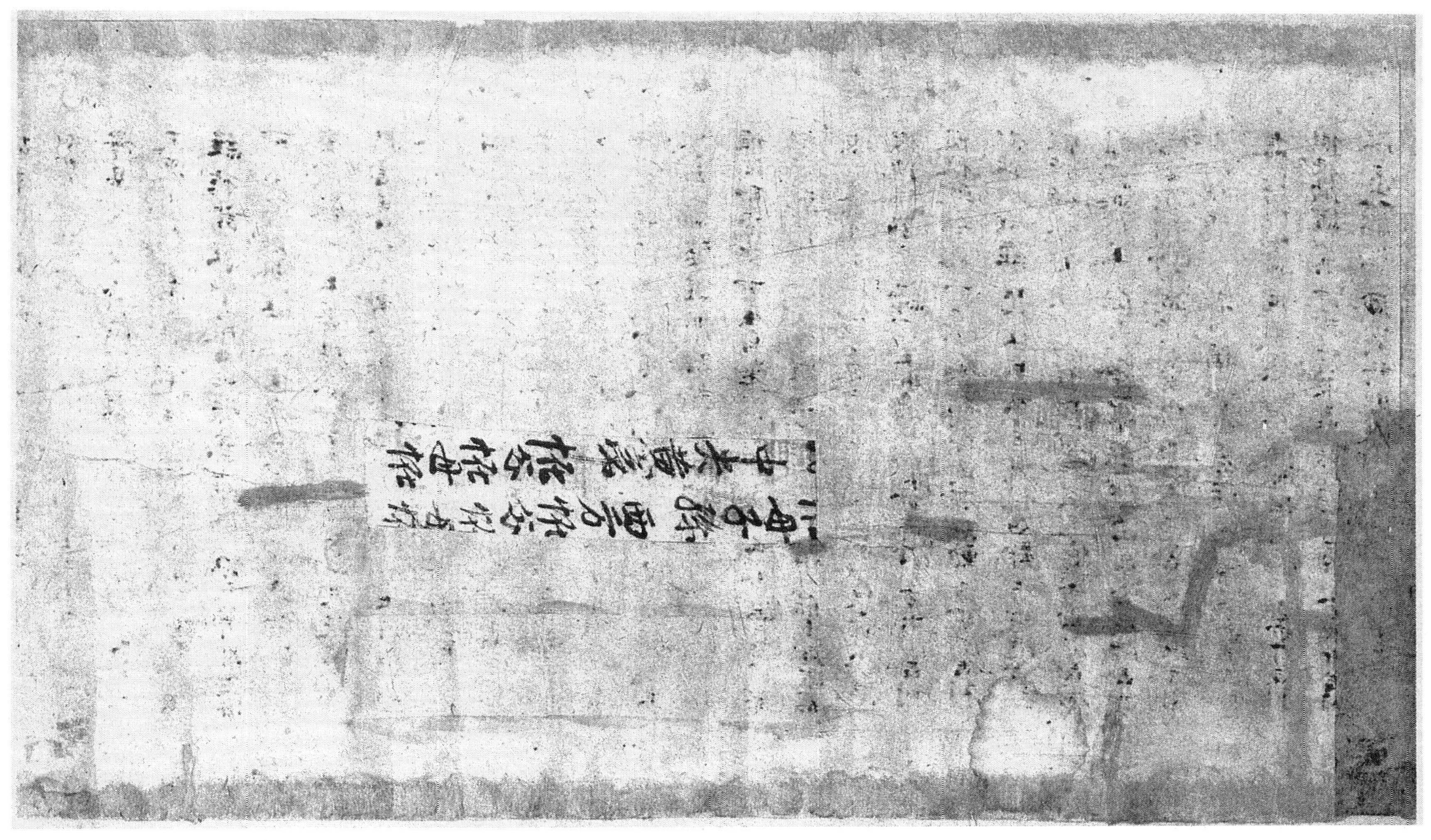

BD04064 號背　驅怪文（擬）　（3–2）

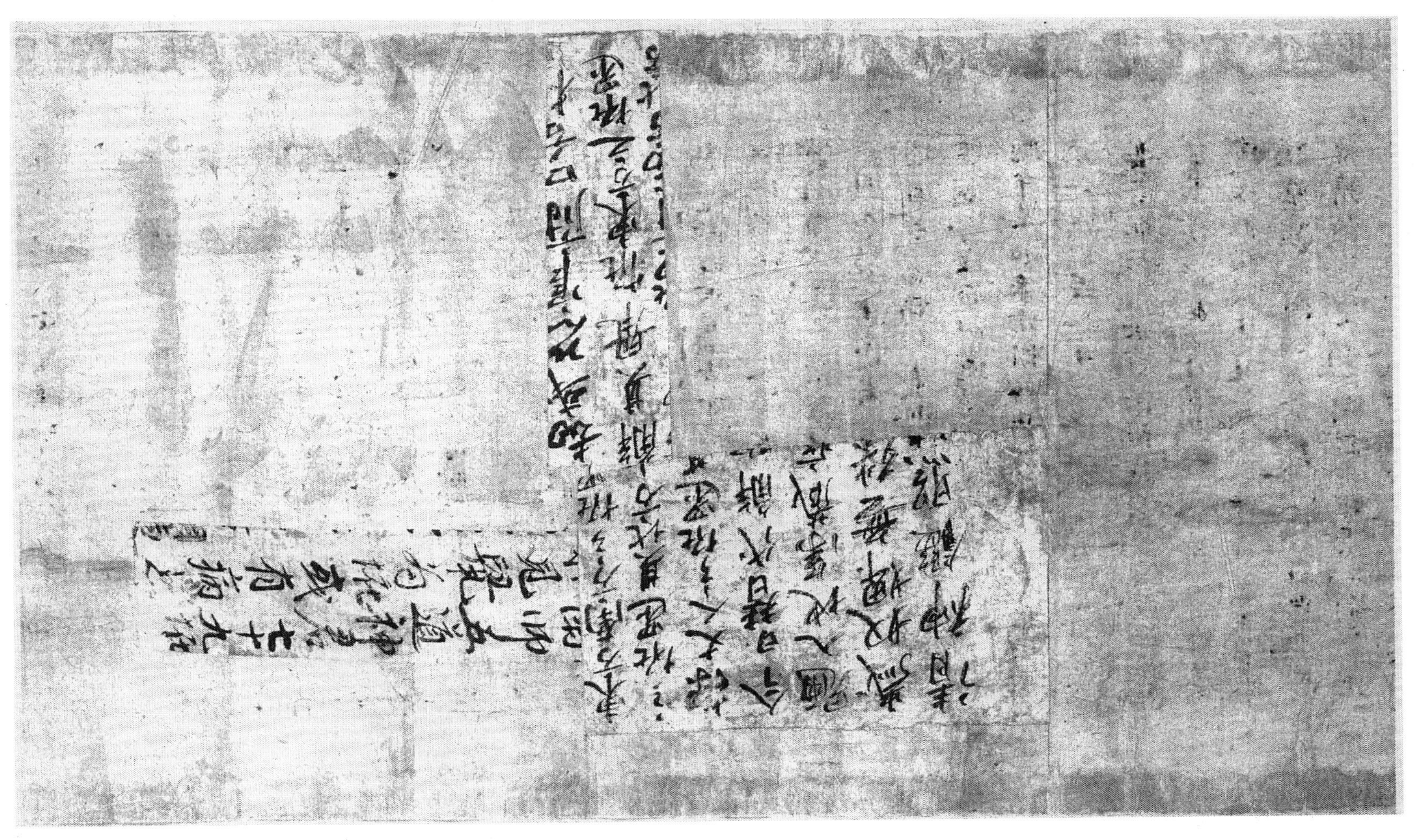

BD04064 號背　驅怪文（擬）　（3–3）

無漏難思議　令衆至道場　我本著邪見　為諸梵志師
世尊知我心　拔邪說涅槃　我悉除邪見　於空法得證
尒時心自謂　得至於滅度　而今乃自覺　非是實滅度
若得作佛時　具三十二相　天人夜叉衆　龍神等恭敬
是時乃可謂　永盡滅無餘　佛於大衆中　說我當作佛
聞如是法音　疑悔悉已除　初聞佛所說　心中大驚疑
將非魔作佛　惱亂我心耶　佛以種種緣　譬喻巧言說
其心安如海　我聞疑網斷　佛說過去世　無量滅度佛
安住方便中　亦皆說是法　現在未來佛　其數無有量
亦以諸方便　演說如是法　如今者世尊　從生及出家
得道轉法輪　亦以方便說　世尊說實道　波旬無此事
以是我定知　非是魔作佛　我墮疑網故　謂是魔所為
聞佛柔軟音　深遠甚微妙　演暢清淨法　我心大歡喜
疑悔永已盡　安住實智中　我定當作佛　為天人所敬
轉無上法輪　教化諸菩薩
尒時佛告舍利弗吾今於天人沙門婆羅門
等大衆中說我昔曾於二萬億佛所為無上
道故常教化汝汝亦長夜隨我受學我以方便
引導汝故生我法中舍利弗我昔教汝志
願佛道汝今悉忘而便自謂已得滅度我今
還欲令汝憶念本願所行道故為諸聲聞說

BD04065號　妙法蓮華經卷二　（11-1）

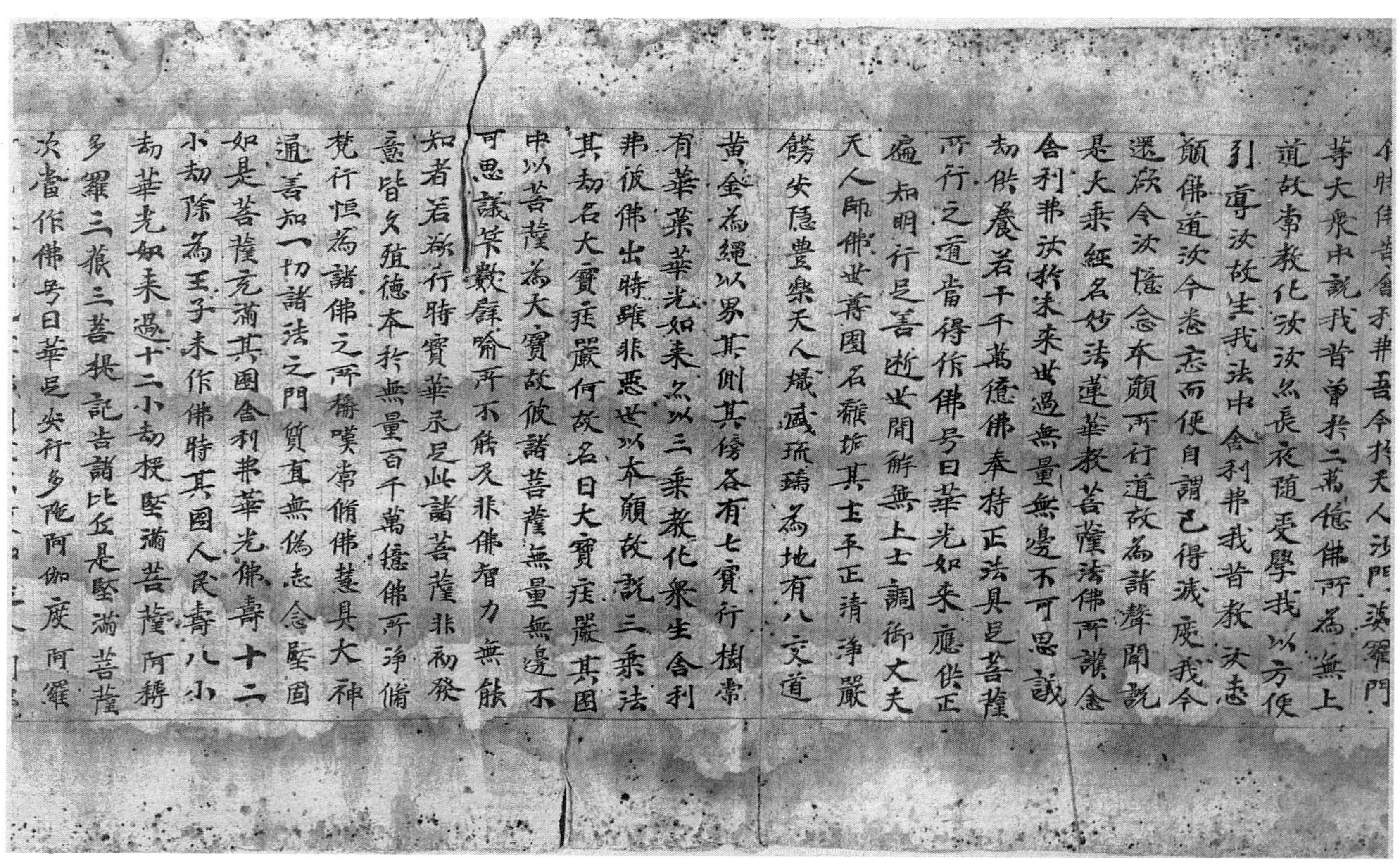
尒時佛告舍利弗吾今於天人沙門婆羅門
等大衆中說我昔曾於二萬億佛所為無上
道故常教化汝汝亦長夜隨我受學我以方便
引導汝故生我法中舍利弗我昔教汝志
願佛道汝今悉忘而便自謂已得滅度我今
還欲令汝憶念本願所行道故為諸聲聞說
是大乘經名妙法蓮華教菩薩法佛所護念
舍利弗汝於未來世過無量無邊不可思議
劫供養若干千萬億佛奉持正法具足菩薩
所行之道當得作佛號曰華光如來應供正
遍知明行足善逝世間解無上士調御丈夫
天人師佛世尊國名離垢其土平正清淨嚴
飾安隱豐樂天人熾盛琉璃為地有八交道
黃金為繩以界其側其傍各有七寶行樹常
有華菓華光如來亦以三乘教化衆生舍利
弗彼佛出時雖非惡世以本願故說三乘法
其劫名大寶莊嚴何故名曰大寶莊嚴其國
中以菩薩為大寶故彼諸菩薩無量無邊不
可思議筭數譬喻所不能及非佛智力無能
知者若欲行時寶華承足此諸菩薩非初發
意皆久殖德本於無量百千萬億佛所淨脩
梵行恒為諸佛之所稱歎常脩佛慧具大神
通善知一切諸法之門質直無偽志念堅固
如是菩薩充滿其國舍利弗華光佛壽十二
小劫除為王子未作佛時其國人民壽八小
劫華光如來過十二小劫授堅滿菩薩
多羅三藐三菩提記告諸比丘是堅滿菩薩
次當作佛號曰華足安行多陀阿伽度阿羅

BD04065號　妙法蓮華經卷二　（11-2）

如是菩薩充滿其國舍利弗華光佛壽十二
小劫除為王子未作佛時其國人民壽八小
劫華光如來過十二小劫授堅滿菩薩阿耨
多羅三藐三菩提記告諸比丘是堅滿菩薩
次當作佛号曰華足安行多陁阿伽度阿羅
訶三藐三佛陁其佛國土亦復如是舍利弗
是華光佛滅度之後正法住世三十二小劫
像法住世亦三十二小劫尒時世尊欲重宣
此義而說偈言
舍利弗來世　成佛普智尊　号名曰華光　當度無量眾
供養無數佛　具足菩薩行　十力等功德　證於無上道
過無量劫已　劫名大寶嚴　世界名離垢　清淨無瑕穢
以琉璃為地　金繩界其道　七寶雜色樹　常有華菓實
彼國諸菩薩　志念常堅固　神通波羅蜜　皆已悉具足
於無數佛所　善學菩薩道　如是等大士　華光佛所化
佛為王子時　棄國捨世榮　於最末後身　出家成佛道
華光佛住世　壽十二小劫　其國人民眾　壽命八小劫
佛滅度之後　正法住於世　三十二小劫　廣度諸眾生
正法滅盡已　像法三十二　舍利廣流布　天人普供養
華光佛所為　其事皆如是　其兩足聖尊　最勝無倫匹
彼即是汝身　宜應自欣慶
尒時四部眾比丘比丘尼優婆塞優婆夷天
龍夜叉乾闥婆阿脩羅迦樓羅緊那羅摩睺
羅伽等大眾見舍利弗於佛前受阿耨多羅
三藐三菩提記心大歡喜踴躍無量各各脫
身所著上衣以供養佛釋提桓因梵天王等
與無數天子亦以天妙衣天曼陁羅華摩訶
曼陁羅華等供養於佛所散天衣住虛空中

BD04065號　妙法蓮華經卷二　（11–3）

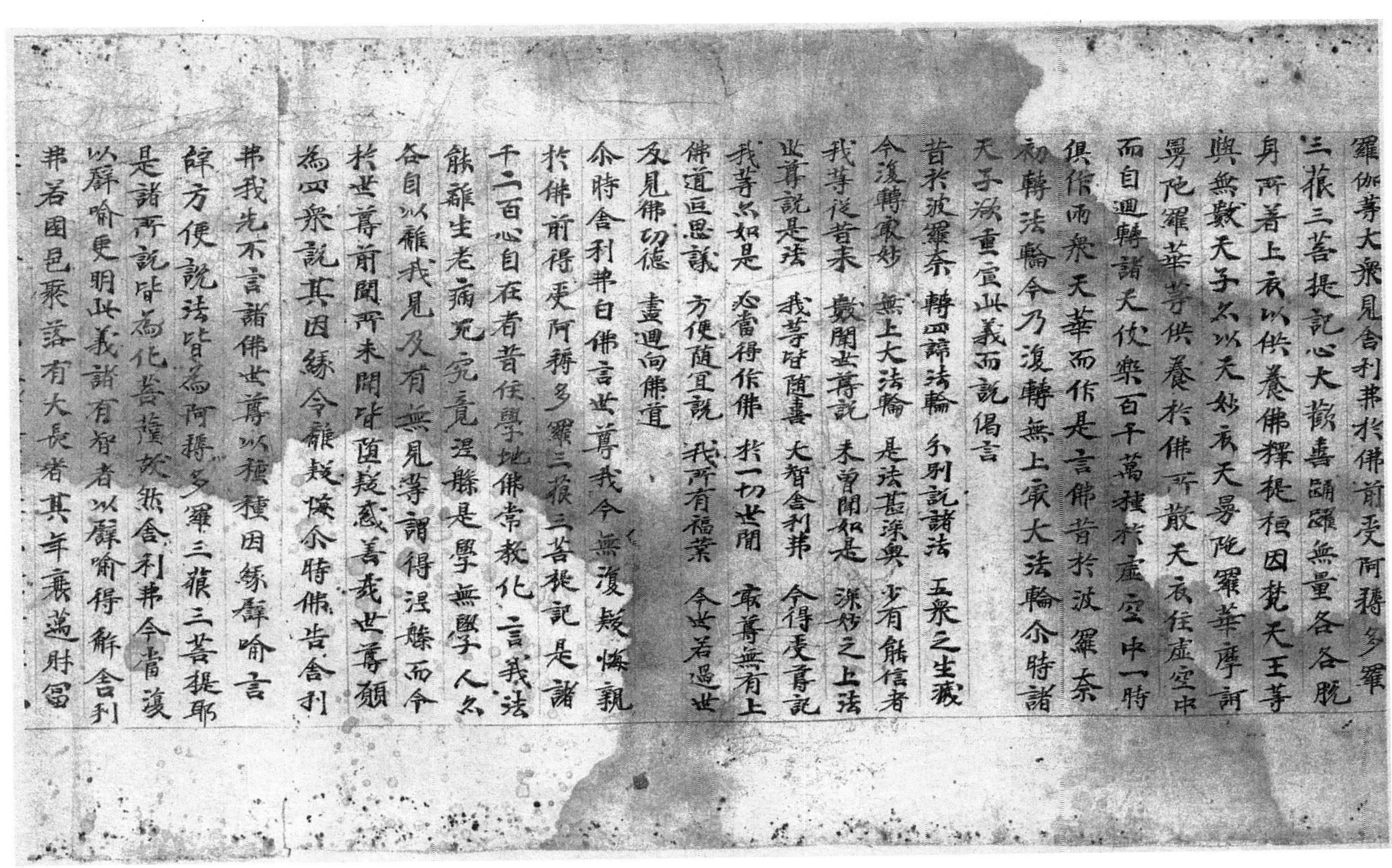
羅伽等大眾見舍利弗於佛前受阿耨多羅
三藐三菩提記心大歡喜踴躍無量各各脫
身所著上衣以供養佛釋提桓因梵天王等
與無數天子亦以天妙衣天曼陁羅華摩訶
曼陁羅華等供養於佛所散天衣住虛空中
而自迴轉諸天伎樂百千萬種於虛空中一時
俱作雨眾天華而作是言佛昔於波羅柰
初轉法輪今乃復轉無上最大法輪尒時諸
天子欲重宣此義而說偈言
昔於波羅柰　轉四諦法輪　分別說諸法　五眾之生滅
今復轉最妙　無上大法輪　是法甚深奧　少有能信者
我等從昔來　數聞世尊說　未曾聞如是　深妙之上法
世尊說是法　我等皆隨喜　大智舍利弗　今得受尊記
我等亦如是　必當得作佛　於一切世間　最尊無有上
佛道叵思議　方便隨宜說　我所有福業　今世若過世
及見佛功德　盡迴向佛道
尒時舍利弗白佛言世尊我今無復疑悔親
於佛前得受阿耨多羅三藐三菩提記是諸
千二百心自在者昔住學地佛常教化言我法
能離生老病死究竟涅槃是學無學人亦
各自以離我見及有無見等謂得涅槃而今
於世尊前聞所未聞皆墮疑惑善哉世尊願
為四眾說其因緣令離疑悔尒時佛告舍利
弗我先不言諸佛世尊以種種因緣譬喻言
辭方便說法皆為阿耨多羅三藐三菩提耶
是諸所說皆為化菩薩故然舍利弗今當復
以譬喻更明此義諸有智者以譬喻得解舍利
弗若國邑聚落有大長者其年衰邁財富

BD04065號　妙法蓮華經卷二　（11–4）

弗我先不言諸佛世尊以種種因緣譬喻言
辭方便說法皆為阿耨多羅三藐三菩提耶
是諸所說皆為化菩薩故然舍利弗今當復
以譬喻更明此義諸有智者以譬喻得解舍利
弗若國邑聚落有大長者其年衰邁財富
無量多有田宅及諸僮僕其家廣大唯有一
門多諸人眾一百二百乃至五百人止住其
中堂閣朽故牆壁隤落柱根腐敗梁棟傾危
周帀俱時欻然火起焚燒舍宅長者諸子若
十二十或至三十在此宅中長者見是大火
從四面起即大驚怖而作是念我雖能於此
所燒之門安隱得出而諸子等於火宅內樂
著嬉戲不覺不知不驚不怖火來逼身苦痛
切己心不厭患無求出意舍利弗是長者作是
思惟我身手有力當以衣裓若以几案從舍
出之復更思惟是舍唯有一門而復狹小
諸子幼稚未有所識戀著戲處或當墮落為
火所燒我當為說怖畏之事此舍已燒宜時
疾出無令為火之所燒害作是念已如所思
惟具告諸子汝等速出父雖憐愍善言誘喻
而諸子等樂著嬉戲不肯信受不驚不畏了
無出心亦復不知何者是火何者為舍云何
為失但東西走戲視父而已尒時長者即作
是念此舍已為大火所燒我及諸子若不時
出必為所焚我今當設方便令諸子等得免
斯害父知諸子先心各有所好種種珍玩奇異
異之物情必樂著而告之言汝等所可玩好
希有難得汝若不取後必憂悔如此種種羊

BD04065號　妙法蓮華經卷二　（11–5）

出必為所焚我今當設方便令諸子等得免
斯害父知諸子先心各有所好種種珍玩奇異
異之物情必樂著而告之言汝等所可玩好
希有難得汝若不取後必憂悔如此種種羊
車鹿車牛車今在門外可以遊戲汝等於此
火宅宜速出來隨汝所欲皆當與汝尒時諸
子聞父所說珍玩之物適其願故心各勇銳
相推排競共馳走爭出火宅是時長者見
諸子等安隱得出皆於四衢道中露地而坐
無復障礙其心泰然歡喜踊躍時諸子等各
白父言父先所許玩好之具羊車鹿車牛車
願時賜與舍利弗尒時長者各賜諸子等一
大車其車高廣眾寶莊校周帀欄楯四面懸
鈴又於其上張設幰蓋亦以珍奇雜寶而嚴
飾之寶繩絞絡垂諸華瓔重敷綩綖安置丹
枕駕以白牛膚色充潔形體姝好有大筋力
行步平正其疾如風又多僕從而侍衛之所
以者何是大長者財富無量種種諸藏悉皆
充溢而作是念我財物無極不應以下劣小
車與諸子等今此幼童皆是吾子愛無偏黨
我有如是七寶大車其數無量應當等心各
各與之不宜差別所以者何以我此物周給
一國猶尚不匱何況諸子是時諸子各乘大
車得未曾有非本所望舍利弗於汝意云何
是長者等與諸子珍寶大車寧有虛妄不舍
利弗言不也世尊是長者但令諸子得免火
難全其軀命非為虛妄何以故若全身命便
為已得玩好之具況復方便於彼火宅而拔

BD04065號　妙法蓮華經卷二　（11–6）

是長者等與諸子珎寶大車寧有虛妄不舍
利弗言不也世尊是長者但令諸子得免火
難令其軀命非為虛妄何以故若令身命便
為已得玩好之具況復方便於彼火宅而拔
濟之世尊若是長者乃至不與最小一車猶
不虛妄何以故是長者先作是意我以方便
令子得出以是因緣無虛妄也何況長者自
知財富無量欲以饒益諸子等與大車佛告舍
利弗善哉善哉如汝所言舍利弗如來亦復
如是則為一切世間之父於諸怖畏衰惱憂
患無明闇蔽永盡無餘而悉成就無量知見
力無所畏有大神力及智慧力具足方便智
慧波羅蜜大慈大悲常無懈惓恒求善事利
益一切而生三界朽故火宅為度衆生生老
病死憂悲苦惱愚癡闇蔽三毒之火教化令
得阿耨多羅三藐三菩提見諸衆生為生老
病死憂悲苦惱之所燒煮亦以五欲財利故
受種種苦又以貪著追求故現受衆苦後受
地獄畜生餓鬼之苦若生天上及在人間貧
窮困苦愛別離苦怨憎會苦如是等種種諸
苦衆生沒在其中歡喜遊戲不覺不知不驚
不怖亦不生猒不求解脫於此三界火宅東
西馳走雖遭大苦不以為患舍利弗佛見此
已便作是念我為衆生之父應拔其苦難與
無量無邊佛智慧樂令其遊戲舍利弗如來
復作是念若我但以神力及智慧力捨於方
便為諸衆生讚如來知見力無所畏者衆生
不能以是得度所以者何是諸衆生未免生

BD04065 號　妙法蓮華經卷二　（11–7）

已便作是念我為衆生之父應拔其苦難與
無量無邊佛智慧樂令其遊戲舍利弗如來
復作是念若我但以神力及智慧力捨於方
便為諸衆生讚如來知見力無所畏者衆生
不能以是得度所以者何是諸衆生未免生
老病死憂悲苦惱而為三界火宅所燒何由
能解佛之智慧舍利弗如彼長者雖復身手
有力而不用之但以慇懃方便免濟諸子火
宅之難然後各與珎寶大車如來亦復如是
雖有力無所畏而不用之但以智慧方便於
三界火宅拔濟衆生為說三乘聲聞辟支佛
佛乘而作是言汝等莫得樂住三界火宅勿
貪麁弊色聲香味觸也若貪著生愛則為所
燒汝速出三界當得三乘聲聞辟支佛佛乘
我今為汝保任此事終不虛也汝等但當懃
脩精進如來以是方便誘進衆生復作是言
汝等當知此三乘法皆是聖所稱歎自在無
繫無所依求乘是三乘以無漏根力覺道禪
定解脫三昧等而自娛樂便得無量安隱快
樂舍利弗若有衆生內有智性從佛世尊聞
法信受慇懃精進欲速出三界自求涅槃是
名聲聞乘如彼諸子為求羊車出於火宅若
有衆生從佛世尊聞法信受慇懃精進求自
然慧樂獨善寂深知諸法因緣是名辟支佛
乘如彼諸子為求鹿車出於火宅若有衆生
從佛世尊聞法信受懃脩精進求一切智佛
智自然智無師智如來知見力無所畏愍念
安樂無量衆生利益天人度脫一切是名大

BD04065 號　妙法蓮華經卷二　（11–8）

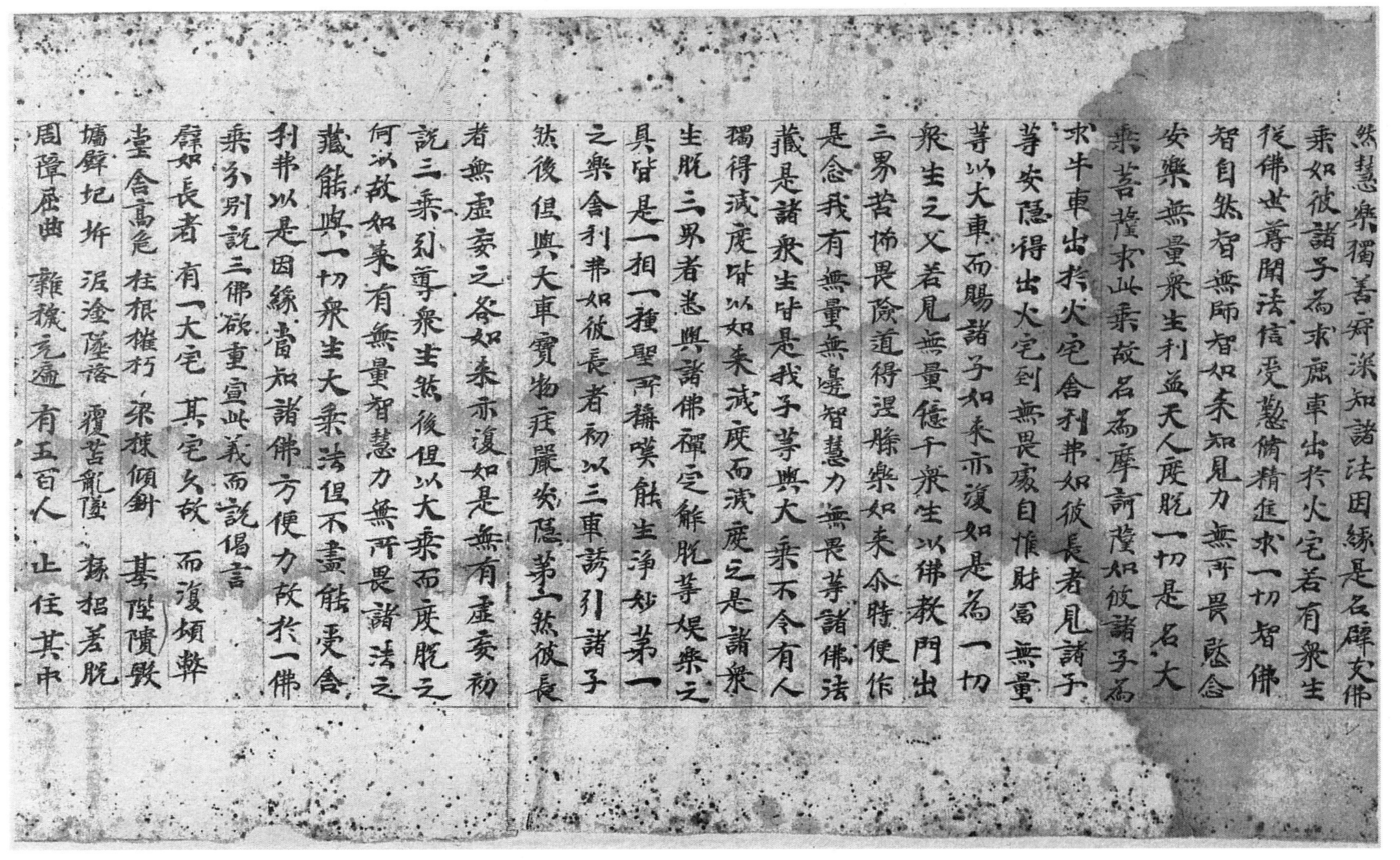

然慧樂獨善寂深知諸法因緣是名辟支佛
乘如彼諸子為求鹿車出於火宅若有眾生
從佛世尊聞法信受懃修精進求一切智佛
智自然智無師智如來知見力無所畏愍念
安樂無量眾生利益天人度脫一切是名大
乘菩薩求此乘故名為摩訶薩如彼諸子為
求牛車出於火宅舍利弗如彼長者見諸子
等安隱得出火宅到無畏處自惟財富無量
等以大車而賜諸子如來亦復如是為一切
眾生之父若見無量億千眾生以佛教門出
三界苦怖畏險道得涅槃樂如來爾時便作
是念我有無量無邊智慧力無畏等諸佛法
藏是諸眾生皆是我子等與大乘不令有人
獨得滅度皆以如來滅度而滅度之是諸眾
生脫三界者悉與諸佛禪定解脫等娛樂之
具皆是一相一種聖所稱歎能生淨妙第一
之樂舍利弗如彼長者初以三車誘引諸子
然後但與大車寶物莊嚴安隱第一然彼長
者無虛妄之咎如來亦復如是無有虛妄初
說三乘引導眾生然後但以大乘而度脫之
何以故如來有無量智慧力無所畏諸法之
藏能與一切眾生大乘之法但不盡能受舍
利弗以是因緣當知諸佛方便力故於一佛
乘分別說三佛欲重宣此義而說偈言
譬如長者　有一大宅　其宅久故　而復頓弊
堂舍高危　柱根摧朽　梁棟傾斜　基陛隤毀
墻壁圮坼　泥塗褫落　覆苫亂墜　椽梠差脫
周障屈曲　雜穢充遍　有五百人　止住其中

BD04065號　妙法蓮華經卷二　（11–9）

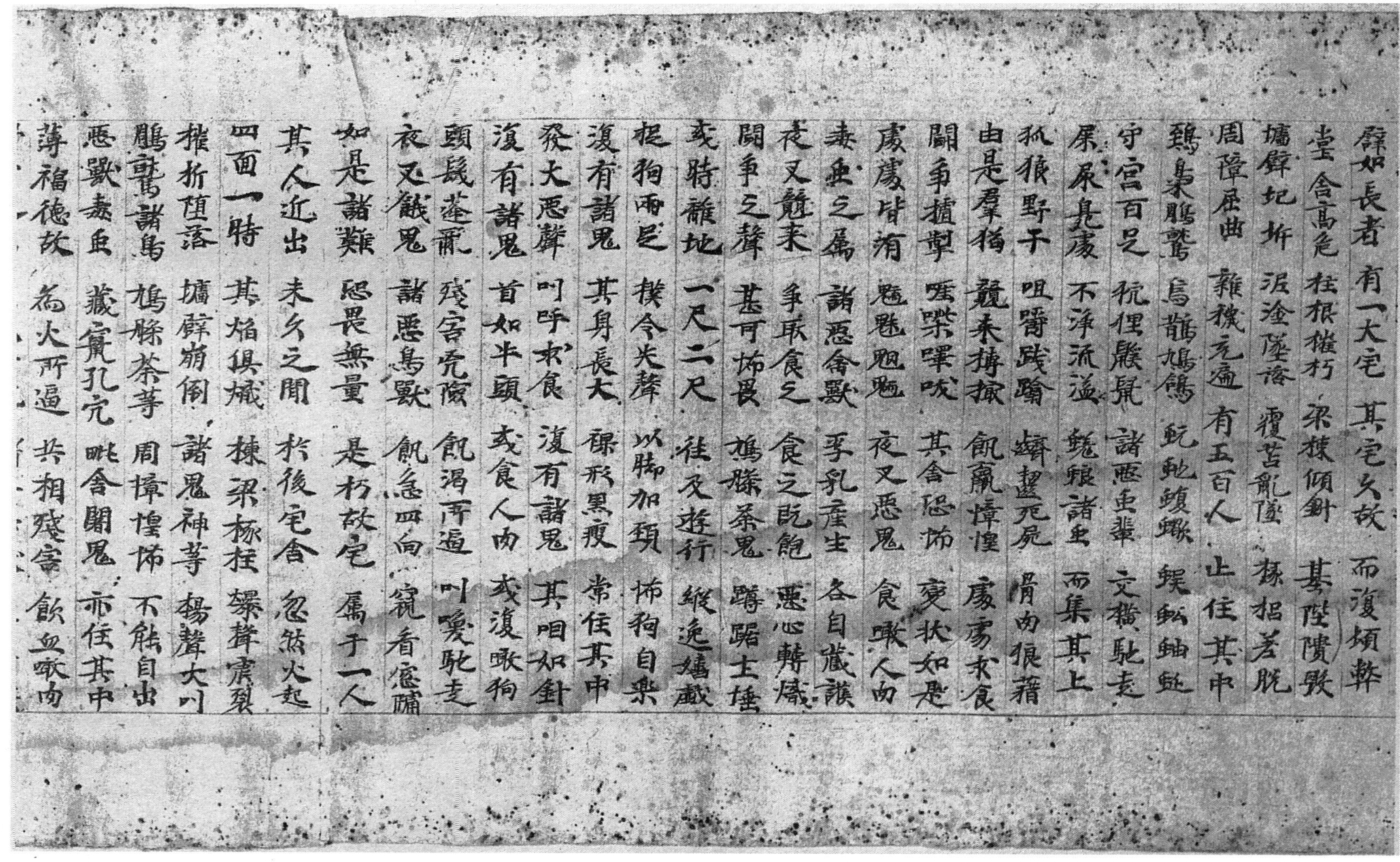

譬如長者　有一大宅　其宅久故　而復頓弊
堂舍高危　柱根摧朽　梁棟傾斜　基陛隤毀
墻壁圮坼　泥塗褫落　覆苫亂墜　椽梠差脫
周障屈曲　雜穢充遍　有五百人　止住其中
鵄梟鵰鷲　烏鵲鳩鴿　蚖蛇蝮蠍　蜈蚣蚰蜒
守宮百足　狖狸鼷鼠　諸惡虫輩　交橫馳走
屎尿臭處　不淨流溢　蜣蜋諸虫　而集其上
狐狼野干　咀嚼踐蹋　嚌齧死屍　骨肉狼藉
由是群狗　競來搏撮　飢羸慞惶　處處求食
鬪諍摣掣　啀喍嗥吠　其舍恐怖　變狀如是
處處皆有　魑魅魍魎　夜叉惡鬼　食噉人肉
毒虫之屬　諸惡禽獸　孚乳產生　各自藏護
夜叉競來　爭取食之　食之既飽　惡心轉熾
鬪諍之聲　甚可怖畏　鳩槃荼鬼　蹲踞土埵
或時離地　一尺二尺　往返遊行　縱逸嬉戲
捉狗兩足　撲令失聲　以腳加頸　怖狗自樂
復有諸鬼　其身長大　裸形黑瘦　常住其中
發大惡聲　叫呼求食　復有諸鬼　其咽如針
復有諸鬼　首如牛頭　或食人肉　或復噉狗
頭髮蓬亂　殘害兇險　飢渴所逼　叫喚馳走
夜叉餓鬼　諸惡鳥獸　飢急四向　窺看窗牖
如是諸難　恐畏無量　是朽故宅　屬于一人
其人近出　未久之間　於後宅舍　忽然火起
四面一時　其焰俱熾　棟梁椽柱　爆聲震裂
摧折墮落　墻壁崩倒　諸鬼神等　揚聲大叫
鵰鷲諸鳥　鳩槃荼等　周障惶怖　不能自出
惡獸毒虫　藏竄孔穴　毗舍闍鬼　亦住其中
薄福德故　為火所逼　共相殘害　飲血噉肉

BD04065號　妙法蓮華經卷二　（11–10）

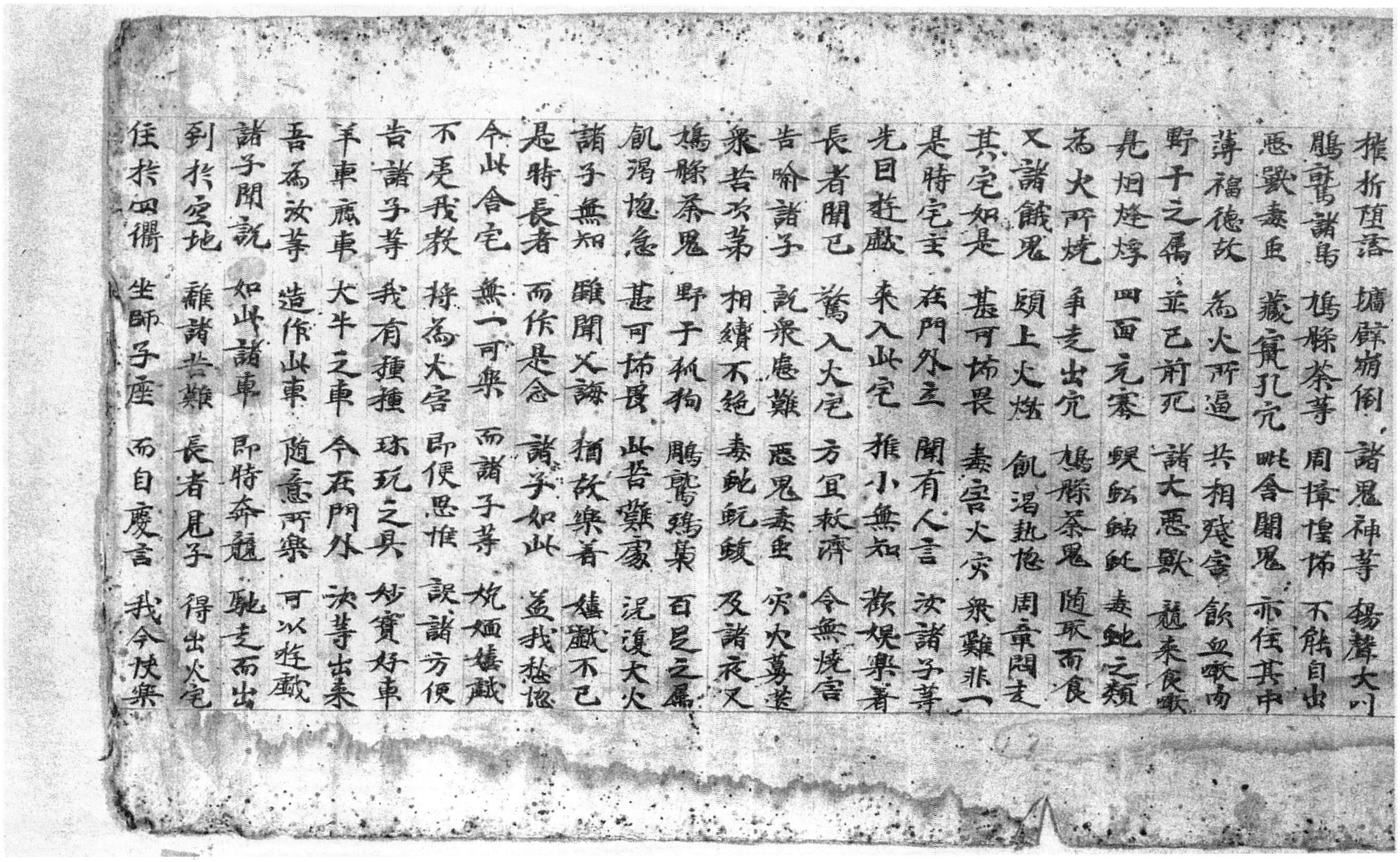

推折墮落　牆壁崩倒　諸鬼神等　揚聲大叫
鵰鷲諸鳥　鳩槃荼等　周慞惶怖　不能自出
惡獸毒虫　藏竄孔穴　毗舍闍鬼　亦住其中
薄福德故　為火所逼　共相殘害　飲血噉肉
野干之屬　並已前死　諸大惡獸　競來食噉
臭烟熢㶿　四面充塞　蜈蚣蚰蜒　毒蛇之類
為火所燒　爭走出穴　鳩槃荼鬼　隨取而食
又諸餓鬼　頭上火燃　飢渴熱惱　周章悶走
其宅如是　甚可怖畏　毒害火災　眾難非一
是時宅主　在門外立　聞有人言　汝諸子等
先因遊戲　來入此宅　稚小無知　歡娛樂著
長者聞已　驚入火宅　方宜救濟　令無燒害
告喻諸子　說眾患難　惡鬼毒虫　災火蔓莚
眾苦次第　相續不絕　毒蛇蚖蝮　及諸夜叉
鳩槃荼鬼　野干狐狗　鵰鷲鵄梟　百足之屬
飢渴惱急　甚可怖畏　此苦難處　況復大火
諸子無知　雖聞父誨　猶故樂著　嬉戲不已
是時長者　而作是念　諸子如此　益我愁惱
今此舍宅　無一可樂　而諸子等　耽湎嬉戲
不受我教　將為火害　即便思惟　設諸方便
告諸子等　我有種種　珍玩之具　妙寶好車
羊車鹿車　大牛之車　今在門外　汝等出來
吾為汝等　造作此車　隨意所樂　可以遊戲
諸子聞說　如此諸車　即時奔競　馳走而出
到於空地　離諸苦難　長者見子　得出火宅
住於四衢　坐師子座　而自慶言　我今快樂

BD04065 號　妙法蓮華經卷二　（11–11）

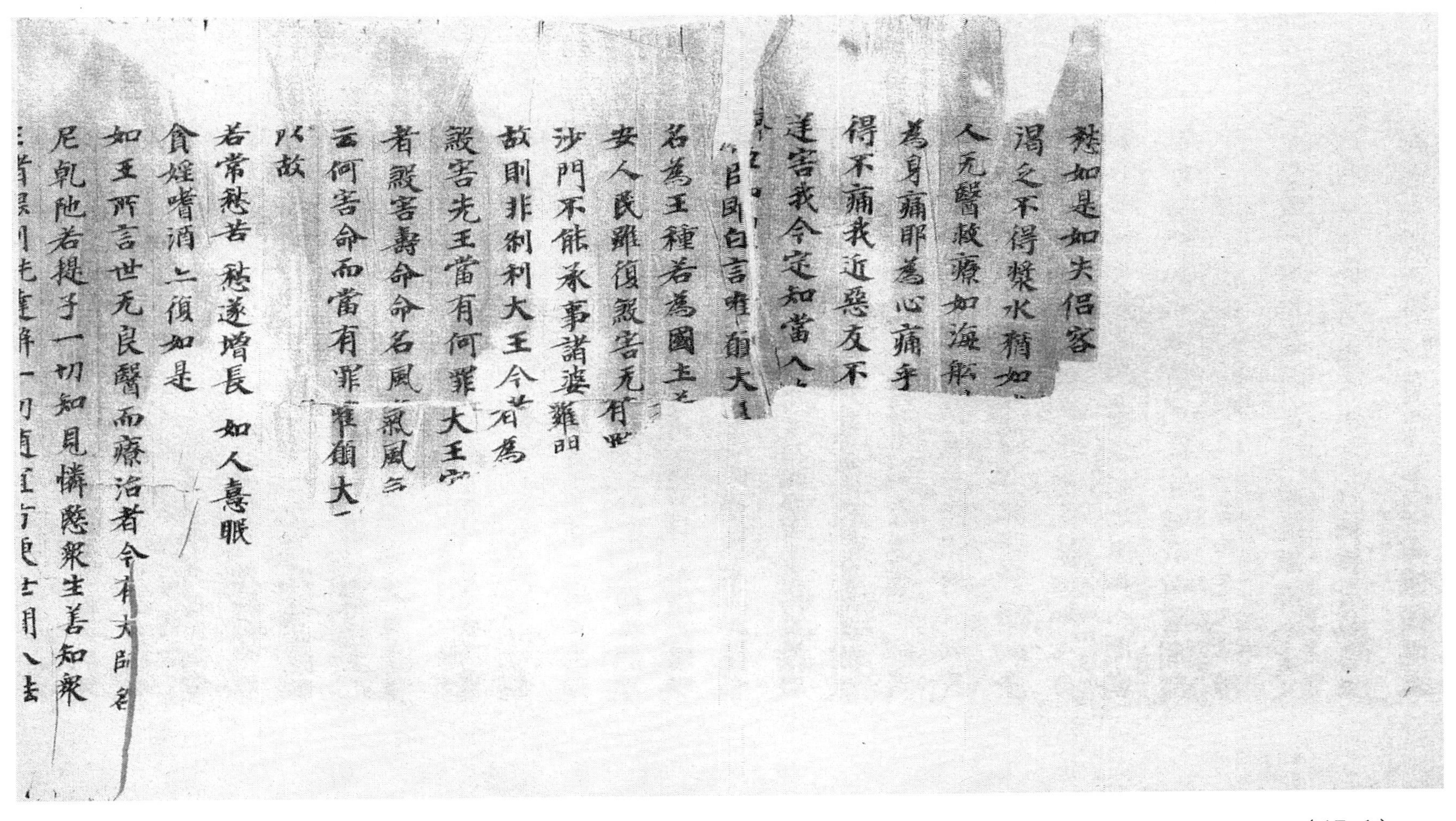
愁如是如失侶客
渴之不得漿水猶如…
人无醫救療如海舡…
為身痛耶為心痛乎
得不痛我近惡友不
逆害我今定知當入…
…曰即白言唯願大…
名為王種若為國土之…
安人民雖復殺害无有罪…
沙門不能承事諸婆羅門
故則非剎利大王今者為
殺害先王當有何罪大王宗…
者殺害壽命命名風氣風…
云何害命而當有罪唯願大一
以故
若常愁苦　愁遂增長　如人喜眠
貪婬嗜酒　亦復如是
如王所言世无良醫而療治者今有大醫名
尼乾陀若提子一切知見憐愍眾生善知眾

BD04066 號　大般涅槃經（北本　異卷）卷一九　（17–1）

云何害命而當有罪唯願大
以故
若常愁苦　愁遂增長　如人憙眠
貪婬嗜酒　亦復如是
如王所言世无良醫而療治者今有大師名
尼乾陁若提子一切知見憐愍衆生善知衆
生諸根利鈍達解一切隨宜方便世間八法
所不能汙寂靜脩習清淨梵行為諸弟子說
如是言无施无善无父无母今世後世无阿
羅漢无脩无道一切衆生逕八万劫於生死
輪自然得脫有罪无罪悉亦如是如四大河
所謂辛頭恒河博叉私陁悉入大海无有差
別一切衆生亦復如是得解脫時悉无差別
是師今在王舍城住唯願大王速往其所若
得見者衆罪消除王即荅言審有是師能除
我罪我當歸依
尒時大醫名曰耆婆往至王所白言大王得
安眠不王即以偈荅言
若有能永斷　一切諸煩惱　不貪染三界　乃得安隱眠
若得大涅槃　演說甚深義　名真婆羅門　乃得安隱眠
身无諸惡業　口離於四過　心无有疑网　乃得安隱眠
身心无熱惱　安住於寂處　獲致无上樂　乃得安隱眠
心无有取著　遠離諸怨讎　常和无諍訟　乃得安隱眠
若不造惡業　心常懷慚愧　信惡有果報　乃得安隱眠
敬養於父母　不害一生命　不盜他財物　乃得安隱眠
調伏於諸根　親近善知識　破壞四魔衆　乃得安隱眠

BD04066號　大般涅槃經（北本　異卷）卷一九　（17-2）

身无諸惡業　口離於四過　心无有疑网　乃得安隱眠
身心无熱惱　安住於寂處　獲致无上樂　乃得安隱眠
心无有取著　遠離諸怨讎　常和无諍訟　乃得安隱眠
若不造惡業　心常懷慚愧　信惡有果報　乃得安隱眠
敬養於父母　不害一生命　不盜他財物　乃得安隱眠
調伏於諸根　親近善知識　破壞四魔衆　乃得安隱眠
不見吉不吉　及以苦樂等　為諸衆生故　輪轉於生死
若能如是者　乃得安隱眠
誰得安隱眠　所謂諸佛是　深觀空三昧　身心安不動
誰得安隱眠　所謂慈悲者　常脩不放逸　視衆如一子
衆生无明覆　不見煩惱果　常造諸惡業　不得安隱眠
若為於自身　及以他人身　造作十惡業　不得安隱眠
若言為樂故　害父无過咎　隨是惡知識　不得安隱眠
若食過節度　冷飲而過差　如是則病苦　不得安隱眠
若於王有過　邪念他婦女　及行曠路者　不得安隱眠
持戒果未熟　太子未紹位　盜者未獲財　不得安隱眠
耆婆我今病重於正法王興惡逆害一切良
醫妙藥呪術善巧瞻病所不能治何以故我
父法王如法治國實无辜咎橫加逆害如魚
處陸當有何樂如鹿在檻初无歡心如人自
知命不終日如王失國逃迸他土如人聞病
不可療治如破戒者聞說罪過我昔曾聞智
者說言身口意業若不清淨當知是人必墮
地獄我亦如是云何當得安隱眠耶今我又
无无上大醫演說法藥除我病苦耆婆荅王
善哉善哉王雖作罪心生重悔而懷慚愧大

BD04066號　大般涅槃經（北本　異卷）卷一九　（17-3）

知命不終曰大王先國[illegible]
不可療治如破戒者聞說罪過我昔曾聞智
者說言身口意業若不清淨當知是人必墮
地獄我亦如是云何當得安隱眠耶今我又
无无上大醫演說法藥除我病苦耆婆荅王
善哉善哉王雖作罪心生重悔而懷慚愧大
王諸佛世尊常說是言有二白法能救衆生
一慚二愧慚者自不作罪愧者不教他作慚
者內自羞恥愧者發露向人慚者羞人愧者
羞天是名慚愧无慚愧者不名為人名為畜
生有慚愧故則能恭敬父母師長有慚愧故
說有父母兄弟姊妹善哉大王具有慚愧大
王且聽臣聞佛說智者有二一者不造諸惡
二者作已懺悔愚者亦二一者作罪二者覆
藏雖先作惡後能發露悔已慚愧更不敢作
猶如濁水置之明珠以珠威力水即為清如
烟雲除月則清明作惡能悔亦復如是王若
懺悔懷慚愧者罪則除滅清淨如本大王富
有二種一者象馬種種畜生二者金銀種種
珎寶象馬雖多不敵一珠大王衆生亦尒一
者惡富二者善富多作諸惡不如一善臣聞
佛說脩一善心破百種惡大王如少金剛能
壞須弥亦如少火能燒一切如少毒藥能害
衆生少善亦尒能破大惡雖名小善其實是
大何以故破大惡故大王如佛所說覆藏者
漏不覆藏者則无有漏發露悔過是故不漏

壞須弥亦如少火能燒一切如少毒藥能害
衆生少善亦尒能破大惡雖名小善其實是
大何以故破大惡故大王如佛所說覆藏者
漏不覆藏者則无有漏發露悔過是故不漏
若作衆罪不覆不藏以不覆故罪則微薄若
悔慚愧罪則消滅大王如水渧雖微漸盈大
器善心亦尒一一善心能破大惡若覆罪者
罪則增長發露慚愧罪則消滅是故諸佛說
有智者不覆藏罪善哉大王能信因果信業
信報唯願大王莫懷愁怖若有衆生造作諸
罪覆藏不悔心无慚愧不見因果及以業報
不能諮啓有智之人不近善友如是之人一
切良醫乃至瞻病所不能治如迦摩羅病世
醫拱手覆罪之人亦復如是云何罪人謂一
闡提一闡提者不信因果无有慚愧不信業
報不見現在及未來世不親善友不隨諸佛
所說教戒如是之人名一闡提諸佛世尊所
不能治何以故如世死屍醫不能治一闡提
者亦復如是諸佛世尊所不能治大王今者
非一闡提云何而言不可救療如王所言无
能治者大王當知迦毗羅城淨飯王子姓瞿
曇氏字悉達多无師覺悟自然而得阿耨多
羅三藐三菩提三十二相八十種好莊嚴其
身具足十力四无所畏一切知見大慈大悲
憐愍一切如羅睺羅隨善衆生如犢逐母知

能治者大王當知迦毗羅城淨飯王子姓瞿
曇氏字悉達多无師覺悟自然而得阿耨多
羅三藐三菩提三十二相八十種好莊嚴其
身具足十力四无所畏一切知見大慈大悲
憐愍一切如羅睺羅隨善衆生如犢逐母知
時而說非時不語實語淨語妙語義語法語
一語能令衆生永離煩惱善知衆生諸根心
性隨宜方便无不通達其智高大如須弥山
深邃廣遠猶如大海是佛世尊有金剛智能
破衆生一切惡罪若言不能无有是處今者
去此十二由旬在拘尸那城娑羅雙樹間而
為无量阿僧祇等諸菩薩僧演種種法若有
若无若有為若无為若有漏若无漏若煩惱
果若善法果若色法若非色法若非色非非
色法若我若非我若非我非非我若常若非
常若非常非非常若樂若非樂若非樂非非
樂若相若非相若非相非非相若斷若非斷
若非斷非非斷若世若出世若非世非出世
若乘若非乘若非乘非非乘若自作自受若
自作他受若无作无受大王若當於佛所聞
无作无受所有重罪即當消滅王今且聽釋
提桓因命將欲終有五相現一者衣裳垢膩
二者頭上華萎三者身體臭穢四者腋下汗
出五者不樂本坐時天帝釋或於靜處若見
沙門若婆羅門即至其所生於佛想尒時沙
門及婆羅門見帝釋來深自慶幸即說是語

BD04066號　大般涅槃經（北本　異卷）卷一九　（17–6）

提桓因命將欲終有五相現一者衣裳垢膩
二者頭上華萎三者身體臭穢四者腋下汗
出五者不樂本坐時天帝釋或於靜處若見
沙門若婆羅門即至其所生於佛想尒時沙
門及婆羅門見帝釋來深自慶幸即說是語
天主我今歸依於汝釋聞是已乃知非佛復
自念言彼若非佛不能治我五退沒相是時
御臣名般遮尸語帝釋言憍尸迦乾闥婆王
名敦浮樓其王有女字須拔陀王若能以此
女見与臣當示王除衰相處釋即答言善男
子毗摩質多阿脩羅王有女舍脂是吾所敬
卿若必能示吾消滅惡相處者猶當相与况
須拔陀憍尸迦有佛世尊字釋迦牟尼今者
在於王舍大城若能往彼諮稟未聞衰沒之
相必得除滅善男子若佛世尊審能滅者便
可迴駕至其住處御臣奉命即迴車乘到王
舍城耆闍崛山至於佛所頭面礼足却坐一
面白佛言世尊天人之中誰為繫縛憍尸迦
慳貪嫉妬又言慳貪嫉妬因何而生答言因
无明生又言无明復因何生答言因放逸生
又言放逸復因何生答言因顛倒生又言顛
倒復因何生答言因疑心生世尊顛倒之法
因疑生者實如聖教何以故我有疑心以疑
心故則生顛倒於非世尊生世尊想我今見
佛疑因即除疑因除故顛倒亦盡顛倒盡故

BD04066號　大般涅槃經（北本　異卷）卷一九　（17–7）

又言放逆復因何生荅言因顛倒生又言顛
倒復因何生荅言因疑心生世尊顛倒之法
因疑生者實如聖教何以故我有疑心以疑
心故則生顛倒於非世尊生世尊想我今見
佛疑因即除疑因除故顛倒〻盡顛倒盡故
无有慳心乃至妬心佛言汝言无有慳妬心
者汝今已得阿那含耶阿那含者无有貪心
若无貪心云何為命来至我所而阿那含實
不求命世尊有顛倒者則有求命无顛倒者
則不求命然我今者實不求命所欲求者唯
佛法身及佛智慧憍尸迦求佛法身及佛慧
者將来之世必當得之尒時帝釋聞佛說已
五衰没相即時消滅便起作礼遶佛三匝恭
敬合掌而白佛言世尊我今即死即生失命
得命又聞佛記當得阿耨多羅三藐三菩提
是為更生為更得命世尊一切人天云何增
益復以何緣而致損減憍尸迦闘諍因緣人
天損減善脩和敬則得增益世尊若以闘諍
而損減者我從今日更不復与阿脩羅戰佛
言善哉善哉憍尸迦諸佛世尊說忍辱法是
阿耨多羅三藐三菩提因尒時釋提桓因即
前礼佛於是還去大王如来以能除諸惡相
是故稱佛不可思議王若注者所有重罪必
當得除大王且聽有婆羅門子字曰不害以
殺无量諸衆生故名鴦崛魔復欲害母惡心

BD04066號　大般涅槃經（北本　異卷）卷一九　（17–8）

前礼佛於是還去大王如来以能除諸惡相
是故稱佛不可思議王若注者所有重罪必
當得除大王且聽有婆羅門子字曰不害以
殺无量諸衆生故名鴦崛魔復欲害母惡心
起時身〻隨動身心動者即五逆因五逆因
故必墮地獄後見佛時身心俱動復欲生害
身心動者即五逆因五逆因故當入地獄是
人得遇如来大師即時得滅地獄因緣發阿
耨多羅三藐三菩提心是故稱佛為无上醫
非六師也大王復有須毗羅王子其父瞋之
截其手足推之深井其母矜愍使人挐出將
至佛所尋見佛時手足還具即發阿耨多羅
三藐三菩提心大王以見佛故得現果報是
故稱佛為无上醫非六師也大王如恒河邊
有諸餓鬼其數五百於无量歲初不見水雖
至河上純見流火飢渴所逼發聲號哭尒時
如来在其河側欝曇鉢林坐一樹下時諸餓
鬼来至佛所白佛言世尊我等飢渴命將不
遠佛言恒河流水汝何不飲鬼即荅言如来
見水我則見火佛言恒河清流實无火也以
惡業故心自顛倒謂為是火我當為汝除滅
顛倒令汝見水尒時世尊廣為諸鬼說慳貪
過諸鬼即言我今渴乏雖有法言都不入心
佛言汝若渴乏先可入河恣意飲之是諸鬼
等以佛力故即得飲水既飲水已如来復為

BD04066號　大般涅槃經（北本　異卷）卷一九　（17–9）

顛倒令汝見水介時世尊廣為諸鬼說慳貪
過諸鬼即言我今渴乏雖有法言都不入心
佛言汝若渴乏先可入河恣意飲之是諸鬼
等以佛力故即得飲水既飲水已如来復為
種種說法既聞法已悉發阿耨多羅三藐三
菩提心捨餓鬼形得於天身大王是故稱佛
為无上醫非六師也大王舍婆提國群賊五
百波斯匿王挑出其目盲无前導不能得往
至於佛所佛憐愍故即至賊所慰喻之言善
男子善護身口莫勿造惡諸賊即時聞如来
音微妙清徹尋還得眼即於佛前合掌禮佛
而白佛言世尊我今知佛慈心普覆一切衆
生非獨人天介時如来即為說法既聞法已
悉發阿耨多羅三藐三菩提心是故如来真
是世間无上良醫非六師也大王舍婆提國
有旃陁羅名曰氣噓殺无量人見佛弟子大
目乹連即時得破地獄因緣而得上生三十
三天以有如是聖弟子故稱佛如来為无上
醫非六師也大王波羅柰城有長者子名阿
逸多婬蒸其母以是因緣殺害其父其母復
與外人共通子既知已便復殺之有阿羅漢
是其知識於此知識復生愧恥即便殺之殺
已即到祇洹精舍求欲出家時諸比丘具知
此人有三逆罪无敢聽者以不聽故倍生瞋
恚即於其夜放大猛火焚燒僧坊多殺无辜
然後復往至王舍城到如来所求哀出家如

BD04066號　大般涅槃經（北本　異卷）卷一九　（17–10）

是其知識於此知識復生愧恥即便殺之殺
已即到祇洹精舍求欲出家時諸比丘具知
此人有三逆罪无敢聽者以不聽故倍生瞋
恚即於其夜放大猛火焚燒僧坊多殺无辜
然後復往至王舍城到如来所求哀出家如
来即聽為說法要令其重罪漸漸輕微發阿
耨多羅三藐三菩提心是故稱佛為世良醫
非六師也大王王本性暴惡信受惡人提婆
達多放大醉象欲令踐佛象既見佛即時醒
悟佛便申手摩其頂上復為說法悉令得發
阿耨多羅三藐三菩提心大王畜生見佛猶
得破壞畜生業果况復人耶大王當知若見
佛者所有重罪必當得滅大王世尊未得阿
耨多羅三藐三菩提時魔与无量无邊眷屬
至菩薩所菩薩介時以忍辱力壞魔惡心令
魔受法尋發阿耨多羅三藐三菩提心佛有
如是大功德力大王有曠野鬼多害衆生如
来介時為善賢長者至曠野村為其說法時
曠野鬼聞法歡喜即以長者授於如来然後
便發阿耨多羅三藐三菩提心大王波羅柰
國有一屠兒名曰廣額於日日中殺无量羊
見舍利弗即受八戒逕一日夜以是因緣命
終得為北方天王毗沙門子如来弟子尚有
如是大功德果况復佛也大王北天竺有城
名曰細石其城有王名曰龍印貪國重位欲
害其父害其父已心生悔恨即捨國政来至

BD04066號　大般涅槃經（北本　異卷）卷一九　（17–11）

國有一屠兒名曰廣額於日日中殺无量羊
見舍利弗即受八戒經一日夜以是因緣命
終得為北方天王毗沙門子如来弟子尚有
如是大功德果況復佛也大王北天竺有城
名曰細石其城有王名曰龍印貪國重位殺
害其父害其父已心生悔恨即捨國政来至
佛所求哀出家佛言善来即成比丘重罪消
滅發阿耨多羅三藐三菩提心大王當知佛
有如是无量大功德果大王如来有弟提婆
達多破壞衆僧出佛身血害蓮華比丘尼作
三逆罪如来為說種種法要令其重罪尋得
微薄是故如来為大良醫非六師也大王若
能信臣語者唯願速往至如来所若不見信
願善思之大王諸佛世尊大悲普覆不限一
人正法知曠无所不苞怨親平等心无憎愛
終不偏為一人令得阿耨多羅三藐三菩提
餘人不得如来非獨四部之師普是一切天
人龍鬼地獄畜生餓鬼等師一切衆生亦當
視佛如父母想大王當知如来不但獨為豪
貴之人拔提迦王而演說法亦為下賤優波
離等不獨偏受須達多阿那分提所奉飯食
亦受貧人須達多食不但獨為舍利弗等利
根說法亦為鈍根周利槃特不但獨聽大迦
葉等无貪之性出家求道亦聽大貪難陁出
家不但獨聽煩惱薄者憂樓頻螺迦葉等出
家求道亦聽煩惱深厚造重罪者波斯匿王

BD04066號　大般涅槃經（北本　異卷）卷一九　（17–12）

亦受貧人須達多食不但獨為舍利弗等利
根說法亦為鈍根周利槃特不但獨聽大迦
葉等无貪之性出家求道亦聽大貪難陁出
家不但獨聽煩惱薄者憂樓頻螺迦葉等出
家求道亦聽煩惱深厚造重罪者波斯匿王
弟脩陁耶出家求道不以藁草恭敬供養拔
其頭根鴦崛摩羅惡心欲害捨而不救不但
獨為有智男子而演說法亦為極愚洋合智
者女人說法不但獨令出家之人得四道果
亦令在家得三道果不但獨為富多羅等捨
諸怱務閑窮思惟而說法要亦為頻婆娑羅王
等統領國事理王務者而說法要不但獨為
斷酒之人亦為耽酒郁伽長者荒醉者說不
但獨為入禪定者離婆多等亦為喪子亂心
婆羅門女婆私吒說不但獨為己之弟子亦
為外道尼乾子說不但獨為盛壯之年二十
五者亦為衰老八十者說不但獨為根熟之
人亦為善根未熟者說不但獨為末利夫人
亦為婬女蓮華女說不但獨受波斯匿王上
饌甘味亦受長者尸利毱多雜毒之食大王
當知尸利毱多往昔亦作逆罪之因以遇佛
聞法即發阿耨多羅三藐三菩提心大王假使
一月常以衣食供養恭敬一切衆生不如有
人一念念佛所得功德十六分一大王假使
鍛金為人車馬載寶其數各百以用布施不
如有人發心向佛舉足一步大王假使復以

BD04066號　大般涅槃經（北本　異卷）卷一九　（17–13）

聞法即發阿耨多羅三藐三菩提心大王假使
一月常以衣食供養恭敬一切衆生不如有
人一念念佛所得功德十六分一大王假使
鍛金爲人車馬載寶具數各百以用布施不
如有人發心向佛舉足一步大王假使復以
象車百乘載大秦國種種珎寶及其女人身
佩瓔珞數々滿百持用布施猶故不如發心
向佛舉足一步復置是事若以四事供養三
千大千世界所有衆生猶々不如發心向佛
舉足一步復置是事若使大王供養恭敬恒
河沙等无量衆生不如一往娑羅雙樹到如
来所誠心聽法尒時大王荅言耆婆如来世
尊性已調柔故得調柔以爲眷屬如栴檀林
純以栴檀而爲圍遶如来清淨所有眷屬々
復清淨猶如大龍純以諸龍而爲眷屬如来
寂靜所有眷屬々復寂靜如来无貪所有眷
屬々復无貪佛无煩惱所有眷屬々无煩惱
吾今既是極惡之人惡業纏裹其身臭穢繫
屬地獄云何當得至如来所吾設往者恐不
顧念接敘言説卿雖勸吾令往佛所然吾今
日深自鄙悼都无去心尒時虚空尋出聲言
无上佛法將欲衰殄甚深法河於是欲涸大
明法燈將滅不久法山欲頽法船欲沈法橋
欲壞法殿欲崩法幢欲倒法樹欲折善友欲
去大怖將至法饑衆生將至不久煩惱疫病
將欲流行大闇時至渴法時来魔王欣慶解

BD04066 號　大般涅槃經（北本　異卷）卷一九　（17-14）

无上佛法將欲衰殄甚深法河於是欲涸大
明法燈將滅不久法山欲頽法船欲沈法橋
欲壞法殿欲崩法幢欲倒法樹欲折善友欲
去大怖將至法饑衆生將至不久煩惱疫病
將欲流行大闇時至渴法時来魔王欣慶解
釋甲冑佛日將沒大涅槃山大王佛若去世
王之重惡更无治者大王汝今已造阿鼻地
獄極重之業以是業緣必受不疑大王阿者
言无鼻者名間間无暫樂故言无間大王假
使一人獨墮是獄其身長大八万由延遍滿
其中間无空處其身周迊受種種苦設有多
人身々遍滿不相妨㝵大王寒地獄中暫遇
熱風以之爲樂熱地獄中暫遇寒風々名爲
樂活地獄中設命終已若聞活聲即便還活
阿鼻地獄都无此事大王阿鼻地獄四方有
門一一門外各有猛火東西南北交過通徹
八万由延周迊鐵墻鐵網弥覆其地々鐵上
火徹下下火徹上大王若魚在熬脂膏焦燃
是中罪人々復如是大王作一逆者則便具
受如是一罪若造二逆罪則二倍五逆具者
罪々五倍大王我今定知王之惡業必不得
免唯願大王速往佛所除佛世尊餘无能救
我今愍汝故相勸導尒時大王聞是語已心
懷怖懼舉身戰慄五體挑動如芭蕉樹仰而
荅曰汝爲是誰不現色像而但有聲大王吾
是汝父頻婆娑羅汝今當隨耆婆所説莫隨

BD04066 號　大般涅槃經（北本　異卷）卷一九　（17-15）

罪〻五倍大王我今定知王之惡業必不得
免唯願大王速往佛所除佛世尊餘无能救
我今愍汝故相勸導尒時大王聞是語已心
懷怖懼舉身戰慄五體掉動如芭蕉樹仰而
荅曰汝為是誰不現色像而但有聲大王吾
是汝父頻婆娑羅汝今當隨耆婆所說莫隨
邪見六臣之言時王聞已悶絶躃地身瘡增
劇臭穢倍前雖以冷藥塗而治之瘡烝毒熱
但增无損尒時世尊在雙樹間見阿闍世悶
絶躃地即告大衆我今當為是王住世至无
量劫不入涅槃迦葉菩薩白佛言世尊如来
當為无量衆生不入涅槃何故獨為阿闍世
王佛言善男子是大衆中无有一人謂我必
定入於涅槃阿闍世王定謂我當畢竟永滅
是故悶絶自投於地善男子如我所言為阿
闍世不入涅槃如是密義汝未能解何以故
我言為者一切凡夫阿闍世者普及一切造
五逆者又復為者即是一切有為衆生我終
不為无為衆生而住於世何以故夫无為者
非衆生也阿闍世者即是具足煩惱等者又
復為者即是不見佛性衆生若見佛性我終
不為久住於世何以故見佛性者非衆生也
阿闍世者即是一切未發阿耨多羅三藐三
菩提心者又復為者即是阿難迦葉二衆阿
闍世者即是阿闍世王後宮妃后及王舍城
一切婦人又復為者名為佛性言阿闍者名

BD04066號　大般涅槃經（北本　異卷）卷一九　（17-16）

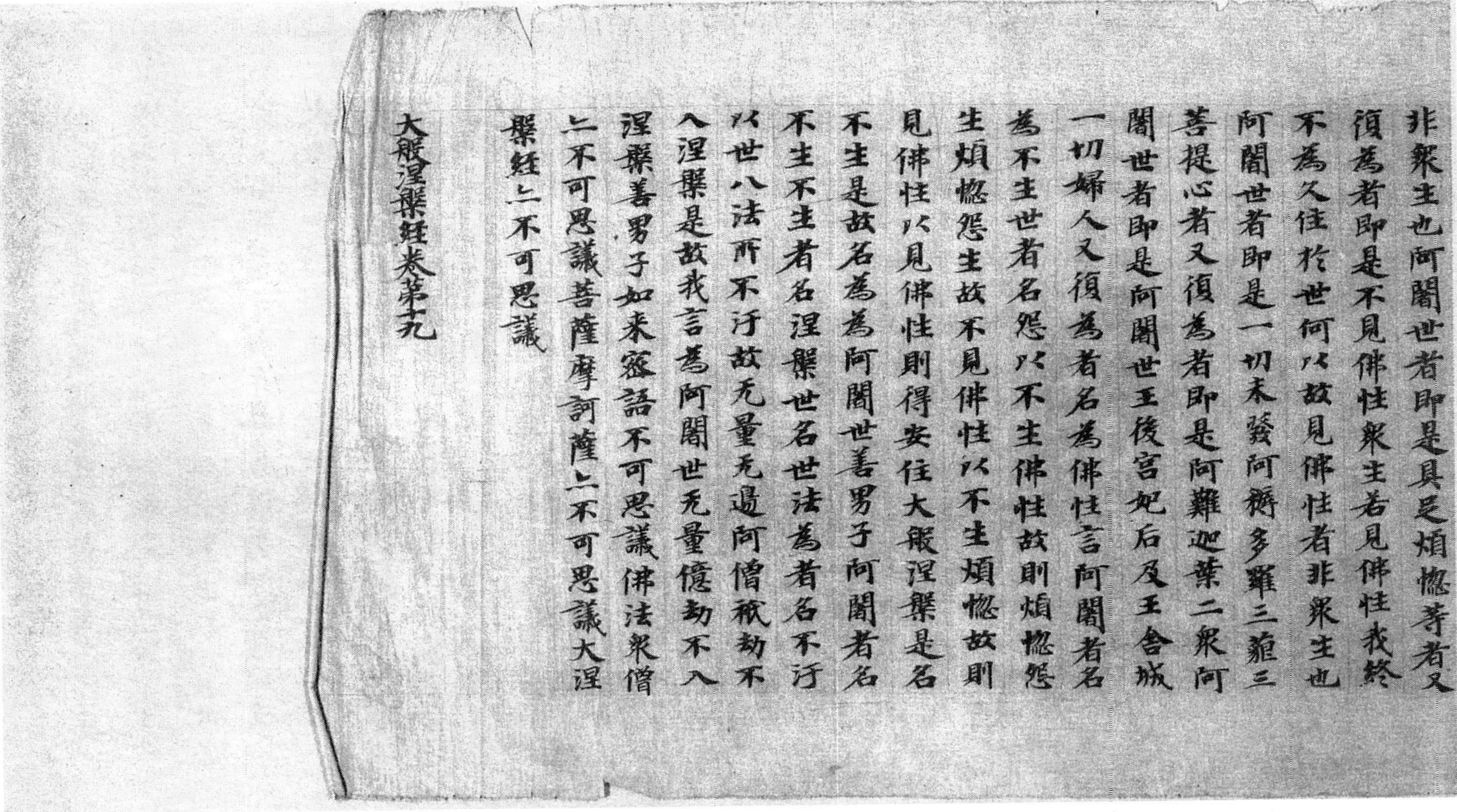
非衆生也阿闍世者即是具足煩惱等者又
復為者即是不見佛性衆生若見佛性我終
不為久住於世何以故見佛性者非衆生也
阿闍世者即是一切未發阿耨多羅三藐三
菩提心者又復為者即是阿難迦葉二衆阿
闍世者即是阿闍世王後宮妃后及王舍城
一切婦人又復為者名為佛性言阿闍者名
為不生世者名怨以不生佛性故則煩惱怨
生煩惱怨生故不見佛性以不生煩惱故則
見佛性以見佛性則得安住大般涅槃是名
不生是故名為為阿闍世善男子阿闍者名
不生不生者名涅槃世名世法為者名不汙
以世八法所不汙故无量无邊阿僧祇劫不
入涅槃是故我言為阿闍世无量億劫不入
涅槃善男子如来密語不可思議佛法衆僧
〻不可思議菩薩摩訶薩〻〻不可思議大涅
槃經〻不可思議

大般涅槃經卷第十九

BD04066號　大般涅槃經（北本　異卷）卷一九　（17-17）

大自在天子與其
界主梵天王尸棄大
属萬二千天子俱有八
陁龍王娑伽羅龍王和脩吉龍
王阿那婆達多龍王摩那斯龍
王等各與若干百千眷属俱有四緊
法緊那羅王妙法緊那羅王大法緊
持法緊那羅王各與若干百千眷属
乹闥婆王樂乹闥婆王樂音乹闥婆
闥婆王美音乹闥婆王各與若干百千眷属
俱有四阿脩羅王婆稚阿脩羅王佉羅騫大
阿脩羅王毗摩質多羅阿脩羅王羅睺阿脩
羅王各與若干百千眷属俱有四迦樓羅王
大威德迦樓羅王大身迦樓羅王大滿迦樓
羅王如意迦樓羅王各與若干百千眷属俱
韋提希子阿闍世王與若干百千眷属俱各
礼佛足退坐一面
尒時世尊四衆圍繞供養恭敬尊重讚歎為
諸菩薩說大乘經名無量義教菩薩法佛所
護念佛說此經已結跏趺坐入於無量義處
三昧身心不動是時天雨曼陁羅華摩訶曼
陁羅華曼殊沙華摩訶曼殊沙華而散佛

BD04067號　妙法蓮華經卷一　（2–1）

乹闥婆王樂乹闥婆王樂音乹闥婆
闥婆王美音乹闥婆王各與若干百千眷属
俱有四阿脩羅王婆稚阿脩羅王佉羅騫大
阿脩羅王毗摩質多羅阿脩羅王羅睺阿脩
羅王各與若干百千眷属俱有四迦樓羅王
大威德迦樓羅王大身迦樓羅王大滿迦樓
羅王如意迦樓羅王各與若干百千眷属俱
韋提希子阿闍世王與若干百千眷属俱各
礼佛足退坐一面
尒時世尊四衆圍繞供養恭敬尊重讚歎為
諸菩薩說大乘經名無量義教菩薩法佛所
護念佛說此經已結跏趺坐入於無量義處
三昧身心不動是時天雨曼陁羅華摩訶曼
陁羅華曼殊沙華摩訶曼殊沙華而散佛
上及諸大衆普佛世界六種震動尒時會中比
丘比丘尼優婆塞優婆夷天龍夜叉乹闥婆
阿脩羅迦樓羅緊那羅摩睺羅伽人非人及
諸小王轉輪聖王是諸大衆得未曾有歡喜
合掌一心觀佛尒時佛放眉間白毫相光照
東方萬八千世界靡不周遍下至阿鼻地獄

BD04067號　妙法蓮華經卷一　（2–2）

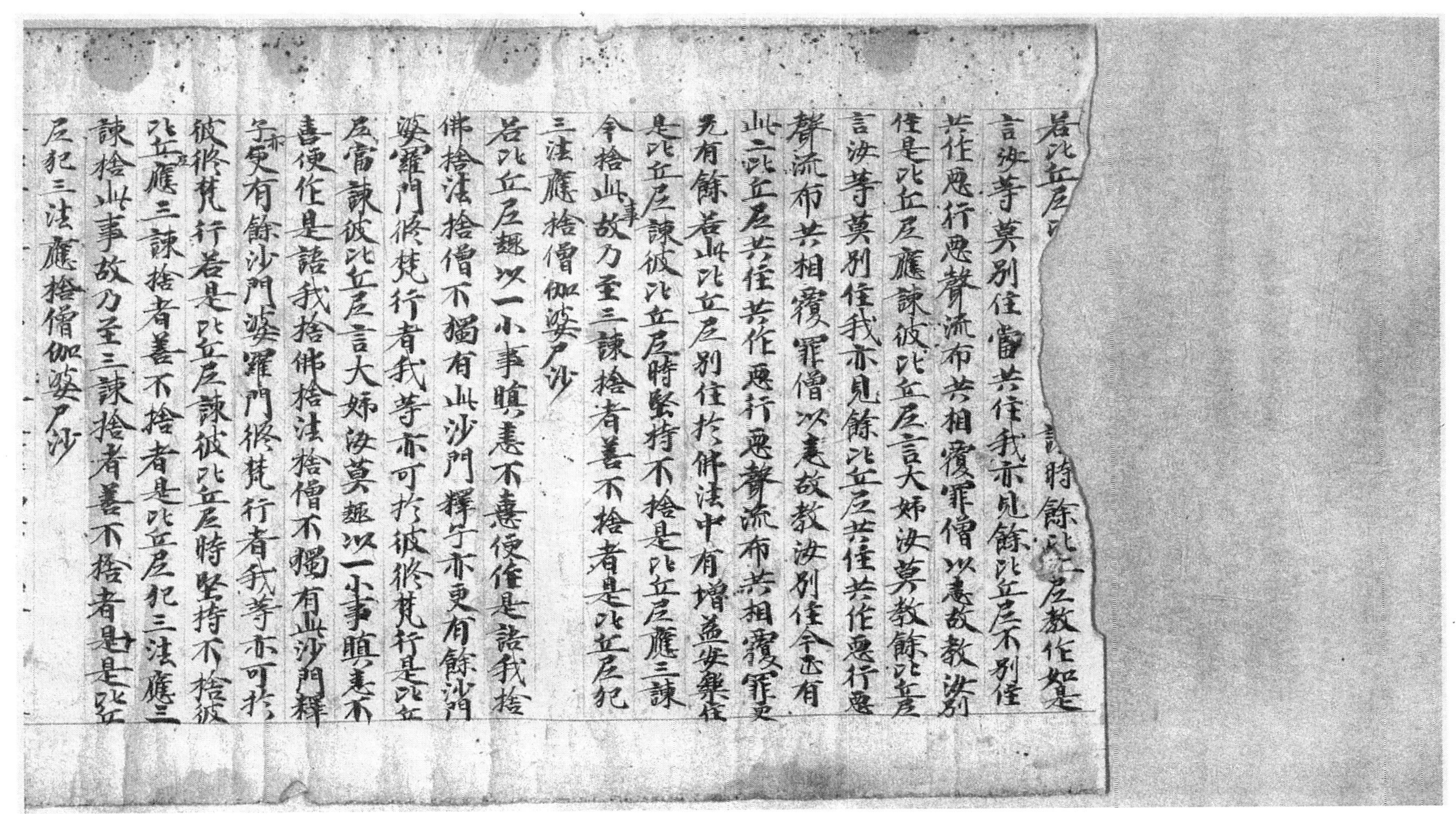

BD04068號　四分比丘尼戒本　　（4–1）

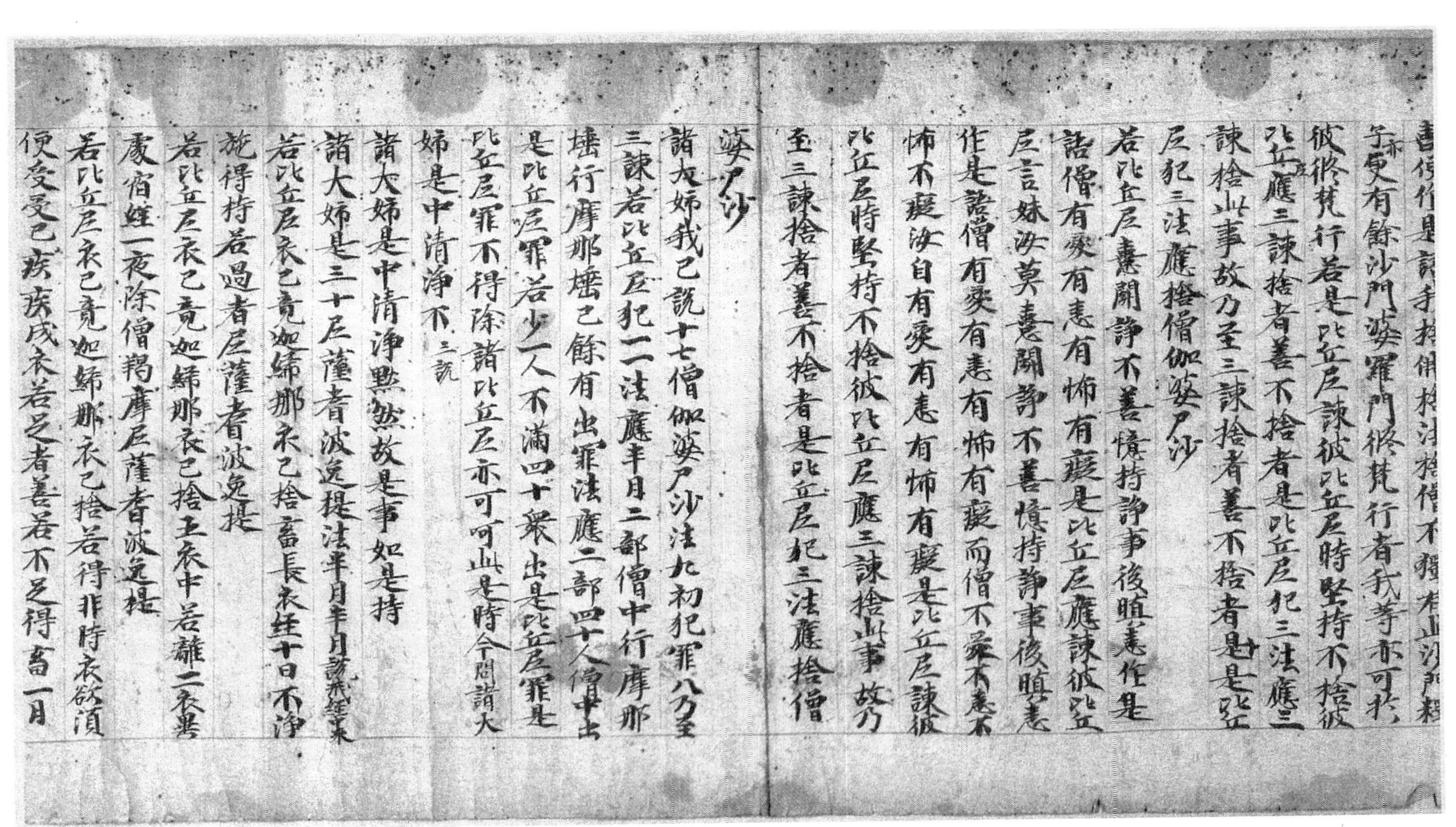

BD04068號　四分比丘尼戒本　　（4–2）

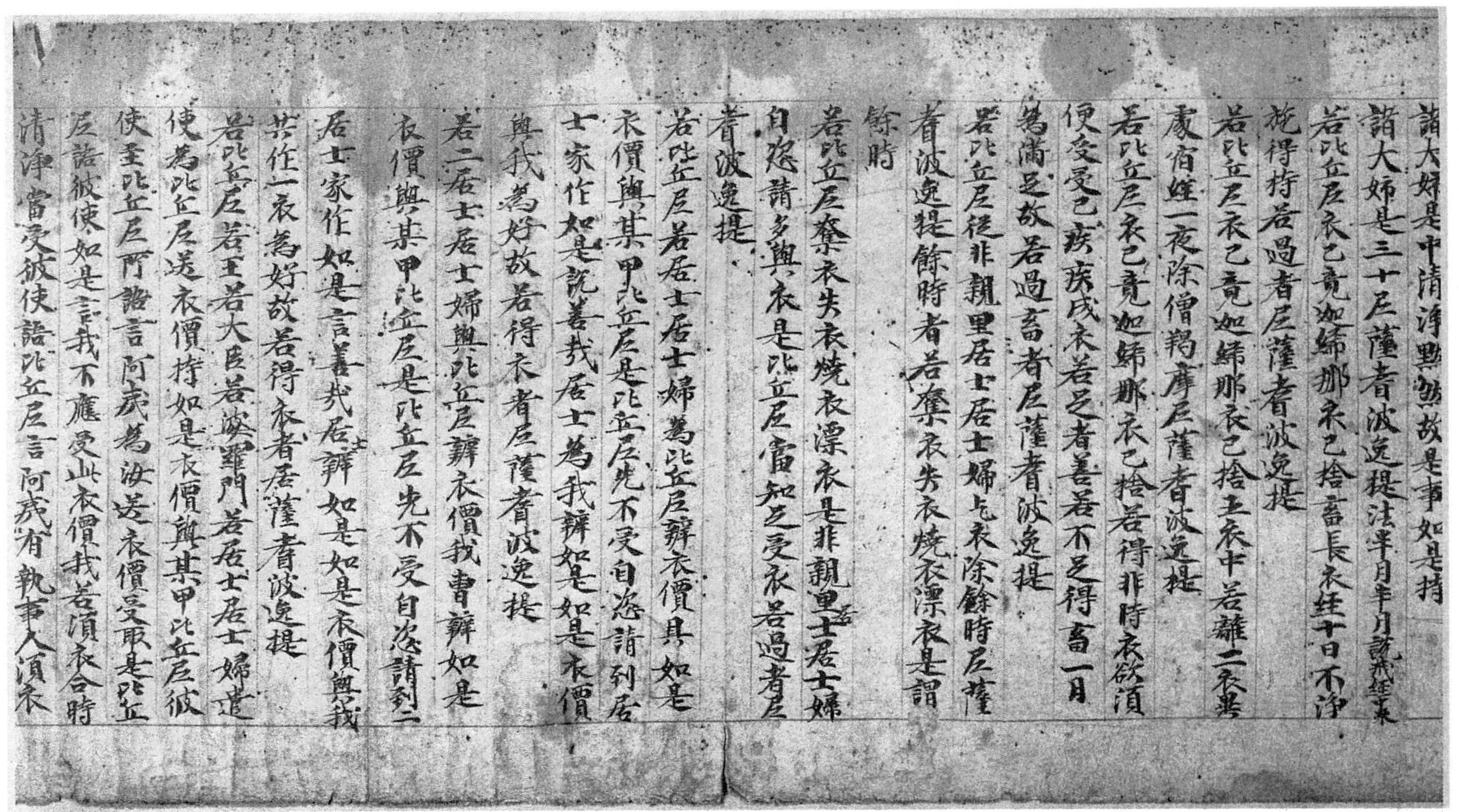

諸大姊是中清淨默然故是事如是持
諸大姊是三十尼薩耆波逸提法半月半月說戒經來
若比丘尼衣已竟迦絺那衣已捨畜長衣經十日不淨
施得持若過者尼薩耆波逸提
若比丘尼衣已竟迦絺那衣已捨五衣中若離一一衣異
處宿經一夜除僧羯磨尼薩耆波逸提
若比丘尼衣已竟迦絺那衣已捨若得非時衣欲須
便受受已疾疾成衣若足者善若不足得畜一月
為滿足故若過畜者尼薩耆波逸提
若比丘尼從非親里居士居士婦乞衣除餘時尼薩
耆波逸提餘時者若奪衣失衣燒衣漂衣是謂
餘時
若比丘尼奪衣失衣燒衣漂衣是非親里居士居士婦
自恣請多與衣是比丘尼當知足受衣若過者尼
薩耆波逸提
若比丘尼若居士居士婦為比丘尼辦衣價具如是
衣價與某甲比丘尼是比丘尼先不受自恣請到居
士家作如是說善哉居士為我辦如是如是衣價
與我為好故若得衣者尼薩耆波逸提
若二居士居士婦與比丘尼辦衣價我曹辦如是
衣價與某甲比丘尼是比丘尼先不受自恣請到二
居士家作如是言善哉居辦如是如是衣價與我
共作一衣為好故若得衣者尼薩耆波逸提
若比丘尼若王若大臣若婆羅門若居士居士婦遣
使為比丘尼送衣價持如是衣價與某甲比丘尼彼
使至比丘尼所語言阿姨為汝送衣價受取是比丘
尼語彼使如是言我不應受此衣價我若須衣合時
清淨當受彼使語比丘尼言阿姨有執事人須衣

BD04068 號　四分比丘尼戒本　（4–3）

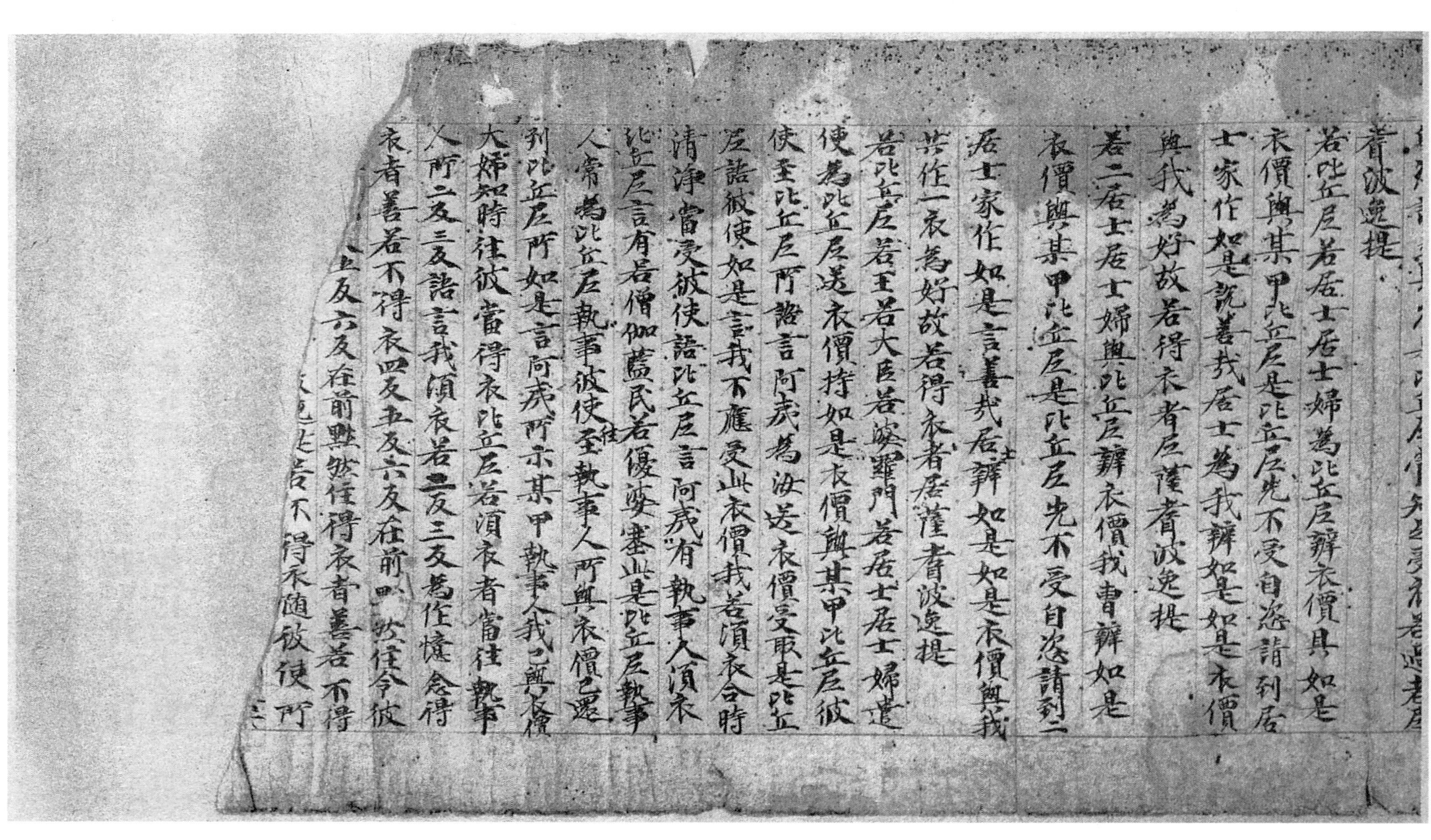

耆波逸提
若比丘尼若居士居士婦為比丘尼辦衣價具如是
衣價與某甲比丘尼是比丘尼先不受自恣請到居
士家作如是說善哉居士為我辦如是如是衣價
與我為好故若得衣者尼薩耆波逸提
若二居士居士婦與比丘尼辦衣價我曹辦如是
衣價與某甲比丘尼是比丘尼先不受自恣請到二
居士家作如是言善哉居辦如是如是衣價與我
共作一衣為好故若得衣者尼薩耆波逸提
若比丘尼若王若大臣若婆羅門若居士居士婦遣
使為比丘尼送衣價持如是衣價與某甲比丘尼彼
使至比丘尼所語言阿姨為汝送衣價受取是比丘
尼語彼使如是言我不應受此衣價我若須衣合時
清淨當受彼使語比丘尼言阿姨有執事人須衣
比丘尼言有若僧伽藍民若優婆塞此是比丘尼執事
人常為比丘尼執事彼使往至執事人所與衣價已還
到比丘尼所如是言阿姨所示某甲執事人我已與衣價
大姊知時往彼當得衣比丘尼若須衣者當往執事
人所二反三反語言我須衣若二反三反為作憶念得
衣者善若不得衣四反五反六反在前默然住令彼
五反六反在前默然住得衣者善若不得
若不得衣隨彼使所

BD04068 號　四分比丘尼戒本　（4–4）

歡喜滿故遠離滿遠離滿故安隱滿安隱滿
故三昧滿三昧滿故正知見滿正知見滿故
猒離滿猒離滿故呵責滿呵責滿故解脫滿
解脫滿故涅槃滿是名順喻云何逆喻大海
有本所謂大河大河有本所謂小河小河有
本所謂大池大池有本所謂小池小池有本
所謂大泉大泉有本所謂小泉小泉有本所
謂大澆大澆有本所謂小澆小澆有本所謂
溝瀆溝瀆有本所謂大雨涅槃有本所謂解
脫解脫有本所謂呵責呵責有本所謂猒離
猒離有本所謂正知見正知見有本所謂三
昧三昧有本所謂安隱安隱有本所謂遠離
遠離有本所謂喜心喜心有本所謂不悔不
悔有本所謂持戒持戒有本所謂法雨是名
逆喻云何現喻如經中說衆生心性猶如彌
猴彌猴之性捨一取一衆生心性亦復如是
取着色聲香味觸法无暫住時是名現喻云
何非喻如我昔告波斯匿王大王有親信人

BD04069 號　大般涅槃經（北本）卷二九　（7–1）

悔有本所謂持戒持戒有本所謂法雨是名
逆喻云何現喻如經中說衆生心性猶如彌
猴彌猴之性捨一取一衆生心性亦復如是
取着色聲香味觸法无暫住時是名現喻云
何非喻如我昔告波斯匿王大王有親信人
從四方來各作是言大王有四大山從四方
來欲害人民王若聞者當設何計王言世尊
設有此來无逃避處唯當專心持戒布施我
即讚言善哉大王我說四山即是衆生生老
病死生老病死常來切人云何大王不脩戒
施王言世尊持戒布施得何等果我言大王
於人天中多受快樂王言世尊尼拘陁樹持
戒布施亦於人天受安隱耶我言大王尼拘
陁樹不能持戒脩行布施如其能者則受无
異是名非喻云何先喻我經中說譬如有人
貪着妙華採取之時為水所漂衆生亦尒貪
受五欲為生老病死之所漂沒是名先喻云
何後喻如法句經說
莫輕小罪　以為无殃　水渧雖微　漸盈大器
是名後喻云何先後喻譬如芭蕉生菓則死
愚人得養亦復如是如騾懷任命不久全云
何遍喻如經中說三十三天有波利質多樹
其根入地深五由延高百由延枝葉四布五
十由延葉熟則黃諸天見已心生歡喜是葉
不久必當墮落其葉既落復生歡喜是枝不
久必當變色枝既變色復生歡喜是色不久

BD04069 號　大般涅槃經（北本）卷二九　（7–2）

何遍喻如經中說三十三天有波利質多樹
其根入地深五由延高百由延枝葉四布五
十由延葉熟則黃諸天見已心生歡喜是葉
不久必當墮落其葉既落復生歡喜是枝不
久必當變色枝既變色復生歡喜是色不久
必當生皰見已復喜是皰不久必當生嘴見
已復喜是嘴不久必當開剖開剖之時香氣
周遍五十由延光明遠照八十由延尒時諸
天夏三月時在下受樂善男子我諸弟子亦
復如是葉色黃者喻我弟子念欲出家其葉
落者喻我弟子剃除鬚髮其色變者喻我
弟子白四羯磨受具足戒初生皰者喻我弟
子發阿耨多羅三藐三菩提心嘴者喻於十
住菩薩得見佛性開剖者喻菩薩得阿耨多
羅三藐三菩提香者喻於十方无量眾生受
持禁戒光者喻於如來名号无㝵周遍十方
夏三月者喻三三昧三十三天受快樂者喻
於諸佛在大涅槃得常樂我淨是名遍喻善
男子凡所引喻不必盡取或取少分或取多
分或復全取如言如來面如滿月是名少分
善男子譬如有人初不見乳轉問他言乳為
何類彼人答言如水蜜貝水則濕相蜜則甜
相貝則色相雖引三喻未即乳實善男子我
言燈喻喻於眾生亦復如是善男子離水无
何眾生亦尒離五陰已无別眾生善男子如

何類彼人答言如水蜜貝水則濕相蜜則甜
相貝則色相雖引三喻未即乳實善男子我
言燈喻喻於眾生亦復如是善男子離水无
何眾生亦尒離五陰已无別眾生善男子如
離箱轂輪軸輻輞更无別車眾生亦尒善男
子若欲得合彼燈喻者諦聽諦聽我今當說炷
者喻於二十五有油者喻愛明喻智慧除破黑
闇喻破无明燸喻聖道如燈油盡明炎則滅
眾生愛盡則見佛性雖有名色不能繫縛雖
復處在二十五有不為諸有之所汚染師子吼
言世尊眾生五陰空无所有誰有受教脩集
道者佛言善男子一切眾生皆有念心慧心
發心勤精進心信心定心如是等法雖念念
生滅猶故相似相續不斷故名脩道師子吼
言世尊如是等法皆念念滅是念念滅中亦
相似相續云何脩集佛言善男子言如燈雖念
念滅而有光明除破闇冥念等諸法亦復如是
善男子如眾生食雖念念滅亦令飢者而得
飽滿譬如上藥雖念念滅亦能愈病日月光
明雖念念滅亦能增長樹林草木善男子汝
言念念滅云何增長者心不斷故名為增長
善男子如人誦書所誦字句不得一時前不
至中中不至後人之與字及以心想俱念念
滅以久脩故而得通利善男子譬如金師從
初習作至于晧首雖念念滅前不至後以積
習故所作遂妙是故得名善好金師讀誦經

善男子如人誦書所誦字句不得一時前不
至中中不至後人之與字及以心想俱念念
滅以久脩故而得通利善男子譬如金師從
初習作至于晧首雖念念滅前不至後以積
習故所作遂妙是故得名善好金師讀誦經
書亦復如是善男子譬如種子地亦不教汝
當生牙以法性故牙則自生乃至華菓亦復
不教汝當作菓以法性故而菓自生衆生脩
道亦復如是善男子譬如數法一不至二二不
至三雖念念滅而至千萬衆生脩道亦復如
是善男子如燈念念滅初滅之炎不教後炎我
滅汝生當破諸闇善男子譬如犢子生便求
乳求乳之智實无人教雖念念滅而初飢後
飽是故當知不應相似若相似者不應異生
衆生脩道亦復如是初雖未增以久脩故則
能破壞一切煩惱師子吼言世尊如佛所說須
陁洹入得果證已雖生惡國猶故持戒不煞
盜婬兩舌飲酒須陁洹陰即此處滅不至
惡國脩道亦余不至惡國若相似者何故不
生淨妙國土若惡國陰非須陁洹陰云何而
得不作惡業佛言善男子須陁洹者雖生惡
國終不失於須陁洹名陰不相似是故我引犢
子為喻須陁洹人雖生惡國以道力故不作
惡業善男子譬如香山有師子王是故一切
飛鳥走獸絕跡此山无敢近者有時是王至
雪山中一切鳥獸猶故不住須陁洹人亦復

BD04069號　大般涅槃經（北本）卷二九　（7–5）

國終不失於須陁洹名陰不相似是故我引犢
子為喻須陁洹人雖生惡國以道力故不作
惡業善男子譬如香山有師子王是故一切
飛鳥走獸絕跡此山无敢近者有時是王至
雪山中一切鳥獸猶故不住須陁洹人亦復
如是雖不脩道以道力故不作諸惡善男子
譬如有人服食甘露甘露雖滅以其力勢能
令是人不生不死善男子如須弥山有上妙
藥名揚伽利有人服之雖念念滅以藥力故
不遇惡害善男子如轉輪王所坐之處王雖
不在无人敢近何以故王威力故須陁洹人
亦復如是雖生惡國不脩集道以道力故不
作惡業善男子須陁洹陰於此而滅雖生異
陰猶故不失須陁洹陰善男子譬如衆生為
菓實故於種子中多役作業糞治溉灌未得
菓實而子復滅亦復名為因子得菓須陁洹
陰亦復如是善男子譬如有人資生豐富唯
有一子先已終沒其子有子復在他土其人
忽然奄便終亡孫聞是已還收產業雖知財
貨非其所作然其收取无遮護者何以故以
姓一故須陁洹陰亦復如是師子吼言如佛
說偈
比丘若脩集　戒定及智慧　當知是不退　親近大涅槃
世尊云何脩戒云何脩定云何脩慧佛言善
男子若有人能受持禁戒但為自利人天受
樂不為度脫一切衆生不為擁護无上正法但

BD04069號　大般涅槃經（北本）卷二九　（7–6）

貧非其所作然其奴取无遮護者何以故以
姓一故須陁洹陰亦復如是師子吼言如佛
說偈
皆若脩集　戒定及智慧　當知是不退　親近大涅槃
世尊云何脩戒云何脩定云何脩慧佛言善
男子若有人能受持禁戒但為自利人天受
樂不為度脫一切衆生不為擁護无上正法但
為利養畏三惡道為命色力安无㝵辯畏懼
王法惡名譏稱為世事業如是護戒則不得
名脩集戒也善男子云何名為真脩集戒受
持戒時若為度脫一切衆生為護正法度不
度故解未解故歸未歸故未入涅槃令得入
故如是脩時不見戒不見戒相不見持者不
見果報不觀毀犯善男子若能如是是則名
為脩集戒也云何復名脩集三昧脩三昧時
為自度脫為於利養不為衆生不為護法為
見貪欲穢食等過男女等根九孔不淨鬪訟
打剌手相殺害若為此事脩三昧者是則不
名脩集三昧善男子云何復名真脩三昧若
為衆生脩集三昧於衆生中得平等心為令
衆生得不退法為令衆生得聖心故為令衆
生得大乘故為欲護持无上法故為令衆生
不退菩提心故為令衆生得首楞嚴三昧故

BD04069 號　大般涅槃經（北本）卷二九　　（7–7）

是人說我少出家得阿耨[illegible]三
然我實成佛已來久遠若斯但以方便教化
衆生令入佛道作如是說諸善男子如來所
演經典皆為度脫衆生或說己身或說他身
或示己身或示他身或示己事或示他事諸
所言說皆實不虛所以者何如來如實知見
三界之相无有生死若退若出亦无在世及
滅度者非實非虛非如非異不如三界見於
三界如斯之事如來明見无有錯謬以諸衆
生有種種性種種欲種種行種種憶想分別
故欲令生諸善根以若干因緣譬喻言辭種
種說法所作佛事未曾暫廢如是我成佛已
來甚大久遠壽命无量阿僧祇劫常住不滅
諸善男子我本行菩薩道所成壽命今猶未
盡復倍上數然今非實滅度而便唱言當取
滅度如來以是方便教化衆生所以者何若
佛久住於世薄德之人不種善根貧窮下賤
貪著五欲入於憶想妄見網中若見如來常
在不滅便起憍恣而懷猒怠不能生難遭之
想恭敬之心是故如來以方便說比丘當知
諸佛出世難可值遇

BD04070 號　妙法蓮華經卷五　　（1–1）

恨亦不念言我與是兒衣服飲食菩薩摩訶
薩亦復如是視諸衆生猶如一子若子遇病
父母亦病為求醫藥勤加救療病既差已終
不生念我為是兒療治病苦菩薩亦尒見諸
衆生遇煩惱病生愛念心而為說法以聞法
故諸煩惱斷煩惱斷已終不念言我為衆生
斷諸煩惱若生此念終不得成阿耨多羅三
藐三菩提唯作是念无一衆生我為說法令
斷煩惱菩薩摩訶薩於諸衆生不瞋不喜何
以故善能脩集空三昧故菩薩若脩空三昧
者當於誰所生瞋生喜善男子譬如山林猛
火所焚若人斫伐或為水漂而是林木當於
誰所生瞋生喜菩薩摩訶薩亦復如是於諸
衆生无瞋无喜何以故脩空三昧故
尒時光明遍照高貴德王菩薩摩訶薩白佛
言世尊一切諸法性自空耶空空故空若性
自空者不應脩空然後見空云何如来言以
脩空而見空耶若性自不空雖復脩空不能
令空善男子一切諸法性本自空何以故一切
法性不可得故善男子色性不可得云何
色性色者非地水火風不離地水火風非青

BD04071號　大般涅槃經（南本　兌廢稿）卷二四　（2–1）

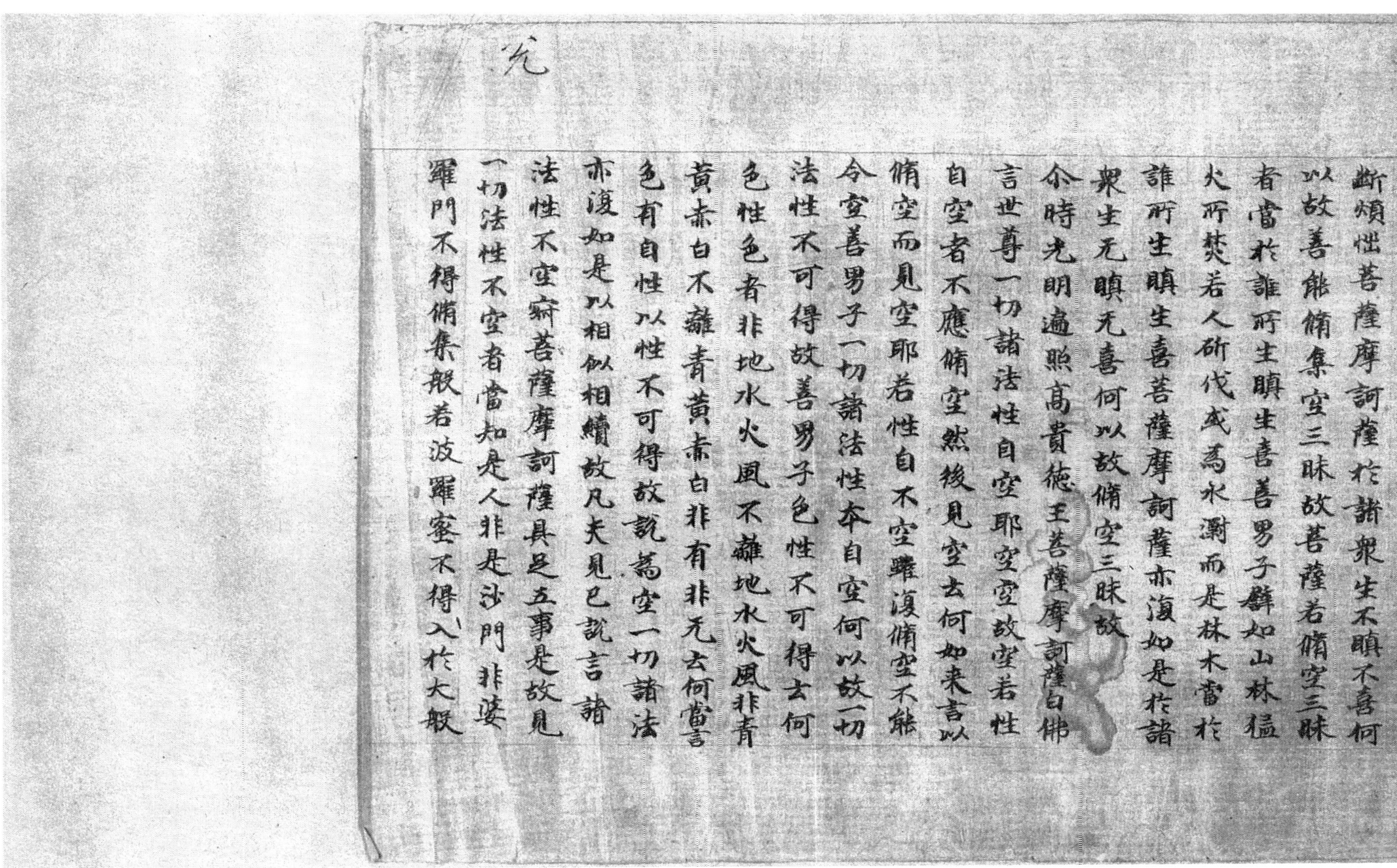
兌

斷煩惱菩薩摩訶薩於諸衆生不瞋不喜何
以故善能脩集空三昧故菩薩若脩空三昧
者當於誰所生瞋生喜善男子譬如山林猛
火所焚若人斫伐或為水漂而是林木當於
誰所生瞋生喜菩薩摩訶薩亦復如是於諸
衆生无瞋无喜何以故脩空三昧故
尒時光明遍照高貴德王菩薩摩訶薩白佛
言世尊一切諸法性自空耶空空故空若性
自空者不應脩空然後見空云何如来言以
脩空而見空耶若性自不空雖復脩空不能
令空善男子一切諸法性本自空何以故一切
法性不可得故善男子色性不可得云何
色性色者非地水火風不離地水火風非青
黃赤白不離青黃赤白非有非无云何當言
色有自性以性不可得故說為空一切諸法
亦復如是以相似相續故凡夫見已說言諸
法性不空竊菩薩摩訶薩具足五事是故見
一切法性不空者當知是人非是沙門非婆
羅門不得脩集般若波羅蜜不得入於大般

BD04071號　大般涅槃經（南本　兌廢稿）卷二四　（2–2）

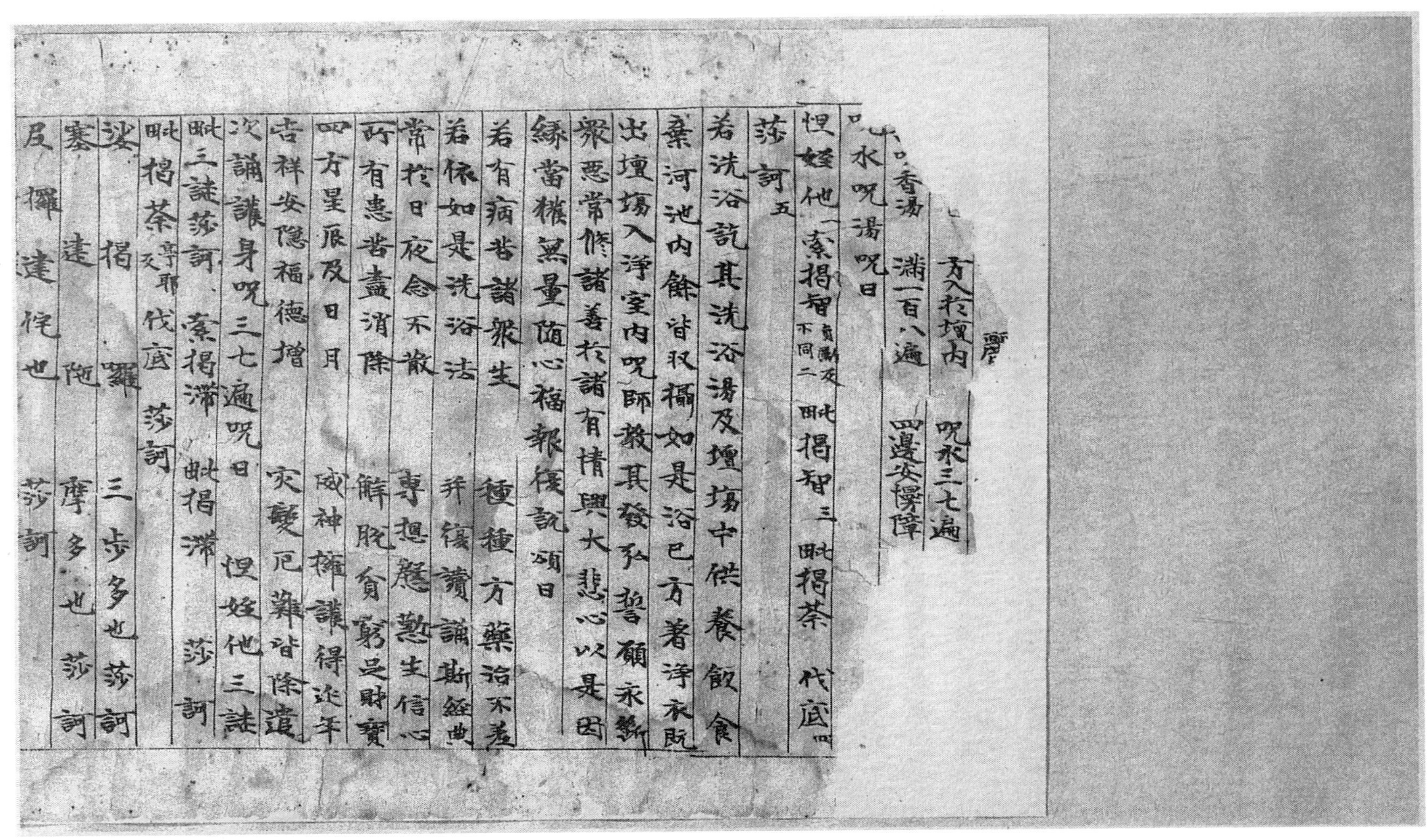

方入於壇內　呪水三七遍
呪香湯　滿一百八遍　四邊安幔障
呪水呪湯呪曰
怛姪他一　索揭智貞勵反下同二　毗揭智三　毗揭荼　伐底四
莎訶五
若洗浴訖其洗浴湯及壇場中供養飲食
棄河池內餘皆收攝如是浴已方著淨衣既
出壇場入淨室內呪師教其發弘誓願永斷
衆惡常修諸善於諸有情興大悲心以是因
緣當獲無量隨心福報復說頌曰
若有病苦諸衆生　種種方藥治不差
若依如是洗浴法　并復讀誦斯經典
常於日夜念不散　專想慇懃生信心
所有患苦盡消除　解脫貧窮足財寶
四方星辰及日月　威神擁護得延年
吉祥安隱福德增　災變厄難皆除遣
次誦護身呪三七遍呪曰　怛姪他三謎
毗三謎莎訶　索揭滯　毗揭滯　莎訶
毗揭荼亭耶反伐底　莎訶
娑揭羅　三步多也　莎訶
塞建陀　摩多也　莎訶
尼攞建侘也　莎訶

BD04072 號　金光明最勝王經卷七　（9–1）

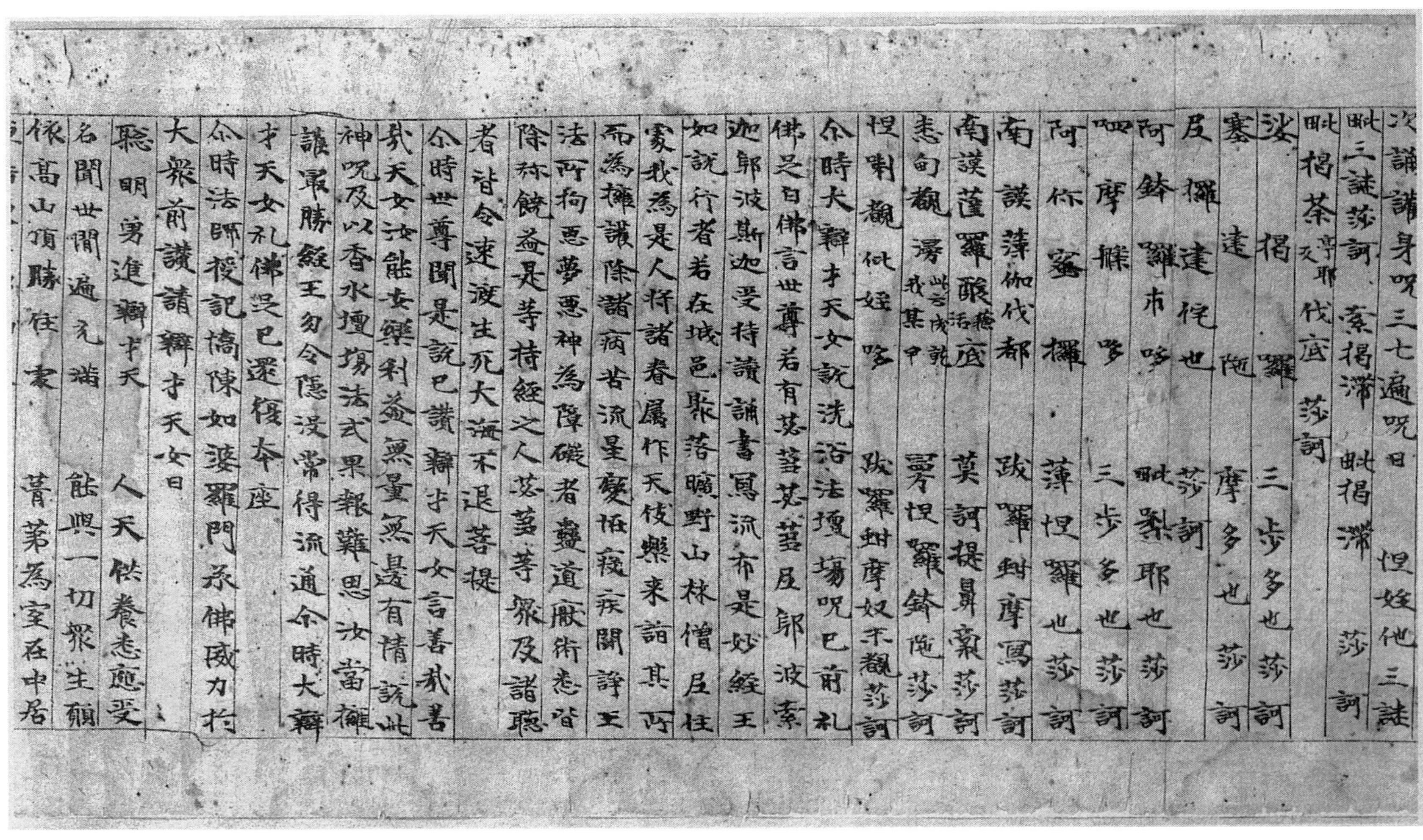

次誦護身呪三七遍呪曰　怛姪他三謎
毗三謎莎訶　索揭滯　毗揭滯　莎訶
毗揭荼亭耶反伐底　莎訶
娑揭羅　三步多也　莎訶
塞建陀　摩多也　莎訶
尼攞建侘也　莎訶
阿鉢羅市哆　毗𠼝耶也　莎訶
呬摩槃哆　三步多也　莎訶
阿你蜜攞　薄怛羅也　莎訶
南謨薄伽伐都　跋囉甜摩寫　莎訶
南謨薩囉酸底　莫訶提鼻裔　莎訶
悉甸覩　漫此云成就我某甲　曼怛羅鉢陀　莎訶
怛喇覩　仳姪哆　跋羅甜摩奴末覩　莎訶
爾時大辯才天女說洗浴法壇場呪已前礼
佛足白佛言世尊若有苾芻苾芻尼鄔波索
迦鄔波斯迦受持讀誦書寫流布是妙經王
如說行者若在城邑聚落曠野山林僧尼住
處我為是人將諸眷屬作天伎樂來詣其所
而為擁護除諸病苦流星變怪疫疾鬪諍王
法所拘惡夢惡神為障礙者蠱道厭術悉皆
除殄饒益是等持經之人苾芻等衆及諸聽
者皆令速渡生死大海不退菩提
爾時世尊聞是說已讚辯才天女言善哉善
哉天女汝能安樂利益無量無邊有情說此
神呪及以香水壇場法式果報難思汝當擁
護最勝經王勿令隱沒常得流通爾時大辯
才天女礼佛足已還復本座
爾時法師授記憍陳如婆羅門承佛威力於
大衆前讚請辯才天女曰
聰明勇進辯才天　人天供養悉應受
名聞世間遍充滿　能與一切衆生願
依高山頂勝住處　葺茅為室在中居

BD04072 號　金光明最勝王經卷七　（9–2）

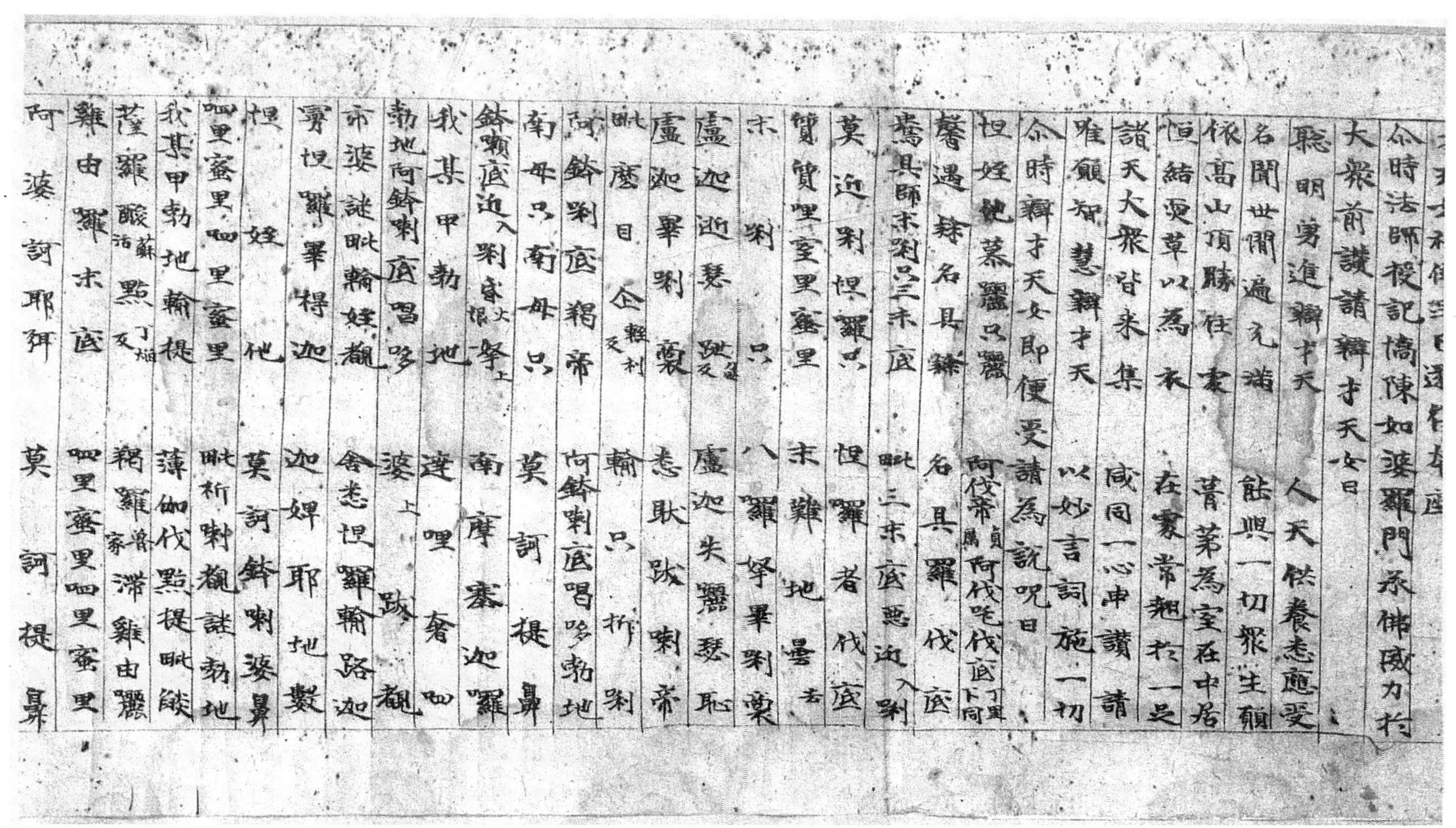
尒時法師授記憍陳如婆羅門承佛威力於
大衆前讚請辯才天女曰
聰明勇進辯才天　人天供養悉應受
名聞世間遍充滿　能與一切衆生願
依高山頂勝住處　葺茅為室在中居
恒結耎草以為衣　在處常翹於一足
諸天大衆皆來集　咸同一心申讚請
唯願智慧辯才天　以妙言詞施一切
尒時辯才天女即便受請為說呪曰
怛姪他　慕囉只囉　阿伐帝　阿伐吒伐底
馨遏哩　名具哩　名具羅伐底
鴦具師　末唎只　三末底　毗三末底　惡近唎
莫近唎　怛羅只　怛羅者伐底
質質哩　室哩蜜哩　末難地　曇
末唎只　八羅　拏畢唎棄
盧迦逝瑟　盧迦失瀧瑟恥
盧迦畢唎囊　悉䭾跋唎帝
毗麼目企　輸只　折唎
阿鉢唎底羯帝　阿鉢唎底喝哆勃地
南母只　南母只　莫訶提鼻
鉢喇底近唎　南麼塞迦囉
我某甲勃地　達哩奢
勃地阿鉢唎底喝哆　婆跋覩
市婆謎毗輸姪覩　舍悉怛羅輸路迦
曼怛羅畢得迦　迦婢耶地數
怛姪他　莫訶鉢唎婆鼻
呬里蜜里呬里蜜里　毗折喇覩謎勃地
我某甲勃地輸提　薄伽伐點提毗䟦
薩羅酸底　羯羅滯　雞由㘑
雞由羅末底　呬里蜜里呬里蜜里
阿婆訶耶拜　莫訶提鼻

BD04072號　金光明最勝王經卷七　（9–3）

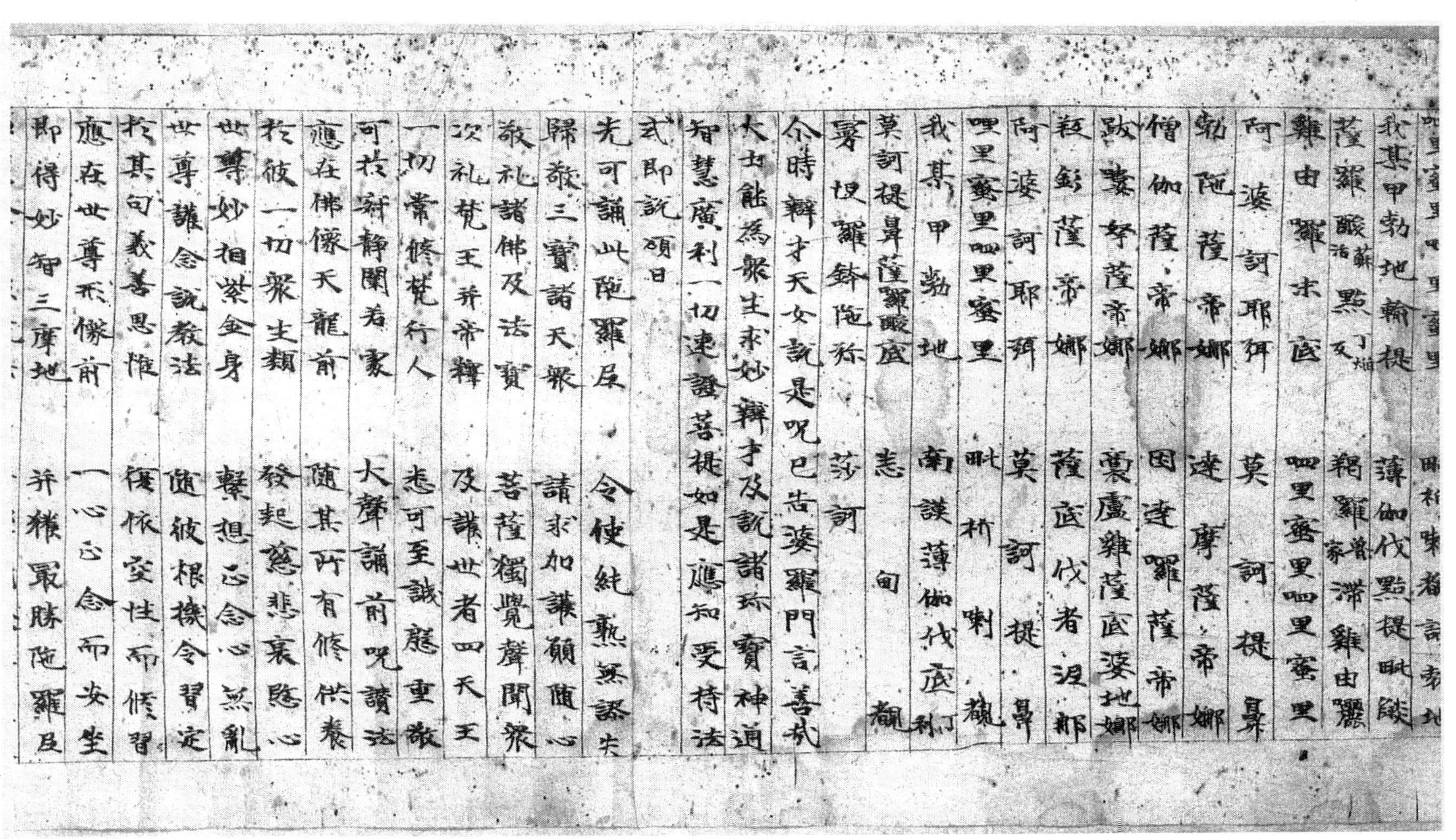
我某甲勃地輸提　薄伽伐點提毗䟦
薩羅酸底　羯羅滯　雞由㘑
雞由羅末底　呬里蜜里呬里蜜里
阿婆訶耶拜　莫訶提鼻
勃陁薩帝娜　達摩薩帝娜
僧伽薩帝娜　因達囉薩帝娜
跋嚕拏薩帝娜　囊盧雞薩底婆地娜
羝釤薩帝娜　薩底伐者泥娜
阿婆訶耶拜　莫訶提鼻
呬里蜜里呬里蜜里　毗折唎覩
我某甲勃地　南謨薄伽伐底
莫訶提鼻薩囉酸底　悉甸覩
曼怛羅鉢陁　莎訶
尒時辯才天女說是呪已告婆羅門言善哉
大士能為衆生求妙辯才及諸珍寶神通
智慧廣利一切速證菩提如是應知受持法
式即說頌曰
先可誦此陁羅尼　令使純熟無謬失
歸敬三寶諸天衆　請求加護願隨心
敬禮諸佛及法寶　菩薩獨覺聲聞衆
次禮梵王并帝釋　及護世者四天王
一切常修梵行人　悉可至誠慇重敬
可於寂靜蘭若處　大聲誦前呪讚法
應在佛像天龍前　隨其所有修供養
於彼一切衆生類　發起慈悲哀愍心
世尊妙相紫金身　繫想正念心無亂
世尊誰念說教法　隨彼根機令習定
於其句義善思惟　復依空性而修習
應在世尊形像前　一心正念而安坐
即得妙智三摩地　并獲最勝陁羅尼

BD04072號　金光明最勝王經卷七　（9–4）

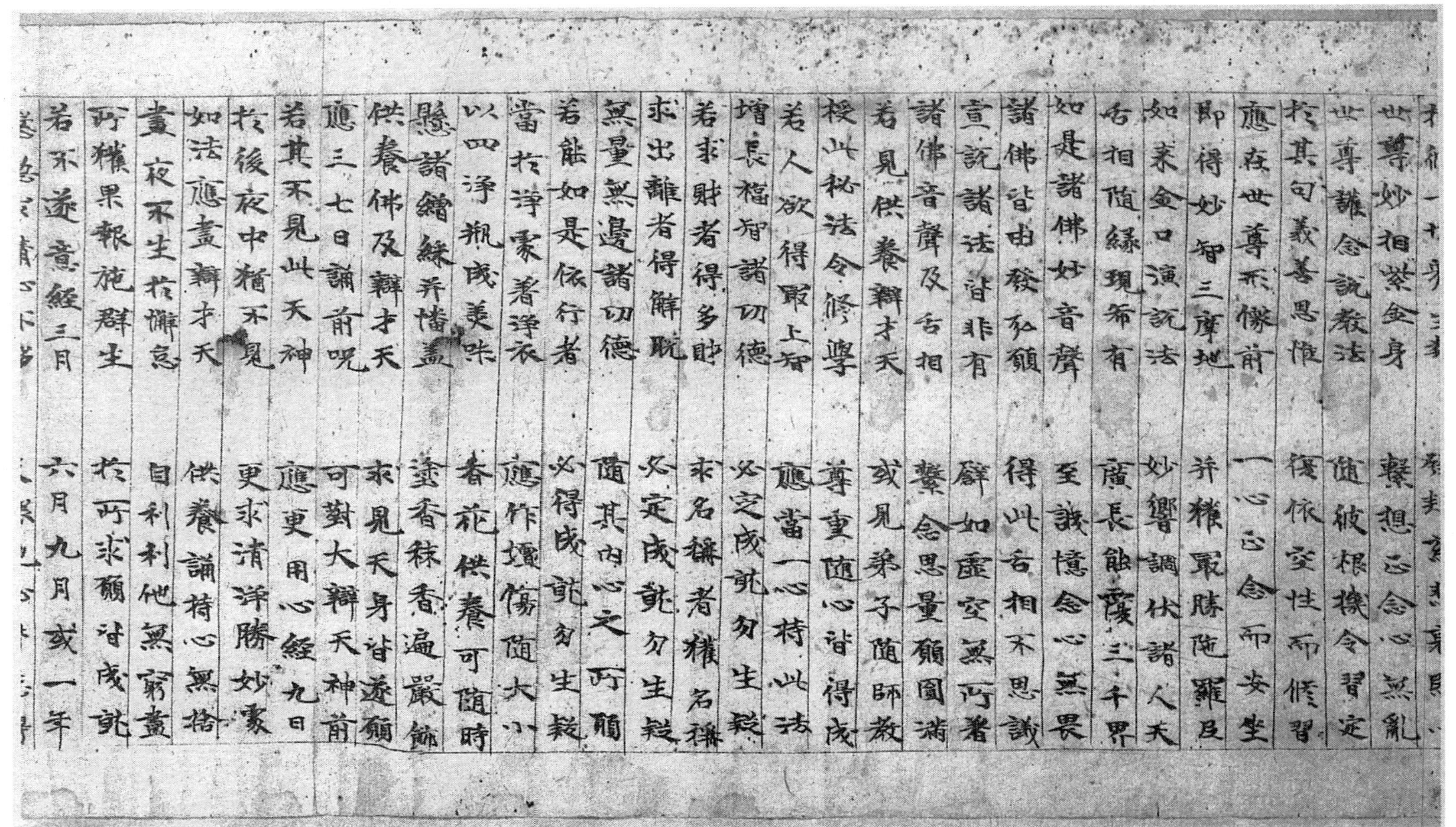
世尊妙相紫金身 繫想正念心無亂
世尊讚念說教法 隨彼根機令習定
於其句義善思惟 復依空性而修習
應在世尊形像前 一心正念而安坐
即得妙智三摩地 并獲最勝陀羅尼
如來金口演說法 妙響調伏諸人天
舌相隨緣現希有 廣長能覆三千界
諸佛皆由發弘願 得此舌相不思議
宣說諸法皆非有 譬如虛空無所著
諸佛音聲及舌相 繫念思量願圓滿
若見供養辯才天 或見弟子隨師教
授此秘法令修學 尊重隨心皆得成
若人欲得最上智 應當一心持此法
增長福智諸功德 必定成就勿生疑
若求財者得多財 求名稱者獲名稱
求出離者得解脫 必定成就勿生疑
無量無邊諸功德 隨其內心之所願
若能如是依行者 必得成就勿生疑
當於淨處著淨衣 應作壇場隨大小
以四淨瓶盛美味 香花供養可隨時
懸諸繒綵并幡蓋 塗香末香遍嚴飾
供養佛及辯才天 求見天身皆遂願
應三七日誦前呪 可對大辯天神前
若其不見此天神 應更用心經九日
於後夜中猶不見 更求清淨勝妙處
如法應畫辯才天 供養誦持心無捨
晝夜不生於懈怠 自利利他無窮盡
所獲果報施群生 於所求願皆成就
若不遂意經三月 六月九月或一年

BD04072號　金光明最勝王經卷七　（9–5）

如法應畫辯才天 供養誦持心無捨
晝夜不生於懈怠 自利利他無窮盡
所獲果報施群生 於所求願皆成就
若不遂意經三月 六月九月或一年
慇懃求請心不移 天眼他心皆悉得
爾時憍陳如婆羅門聞是說已歡喜踊躍歎
未曾有告諸大衆作如是言汝等人天一切
大衆如是當知皆一心聽我今更欲依世諦
法讚彼勝妙辯才天女即說頌曰
敬禮天女那羅延 於世界中得自在
我今讚歎彼尊者 皆如往昔仙人說
吉祥成就心安隱 聰明慚愧有名聞
為母能生於世間 勇猛常行大精進
於軍陣處戰恒勝 長養調伏心慈忍
現為閻羅之長姊 常著青色野蠶衣
好醜容儀皆具有 眼目能令見者怖
無量勝行超世間 歸信之人咸攝受
或在山巖深險處 或居坎窟及河邊
或在大樹諸叢林 天女多依此中住
假使山林野人輩 亦常供養於天女
以孔雀羽作幢旗 於一切時常護世
師子虎狼恒圍遶 牛羊雞等亦相依
振大鈴鐸出音聲 頻陀山衆皆聞響
或執三戟頭圓髻 左右恒持日月旗
黑月九日十一日 於此時中當供養
或現婆藪大天妹 見有鬪戰心常愍
觀察一切有情中 天女最勝無過者
權現牧牛歡喜女 與天戰時常得勝
能久安住於世間 亦為和忍及暴惡
大婆羅門四明法 幻化呪等悉皆通
於天仙中得自在 能為種子及大地

BD04072號　金光明最勝王經卷七　（9–6）

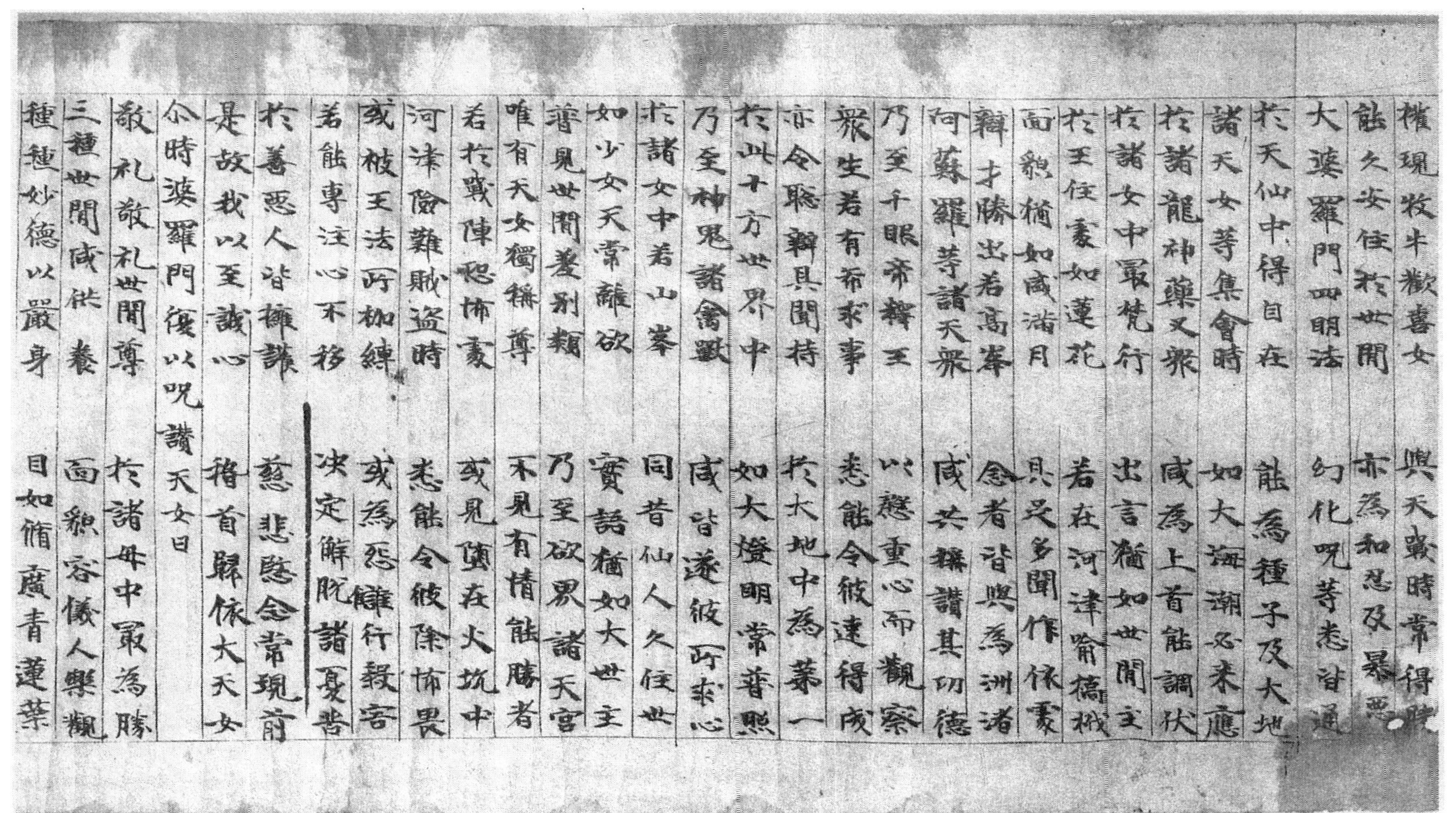
權現牧牛歡喜女　與天戰時常得勝
能久安住於世間　亦為和忍及暴惡
大婆羅門四明法　幻化呪等悉皆通
於天仙中得自在　能為種子及大地
諸天女等集會時　如大海潮必來應
於諸龍神藥叉眾　咸為上首能調伏
於諸女中最梵行　出言猶如世間主
於王位處如蓮花　若在河津喻橋栰
面貌猶如盛滿月　具足多聞作依處
辯才勝出若高峯　念者皆與為洲渚
阿蘇羅等諸天眾　咸共稱讚其功德
乃至千眼帝釋主　以慇重心而觀察
眾生若有希求事　悉能令彼速得成
亦令聰辯具聞持　於大地中為第一
於此十方世界中　如大燈明常普照
乃至神鬼諸禽獸　咸皆遂彼所求心
於諸女中若山峯　同昔仙人久住世
如少女天常離欲　實語猶如大世主
普見世間差別類　乃至欲界諸天宮
唯有天女獨稱尊　不見有情能勝者
若於戰陣恐怖處　或見墮在火坑中
河津險難賊盜時　悉能令彼除怖畏
或被王法所枷縛　或為怨讎行殺害
若能專注心不移　決定解脫諸憂苦
於善惡人皆擁護　慈悲愍念常現前
是故我以至誠心　稽首歸依大天女
尒時婆羅門復以呪讚天女曰
敬礼敬礼世間尊　於諸母中最為勝
三種世間咸供養　面貌容儀人樂觀
種種妙德以嚴身　目如脩廣青蓮葉

BD04072號　金光明最勝王經卷七　（9–7）

於善惡人皆擁護　慈悲愍念常現前
是故我以至誠心　稽首歸依大天女
尒時婆羅門復以呪讚天女曰
敬礼敬礼世間尊　於諸母中最為勝
三種世間咸供養　面貌容儀人樂觀
種種妙德以嚴身　目如脩廣青蓮葉
福智光明名稱滿　譬如無價末尼珠
我今讚歎最勝者　悉能成辦所求心
真實功德妙吉祥　譬如蓮花極清淨
身色端嚴皆樂見　眾相希有不思議
能放無垢智光明　於諸念中為最勝
猶如師子獸中上　常以八臂自莊嚴
各持弓箭刀矟斧　長杵鐵輪并羂索
端正樂觀如滿月　言詞無滯出和音
若有眾生心願求　善士隨念令圓滿
帝釋諸天咸供養　皆共稱讚可歸依
眾德能生不思議　一切時中起恭敬
莎訶（此上呪讚是呪亦是讚 若持呪時必須誦之）
若欲祈請辯才天　依此呪讚言詞句
晨朝清淨至誠誦　於所求事悉隨心
尒時佛告婆羅門　善哉善哉汝能如是利益
眾生施與安樂讚彼天女請求加護獲福無
邊
此品呪法有略有廣或開或合前後不同梵
本既多但依一譯後勘者知之
金光明經卷第七

BD04072號　金光明最勝王經卷七　（9–8）

晨朝清淨至誠誦　於所求事悉隨心
尒時佛告婆羅門善哉善哉汝能如是利益
衆生施與安樂讃彼天女請求加護獲福无
邊
此品況法有略有廣或開或合前後不同梵
本既多但依一譯後勘者知之
金光明經卷第七
敬寫金光明㝡勝王經一部十卷
右已上寫經功德並同莊嚴
太山府君　平等大王　五道大神　天曹地府　伺命伺錄
土府水官　行病鬼王　并役使　府君諸郎君
及善知識　胡使錄公　使者　檢部曆官　舅母
關官　保人可韓　及新三使　風伯雨師　等伏
願哀垂納受功德乞延年益壽

BD04072 號　金光明最勝王經卷七　（9–9）

況復餘事　不樂畜年少弟子沙尒
樂與同師　常好坐禪　在於閑處
殊師利　是名初親近處　復
一切法空　如實相　不顛倒　不動　不退　不轉　如
虛空　无所有性　一切語言道斷　不生　不出　不
起　无名　无相　實无所有　无量　无邊　无礙　无障
但以因緣有　從顛倒生　故說　常樂觀如是法
相　是名菩薩摩訶薩第二親近處　尒時世尊
欲重宣此義　而說偈言
若有菩薩　於後惡世　无怖畏心　欲說是經
應入行處　及親近處　常離國王　及國王子
大臣官長　凶險戲者　及栴陁羅　外道梵志
亦不親近　增上慢人　貪著小乘　三藏學者
破戒比丘　名字羅漢　及比丘尼　好戲咲者
深着五欲　求現滅度　諸優婆夷　皆勿親近
若是人等　以好心來　到菩薩所　為聞佛道
菩薩則以　无所畏心　不懷悕望　而為說法
寡女處女　及諸不男　皆勿親近　以為親厚
亦莫親近　屠兒魁膾　田獵魚捕　為利煞害
販肉自活　衒賣女色　如是之人　皆勿親近

BD04073 號　妙法蓮華經卷五　（2–1）

應入行處　及親近處　常離國王　及國王子
大臣官長　凶險戲者　及旃陀羅　外道梵志
亦不親近　增上慢人　貪著小乘　三藏學者
破戒比丘　名字羅漢　及比丘尼　好戲咲者
深著五欲　求現滅度　諸優婆夷　皆勿親近
若是人等　以好心來　到菩薩所　為聞佛道
菩薩則以　无所畏心　不懷悕望　而為說法
寡女處女　及諸不男　皆勿親近　以為親厚
亦莫親近　屠兒魁膾　畋獵魚捕　為利殺害
販肉自活　衒賣女色　如是之人　皆勿親近
凶險相撲　種種嬉戲　諸婬女等　盡勿親近
莫獨屏處　為女說法　若說法時　无得戲咲
入里乞食　將一比丘　若无比丘　一心念佛
是則名為　行處近處　以此二處　能安樂說
又復不行　上中下法　有為无為　實不實法
亦不分別　是男是女　不得諸法　不知不見
是則名為　菩薩行處　一切諸法　空无所有
无有常住　亦无起滅　是名智者　所親近處

BD04073號　妙法蓮華經卷五　（2–2）

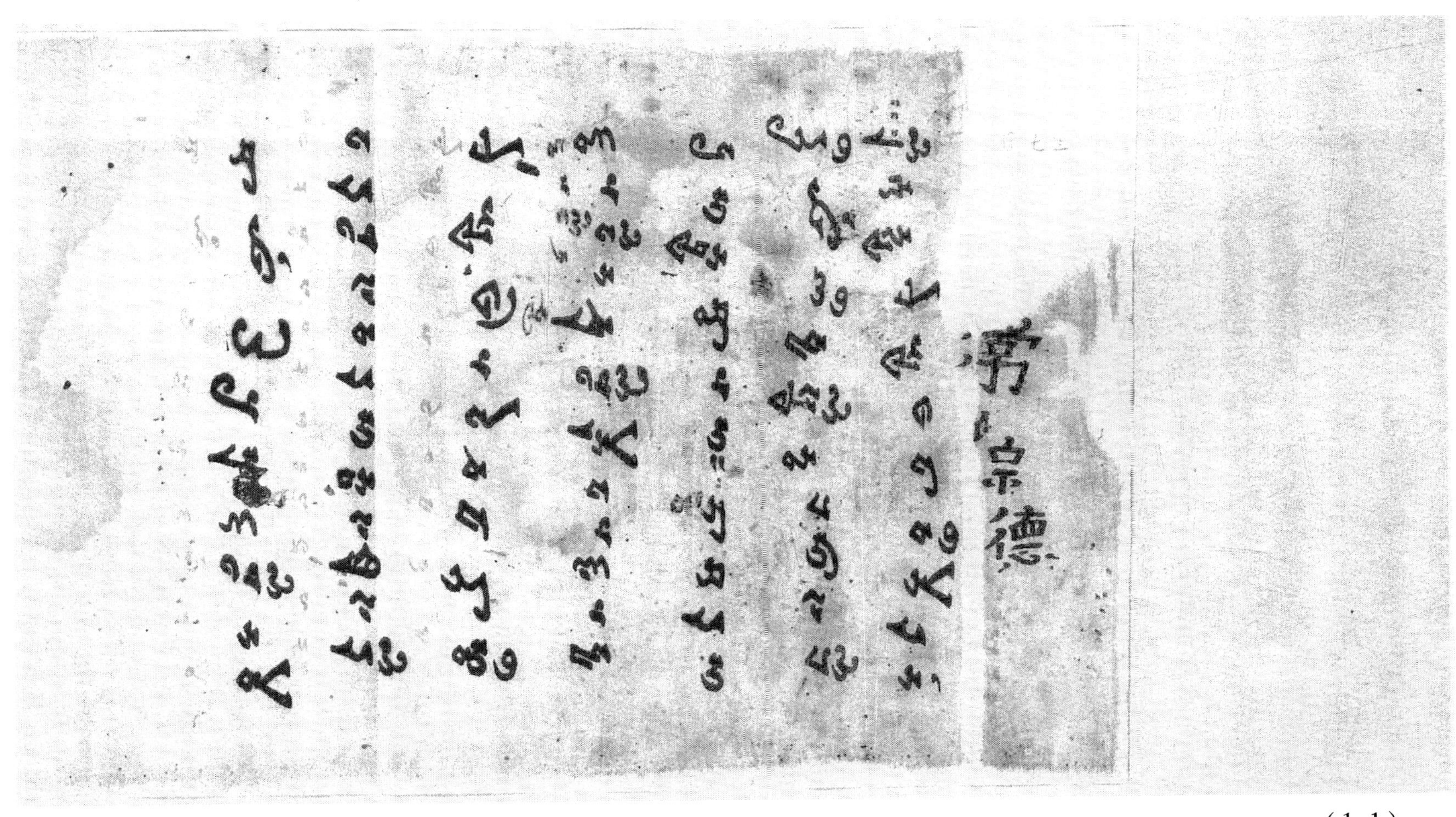

BD04073號背　善財童子譬喻經（于闐文）　（1–1）

□麼積集諸大菩
佛智欲以无礙等持
通遊獻欲令虛空或
如意寶奉施
大庫藏□
惟願一切諸佛世尊已住十地諸大菩薩持
訶者當憶念我弟子某甲已發菩提心
未安住正道令持□□一切時以一切種奉
施三世諸佛菩薩願大自在諸佛如來已證
大地一切菩薩常攝受我令我大福德智慧
資糧猛利精進廣大心量寂靜調伏神通
自在波羅蜜多速得圓滿
復作是言惟大悲者當憶念我弟子某甲
墮在生死繫以大縛閉居牢獄離正法道
逼以強力煩惱怨敵无怙无救无目无依无
將无導遊行僻路趣向生死背涅槃順諸
惡趣將墮險路臨什惡道常遇惡友離善知
識迷於耶正有利无利有義无義遠離諸
善戒就不善常背賢聖諸佛菩薩生老病
死憂惱行逼不得安隱无怖无畏心常散亂
闕脩寂靜調伏施或及不放逸遠離等持總
持二門十地法忍不能安住甚深般若波羅蜜
多及平等性不脩无量慈悲喜捨不具菩

BD04074 號　迴向輪經　（5–1）

識迷於耶正有利无利有義无義遠離諸
善戒就不善常背賢聖諸佛菩薩生老病
死憂惱行逼不得安隱无怖无畏心常散亂
闕脩寂靜調伏施或及不放逸遠離等持總
持二門十地法忍不能安住甚深般若波羅蜜
多及平等性不脩无量慈悲喜捨不具菩
薩三聚戒蘊遠離无障无礙大智不能安住
於寂滅因善戒立法遠離神通力无所畏不
住正念不能成就隨行趣入无忘失法遺諸功
德見取疑惑障於通達七等覺支闕脩如次
八聖道支无量百千苦惱所逼而常熾然衆苦
逼迫心常下劣忿恨散亂常順煩惱惟願一切
諸佛菩薩依大悲慈為我救護為我歸依為
我導師惟願令我速得圓滿大正覺路大菩
提道菩提資糧又願令我速得圓滿如來
十力四无所畏十八佛不共諸如來法无导辯
才等持解脫陁羅尼門功德神通波羅蜜
多又願與我一切成就一切功德
復次為轉廣大供養應作是言又願一切諸
佛世尊已得大勢諸菩薩衆當憶念我弟
子某甲今於一切佛菩薩所轉大恭敬承事
供養以身奉獻所有十方諸世界中大莊嚴具
所謂種種寶宮諸寶莊嚴寶樹寶山寶座
寶幢弥寶行列寶蓋寶幢寶飾瓔珞真珠
羅網寶器寶聚積寶光焰諸寶洲中大
末尼寶清淨燈樹寶鈴和鳴末尼光曜真金

BD04074 號　迴向輪經　（5–2）

供養以身奉獻所有十方諸世界中大莊嚴具
所謂種種寶宮諸寶莊嚴寶樹寶山寶座
寶幢弥寶行列寶蓋寶幢寶飾瓔珞真珠
羅網寶器寶聚積寶光焰諸寶洲中大
末尼寶清淨燈樹寶鈴和鳴末尼光曜真金
瓔佛垂覆連樓妙金蓮華閣浮檀金以為其
蹟金樹行列種種金雲寶雲靉靆雨衆寶璃
諸寶藏殿衆妙末尼閑錯墻壁寶珠欄楯
大榯明者可樂園苑屋宅寶宮殿堂樹林皆
可愛樂以如是等无稱无受迴向一切諸佛菩
薩於贍部洲所有妙藥長壽藥類諸末尼
寶能與有情所求衆藥自然成變珠勝飲
食并諸香樹種種果類稱種妙樹阿伽盧樹
沉水赤檀大葉恒華能醉香等諸樹種類
可樂妙香无稱无受諸如意樹於大海中種種
果類諸末尼寶如意寶珠及須弥山雞邏娑
山香山摩囉耶山尹地耶(二合)大山曼陁羅山金
剛山等諸大山中種種寶峯寶臺寶石寶窟
寶宮寶飾寶所衆寶階道諸末尼柱諸寶
燈輪諸殊瑞等末尼種類所有天上无垂天宮
天諸名華悅意樂見天諸樂具微風吹動空
宮行伍和鳴美聲天諸音樂不皷自然出美
妙聲天諸衆鳥住空宮中鳴妙音聲并諸寶
雲出大美聲天諸末尼歌詠音樂并諸妙香
華樹鬘樹塗燒香樹燈樹幢樹幡樹寶樹
此等一切无所稱受奉施一切諸佛菩薩所

宮行伍和鳴美聲天諸音樂不皷自然出美
妙聲天諸衆鳥住空宮中鳴妙音聲并諸寶
雲出大美聲天諸末尼歌詠音樂并諸妙香
華樹鬘樹塗燒香樹燈樹幢樹幡樹寶樹
此等一切无所稱受奉施一切諸佛菩薩所
有一切佛眼所都諸佛剎土大供養雲華雲
香雲鬘雲燒香雲塗香雲寶蓋雲寶幢
雲寶幡雲寶衣雲寶聚雲寶品雲大末
尼聚雲種種微妙大寶珠雲又以香油滿大
燈器量等千界然以燈炷量百須弥奉
施一切諸佛世尊諸大菩薩由是供養所
生勝福並將迴向无上菩提如過去佛所脩
諸善以无所得而為方便迴向菩提我亦如是
持此功德迴向无上正等菩提
勸請諸佛惟願往赴菩提道場降伏魔
怨證大菩提轉大法輪欲滅度者為諸有
情勸請願住滿一大劫
隨喜一切諸佛菩薩一切有情所脩諸福發
露懺悔一切諸罪猶如三世諸佛菩薩懺
悔罪障我亦如是願罪消滅
奉施乃至懺悔已畢即以淨心憶念一切諸
佛菩薩對佛像前誦此蜜言滿足八遍
密言曰
唵　婆頗(二合)囉娑頗(二合)囉　微摩那娑(去引)
囉　摩訶若嚩吽
誦密言已即便隨欲成就天妙大供養雲一

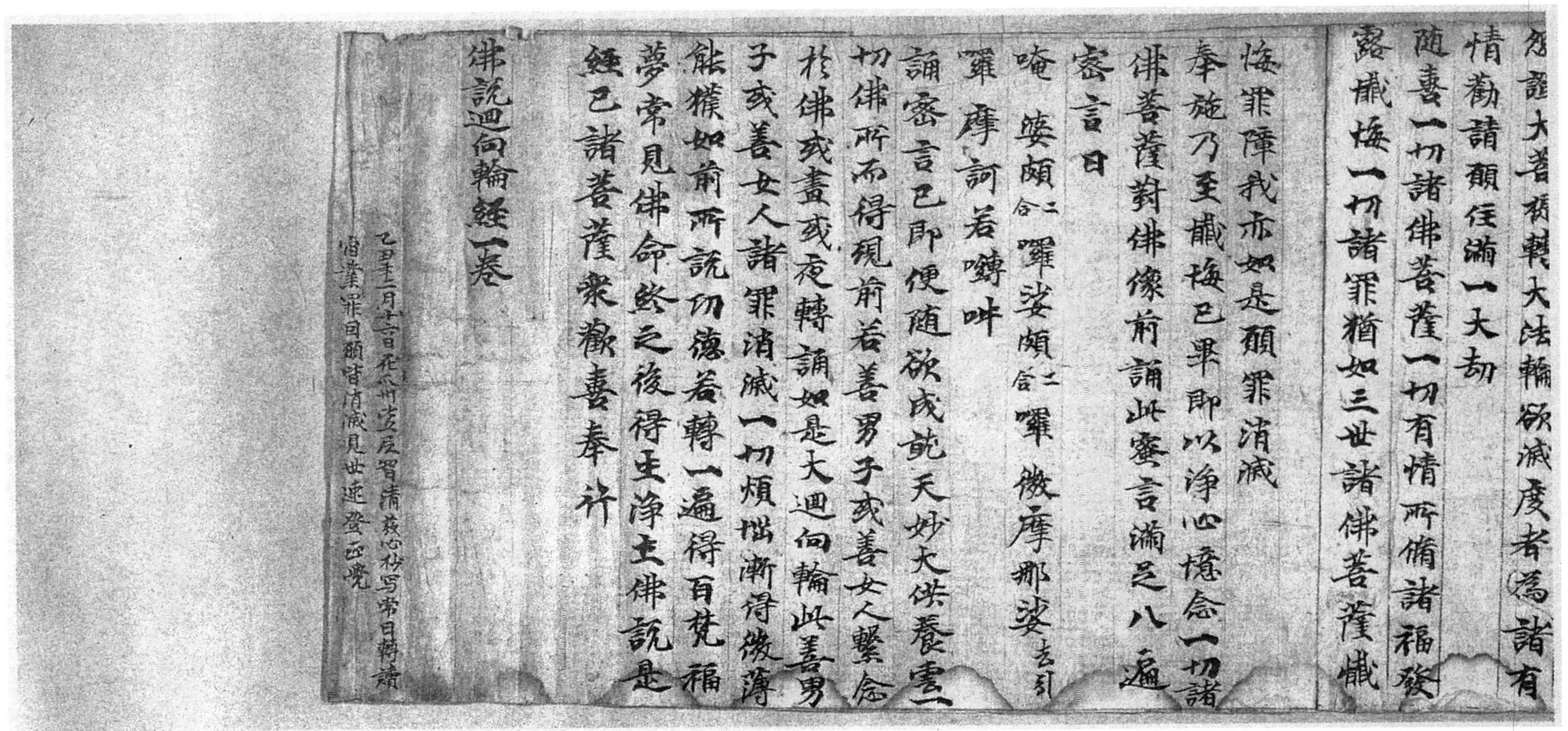

BD04074 號　迴向輪經　　（5–5）

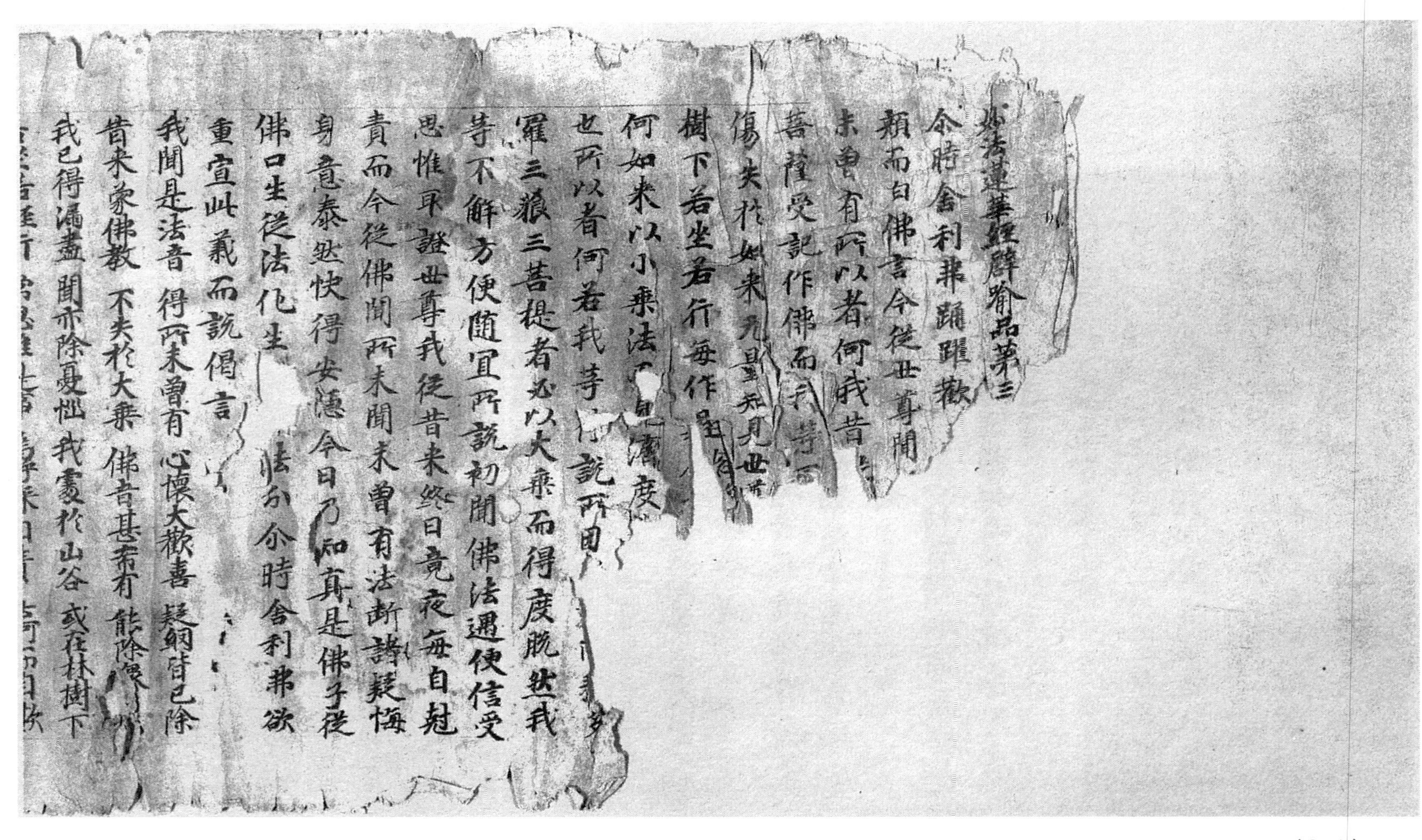

BD04075 號　妙法蓮華經卷二　　（2–1）

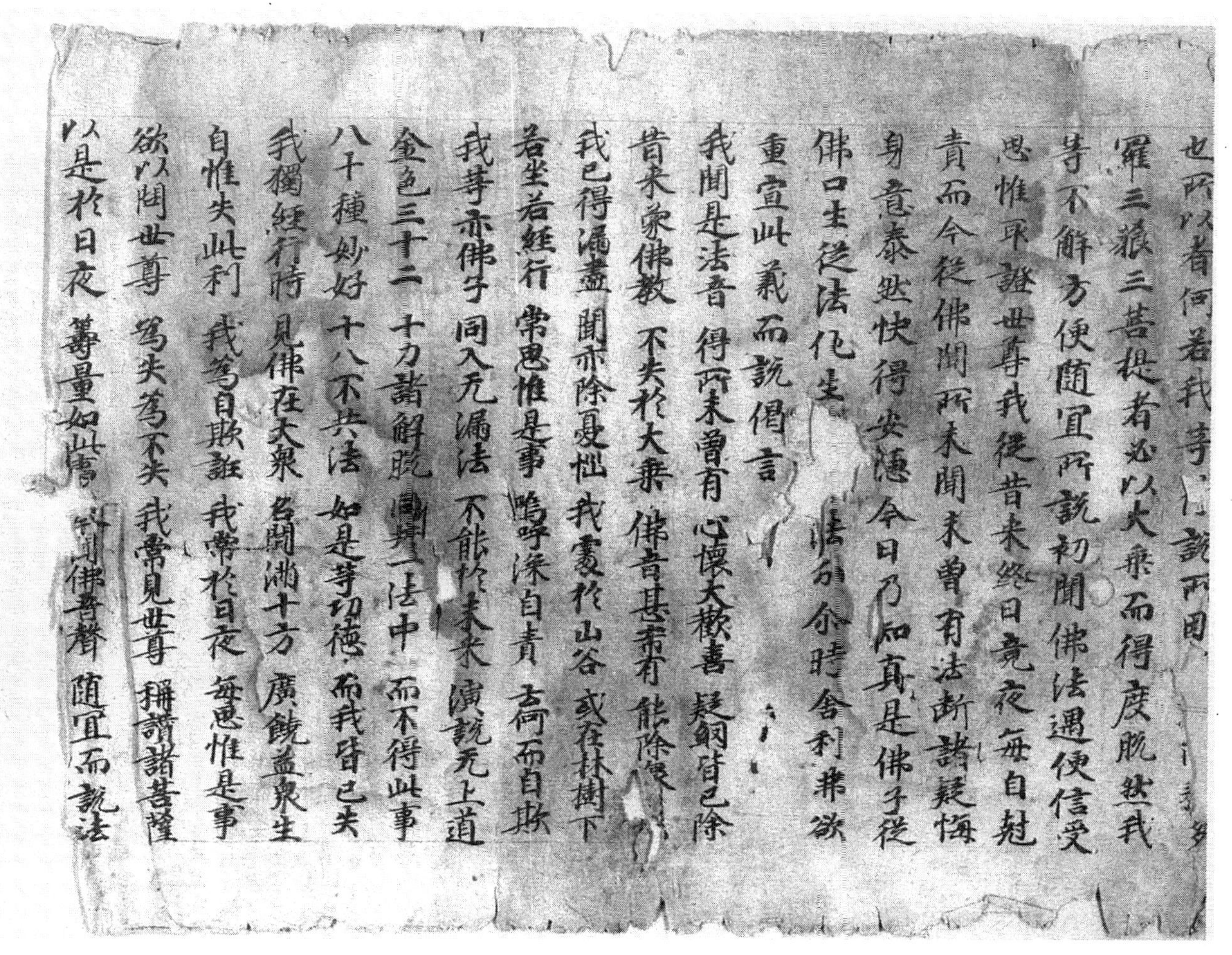

BD04075號　妙法蓮華經卷二　　（2–2）

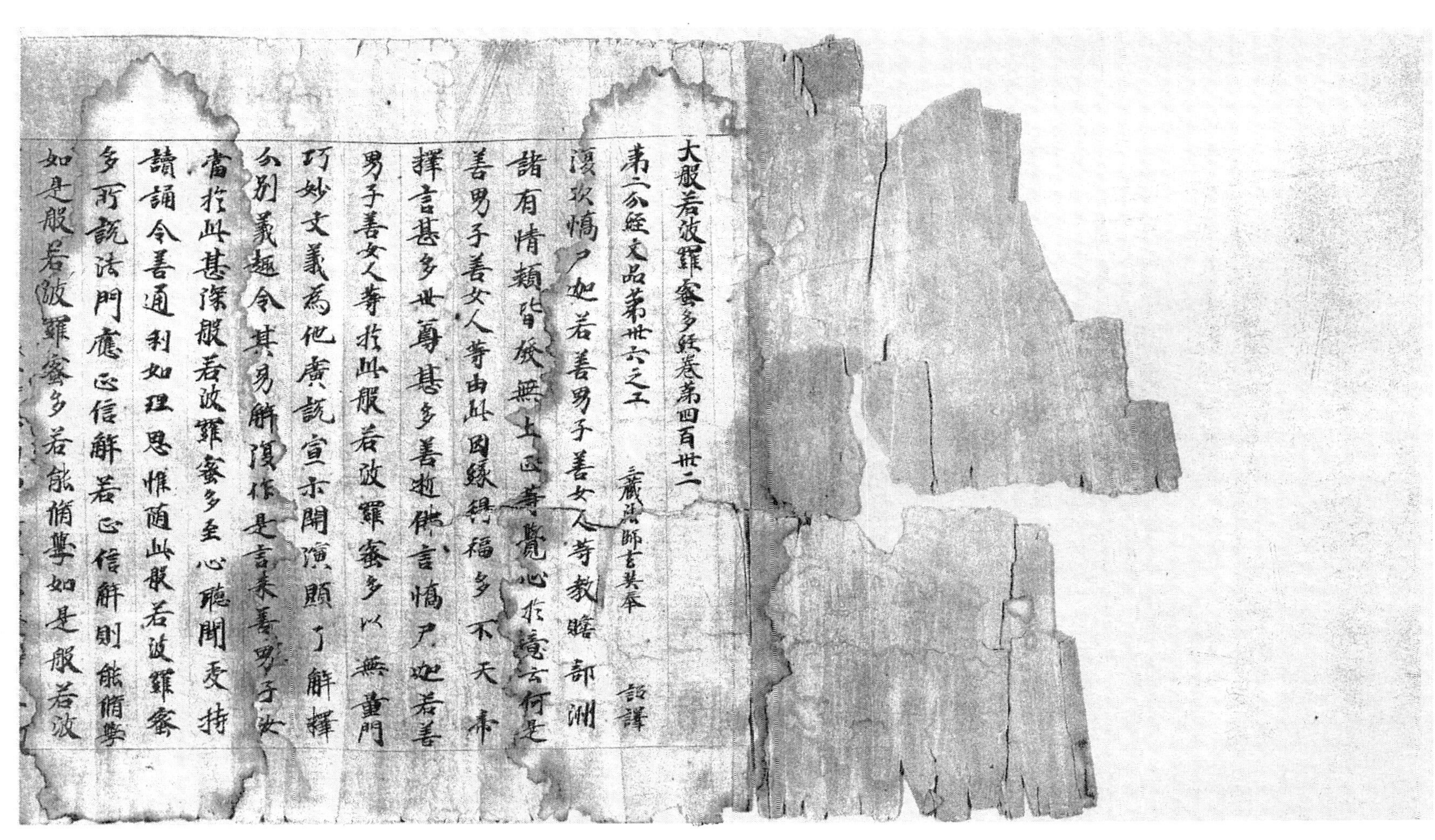

BD04076號　大般若波羅蜜多經卷四三二　　（6–1）

男子善女人等於此般若波羅蜜多以無量門
巧妙文義為他廣說宣示開演顯了解釋
分別義趣令其易解復作是言來善男子汝
當於此甚深般若波羅蜜多至心聽聞受持
讀誦令善通利如理思惟隨此般若波羅蜜
多所說法門應正信解若正信解則能修學
如是般若波羅蜜多若能修學如是般若波
羅蜜多則能證得一切智法若能證得一切
智法則修般若波羅蜜多增益圓滿若修般
若波羅蜜多增益圓滿便證無上正等菩提
憍尸迦是善男子善女人等所獲功德甚多
於前何以故憍尸迦一切初發無上正等覺
心菩薩摩訶薩乃至住十地菩薩摩訶薩皆
是般若波羅蜜多所流出故復次憍尸迦置
贍部洲諸有情類若善男子善女人等教四
大洲一切有情若小千界一切有情若中千
界一切有情若此三千大千世界一切有情
若復十方各如殑伽沙等世界一切有情皆
發無上正等覺心於意云何是善男子善女
人等由此因緣得福多不天帝釋言甚多世
尊甚多善逝佛言憍尸迦若善男子善女人
等於此般若波羅蜜多以無量門巧妙文義
為他廣說宣示開演顯了解釋分別義趣令
其易解復作是言來善男子汝當於此甚深
般若波羅蜜多至心聽聞受持讀誦令善通
利如理思惟隨此般若波羅蜜多所說法門
應正信解若正信解則能修學如是般若波

BD04076號　大般若波羅蜜多經卷四三二　（6–2）

等於此般若波羅蜜多以無量門巧妙文義
為他廣說宣示開演顯了解釋分別義趣令
其易解復作是言來善男子汝當於此甚深
般若波羅蜜多至心聽聞受持讀誦令善通
利如理思惟隨此般若波羅蜜多所說法門
應正信解若正信解則能修學如是般若波
羅蜜多若能修學如是般若波羅蜜多則能
證得一切智法若能證得一切智法則修般
若波羅蜜多增益圓滿若修般若波羅蜜多
增益圓滿便證無上正等菩提憍尸迦是善
男子善女人等所獲功德甚多於前何以故
憍尸迦一切初發無上正等覺心菩薩摩訶
薩乃至住十地菩薩摩訶薩皆是般若波羅
蜜多所流出故
復次憍尸迦若善男子善女人等教贍部洲
諸有情類皆住菩薩不退轉地於意云何是
善男子善女人等由此因緣得福多不天帝
釋言甚多世尊甚多善逝佛言憍尸迦若善
男子善女人等於此般若波羅蜜多以無量
門巧妙文義為他廣說宣示開演顯了解釋
分別義趣令其易解復作是言來善男子
汝當於此甚深般若波羅蜜多至心聽聞受持
讀誦令善通利如理思惟隨此般若波羅蜜
多所說法門應正信解若正信解則能修學
如是般若波羅蜜多若能修學如是般若波
羅蜜多則能證得一切智法若能證得一切
智法則修般若波羅蜜多增益圓滿若修般

BD04076號　大般若波羅蜜多經卷四三二　（6–3）

分別義趣令其易解復作是言来善男子
汝當於此甚深般若波羅蜜多至心聽聞受持
讀誦令善通利如理思惟隨此般若波羅蜜
多所說法門應正信解若正信解則能脩學
如是般若波羅蜜多若能脩學如是般若波
羅蜜多則能證得一切智法若能證得一切
智法則脩般若波羅蜜多增益圓滿若脩般
若波羅蜜多增益圓滿便證無上正等菩提
憍尸迦迦是善男子善女人等所獲功德甚多
於前何以故憍尸迦一切不退轉地菩薩摩
訶薩乃至無上正等菩提皆是般若波羅蜜多
所流出故復次憍尸迦置贍部洲諸有情類
若善男子善女人等教四大洲一切有情若
小千界一切有情若中千界一切有情若此
三千大千世界一切有情若復十方各如
殑伽沙等世界一切有情皆住菩薩不退轉
地於意云何是善男子善女人等由此因緣
得福多不天帝釋言甚多世尊甚多善逝佛
言憍尸迦若善男子善女人等於此般若波
羅蜜多以無量門巧妙文義為他廣說宣示
開演顯了解釋分別義趣令其易解復作是
言来善男子汝當於此甚深般若波羅蜜多
至心聽聞受持讀誦令善通利如理思惟
隨此般若波羅蜜多所說法門應正信解若
正信解則能脩學如是般若波羅蜜多若能
脩學如是般若波羅蜜多則能證得一切智
[illegible]

BD04076 號　大般若波羅蜜多經卷四三二　（6–4）

[illegible]
言来善男子汝當於此甚深般若波羅蜜多
至心聽聞受持讀誦令善通利如理思惟
隨此般若波羅蜜多所說法門應正信解若
正信解則能脩學如是般若波羅蜜多若能
脩學如是般若波羅蜜多則能證得一切智
法若能證得一切智法則脩般若波羅蜜多
增益圓滿若脩般若波羅蜜多增益圓滿
便證無上正等菩提憍尸迦是善男子善女人
等所獲功德甚多於前何以故憍尸迦一切
不退轉地菩薩摩訶薩乃至無上正等菩提
皆是般若波羅蜜多所流出故
復次憍尸迦若贍部洲諸有情類皆趣無上
正等菩提有善男子善女人等於此般若波
羅蜜多以無量門巧妙文義廣為他說宣示
開演顯了解釋分別義趣令其易解復作是
言来善男子汝當於此甚深般若波羅蜜多
至心聽聞受持讀誦令善通利如理思惟隨
此般若波羅蜜多所說法門應正信解若正
信解則能脩學如是般若波羅蜜多若能脩
學如是般若波羅蜜多則能證得一切智法
若能證得一切智法則脩般若波羅蜜多增
益圓滿若脩般若波羅蜜多增益圓滿便證
無上正等菩提憍尸迦是善男子善女人等
所獲功德甚多於前復次憍尸迦置贍部洲
諸有情類若四大洲一切有情若小千界一
切有情若中千界一切有情若此三千大千

BD04076 號　大般若波羅蜜多經卷四三二　（6–5）

復次憍尸迦若贍部洲諸有情類皆趣無上
正等菩提有善男子善女人等於此般若波
羅蜜多以無量門巧妙文義廣為他說宣示
開演顯了解釋分別義趣令其易解復作是
言汝善男子汝當於此甚深般若波羅蜜多
至心聽聞受持讀誦令善通利如理思惟隨
此般若波羅蜜多所說法門應正信解若正
信解則能修學如是般若波羅蜜多若能修
學如是般若波羅蜜多則能證得一切智法
若能證得一切智法則修般若波羅蜜多增
益圓滿若修般若波羅蜜多增益圓滿便證
無上正等菩提憍尸迦是善男子善女人等
所獲功德甚多於前復次憍尸迦置贍部洲
諸有情類若四大洲一切有情若小千界一
切有情若中千界一切有情若此三千大千
世界一切有情若復十方各如殑伽沙等世
界一切有情皆趣無上正等菩提有善男子
善女人等於此般若波羅蜜多以無量門巧
演顯了解釋分

BD04076號　大般若波羅蜜多經卷四三二　（6–6）

妙法蓮華經五百弟子受記品第八　四
尒時富樓那彌多羅尼子從佛聞是智慧
方便隨宜說法又聞授諸大弟子阿耨多羅
三藐三菩提記復聞宿世因緣之事復聞諸
佛有大自在神通之力得未曾有心淨踊躍
即從座起到於佛前頭面礼足却住一面瞻
仰尊顏目不暫捨而作是念世尊甚奇特所
為希有隨順世間若干種性以方便知見而
為說法拔出衆生處處貪著我等於佛功德
言不能宣唯佛世尊能知我等深心本願尒時
佛告諸比丘汝等見是富樓那彌多羅尼子
不我常稱其於說法人中最為第一亦常歎
其種種功德精勤護持助宣我法能於四衆
示教利喜具足解釋佛之正法而大饒益同
梵行者自捨如來无能盡其言論之辯汝等
勿謂富樓那但能護持助宣我法亦於過去
九十億諸佛所護持助宣佛之正法於彼說
法人中亦最第一又於諸佛所說空法明了
通達得四无导智常能審諦清淨說法无有
疑惑具足菩薩神通之力隨其壽命常脩梵

BD04077號　妙法蓮華經卷四　（3–1）

[illegible]助宣我法能於四衆
示教利喜具足解釋佛之正法而大饒益同
梵行者自捨如来无能盡其言論之辯汝等
勿謂富樓那但能護持助宣我法亦於過去
九十億諸佛所護持助宣佛之正法於彼說
法人中亦最第一又於諸佛所說空法明了
通達得四无㝵智常能審諦清淨說法无有
疑惑具足菩薩神通之力隨其壽命常脩梵
行彼佛世人咸皆謂之實是聲聞而富樓那
以斯方便饒益无量百千衆生又化无量阿
僧祇人令立阿耨多羅三藐三菩提為淨佛
土故常作佛事教化衆生諸比丘富樓那亦
於七佛說法人中而得第一今於我所說法
人中亦為第一於賢劫中當来諸佛說法人
中亦復第一而皆護持助宣佛法亦於未来
護持助宣无量无邊諸佛之法教化饒益无
量衆生令立阿耨多羅三藐三菩提為淨佛
土故常勤精進教化衆生漸漸具足菩薩之
道過无量阿僧祇劫當於此土得阿耨多羅
三藐三菩提号曰法明如来應供正遍知明
行足善逝世間解无上士調御丈夫天人師
佛世尊其佛以恒河沙等三千大千世界為
一佛土七寶為地地平如掌无有山陵谿澗
溝壑七寶臺觀充滿其中諸天宮殿近處虛
空人天交接兩得相見无諸惡道亦无女人

佛世尊其佛以恒河沙等三千大千世界為
一佛土七寶為地地平如掌无有山陵谿澗
溝壑七寶臺觀充滿其中諸天宮殿近處虛
空人天交接兩得相見无諸惡道亦无女人
一切衆生皆以化生无有婬欲得大神通身
出光明飛行自在志念堅固精進智慧普皆
金色三十二相而自莊嚴其國衆生常以二
食一者法喜食二者禪悅食有无量阿僧祇
千万億那由他諸菩薩衆得大神通四无㝵
智善能教化衆生之類其聲聞衆筭數校計
所不能知皆得具足六通三明及八解脫其
佛國土有如是等无量功德莊嚴成就劫名
寶明國名善淨其佛壽命无量阿僧祇劫法
住甚久佛滅度後起七寶塔遍滿其國尒時世
尊欲重宣此義而說偈言
諸比丘諦聽　佛子所行道　善學方便故　不可得思議
知衆樂小法　而畏於大智　是故諸菩薩　作聲聞緣覺
以无數方便　化諸衆生類　自說是聲聞　去佛道甚遠
度脫无量衆　皆悉得成就　雖小欲懈怠　漸當令作佛
內祕菩薩行　外現是聲聞　少欲厭生死　實自淨佛土
示衆有三毒　又現邪見相　我弟子如是　方便度衆生

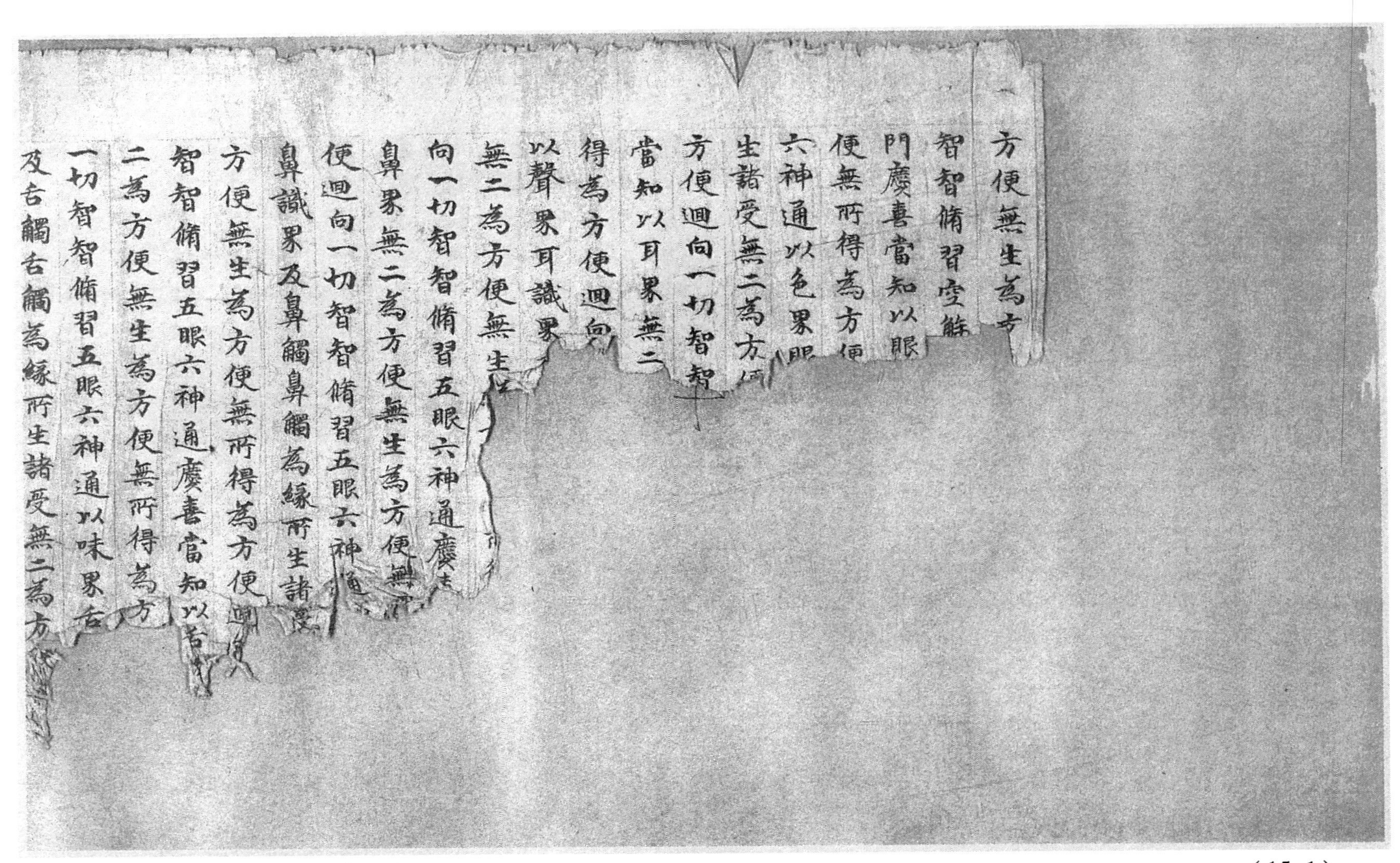

BD04078 號　大般若波羅蜜多經卷一〇八　　（15–1）

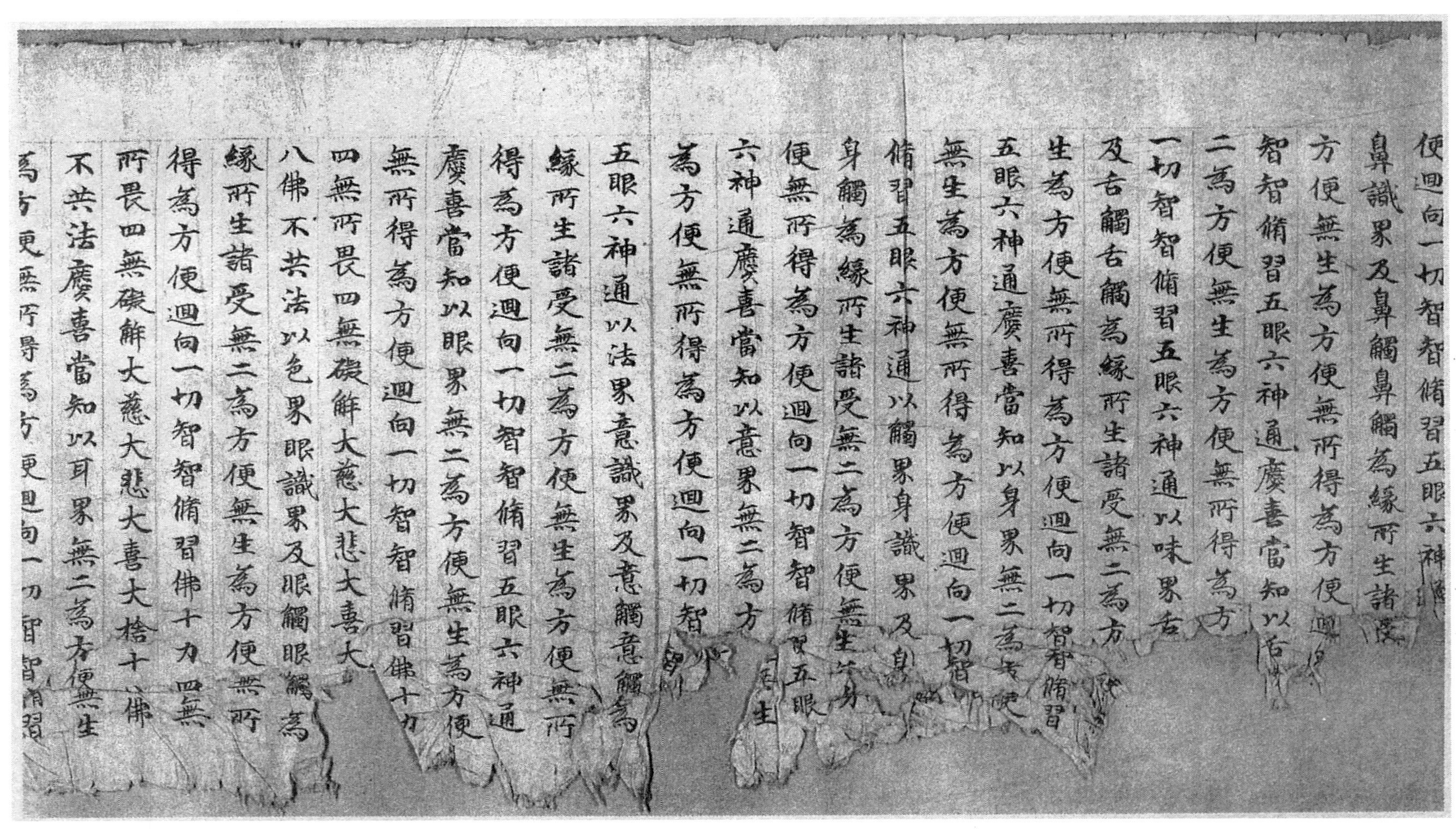

BD04078 號　大般若波羅蜜多經卷一〇八　　（15–2）

八佛不共法以色界眼識界及眼觸眼觸為
緣所生諸受無二為方便無生為方便無所
得為方便迴向一切智智脩習佛十力四無
所畏四無礙解大慈大悲大喜大捨十八佛
不共法慶喜當知以耳界無二為方便無生
為方便無所得為方便迴向一切智智脩習
佛十力四無所畏四無礙解大慈大悲大喜
大捨十八佛不共法以聲界耳識界及[illegible]觸
耳觸為緣所生諸受無二為方便無生為方
便無所得為方便迴向一切智智脩習佛十
力四無所畏四無礙解大慈大悲大喜大捨
十八佛不共法慶喜當知以鼻界無二為方
便無生為方便無所得為方便迴向一切智
智脩習佛十力四無所畏四無礙解大慈大
悲大喜大捨十八佛不共法以香界鼻識界
及鼻觸鼻觸為緣所生諸受無二為方便無
生為方便無所得為方便迴向一切智智脩
習佛十力四無所畏四無礙解大慈大悲大
喜大捨十八佛不共法慶喜當知以舌界無
二為方便無生為方便無所得為方便迴向
一切智智脩習佛十力四無所畏四無礙解
大慈大悲大喜大捨十八佛不共法以[illegible]界
舌識界及舌觸舌觸為緣所生諸受無二為
方便無生為方便無所得為方便迴向一切
智智脩習佛十力四無所畏四無礙解大慈
大悲大喜大捨十八佛不共法慶喜當知以

大慈大悲大喜大捨十八佛不共法以[illegible]界
舌識界及舌觸舌觸為緣所生諸受無二為
方便無生為方便無所得為方便迴向一切
智智脩習佛十力四無所畏四無礙解大慈
大悲大喜大捨十八佛不共法慶喜當知以
身界無二為方便無生為方便無所得為方
便迴向一切智智脩習佛十力四無所畏四
無礙解大慈大悲大喜大捨十八佛不共法
以觸界身識界及身觸身觸為緣所生諸受
無二為方便無生為方便無所得為方便迴
向一切智智脩習佛十力四無所畏四無礙
解大慈大悲大喜大捨十八佛不共法慶喜
當知以意界無二為方便無生為方便無所
得為方便迴向一切智智脩習佛十力四無
所畏四無礙解大慈大悲大喜大捨十八佛
不共法以法界意識界及意觸意觸為緣所
生諸受無二為方便無生為方便無所得為
方便迴向一切智智脩習佛十力四無所畏
四無礙解大慈大悲大喜大捨十八佛不共
法慶喜當知以眼界無二為方便無生為方
便無所得為方便迴向一切智智脩習無忘
失法恒住捨性以色界眼識界及眼觸眼觸
為緣所生諸受無二為方便無生為方便無
所得為方便迴向一切智智脩習無忘失法
恒住捨性慶喜當知以耳界無二為方便無
生為方便無所得為方便迴向一切智智脩

爲緣所生諸受無二爲方便無生爲方便無
所得爲方便迴向一切智智修習無忘失法
恒住捨性慶喜當知以耳界無二爲方便無
生爲方便無所得爲方便迴向一切智智修
習無忘失法恒住捨性以聲界耳識界及耳
觸耳觸爲緣所生諸受無二爲方便無生爲
方便無所得爲方便迴向一切智智修習無
忘失法恒住捨性慶喜當知以鼻界無二爲
方便無生爲方便無所得爲方便迴向一切
智智修習無忘失法恒住捨性以香界鼻識
界及鼻觸鼻觸爲緣所生諸受無二爲方便
無生爲方便無所得爲方便迴向一切智智
修習無忘失法恒住捨性慶喜當知以舌界
無二爲方便無生爲方便無所得爲方便迴
向一切智智修習無忘失法恒住捨性以味
界舌識界及舌觸舌觸爲緣所生諸受無二
爲方便無生爲方便無所得爲方便迴向一
切智智修習無忘失法恒住捨性慶喜當知
以身界無二爲方便無生爲方便無所得爲
方便迴向一切智智修習無忘失法恒住捨
性以觸界身識界及身觸身觸爲緣所生諸
受無二爲方便無生爲方便無所得爲方便
迴向一切智智修習無忘失法恒住捨性慶
喜當知以意界無二爲方便無生爲方便無
所得爲方便迴向一切智智修習無忘失法

BD04078號　大般若波羅蜜多經卷一〇八　（15–5）

受無二爲方便無生爲方便無所得爲方便
迴向一切智智修習無忘失法恒住捨性慶
喜當知以意界無二爲方便無生爲方便無
所得爲方便迴向一切智智修習無忘失法
恒住捨性以法界意識界及意觸意觸爲緣
所生諸受無二爲方便無生爲方便無所得
爲方便迴向一切智智修習無忘失法恒住
捨性慶喜當知以眼界無二爲方便無生爲
方便無所得爲方便迴向一切智智修習一
切智道相智一切相智以色界眼識界及眼
觸眼觸爲緣所生諸受無二爲方便無生爲
方便無所得爲方便迴向一切智智修習一
切智道相智一切相智慶喜當知以耳界無
二爲方便無生爲方便無所得爲方便迴向
一切智智修習一切智道相智一切相智　以
聲界耳識界及耳觸耳觸爲緣所生諸受無
二爲方便無生爲方便無所得爲方便迴向
一切智智修習一切智道相智一切相智慶
喜當知以鼻界無二爲方便無生爲方便無
所得爲方便迴向一切智智修習一切智道
相智一切相智以香界鼻識界及鼻觸鼻觸
爲緣所生諸受無二爲方便無生爲方便無
所得爲方便迴向一切智智修習一切智道
相智一切相智慶喜當知以舌界無二爲方
便無生爲方便無所得爲方便迴向一切智
智修習一切智道相智一切相智以味界舌

BD04078號　大般若波羅蜜多經卷一〇八　（15–6）

所得為方便迴向一切智智脩習一切智道
相智一切相智慶喜當知以舌界無二為方
便無生為方便無所得為方便迴向一切智
智脩習一切智道相智一切相智以味界舌
識界及舌觸舌觸為緣所生諸受無二為方
便無生為方便無所得為方便迴向一切智
智脩習一切智道相智一切相智慶喜當知
以身界無二為方便無生為方便無所得為
方便迴向一切智智脩習一切智道相智一
切相智以觸界身識界及身觸身觸為緣所
生諸受無二為方便無生為方便無所得為
方便迴向一切智智脩習一切智道相智一切
相智慶喜當知以意界無二為方便無生
為方便無所得為方便迴向一切智智脩習
一切智道相智一切相智以法界意識界及
意觸意觸為緣所生諸受無二為方便無生
為方便無所得為方便迴向一切智智脩習
一切智道相智一切相智慶喜當知以眼界
無二為方便無生為方便無所得為方便迴
向一切智智脩習一切陁羅尼門一切三摩
地門以色界眼識界及眼觸眼觸為緣所生
諸受無二為方便無生為方便無所得為方
便迴向一切智智脩習一切陁羅尼門 一切
三摩地門慶喜當知以耳界無二為方便無
生為方便無所得為方便迴向一切智智脩
習一切陁羅尼門一切三摩地門以聲界耳

BD04078 號　大般若波羅蜜多經卷一〇八　（15–7）

諸受無二為方便無生為方便無所得為方
便迴向一切智智脩習一切陁羅尼門 一切
三摩地門慶喜當知以耳界無二為方便無
生為方便無所得為方便迴向一切智智脩
習一切陁羅尼門一切三摩地門以聲界耳
識界及耳觸耳觸為緣所生諸受無二為方
便無生為方便無所得為方便迴向一切智
智脩習一切陁羅尼門一切三摩地門慶喜
當知以鼻界無二為方便無生為方便無所
得為方便迴向一切智智脩習一切陁羅尼
門一切三摩地門以香界鼻識界及鼻觸鼻
觸為緣所生諸受無二為方便無生為方便
無所得為方便迴向一切智智脩習一切陁
羅尼門一切三摩地門慶喜當知以舌界無
二為方便無生為方便無所得為方便迴向
一切智智脩習一切陁羅尼門一切三摩地
門以味界舌識界及舌觸舌觸為緣所生諸
受無二為方便無生為方便無所得為方便
迴向一切智智脩習一切陁羅尼門一切三
摩地門慶喜當知以身界無二為方便無生
為方便無所得為方便迴向一切智智脩習
一切陁羅尼門一切三摩地門以觸界身識
界及身觸身觸為緣所生諸受無二為
方便無生為方便無所得為方便迴向
一切智智脩習一切陁羅尼門一切三
摩地門慶喜當知以意界無二為方便無

BD04078 號　大般若波羅蜜多經卷一〇八　（15–8）

一切陁羅尼門一切三摩地門以觸界身識
界及身觸身觸為緣所生諸受無二為
方便無生為方便無所得為方便迴向
一切智智脩習一切陁羅尼門一切三
摩地門慶喜當知以意界無二為方便無
生為方便無所得為方便迴向一切智智
脩習一切陁羅尼門一切三摩地門以法界
意識界及意觸意觸為緣所生諸受無二為
方便無生為方便無所得為方便迴向一切
智智脩習一切陁羅尼門一切三摩地門慶
喜當知以眼界無二為方便無生為方便無
所得為方便迴向一切智智脩習菩薩摩訶
薩行以色界眼識界及眼觸眼觸為緣所生
諸受無二為方便無生為方便無所得為方
便迴向一切智智脩習菩薩摩訶薩行慶喜
當知以耳界無二為方便無生為方便無所
得為方便迴向一切智智脩習菩薩摩訶
薩行以聲界耳識界及耳觸耳觸為緣所生
諸受無二為方便無生為方便無所得為方
便迴向一切智智脩習菩薩摩訶薩行慶喜當
知以鼻界無二為方便無生為方便無所得
為方便迴向一切智智脩習菩薩摩訶薩行
以香界鼻識界及鼻觸鼻觸為緣所生諸受
無二為方便無生為方便無所得為方便迴
向一切智智脩習菩薩摩訶薩行慶喜當知
以舌界無二為方便無生為方便無所得為

BD04078號　大般若波羅蜜多經卷一〇八　（15–9）

以香界鼻識界及鼻觸鼻觸為緣所生諸受
無二為方便無生為方便無所得為方便迴
向一切智智脩習菩薩摩訶薩行慶喜當知
以舌界無二為方便無生為方便無所得為
方便迴向一切智智脩習菩薩摩訶薩行以
味界舌識界及舌觸舌觸為緣所生諸受無
二為方便無生為方便無所得為方便迴向
一切智智脩習菩薩摩訶薩行慶喜當知以
身界無二為方便無生為方便無所得為方
便迴向一切智智脩習菩薩摩訶薩行以觸
界身識界及身觸身觸為緣所生諸受無二
為方便無生為方便無所得為方便迴向一
切智智脩習菩薩摩訶薩行慶喜當知以意
界無二為方便無生為方便無所得為方便
迴向一切智智脩習菩薩摩訶薩行以法界
意識界及意觸意觸為緣所生諸受無二為
方便無生為方便無所得為方便迴向一切
智智脩習菩薩摩訶薩行
慶喜當知以眼界無二為方便無生為方便
無所得為方便迴向一切智智脩習無上正
等菩提以色界眼識界及眼觸眼觸為緣所
生諸受無二為方便無生為方便無所得為
方便迴向一切智智脩習無上正等菩提慶
喜當知以耳界無二為方便無生為方便無
所得為方便迴向一切智智脩習無上正等
菩提以聲界耳識界及耳觸耳觸為緣所生

BD04078號　大般若波羅蜜多經卷一〇八　（15–10）

方便迴向一切智智脩習無上正等菩提慶
喜當知以耳界無二為方便無生為方便無
所得為方便迴向一切智智脩習無上正等
菩提以聲界耳識界及耳觸耳觸為緣所生
諸受無二為方便無生為方便無所得為方
便迴向一切智智脩習無上正等菩提慶喜
當知以鼻界無二為方便無生為方便無所
得為方便迴向一切智智脩習無上正等菩
提以香界鼻識界及鼻觸鼻觸為緣所生諸
受無二為方便無生為方便無所得為方便
迴向一切智智脩習無上正等菩提慶喜當
知以舌界無二為方便無生為方便無所得
為方便迴向一切智智脩習無上正等菩提
以味界舌識界及舌觸舌觸為緣所生諸受
無二為方便無生為方便無所得為方便迴
向一切智智脩習無上正等菩提慶喜當知
以身界無二為方便無生為方便無所得為
方便迴向一切智智脩習無上正等菩提以
觸界身識界及身觸身觸為緣所生諸受無
二為方便無生為方便無所得為方便迴向
一切智智脩習無上正等菩提慶喜當知以
意界無二為方便無生為方便無所得為方
便迴向一切智智脩習無上正等菩提以法
界意識界及意觸意觸為緣所生諸受無二
為方便無生為方便無所得為方便迴向一
切智智脩習無上正等菩提

BD04078號　大般若波羅蜜多經卷一〇八　（15–11）

便迴向一切智智脩習無上正等菩提以法
界意識界及意觸意觸為緣所生諸受無二
為方便無生為方便無所得為方便迴向一
切智智脩習無上正等菩提
慶喜當知以地界無二為方便無生為方便
無所得為方便迴向一切智智脩習布施淨
戒安忍精進靜慮般若波羅蜜多以水火風
空識界無二為方便無生為方便無所得為
方便迴向一切智智脩習布施淨戒安忍精
進靜慮般若波羅蜜多慶喜當知以地界無
二為方便無生為方便無所得為方便迴向
一切智智安住內空外空內外空空空大空
勝義空有為空無為空畢竟空無際空散空
無變異空本性空自相空共相空一切法空
不可得空無性空自性空無性自性空以水
火風空識界無二為方便無生為方便無所
得為方便迴向一切智智安住內空乃至無
性自性空慶喜當知以地界無二為方便無
生為方便無所得為方便迴向一切智智安
住真如法界法性不虛妄性不變異性平等
性離生性法定法住實際虛空界不思議界
以水火風空識界無二為方便無生為方便
無所得為方便迴向一切智智安住真如乃
至不思議界慶喜當知以地界無二為方便
無生為方便無所得為方便迴向一切智智
安住苦集滅道聖諦以水火風空識界無二

BD04078號　大般若波羅蜜多經卷一〇八　（15–12）

性離生性法定法住實際虛空界不思議界
以水火風空識界無二為方便無生為方便
無所得為方便迴向一切智智安住真如乃
至不思議界慶喜當知以地界無二為方便
無生為方便無所得為方便迴向一切智智
安住苦集滅道聖諦以水火風空識界無二
為方便無生為方便無所得為方便迴向一
切智智安住苦集滅道聖諦慶喜當知以地
界無二為方便無生為方便無所得為方便
迴向一切智智脩習四靜慮四無量四無色
定以水火風空識界無二為方便無生為方
便無所得為方便迴向一切智智脩習四靜
慮四無量四無色定慶喜當知以地界無二
為方便無生為方便無所得為方便迴向一
切智智脩習八解脫八勝處九次第定十遍
處以水火風空識界無二為方便無生為方
便無所得為方便迴向一切智智脩習八解
脫八勝處九次第定十遍處慶喜當知以地
界無二為方便無生為方便無所得為方便
迴向一切智智脩習四念住四正斷四神足
五根五力七等覺支八聖道支以水火風空
識界無二為方便無生為方便無所得為方
便迴向一切智智脩習四念住四正斷四神
足五根五力七等覺支八聖道支慶喜當知
以地界無二為方便無生為方便無所得為
方便迴向一切智智脩習空解脫門無相解

便迴向一切智智脩習四念住四正斷四神
足五根五力七等覺支八聖道支慶喜當知
以地界無二為方便無生為方便無所得為
方便迴向一切智智脩習空解脫門無相解
脫門無願解脫門以水火風空識界無二為
方便無生為方便無所得為方便迴向一切
智智脩習空解脫門無相解脫門無願解脫
門慶喜當知以地界無二為方便無生為方
便無所得為方便迴向一切智智脩習五眼
六神通以水火風空識界無二為方便無生
為方便無所得為方便迴向一切智智脩習
五眼六神通慶喜當知以地界無二為方便無
生為方便無所得為方便迴向一切智智脩
習佛十力四無所畏四無礙解大慈大悲
大喜大捨十八佛不共法以水火風空識界
無二為方便無生為方便無所得為方便迴
向一切智智脩習佛十力四無所畏四無礙
解大慈大悲大喜大捨十八佛不共法慶喜
當知以地界無二為方便無生為方便無所
得為方便迴向一切智智脩習無忘失法恒
住捨性以水火風空識界無二為方便無生
為方便無所得為方便迴向一切智智脩習
無忘失法恒住捨性慶喜當知以地界無二
為方便無生為方便無所得為方便迴向一
切智智脩習一切智道相智一切相智以水
火風空識界無二為方便無生為方便無所

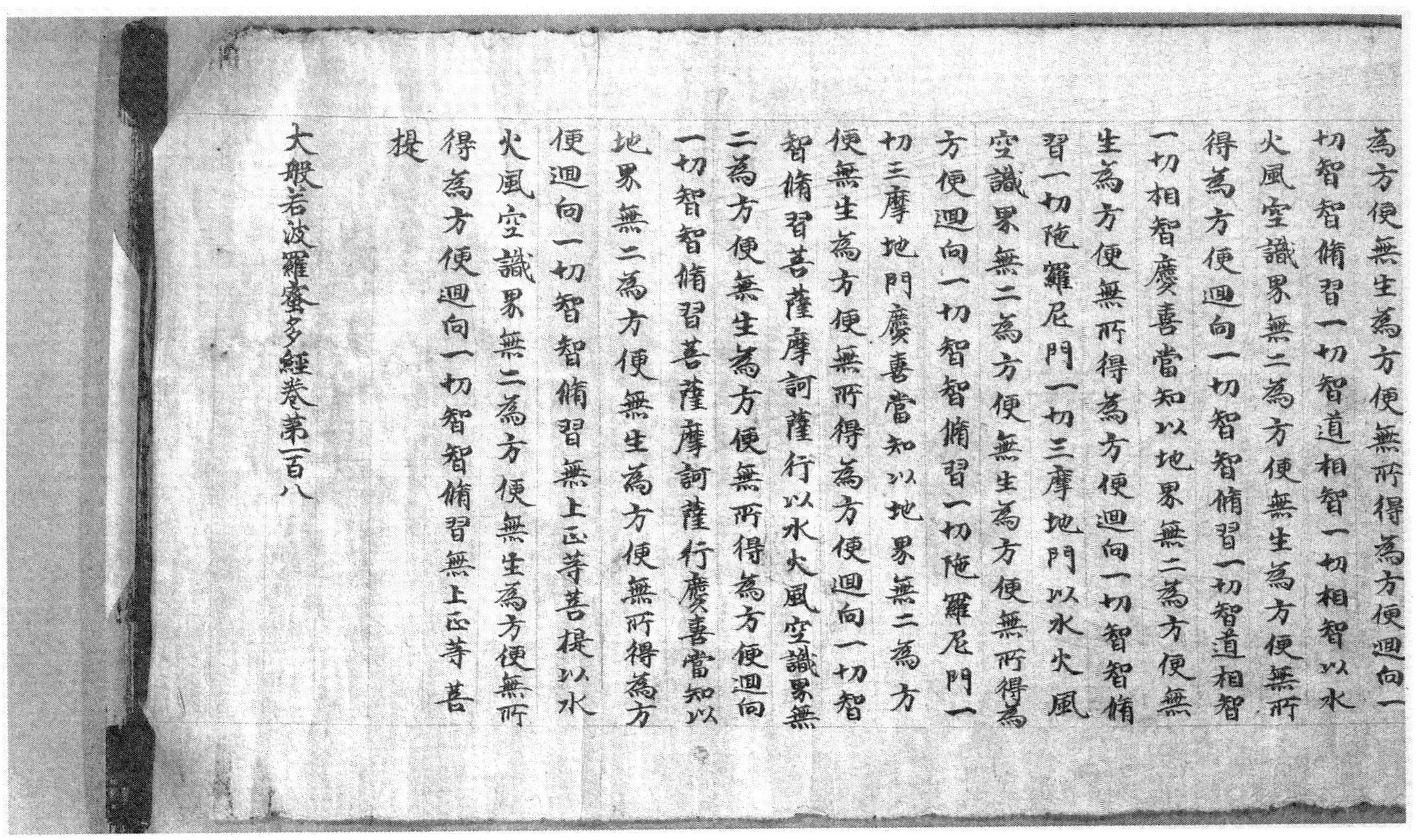
為方便無生為方便無所得為方便迴向一
切智智脩習一切智道相智一切相智以水
火風空識界無二為方便無生為方便無所
得為方便迴向一切智智脩習一切智道相智
一切相智慶喜當知以地界無二為方便無
生為方便無所得為方便迴向一切智智脩
習一切陁羅尼門一切三摩地門以水火風
空識界無二為方便無生為方便無所得為
方便迴向一切智智脩習一切陁羅尼門一
切三摩地門慶喜當知以地界無二為方
便無生為方便無所得為方便迴向一切智
智脩習菩薩摩訶薩行以水火風空識界無
二為方便無生為方便無所得為方便迴向
一切智智脩習菩薩摩訶薩行慶喜當知以
地界無二為方便無生為方便無所得為方
便迴向一切智智脩習無上正等菩提以水
火風空識界無二為方便無生為方便無所
得為方便迴向一切智智脩習無上正等菩
提

大般若波羅蜜多經卷第一百八

BD04078 號　大般若波羅蜜多經卷一〇八　（15–15）

常放大光明　具足諸神通　名聞遍十方　一切之所敬
當說无上道　故号為普明　其國土清淨　菩薩皆勇猛
咸昇妙樓閣　遊諸十方國　以无上供具　奉獻於諸佛
作是供養已　心懷大歡喜　須臾還本國　有如是神力
佛壽六萬劫　正法住倍壽　像法復倍是　法滅天人憂
其五百比丘　次第當作佛　同号曰普明　轉次而受記
我滅度之後　某甲當作佛　其所化世間　亦如我今日
國土之嚴淨　及諸神通力　菩薩聲聞眾　正法及像法
壽命劫多少　皆如上所說　迦葉汝已知　五百自在者
餘諸聲聞眾　亦當復如是　其不在此會　汝當為宣說
尒時五百阿羅漢於佛前得受記已歡喜踊躍
即從座起到於佛前頭面礼足悔過自責世
尊我等常作是念自謂已得究竟滅度今
乃知之如无智者所以者何我等應得如來
智慧而便自以小智為足世尊譬如有人至
親友家醉酒而臥是時親友官事當行以无
價寶珠繫其衣裏與之而去其人醉臥都不
覺知起已遊行到於他國為衣食故勤力求
索甚大艱難若少有所得便以為足於後親
友會遇見之而作是言咄哉丈夫何為衣食
乃至如是我昔欲令汝等安樂五欲自恣於

BD04079 號　妙法蓮華經卷四　（3–1）

價寶珠繫其衣裏與之而去其人醉卧都不
覺知起已遊行到於他國為衣食故勤力求
索甚大艱難若少有所得便以為足於後親
友會遇見之而作是言咄哉丈夫何為衣食
乃至如是我昔欲令汝等安樂五欲自恣於
某年日月以无價寶珠繫汝衣裏今故現在而
汝不知勤苦憂惱以求自活甚為癡也汝今可
以此寶貿易所須常可如意无所乏短佛亦
如是為菩薩時教化我等令發一切智心而
尋廢忘不知不覺既得阿羅漢道自謂滅度
資生艱難得少為足一切智願猶在不失今
者世尊覺悟我等作如是言諸比丘汝等所
得非究竟滅我久令汝等種佛善根以方便
故示涅槃相而汝謂為實得滅度世尊我今
乃知實是菩薩得受阿耨多羅三藐三菩提
記以是因緣甚大歡喜得未曾有尒時阿
若憍陳如等欲重宣此義而說偈言
我等聞无上　安隱授記聲　歡喜未曾有　礼无量智佛
今於世尊前　自悔諸過咎　於无量佛寶　得少涅槃分
如无智愚人　便自以為足
譬如貧窮人　往至親友家　其家甚大富　具設諸餚饍
以无價寶珠　繫著內衣裏　默與而捨去　時卧不覺知
是人既已起　遊行詣他國　求衣食自濟　資生甚艱難
得少便為足　更不願好者　不覺內衣裏　有无價寶珠
與珠之親友　後見此貧人　苦切責之已　示以所繫珠
貧人見此珠　其心大歡喜　富有諸財物　五欲而自恣

BD04079號　妙法蓮華經卷四　（3–2）

是人既已起　遊行詣他國　求衣食自濟　資生甚艱難
得少便為足　更不願好者　不覺內衣裏　有无價寶珠
與珠之親友　後見此貧人　苦切責之已　示以所繫珠
貧人見此珠　其心大歡喜　富有諸財物　五欲而自恣
我等亦如是　世尊於長夜　常愍見教化　令種无上願
我等无智故　不覺亦不知　得少涅槃分　自足不求餘
今佛覺悟我　言非實滅度　得佛无上慧　尒乃為真滅
我今從佛聞　受記莊嚴事　及轉次受決　身心遍歡喜
妙法蓮華經授學无學人記品第九
尒時阿難羅睺羅而作是念我等每自思惟
設得受記不亦快乎即從座起到於佛前頭
面礼足俱白佛言世尊我等於此亦應有分
唯有如來我等所歸又我等為一切世間天
人阿脩羅所見知識阿難常為侍者護持法
藏羅睺羅是佛之子若佛見授阿耨多羅三
藐三菩提記者我願既滿眾望亦足尒時學无
學聲聞弟子二千人皆從座起偏袒右肩
到於佛前一心合掌瞻仰世尊如阿難羅睺
羅所願住立一面尒時佛告阿難汝於來世
當得作佛号山海慧自在通王如來應供正
遍知明行足善逝世間解无上士調御丈夫
天人師佛世尊當供養六十二億諸佛護持

BD04079號　妙法蓮華經卷四　（3–3）

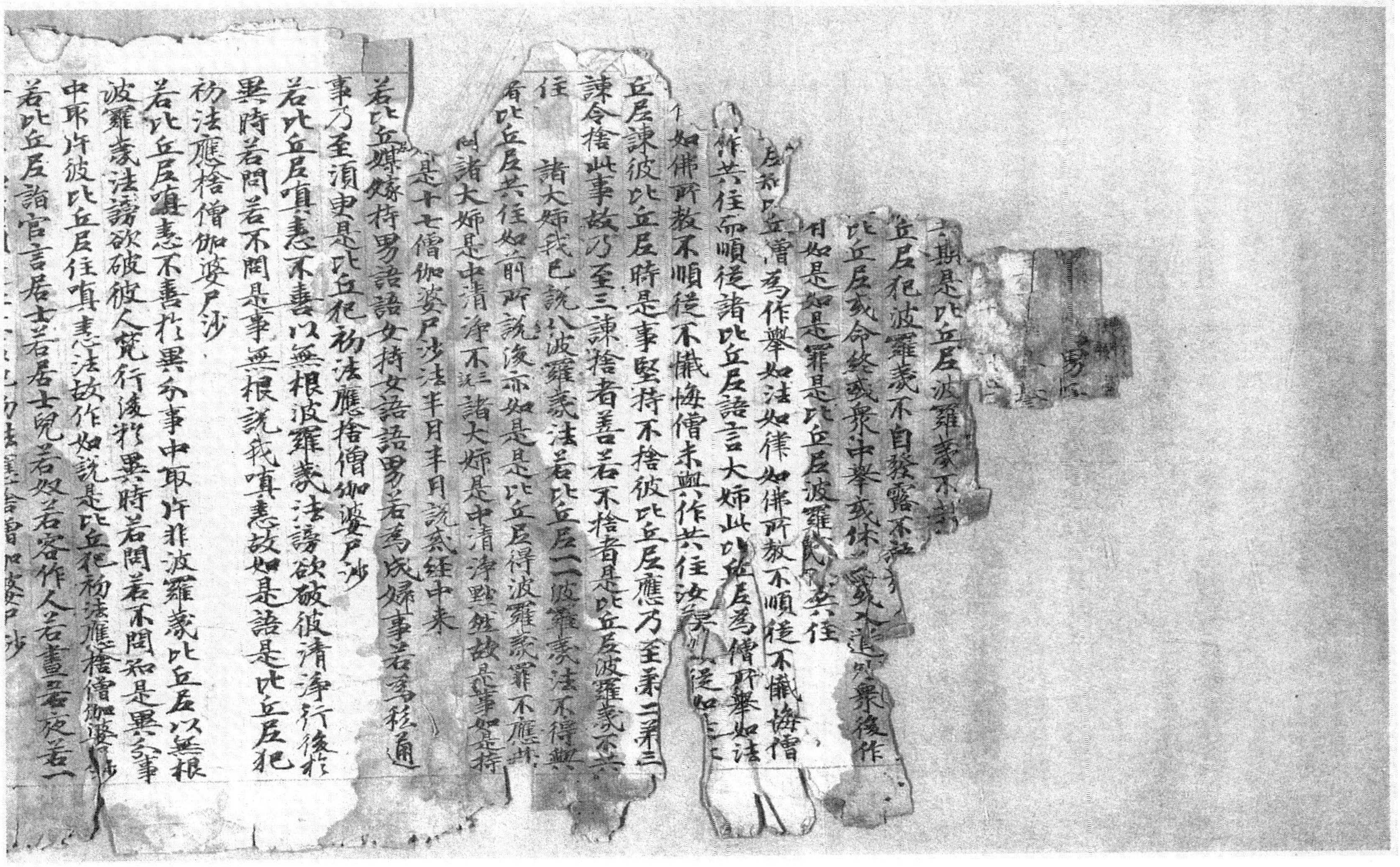

……期是比丘尼波羅夷不……
丘尼犯波羅夷不自發露不語……
比丘尼或命終或眾中舉或休道或入外道眾後作
……如是如是罪是比丘尼波羅夷不共住
若比丘尼知比丘尼僧為作舉如法如律如佛所教不順從不懺悔僧
未作共住而順從諸比丘尼語言大姊此比丘尼為僧所舉如法
如律如佛所教不順從不懺悔僧未與作共住汝莫隨順……
丘尼諫彼比丘尼時是事堅持不捨彼比丘尼應乃至第二第三
諫令捨此事故乃至三諫捨者善若不捨者是比丘尼波羅夷不共
住
諸大姊我已說八波羅夷法若比丘尼一一波羅夷法不得與
諸比丘尼共住如前所說後亦如是是比丘尼得波羅夷罪不應共住
問諸大姊是中清淨不（三說）諸大姊是中清淨默然故是事如是持
是十七僧伽婆尸沙法半月半月說戒經中來
若比丘尼媒嫁持男語語女持女語語男若為成婦事若為私通
事乃至須臾是比丘尼犯初法應捨僧伽婆尸沙
若比丘尼瞋恚不喜以無根波羅夷法謗欲破彼清淨行後於
異時若問若不問是事無根說我瞋恚故如是語是比丘尼犯
初法應捨僧伽婆尸沙
若比丘尼瞋恚不喜於異分事中取片非波羅夷比丘尼以無根
波羅夷法謗欲破彼人梵行後於異時若問若不問知是異分事
中取片彼比丘尼住瞋恚法故作如說是比丘尼犯初法應捨僧伽婆尸沙
若比丘尼詣官言居士若居士兒若奴若客作人若晝若夜若一
……初法應捨僧伽婆尸沙

BD04080 號　四分比丘尼戒本　（8–1）

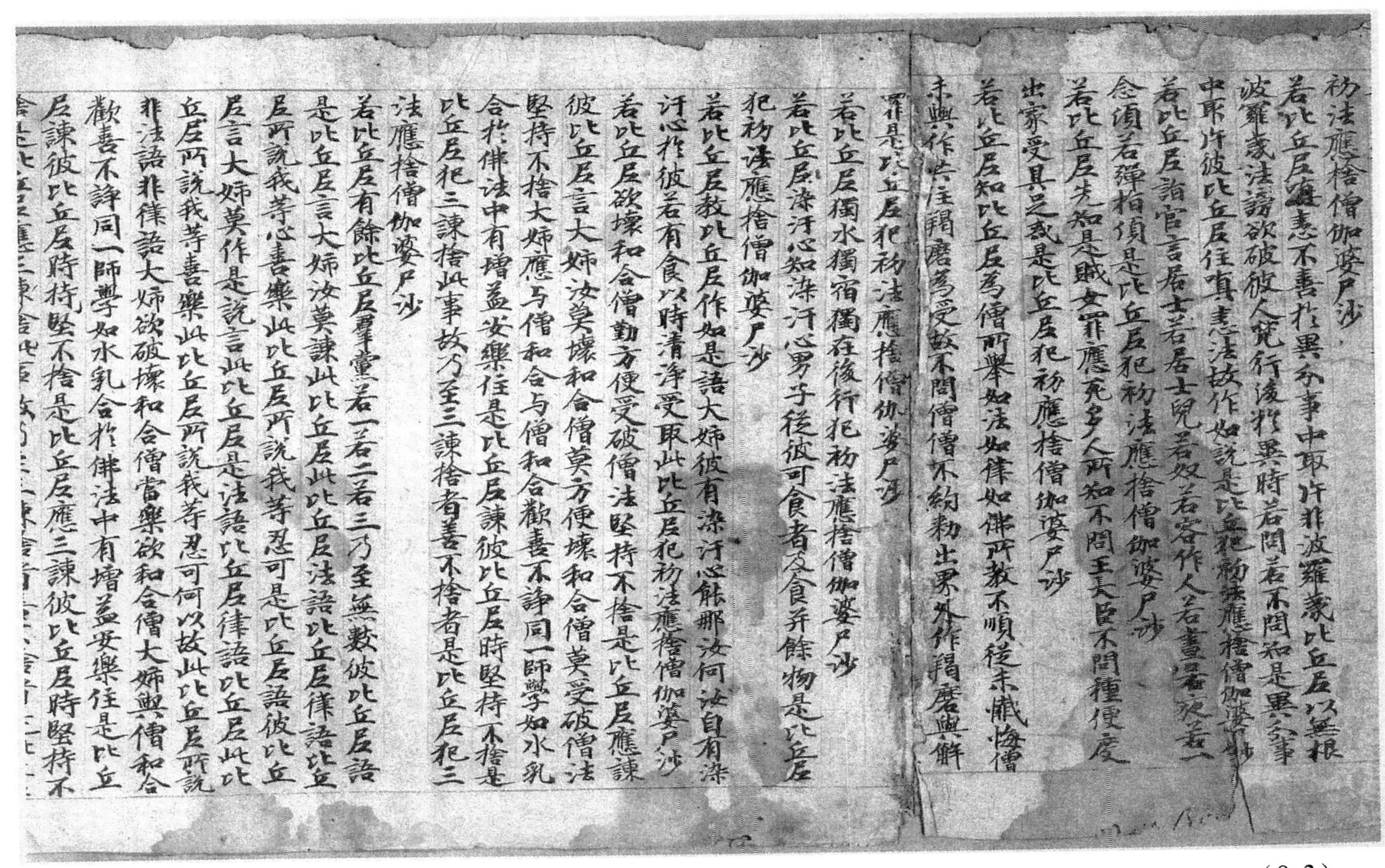

初法應捨僧伽婆尸沙
若比丘尼瞋恚不喜於異分事中取片非波羅夷比丘尼以無根
波羅夷法謗欲破彼人梵行後於異時若問若不問知是異分事
中取片彼比丘尼住瞋恚法故作如說是比丘尼犯初法應捨僧伽婆尸沙
若比丘尼詣官言居士若居士兒若奴若客作人若晝若夜若一
念須臾若彈指頃是比丘尼犯初法應捨僧伽婆尸沙
若比丘尼先知是賊女罪應死多人所知不問王大臣不問種便度
出家受具足戒是比丘尼犯初應捨僧伽婆尸沙
若比丘尼知比丘尼為僧所舉如法如律如佛所教不順從未懺悔僧
未與作共住羯磨為愛故不問僧僧不約勅出界外作羯磨與解
罪是比丘尼犯初法應捨僧伽婆尸沙
若比丘尼獨水獨宿獨在後行犯初法應捨僧伽婆尸沙
若比丘尼染汙心知染汙心男子從彼可食者及食并餘物是比丘尼
犯初法應捨僧伽婆尸沙
若比丘尼教比丘尼作如是語大姊彼有染汙心能那汝何汝自有染
汙心作彼若有食以時清淨受取此比丘尼犯初法應捨僧伽婆尸沙
若比丘尼欲壞和合僧勤方便受破僧法堅持不捨是比丘尼應諫
彼比丘尼言大姊汝莫壞和合僧莫方便壞和合僧莫受破僧法
堅持不捨大姊應与僧和合与僧和合歡喜不諍同一師學如水乳
合於佛法中有增益安樂住是比丘尼諫彼比丘尼時堅持不捨是
比丘尼犯三諫捨此事故乃至三諫捨者善不捨者是比丘尼犯三
法應捨僧伽婆尸沙
若比丘尼有餘比丘尼群黨若一若二若三乃至無數彼比丘尼語
是比丘尼言大姊汝莫諫此比丘尼此比丘尼法語比丘尼律語比丘
尼所說我等心喜樂此比丘尼所說我等忍可是比丘尼語彼比丘
尼言大姊莫作是說言此比丘尼是法語比丘尼律語比丘尼此比
丘尼所說我等喜樂此比丘尼所說我等忍可何以故此比丘尼所說
非法語非律語大姊欲破壞和合僧當樂欲和合僧大姊與僧和合
歡喜不諍同一師學如水乳合於佛法中有增益安樂住是比丘
尼諫彼比丘尼時持堅不捨是比丘尼應三諫彼比丘尼時堅持不
[illegible]

BD04080 號　四分比丘尼戒本　（8–2）

丘尼所說我等喜樂此比丘尼所說我等忍可何以故此比丘尼所說
非法語非律語大姊欲破壞和合僧當樂欲和合僧大姊與僧和合
歡喜不諍同一師學如水乳合於佛法中有增益安樂住是比丘
尼諫彼比丘尼時持堅不捨是比丘尼應三諫彼比丘尼時堅持不
捨是比丘尼應三諫捨此事故乃至三諫捨者善不捨者是比丘尼
犯二法應捨僧伽婆尸沙
若比丘尼依城邑若村落住汙他家行惡行亦見亦聞汙他家
亦見亦聞是比丘尼諫彼比丘尼言大姊汝汙他家行惡行行
惡行亦見亦聞汙他家亦見亦聞大姊汝汙他家行惡行今可
離此村落去不須住此彼比丘尼語此比丘尼作是言大姊諸
比丘尼有愛有恚有怖有癡有如是同罪比丘尼有駈者有
不駈者是諸比丘尼語彼比丘尼言大姊莫作是語有愛有
恚有怖有癡亦莫言有如是同罪比丘尼有駈者有不駈者
何以故而諸比丘尼有愛有恚不怖不癡有如是同罪比丘尼
有駈者有不駈者大姊汙他家行惡行行惡行亦見亦聞汙
他家亦見亦聞是比丘尼諫彼比丘尼時堅持不捨是比丘尼三
應諫捨此事故乃至三諫捨者善不捨者是比丘尼犯二法應
捨僧伽婆尸沙
若比丘尼惡性不受人語於戒法中諸比丘尼如法諫已自身
不受諫語言大姊汝莫白我說若好若惡我亦不向汝說若好
若惡諸大姊止莫諫我是比丘尼當諫彼比丘尼言大姊莫自
身不受諫語大姊自身當受諫語大姊如法諫諸比丘尼諸比
丘尼亦當如法諫大姊如是佛弟子衆得增益展轉相教展轉
懺悔是比丘尼如是諫時堅持不捨是比丘尼應三諫捨此事
故乃至三諫捨者善不捨者是比丘尼犯三法應捨僧伽婆尸沙
若比丘尼相親近住共作惡行惡聲流布展轉共相覆罪是比丘
尼當諫彼比丘尼言大姊汝等莫相親近共作惡行惡聲流布共
相覆罪汝等若不相親近於佛法中得增益安樂住是比丘尼諫
彼比丘尼時堅持不捨是比丘尼應三諫捨此事故乃至三諫捨者
善不捨者是比丘尼犯三法應捨僧伽婆尸沙

BD04080 號　四分比丘尼戒本　（8–3）

相覆罪汝等若不相親近於佛法中得增益安樂住是比丘尼諫
彼比丘尼時堅持不捨是比丘尼應三諫捨此事故乃至三諫捨者
善不捨者是比丘尼犯三法應捨僧伽婆尸沙
若比丘尼比丘尼僧為作呵諫時餘比丘尼教作如是言汝等莫別住
當共住我亦見餘比丘尼不別住共作惡行惡聲流布共相覆罪僧
以恚故教汝等別住是比丘尼應諫彼比丘尼言大姊汝莫教餘比
丘尼言汝等莫別住我亦見餘比丘尼共住共作惡行惡聲流布
共相覆罪僧以恚故教汝等別住今唯有此二比丘尼共住共作惡行
惡聲流布共相覆罪更無有餘若此比丘尼別住於佛法中有增益
安樂住是比丘尼諫彼比丘尼時堅持不捨是比丘尼應三諫令捨
此事故乃至三諫捨者善不捨者是比丘尼犯三法應捨僧伽婆尸沙
若比丘尼趣以一小事嗔恚不喜便作是語我捨佛捨法捨僧不獨
有此沙門釋子亦更有餘沙門婆羅門脩梵行者我等亦可於彼
脩梵行是比丘尼當諫彼比丘尼言大姊汝莫趣以一小事嗔恚不
喜便作是語我捨佛捨法捨僧不獨有此沙門釋子亦更有餘沙門婆羅
門脩梵行者我等亦可於彼脩梵行若是比丘尼諫彼比丘尼時堅
持不捨彼比丘尼應三諫捨此事故乃至三諫捨者善不捨者是比丘
尼犯三法應捨僧伽婆尸沙
若比丘尼喜鬪諍不善憶持諍事後嗔恚作是語僧有愛有恚
有怖有癡是比丘尼應諫彼比丘尼言妹汝莫喜鬪諍不善憶持諍
事後嗔恚作是語僧有愛有恚有怖有癡而僧不愛不恚不怖不
癡汝自有愛有恚有怖有癡是比丘尼諫彼比丘尼時堅持不捨彼
比丘尼應三諫捨此事故乃至三諫捨者善不捨者是比丘尼初犯三
法應捨僧伽婆尸沙
諸大姊我已說十七僧伽婆尸沙法九初犯罪八乃至三諫若比丘尼
犯一一罪應半月二部僧中行摩那埵行摩那埵已餘有出罪應二
部僧中各二十衆出是比丘尼罪若少一人不滿四十衆是比丘尼罪
不得除諸比丘尼亦可呵此是時今問諸大姊是中清淨不　三說
諸大姊是中清淨默然故是事如是持　　諸大姊是三十尼薩
耆波逸提法半月半月說戒經中來

BD04080 號　四分比丘尼戒本　（8–4）

犯一二罪應半月二部僧中行摩那埵已餘有出罪應二
部僧中各二十衆出是比丘尼罪若少一人不滿四十衆是比丘尼罪
不得除諸比丘尼亦可呵此是時令問諸大姊是中清淨不 三說
諸大姊是中清淨默然故是事如是持　　諸大姊是三十尼薩
耆波逸提法半月半月說戒經中來
若比丘尼衣已竟迦絺那衣已捨畜長衣經十日不淨施得持若過者尼薩耆波逸提
若比丘尼衣已竟迦絺那衣已捨五衣中若離一一衣異處宿經
一夜除僧羯磨尼薩耆波逸提
若比丘尼衣已竟迦絺那衣已捨若得非時衣欲須便受受已疾
疾成衣若足者善若不足者得畜一月為滿足故若過畜者尼
薩耆波逸提
若比丘尼從非親里居士居士婦乞衣除餘時尼薩耆波逸提是中時者
若奪衣失衣燒衣漂衣是名時
若比丘尼奪衣失衣燒衣漂衣是非親里居士若居士婦自恣請
多與衣是比丘尼當知足受衣若過者尼薩耆波逸提
若居士居士婦為比丘尼辦衣價具如是衣價與某甲比丘尼是
比丘尼先不受自恣請到居士家作如是說善哉居士為我辦如
是衣價與我為好故若得衣者尼薩耆波逸提
若二居士居士婦與比丘尼辦衣價我曹辦如是衣價與某甲比丘
尼是比丘尼先不受自恣請到二居士家作如是言善哉居士辦如
是如是衣價與我共作一衣為好故若得衣者尼薩耆波逸提
若比丘尼若王若大臣若婆羅門若居士居士婦遣使為比丘尼送衣
價持如是衣價與某甲比丘尼彼使至比丘尼所語言阿姨為汝送衣
價受取是比丘尼語彼使如是言我不應受此衣價我若須衣合
時清淨當受彼使語比丘尼言阿姨有執事人不須衣比丘尼言有
若僧伽藍民若優婆塞此是比丘尼執事人常為比丘尼執事彼
使至執事人所與衣價已還到比丘尼所如是言阿姨所示某甲執
事人我已與衣價大姊知時往彼當得衣比丘尼若須衣者當往
彼執事人所二反三反語言我須衣若二反三反為作憶念得衣
者善若不得衣四反五反六反在前默然住令彼憶念若四反五

使至執事人所與衣價已還到比丘尼所如是言阿姨所示某甲執
事人我已與衣價大姊知時往彼當得衣比丘尼若須衣者當往
彼執事人所二反三反語言我須衣若二反三反為作憶念得衣
者善若不得衣四反五反六反在前默然住令彼憶念若四反五
反六反在前默然住得衣者善若不得衣者尼薩耆波逸提
若不得衣隨彼使所來處若自往若遣使往語言汝先遣使持衣
價與某甲比丘尼是比丘尼竟不得汝還取莫使失此是時
若比丘尼自取金銀若錢若教人取若口可受者尼薩耆波逸提
若比丘尼種種販賣買物者尼薩耆波逸提
若比丘尼種種販賣者尼薩耆波逸提
若比丘尼鉢減五綴不漏更求新鉢為好故尼薩耆波逸提
是比丘尼當持此鉢於尼衆中捨從次第貿至下坐以下坐鉢與
此比丘尼言妹持此鉢乃至破此是時
若比丘尼自求縷使非親里織師織作衣者尼薩耆波逸提
若比丘尼居士居士婦使織師為比丘尼織作衣往比丘尼先不受自
恣請便往到彼所語織師言此衣為我織極好織令廣長堅緻齊
整好我當少多與汝價若比丘尼與價乃至一食得衣者尼薩耆
波逸提
若比丘尼與比丘尼衣已後瞋恚若自奪若教人奪取還我衣
來不与汝是比丘尼應還衣彼取衣者尼薩耆波逸提
若諸病比丘尼畜藥酥油生酥蜜石蜜得食殘宿乃至七日得服若
過七日服者尼薩耆波逸提
若比丘尼十日未滿夏三月若有急施衣比丘尼知是急施衣應
受受已乃至衣時應畜若畜者尼薩耆波逸提
若比丘尼知物向僧自求入己者尼薩耆波逸提
若比丘尼欲索是更索彼者尼薩耆波逸提
若比丘尼知檀越所為僧施異迴作餘用者尼薩耆波逸提
若比丘尼所為施物異自求為僧迴作餘用者尼薩耆波逸提
若比丘尼檀越所為物異迴作餘用者尼薩耆波逸提
若比丘尼檀越所為施物異自求為僧迴作餘用尼薩耆波逸提

若比丘尼欲索是更索彼者尼薩耆波逸提
若比丘尼知檀越所爲僧施異迴作餘用者尼薩耆波逸提
若比丘尼所爲施物異自求爲僧迴作餘用者尼薩耆波逸提
若比丘尼檀越所爲物異迴作餘用者尼薩耆波逸提
若比丘尼檀越所爲施物異自求爲僧迴作餘用尼薩耆波逸提
若比丘尼畜長鉢尼薩耆波逸提　若比丘尼多畜好色器者尼
薩耆波逸提　若比丘尼許他比丘尼病衣後不与者尼薩耆波逸提
若比丘尼以非時衣受作時衣者尼薩耆波逸提
若比丘尼與比丘尼貿易衣後嗔恚還自奪取若使人奪婇還
我衣来不與汝汝衣屬汝我衣還我者尼薩耆波逸提
若比丘尼乞重衣齊價直四張㲲過者尼薩耆波逸提
諸大姊我已說三十尼薩耆波逸提法今問諸大姊是中清淨不（三説）
諸大姊是中清淨默然故是事如是持　諸大姊是一百七十八波逸
提法半月半月說戒經中来
若比丘尼故妄語者波逸提　若比丘尼毀呰語者波逸提
若比丘尼兩舌語者波逸提　若比丘尼與男子同室宿者波逸提
若比丘尼共未受戒女人同一室宿若過三宿者波逸提
若比丘尼與未受大戒人共誦法者波逸提
若比丘尼知他有麁惡罪向未受大戒人說除僧羯磨波逸提
若比丘尼向未受大戒人說過人法言我知是我見是實者波逸提
若比丘尼與男子說法過五六語除有知女人波逸提
若比丘尼自掘地若教人掘者波逸提　若比丘尼壞鬼神村者波逸提
若比丘尼妄作異語惱他者波逸提　若比丘尼嫌罵者波逸提
若比丘尼取僧繩床木床若臥具坐蓐露地自敷若教人敷捨
去不自舉不教人舉者波逸提
若比丘尼於僧房中取僧臥具若自敷若教人敷在中若坐若臥
從彼處捨去不自舉不教人舉波逸提
若比丘尼知比丘尼先住處後来於中間敷臥具止宿念言彼若嫌
迮者自當避我去作如是因緣非餘非威儀者波逸提
若比丘尼嗔他比丘尼不喜衆僧房中若自牽出若教人牽出者波逸提

BD04080號　四分比丘尼戒本　（8–7）

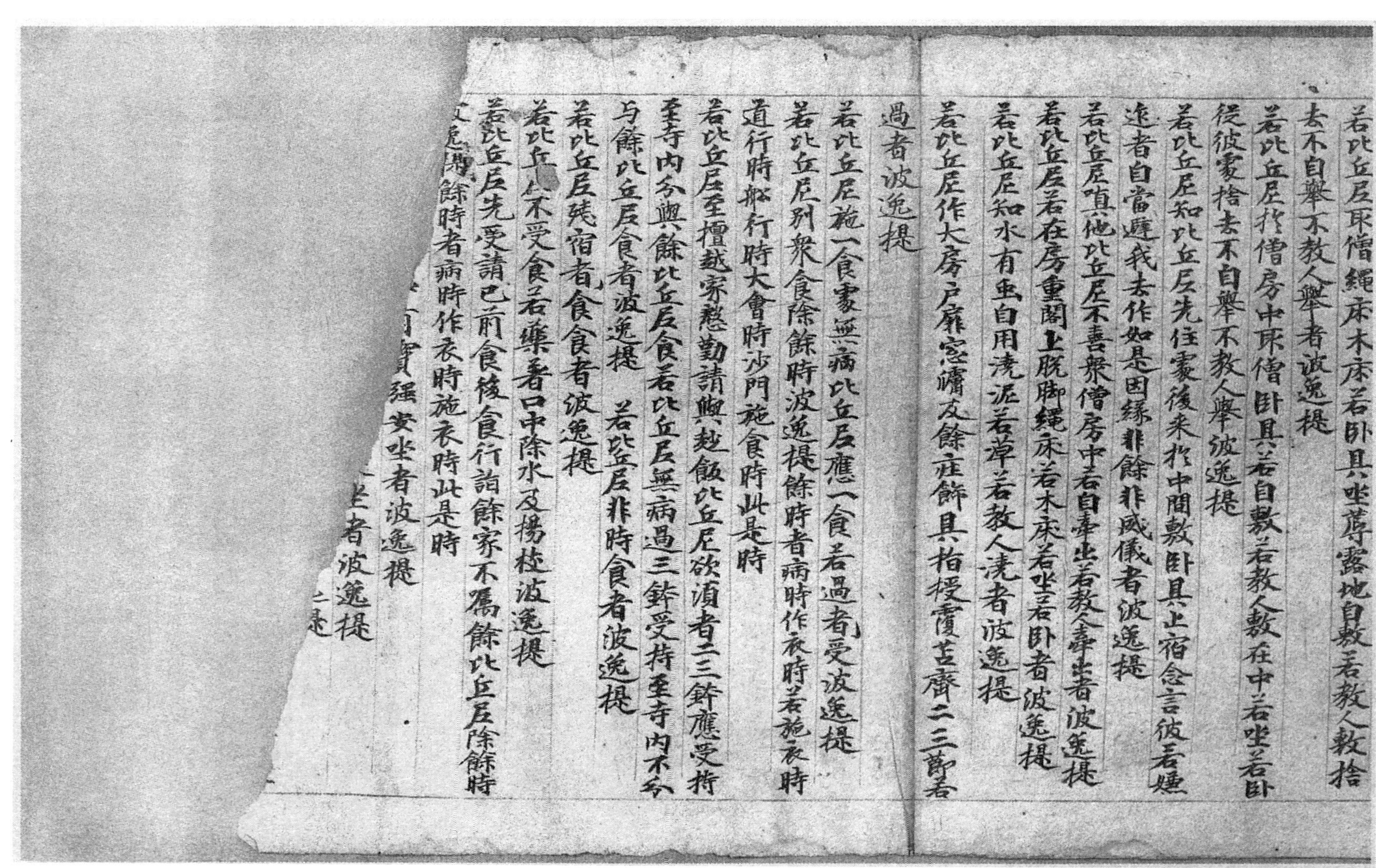
若比丘尼取僧繩床木床若臥具坐蓐露地自敷若教人敷捨
去不自舉不教人舉者波逸提
若比丘尼於僧房中取僧臥具若自敷若教人敷在中若坐若臥
從彼處捨去不自舉不教人舉波逸提
若比丘尼知比丘尼先住處後来於中間敷臥具止宿念言彼若嫌
迮者自當避我去作如是因緣非餘非威儀者波逸提
若比丘尼嗔他比丘尼不喜衆僧房中若自牽出若教人牽出者波逸提
若比丘尼若在房重閣上脫脚繩床若木床若坐若臥者波逸提
若比丘尼知水有虫自用澆泥若草若教人澆者波逸提
若比丘尼作大房戶扉窓牖及餘莊飾具指授覆苫齊二三節若
過者波逸提
若比丘尼施一食處無病比丘尼應一食若過者受波逸提
若比丘尼別衆食除餘時波逸提餘時者病時作衣時若施衣時
道行時船行時大會時沙門施食時此是時
若比丘尼至檀越家慇懃請與麨飯比丘尼欲須者二三鉢應受持
至寺內分與餘比丘尼食若比丘尼無病過三鉢受持至寺內不分
与餘比丘尼食者波逸提　若比丘尼非時食者波逸提
若比丘尼殘宿食食者波逸提
若比丘尼不受食若藥著口中除水及楊枝波逸提
若比丘尼先受請已前食後食行詣餘家不囑餘比丘尼除餘時
文逸提餘時者病時作衣時施衣時此是時
[illegible]實强安坐者波逸提
[illegible]坐者波逸提
[illegible]之逸

BD04080號　四分比丘尼戒本　（8–8）

二分故舍利子諸菩薩摩訶薩
脩行般若波羅蜜多時亦不見苦聖諦異畢
竟不生亦不見集滅道聖諦異畢竟不生何
以故苦聖諦乃至道聖諦與畢竟不生無二
無二分故舍利子諸菩薩摩訶薩脩行般若
波羅蜜多時亦不見無明異畢竟不生亦不
見行識名色六處觸受愛取有生老死愁歎
苦憂惱異畢竟不生何以故無明乃至老死
愁歎苦憂惱與畢竟不生無二無二分故舍
利子諸菩薩摩訶薩脩行般若波羅蜜多時
亦不見內空異畢竟不生亦不見外空內外
空空空大空勝義空有為空無為空畢竟空
無際空散空無變異空本性空自相空共相
空一切法空不可得空無性空自性空無性
自性空異畢竟不生何以故內空乃至無性
自性空與畢竟不生無二無二分故
舍利子諸菩薩摩訶薩脩行般若波羅蜜
多時亦不見布施波羅蜜多異畢竟不生亦不
見淨戒安忍精進靜慮般若波羅蜜多異畢

BD04081號　大般若波羅蜜多經卷七〇　（4–1）

自性空異畢竟不生何以故內空乃至無性
自性空與畢竟不生無二無二分故
舍利子諸菩薩摩訶薩脩行般若波羅蜜
多時亦不見布施波羅蜜多異畢竟不生亦不
見淨戒安忍精進靜慮般若波羅蜜多異畢
竟不生何以故布施乃至般若波羅蜜多與
畢竟不生無二無二分故舍利子諸菩薩摩
訶薩脩行般若波羅蜜多時亦不見四靜慮
異畢竟不生亦不見四無量四無色定異畢
竟不生何以故四靜慮四無量四無色定與
畢竟不生無二無二分故舍利子諸菩薩摩
訶薩脩行般若波羅蜜多時亦不見八解脫
異畢竟不生亦不見八勝處九次第定十遍
處異畢竟不生何以故八解脫乃至十遍處
與畢竟不生無二無二分故舍利子諸菩薩
摩訶薩脩行般若波羅蜜多時亦不見四念
住異畢竟不生亦不見四正斷四神足五根
五力七等覺支八聖道支異畢竟不生何以
故四念住乃至八聖道支與畢竟不生無二
無二分故舍利子諸菩薩摩訶薩修行般若
波羅蜜多時亦不見空解脫門異畢竟不生
亦不見無相無願解脫門異畢竟不生何以
故空解脫門無相無願解脫門與畢竟不生
無二無二分故舍利子諸菩薩摩訶薩脩行
般若波羅蜜多時亦不見五眼異畢竟不生
亦不見六神通異畢竟不生何以故五眼六
神通與畢竟不生無二無二分故舍利子諸
菩薩摩訶薩修行般若波羅蜜多時亦不見

BD04081號　大般若波羅蜜多經卷七〇　（4–2）

無二無二分故舍利子諸菩薩摩訶薩脩行
般若波羅蜜多時亦不見五眼異畢竟不生
亦不見六神通異畢竟不生何以故五眼六
神通與畢竟不生無二無二分故舍利子諸
菩薩摩訶薩修行般若波羅蜜多時亦不見
佛十力異畢竟不生亦不見四無所畏四無
礙解大慈大悲大喜捨十八佛不共法異畢
竟不生何以故佛十力乃至十八佛不共
法與畢竟不生無二無二分故舍利子諸菩
薩摩訶薩脩行般若波羅蜜多時亦不見一
切智異畢竟不生亦不得道相智一切相智
異畢竟不生何以故一切智道相智一切相
智與畢竟不生無二無二分故舍利子諸菩
薩摩訶薩脩行般若波羅蜜多時亦不見無
忘失法畢異竟不生亦不見恒住捨性異畢
竟不生何以故無忘失法恒住捨性與畢竟
不生無二無二分故舍利子諸菩薩摩訶薩
脩行般若波羅蜜多時亦不見一切陁羅尼
門異畢竟不生亦不見一切三摩地門異畢
竟不生何以故一切陁羅尼門一切三摩地
門與畢竟不生無二無二分故舍利子諸菩
薩摩訶薩修行般若波羅蜜多時亦不見極
喜地異畢竟不生亦不見離垢地發光地焰
慧地極難勝地現前地遠行地不動地善慧
地法雲地異畢竟不生何以故極喜地乃至
法雲地與畢竟不生無二無二分故舍利子
諸菩薩摩訶薩修行般若波羅蜜多時亦
不見異生地異畢竟不生亦不見種姓地第八

BD04081號　大般若波羅蜜多經卷七〇　（4–3）

地法雲地異畢竟不生何以故極喜地乃至
法雲地與畢竟不生無二無二分故舍利子
諸菩薩摩訶薩修行般若波羅蜜多時亦
不見異生地異畢竟不生亦不見種姓地第八
地具見地薄地離欲地已辦地獨覺地菩薩
地如來地異畢竟不生何以故異生乃地至
如來地與畢竟不生無二無二分故舍利子
諸菩薩摩訶薩脩行般若波羅蜜多時亦不
見聲聞乘異畢竟不生亦不見獨覺乘大乘
異畢竟不生何以故聲聞乘獨覺乘大乘與
畢竟不生無二無二分故舍利子由此緣故
我作是說離畢竟不生亦無菩薩能行無上
正等菩提
尒時具壽善現復荅舍利子言如尊者所云
何緣故說若菩薩摩訶薩聞作是說其心不
驚不恐不怖不沉不沒亦不憂悔當知是菩
薩摩訶薩能行般若波羅蜜多者舍利子諸
菩薩摩訶薩脩行般若波羅蜜多時不見諸
法有覺有用見一切法如幻事如夢境如像如
響如光影如陽焰如空花如尋香城如變化
事都非實有聞說諸法本性皆空深心歡
喜舍利子由此緣故我作是說若菩薩摩訶
薩聞作是說其心不驚不恐不怖不沉不沒
薩摩訶薩能行般若波

BD04081號　大般若波羅蜜多經卷七〇　（4–4）

是人成
在之處則
尒時須菩提白佛言世尊當何名此經我等
云何奉持佛告須菩提是經名為金剛般若
波羅蜜以是名字汝當奉持所以者何須菩
提佛說般若波羅蜜則非般若波羅蜜須菩
提於意云何如來有所說法不須菩提白佛
言世尊如來无所說須菩提於意云何三千
大千世界所有微塵是為多不須菩提言甚
多世尊須菩提諸微塵如來說非微塵是名
微塵如來說世界非世界是名世界須菩提
於意云何可以三十二相見如來不不也世
尊不可以三十二相得見如來何以故如來說
三十二相即是非相是名三十二相
須菩提若有善男子善女人以恒河沙等身
命布施若復有人於此經中乃至受持四句
偈等為他人說其福甚多
尒時須菩提聞說是經深解義趣涕淚悲泣
而白佛言希有世尊佛說如是甚深經典我
從昔來所得慧眼未曾得聞如是之經世尊
若復有人得聞是經信心清淨則生實相當

BD04082號　金剛般若波羅蜜經　（4–1）

偈等為他人說其福甚多
尒時須菩提聞說是經深解義趣涕淚悲泣
而白佛言希有世尊佛說如是甚深經典我
從昔來所得慧眼未曾得聞如是之經世尊
若復有人得聞是經信心清淨則生實相當
知是人成就第一希有功德世尊是實相者
則是非相是故如來說名實相世尊我今得
聞如是經典信解受持不足為難若當來世
後五百歲其有眾生得聞是經信解受持是
人則為第一希有何以故此人无我相人相
眾生相壽者相所以者何我相即是非相人
相眾生相壽者相即是非相何以故離一切諸
相則名諸佛佛告須菩提如是如是若復有
人得聞是經不驚不怖不畏當知是人甚為
希有何以故須菩提如來說第一波羅蜜非
第一波羅蜜是名第一波羅蜜
須菩提忍辱波羅蜜如來說非忍辱波羅蜜
何以故須菩提如我昔為歌利王割截身體
我於尒時无我相无人相无眾生相无壽者
相何以故我於往昔節節支解時若有我相
人相眾生相壽者相應生瞋恨須菩提又念
過去於五百世作忍辱仙人於尒所世无我
相无人相无眾生相无壽者相是故須菩提
菩薩應離一切相發阿耨多羅三藐三菩提
心不應住色生心不應住聲香味觸法生心
應生无所住心若心有住則為非住是故佛

BD04082號　金剛般若波羅蜜經　（4–2）

過去於五百世作忍辱仙人於尒所世无我
相无人相无衆生相无壽者相是故須菩提
菩薩應離一切相發阿耨多羅三藐三菩提
心不應住色生心不應住聲香味觸法生心
應生无所住心若心有住則為非住是故佛
說菩薩心不應住色布施須菩提菩薩為利
益一切衆生應如是布施如來說一切諸相
即是非相又說一切衆生則非衆生須菩提
如來是真語者實語者如語者不誑語者不
異語者須菩提如來所得法此法无實无虛
須菩提若菩薩心住於法而行布施如人入闇
則无所見若菩薩心不住法而行布施如人
有目日光明照見種種色
須菩提當來之世若有善男子善女人能於
此經受持讀誦則為如來以佛智慧悉知是人
悉見是人皆得成就无量无邊功德
須菩提若有善男子善女人初日分以恒河
沙等身布施中日分復以恒河沙等身布施
後日分亦以恒河沙等身布施如是无量百
千万億劫以身布施若復有人聞此經典信
心不逆其福勝彼何況書寫受持讀誦為人
解說
須菩提以要言之是經有不可思議不可稱
量无邊功德如來為發大乘者說為發最上
乘者說若有人能受持讀誦廣為人說如來
悉知是人悉見是人皆得成就不可量不可

BD04082號　金剛般若波羅蜜經　（4–3）

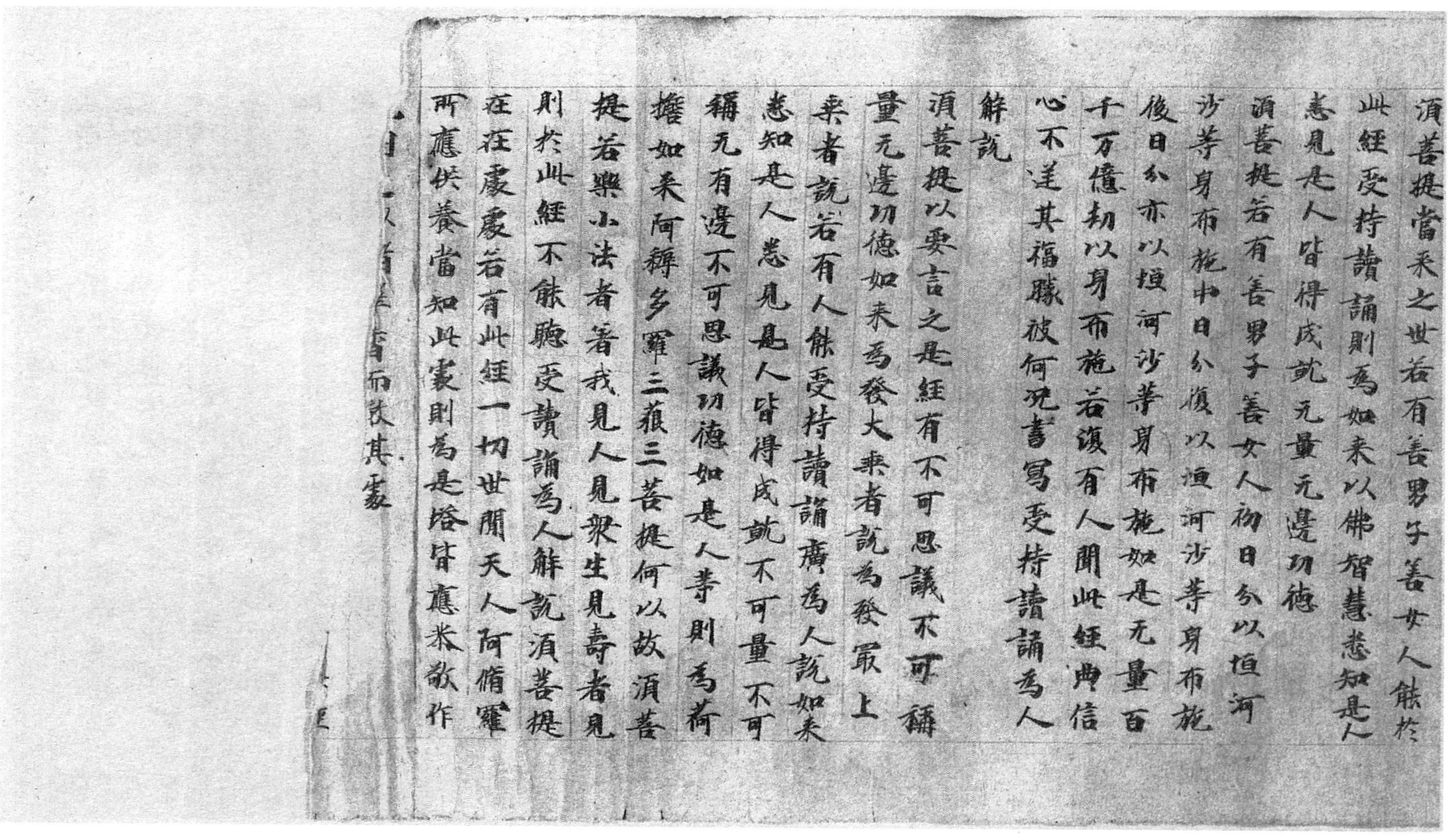

須菩提當來之世若有善男子善女人能於
此經受持讀誦則為如來以佛智慧悉知是人
悉見是人皆得成就无量无邊功德
須菩提若有善男子善女人初日分以恒河
沙等身布施中日分復以恒河沙等身布施
後日分亦以恒河沙等身布施如是无量百
千万億劫以身布施若復有人聞此經典信
心不逆其福勝彼何況書寫受持讀誦為人
解說
須菩提以要言之是經有不可思議不可稱
量无邊功德如來為發大乘者說為發最上
乘者說若有人能受持讀誦廣為人說如來
悉知是人悉見是人皆得成就不可量不可
稱无有邊不可思議功德如是人等則為荷
擔如來阿耨多羅三藐三菩提何以故須菩
提若樂小法者著我見人見衆生見壽者見
則於此經不能聽受讀誦為人解說須菩提
在在處處若有此經一切世間天人阿脩羅
所應供養當知此處則為是塔皆應恭敬作
……香而散其處

BD04082號　金剛般若波羅蜜經　（4–4）

善解法術或……力用名於有情身內住也　四言
相假者謂有一類外道說言日月星宿日數所是法因順彼作
業或辯其事或違彼者所不成就是故詠法彼是自性或不了
彼久處輪迴或了別者所得解脫　又言相假者謂外道記說是
見立如是論或於衆生於殑伽河等沐浴謝禮命得清淨　或有一
類執獨等戒以爲清淨不假善惡亦感異熟但須日月沐浴
等法以爲清淨　五言自在者此亦較論宗也謂有一類說諸有情所受樂
苦不從善惡唯自在處彼由現見於因果中世間有情不隨欲轉欲
作此計所以者何現見世間有情於彼因時欲修淨業不遂本
欲及更爲惡於彼果時厭生善趣樂世界中不遂本欲隨
惡趣等意謂受樂不遂所欲及受諸苦由見此故彼作是惡
六言時者此亦較論宗也謂執有情所受苦樂不假善惡但待
於時受苦樂報如夏草青冬早變白如是等類非由善惡是
時變故　七言自然者謂有一類計一切法六自然住一物二德三業
四總五善六連若了此六而得解脫若不了者輪轉生死或有
妄計蘇鉝豆圓如是等事是誰而作皆自然住　八九十言隨於
化主傳遍者此三宗見是无因論謂有一類而於世間諸靜慮故見
世施主一期受命恒行布施无有斷絕從此命終生下賤家貧
窮匱之彼作是思定无施與愛養祠祀復見有人一期壽
中恒行妙行或行惡行見彼命終墮於惡趣生諸捺落迦或
往善趣生於天上樂世界中彼作是思定无妙行及與惡行亦
无妙行惡行業業果異熟或復有時見諸因緣空无果報
謂見世間无有因緣或時歘介大風本起於一時間寂然止息或時忽

BD04083號　因緣心論釋開決記　（8–1）

世於主一期受命恒行布施无有斷絶從此命終生下賤家貧
窮遺之彼作是思定无施与受養祠祀復見有人一期壽
中恒行妙行或行惡行見彼命終墮於惡趣生諸捺落迦或
往善趣生於天上樂世界中彼作是思定无妙行及与惡行亦
无妙行惡行業業果異熟或復有時見諸因緣空无果報
謂見世間无有因緣或時欻尒大風卒起於一時間寂然止息或時忽
尒暴流河澌渴於一時間頓則空竭或時欝尒藥木敷榮於一時間颯然
棄頓由如是故起如是等三種見也 言等者等攝諸餘外道僻執非
獨前十 言所生者与前九支一一相合言此是因緣所生者能仁所説
由外諸法緣起緣性唯有正因及以助因別无自性決定生等故
次下初門第二各辭釋論也 言此善別十二支法於煩惱業苦遞互相
依猶如束蘆於彼三中並皆攝盡者辭如世間以束蘆等立成其
舍獨一不成如是十二支法三法攝盡和合相依作雜染品因果无獨
勝能獨一不成 言盡者即是无餘義也者於法三中十二支法无有一
法攝盡不故雜染因果遍盡攝故五德弟子所聞之疑悉皆斷
故 又次下言問曰等者是下答辭發起文也 言問答者五德弟
子問師之辭言何者煩惱何者是業何者是苦此善別之法當於
何攝者為執軌師云何三法攝於十二已説分明共協之語我已知矣
十二法中幾煩惱道幾是業道幾是苦道攝幾因幾果我今
疑惑請為解釋故生問也 言答曰者謂師欲斷除弟子疑惑而對答
也 言初九八頌惱者為此三法擾亂有情法義同故故頌惱攝非體相同
謂无明於事不明了時擾亂心故愛著事時擾亂心故取執於事行
行之時擾亂心故故十地經云三道成説苦諦集諦无明愛取則雜染
道而无斷絶行有二法業道不斷餘七之法苦道不斷此論与經義
同也 言二及十業者為此二法體相雖殊造作義同故立業名謂
行即從於身口意門造福等業有增没有而作業故 言餘七
皆苦者為此七法而從皆於業雜染生因一果相三八苦性故立苦名
經及諸論先列无明末後老死有何義趣次第如是為諸有情從
无始來不了因果及以真性而有迷惑從於迷惑而有造作行
習氣令心顛倒心顛倒故而於當來續生名色以相續故六處成就
根成就故而觸於境即便觸受於境受用受用境故於現染著
未來生愛以生欲故取求積集以積集故來生果因有便成就即有
起故而於五趣而受生也以有生故即有老死諸有情類從无始來

經及諸論先列无明末後老死有何義趣次第如是為諸有情從
无始來不了因果及以真性而有迷惑從於迷惑而有造作諸行
習氣令心顛倒心顛倒故而於當來續生名色以相續故六處成就
根成就故而觸於境見便觸受於境受用境故於現法著
未來生愛以生欲故取亦積集以積集故來生果因有便成就見有
起故而於五趣而受生也以有生故見有老死諸有情類從无始來
輪轉生死因果次第如是故也次第如是无明等法各各畢已為有
差別了法中皆有差別謂无明有十九種一前際无知二後際无知
三彼二俱无知四內无知五外无知六內外无知七業无知八異熟无知
九業異熟无知十於佛无知十一於法无知十二於僧无知十三於苦无知
十四於集无知十五於滅无知十六道於无知十七於因无知十八於果无知
十九處无知行有三種謂罪行福行及不動行識有九種謂從眼識至賴
耶識名色有二圓滿謂下二界不圓滿謂无色界六入有六謂眼根等而
觸有六謂從眼觸至意觸也受有十八謂眼具三至意具三愛有三種
謂三界愛取有四種欲見楚及我論也而有十三謂生果業集死生中有界
三五取生有四種謂胎生等髮白面皺等是老差別死及死性別離壽壞等
是死差別 言皆者是初攝之辭者謂大小乘教說有八苦識等七法但
攝其五餘三不說何故不耶為伏此難故言皆者攝三苦也識等七法云何
攝五謂識名色及以六入是攝五盛蘊苦受觸二法是攝病苦生苦老死
是攝老苦死苦又經說言三苦八苦此但攝八三復云何識名色六入是
行苦故觸受二法是苦苦故生老死二壞苦故言是故此十二支法於業煩惱
苦中者是頌中十二唯三攝釋論辭也言唯者是其遮義經中說
所之法此中攝盡更无有餘者顯論勝能也此論雖略遍攝諸經廣
大義故 次下大門第二明十二支法互乎相生无有始終門釋論也
言門是義已知彼頌攝業苦云何相生諸為解說者十二支法三道攝
者師作分明典切之語於中所有盡所有性如所有性我今无倒皆悉了
知彼十二法何者是因何者是果云何相生所有因果令欲樂聞清
為解說此頌自能及生起也 言從三煩惱生於業者謂從无明而生於
行愛取生有故也 言謂上所說苦法者即至前門文中所謂識名色六
入觸受生老死故謂從於行從識至受五法生故從有而生生老死
言所謂諸煩惱者即无明愛取也所謂從識至受生於愛取從生老
死生无明故十二支法互不相生者於四緣中各具幾緣而作緣耶各除因
……之者以增上緣而作緣也若生

知彼十二法何者是因何者是果云何相生所有因果令[illegible]
為解說此頌自能及生起也 言從三煩惱生於業者謂從无明而生於
行愛取生有故也 言謂上所說苦法者即至前門文中所謂識名色六
入觸受生老死故謂從於行從識至受五法生故從有而生生老死
言所謂諸煩惱者即无明愛取也所謂從識至受生於愛取從生老
死生无明故十二支法互相生者於四緣中各具幾緣而作緣耶各除因
緣緣具餘三緣无明若生身語行有色之者以增上緣而作緣也若生
非色意行法者等无間緣所緣緣增上緣而作緣也如是餘支若
生有色以增上緣而作其六緣若生非色以所緣緣等无間緣增上之
緣而為緣也如是非色而於有色亦增上緣而為其六緣而於非色亦以等无
間緣所緣緣增上緣而為其緣隨所應知十二支法何故互相而不作其因
緣緣耶因緣緣者各各自種而顯現故餘有廣義文繁不述如瑜伽論
言言有者有其三種所謂色无色者此顯三界有也 欲界者未離
欲愛欲名為欲界 色界者已離欲愛欲未離色愛欲名色為界无
色界者已離欲愛欲及離色愛欲未離无色欲名无色界 欲界有者
所謂十種欲界无始時有二有三趣有中有五生有六捺落迦有七傍生有
八鬼趣有九人趣有十天有此名欲有於中第一第二第五名自性有業者
具引果義五有義也中有者得復有義故名有也五趣者而於其
果有受用義故名有也色界有者除三惡道及以人趣餘六是也无
色有者除三惡道人及中有餘五是也 言於中不息而作流輪者所謂於
三有中无時暫住无有始終煩惱業因增上力故三界五趣受苦果故取
輪喻者顯不住義也 言彼諸異生世間而自流浪者謂三有中於中
不息雖作流輪无有作者唯有異因異果无有義利自流浪故
言言此者顯不定義非如輪轉次第生於諸有此即不定為諸有
情三界五趣隨其業受生无次第故 次下大門第三十二支法空故我
无門 釋論也 言聞曰者何是身之自在眾生耶依之作用其事云何者即是
下論生起問也謂師先說三攝十二及以遞互相生三門唯言十二更无別物
若如是者諸趣有情各各身中皆有自在名為眾生而即於彼起眾
生想眾共稱傳為彼本无何不宣說若是有者性相業用其事如何
為師解釋 言自在者謂見聞等也 言諸趣唯因果 唯除假名
此中无眾生者謂三界四生及以五趣名為諸趣即彼諸取唯從煩惱業因
而生苦果於因果上假立眾生隨彼假立起眾生想除彼因果更別无
[illegible]

若如是者諸趣有情各[illegible]身中皆有[illegible]
生想衆共稱傳為彼本无何不宣説若是有者性相業用其事如何
僉師解釋言自在者謂見聞等也言諸趣唯因果 唯除假名
此中无衆生者謂三界四生及以五趣名為諸趣即彼諸取唯從煩惱業因
而生蓋果於因果上假立衆生隨彼假立起衆生想除彼因果更別无
有衆生故也論文略故唯言无衆生亦攝壽者補特伽羅士夫作者
等諸横計名数瑜伽等論云雖有情義是緣起義於雖有情復无常
義若是无常復暫住義若是暫住復依他義若依他義即雜作
用義是緣起義等廣如論説言此是真實義非假立有者所以
謂即此无衆生等緣起緣性甚深之義諸佛出現若不出現性相如是
非同外道妄計我等假立有故故言真實言假立之境不成實
物者為有難言若彼假立衆生有者假立衆生即是有故何故決言
此中无衆生耶為答難故此言也 次下大門第四明十二支法雖二是故不轉
移門釋論辞也言門曰若如是者所謂如前諸趣唯因果此中无衆生若如
是故也言誰從此世至於他世者若无我人衆生壽者誰從此世造善惡業亦
移至他世受善惡報又若无我至他世者外道亦言无有他世立斷見論
此何差別言答曰无有极微等法者所謂於五蘊中无有少許至他世故也
言雖然者雖五蘊中无有少法而至他世唯從於空法還生於空法故也
言唯從於空法還生於空法此頌意明因中无有极微等法而生於果
故轉有經云業者作已滅壞滅已不住力所雖然臨終之時各各近住心
意中現如是大王後識滅時生分之識取初生於人天等取无有一
法從於此世移至他世雖然亦現捨壽及初生法也四取後滅識名為
捨壽初生之識名為生法最後滅者无有至處初生法者无所從來
何以故自性寂故後識後空捨壽捨壽空業業自空初識初空生者生空
雖然而業不失是故此論與經義同餘釋論辞自明不説 次下後明
喻也言此中問曰等請辞者從空生空微細難知故請喻也言此中答曰
等立八喻者詮一義為諸有情根機不等建多喻也言言蘊者即色
受想行識蘊也者此立五蘊相有所廣義如五蘊等餘論所明今略弁相
言色蘊者謂四大種所造諸色言受蘊者謂三領納一苦二樂三不苦
不樂樂謂滅時有和合欲苦謂生時有乖離欲不苦樂不樂謂无
二欲言想蘊者謂有境界取種種想此復有三為小相大想及无量
想言行蘊者謂除受想諸餘心法及心不相應行言識蘊者
[illegible]三阿頼耶識

受想行識蘊也者此立五蘊相有所廣義如五蘊等餘論所明今略弁相
言色蘊者謂四大種所造諸色。言受蘊者謂三領納一苦二樂三不苦
不樂〻〻謂滅時有和合欲苦謂生時有未離欲不苦樂不樂謂无
二欲。言想蘊者謂有境界取種〻相此復有三為小相大相及无量
想。言行蘊者謂除受想諸餘心法及心不相應行。言識蘊者
謂於所緣境了別為性此復有三一六轉識二末那識三阿頼耶識
言相續結者滅已從彼因所生餘者是也者因果各別不相離故
因滅果生如秤高下同一剎那无時隔也。言是故流輪從於虛
妄分別習氣而生者流輪即是七法苦果處妄分別習氣即煩
惱業五因法也。次下大門弟五明還滅門釋論也。言後言應者
即是逆觀義當知及彼等釋論之辞与上論頌智應察相合故
後言應者即是逆觀義當知及彼雜染因果三道法也此中
有問云何及彼雜染因果三道法也為欲顯示聖道故〻言應觀
諸法无常苦空无我等也。言應觀諸法者謂觀順流十二法也
言无常者无明等法滅壞性故。言苦者无明等法生死因果即是三苦八
苦性故。言空者无明等法遠離於常不壞无轉積汁我故。言无
我者无明等法從因緣生自不在故无常等四即是諸法共相四法即也
言劑不思諸事者以聖道力觀四法即證現觀時了无明等性相空
故此顯无明得轉依也。言若不思者則无有貪者為无明轉依明見
諸法无可者故此則名為愛轉依也。言若无有貪嗔則不生若无有
嗔則无有業〻者具貪嗔法即有造作名之為行无貪嗔故行轉依也。言若
无有業則有取者无三行四取不起取轉依也。言无有取則不造有者生後有
故名之為有无四取故有轉依也上五〻支因轉依也。言若无有者而即不生者
本无今有名之為生初生之者即是其識有不生故識轉依也。言若不生者即
於身心而苦不生者此順名色六處觸受生及老死得轉依也謂名色中色
六處中五色根生及老死身苦攝故名色中唯名六處中意處及以觸受
心苦攝故大小乘経无明滅故行滅乃至生滅故老死等滅者与此義同如理
應思。言如是不集五種因故即於餘處而果不生者結上文也。言此是解
脫者若能如是如上所說逆觀緣起順流之法隨自樂欲而證三乘究
竟解脫法性身故。言是故斷除斷常等諸惡見此顯論所詮也
次下大門弟二略明正論文分為二一順二逆与上下頌隨次應知此初也

心若摘玦大小亦经无明滅故行滅乃至生滅故老死等滅者与此義同如理
應思。言如是不集五種因故果於餘處而與不生者結上文也。言此是解
脫者若能如是如上所說逆觀緣起順流之法隨自樂欲而證三乘究
竟解脫法性身故。言是故斷除斷常等諸惡見此顯論所詮也
次下大門第二略明正論文分為二順二逆上二下頌隨次應知此科也
言此中有頌者謂略明正論中也。言於其微細事者所謂如前所說
三觸十二門等順流法也彼四種法微細難知故十地經云微細難知大仙道
難觀分別甚難觸極細難見離分別離心地故終亦難此偈意明時
微細故證時微細故此二与前微細難知大仙之道隨次應知非分別
境故為本自性非分別故離觀分別甚難觸也非聞思惠所緣境故極
細難見也非世終惠所緣境故離分別也非世俱生惠之所緣離心地也
又阿毗達磨集論云緣起之法以五義故名為甚深一因深甚謂對治不
平等因无因論故二義深也二性相甚深謂无我故一義深也三生深甚
謂雖從緣生彼不作故二義深也四處所甚深謂雖無處所顯現處所二
義深也五生起甚深謂從因果生為難知故四義深也。言若有見
斷者彼不善因緣求見緣義生者若人於彼如上所說緣起義中惡
見分別起斷見者諸惡見中此見罪重偏列此見亦攝諸餘常等見也
故理論云於甚微細事若有見生者彼不善緣起亦見緣生義是故緣起於此
緣性妄計分別起斷常等耶分別者不見法性无出離心又處輪迴又瑜
伽論云於緣起義不善知者有五過失一起我見二前後際及後際見三
於前後際横起見執四最著熱惱五現於法不涅槃更有過失如餘處明
次後明順逆也。言中此可无遣　亦无少安立　者謂如上所說緣起
緣性真理之中无有少法聖可除遣亦可建立涅槃妙淨生死諠
雜體一如故文殊國土莊嚴經云　无生之法常如來　一切諸法名善逝
又理論云彼彼從緣起　自性而不生　彼彼從緣起　自性而不滅　見遣終者
迷倒有情不了法性妄起遣終故二真諦經云譬如有人夢被蚰螫
求醫封藥而得差除心生歡喜從睡而覺見都无有實此亦如是
言於真以觀真　見真而解脫　者所謂緣起真理无遣立者果真
義故若有智者依道見真隨所依道各儀解脫證法身故故稱
華經云若見因緣則能見法若見於法則能見佛又理論云若於緣起法
遠離生滅壞智者如是知能度見有海更有經論与此義同者智
者尋之　　因緣心釋論開決記一卷

細雜見也非世終患所緣境故離分別也非世俱生患之所緣離心地也
又阿毗達磨集論云緣起之法以五義故名爲甚深一因深甚謂對治不
平等因无因論故二義深也二性相甚深謂无我故一義深也三生深甚
謂雖從緣生彼不作故二義深也四處所甚深謂雖無處所顯現處所二
義深也五生起甚深謂從因果生爲難知故四義深也　言若有見
斷者彼不善因緣不見緣義生者若人於彼如上所說緣起義中惡
見分別起斷見者諸惡見中此見罪重偏列此見亦攝諸餘常等見也
故理論云於甚微細事若有見生者彼不善緣起亦見緣生義是故緣起
緣性妄計分別起斷常等耶分別者不見法性无出離心文處輪迴又瑜
伽論云於緣起義不善知者有五過失一起我見二墮長前際及後際見三
於前後際横起見執四嚴着執惱五現於法不涅槃更有過失如餘處明
次後明順遣也　言中此可无遣　亦无少安立　者謂如上所說緣起
緣性真理之中无有少法聖可除遣亦可建立涅槃妙淨生死諠
雜體一如故文殊國土莊嚴經云　无生之法常如來　一切諸法名善逝
又理論云彼彼從緣起　自性而不生　彼彼從緣起　自性而不滅　見遣終者
迷倒有情不了法性妄起遣除故二真諦經云譬如有人夢被蛇螫
求醫封藥而得差除心生歡喜從睡而覺見都无有實此亦如是
言於真以觀真　見真而解脫　者所謂緣起真理无遣立者即真
義故若有智者修道見真隨所修道各獲解脫證法身故福
平經云若見因緣則能見法若見於法則能見佛又理論云若於緣起法
遠離生滅壞　智者如是知　能度見有海　更有經論與此義同者智
者尋之

因緣心釋論開決記一卷

BD04083號背　千字文雜寫（擬）

（4–1）

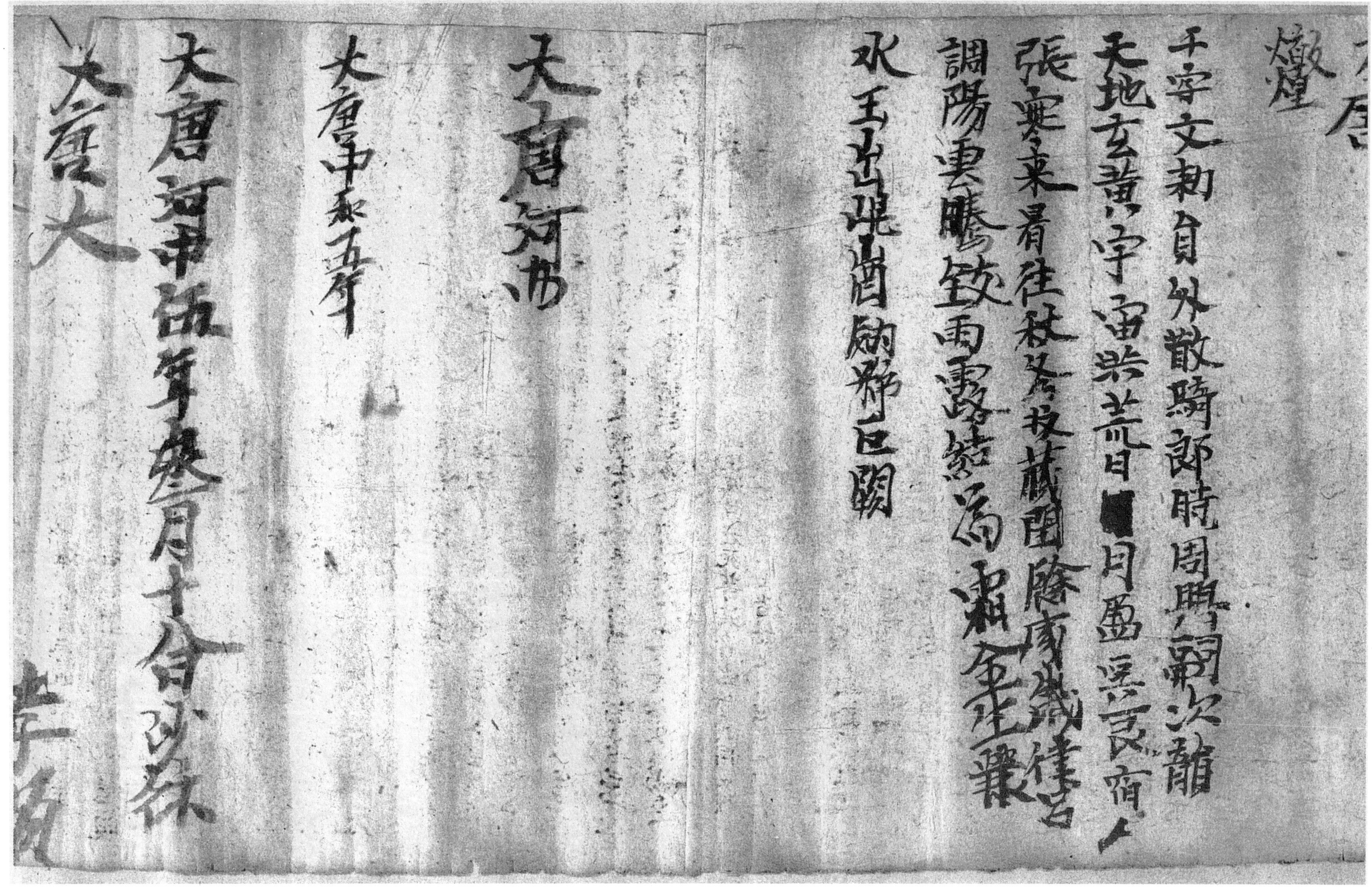

BD04083號背　千字文雜寫（擬）　（4–2）

BD04083號背　千字文雜寫（擬）　（4-3）

BD04083號背　千字文雜寫（擬）　（4－4）

亦不憂悔當知是菩薩摩
羅蜜多
初分觀行品第十九
尒時具壽善現白佛言世尊諸菩薩摩訶薩
脩行般若波羅蜜多觀諸法時於色不受不
取不執不著亦不施設為色於受想行識不
受不取不執不著亦不施設為受想行識世
尊諸菩薩摩訶薩脩行般若波羅蜜多觀諸
法時於眼處不受不取不執不著亦不施設
為眼處於耳鼻舌身意處不受不取不執不
著亦不施設為耳鼻舌身意處世尊諸菩薩
摩訶薩脩行般若波羅蜜多觀諸法時於色
處不受不取不執不著亦不施設為於色處於
聲香味觸法處不受不取不執不著亦不施
設為聲香味觸法處世尊諸菩薩摩訶薩脩
行般若波羅蜜多觀諸法時於眼界不受不
取不執不著亦不施設為眼界於色界眼識
界及眼觸眼觸為緣所生諸受不受不取不
執不著亦不施設為色界及至眼觸為緣所
生諸受世尊諸菩薩摩訶薩脩行般若波羅
蜜多觀諸法時於耳界不受不取不執不著
亦不施設為耳界於聲界耳識界及耳觸耳
觸為緣所生諸受不受不取不執不著亦不

BD04084 號　大般若波羅蜜多經卷七〇　（4–1）

界及眼觸眼觸為緣所生諸受不受不取不
執不著亦不施設為色界及至眼觸為緣所
生諸受世尊諸菩薩摩訶薩脩行般若波羅
蜜多觀諸法時於耳界不受不取不執不著
亦不施設為耳界於聲界耳識界及耳觸耳
觸為緣所生諸受不受不取不執不著亦不
施設為聲界乃至耳觸為緣所生諸受世尊
諸菩薩摩訶薩脩行般若波羅蜜多觀諸法
時於鼻界不受不取不執不著亦不施設為
鼻界於香界鼻識界及鼻觸鼻觸為緣所生
諸受不受不取不執不著亦不施設為香界
乃至鼻觸為緣所生諸受世尊諸菩薩摩
訶薩脩行般若波羅蜜多觀諸法時於舌界
不受不取不執不著亦不施設為舌界於味
界舌識界及舌觸舌觸為緣所生諸受不受
不取不執不著亦不施設為味界乃至舌觸
為緣所生諸受世尊諸菩薩摩訶薩脩行般
若波羅蜜多觀諸法時於身界不受不取不
執不著亦不施設為身界於觸界身識界及
身觸身觸為緣所生諸受不受不取不執不
著亦不施設為觸界乃至身觸為緣所生諸
受世尊諸菩薩摩訶薩脩行般若波羅蜜多
觀諸法時於意界不受不取不執不著亦不施
設為意界於法界意識界及意觸意觸為緣
所生諸受不受不取不執不著亦不施設為
法界乃至意觸為緣所生諸受世尊諸菩薩
摩訶薩脩行般若波羅蜜多觀諸法時於地
界不受不取不執不著亦不施設為地界於

BD04084 號　大般若波羅蜜多經卷七〇　（4–2）

設為意界於法界意識界及意觸意觸為緣
所生諸受不受不取不執不著亦不施設為
法界乃至意觸為緣所生諸受世尊諸菩薩
摩訶薩脩行般若波羅蜜多觀諸法時於地
界不受不取不執不著亦不施設為地界於
水火風空識界不受不取不執不著亦不施
設為水火風空識界世尊諸菩薩摩訶薩脩
行般若波羅蜜多觀諸法時於苦聖諦不受
不取不執不著亦不施設為苦聖諦於集滅
道聖諦不受不取不執不著亦不施設為集
滅道聖諦世尊諸菩薩摩訶薩脩行般若波
羅蜜多觀諸法時於無明不受不取不執不
著亦不施設為無明於行識名色六處觸受
受取有生老死愁歎苦憂惱不受不取不執
不著亦不施設為行乃至老死愁歎苦憂惱
世尊諸菩薩摩訶薩脩行般若波羅蜜多觀
諸法時於內空不受不取不執不著亦不施
設為內空於外空內外空空空大空勝義空
有為空無為空畢竟空無際空散空無變異
空本性空自相空共相空一切法空不可得
空無性空自性空無性自性空不受不取不
執不著亦不施設為外空乃至無性自性空
世尊諸菩薩摩訶薩脩行般若波羅蜜多
觀諸法時於布施波羅蜜多不受不取不執不
著亦不施設為布施波羅蜜多於淨戒安忍
精進靜慮般若波羅蜜多不受不取不執不
著亦不施設為淨戒安忍精進靜慮般若波
羅蜜多世尊諸菩薩摩訶薩脩行般若波羅

BD04084號　大般若波羅蜜多經卷七〇　（4–3）

空無性空自性空無性自性空不受不取不
執不著亦不施設為外空乃至無性自性空
世尊諸菩薩摩訶薩脩行般若波羅蜜多
觀諸法時於布施波羅蜜多不受不取不執不
著亦不施設為布施波羅蜜多於淨戒安忍
精進靜慮般若波羅蜜多不受不取不執不
著亦不施設為淨戒安忍精進靜慮般若波
羅蜜多世尊諸菩薩摩訶薩脩行般若波羅
蜜多觀諸法時於四靜慮不受不取不執不
著亦不施設為四靜慮於四無量四無色定
不受不取不執不著亦不施設為四無量四
無色定世尊諸菩薩摩訶薩脩行般若波羅
蜜多觀諸法時於八解脫不受不取不執不
著亦不施設為八解脫於八勝處九次第定
十遍處不受不取不執不著亦不施設為八
勝處九次第定十遍處世尊諸菩薩摩訶薩
脩行般若波羅蜜多觀諸法時於四念住不
受不取不執不著亦不施設為四念住於四
正斷四神足五根五力七等覺支八聖道支
不受不取不執不著亦不施設為四正斷乃
至八聖道支世尊諸菩薩摩訶薩脩行般若
波羅蜜多觀諸法時於空解脫門不受不取
不執不著亦不施設為空解脫門於無相無
願解脫門不受不取不執不著亦不施設為

BD04084號　大般若波羅蜜多經卷七〇　（4–4）

孃孃抄寫一行　連哽咽啼如雨
便即迴頭辭獄主　冥道雖是不相識人　力小那能救慈母
五眼之内相容隱　此即古來賢聖語　唯願獄主放却孃孃身
情願替孃孃長受苦　獄主為人性自剛　嗔心默默色蒼蒼
弟子雖然為獄主　斷決皆由平等王　阿孃有罪阿孃受
阿師造罪阿師當　金鋼玉諫無揩洗　卒亦無人輙放赦
受罪只今時以至　須将形儀上刀槍　和尚欲得阿孃出
不及歸家燒寶香　目連慈母語聲哀　獄卒擎叉兩畔催
欲至獄門前而倒　便即長悲好往來　青提夫人一箇手
託著獄門迴顧聆言　好住來罪身一寸腹嬌子　孃孃昔日
行慳姑　不具來生業報曰　言作之業沒地獄　一一煞豬羊奈鬼神
但說其身明下樂　寧知冥路苦亡魂　如今既受泥犁苦　方變悟目
家身悔時悔亦知何道　覆水難收大俗云　何時出離波吒苦
豈敢承望重作人　阿師是如來仏弟子　只解知之父母恩
忽若一朝登聖覺　莫望孃孃地獄受艱辛　目連既見孃孃別

BD04085號1　大目乾連冥間救母變文（二卷本）卷一　（4–1）

行堂如　不用來生業……
但擬其身明下集　寧知冥路將其魂　如今既受泥犁苦　方發悟自
家身　悔時恠亦知何道　覆水難收大俗云　何時出離波吒苦
豈敢承望重作人　阿師是如來佛弟子　乞解知之父母恩
忽若一朝登望覺　莫望孃孃地獄受艱辛　目連既見孃孃別
恨不將身而自滅　舉身自撲如太山崩　七孔之中皆灑血
啓言孃孃且莫入　迴頭更聽兒一言　母子之情天性也　乳哺之恩是自
然兒與孃孃今日別　定知相見在何年　那堪聞此波吒苦
其心楚痛鎮懸懸　地獄不容相替代　唯知號叫大稱冤　隔是不能相救濟
隨孃孃身死獄門前　目連見母却入　切骨傷心　嗚噎聲嘶　遂乃舉身
自撲由如五大山崩　七孔之中皆流迸血　良久死而復乃重蘇
兩手按地　氣來　政頓衣裳　騰空往向世尊之處
目連情地總昏昏　人語寘寘似不聞　良久沈吟而惺悟　擲鉢騰
空問世尊　目連對佛稱冤苦　自說刀山及劍樹　蒙佛神力借餘威
得向阿鼻見慈母　鐵城喧煽火騰騰　劍刃森林數萬層　一一鋒鋩和銅汁迸肉舍
濟世慈悲觀落白　豈堪任受長夜　遭他刀劍假白骨　刀劍望鐵樹紅顏白過
上方林天下之中　何者重父母之　情恩深如來是衆生慈父母願照
愚迷方寸心　如來本自大慈悲　聞言操地歎衆生出沒於輪迴恰
似蟻巡環　免從慈母昔時多造　罪魂神一往落阿鼻　此罪如移仰乘出
非佛凡夫不可知　佛喚阿難徒衆等　吾往冥途自救之
卷第一　如來領龍神八部

卷第二　如来領龍神八部

前後圍遶放光動地救地獄之苦　如來聖智本均平慈悲地獄救衆生

无數龍神八部衆相隨一隊向前行　隱隱逸逸天上天下無如也左邊流右

邊漫如山發發雲中出催催鬼鬼

天堂地獄一時開行如雨動如雷似月圍圍海上來猶自(?)獅子出林行似(?)

眾眾(?)象王迴雲中天樂吹楊柳空裏繽紛花亂下落梅帝釋向前持玉簡梵王

從後奉金瓶不可論如來神力救泉門左右天人八部衆東西侍衛四方

神眉間豪相千般色項背圓光五色雲地獄沾光消散盡劍樹刀山似碎塵(?)

獄卒沾光皆跏跪合掌一心而頂禮如來今日起慈悲地獄摧殘悉

破壞鑊湯化作寶池刀山化作道路(?)銅汁變爲功德水清良居

曲遶池流鵝鴨鴛鴦狀滾(?)紅波夜夜煙生綠樹朝朝紫雲氣罪人總

得上生天唯有目連阿孃爲餓鬼目連承佛威重得見地獄

慈母罪根深結業力難排雖免地獄之酸由(?)在餓鬼之道辛

不善苦樂玄殊若並前途咸甚自千方咽如針孔滴水不通

頭似太山三江難滿無門(?)漿水之名累月經年被受飢羸之苦遥見

清涼水近看變作膿河縱得美食香餐便即化爲猛火壤壤令飢困

死命若懸絲汝若不起慈悲豈名孝順之子生死路隔後會難期

救救懸沙之危事亦不應遲號出家之依法信施而安存縱有常

住飲食恐難消化泥犁阿孃往回(?)來(?)城中取飯與阿孃相見目連行

至城中次第乞飯到長者門前見非凡(?)飯盤閭(?)逗留之處和尚且

齋時已過食時已過乞飯持欲何爲目連啓言長者貧道阿孃已過

BD04085 號 2　大目乾連冥間救母變文（二卷本）卷二　　（4–3）

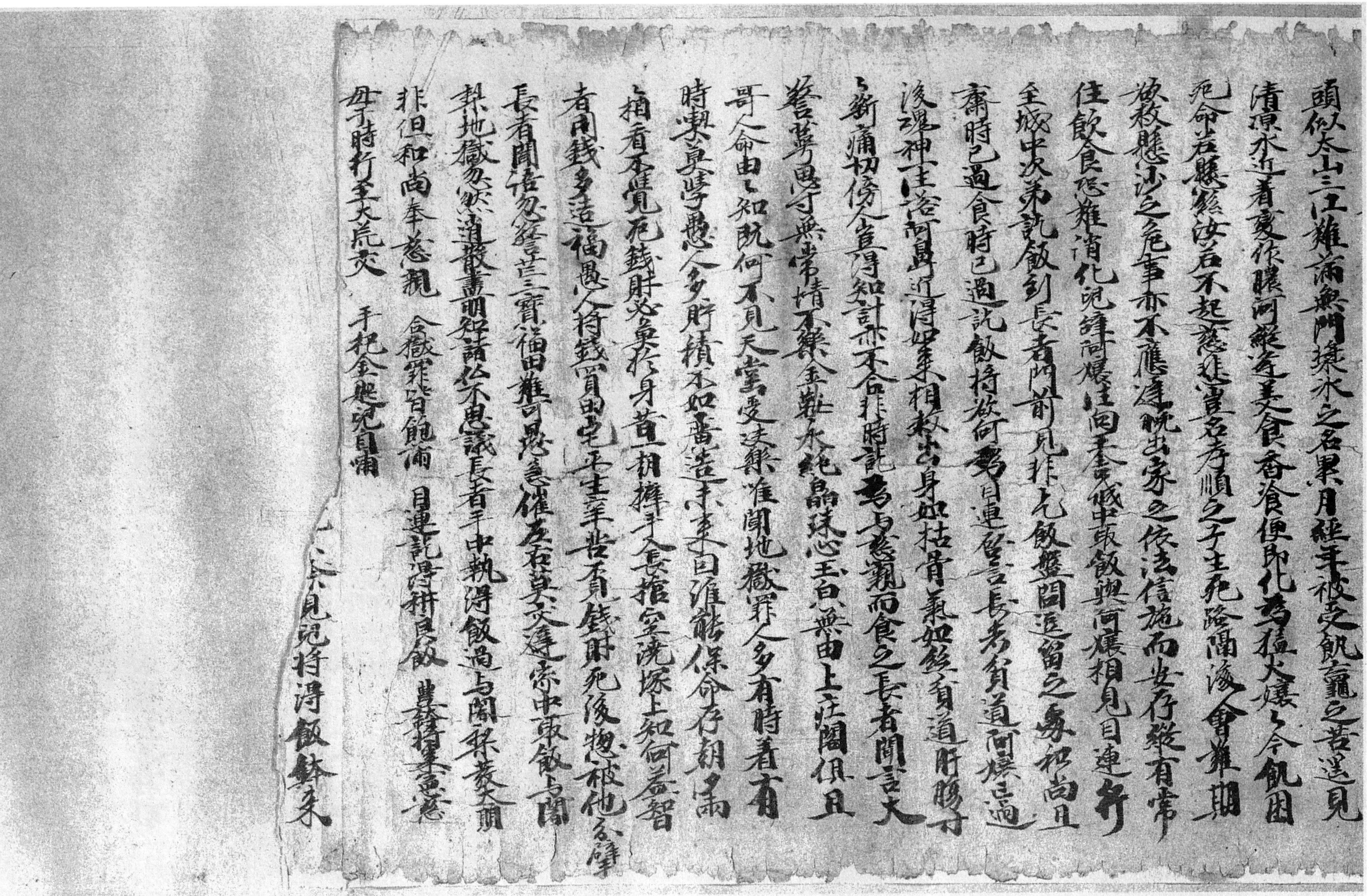

BD04085號2　大目乾連冥間救母變文（二卷本）卷二　（4-4）

智智清淨无二无二分无別无斷故
善現一切陁羅尼門清淨故五眼清淨五眼
清淨故一切智智清淨何以故若一切陁羅
尼門清淨若五眼清淨若一切智智清淨
无二无二分无別无斷故一切陁羅尼門清
淨故六神通清淨六神通清淨故一切智智
清淨何以故若一切陁羅尼門清淨若六神通
清淨若一切智智清淨无二无二分无別无
斷故善現一切陁羅尼門清淨故佛十力清
淨佛十力清淨故一切智智清淨何以故若
一切陁羅尼門清淨若佛十力清淨若一切
智智清淨无二无二分无別无斷故一切陁
羅尼門清淨故四无所畏四无礙解大慈大
悲大喜大捨十八佛不共法清淨四无所畏
乃至十八佛不共法清淨故一切智智清淨
何以故若一切陁羅尼門清淨若四无所畏
乃至十八佛不共法清淨若一切智智清淨
无二无二分无別无斷故善現一切陁羅尼
門清淨故无忘失法清淨无忘失法清淨故
一切智智清淨何以故若一切陁羅尼門清
淨若无忘失法清淨若一切智智清淨无二

BD04086號　大般若波羅蜜多經卷二四〇　（5–1）

乃至十八佛不共法清淨故一切智智清淨
何以故若一切陁羅尼門清淨若四无所畏
乃至十八佛不共法清淨若一切智智清淨
无二无二分无別无斷故善現一切陁羅尼
門清淨故无忘失法清淨无忘失法清淨故
一切智智清淨何以故若一切陁羅尼門清
淨若无忘失法清淨若一切智智清淨无二
无二分无別无斷故一切陁羅尼門清淨故
恒住捨性清淨恒住捨性清淨故一切智智
清淨何以故若一切陁羅尼門清淨若恒住
捨性清淨若一切智智清淨无二无二分无
別无斷故善現一切陁羅尼門清淨故一切
智清淨一切智清淨故一切智智清淨何以
故若一切陁羅尼門清淨若一切智清淨若
一切智智清淨无二无二分无別无斷故一
切陁羅尼門清淨故道相智一切相智清淨
道相智一切相智清淨故一切智智清淨何
以故若一切陁羅尼門清淨若道相智一切
相智清淨若一切智智清淨无二无二分无
別无斷故善現一切陁羅尼門清淨故一切
三摩地門清淨一切三摩地門清淨故一切
智智清淨何以故若一切陁羅尼門清淨若
一切三摩地門清淨若一切智智清淨无二
无二分无別无斷故
善現一切陁羅尼門清淨故預流果清淨預
流果清淨故一切智智清淨何以故若一切
陁羅尼門清淨若預流果清淨若一切智智
清淨无二无二分无別无斷故一切陁羅尼
門清淨故一來不還阿羅漢果清淨一來不

BD04086號　大般若波羅蜜多經卷二四〇　（5–2）

无二分无別无斷故
善現一切陁羅尼門清淨故預流果清淨預
流果清淨故一切智智清淨何以故若一切
陁羅尼門清淨若預流果清淨若一切智智
清淨无二无二分无別无斷故一切陁羅尼
門清淨故一來不還阿羅漢果清淨一來不
還阿羅漢果清淨故一切智智清淨何以故
若一切陁羅尼門清淨若一來不還阿羅漢
果清淨若一切智智清淨无二无二分无別
无斷故善現一切陁羅尼門清淨故獨覺菩
提清淨獨覺菩提清淨故一切智智清淨何
以故若一切陁羅尼門清淨若獨覺菩提清
淨若一切智智清淨无二无二分无別无斷
故善現一切陁羅尼門清淨故一切菩薩摩
訶薩行清淨一切菩薩摩訶薩行清淨故一
切智智清淨何以故若一切陁羅尼門清淨
若一切菩薩摩訶薩行清淨若一切智智清
淨无二无二分无別无斷故善現一切陁羅
尼門清淨故諸佛无上正等菩提清淨諸佛
无上正等菩提清淨故一切智智清淨何以
故若一切陁羅尼門清淨若諸佛无上正等
菩提清淨若一切智智清淨无二无二分无
別无斷故
復次善現一切三摩地門清淨故色清淨色
清淨故一切智智清淨何以故若一切三摩
地門清淨若色清淨若一切智智清淨无二
无二分无別无斷故一切三摩地門清淨故
受想行識清淨受想行識清淨故一切智智

BD04086號　大般若波羅蜜多經卷二四〇　（5-3）

別无斷故
復次善現一切三摩地門清淨故色清淨色
清淨故一切智智清淨何以故若一切三摩
地門清淨若色清淨若一切智智清淨无二
无二分无別无斷故一切三摩地門清淨故
受想行識清淨受想行識清淨故一切智智
清淨何以故若一切三摩地門清淨若受想
行識清淨若一切智智清淨无二无二分无
別无斷故善現一切三摩地門清淨故眼處
清淨眼處清淨故一切智智清淨何以故若
一切三摩地門清淨若眼處清淨若一切智
智清淨无二无二分无別无斷故一切三摩
地門清淨故耳鼻舌身意處清淨耳鼻舌身
意處清淨故一切智智清淨何以故若一切
三摩地門清淨若耳鼻舌身意處清淨若一
切智智清淨无二无二分无別无斷故善現
一切三摩地門清淨故色處清淨色處清淨
故一切智智清淨何以故若一切三摩地門清
淨若色處清淨若一切智智清淨无二无
二分无別无斷故一切三摩地門清淨故聲
香味觸法處清淨聲香味觸法處清淨故一
切智智清淨何以故若一切三摩地門清淨
若聲香味觸法處清淨若一切智智清淨无
二无二分无別无斷故善現一切三摩地門
清淨故眼界清淨眼界清淨故一切智智清
淨何以故若一切三摩地門清淨若眼界清
淨若一切智智清淨无二无二分无別无斷
故一切三摩地門清淨故色界眼識界及眼

BD04086號　大般若波羅蜜多經卷二四〇　（5-4）

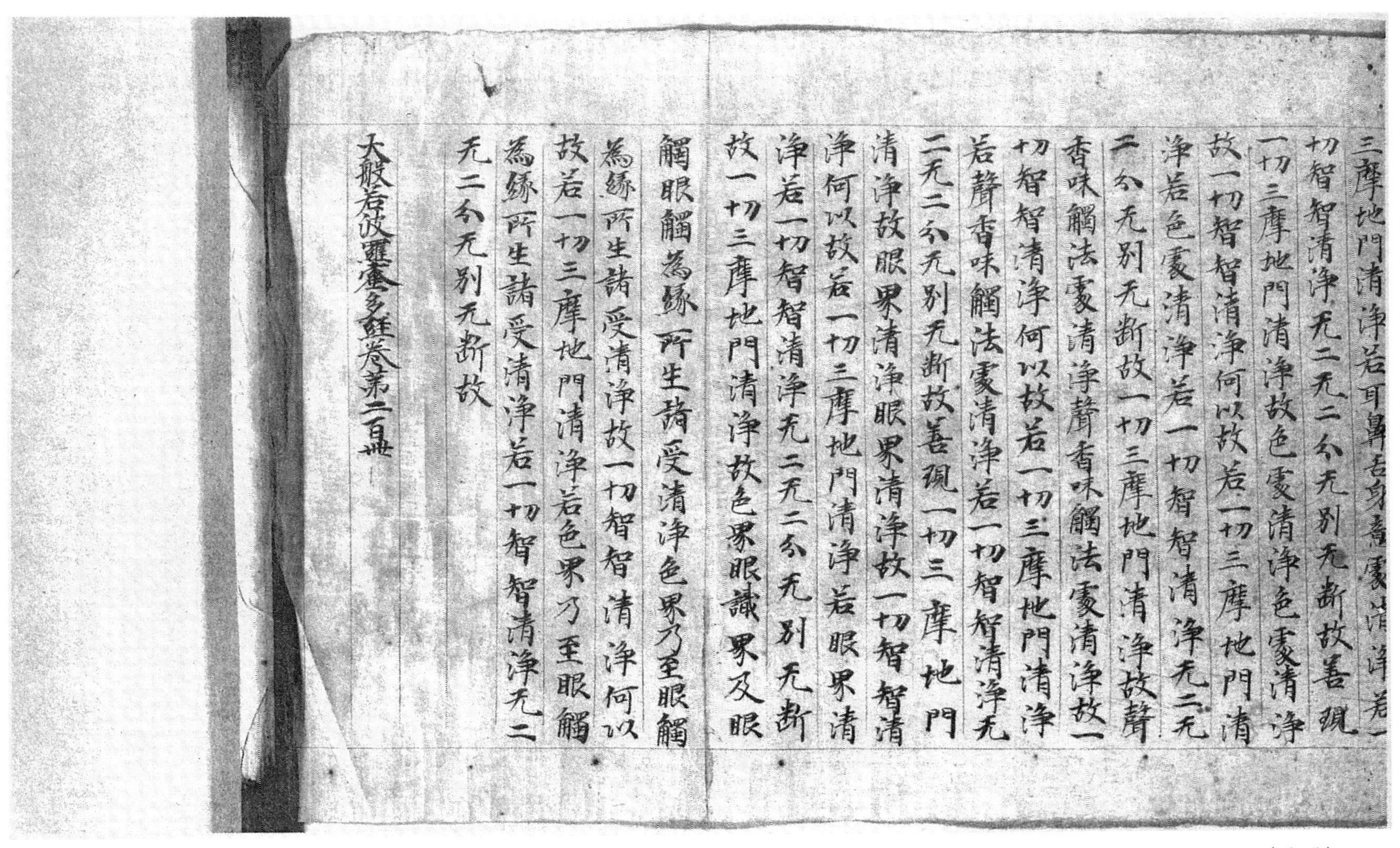

BD04086 號　大般若波羅蜜多經卷二四〇　（5–5）

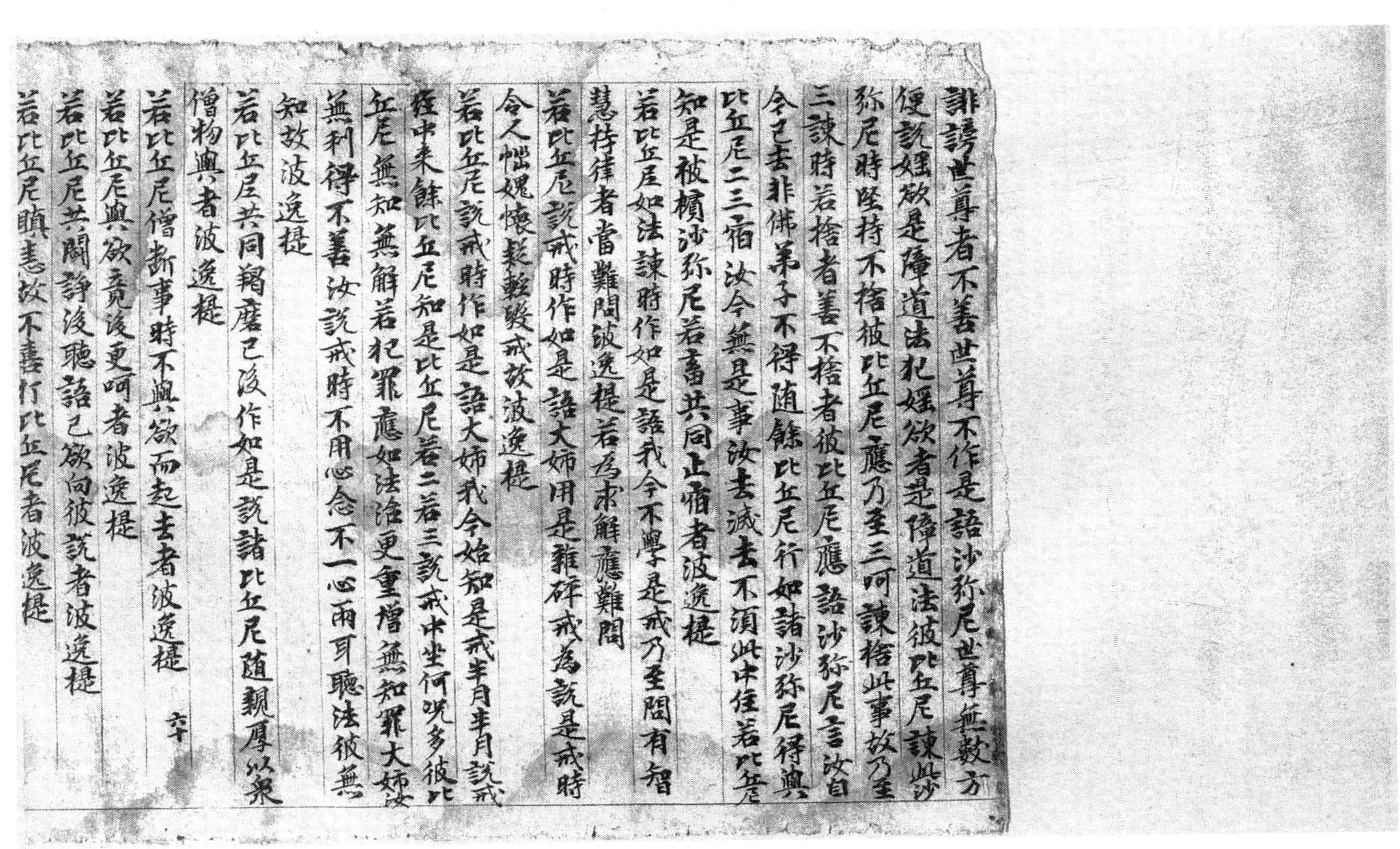

BD04087 號　四分比丘尼戒本　（6–1）

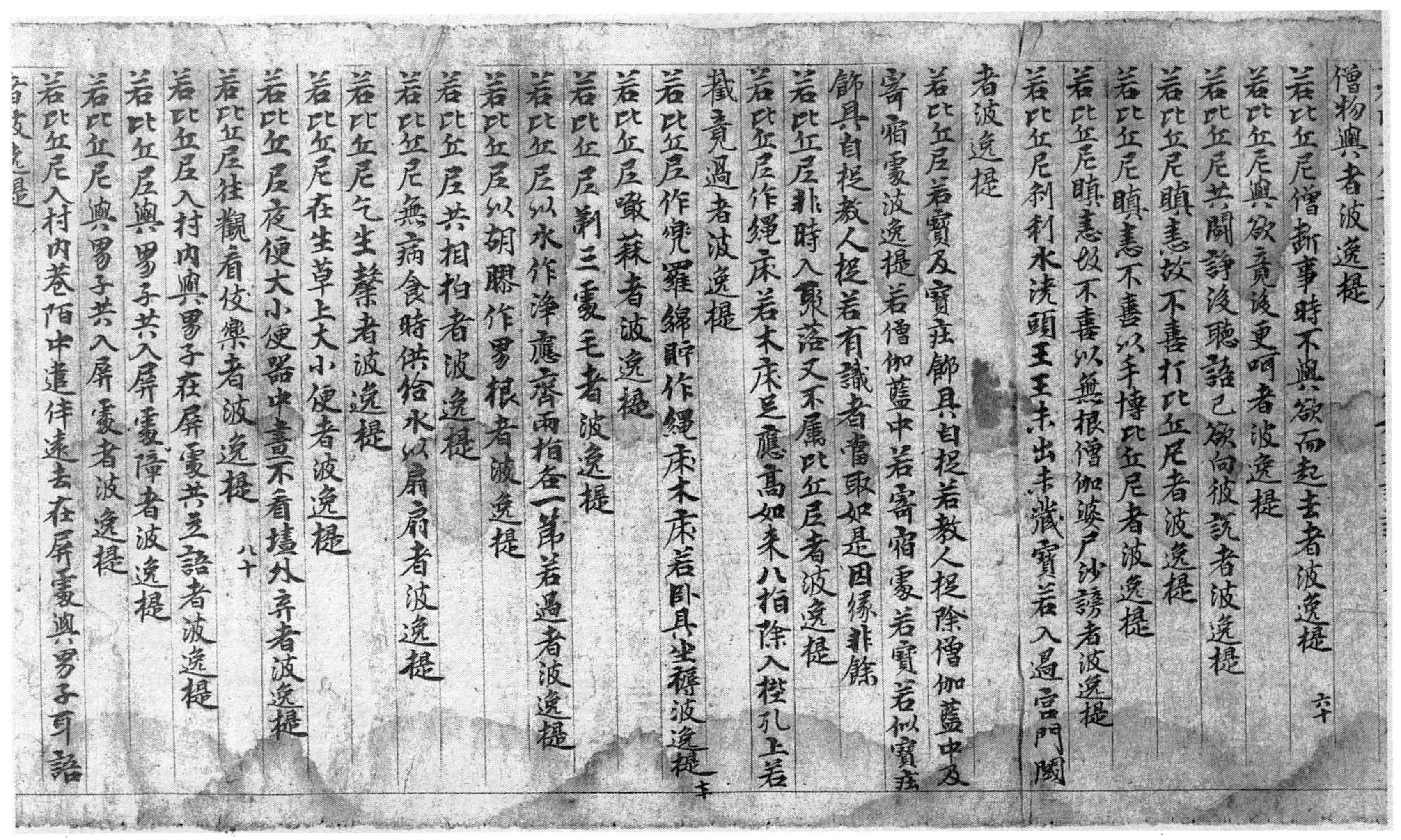

僧物與者波逸提 六十
若比丘尼僧斷事時不與欲而起去者波逸提
若比丘尼與欲竟後更呵者波逸提
若比丘尼共鬥諍後聽語已欲向彼說者波逸提
若比丘尼瞋恚故不喜打比丘尼者波逸提
若比丘尼瞋恚不喜以手搏比丘尼者波逸提
若比丘尼瞋恚故不喜以無根僧伽婆尸沙謗者波逸提
若比丘尼刹利水澆頭王王未出未藏寶若入過宮門閾
者波逸提
若比丘尼若寶及寶莊飾具自捉若教人捉除僧伽藍中及
寄宿處波逸提若僧伽藍中若寄宿處若寶若似寶莊
飾具自捉教人捉若有識者當取如是因緣非餘
若比丘尼非時入聚落又不囑比丘尼者波逸提
若比丘尼作繩床若木床足應高如來八指除入梐孔上若
截竟過者波逸提
若比丘尼作兜羅綿貯作繩床木床若臥具坐褥波逸提 七十
若比丘尼以水作淨應齊兩指各一節若過者波逸提
若比丘尼剃三處毛者波逸提
若比丘尼噉蒜者波逸提
若比丘尼以胡膠作男根者波逸提
若比丘尼共相拍者波逸提
若比丘尼無病食時供給水以扇扇者波逸提
若比丘尼乞生穀者波逸提
若比丘尼在生草上大小便者波逸提
若比丘尼夜便大小便器中晝不看墻外弃者波逸提 八十
若比丘尼往觀看伎樂者波逸提
若比丘尼入村內與男子在屏處共立語者波逸提
若比丘尼與男子共入屏處障者波逸提
若比丘尼與男子共入屏處者波逸提
若比丘尼入村內巷陌中遣伴遠去在屏處與男子耳語
者波逸提

BD04087號　四分比丘尼戒本　（6–2）

若比丘尼往觀看伎樂者波逸提
若比丘尼入村內與男子在屏處共立語者波逸提
若比丘尼與男子共入屏處障者波逸提
若比丘尼與男子共入屏處者波逸提
若比丘尼入村內巷陌中遣伴遠去在屏處與男子耳語
者波逸提
若比丘尼入白衣家內坐不語主人捨去者波逸提
若比丘尼入白衣家內不語主人輒坐床者波逸提
若比丘尼入白衣家內不語主人輒自敷坐宿者波逸提
若比丘尼與男子共入闇室中者波逸提
若比丘尼不審諦受師語者波逸提
若比丘尼有小因緣事便呪咀墮三惡道不生佛法中若
我有如是事墮三惡道生不佛法中若汝有如是事亦
墮三惡道不生佛法中波逸提 九十
若比丘尼共鬥諍不善憶持諍事推胸啼哭者波逸提
若比丘尼無病二人共牀臥者波逸提
若比丘尼共一褥同一被臥除餘時波逸提
若比丘尼知先住處後至知後至先住為惱故在前誦經問
義教授者波逸提
若比丘尼同活比丘尼病不瞻視者波逸提
若比丘尼安居初聽餘比丘在房中安牀後瞋恚駈出者
波逸提
若比丘尼春夏冬一切時人間遊行除餘因緣者波逸提
若比丘尼夏安居訖不去者波逸提
若比丘尼邊界有疑恐怖處人間遊行者波逸提
若比丘尼於界內有疑恐怖處在人間遊行者波逸提
若比丘尼親近居士居士兒共住作不隨順行餘比丘尼諫此
比丘尼言妹汝莫親近居士居士兒共住作不隨順行大姊可
別住若別住於佛法中有增益安樂住彼比丘尼諫此比丘
尼時堅持不捨彼比丘尼應三諫捨此事故乃至三諫捨
此事善不捨者波逸提 一百

BD04087號　四分比丘尼戒本　（6–3）

若比丘尼於界內有疑恐怖處在人間遊行者波逸提
若比丘尼親近居士居士兒共住作不隨順行餘比丘尼諫此
比丘尼言妹汝莫親近居士居士兒共住作不隨順行大姊可
別住若別住於佛法中有增益安樂住彼比丘尼諫此比丘
尼時堅持不捨彼比丘尼應三諫捨此事故乃至三諫捨
此事善不捨者波逸提　一百
若比丘尼往觀王宮文飾畫堂園林浴池者波逸提
若比丘尼露身形在河水泉水渠水池水中浴者波逸提
若比丘尼作浴衣應量作應量作者長佛六搩手廣二搩
手半若過者波逸提
若比丘尼縫僧伽梨過五日除求索僧伽梨出迦絺那衣六
難事起者波逸提
若比丘尼過五日不看僧伽梨波逸提
若比丘尼與衆僧衣作留難者波逸提
若比丘尼不問主便著他衣者波逸提
若比丘尼持沙門衣施與外道白衣者波逸提
若比丘尼作如是意遮衆僧如法分衣遮令不分恐弟子不
得者波逸提
若比丘尼作如是意令衆僧今不得出迦絺那衣後當出
欲令五事久得放捨者波逸提　一百十
若比丘尼作如是意遮比丘尼僧不出迦絺那衣欲令久得五
事放捨者波逸提
若比丘尼語言為我滅此事諍而不作方便令滅者波逸提
若比丘尼自手持食與白衣入外道食者波逸提
若比丘尼為白衣作使者波逸提
若比丘尼自手紡績者波逸提
若比丘尼入白衣舍內在小林大林上若坐若卧波逸提
若比丘尼至白衣舍語主人敷座止宿明日不辭主人而去
波逸提
若比丘尼誦習世俗呪術者波逸提
若比丘尼知女人姙娠與受具足戒者波逸提　一百廿

BD04087 號　四分比丘尼戒本　（6–4）

若比丘尼語言為我滅此事諍而不作方便令滅者波逸提
若比丘尼自手持食與白衣入外道食者波逸提
若比丘尼為白衣作使者波逸提
若比丘尼自手紡績者波逸提
若比丘尼入白衣舍內在小林大林上若坐若卧波逸提
若比丘尼至白衣舍語主人敷座止宿明日不辭主人而去
波逸提
若比丘尼誦習世俗呪術者波逸提
若比丘尼知女人姙娠與受具足戒者波逸提　一百廿
若比丘尼知婦女乳兒與受具足戒波逸提
若比丘尼知年不滿廿與受具足戒波逸提
若比丘尼年十八童女不與二歲學戒年滿二十便與受具足
戒者波逸提
若比丘尼年十八童女二歲學戒不與六法滿二十便與受
具足戒者波逸提
若比丘尼年十八童女與二歲學戒與六法滿二十便衆聽不
聽便與受具足戒者波逸提
若比丘尼度曾嫁婦女年十歲與二歲學戒年滿十二聽與受
具足戒若減十二與受具足戒者波逸提
若比丘尼度他小年曾嫁婦女與受二歲學戒年滿十二
不白衆僧便與受具足戒者波逸提
若比丘尼知如是人與受具足戒者波逸提
若比丘尼多度弟子不教二歲學戒不以二法攝取波逸提
若比丘尼不二歲隨和尚尼者波逸提　一百三十
若比丘尼僧不聽而授人具足戒者波逸提
若比丘尼年未滿十二歲授人具足戒者波逸提
若比丘尼年滿十二歲衆僧不聽便授人具足戒者波逸提
若比丘尼僧不聽授人具足戒便言衆僧有愛有恚有怖
有癡欲聽者便聽不欲聽者便不聽波逸提
若比丘尼父母夫主不聽與受具足戒者波逸提

BD04087 號　四分比丘尼戒本　（6–5）

若比丘尼知年不滿廿與受具足戒波逸提
若比丘尼年十八童女不與二歲學戒年滿二十便與受具足
戒者波逸提
若比丘尼年十八童女與二歲學戒不與六法滿二十便與受
具足戒者波逸提
若比丘尼年十八童女與二歲學戒與六法滿二十便眾聽不
聽便與受具足戒者波逸提
若比丘尼度曾嫁女年十歲與二歲學戒年滿十二聽與受
具足戒若減十二與受具足戒者波逸提
若比丘尼度他小年曾嫁婦女與受二歲學戒年滿十二
不白眾僧便與受具足戒者波逸提
若比丘尼知如是人與受具足戒者波逸提
若比丘尼多度弟子不教二歲學戒不以二法攝取波逸提
若比丘尼不二歲隨和尚尼者波逸提　百三十
若比丘尼僧不聽而授人具足戒者波逸提
若比丘尼年未滿十二歲授人具足戒者波逸提
若比丘尼年滿十二歲眾僧不聽便授人具足戒者波逸提
若比丘尼僧不聽授人具足戒便言眾僧有愛有恚有怖
有癡欲聽者便聽不欲聽者便不聽波逸提
若比丘尼父母夫主不聽與受具足戒者波逸提
若比丘尼知女人與童男男子相敬愛愁憂瞋恚女人度令
出家受具足戒者波逸提
若比丘尼語式叉摩那言汝妹捨是學是當與汝受具足
戒若不方便與受具足戒波逸提
若比丘尼語式叉摩那言持衣來我當與汝受具足戒而
不方便與受具足戒波逸提

BD04087 號　四分比丘尼戒本　（6–6）

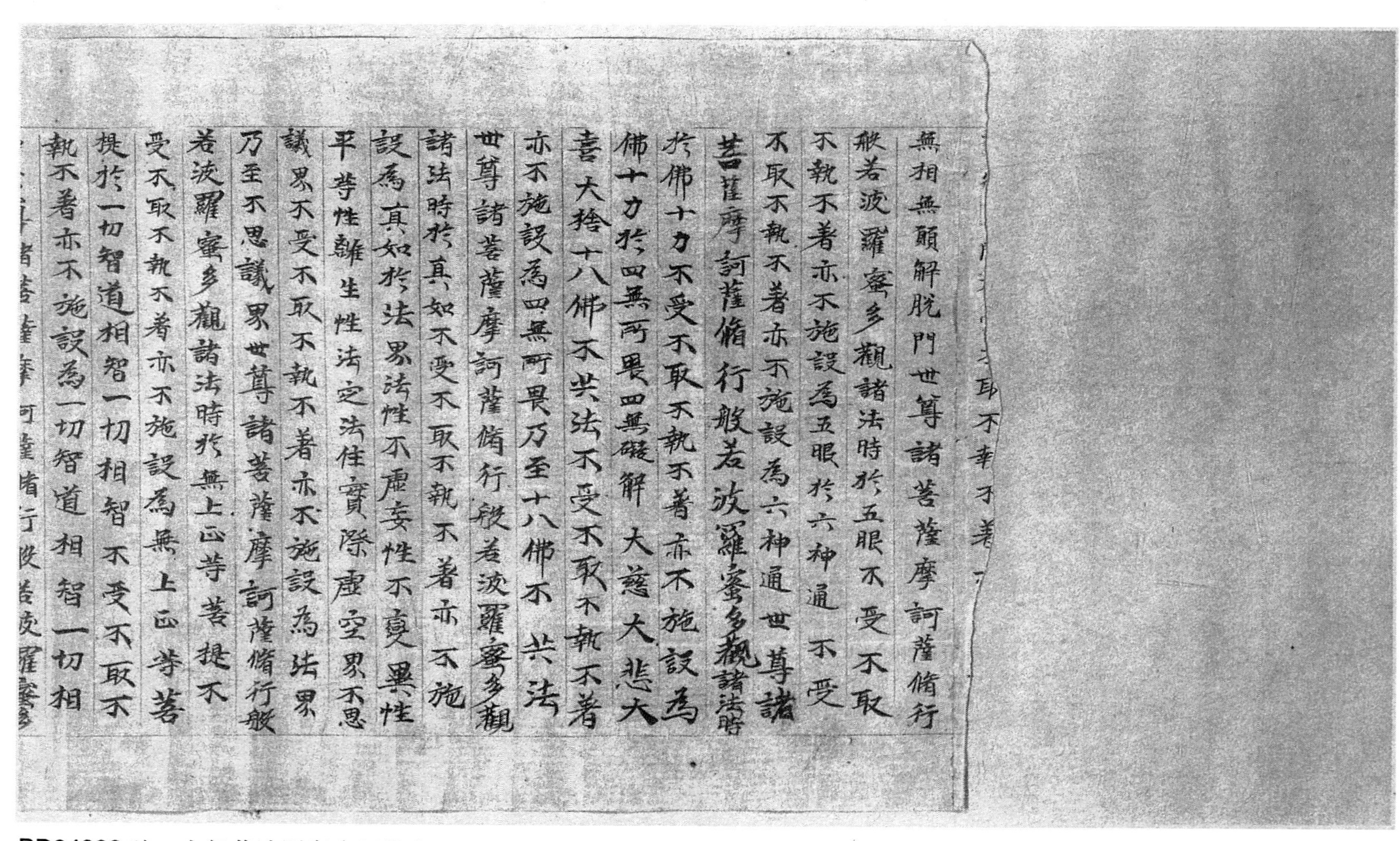

無相無願解脫門世尊諸菩薩摩訶薩脩行
般若波羅蜜多觀諸法時於五眼不受不取
不執不著亦不施設為五眼於六神通不受
不取不執不著亦不施設為六神通世尊諸
菩薩摩訶薩脩行般若波羅蜜多觀諸法時
於佛十力不受不取不執不著亦不施設為
佛十力於四無所畏四無礙解大慈大悲大
喜大捨十八佛不共法不受不取不執不著
亦不施設為四無所畏乃至十八佛不共法
世尊諸菩薩摩訶薩脩行般若波羅蜜多觀
諸法時於真如不受不取不執不著亦不施
設為真如於法界法性不虛妄性不變異性
平等性離生性法定法住實際虛空界不思
議界不受不取不執不著亦不施設為法界
乃至不思議界世尊諸菩薩摩訶薩脩行般
若波羅蜜多觀諸法時於無上正等菩提不
受不取不執不著亦不施設為無上正等菩
提於一切智道相智一切相智不受不取不
執不著亦不施設為一切智道相智一切相
……者菩薩摩訶薩脩行般若波羅蜜多

BD04088 號　大般若波羅蜜多經卷七〇　（4–1）

乃至不思議界世尊諸菩薩摩訶薩脩行般
若波羅蜜多觀諸法時於無上正等菩提不
受不取不執不著亦不施設為無上正等菩
提於一切智道相智一切相智不受不取不
執不著亦不施設為一切智道相智一切相
智世尊諸菩薩摩訶薩脩行般若波羅蜜多
觀諸法時於無忘失法不受不取不執不著
亦不施設為無忘失法於恒住捨性不受不
取不執不著亦不施設為恒住捨性世尊諸
菩薩摩訶薩脩行般若波羅蜜多觀諸法時
於一切陁羅尼門不受不取不執不著亦不
施設為一切陁羅尼門於一切三摩地門不
受不取不執不著亦不施設為一切三摩地
門
世尊諸菩薩摩訶薩脩行般若波羅蜜多時
不見色何以故以色性空无生滅故不見受想
行識何以故以受想行識性空无生滅故
世尊諸菩薩摩訶薩脩行般若波羅蜜多時
不見眼處何以故以眼處性空无生滅故不
見耳鼻舌身意處何以故以耳鼻舌身意處
性空无生滅故世尊諸菩薩摩訶薩脩行般
若波羅蜜多時不見色處何以故以色處性
空无生滅故不見聲香味觸法處何以故以
聲香味觸法處性空无生滅故世尊諸菩薩
摩訶薩脩行般若波羅蜜多時不見眼界何
以故以眼界性空无生滅故不見色界眼識界
及眼觸眼觸為緣所生諸受何以故以色界
乃至眼觸為緣所生諸受性空无生滅故

空无生滅故不見聲香味觸法處何以故以
聲香味觸法處性空无生滅故世尊諸菩薩
摩訶薩脩行般若波羅蜜多時不見眼界何
以故以眼界性空无生滅故不見色界眼識界
及眼觸眼觸為緣所生諸受何以故以色界
乃至眼觸為緣所生諸受性空无生滅故
世尊諸菩薩摩訶薩脩行般若波羅蜜多時
不見耳界何以故以耳界性空无生滅故不見
聲界耳識界及耳觸耳觸為緣所生諸受何
以故以聲界乃至耳觸為緣所生諸受性
空无生滅故世尊諸菩薩摩訶薩脩行般若
波羅蜜多時不見鼻界何以故以鼻界性空
无生滅故不見香界鼻識界及鼻觸鼻觸為
緣所生諸受何以故以香界乃至鼻觸為緣
所生諸受性空无生滅故世尊諸菩薩摩訶薩
脩行般若波羅蜜多時不見舌界何以故
以舌界性空无生滅故不見味界舌識界
及舌觸舌觸為緣所生諸受何以故以味界乃
乃至舌觸為緣所生諸受性空无生滅故世
尊諸菩薩摩訶薩脩行般若波羅蜜多時不
見身界何以故以身界性空无生滅故不見觸
界身識界及身觸身觸為緣所生諸受何
以故以觸界乃至身觸為緣所生諸受性空无
生滅故世尊諸菩薩摩訶薩脩行般若波
羅蜜多時不見意界何以故以意界性空无
生滅故不見法界意識界及意觸意觸為緣
所生諸受何以故以法界乃至意觸為緣所
生諸受性空无生滅故世尊諸菩薩摩訶薩

生滅故世尊諸菩薩摩訶薩脩行般若波
羅蜜多時不見意界何以故以意界性空无
生滅故不見法界意識界及意觸意觸為緣
所生諸受何以故以法界乃至意觸為緣所
生諸受性空无生滅故世尊諸菩薩摩訶薩
脩行般若波羅蜜多時不見地界何以故以地
界性空无生滅故不見水火風空識界何以故
以水火風空識界性空无生滅故世尊諸
菩薩摩訶薩脩行般若波羅蜜多時不見苦
聖諦何以故以苦聖諦性空无生滅故不見
集滅道聖諦何以故以集滅道聖諦性空无
生滅故世尊諸菩薩摩訶薩脩行般若波羅
蜜多時不見无明何以故以无明性空无生滅
故不見行識名色六處觸受愛取有生老
死愁歎苦憂惱何以故以行乃至老死愁歎
苦憂惱性空无生滅故世尊諸菩薩摩訶薩
脩行般若波羅蜜多時不見內空何以故以內
空性空无生滅故不見外空內外空空空
大空勝義空有為空无為空畢竟空无際空
散空无變異空本性空自相空共相空一切
法空不可得空无性空自性空无性自性空
何以故以外空乃至无性自性空性空无生滅
故
世尊諸菩薩摩訶薩脩行般若波羅蜜多時
不見布施波羅蜜多何以故以布施波羅蜜

BD04088號　大般若波羅蜜多經卷七〇　（4–4）

自念言我雖作是供養心猶未足我今當更
供養舍利便語諸菩薩大弟子及天龍夜叉
等一切大衆汝等當一心念我今供養日月
淨明德佛舍利作是語已即於八万四千塔
前然百福莊嚴臂七万二千歲而以供養令
無數求聲聞衆無量阿僧祇人發阿耨多羅
三藐三菩提心皆使得住現一切色身三昧
尒時諸菩薩天人阿脩羅等見其無臂憂惱
悲哀而作是言此一切衆生喜見菩薩是我
等師教化我者而今燒臂身不具足于時一
切衆生喜見菩薩於大衆中立此誓言我捨兩
臂必當得佛金色之身若實不虛令我兩臂
還復如故作是誓已自然還復由斯菩薩
福德智慧淳厚所致當尒之時三千大千世
界六種震動天雨寶華一切人天得未曾有
佛告宿王華菩薩於汝意云何一切衆生喜
見菩薩豈異人乎今藥王菩薩是也其所捨
身布施如是無量百千万億那由他數宿王
華若有發心欲得阿耨多羅三藐三菩提者

BD04089號　妙法蓮華經卷六　（4–1）

界六種震動天雨寶華一切人天得未曾有
佛告宿王華菩薩於汝意云何一切衆生喜
見菩薩豈異人乎今藥王菩薩是也其所捨
身布施如是無量百千万億那由他數宿王
華若有發心欲得阿耨多羅三藐三菩提者
能燃手指乃至足一指供養佛塔勝以國城
妻子及三千大千國土山林河池諸珎寶物
而供養者若復有人以七寶滿三千大千世
界供養於佛及大菩薩辟支佛阿羅漢是人
所得功德不如受持此法華經乃至一四句偈
其福最多宿王華譬如一切川流江河諸
水之中海為第一此法華經亦復如是於諸
如來所說經中最為深大又如土山黑山小
鐵圍山大鐵圍山及十寶山衆山之中須弥
山為第一此法華經亦復如是於諸經中最
為其上又如衆星之中月天子最為第一此
法華經亦復如是於千万億種諸經法中最
為照明又如日天子能除諸闇此經亦復如
是能破一切不善之闇又如諸小王中轉輪聖
王最為第一此經亦復如是於衆經中最為
其尊又如帝釋於三十三天中王此經亦復
如是諸經中王又如大梵天王一切衆生之
父此經亦復如是一切賢聖學無學及發菩
薩心者之父又如一切凡夫人中須陁洹斯
陁含阿那含阿羅漢辟支佛為第一此經
亦復如是一切如來所說若菩薩所說若聲

如是諸經中王又如大梵天王一切衆生之
父此經亦復如是一切賢聖學無學及發菩
薩心者之父又如一切凡夫人中須陁洹斯
陁含阿那含阿羅漢辟支佛為第一此經
亦復如是一切如來所說若菩薩所說若聲
聞所說諸經法中最為第一有能受持是經
典者亦復如是於一切衆生中亦為第一一切
聲聞辟支佛中菩薩為第一此經亦復如是
於一切諸經法中最為第一如佛為諸法王
此經亦復如是諸經中王宿王華此經能救
一切衆生者此經能令一切衆生離諸苦
惱此經能大饒益一切衆生充滿其願如清
涼池能滿一切諸渴乏者如寒者得火如裸
者得衣如商人得主如子得母如渡得舩如
病得醫如闇得燈如貧得寶如民得王如賈
客得海如炬除闇此法華經亦復如是能令
衆生離一切苦一切病痛能解一切生死之
縛若人得聞此法華經若自書若使人書所
得功德以佛智慧籌量多少不得其邊若書
是經卷華香瓔珞燒香末香塗香旛蓋衣
服種種之燈蘇燈油燈諸香油燈瞻蔔油燈
須曼油燈波羅羅油燈婆利師迦油燈那婆
摩利油燈供養所得功德亦復無量宿王華
若有人聞是藥王菩薩本事品者亦得無量
無邊功德若有女人聞是藥王菩薩本事品
能受持者盡是女身後不復受若如來滅後後

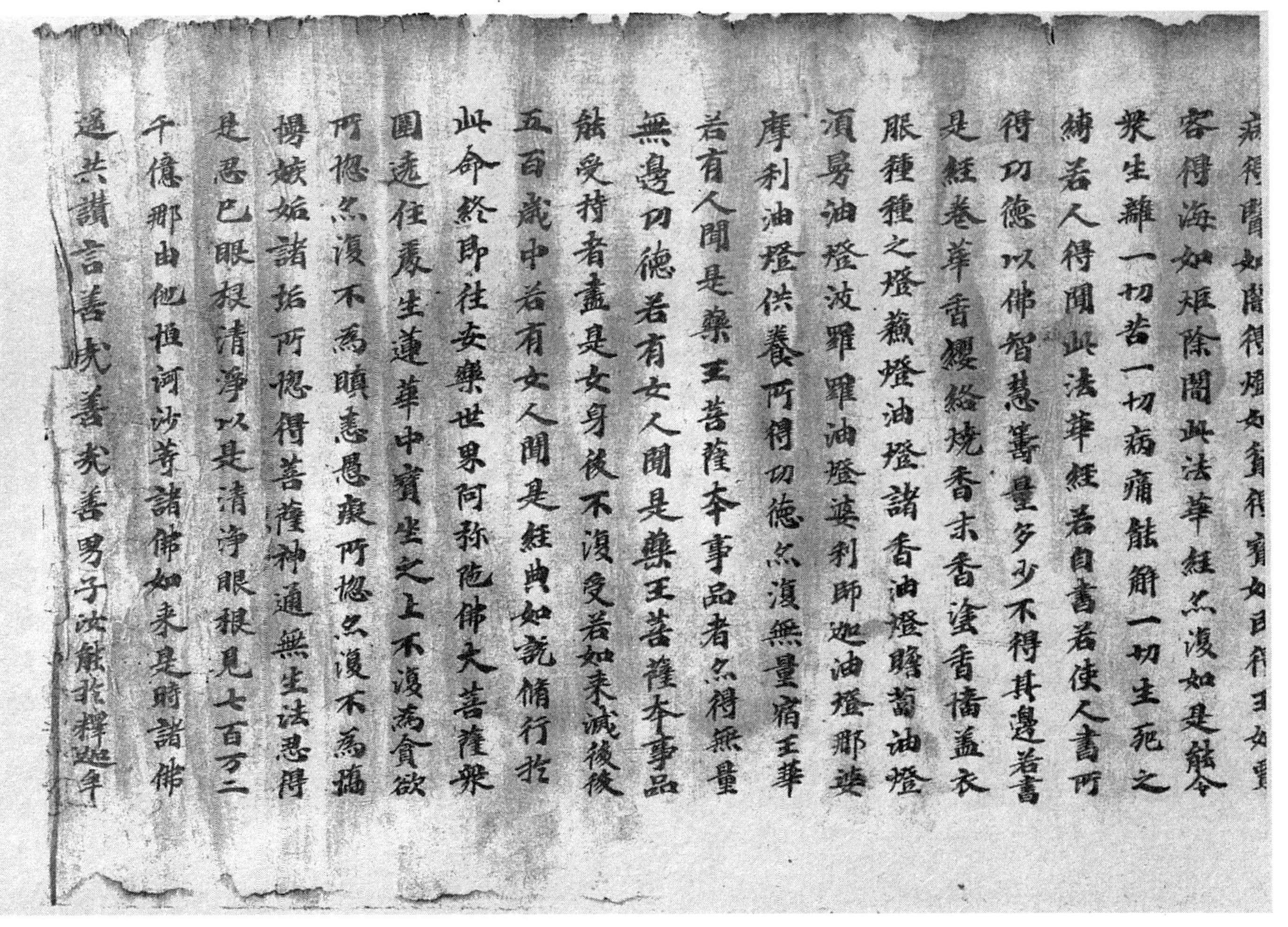

BD04089號　妙法蓮華經卷六　（4–4）

BD04090號　金光明經卷四　（22–1）

□□□□以病除故多設福業脩行
□重恭敬是長者子作如是言善哉
善哉長者能大增長福德之事能益衆生
無量壽命汝今真是大醫之王善治衆生無
量重病必是菩薩善解方藥善女天時長者
子有妻名曰水空龍藏而生二子一名水空二
名水藏時長者子將是二子次第遊行城邑
聚落最後到一大空澤中見諸虎狼狗犬鳥
獸多食肉血悉皆一向馳奔而去時長者子作
是念言是諸禽獸何因緣故一向馳走我當
隨後而觀之時長者子遂便隨逐見有一
池其水枯涸於其池中多有諸魚時長者子
見是魚已生大悲心時有樹神示現半身作
如是言善哉善哉大善男子此魚可愍汝可
與水是故號汝名為流水復有二緣名為流水
一能流水二能與水汝今應當隨名定實時
長者子問樹神言汝此魚頭數為有幾所樹
神答言其數具足滿十千善女天尒時流水
聞是數已倍復增益生大悲心善女天時此空
池為日所曝唯少水在是十千魚將入死門四
向婉轉見是長者心生恃賴隨是長者所至
方面隨逐瞻視目未曾捨是時長者馳趣四
方推求索水了不能得便四顧望見有大樹
尋取枝葉還到池上與作陰涼作陰涼已復
更推求是池中水本從何來即出四向周遍求
覓莫知水處復更疾走遠至餘處見大河名
曰水生尒時復有諸餘惡人為捕此魚故於

BD04090 號　金光明經卷四　（22–2）

方推求索水了不能得便四顧望見有大樹
尋取枝葉還到池上與作陰涼作陰涼已復
更推求是池中水本從何來即出四向周遍求
覓莫知水處復更疾走遠至餘處見大河名
曰水生尒時復有諸餘惡人為捕此魚故於
河上流懸嶮之處決棄其水不令下過然其決
處懸嶮難補計當修治經九十日百千人功猶
不能成況我一身時長者子速疾還返至大王
所頭面禮拜却坐一面合掌向王說其因緣作
如是言我為大王國土人民治種種病漸漸
遊行至彼空澤見有一池其水枯涸有十千
魚為日所曝今日困厄將死不久唯願大王借
二十大象令得負水濟彼魚命如我與諸病
人壽命尒時大王即勅大臣速疾供給尒時
大臣奉王告勅語是長者善哉大士汝今自
可至象廄中隨意選取利益衆生令得快
樂是時流水及其二子將二十大象從治城
人借索皮囊疾至彼河上流決處盛水象
負馳疾奔還至空澤池從象背上下其囊
水瀉置池中水遂彌滿還復如本長者子
於池四邊彷徉而行是魚尒時亦復隨逐循
岸而行時長者子復作是念是魚何緣隨
我而行是魚必為飢火所惱復欲從我求索
飲食我今當與善女天尒時流水長者子告
其二子言汝取一象最大力者速往家中啓
父長者家中所有可食之物及是父母飲噉

BD04090 號　金光明經卷四　（22–3）

[illegible]而行時長者子復作是念是魚何緣隨
我而行是魚必為飢火所惱復欲從我求索
飲食我今當與善女天尒時流水長者子言
其二子言汝取一象最大力者速往家中啓
父長者家中所有可食之物及是父母飲噉
之分及以妻子奴婢之分一切聚集悉載象
上急速來還尒時二子如父教勅乘最大象
往至家中白其祖父說如上事尒時二子收
取家中可食之物載象背上疾還父所至
空澤池時長者子見其子還心生歡喜踊躍
無量從子邊取飲食之物散著池中與魚食
已即自思惟我今已能與此魚食令其飽滿
未來之世當施法食復更思惟曾聞過去空
閑之處有一比丘讀誦大乘方等經典其經中
說若有衆生臨命終時得聞寶勝如來名号
即生天上我今當為是十千魚解說甚深十
二因緣亦當稱說寶勝佛名時閻浮提中有
種人一者深信大乘方等二者毀呰不生信
樂時長者子作是思惟我今當入池水之中
為是諸魚說深妙法思惟是已即便入水作
如是言南无過去寶勝如來應供正遍知明
行足善逝世間解無上士調御丈夫天人師
佛世尊寶勝如來本往昔時行菩薩道作是
誓願若有衆生於十方界臨命終時聞我名
者當令是等即命終已尋得上生三十三天
[illegible]時流水復為是魚解說如是甚深妙法所

BD04090 號　金光明經卷四　（22–4）

行足善逝世間解無上士調御丈夫天人師
佛世尊寶勝如來本往昔時行菩薩道作是
誓願若有衆生於十方界臨命終時聞我名
者當令是等即命終已尋得上生三十三天
[illegible]時流水復為是魚解說如是甚深妙法所
謂無明緣行行緣識識緣名色名色緣六入
六入緣觸觸緣受受緣愛愛緣取取緣有有
緣生生緣老死憂悲苦惱善女天尒時流水
長者子及其二子說是法已即共還家是長
者子復於後時賓客聚會醉酒而卧尒時其
地卒大震動時十千魚同日命終即命終已生
忉利天既生天已作是思惟我等以何善業
[illegible]緣得生於此忉利天中復相謂言我等
先於閻浮提內墮畜生中受於魚身流水長
者與我等水及以飲食復為我等解說甚深
十二因緣并稱寶勝如來名号以是因緣令我
等輩得生此天是故我等今當往至長者子
所報恩供養尒時十千天子從忉利天下閻
浮提至流水長者子大醫王家時長者子在
樓屋上露卧睡眠是十千天子以十千真珠
[illegible]妙瓔珞置其頭邊復以十千置其足邊
復以十千置右脅邊復以十千置左脅邊雨
曼陁羅華摩訶曼陁羅華積至于膝種種
天樂出妙音聲閻浮提中有睡眠者皆悉覺
悟流水長者子亦從睡悟是十千天子於上
空中飛騰遊行天自在光王國內處處皆雨
天妙蓮華是諸天子復至本處空澤池[illegible]

BD04090 號　金光明經卷四　（22–5）

復以十千置右脅邊復以十千置左脅邊雨
曼陁羅華摩訶曼陁羅華積至于膝種種
天樂出妙音聲閻浮提中有睡眠者皆悉覺
悟流水長者子亦從睡悟是十千天子於上
空中飛騰遊行天自在光王國內處處皆雨
天妙蓮華是諸天子復至本處空澤池所復
雨天華便從此沒還忉利宮隨意自在受天五
欲時閻浮提過是夜已天自在光王問諸大
臣今夜何緣示現如是淨妙瑞相有大光明
大臣答言大王當知忉利諸天於流水長者
子家雨四十千真珠瓔珞及不可計曼陁羅
華王即告臣卿可往至彼長者家善言誘喚
令使來大臣受勑即至其家宣王教令喚是
長者是時長者尋至王所王問長者何緣
示現如是瑞相長者子言我必定知是十千魚
其命已終時大王言今可遣人審實是事
尒時流水尋遣其子至彼池所看是諸魚死
活定實尒時其子聞是語已向於彼池既至
池已見其池中多有摩訶曼陁羅華積聚
成積其中諸魚悉皆命終見已即還白其父言
彼諸魚等悉已命終尒時流水知是事已復
往王所作如是言是十千魚悉皆命終王聞
是已心生歡喜尒時世尊告道場菩提樹神
善女天欲知尒時流水長者子今我身是長
子水空羅睺羅是次子水藏今阿難是時十
千魚者今十千天子是是故我今為其受阿
耨多羅三藐三菩提記尒時樹神現半身者

往王所作如是言是十千魚悉皆命終王聞
是已心生歡喜尒時世尊告道場菩提樹神
善女天欲知尒時流水長者子今我身是長
子水空羅睺羅是次子水藏今阿難是時十
千魚者今十千天子是是故我今為其受阿
耨多羅三藐三菩提記尒時樹神現半身者
今汝身是

金光明經捨身品第十七

尒時道場菩提樹神復白佛言世尊我聞世
尊過去脩行菩薩道時具受無量百千苦行
捐捨身命肉血骨髓唯願世尊少說往昔
行因緣為利衆生受諸快樂尒時世尊即現神
足神足力故令此大地六種震動於大講堂
衆會之中有七寶塔從地踊出衆寶羅網
彌覆其上尒時大衆見是事已生希有心尒
時世尊即從坐起礼拜是塔恭敬圍繞還
就本處尒時道場菩提樹神白佛言世尊如
來世雄出現於世常為一切之所恭敬於諸
衆生最勝最尊何因緣故礼拜是塔佛言善
女天我本脩行菩薩道時我身舍利安止是
塔因由是身令我早成阿耨多羅三藐三菩
提尒時佛告尊者阿難汝可開塔取中舍利
示此大衆是舍利者乃是無量六波羅蜜功
德所勳尒時阿難聞佛教勑即往塔所礼拜
供養開其塔戶見其塔中有七寶函以手開
函見其舍利色妙紅白而白佛言世尊是中
舍利其色紅白佛告阿難汝可持來此是大士

亦此大衆是舍利者乃是無量六波羅蜜功
德所動尒時阿難聞佛教勑即往塔所礼拜
供養開其塔戶見其塔中有七寶函以手開
函見其舍利色妙紅白而白佛言世尊是中
舍利其色紅白佛告阿難汝可持來此是大王
真身舍利時阿難即舉寶函還至佛所持以
上佛舍轉佛告一切大衆汝等今可礼是舍
利此舍利者是戒定慧之所勳脩甚難可
得最上福田尒時大衆聞是語已心懐歡喜即
從坐起合掌恭敬頂礼舍利尒時
世尊欲為大衆斷疑網故說是舍利往昔因
緣阿難過去之世有王名曰摩訶羅陁脩行
善法善治國土無有怨敵時有三子端正微
妙形色殊特威德第一第一太子名曰摩訶
波那羅次子名曰摩訶提婆小子名曰摩訶
薩埵是三王子於諸園林遊戲觀看次第漸
到一大竹林憩駕止息第一王子作如是言
我於今日心甚怖懐於是林中將無衰損第
二王子復作是言我於今日不自惜身但離
所愛心憂愁耳第三王子復作是言我於
今日獨無怖懐亦無愁惱山中空寂神仙所
讃是處閑靜能令行人安隱受樂時諸王子
說是語已轉復前行見有一虎適產七日而
有七子圍繞周迊飢餓窮悴身體羸損命將
欲絕第一王子見是虎已作如是言怪哉此
虎產來七日七子圍繞不得求食若為飢逼
必還取子第三王子[illegible]

BD04090 號　金光明經卷四　　（22–8）

說是語已轉復前行見有一虎適產七日而
有七子圍繞周迊飢餓窮悴身體羸損命將
欲絕第一王子見是虎已作如是言怪哉此
虎產來七日七子圍繞不得求食若為飢逼
必還噉子第三王子言此虎經常所食何物
第一王子言此虎唯食雜熱肉血第三王子
言君等誰能與此虎食第二王子言此虎飢
餓身體羸瘦窮困頓之餘命無幾不容餘
處為其求食設餘求者命必不濟誰能為此
不惜身命第一王子言一切難捨不過己身第
三王子言我等今者以貪惜故於此身命不
能放捨智慧薄少故於是事而生驚怖若
諸大士欲利益他生大悲心為衆生者捨此
身命不足為難時諸王子心大愁憂久住視
之目未曾捨作是觀已尋便離去尒時第三
王子作是念言我今捨身時已到矣何以故我
從昔來多棄是身都無所為亦常愛護處之
屋宅又復供給衣服飲食臥具醫藥象馬車
乘隨時養令無所乏而不知恩反生怨害然復
不免無常敗壞復次是身不堅無所利益可
惡如賊猶如行廁我於今日當使此身作无上
業於生死海中作大橋梁復次若捨此身則
捨無量癰疽癲疾百千怖畏是身唯有大
小便利是身不堅如水上沫是身不淨多諸
虫戶是身不淨筋纏血塗皮骨髓腦共相
[illegible]是故我今應當舍

BD04090 號　金光明經卷四　　（22–9）

業於生死海中作大橋梁復次若捨此身則
捨無量癰疽瘑疾百千怖畏是身唯有大
小便利是身不堅如水上沫是身不淨多諸
蟲户是身不淨筋纏血塗皮骨髓腦共相
連持如是觀察甚可患猒是故我今應當捨
離以求寂滅无上涅槃永離憂患无常變
異生死休息無諸塵累無量禪定智慧功德
具足成就微妙法身百福莊嚴諸佛所讚證
成如是無上法身與諸衆生無量法樂是時
王子勇猛堪任作是大願以上大悲勳脩其
心慮其二兄心懷怖懼或恐固遮爲作留難即
便語言兄等今者可與眷屬還其所止
尒時王子摩訶薩埵還至虎所脫身衣裳置
竹枝上作是誓言我今爲利諸衆生故證於
最勝无上道故大悲不動捨難捨故爲求菩
提知所讚故欲度三有諸衆生故欲滅生死
怖畏惱熱故是時王子作是誓已即自放身
卧餓虎前是時王子以大慈力故虎無能爲
王子復作如是念言虎今羸瘦身無勢力不
能得我身血肉食即起求刀周遍求之了不
能得即以干竹刺頸出血於高山上投身虎
前是時大地六種震動日無精光羅睺羅阿
脩羅王捉持障蔽又雨雜華種種妙香時虛
空有諸餘天見是事已心生歡喜嘆未曾有
讚言善哉善哉大士汝今真是行大悲者爲
衆生故能捨難捨於諸學人第一勇健汝

前是時大地六種震動日無精光羅睺羅阿
脩羅王捉持障蔽又雨雜華種種妙香時虛
空有諸餘天見是事已心生歡喜嘆未曾有
讚言善哉善哉大士汝今真是行大悲者爲
衆生故能捨難捨於諸學人第一勇健汝
已爲得諸佛所讚常樂住處不久當證無
惱無熱清淨涅槃是虎尒時見血流出汙王
子身即便舐血噉食其肉唯留餘骨尒時第
一王子見地大動爲第二王子而說偈言
震動大地　及以大海　日無精光　如有覆蔽
於上虛空　雨於華香　必是我弟　捨所愛身
第二王爲　復說偈言
彼虎産來　已經七日　七子圍繞　窮無飲食
氣力羸損　命不去遠　小弟大悲　知其窮悴
懼不堪任　還食其子　必定捨身　以救彼命
時二王子心大愁怖涕泣悲歎容貌燋悴復
共相持還至虎所見弟所著被服衣裳皆
悉在一竹枝之上骸骨髮爪布散狼藉流血
處處遍汙其地見已悶絶不自勝持投身骨
上良久乃悟即起舉手號天而哭我弟幼稚
才能過人特爲父母之所愛念奄忽捨身以
飴餓虎我今還宮父母設問當云何答我
寧在此併命一處不忍見是骸骨髮爪何心
捨離還見父母妻子眷屬朋友知識時二王子
悲號懊惱漸捨而去時小王子所將侍從各散
諸方手相謂言今者我天爲何在尒時王妃
於睡夢中夢乳被割牙齒墮落得三鴿鷂

捨離還見父母妻子眷屬朋友知識時二王子
悲號懊惱漸捨而去時小王子所將侍從各散
諸方互相謂言今者我天為何所在尒時王妃
於睡夢中夢乳被割牙齒墮落得三鴿鷂
一為鷹食尒時王妃大地動時即便驚悟心
大愁怖而說偈言
今日何故　大地大水　一切皆動　物不安所
日無精光　如有覆蔽　我心憂苦　目瞤瞤動
如我今者　所見瑞相　必有灾異　不祥苦惱
於是王妃說是偈已時有青衣在外已聞王
子消息心驚惶怖尋即入內啓白王妃作如
是言向者在外聞諸侍從推覓王子不知所
在王妃聞已生大憂惱涕泣滿目至大王所
我於向者傳聞外人失我最小所愛之子大
王聞已而復悶絕悲哽苦惱拔淚而言如何今
日失我心中所愛重者尒時世尊欲重宣此
義而說偈言
我於往昔　無量劫中　捨所重身　以求菩提
若為國王　及作王子　常捨難捨　以求菩提
我念宿命　有大國王　其王名曰　摩訶羅陀
是王有子　能大布施　其子名曰　摩訶薩埵
復有二兒　長者名曰　大波那羅　次名大天
三人同遊　至一空山　見新產虎　飢窮無食
時勝大王　生大悲心　我今當捨　所重之身
此虎或為　飢餓所逼　儻能還食　自所生子
即上高山　自投虎前　為令虎子　得全性命

復有二兒　長者名曰　大波那羅　次名大天
三人同遊　至一空山　見新產虎　飢窮無食
時勝大王　生大悲心　我今當捨　所重之身
此虎或為　飢餓所逼　儻能還食　自所生子
即上高山　自投虎前　為令虎子　得全性命
是時大地　及諸大山　皆悉震動　驚諸蟲狩
虎狼師子　四散馳走　世間皆闇　無有光明
是時二兒　故在竹林　心懷憂惱　愁苦涕泣
漸漸推求　遂至虎所　見虎虎子　血汙其口
又見骸骨　髮毛爪齒　處處迸血　狼藉在地
以灰塵土　自坌全身　忘失正念　生狂癡心
所將侍從　覩見是事　亦生悲慟　失聲號哭
手以冷水　共相噴灑　然後蘇息　失聲號哭
是時王子　當捨身時　正值後宮　妃后婇女
眷屬五百　共相娛樂　王妃是時　兩乳汁出
一切枝節　痛如針刺　心生愁惱　如喪愛子
於是王妃　疾至王所　其聲微細　悲泣而言
大王今當　諦聽諦聽　憂愁盛大　今來燒我
我今二乳　俱時汁出　身體苦切　如被針刺
我見如是　不祥瑞相　恐更不復　見所愛子
今以身命　奉上大王　願速遣人　求覓我子
夢三鴿鷂　在我懷抱　其最小者　可適我心
有鷹飛來　摶我而去　夢見事已　即生憂惱
我今愁怖　恐命不濟　願速遣人　推求我子
是時王妃　說是語已　即時悶絕　而復躄地
王聞是語　復生憂惱　以不得見　所愛子故
其王大臣　及者眷屬

有鷹飛來 㩭我而去 夢見事已 即生憂惱
我今愁怖 恐命不濟 願速遣人 推求我子
是時王妃 說是語已 即時悶絕 而復躃地
王聞是語 復生憂惱 不得見 所愛子故
其王大臣 及諸眷屬 悉皆聚集 在王左右
㘁哭悲號 聲動天地 尒時城內 所有人民
聞是聲已 驚愕而出 各相謂言 今是王子
為活來耶 為已死亡 如是大王 當出軟語
為衆所愛 今難可見 已有諸人 入林推求
不久自當 得定消息 諸人尒時 憧惶如是
而復悲號 㘁動神祇
尒時大王 即從坐起 以水灑妃 良久乃蘇
還得正念 微聲問王 我子今者 為死活耶
尒時王妃 念其子故 倍復懊惱 心无暫捨
可惜我子 形色端政 如何一旦 捨我終亡
云何我身 不先薨沒 而見如是 諸苦惱事
善子妙色 猶淨蓮華 誰懷汝身 使令分離
將非是我 昔日怨讎 挾本業緣 而煞汝耶
我子面目 淨如滿月 不圖一旦 遇斯禍對
寧使我身 破碎如塵 不令我子 喪失身命
我所見夢 已為得報 值我無情 能堪是苦
如我所夢 牙齒墮落 二乳一時 汁自流出
必定是我 失所愛子 夢三鴿鶵 應奪一去
三子之中 必定失一 尒時大王 即告其妃
我今當遣 大臣使者 周遍東西 推求覓子
汝今且可 莫大憂愁 大王如是 慰喻妃了

必定是我 失所愛子 夢三鴿鶵 應奪一去
三子之中 必定失一 尒時大王 即告其妃
我今當遣 大臣使者 周遍東西 推求覓子
汝今且可 莫大憂愁 大王如是 慰喻妃了
即便嚴駕 出其宮殿 心生愁惱 憂苦所切
雖在大衆 顏貌憔悴 即出其城 覓所愛子
尒時亦有 無量諸人 哀號動地 尋從王後
是時大王 既出城已 四向顧望 求覓其子
煩惌心亂 靡知所在 最後遙見 有一信來
頭坌塵土 血汗其衣 灰塵塗身 悲號而至
尒時大王 摩訶羅陁 見是使已 倍生懊惱
舉手號叫 仰天而哭 先所遣臣 尋復來至
既至王所 作如是言 願王莫愁 諸子猶在
不久當至 令王得見 須臾之頃
見王愁苦 顏貌憔悴 身所著衣 坫䵑塵汙
大王當知 一子已終 二子雖存 哀悴無賴
第三王子 見虎新產 飢窮七日 恐還食子
見是虎已 深生悲心 發大誓願 當度衆生
於未來世 證成菩提 即上高處 投身餓虎
虎飢所逼 便起噉食 一切血肉 已為都盡
唯有骸骨 狼藉在地 是時大王 聞臣語已
轉復悶絕 失念躃地 憂愁盛火 熾然其身
諸臣眷屬 亦復如是 以水灑王 良久乃蘇
復起舉手 號天而哭 復有臣來 而白王言
向於林中 見王二子 愁憂苦毒 悲號涕泣
迷悶失志 自投於地 臣即求水 灑其身上

復告其王　號天而哭　復有臣來　而白王言
向於林中　見王二子　愁憂苦毒　悲號涕泣
迷悶失志　自投於地　臣即求水　灑其身上
良久之間　乃還蘇息　望見四方　大火熾然
扶持暫起　尋復躃地　舉手悲哀　號天而哭
乍復讚嘆　其弟功德　是時大王　以離愛子
其心迷悶　氣息惙然　憂惱涕泣　并復思惟
是最小子　我所愛子　無常大鬼　奄便吞食
其餘二子　今雖存在　而為憂火　之所焚燒
或能為是　喪失命根　我宜速往　至彼林中
迎載諸子　急還宮殿　其母在後　憂苦逼切
心肝分裂　或能失命　若見二子　慰喻其心
可使終保　餘年壽命　尒時大王　駕乘名象
與諸侍從　欲至彼林　即於中路　見其二子
號天扣地　稱弟名字　時王即前　抱持二子
悲號涕泣　隨路還宮　速令二子　覲見其母
佛告樹神　汝今當知　尒時王子　摩訶薩埵
捨身餧虎　今我身是　尒時大王　摩訶羅陁
於今父王　輸頭檀是　尒時王妃　今摩耶是
第一王子　今彌勒是　第二王子　今調達是
尒時虎者　今瞿夷是　時虎七子　今五比丘
及舍利弗　目揵連是
尒時大王摩訶羅陁及其妃后悲號涕泣悉
皆脫身御服瓔珞與諸大眾往至竹林中收
其舍利即於此處起七寶塔是時王子摩
訶薩埵臨捨命時作是誓願我舍利於
未來世是筭數劫常為眾生而作佛事說

皆脫身御服瓔珞與諸大眾往至竹林中收
其舍利即於此處起七寶塔是時王子摩
訶薩埵臨捨命時作是誓願我舍利於
未來世是筭數劫常為眾生而作佛事說
是經時無量阿僧祇天及人發阿耨多羅三
藐三菩提心樹神是名禮塔往昔因緣尒時
佛神力故是七寶塔即沒不現

金光明經讚佛品第十八

尒時無量百千万億諸菩薩眾從此世界至
金寶蓋山王如來國土到彼土已五體投地為
佛作禮却一面立向佛合掌異口同音而讚
嘆曰
如來之身　金色微妙　其明照曜　如金山王
身淨柔軟　如金蓮華　无量妙相　以自莊嚴
隨形之好　光飾其體　淨潔無比　如紫金色
圓足無垢　如淨滿月　其音清徹　妙如梵聲
師子吼聲　大雷震聲　六種清淨　微妙音聲
迦陵頻伽　孔雀之聲　清淨無垢　威德具足
百福相好　莊嚴其身　光明遠照　无有齊限
智慧寂滅　無諸愛習　世尊成就　無量功德
譬如大海　須弥寶山　為諸眾生　生憐愍心
於未來世　能與快樂　如來所說　第一深義
能令眾生　寂滅安樂　能與眾生　無量快樂
能演無上　甘露妙法　能開無上　甘露法門
能入一切　無患寂宅　能令眾生　悉得解脫
度於三有　無量苦海　安住正道　無諸憂苦
[illegible]　精進方便

能令衆生 寂滅安樂 能與衆生 無量快樂
能演無上 甘露妙法 能開無上 甘露法門
能入一切 無患寂宅 能令衆生 悉得解脫
度於三有 無量苦海 安住正道 無諸憂苦
如來世尊 功德智慧 大慈悲力 精進方便
如是無量 不可稱計 我等今者 不能說喻
諸天世人 於無量劫 盡思度量 不能得知
如來所有 功德智慧 無量大海 一渧少分
我今略讚 如來功德 百千億分 不能宣一
若我功德 得聚集者 迴與衆生 證無上道
爾時信相菩薩即於此會從坐而起偏袒
右肩右膝著地合掌向佛而說讚言
世尊百福 相好微妙 功德千數 莊嚴其身
色淨遠照 視之無厭 如日千光 弥滿虛空
光明熾盛 無量無邊 猶如無數 珎寶大聚
其明五色 青紅赤白 琉璃頗梨 如融真金
光明赫奕 通徹諸山 悉能遠照 無量佛土
能滅衆生 無量苦惱 又與衆生 上妙快樂
諸根清淨 微妙第一 衆生見者 無有厭足
髮紺柔軟 猶孔雀項 如諸蜂王 集在蓮華
清淨大悲 功德莊嚴 無量三昧 及以大慈
如是功德 悉已聚集 相好妙色 嚴飾其身
種種功德 助成菩提
如來悉能 調伏衆生 令心柔軟 受諸快樂
種種深妙 功德莊嚴 亦為十方 諸佛所讚
其光遠照 遍於諸方 猶如日明 充滿虛空

BD04090號 金光明經卷四 （22–18）

種種功德 助成菩提
如來悉能 調伏衆生 令心柔軟 受諸快樂
種種深妙 功德莊嚴 亦為十方 諸佛所讚
其光遠照 遍於諸方 猶如日明 充滿虛空
功德成就 如須弥山 在在示現 於諸世界
齒白齊密 猶如珂雪 其德如日 處空明顯
眉間毫相 右旋婉轉 光明流出 如瑠璃珠
其色微妙 如日處空
爾時道場菩提樹神復說讚曰
南无清淨 無上正覺 甚深妙法 隨順覺了
遠離一切 非法非道 獨拔而出 成佛正覺
智有非有 本性清淨
希有希有 如來功德 希有希有 如來大海
希有希有 如須弥山 希有希有 佛無邊行
希有希有 佛出於世 如優曇華 時一現耳
希有如來 無量大悲 釋迦牟尼 為人中日
為欲利益 諸衆生故 宣說如是 妙寶經典
善哉如來 諸根寂滅 而復遊入 善寂大城
無垢清淨 甚深三昧 入於諸佛 所行之處
一切聲聞 身皆空寂 兩足世尊 行處亦空
如是一切 无量諸法 推本性相 亦皆空寂
一切衆生 性相亦空 狂愚心故 不能覺知
我常念佛 樂見世尊 常作誓願 不離佛日
我常於地 長跪合掌 其心戀慕 欲見於佛
我常脩行 最上大悲 哀泣雨淚 欲見於佛
我常渴仰 欲見於佛 為是事故 憂火熾然
唯願世尊 [illegible]

BD04090號 金光明經卷四 （22–19）

一切衆生　性相亦空　狂愚心故　不能覺知
我常念佛　樂見世尊　常作誓願　不離佛日
我常於地　長跪合掌　其心戀慕　欲見於佛
我常脩行　最上大悲　哀泣雨淚　欲見於佛
我常渴仰　欲見於佛　爲是事故　憂火熾然
唯願世尊　賜我慈悲　清冷法水　以滅是火
世尊慈愍　悲心無量　願使我身　常得佛見
世尊常護　一切人天　是故我今　渴仰欲見
聲聞之身　猶如虛空　炎幻嚮化　如水中月
衆生之性　如夢所見　如來行處　淨如琉璃
入於無上　甘露法處　能與衆生　無量快樂
如來行處　微妙甚深　一切衆生　無能知者
五通神仙　及諸聲聞　一切緣覺　亦不能知
我今不疑　佛所行處　唯願慈悲　為我現身
尒時世尊　從三昧起　以微妙音　而讚嘆言
善哉善哉　樹神善女　汝於今日　快說是言
金光明經囑累品第十九
尒時釋迦牟尼佛從三昧起現大神力以右
手摩諸大菩薩摩訶薩頂與諸天王及龍
王二十八部散脂鬼神大將軍等而作是言我
於無量百千万億恒河沙劫脩集是金光明
微妙經典汝等當受持讀誦廣宣此法使於
閻浮提內無令斷絕若有善男子善女人於
未來世中有受持讀誦此經典者汝等諸
天當常擁護當知是人於未來世無量百
千人天之中常受快樂於未來世值遇諸佛

BD04090號　金光明經卷四　（22–20）

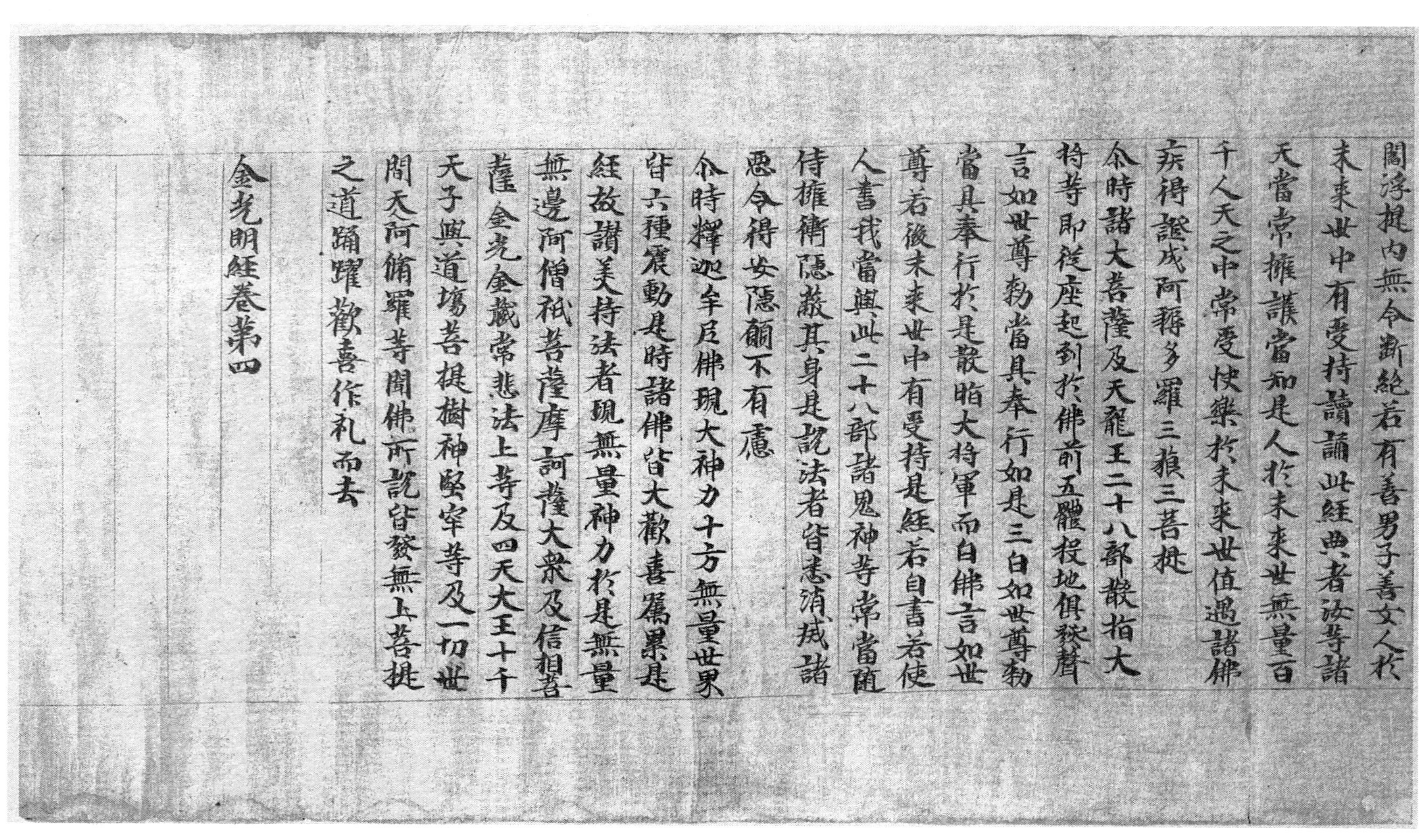
閻浮提內無令斷絕若有善男子善女人於
未來世中有受持讀誦此經典者汝等諸
天當常擁護當知是人於未來世無量百
千人天之中常受快樂於未來世值遇諸佛
疾得成阿耨多羅三藐三菩提
尒時諸大菩薩及天龍王二十八部散脂大
將等即從座起到於佛前五體投地俱發聲
言如世尊勑當具奉行如是三白如世尊勑
當具奉行於是散脂大將軍而白佛言如世
尊若後末來世中有受持是經若自書若使
人書我當與此二十八部諸鬼神等常當隨
侍擁衛隱蔽其身是說法者皆悉消滅諸
惡令得安隱願不有慮
尒時釋迦牟尼佛現大神力十方無量世界
皆六種震動是時諸佛皆大歡喜囑累是
經故讚美持法者現無量神力於是無量
無邊阿僧祇菩薩摩訶薩大衆及信相菩
薩金光金藏常悲法上等及四天大王十千
天子與道場菩提樹神堅牢等及一切世
間天人阿脩羅等聞佛所說皆發無上菩提
之道踊躍歡喜作礼而去
金光明經卷第四

BD04090號　金光明經卷四　（22–21）

BD04090 號　金光明經卷四　　（22–22）

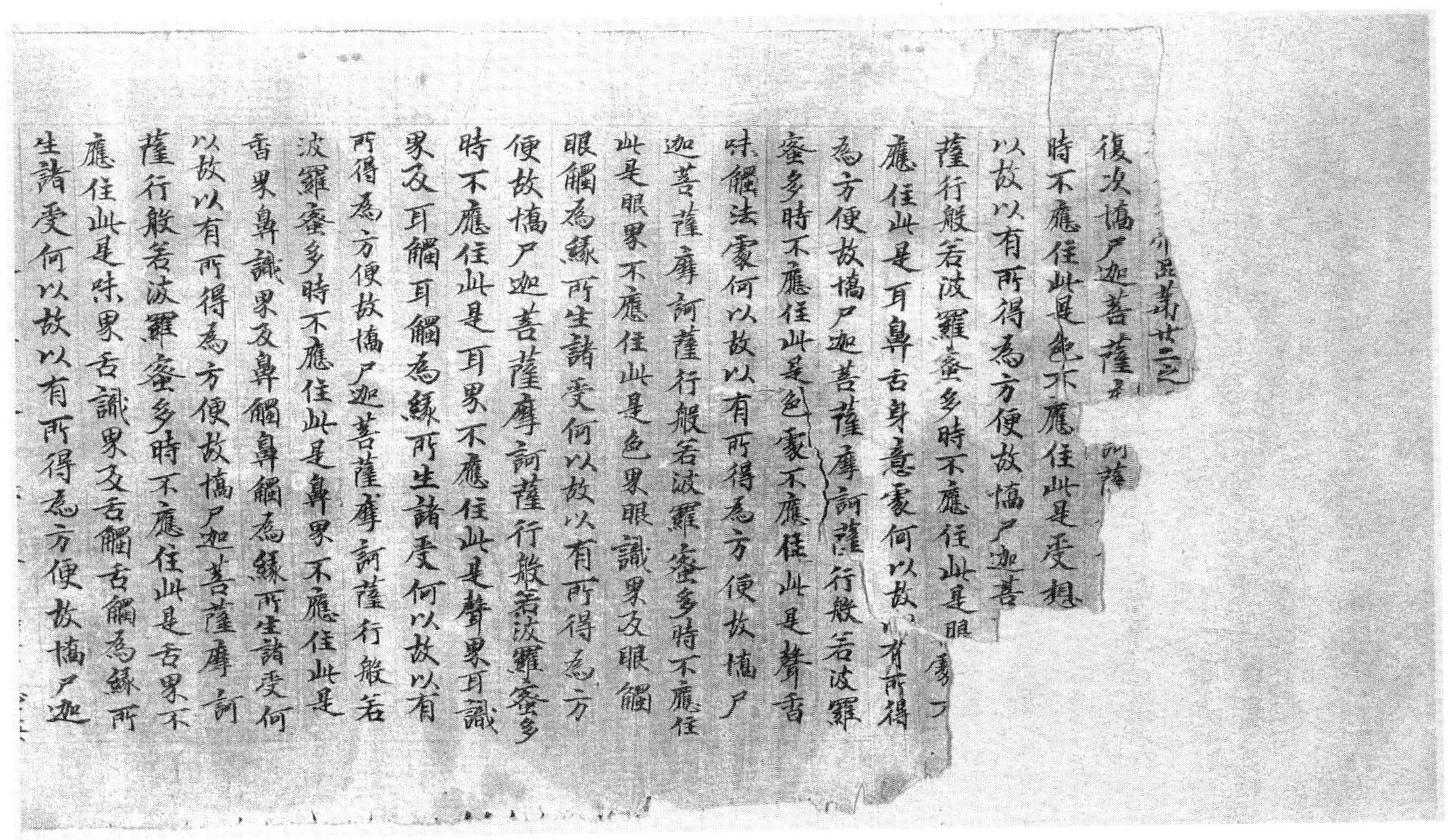

BD04091 號　大般若波羅蜜多經卷七九　　（22–1）

所得為方便故憍尸迦菩薩摩訶薩行般若
波羅蜜多時不應住此是鼻界不應住此是
香界鼻識界及鼻觸鼻觸為緣所生諸受何
以故以有所得為方便故憍尸迦菩薩摩訶
薩行般若波羅蜜多時不應住此是舌界不
應住此是味界舌識界及舌觸舌觸為緣所
生諸受何以故以有所得為方便故憍尸迦
菩薩摩訶薩行般若波羅蜜多時不應住此
是身界不應住此是觸界身識界及身觸身
觸為緣所生諸受何以故以有所得為方便
故憍尸迦菩薩摩訶薩行般若波羅蜜多時
不應住此是意界不應住此是法界意識界
及意觸意觸為緣所生諸受何以故以有所
得為方便故憍尸迦菩薩摩訶薩行般若波
羅蜜多時不應住此是地界不應住此是水
火風空識界何以故以有所得為方便故憍
尸迦菩薩摩訶薩行般若波羅蜜多時不應
住此是苦聖諦不應住此是集滅道聖諦何
以故以有所得為方便故憍尸迦菩薩摩訶
薩行般若波羅蜜多時不應住此是无明不
應住此是行識名色六處觸受愛取有生老
死愁歎苦憂惱何以故以有所得為方便故憍
尸迦菩薩摩訶薩行般若波羅蜜多時不
應住此是內空不應住此是外空內外空空
空大空勝義空有為空无為空畢竟空无際
空散空无變異空本性空自相空共相空一切
法空不可得空无性空自性空无性自性空

BD04091號　大般若波羅蜜多經卷七九　（22–2）

尸迦菩薩摩訶薩行般若波羅蜜多時不
應住此是內空不應住此是外空內外空空
空大空勝義空有為空无為空畢竟空无際
空散空无變異空本性空自相空共相空一切
法空不可得空无性空自性空无性自性空
何以故以有所得為方便故憍尸迦菩薩摩
訶薩行般若波羅蜜多時不應住此是真
如不應住此是法界法性不虛妄性不變異
性平等性離生性法定法住實際虛空界不
思議界何以故以有所得為方便故
憍尸迦菩薩摩訶薩行般若波羅蜜多時不
應住此是布施波羅蜜多不應住此是淨戒
安忍精進靜慮般若波羅蜜多何以故以有
所得為方便故憍尸迦菩薩摩訶薩行般若
波羅蜜多時不應住此是四靜慮不應住此
是四无量四无色定何以故以有所得為方
便故憍尸迦菩薩摩訶薩行般若波羅蜜多
時不應住此是八解脫不應住此是八勝處
九次第定十遍處何以故以有所得為方便
故憍尸迦菩薩摩訶薩行般若波羅蜜多時
不應住此是四念住不應住此是四正斷四神
足五根五力七等覺支八聖道支何以故以
有所得為方便故憍尸迦菩薩摩訶薩行
般若波羅蜜多時不應住此是空解脫門不
應住此是无相无願解脫門何以故以有所
得為方便故憍尸迦菩薩摩訶薩行般若波

BD04091號　大般若波羅蜜多經卷七九　（22–3）

有所得為方便故憍尸迦菩薩摩訶薩行
般若波羅蜜多時不應住此是空解脫門不
應住此是无相无願解脫門何以故以有所
得為方便故憍尸迦菩薩摩訶薩行般若波
羅蜜多時不應住此是五眼不應住此是六
神通何以故以有所得為方便故憍尸迦菩
薩摩訶薩行般若波羅蜜多時不應住此是
佛十力不應住此是四无所畏四无礙解大慈
大悲大喜大捨十八佛不共法何以故以有
所得為方便故憍尸迦菩薩摩訶薩行般
若波羅蜜多時不應住此是无妄失法不應
住此是恒住捨性何以故以有所得為方便
故憍尸迦菩薩摩訶薩行般若波羅蜜多
時不應住此是一切陁羅尼門不應住此是一
切三摩地門何以故以有所得為方便故憍尸
迦菩薩摩訶薩行般若波羅蜜多時不應
住此是一切智不應住此是道相智一切相
智何以故以有所得為方便故憍尸迦菩薩摩
訶薩行般若波羅蜜多時不應住此是聲
聞乘不應住此是獨覺乘无上乘何以故以
有所得為方便故憍尸迦菩薩摩訶薩行般
若波羅蜜多時不應住此是預流果不應住
此是一來不還阿羅漢果獨覺菩提如來何
以故以有所得為方便故憍尸迦菩薩摩訶
薩行般若波羅蜜多時不應住此是極喜地
不應住此是離垢地發光地焰慧地極難勝

BD04091號　大般若波羅蜜多經卷七九　（22–4）

此是一來不還阿羅漢果獨覺菩提如來何
以故以有所得為方便故憍尸迦菩薩摩訶
薩行般若波羅蜜多時不應住此是極喜地
不應住此是離垢地發光地焰慧地極難勝
地現前地遠行地不動地善慧地法雲地何
以故以有所得為方便故憍尸迦菩薩摩訶
薩行般若波羅蜜多時不應住此是異生地
不應住此是種姓地第八地具見地薄地離
欲地已辦地獨覺地菩薩地如來地何以故
以有所得為方便故
復次憍尸迦菩薩摩訶薩行般若波羅蜜多
時不應住色若常若无常不應住受想行識
若常若无常不應住色若樂若苦不應住受
想行識若樂若苦不應住色若我若无我不
應住受想行識若我若无我不應住色若淨
若不淨不應住受想行識若淨若不淨不應
住色若寂靜若不寂靜不應住受想行識若
寂靜若不寂靜不應住色若遠離若不遠
離不應住受想行識若遠離若不遠離不應
住色若空若不空不應住受想行識若空若不空
不應住色若有想若无想不應住受想行
識若有想若无想不應住色若有願若无願
不應住受想行識若有願若无願何以故以
有所得為方便故
復次憍尸迦菩薩摩訶薩行般若波羅蜜多
時不應住眼處若常若无常不應住耳鼻舌

BD04091號　大般若波羅蜜多經卷七九　（22–5）

識若有想若无想不應住色若有願若无願
不應住受想行識若有願若无願何以故以
有所得為方便故
復次憍尸迦菩薩摩訶薩行般若波羅蜜多
時不應住眼處若常若无常不應住耳鼻舌
身意處若常若无常不應住眼處若樂若苦
不應住耳鼻舌身意處若樂若苦不應住眼
處若我若无我不應住耳鼻舌身意處若我
若无我不應住眼處若淨若不淨不應住耳
鼻舌身意處若淨若不淨不應住眼處若寂
靜若不寂靜不應住耳鼻舌身意處若寂靜
若不寂靜不應住眼處若遠離若不遠離不
應住耳鼻舌身意處若遠離若不遠離不
應住眼處若空若不空不應住耳鼻舌身意
處若空若不空不應住眼處若有想若无想不
應住耳鼻舌身意處若有想若无想不應住
眼處若有願若无願不應住耳鼻舌身意處
若有願若无願何以故以有所得為方便故
復次憍尸迦菩薩摩訶薩行般若波羅蜜多
時不應住眼界若常若无常不應住色界眼
識界及眼觸眼觸為緣所生諸受若常若无
常不應住眼界若樂若苦不應住色界乃至
眼觸為緣所生諸受若樂若苦不應住眼界
若我若无我不應住色界乃至眼觸為緣所
生諸受若我若无我不應住眼界若淨若不
淨不應住色界乃至眼觸為緣所生諸受若

BD04091號　大般若波羅蜜多經卷七九　（22–6）

常不應住眼界若樂若苦不應住色界乃至
眼觸為緣所生諸受若樂若苦不應住眼界
若我若无我不應住色界乃至眼觸為緣所
生諸受若我若无我不應住眼界若淨若不
淨不應住色界乃至眼觸為緣所生諸受若
淨若不淨不應住眼界若寂靜若不寂靜不
應住色界乃至眼觸為緣所生諸受若寂靜
若不寂靜不應住眼界若遠離若不遠離不
應住色界乃至眼觸為緣所生諸受若遠離
若不遠離不應住眼界若空若不空不應住
色界乃至眼觸為緣所生諸受若空若不空
不應住眼界若有相若无相不應住色界乃
至眼觸為緣所生諸受若有相若无相不應
住眼界若有願若无願不應住色界乃至眼
觸為緣所生諸受若有願若无願何以故以
有所得為方便故
復次憍尸迦菩薩摩訶薩行般若波羅蜜多
時不應住耳界若常若无常不應住聲界耳
識界及耳觸耳觸為緣所生諸受若常若无
常不應住耳界若樂若苦不應住聲界乃至
耳觸為緣所生諸受若樂若苦不應住耳界
若我若无我不應住聲界乃至耳觸為緣所
生諸受若我若无我不應住耳界若淨若不
淨不應住聲界乃至耳觸為緣所生諸受若
淨若不淨不應住耳界若寂靜若不寂靜不
應住聲界乃至耳觸為緣所生諸受若寂靜
若不寂靜不應住耳界若遠離若不遠離不

BD04091號　大般若波羅蜜多經卷七九　（22–7）

生諸受若我若无我不應住耳界若淨若不
淨若不應住聲界乃至耳觸為緣所生諸受若
淨若不淨不應住聲界若寂靜若不寂靜不
應住聲界乃至耳觸為緣所生諸受若寂靜
若不寂靜不應住耳界若遠離若不遠離不
應住聲界乃至耳觸為緣所生諸受若遠離
若不遠離不應住耳界若空若不空不應住
聲界乃至耳觸為緣所生諸受若空若不空
不應住耳界若有相若无相不應住聲界乃
至耳觸為緣所生諸受若有相若无相不應
住耳界若有願若无願不應住聲界乃至耳
觸為緣所生諸受若有願若无願何以故以有
所得為方便故
復次憍尸迦菩薩摩訶薩行般若波羅蜜多
時不應住鼻界若常若无常不應住香界鼻
識界及鼻觸鼻觸為緣所生諸受若常若无
常不應住鼻界若樂若苦不應住香界乃至
鼻觸為緣所生諸受若樂若苦不應住鼻界
若我若无我不應住香界乃至鼻觸為緣所
生諸受若我若无我不應住鼻界若淨若不
淨不應住香界乃至鼻觸為緣所生諸受若
淨若不淨不應住鼻界若寂靜若不寂靜不
應住香界乃至鼻觸為緣所生諸受若寂靜
若不寂靜不應住鼻界若遠離若不遠離不
應住香界乃至鼻觸為緣所生諸受若遠離
若不遠離不應住鼻界若空若不空不應住

BD04091號　大般若波羅蜜多經卷七九　（22–8）

應住香界乃至鼻觸為緣所生諸受若寂靜
若不寂靜不應住鼻界若遠離若不遠離不
應住香界乃至鼻觸為緣所生諸受若遠離
若不遠離不應住鼻界若空若不空不應住
香界乃至鼻觸為緣所生諸受若空若不空
不應住鼻界若有相若无相不應住香界乃
至鼻觸為緣所生諸受若有相若无相不應住
鼻界若有願若无願不應住香界乃至鼻觸
為緣所生諸受若有願若无願何以故以有
所得為方便故
復次憍尸迦菩薩摩訶薩行般若波羅蜜多
時不應住舌界若常若无常不應住味界舌
識界及舌觸舌觸為緣所生諸受若常若无
常不應住舌界若樂若苦不應住味界乃至
舌觸為緣所生諸受若樂若苦不應住舌界
若我若无我不應住味界乃至舌觸為緣所
生諸受若我若无我不應住舌界若淨若不
淨不應住味界乃至舌觸為緣所生諸受若
淨若不淨不應住舌界若寂靜若不寂靜不
應住味界乃至舌觸為緣所生諸受若寂靜若
不寂靜不應住舌界若遠離若不遠離不應
住味界乃至舌觸為緣所生諸受若遠離若
不遠離不應住舌界若空若不空不應住味
界乃至舌觸為緣所生諸受若空若不空
不應住舌界若有相若无相不應住味界乃
至舌觸為緣所生諸受若有相若无相不應

BD04091號　大般若波羅蜜多經卷七九　（22–9）

不遠離不應住舌果若空若不空不應住味
果乃至舌觸為緣所生諸受若空若不空
不應住舌果若有相若无相不應住味果乃
至舌觸為緣所生諸受若有相若无相不應
住舌果若有願若无願不應住味果乃至舌
觸為緣所生諸受若有願若无願何以故以
有所得為方便故
復次憍尸迦菩薩摩訶薩行般若波羅蜜多
時不應住身果若常若无常不應住觸果身
識果及身觸身觸為緣所生諸受若常若无
常不應住身果若樂若苦不應住觸果乃至
身觸為緣所生諸受若樂若苦不應住身果
若我若无我不應住觸果乃至身觸為緣所
生諸受若我若无我不應住身果若淨若不
淨不應住觸果乃至身觸為緣所生諸受若
淨若不淨不應住身果若寂靜若不寂靜不
應住觸果乃至身觸為緣所生諸受若寂靜
若不寂靜不應住身果若遠離若不遠離不
應住觸果乃至身觸為緣所生諸受若遠離
若不遠離不應住身果若空若不空不應住
觸果乃至身觸為緣所生諸受若空若不空
不應住身果若有相若无相不應住觸果乃
至身觸為緣所生諸受若有相若无相不應
住身果若有願若无願不應住觸果乃至身
觸為緣所生諸受若有願若无願何以故以
有所得為方便故

BD04091 號　大般若波羅蜜多經卷七九　（22–10）

不應住身果若有相若无相不應住觸果乃
至身觸為緣所生諸受若有相若无相不應
住身果若有願若无願不應住觸果乃至身
觸為緣所生諸受若有願若无願何以故以
有所得為方便故
復次憍尸迦菩薩摩訶薩行般若波羅蜜多
時不應住意果若常若无常不應住法果意
識果及意觸意觸為緣所生諸受若常若无
常不應住意果若樂若苦不應住法果乃至
意觸為緣所生諸受若樂若苦不應住意果
若我若无我不應住法果乃至意觸為緣所
生諸受若我若无我不應住意果若淨若不
淨不應住法果乃至意觸為緣所生諸受若
淨若不淨不應住意果若寂靜若不寂靜不
應住法果乃至意觸為緣所生諸受若寂靜
若不寂靜不應住意果若遠離若不遠離不
應住法果乃至意觸為緣所生諸受若遠離
若不遠離不應住意果若空若不空不應住
法果乃至意觸為緣所生諸受若空若不空不
應住意果若有相若无相不應住法果乃至
意觸為緣所生諸受若有相若无相不應住
意果若有願若无願不應住法果乃至意觸
為緣所生諸受若有願若无願何以故以有所
得為方便故
復次憍尸迦菩薩摩訶薩行般若波羅蜜多
時不應住地果若常若无常不應住水火風

BD04091 號　大般若波羅蜜多經卷七九　（22–11）

意界若有願若无願不應住法界乃至意觸
為緣所生諸受若有願若无願何以故以有所
得為方便故
復次憍尸迦菩薩摩訶薩行般若波羅蜜多
時不應住地界若常若无常不應住水火風
空識界若常若无常不應住地界若樂若苦
不應住水火風空識界若樂若苦不應住地
界若我若无我不應住水火風空識界若我
若无我不應住地界若淨若不淨不應住水
火風空識界若淨若不淨不應住地界若寂
靜若不寂靜不應住水火風空識界若寂靜
若不寂靜不應住地界若遠離若不遠離不
應住水火風空識界若遠離若不遠離不應
住地界若空若不空不應住水火風空識界
若空若不空不應住地界若有相若无相不
應住水火風空識界若有相若无相不應住
地界若有願若无願不應住水火風空識界
若有願若无願何以故以有所得為方便故
復次憍尸迦菩薩摩訶薩行般若波羅蜜多
時不應住苦聖諦若常若无常不應住集滅
道聖諦若常若无常不應住苦聖諦若樂若
苦不應住集滅道聖諦若樂若苦不應住苦
聖諦若我若无我不應住集滅道聖諦若我
若无我不應住苦聖諦若淨若不淨不應住集
滅道聖諦若淨若不淨不應住苦聖諦若寂
靜若不寂靜不應住集滅道聖諦若寂靜
若不寂靜不應住苦聖諦

聖諦若我若无我不應住集滅道聖諦若我
若无我不應住苦聖諦若淨若不淨不應住集
滅道聖諦若淨若不淨不應住苦聖諦若寂
靜若不寂靜不應住集滅道聖諦若寂靜
若不寂靜不應住苦聖諦若遠離若不遠離
不應住集滅道聖諦若遠離若不遠離不應
住苦聖諦若空若不空不應住集滅道聖諦
若空若不空不應住苦聖諦若有相若无相
不應住集滅道聖諦若有相若无相不應住
苦聖諦若有願若无願不應住集滅道聖諦
若有願若无願何以故以有所得為方便故
復次憍尸迦菩薩摩訶薩行般若波羅蜜多
時不應住无明若常若无常不應住行識名
色六處觸受愛取有生老死愁歎苦憂惱若
常若无常不應住无明若樂若苦不應住行
乃至老死愁歎苦憂惱若樂若苦不應住无
明若我若无我不應住行乃至老死愁歎苦
憂惱若我若无我不應住无明若淨若不淨
不應住行乃至老死愁歎苦憂惱若淨若不
淨不應住无明若寂靜若不寂靜不應住行
乃至老死愁歎苦憂惱若寂靜若不寂靜不
應住无明若遠離若不遠離不應住行乃至
老死愁歎苦憂惱若遠離若不遠離不應住
无明若空若不空不應住行乃至老死愁歎
苦憂惱若空若不空不應住无明若有相若
无相不應住行乃至老死愁歎苦憂惱若有

老死愁歎苦憂惱若遠離若不遠離不應住
无明若空若不空不應住行乃至老死愁歎
苦憂惱若空若不空不應住无明若有相若
无相不應住行乃至老死愁歎苦憂惱若有
相若无相不應住无明若有願若无願不應
住行乃至老死愁歎苦憂惱若有願若无願
何以故以有所得爲方便故

復次憍尸迦菩薩摩訶薩行般若波羅蜜多
時不應住内空若常若无常不應住外空内
外空空空大空勝義空有爲空无爲空畢
竟空无際空散空无變異空本性空自相空共
相空一切法空不可得空无性空自性空无
性自性空若常若无常不應住内空若樂若
苦不應住外空乃至无性自性空若樂若苦
不應住内空若我若无我不應住外空乃至
无性自性空若我若无我不應住内空若淨
若不淨不應住外空乃至无性自性空若淨
若不淨不應住内空若寂靜若不寂靜不應
住外空乃至无性自性空若寂靜若不寂靜
不應住内空若遠離若不遠離不應住外空
乃至无性自性空若遠離若不遠離不應住
内空若空若不空不應住外空乃至无性自
性空若空若不空不應住内空若有相若无
相不應住外空乃至无性自性空若有相若
无相不應住内空若有願若无願不應住外
空乃至无相自性空若有願若无願何以故

BD04091號　大般若波羅蜜多經卷七九　（22–14）

内空若空若不空不應住外空乃至无性自
性空若空若不空不應住内空若有相若无
相不應住外空乃至无性自性空若有相若
无相不應住内空若有願若无願不應住外
空乃至无相自性空若有願若无願何以故
以有所得爲方便故
復次憍尸迦菩薩摩訶薩行般若波羅蜜多
時不應住真如若常若无常不應住法界法
性不虛妄性不變異性平等性離生性法定
法住實際虛空界不思議界若常若无常不
應住真如若樂若苦不應住法界乃至不思議界
若樂若苦不應住真如若我若无我不應住法
界乃至不思議界若我若无我不應住真如若淨
若不淨不應住法界乃至不思議界若淨若不
淨不應住真如若寂靜若不寂靜不應住法界
乃至不思議界若寂靜若不寂靜不應住真如若
遠離若不遠離不應住法界乃至不思議界若遠離若
不遠離不應住真如若空若不空不應住法界乃
至不思議界若空若不空不應住真如若有相若
无相不應住法界乃至不思議界若有相若无相
不應住真如若有願若无願不應住法界乃至
不思議界若有願若无願何以故以有所得爲方
便故
復次憍尸迦菩薩摩訶薩行般若波羅蜜多時
不應住布施波羅蜜多若常若无常不應住
淨戒安忍精進靜慮般若波羅蜜多若常若

BD04091號　大般若波羅蜜多經卷七九　（22–15）

便故
復次憍尸迦菩薩摩訶薩行般若波羅蜜多時
不應住布施波羅蜜多若常若无常不應住
淨戒安忍精進靜慮般若波羅蜜多若常若
无常不應住布施波羅蜜多若樂若苦不應
住淨戒乃至般若波羅蜜多若樂若苦不應
住布施波羅蜜多若我若无我不應住淨戒
乃至般若波羅蜜多若我若无我不應住
布施波羅蜜多若淨若不淨不應住淨戒乃
至般若波羅蜜多若淨若不淨不應住布施
波羅蜜多若寂靜若不寂靜不應住淨戒乃
至般若波羅蜜多若寂靜若不寂靜不應住
布施波羅蜜多若遠離若不遠離不應住淨
戒乃至般若波羅蜜多若遠離若不遠離不
應住布施波羅蜜多若空若不空不應住淨
戒乃至般若波羅蜜多若空若不空不應住
布施波羅蜜多若有相若无相不應住淨戒
乃至般若波羅蜜多若有相若无相不應住
布施波羅蜜多若有願若无願不應住淨戒
乃至般若波羅蜜多若有願若无願何以故
以有所得為方便故
復次憍尸迦菩薩摩訶薩行般若波羅蜜多時
不應住四靜慮若常若无常不應住四无
量四无色定若常若无常不應住四靜慮若
樂若苦不應住四无量四无色定若樂若苦
不應住四靜慮若我若无我不應住四无量

復次憍尸迦菩薩摩訶薩行般若波羅蜜多時
不應住四靜慮若常若无常不應住四无
量四无色定若常若无常不應住四靜慮若
樂若苦不應住四无量四无色定若樂若苦
不應住四靜慮若我若无我不應住四无量
四无色定若我若无我不應住四靜慮若淨
若不淨不應住四无量四无色定若淨若不
淨不應住四靜慮若寂靜若不寂靜不應住
四无量四无色定若寂靜若不寂靜不應住
四靜慮若遠離若不遠離不應住四无量四
无色定若遠離若不遠離不應住四靜慮若
空若不空不應住四无量四无色定若空若
不空不應住四靜慮若有相若无相不應住
四无量四无色定若有相若无相不應住四
靜慮若有願若无願不應住四无量四无色定
若有願若无願何以故以有所得為方便
故
復次憍尸迦菩薩摩訶薩行般若波羅蜜多時
不應住八解脫若常若无常不應住八勝處
九次第定十遍處若常若无常不應住八解
脫若樂若苦不應住八勝處九次第定十
遍處若樂若苦不應住八解脫若我若无我
不應住八勝處九次第定十遍處若我若无我
不應住八解脫若淨若不淨不應住八勝處
九次第定十遍處若淨若不淨不應住八
解脫若寂靜若不寂靜不應住八勝處九次

不應住八勝處九次第定十遍處若我若无我
不應住八解脫若淨若不淨不應住八勝處
九次第定十遍處若淨若不淨不應住八
解脫若寂靜若不寂靜不應住八勝處九次
第定十遍處若寂靜若不寂靜不應住八解
脫若遠離若不遠離不應住八勝處九次第
定十遍處若遠離若不遠離不應住八解脫
若空若不空不應住八勝處九次第定十遍
處若空若不空不應住八解脫若有相若无
相不應住八勝處九次第定十遍處若有相
若无相不應住八解脫若有願若无願不應
住八勝處九次第定十遍處若有願若无願
何以故以有所得為方便故
復次憍尸迦菩薩摩訶薩行般若波羅蜜多
時不應住四念住若常若无常不應住四正
斷四神足五根五力七等覺支八聖道支若、
常若无常不應住四念住若樂若苦不應住
四正斷乃至八聖道支若樂若苦不應住四
念住若我若无我不應住四正斷乃至八聖
道支若我若无我不應住四念住若淨若不
淨不應住四正斷乃至八聖道支若淨若不
淨不應住四念住若寂靜若不寂靜不應住
四正斷乃至八聖道支若寂靜若不寂靜不
應住四念住若遠離若不遠離不應住四正
斷乃至八聖道支若遠離若不遠離不應住
四念住若空若不空不應住四正斷乃至八

BD04091 號　大般若波羅蜜多經卷七九　　（22–18）

淨不應住四正斷乃至八聖道支若淨若不
淨不應住四念住若寂靜若不寂靜不應住
四正斷乃至八聖道支若寂靜若不寂靜不
應住四念住若遠離若不遠離不應住四正
斷乃至八聖道支若遠離若不遠離不應住
四念住若空若不空不應住四正斷乃至八
聖道支若空若不空不應住四念住若有相
若无相不應住四正斷乃至八聖道支若有
相若无相不應住四念住若有願若无願不
應住四正斷乃至八聖道支若有願若无願
何以故以有所得為方便故
復次憍尸迦菩薩摩訶薩行般若波羅蜜多
時不應住空解脫門若常若无常不應住无
相无願解脫門若常若无常不應住空解脫
門若樂若苦不應住无相无願解脫門若樂
若苦不應住空解脫門若我若无我不應住
无相无願解脫門若我若无我不應住空解
脫門若淨若不淨不應住无相无願解脫門
若淨若不淨不應住空解脫門若寂靜若不
寂靜不應住无相无願解脫門若寂靜若不
寂靜不應住空解脫門若遠離若不遠離不
應住无相无願解脫門若遠離若不遠離不
應住空解脫門若空若不空不應住无相无
願解脫門若空若不空不應住空解脫門若
有相若无相不應住无相无願解脫門若有
相若无相不應住空解脫門若有願若无願

BD04091 號　大般若波羅蜜多經卷七九　　（22–19）

應住空解脫門若空若不空不應住无相无
願解脫門若空若不空不應住空解脫門若
有相若无相不應住无相无願解脫門若有
相若无相不應住空解脫門若有願若无願
不應住无相无願解脫門若有願若无願何
以故以有所得為方便故
復次憍尸迦菩薩摩訶薩行般若波羅蜜多
時不應住五眼若常若无常不應住六神通
若常若无常不應住五眼若樂若苦不應住
六神通若樂若苦不應住五眼若我若无我
不應住六神通若我若无我不應住五眼若
淨若不淨不應住六神通若淨若不淨不應
住五眼若寂靜若不寂靜不應住六神通若
寂靜若不寂靜不應住五眼若遠離若不遠
離不應住六神通若遠離若不遠離不應住
五眼若空若不空不應住六神通若空若不
空不應住五眼若有相若无相不應住六神
通若有相若无相不應住五眼若有願若无
願不應住六神通若有願若无願何以故以
有所得為方便故
復次憍尸迦菩薩摩訶薩行般若波羅蜜多
時不應住佛十力若常若无常不應住四无
所畏四无礙解大慈大悲大喜大捨十八佛
不共法若常若无常不應住佛十力若樂若
苦不應住四无所畏乃至十八佛不共法若
樂若苦不應住佛十力若我若无我不應住

BD04091 號　大般若波羅蜜多經卷七九　（22–20）

復次憍尸迦菩薩摩訶薩行般若波羅蜜多
時不應住佛十力若常若无常不應住四无
所畏四无礙解大慈大悲大喜大捨十八佛
不共法若常若无常不應住佛十力若樂若
苦不應住四无所畏乃至十八佛不共法若
樂若苦不應住佛十力若我若无我不應住
四无所畏乃至十八佛不共法若我若无我
不應住佛十力若淨若不淨不應住四无所
畏乃至十八佛不共法若淨若不淨不應住
佛十力若寂靜若不寂靜不應住四无所畏
乃至十八佛不共法若寂靜若不寂靜不應
住佛十力若遠離若不遠離不應住四无所
畏乃至十八佛不共法若遠離若不遠離不
應住佛十力若空若不空不應住四无所畏
乃至十八佛不共法若空若不空不應住佛
十力若有相若无相不應住四无所畏乃至
十八佛不共法若有相若无相不應住佛十
力若有願若无願不應住四无所畏乃至十
八佛不共法若有願若无願何以故以有所
得為方便故

大般若波羅蜜多經卷第七十九

BD04091 號　大般若波羅蜜多經卷七九　（22–21）

BD04091號　大般若波羅蜜多經卷七九　（22–22）

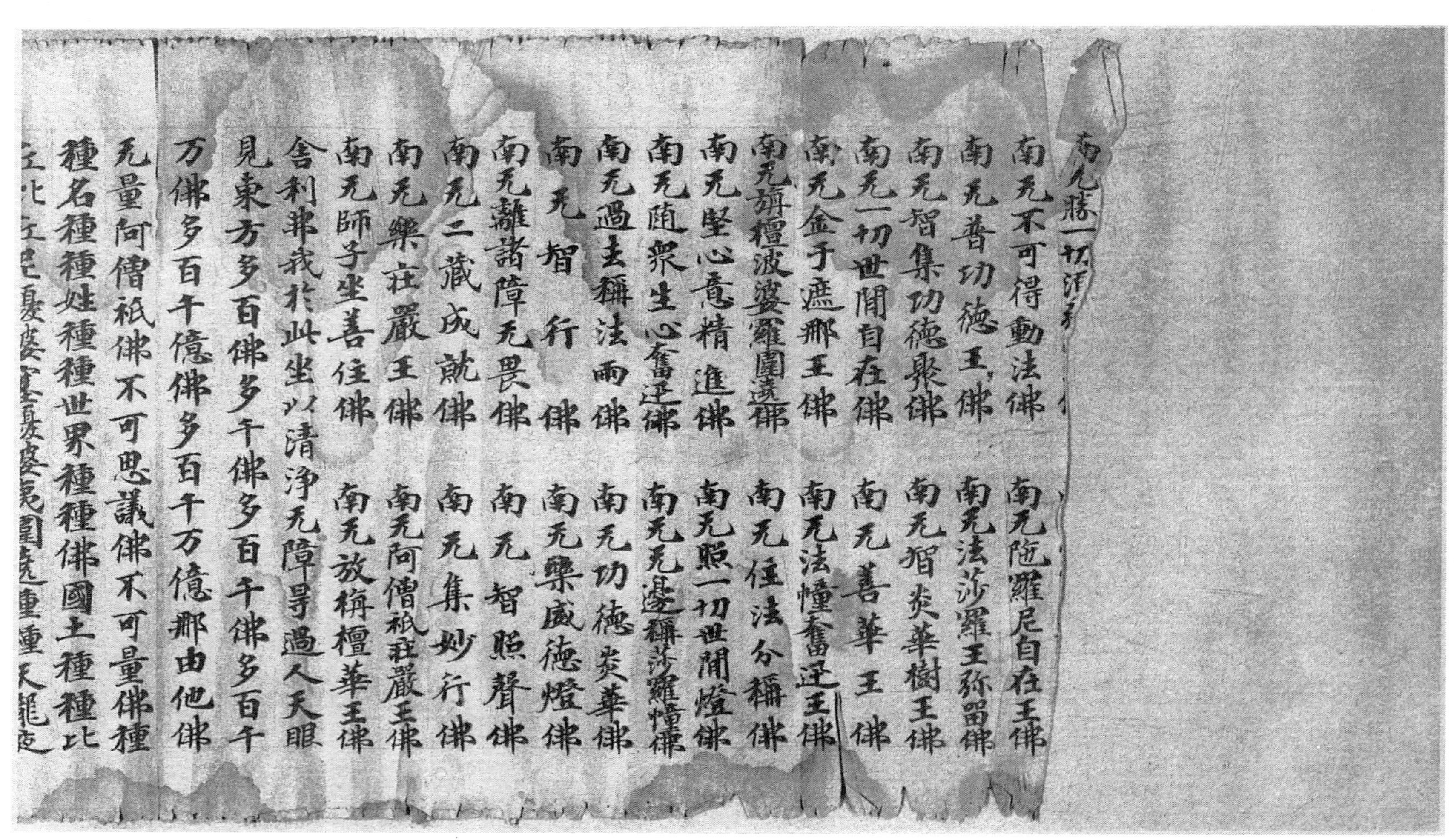

BD04092號　佛名經（十六卷本）卷一三　（4–1）

見東方多百佛多千佛多百千佛多百千
万佛多百千億佛多百千万億那由他佛
无量阿僧祇佛不可思議佛不可量佛種
種名種種姓種種世界種種佛國土種種比
丘比丘尼優婆塞優婆夷園遶種種天龍夜
叉乾闥婆阿脩羅迦樓羅緊那羅摩睺羅
伽人非人等圍遶供養我悲現見如觀掌中
菴摩勒菓舍利弗若有善男子善女人比丘
比丘尼優婆塞優婆夷信我語受持讀誦是
諸佛名當洗浴著新淨衣於晝日初分時中
分時後分時夜前分時中分時從坐起偏袒
右肩右膝著地一心稱是佛名供養礼拜作
如是言如來所知十方諸佛我敬礼舍利弗
是善男子善女人比丘比丘尼優婆塞優婆
夷如是供養礼拜得无量福
舍利弗若欲得聲聞地欲得辟支佛地欲得
阿耨多羅三藐三菩提者當礼十方諸佛一
切皆得復作是言是諸福德聚諸佛如來所
知我悲迴向阿耨多羅三藐三菩提
舍利弗應當歸命東方一切諸佛
南无師子奮迅王佛　南无力士自在王佛
南无法自在奮迅佛　南无脩行堅固自在佛
南无法山勝佛　南无寶山佛
南无自在隨羅集佛　南无樹提藏佛
南无量宿稱佛　南无功德力堅固王佛
南无人聲自在增長佛　南无勝一切世間佛
南无三世法界佛　南无妙聲吼佛

BD04092號　佛名經（十六卷本）卷一三　（4–2）

南无法自在奮迅佛　南无脩行堅固自在佛
南无法山勝佛　南无寶山佛
南无自在隨羅集佛　南无樹提藏佛
南无量宿稱佛　南无功德力堅固王佛
南无人聲自在增長佛　南无勝一切世間佛
南无三世法界佛　南无妙聲吼佛
南无寶地龍王佛　南无法疾吼聲佛
南无香波頭摩擇自在寶稱佛　南无光輪佛
南无寶蓮佛　南无功德華佛
南无多供養佛　南无无邊德王佛
南无增長喜佛　南无師子龍奮迅佛
南无莎羅藏師子步王佛　南无觀諸法佛
南无法華智佛　南无時法清淨佛
南无堅固精進言語佛　南无聲精進佛
南无炎摩尼佛　南无山光明佛
南无清淨无垢藏佛　南无无垢月佛
南无清淨根佛　南无多智佛
南无能作智佛　南无廣智佛
南无力意佛　南无勝意佛
南无法堅固歡喜佛　南无堅固行自在佛
南无等須弥面佛　南无觀成就佛
南无清淨藏佛　南无鳥自在佛
南无現摩業淨業佛　南无智自在佛
南无精進奮迅佛　南无无㝵精進佛
南无世間自在佛　南无法行廣意佛
南无福德成就佛　南无不怯弱成就佛
南无勝成就佛　南无龍觀佛

BD04092號　佛名經（十六卷本）卷一三　（4–3）

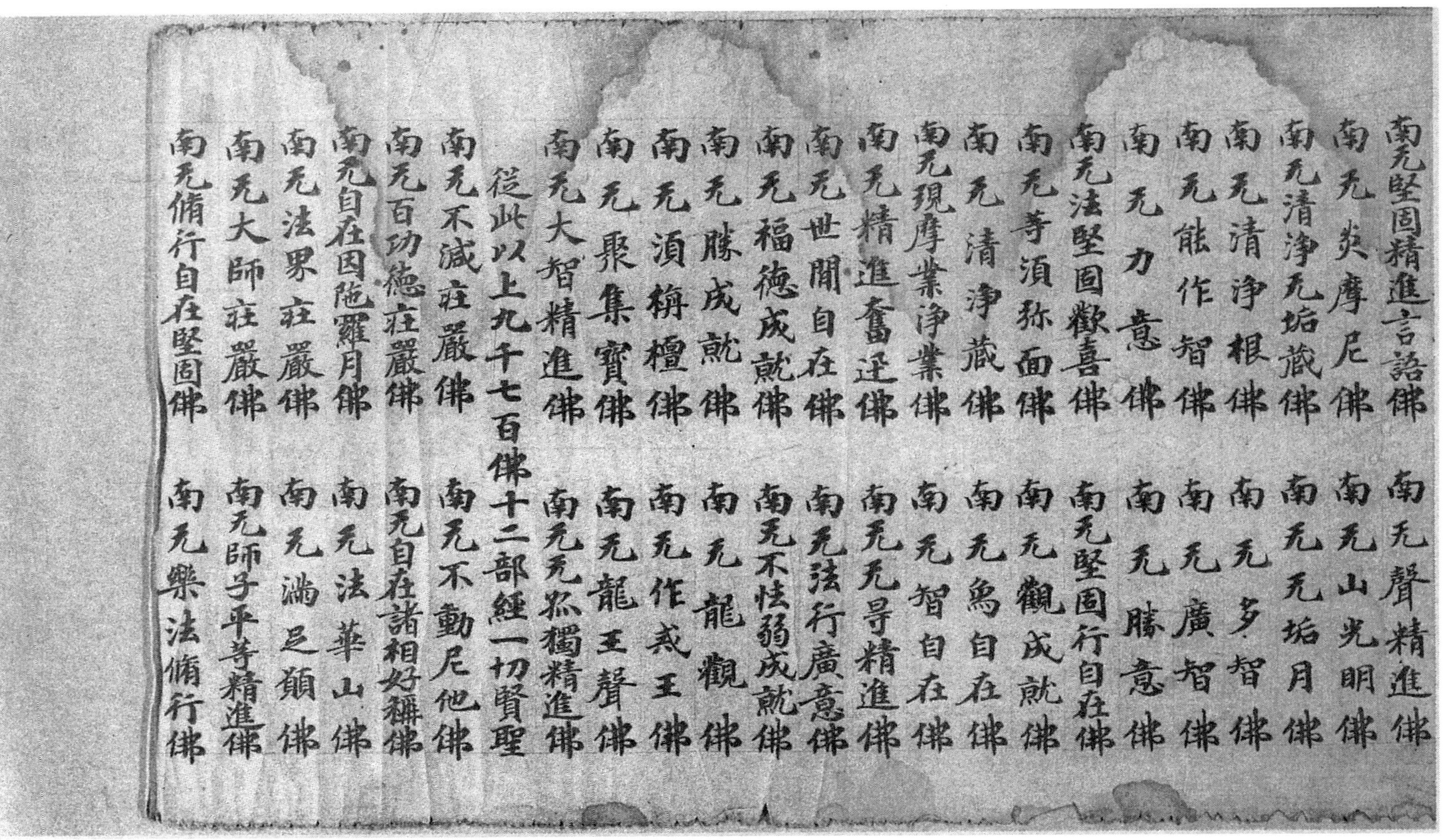

南无堅固精進言語佛　南无聲精進佛
南无炎摩尼佛　南无山光明佛
南无清淨无垢藏佛　南无无垢月佛
南无清淨根佛　南无多智佛
南无能作智佛　南无廣智佛
南无力意佛　南无勝意佛
南无法堅固歡喜佛　南无堅固行自在佛
南无等須弥面佛　南无觀成就佛
南无清淨藏佛　南无烏自在佛
南无現摩業淨業佛　南无智自在佛
南无精進奮迅佛　南无无㝵精進佛
南无世間自在佛　南无法行廣意佛
南无福德成就佛　南无不怯弱成就佛
南无勝成就佛　南无龍觀佛
南无須栴檀佛　南无作戒王佛
南无聚集寶佛　南无龍王聲佛
南无大智精進佛　南无无狀獨精進佛
從此以上九千七百佛十二部經一切賢聖
南无不滅莊嚴佛　南无不動尼他佛
南无百功德莊嚴佛　南无自在諸相好稱佛
南无自在因陁羅月佛　南无法華山佛
南无法界莊嚴佛　南无滿足頞佛
南无大師莊嚴佛　南无師子平等精進佛
南无脩行自在堅固佛　南无樂法脩行佛

BD04092號　佛名經（十六卷本）卷一三　（4–4）

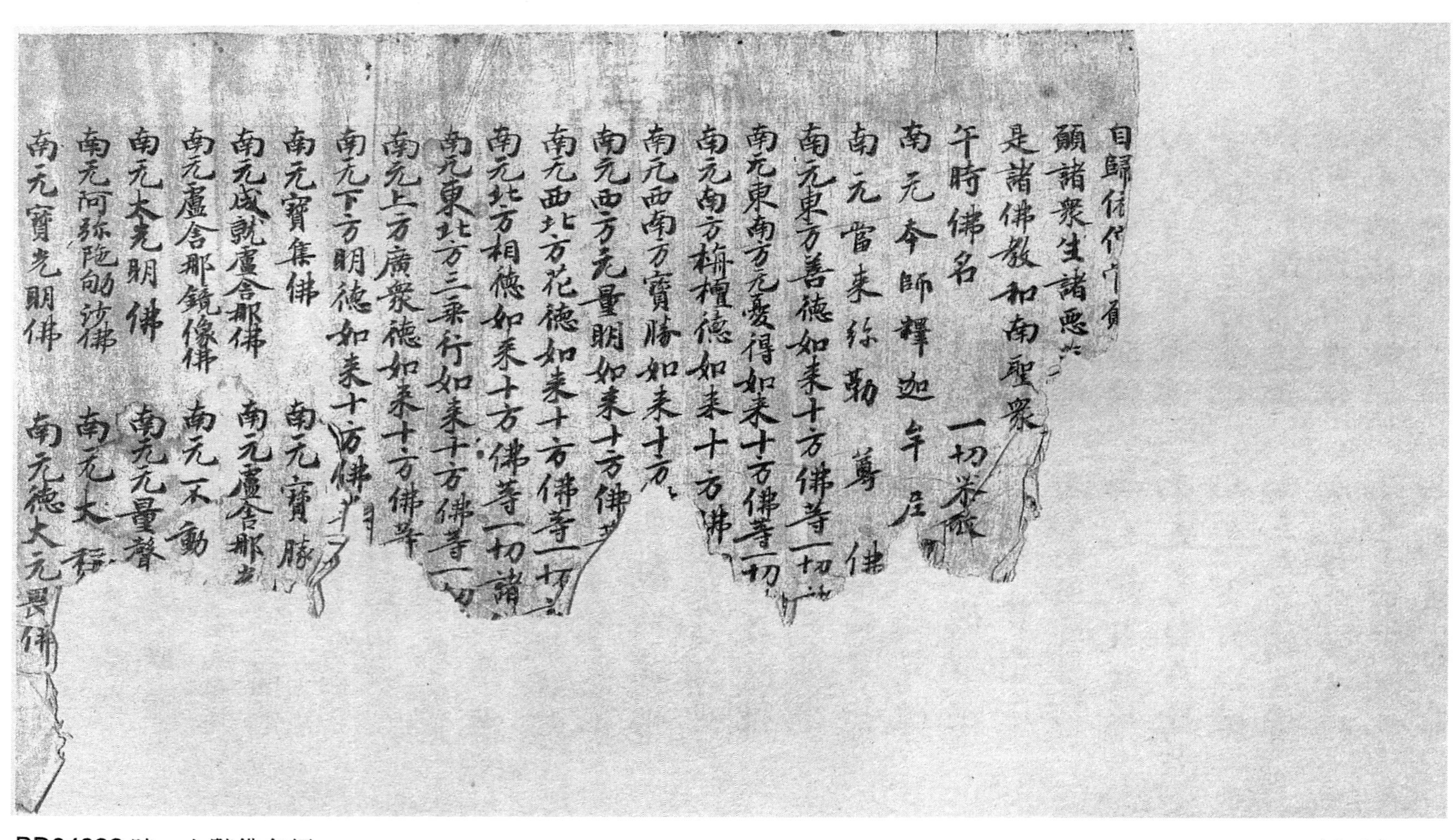

自歸依佛[…]
願諸衆生諸惡[…]
是諸佛教和南聖衆
午時佛名　一切恭敬
南无本師釋迦牟尼佛
南无當來彌勒尊佛
南无東方善德如来十方佛等一切[…]
南无東南方无憂得如来十方佛等一切
南无南方栴檀德如来十方佛
南无西南方寶勝如来十方[…]
南无西方无量明如来十方佛[…]
南无西北方花德如来十方佛等一切[…]
南无北方相德如来十方佛等一切諸
南无東北方三乘行如来十方佛等一[…]
南无上方廣衆德如来十方佛等
南无下方明德如来十方佛[…]
南无寶集佛　南无寶勝[…]
南无成就盧舍那佛　南无盧舍那[…]
南无盧舍那鏡像佛　南无不動[…]
南无大光明佛　南无无量聲[…]
南无阿弥陁劬沙佛　南无大稱[…]
南无寶光明佛　南无德大无畏佛

BD04093號　七階佛名經　（9–1）

南无東北方三乘行如来十方佛等一切
南无上方廣衆德如来十方佛等[illegible]
南无下方明德如来十方佛[illegible]
南无寶集佛　南无寶勝[illegible]
南无成就盧舍那佛　南无盧舍那[illegible]
南无盧舍那鏡像佛　南无不動[illegible]
南无大光明佛　南无无量聲[illegible]
南无阿弥陁勿沙佛　南无大稱[illegible]
南无寶光明佛　南无德大无畏佛
南无燃燈火佛　南无寶聲佛
南无无邊離垢佛　南无月聲佛
南无无邊稱佛　南无日月光月[illegible]三稱
南无无垢光明佛　南无清淨[illegible]
南无日光明佛　南无无[illegible]佛
南无華勝佛　南无妙身佛
南无法光明清淨開敷蓮華佛
南无虛空功德清淨微塵等目端正功德相
光明華波頭摩瑠璃光寶體香[illegible]供
養訖種種莊嚴頂髻无量无邊[illegible]顧
力莊嚴變化莊嚴法界出生无障礙王如来
南无豪相日月光明花寶蓮華堅如金剛
身毗盧遮那无障礙眼圓滿十方放光照一
切佛刹相王如来
南无過現未来十方三世一切
菩薩四恩三友及法界衆生斷除三鄣歸
命懺悔至心懺悔唯願十方諸大慈尊證知
護念我今懺悔不復更造願我及一切衆生

BD04093號　七階佛名經　（9–2）

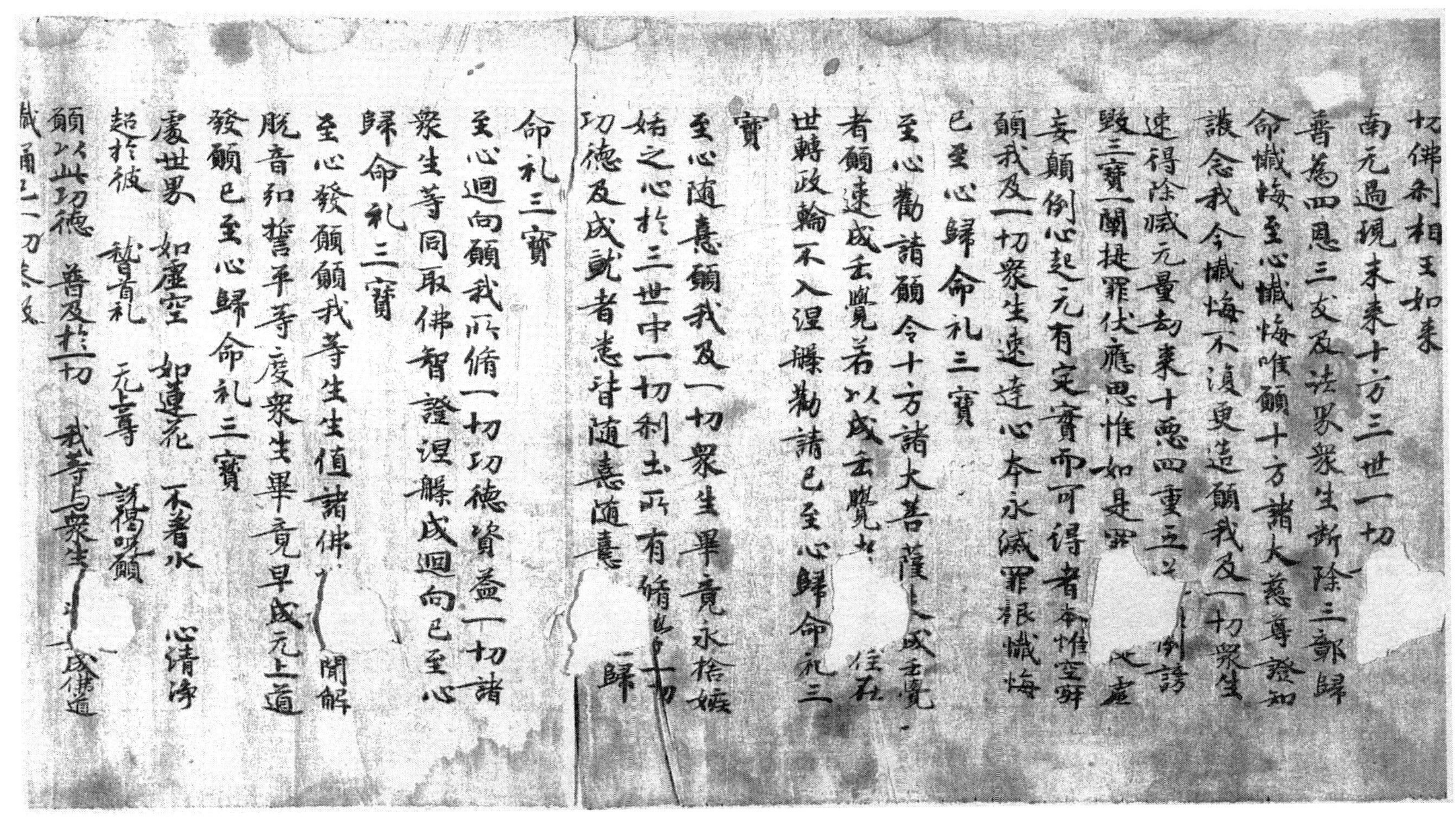
切佛刹相王如来
南无過現未来十方三世一切
菩薩四恩三友及法界衆生斷除三鄣歸
命懺悔至心懺悔唯願十方諸大慈尊證知
護念我今懺悔不復更造願我及一切衆生
速得除滅无量劫来十惡四重五逆[illegible]謗
毀三寶一闡提罪伏應思惟如是罪[illegible]虛
妄顛倒心起无有定實而可得者本惟空寂
願我及一切衆生速達心本永滅罪根懺悔
已至心歸命礼三寶
至心勸請願令十方諸大菩薩[illegible]成正覺
者願速成正覺若以成正覺[illegible]住在
世轉政輪不入涅槃勸請已至心歸命礼三
寶
至心隨喜願我及一切衆生畢竟永捨嫉
妬之心於三世中一切刹土所有脩[illegible]十方
功德及成就者悉皆隨喜隨喜[illegible]歸
命礼三寶
至心迴向願我所脩一切功德資益一切諸
衆生等同取佛智證涅槃成迴向已至心
歸命礼三寶
至心發願願我等生生值諸佛[illegible]聞解
脫音知誓平等度衆生畢竟早成无上道
發願已至心歸命礼三寶
處世界　如虛空　如蓮花　不着水　心清淨
超於彼　稽首礼　无上尊　說偈呪願
願以此功德　普及於一切　我等与衆生　[illegible]成佛道
[illegible]

BD04093號　七階佛名經　（9–3）

發願已至心歸命礼三寶
處世界　如虛空　如蓮花　不著水　心清淨
超於彼　稽首礼　无上尊　諸偈願
願以此功德　普及於一切　我等与衆生　[illegible]成佛道
懺誦已一切恭敬
歸佛得菩提善心常不退願共諸衆生往生安樂国
歸法薩婆若得大揔持門願共諸衆生往生安樂國
歸僧息諍論同入和合海願共諸衆生往[illegible]樂國
願諸衆生三業清淨奉持佛教和南[illegible]衆
白衆等聽說午時无常偈花之不久鮮色亦
非常好是故諸衆等懃求无上道
諸行无常　是生滅法　生已滅已　寂滅為樂
日暮　一切恭敬
南无東方須弥燈光明如來十方佛等一切諸佛
南无毗婆尸如來過去七佛等一切諸佛
南无普光如來五十三佛等一切諸佛
南无善德如來十方佛等一切諸佛
南无釋迦如來三十五佛等一切[illegible]佛
南无拘那提如來賢劫千佛等一切諸佛
南无阿閦如來一万五千佛等一切諸佛
南无寶集如來二十五佛等一切諸佛
南无釋迦牟尼佛　南无金剛不壞佛
南无龍尊王佛　南无精進軍佛
南无精進憙佛　南无寶火佛
南无寶光佛　南无現无愚佛
南无寶月佛　南无无垢佛
南无離垢佛　南无勇施佛
南无清淨佛　南无清淨施佛

南无精進憙佛　南无寶火佛
南无寶光佛　南无現无愚佛
南无寶月佛　南无无垢佛
南无離垢佛　南无勇施佛
南无清淨佛　南无清淨施佛
南无婆留那佛　南无水天佛
南无堅德佛　南无旃檀功德佛
南无无量掬光佛　南无光德[illegible]
南无无憂德佛　南无那羅延佛
南无功德華佛　南无蓮華光遊戲神通佛
南无財功德佛　南无德念佛
南无善名稱功德佛　南无紅炎幢王佛
南无善遊步功德佛　南无鬬戰勝佛
南无善遊步佛　南无周匝庄嚴功德佛
南无寶華遊步佛　南无寶蓮花善住娑羅樹王佛
南无虛空功德清淨微塵等目端政功德相光
明華波頭摩瑠璃光寶體香最上香供養訖種
種庄嚴頂髻无量无邊日月光明願力庄嚴
變化庄嚴法界生生无鄣礙王如來
南无豪相日月光明花寶蓮華堅如金剛身
毗盧遮那无鄣礙眼圓滿十方放光照一切
佛剎相王如來
南无過現未來十方三世一切諸佛
普為四恩三友法界衆生斷除三鄣歸命懺悔
至心懺悔南无佛南无法南无比丘僧南无三十
五佛十方諸佛及善薩僧如是等一切世界
諸佛世尊常住在世是諸世尊當慈念我
當憶念我[illegible]

南无過現未来十方三世一切諸佛
菩薩四恩三友法界衆生斷除三鄣歸命懺悔
至心懺悔南无佛南无法南无比丘僧南无三十
五佛十方諸佛及菩薩僧如是等一切世界
諸佛世尊常住在世是諸世尊當慈念我
當憶念我證知我若我此生若我前生從
无始世界生死以来所作衆罪不自覺知若自
作若教他作見作隨喜若塔若僧若四方僧
物若自取若教人取見取隨喜或作五逆无
間重罪若自作若教他作見作隨喜十不善
道自作教他見作隨喜所有罪鄣或有覆藏
或无覆藏應隨地獄餓鬼畜生諸餘悪趣邊
地下賤及弥戾車如是等處所作罪鄣今皆
懺悔已歸命礼三寶
今諸佛世尊當憶我證知我若我此生若於
餘生曾行布施或守淨戒乃至施与畜生一
搏之食或脩淨行所有善根成就衆生所有
善根脩行菩提所有善根求无上智所有
善根一切合集計挍籌量悉皆迴向阿耨多
羅三藐三菩提如過去未来現在諸佛所作
迴向我亦如是迴向
衆罪皆懺悔　諸福盡隨喜　及諸佛功德　願成无上智
去来現在佛　於衆生最勝　无量功德海　歸依合掌礼
至心發願願我等從今日乃至无上菩提於
一切生處常得值遇十方諸佛普賢文殊觀
音大勢至藥上今我恒得親近供養發菩提
心永不退轉生生常處淨佛國土斷除三鄣

BD04093號　七階佛名經　（9–6）

至心發願願我等從今日乃至无上菩提於
一切生處常得值遇十方諸佛普賢文殊觀
音大勢至藥上今我恒得親近供養發菩提
心永不退轉生生常處淨佛國土斷除三鄣
永離衆難成无上道發願已歸命礼三寶
自歸依佛當願衆生體解大道發无上意
自歸依法當願衆生深入經藏智慧如海
自歸依僧當願衆生統理大衆一切无㝵
願諸衆生三業清淨奉持佛教和南聖衆
白衆等聽說日暮无常偈人間怱怱營衆務
不覺年命日夜去如燈風中焰難期苦芒六
道无定趣未得解脫出苦海云何安然不驚
懼各聞强健有力時自策自勵求常住
中夜　一切恭敬敬礼常住三寶
南无虛空功德清淨微塵等目端正功德相光
明華波頭摩瑠璃光寶體香最上香供養
訖頂髻无量无邊日月光明如来
南无豪相日月光明華寶蓮華堅如金剛身
毗盧遮那无鄣礙眼圓滿十方放光照一切佛
刹相王如来
无色无形像无根无住處不生不滅故敬礼无所觀
不住亦不去不取亦不捨遠離六入故敬礼无所觀
出過於三界等同於虛空諸欲不染故敬礼无所觀
於諸威儀中去来及睡寤常在寂靜故敬礼无所觀
去来悉平等不壞平等故敬礼无所觀
入諸无相定見諸法寂靜常入平等故敬礼无所觀
諸佛虛空相虛空亦无相離諸因果故敬礼无所觀

BD04093號　七階佛名經　（9–7）

出過於三界等同於虛空諸欲不染故敬礼无所觀
於諸威儀中去來及睡寤常在寂靜故敬礼无所觀
去來悉平等不壞平等故敬礼无所觀
入諸无相定見諸法寂靜常入平等故敬礼无所觀
諸佛虛空相虛空亦无相離諸因果故敬礼无所觀
虛空无中邊諸佛身亦然心同虛空故敬礼无所觀
佛常在世間而不染世法不分別世間故敬礼无所觀
諸法猶如幻如幻不可得離諸幻法故敬礼无所觀
一切平等法无礼无不礼一礼遍含識同會實相体
南无觀世音菩薩　南无大勢至菩薩
南无藥王菩薩　南无藥上菩薩
南无虛空藏菩薩　南无地藏菩薩
南无諸大菩薩摩訶薩衆　南无緣覺聲聞一切賢聖僧
和南聖衆
至心懺悔一切業障海皆從妄想生若欲求除
滅端坐念實相衆罪如霜露慧日能消除是
故恒至心懺悔六情根懺悔已至心歸命礼三
寶
至心發願願諸衆生防六七悲智二照現前
行不斷常離此量非空非有不行行發願至
心歸命礼三寶　一切誦
般若波羅蜜　是大明呪　是无上呪　是无等等呪
即說呪曰　揭諦揭諦　波羅揭諦　波羅僧揭諦
菩提莎婆訶
處世界　如虛空　如蓮華　不著水　心清淨
超於彼　稽首礼　无上尊　說偈呪願
礼佛讚歎諸功德迴以施群生共成无上道

BD04093號　七階佛名經　（9–8）

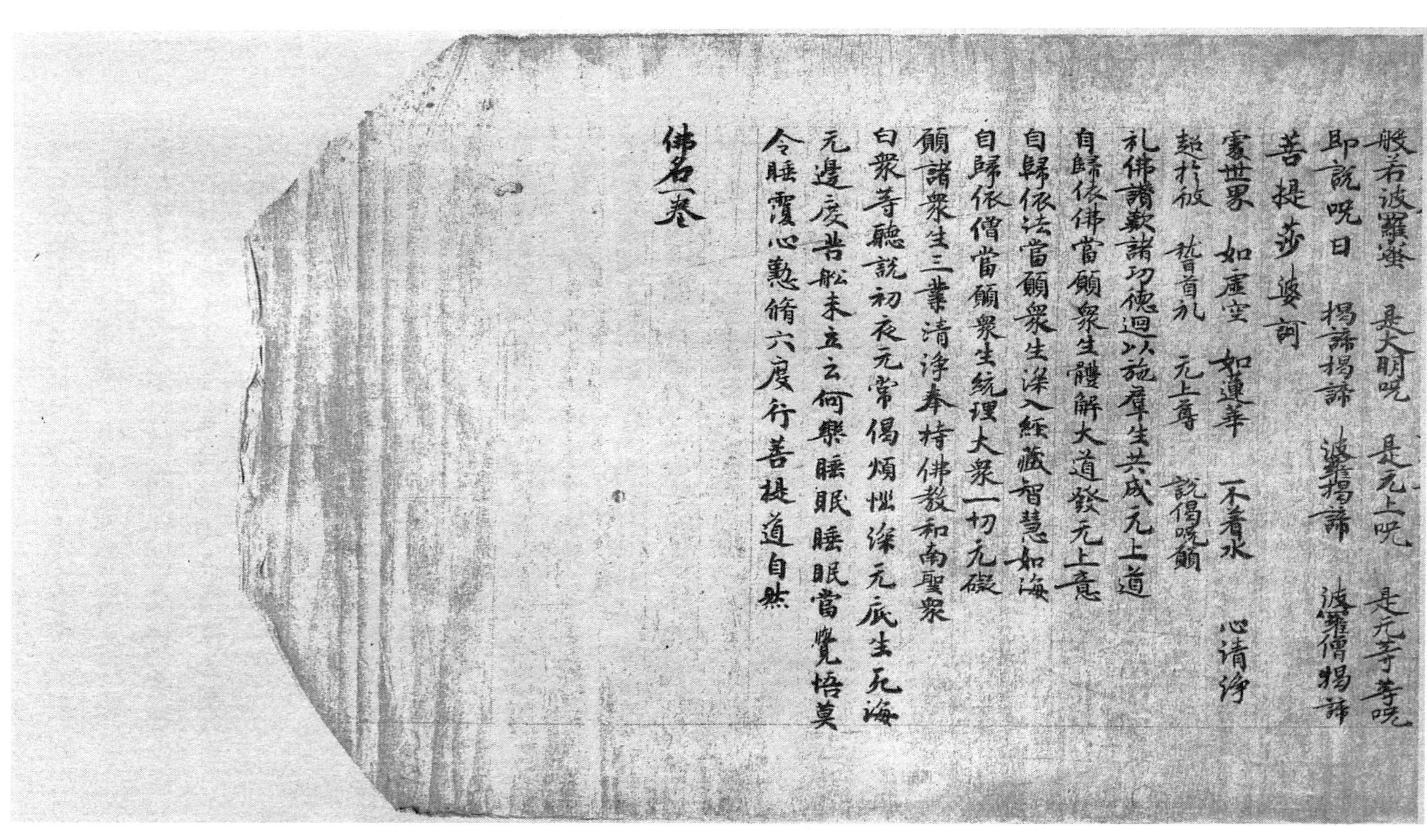
般若波羅蜜　是大明呪　是无上呪　是无等等呪
即說呪曰　揭諦揭諦　波羅揭諦　波羅僧揭諦
菩提莎婆訶
處世界　如虛空　如蓮華　不著水　心清淨
超於彼　稽首礼　无上尊　說偈呪願
礼佛讚歎諸功德迴以施群生共成无上道
自歸依佛當願衆生體解大道發无上意
自歸依法當願衆生深入經藏智慧如海
自歸依僧當願衆生統理大衆一切无礙
願諸衆生三業清淨奉持佛教和南聖衆
白衆等聽說初夜无常偈煩惱深无底生死海
无邊度苦船未立云何樂睡眠睡眠當覺悟莫
令睡覆心懃脩六度行菩提道自然
佛名一卷

BD04093號　七階佛名經　（9–9）

第一
時佛住王舍城耆闍崛山中與
万二千俱皆是阿羅漢諸漏已盡
逮得己利盡諸有結心得自在其
憍陳如摩訶迦葉優樓頻螺迦
那提迦葉舍利弗大目揵連摩
㝹樓馱劫賓那憍梵波提離婆
伽婆蹉薄拘羅摩訶拘絺羅難陀
孫陀羅難陀富樓那弥多羅尼子須菩提阿
難羅睺羅如是衆所知識大阿羅漢等復有
學无學二千人摩訶波闍波提比丘尼與眷
屬六千人俱羅睺羅母耶輸陀羅比丘尼亦與
眷屬俱菩薩摩訶薩八万人皆於阿耨多
羅三藐三菩提不退轉皆得陀羅尼樂說辯
才轉不退轉法輪供養无量百千諸佛於諸佛
所殖衆德本常爲諸佛之所稱歎以慈脩身
善入佛慧通達大智到於彼岸名稱普聞无
量世界能度无數百千衆生其名曰文殊師利
菩薩觀世音菩薩得大勢菩薩常精進菩薩

BD04094號　妙法蓮華經卷一　（7–1）

才轉不退轉法輪供養无量百千諸佛於諸佛
所殖衆德本常爲諸佛之所稱歎以慈脩身
善入佛慧通達大智到於彼岸名稱普聞无
量世界能度无數百千衆生其名曰文殊師利
菩薩觀世音菩薩得大勢菩薩常精進菩薩
不休息菩薩寶掌菩薩藥王菩薩勇施菩薩
寶月菩薩月光菩薩滿月菩薩大力菩薩无
量力菩薩越三界菩薩跋陀婆羅菩薩弥
勒菩薩寶積菩薩導師菩薩如是等菩薩摩
訶薩八万人俱尒時釋提桓因與其眷屬二
万天子俱復有名月天子普香天子寶光天
子四大天王與其眷屬万天子俱自在天子
大自在天子與其眷屬三万天子俱娑婆世
界主梵天王尸棄大梵光明大梵等與其眷屬
万二千天子俱有八龍王難陀龍王跋難陀龍王
娑伽羅龍王和脩吉龍王德叉迦龍王阿那
婆達多龍王摩那斯龍王優鉢羅龍王等各
與若干百千眷屬俱有四緊那羅王法緊那羅
王妙法緊那羅王大法緊那羅王持法緊那羅王
各與若干百千眷屬俱有四乾闥婆王樂乾闥
婆王樂音乾闥婆王美乾闥婆王美音乾闥婆王
各與若干百千眷屬俱有四阿脩羅王婆稚
阿脩羅王佉羅騫馱阿脩羅王毗摩質多羅
阿脩羅王羅睺阿脩羅王各與若干百千眷
屬俱有四迦樓羅王大威德迦樓羅王大身迦樓
羅王大滿迦樓羅王如意迦樓羅王各與若
千百千眷屬俱韋提希子阿闍世王與若干

BD04094號　妙法蓮華經卷一　（7–2）

阿脩羅王羅睺阿脩羅王各與若干百千眷
屬俱有四迦樓羅王大威徳迦樓羅王大身迦樓
羅王大滿迦樓羅王如意迦樓羅王各與若
千百千眷屬俱韋提希子阿闍世王與若千
百千眷屬俱各礼佛足退坐一面尒時世尊四衆
圍繞供養恭敬尊重讚歎為諸菩薩説大乘
經名无量義教菩薩法佛所護念佛説此經已結
跏趺坐入於无量義處三昧身心不動是時天雨
曼陁羅華摩訶曼陁羅華曼殊沙華摩訶曼
殊沙華而散佛上及諸大衆普佛世界六種震
動尒時會中比丘比丘尼優婆塞優婆夷天
龍夜叉乾闥婆阿脩羅迦樓羅緊那羅摩
睺羅伽人非人等及諸小王轉輪聖王是諸大
衆得未曾有歡喜合掌一心觀佛尒時佛放
眉間白毫相光照東方万八千世界靡不周
遍下至阿鼻地獄上至阿迦尼吒天於此世界盡
見彼土六趣衆生又見彼土現在諸佛及
聞諸佛所説經法并見彼諸比丘比丘尼
優婆塞優婆夷諸脩行得道者復見諸菩
薩摩訶薩種種因緣種種信解種種相貌行菩
薩道復見諸佛般涅槃者復見諸佛般涅槃
後以佛舍利起七寶塔尒時弥勒菩薩作是
念今者世尊現神變相以何因緣而有此瑞
今佛世尊入于三昧是不可思議現希有事
當以問誰誰能荅者復作此念是文殊師利
法王之子已曾親近供養過去无量諸佛必
應見此希有之相我今當問尒時比丘比丘

今佛世尊入于三昧是不可思議現希有事
當以問誰誰能荅者復作此念是文殊師利
法王之子已曾親近供養過去无量諸佛必
應見此希有之相我今當問尒時比丘比丘
尼優婆塞優婆夷及諸天龍鬼神等咸作
此念是佛光明神通之相今當問誰尒時弥勒
菩薩欲自決疑又觀四衆比丘比丘尼優婆塞
優婆夷及諸天龍鬼神等衆會之心而問文
殊師利言以何因緣而有此瑞神通之相放
大光明照于東方万八千土悉見彼佛國界莊
嚴於是弥勒菩薩欲重宣此義以偈問曰
文殊師利　導師何故　眉間白毫　大光普照
雨曼陁羅　曼殊沙華　栴檀香風　悅可衆心
以是因緣　地皆嚴淨　而此世界　六種震動
時四部衆　咸皆歡喜　身意快然　得未曾有
眉間光明　照于東方　万八千土　皆如金色
從阿鼻獄　上至有頂　諸世界中　六道衆生
生死所趣　善惡業緣　受報好醜　於此悉見
又覩諸佛　聖主師子　演説經典　微妙第一
其聲清淨　出柔軟音　教諸菩薩　无數億万
梵音深妙　令人樂聞　各於世界　講説正法
種種因緣　以无量喻　照明佛法　開悟衆生
若人遭苦　猒老病死　為説涅槃　盡諸苦際
若人有福　曾供養佛　志求勝法　為説緣覺
若有佛子　脩種種行　求无上慧　為説淨道
文殊師利　我住於此　見聞若斯　及千億事
如是衆多　今當略説　我見彼土　恒沙菩薩

種種因緣 以无量喻 照明佛法 開悟衆生
若人遭苦 厭老病死 為說涅槃 盡諸苦際
若人有福 曾供養佛 志求勝法 為說緣覺
若有佛子 脩種種行 求无上慧 為說淨道
文殊師利 我住於此 見聞若斯 及千億事
如是衆多 今當略說 我見彼土 恒沙菩薩
種種因緣 而求佛道 或有行施 金銀珊瑚
真珠摩尼 車𤦲馬瑙 金剛諸珍 奴婢車乘
寶飾輦輿 歡喜布施 迴向佛道 願得是乘
三界第一 諸佛所歎 或有菩薩 駟馬寶車
欄楯華蓋 軒飾布施 復見菩薩 身肉手足
及妻子施 求无上道 又見菩薩 頭目身體
欣樂施與 求佛智慧 文殊師利 我見諸王
往詣佛所 問无上道 便捨樂土 宮殿臣妾
剃除鬚髮 而披法服 或見菩薩 而作比丘
獨處閑靜 樂誦經典 又見菩薩 勇猛精進
入於深山 思惟佛道 又見離欲 常處空閑
深脩禪定 得五神通 又見菩薩 安禪合掌
以千万偈 讚諸法王 復見菩薩 智深志固
能問諸佛 聞悉受持 又見佛子 定慧具足
以无量喻 為衆講法 欣樂說法 化諸菩薩
破魔兵衆 而擊法鼓 又見菩薩 寂然宴嘿
天龍恭敬 不以為喜 又見菩薩 處林放光
濟地獄苦 令入佛道 又見佛子 未嘗睡眠
經行林中 勤求佛道 又見具戒 威儀无缺
淨如寶珠 以求佛道 又見佛子 住忍辱力
增上慢人 惡罵捶打 皆悉能忍 以求佛道

BD04094號　妙法蓮華經卷一　（7–5）

破魔兵衆 而擊法鼓 又見菩薩 寂然宴嘿
天龍恭敬 不以為喜 又見菩薩 處林放光
濟地獄苦 令入佛道 又見佛子 未嘗睡眠
經行林中 勤求佛道 又見具戒 威儀无缺
淨如寶珠 以求佛道 又見佛子 住忍辱力
增上慢人 惡罵捶打 皆悉能忍 以求佛道
又見菩薩 離諸戲笑 及癡眷屬 親近智者
一心除亂 攝念山林 億千万歲 以求佛道
或見菩薩 餚饍飲食 百種湯藥 施佛及僧
名衣上服 價直千万 或无價衣 施佛及僧
千万億種 栴檀寶舍 衆妙臥具 施佛及僧
清淨園林 華菓茂盛 流泉浴池 施佛及僧
如是等施 種種微妙 歡喜无厭 求无上道
或有菩薩 說寂滅法 種種教詔 无數衆生
或見菩薩 觀諸法性 无有二相 猶如虛空
又見佛子 心无所著 以此妙慧 求无上道
文殊師利 又有菩薩 佛滅度後 供養舍利
又見佛子 造諸塔廟 无數恒沙 嚴飾國界
寶塔高妙 五千由旬 縱廣正等 二千由旬
一一塔廟 各千幢幡 珠交露幔 寶鈴和鳴
諸天龍神 人及非人 香華伎樂 常以供養
文殊師利 諸佛子等 為供舍利 嚴飾塔廟
國界自然 殊特妙好 如天樹王 其華開敷
佛放一光 我及衆會 見此國界 種種殊妙
諸佛神力 智慧希有 放一淨光 照无量國
我等見此 得未曾有 佛子文殊 願決衆疑
四衆欣仰 瞻仁及我 世尊何故 放斯光明

BD04094號　妙法蓮華經卷一　（7–6）

如是等施　種種微妙　歡喜无猒　求无上道
或有菩薩　說寂滅法　種種教照　无數衆生
或見菩薩　觀諸法性　无有二相　猶如虛空
又見佛子　心无所著　以此妙慧　求无上道
文殊師利　又有菩薩　佛滅度後　供養舍利
又見佛子　造諸塔廟　无數恒沙　嚴飾國界
寶塔高妙　五千由旬　縱廣正等　二千由旬
一一塔廟　各千幢幡　珠交露幔　寶鈴和鳴
諸天龍神　人及非人　香華伎樂　常以供養
文殊師利　諸佛子等　為供舍利　嚴飾塔廟
國界自然　殊特妙好　如天樹王　其華開敷
佛放一光　我及衆會　見此國界　種種殊妙
諸佛神力　智慧希有　放一淨光　照无量國
我等見此　得未曾有　佛子文殊　願決衆疑
四衆欣仰　瞻仁及我　世尊何故　放斯光明
佛子時答　決疑令喜　何所饒益　演斯光明
佛坐道場　所得妙法　為欲說此　為當授記
示諸佛土　衆寶嚴淨　及見諸佛　此非小緣
文殊當知　四衆龍神　瞻察仁者　為說何等
尒時文殊師利語弥勒菩薩摩訶薩及諸大
士善男子等如我惟忖今佛世尊欲說大法
雨大法雨吹大法蠡擊大法鼓演大法義諸
善男子我於過去諸佛曾見此瑞放斯光已即
說大法是故當知今佛見光

BD04094號　妙法蓮華經卷一　（7–7）

南无[illegible]思議王佛　南无火勝[illegible]
南无喜幢佛　南无无畏自在佛
南无見弥留佛　南无智像佛
南无无垢眼佛　南无无憂勝佛
南无法自在吼佛　南无去自在莎羅王佛
南无師子奮迅佛　南无那羅延佛
南无善擇藏佛　南无寶集佛
南无功德奮迅佛　南无火藏佛
南无星宿稱佛　南无功德力堅固王佛
南无妙吼聲奮迅佛　南无莎羅勝點王佛
南无威德自在光明佛　南无妙聲吼佛
南无寶掌龍自在王佛　南无法雲吼自在王尊佛
南无寶山佛　南无妙光藏佛
南无師子多羅脩佛　南无普藏佛
南无淨華佛　南无歌羅毗羅奮迅佛

BD04095號　佛名經（十六卷本）卷七　（34–1）

南无□德自在光明佛　南无妙聲明佛
南无寶掌龍自在王佛　南无法雲吼自在王華佛
南无寶山佛　南无妙光藏佛
南无師子多羅脩佛　南无善藏佛
南无淨華佛　南无歌羅毗羅奮迅佛
南无法疾燃燈佛　南无无等上弥留佛
南无稱聲王佛　南无梵諦釋聲佛
南无遠離逼惱佛　南无毗沙門堅固王佛
南无破魔王宮佛　南无莎羅王佛
南无大奮迅光佛　南无華勝佛
南无旃檀佛　南无弥留王佛
南无拘羅伽堅固樹提佛　南无智奮迅佛
南无二万同名月燃燈佛
南无无垢身佛　南无波頭摩光佛
南无華勝步佛　南无華光佛
南无稱幢佛　南无閻浮檀金光佛
南无多摩羅跋葉旃檀香佛
南无大道智勝佛　南无不動佛
南无弥留山佛　南无師子吼佛
南无師子幢佛　南无住虛空佛
南无常入涅槃佛　南无帝釋幢佛
南无梵幢佛　南无无量壽佛
南无善度佛　南无雲燈佛
南无弥留劫佛

南无常入涅槃佛　南无帝釋幢佛
南无梵幢佛　南无无量壽佛
南无善度佛　南无雲燈佛
南无弥留劫佛
南无多羅摩跋葉旃檀香通佛
南无雲自在王佛　南无一切世間高佛
南无能破諸畏佛　南无釋迦牟尼佛
南无法光明佛　南无五百善光明佛
從此以上五千六百佛十二部經一切賢聖
南无大海住持智奮迅通佛　南无七寶波頭摩步佛
南无二千寶幢佛　南无多寶佛
南无一切衆生愛見佛
南无百千光明滿足幢佛
南无二千億千驚怖吼聲王佛
南无二千億百日月燃燈佛
南无二十億百妙聲王佛
南无二十億百雲聲王佛
南无寶威德高王佛　南无月无垢日光明勝佛
南无蓮華星宿王華通佛
南无雲妙鼓聲王佛
南无住持水吼聲妙聲星王拘蘇摩通佛
南无莎羅樹王佛　南无无垢光明佛
南无寶炎佛　南无華蒨林王華通佛

南无雲妙皷聲王佛
南无住持水吼聲妙聲星王拘蘊摩通佛
南无莎羅樹王佛　南无无垢光明佛
南无寶尖佛　南无華積林王華通佛
南无日月寶作光明佛　南无功德寶光明佛
南无寶杖佛　南无雲王佛
南无寶蓋勝光明佛　南无普見佛
南无功德自在佛　南无師子聲作佛
南无寶積示現佛　南无樂堅佛
南无菩提意佛　南无无量命佛
南无阿閦佛　南无香王佛
南无寶作佛　南无脩行法王佛
南无蓋王佛　南无摩尼王佛
南无月藏佛　南无日藏佛
南无聲身王佛　南无善覺佛
南无須弥劫佛　南无能聖佛
南无波頭摩月清淨勝王佛
南无不動佛　南无普滿佛
南无盡慧佛　南无寶幢佛
南无寶幢佛　南无奮迅恭敬稱佛
南无无垢光明藏佛
南无雲讃佛　南无師子奮迅佛
南无勝高山王佛　南无波頭摩上佛
南无身上佛　南无多寶妙

BD04095號　佛名經（十六卷本）卷七　（34–4）

南无无垢光明藏佛
南无雲讃佛　南无師子奮迅佛
南无勝高山王佛　南无波頭摩上佛
南无身上佛　南无多寶妙佛
南无勝藏山增上王佛
南无意勇猛仙行勝佛
南无甘露藏佛　南无妙皷聲王佛
南无日月佛　南无唯寶蓋佛
南无普光明奮迅光明佛
南无能行成就聖佛
南无不動佛　南无无垢光明稱佛
南无九十法莊嚴佛　南无摩尼金蓋佛
南无星宿佛　南无高山歡喜佛
南无菩提分華身佛　南无能脩行佛
南无寶作佛　南无如寶佛
南无高聚佛　南无寶光明佛
南无寶來佛　南无寶高佛
南无阿閦佛　南无寶光明佛
南无大光明佛　南无不可量聲佛
南无不可思議聲佛　南无大稱佛
南无寶照佛　南无得大无畏佛
南无寶聲佛　南无无邊清淨佛
南无月聲佛　南无无邊稱佛

BD04095號　佛名經（十六卷本）卷七　（34–5）

南无不可思議摩佛　南无[illegible]佛
南无寶照佛　南无得大无畏佛
南无寶聲佛　南无无邊清淨佛
南无月聲佛　南无无邊稱佛
南无月光清淨佛　南无清淨光佛
南无无垢光佛　南无无邊寶佛
南无波頭摩勝佛　南无身勝佛
南无金色佛　南无梵聲王佛
南无金光明佛
從此以上五千七百佛十二部經一切賢聖
南无金色作佛　南无龍自在王佛
南无金色華香自在王佛
南无堅固王佛
南无堅固勇猛仙行勝佛
南无勝藏摩尼光佛　南无无量香光佛
南无師子聲佛
南无至大勢精進脩行畢竟佛
南无堅固智佛　南无妙鼓聲王佛
南无月妙佛　南无華勝佛
南无世間燈佛　南无火佛
南无寶輪佛　南无无垢智佛
南无常齊滅佛　南无无邊寶華光明佛
南无須弥山奮迅佛　南无寶華佛
南无集寶聚佛　南无不退輪寶住勝佛

南无世間燈佛　南无[illegible]佛
南无寶輪佛　南无无垢智佛
南无常齊滅佛　南无无邊寶華光明佛
南无須弥山奮迅佛　南无寶華佛
南无集寶聚佛　南无不退輪寶住勝佛
南无德善盧舍那清淨佛
南无日月燈佛　南无遠留佛
南无大弥留佛　南无須弥劫佛
南无香面佛　南无成就香佛
南无弥留香佛　南无清淨光佛
南无法上佛　南无香自在王佛
南无大摩尼佛　南无香光佛
南无火光佛　南无甘露光佛
南无月光佛　南无月燈佛
南无月照佛　南无月聲佛
南无勝作佛　南无多寶佛
南无師子吼佛　南无師子聲佛
南无勇猛仙佛　南无金剛喜佛
南无護一切佛　南无離諸怨佛
南无寶炎眷屬佛　南无无憂佛
南无住持速力佛　南无妙喜佛
南无自在作佛　南无无邊聲佛
南无然燈作佛　南无寶光明佛
南无阿弥陀佛　南无釋[illegible]說佛

南无住持速力佛　南无妙喜佛
南无自在作佛　南无无邊聲佛
南无然燈作佛　南无寶光明佛
南无阿弥陁佛　南无釋說佛
南无釋聲佛　南无勝藏積吼王佛
南无降伏金剛堅佛　南无寶月光佛
南无寶火佛　南无賢上佛
南无寶波頭摩步佛　南无寶勝佛
南无金寶光佛　南无怖喜快勝佛
南无不可量勝佛　南无善逝王佛
南无聖自在手佛　南无不可說分別佛
南无不空勝佛　南无月妙勝佛
南无樹提勝佛　南无虛空光明佛
南无善清淨无垢間錯幢佛
南无善住善根藏王佛
南无成就一切勝佛　南无智切德清淨勝佛
南无善說清淨幢佛　南无琉璃藏上勝佛
南无普切德奮迅佛　南无善清淨切德寶王佛
南无寶光明清淨心勝佛　南无波頭摩上奮迅勝佛
南无勝月佛　南无金上勝佛
南无波頭摩上佛　南无寶成就勝佛
南无電光幢王佛　南无電光明高王佛
南无多羅王佛　南无妙勝佛

南无勝月佛　南无波頭摩上奮迅勝佛
南无波頭摩上佛　南无寶成就勝佛
南无電光幢王佛　南无電光明高王佛
南无多羅王佛　南无妙勝佛
南无虛空然燈佛　南无成就一切功德佛
南无賢高幢王佛
從此以上五千八百佛十二部經一切賢聖
南无住持一切寶間錯莊嚴佛
南无寶光明莊嚴智威德聲自在王佛
南无俱須摩火奮迅通佛
南无數華波羅王佛　南无月輪清淨佛
南无善寂智月聲自在王佛
南无阿僧祇精進住勝佛
南无彼心炎佛　南无山切德幢王佛
南无法幢上佛　南无須弥山佛
南无切德師子自在佛
南无寂王佛　南无淨王佛
南无稱王佛　南无切德須弥勝佛
南无日佛　南无月面佛
南无離虛空畏佛　南无普光佛
南无方成佛　南无住海面佛
南无寶光佛　南无雲勝佛
南无法炎佛　南无山切德佛

南无離虛空畏佛　南无善光佛
南无方成佛　南无住海面佛
南无寶光佛　南无雲勝佛
南无法炎佛　南无山切德佛
南无華生佛　南无悲佛
南无法界華佛　南无華幢佛
南无王意佛　南无王慧佛
南无智慧佛　南无心義佛
南无自在佛　南无勝天意佛
南无速爲佛　南无光明幢勝佛
南无高威德去佛　南无華佛
南无寶炎佛　南无切德山佛
南无寶寶佛　南无切德海勝佛
南无法光明佛　南无華藏勝佛
南无世間月佛　南无眼目佛
南无香光佛　南无摩尼須弥勝佛
南无乾闥婆王佛　南无光明命佛
南无摩尼藏王佛　南无山威德慧佛
南无寄色去佛　南无面報佛
南无廣智佛　南无寶光明佛
南无虛空重勝佛　南无妙相光明佛
南无行佛　南无身自在佛
南无那羅延行佛　南无須弥勝佛

BD04095號　佛名經（十六卷本）卷七　（34–10）

南无廣智佛　南无寶光明佛
南无虛空重勝佛　南无妙相光明佛
南无行佛　南无身自在佛
南无那羅延行佛　南无須弥勝佛
南无切德轉輪佛　南无山王佛
南无不可勝佛　南无快威德佛
南无樹山佛　南无娑羅王山藏佛
南无世自在身佛　南无鏡光佛
南无寶起佛　南无自在勝佛
南无切德光佛　南无地威德勝佛
南无身法光明佛　南无勝王佛
南无堅吼意佛　南无高幢勝佛
南无信意佛　南无寶光明佛
南无淨勝佛　南无虛空聲佛
南无法界鏡像勝佛　南无照輪光明佛
次礼十二部經大藏法輪
南无那賴經　南无解日溢神呪經
南无耶業自法經　南无八關齋經
南无八陽神呪經　南无部佛名經
南无和利長者所問經　南无佛心總持經
南无降桒魔菩薩經　南无難日經
南无釋魔男經　南无度讓法經
南无分別經　南无相國阿羅訶公經

BD04095號　佛名經（十六卷本）卷七　（34–11）

南无利利長老所問經　南无佛心梵經
南无降棄魔菩薩經　南无難日經
南无釋魔男經　南无度讓法經
南无分別經　南无相國阿羅訶公經
從此以上五千九百佛十二部經一切賢聖
南无呪時氣病經　南无迦栴延无常經
南无施色力經　南无呪水經
南无呪小兒病經　南无馬有八態經
南无悔過經　南无三十七品經
南无長者子奈意經　南无現凶万字經
南无九十六種道神呪經
南无稱揚諸佛功德經
南无普明王經　南无木叉經
南无大方便經　南无三法度經
南无菩薩藏經　南无无垢施經
南无難陁女經　南无毗婆沙經
南无法王經　南无自覆經
次礼十方諸大菩薩
南无不瞬菩薩　南无无言菩薩
南无寶勝菩薩　南无寶心菩薩
南无善思議菩薩　南无摩居髭菩薩
南无莊嚴王菩薩　南无國土莊嚴菩薩
南无因陁羅網菩薩　南无天山菩薩
南无善眼菩薩　南无住持世間才菩薩

BD04095號　佛名經（十六卷本）卷七　（34–12）

南无善思議菩薩　南无摩居髭菩薩
南无莊嚴王菩薩　南无國土莊嚴菩薩
南无因陁羅網菩薩　南无天山菩薩
南无善眼菩薩　南无住持世間才菩薩
南无大將菩薩　南无寂意菩薩
南无速行菩薩　南无善辯菩薩
南无山峯菩薩　南无曇无竭菩薩
南无勝頻菩薩　南无莊嚴相星宿山王菩薩
南无樂說无滯菩薩　南无无垢智菩薩
南无婆伽羅菩薩　南无斷一切憂菩薩
南无地藏菩薩　南无善現菩薩
南无發行成就菩薩　南无除汙菩薩
南无清淨三輪菩薩　南无寂靜心菩薩
南无无邊功德菩薩　南无虛空平等智菩薩
南无波頭摩眼菩薩　南无金剛幢菩薩
次礼聲聞緣覺一切賢聖
南无直福德辟支佛　南无識辟支佛
南无香辟支佛　南无有香辟支佛
南无見人飛騰辟支佛　南无可波羅辟支佛
南无蓁摩利辟支佛　南无月淨辟支佛
南无善智辟支佛　南无脩陁羅辟支佛
礼三寶已次復懺悔
已懺三障等報今當復次稽娑懺悔人

BD04095號　佛名經（十六卷本）卷七　（34–13）

南无秦摩利辟支佛　南无月淨辟支佛
南无善智辟支佛　南无脩陀羅辟支佛
礼三寶已次復懺悔
已懺三塗等報今當復次稽顙懺悔人
天餘報相與稟此閻浮壽命雖曰百年滿
者无幾於其中間感年夭枉其數无量但
有衆苦煎迫形心愁憂恐怯未曾暫離如
此皆是善根微弱惡業滋多致使現在心
有所為皆不稱意當知悉是過去已來惡
業餘報是故弟子今日至誠歸依佛
南无東方蓮華上佛　南无南方調伏佛
南无西方无量明佛　南无北方勝諸根佛
南无東南方蓮華尊佛　南无西南方无量華佛
南无西北方自在智佛　南无東北方赤蓮華花德佛
南无下方　别　佛　南无上方伏怨智佛
如是十方盡虛空界一切三寶
弟子等无始以來至於今日所有現在及以
未來人天之中无量餘報流殃宿對隆殘
百疾六根不具罪報懺悔人間邊地耶見
三惡八難罪報懺悔人間多病消瘦促命
夭枉罪報懺悔人間六親眷屬不能得常
相保守罪報懺悔人間親友彫喪愛别離
苦罪報懺悔人間怨家聚會愁憂怖畏罪
報懺悔人間水火盜賊刀兵危險驚恐怯

BD04095號　佛名經（十六卷本）卷七　（34–14）

三惡八難罪報懺悔人間多病消瘦促命
夭枉罪報懺悔人間六親眷屬不能得常
相保守罪報懺悔人間親友彫喪愛别離
苦罪報懺悔人間怨家聚會愁憂怖畏罪
報懺悔人間水火盜賊刀兵危險驚恐怯
弱罪報懺悔人間孤獨困苦流離波迸亡
失國土罪報懺悔人間牢獄繫閉幽執側立
鞭撻栲楚罪報懺悔人間公私口舌更相羅
涤更相誣謗罪報懺悔人間惡病連年累
月不差枕卧床席不能起居罪報懺悔人
間冬溫夏疫毒厲傷寒罪報懺悔人間
賊風腫滿否塞罪報懺悔人間為諸惡神
祠求其便欲作禍崇罪報懺悔人間有鳥
鳴百怪飛屍邪鬼為作妖異罪報懺悔人
間為虎豹豺狼水陸一切諸惡禽獸所
傷罪報懺悔人間自經自刺自煞罪報懺
悔人間投坑赴火自沉自墜罪報懺悔人
間无有威德名聞罪報懺悔人間衣服資
生不稱心罪報懺悔人間行來出入有所
去為值惡知識為作留難罪報如是現在
未來人天之中无量禍横灾疾難衰惱罪
報弟子今日向十方佛尊法聖僧求哀懺悔
南无方差别佛　南无智无明佛
南无憧意　佛　南无虛空燃燈佛

BD04095號　佛名經（十六卷本）卷七　（34–15）

未來人天之中无量禍橫災疫難衰惱罪
報弟子今日向十方佛尊法聖僧求哀懺悔
南无方差別佛　南无智无明佛
南无幢意佛　南无虛空燃燈佛
南无无病勝佛　南无照佛
南无明佛　南无福德光勝佛
南无齊勝佛　南无大悲雲勝佛
南无刀光明意佛　南无現一切眾生色佛
南无過勝佛　南无脩光明佛
南无曇无竭佛　南无風疾行勝佛
南无清淨幢佛　南无妙蓋勝佛
南无三世鏡像勝佛　南无鏡像堅佛
南无鏡像勝佛　南无金剛勝佛
南无身堅莊嚴須彌勝佛
從此以上六千佛十二部經一切賢聖
南无念幢王佛　南无身法慧佛
南无智慧然燈光明勝佛　南无廣智勝佛
南无法行世智意佛
南无法行意智勝佛　南无法海意智勝佛
南无法財佛　南无寶財佛
南无福德功德佛　南无轉法輪勝佛
南无雲佛　南无忍辱燈佛
南无勝威德意佛　南无光明速齊聲佛

南无法財佛　南无寶財佛
南无福德功德佛　南无轉法輪勝佛
南无雲佛　南无忍辱燈佛
南无勝威德意佛　南无光明速齊聲佛
南无大願速勝佛　南无不可降伏幢佛
南无智炎佛　南无成就勝佛
南无法自在佛　南无不成就意佛
南无世間言語堅固聲光佛
南无一切聲出聲勝佛
南无自在功德佛　南无成就自在意佛
南无方天佛　南无不面捨佛
南无眾生心佛　南无平等身佛
南无自性佛　南无行勝佛
南无智光佛　南无千億寶莊嚴佛
南无寶勝佛　南无住王佛
南无寶積佛　南无香自在佛
南无降伏惡佛　南无安隱佛
南无能興依心佛　南无无邊威德佛
南无金色光佛　南无師子奮迅佛
南无甘露光佛　南无能聖成佛
南无善光佛　南无功德勝積王佛
南无善住摩尼積王佛　南无遠離諸畏樹安隱佛
南无飲甘露佛　南无无邊光佛

南无金色光佛　南无師子奮迅佛
南无甘露光佛　南无能聖成佛
南无普光佛　南无切德勝積王佛
南无善住摩尼積王佛　南无遠離諸畏樹安隱佛
南无飲甘露佛　南无无邊光佛
南无寶高佛　南无无邊莊嚴王佛
南无離恐佛　南无金色光佛
南无寶作佛　南无无塵勝佛
南无師子奮王佛　南无寶幢佛
南无善心佛　南无高住佛
南无華王佛　南无智作佛
南无海智佛　南无歡喜佛
南无樂莊嚴佛　南无離闇佛
南无堅成佛　南无見細佛
南无无畏德佛　南无空上佛
南无寶語佛　南无彌上佛
南无擇智佛　南无不行威德佛
南无人華佛　南无遠離諸畏佛
南无能與无畏佛　南无金華佛
南无无畏作佛　南无不空見佛
南无寶華佛　南无六十寶作佛
南无寶積佛　南无金華佛
南无降伏王佛　南无金光佛
南无見義佛　南无大擇佛

BD04095號　佛名經（十六卷本）卷七　（34–18）

南无无畏作佛　南无不空見佛
南无寶華佛　南无六十寶作佛
南无寶積佛　南无金華佛
南无降伏王佛　南无金光佛
南无見義佛　南无大擇佛
南无妙无畏佛　南无大慈佛
南无不可降伏王佛　南无難勝佛
南无上首佛　南无法上佛
南无勝一切佛　南无高行佛
南无高勝佛　南无勝聖佛
從此以上六千一百佛十二部經一切賢聖
南无星宿佛　南无識佛
南无齋佛　南无聞名佛
南无大悲說佛　南无无量壽佛
南无无邊蓋光明勝佛　南无山積光明勝佛
南无无垢力三昧奮迅勝佛
南无一切德王光明佛
南无大衆佛　南无須弥劫佛
南无堅自在王佛　南无梵吼聲佛
南无弥樓聚佛　南无善眼佛
南无成就聚佛　南无離愚奮迅佛
南无无哥眼佛　南无寶幢佛
南无釋迦牟尼佛　南无切德勝藏佛
南无[illegible]離[illegible]佛　南无樂說莊嚴佛

BD04095號　佛名經（十六卷本）卷七　（34–19）

南无弥樓聚佛　南无善眼佛
南无成就聚佛　南无離愚奮迅佛
南无无量眼佛　南无寶幢佛
南无釋迦牟尼佛　南无切德勝藏佛
南无難勝佛　南无樂說莊嚴佛
南无勝藏積吼王佛
南无无邊切德寶莊嚴威德王劫佛
南无切德寶勝威德王劫佛
南无樂說一切法莊嚴勝佛
南无无邊樂說相佛　南无千雲吼聲王佛
南无金上光明勝佛　南无種種威德王光明勝佛
南无覺佛　南无清淨金華虛空吼嚴光明佛
南无一切法行威德奮迅光明佛
南无東方无邊切德寶福德莊嚴廣世界
无垢清淨光明菩提分俱蘊摩不斷絕
光明莊嚴光佛
南无南方樂說佛世界无邊切德寶樂說佛
南无西方光明世界普光佛
南无北方一切寶種種莊嚴世界无邊寶
切德自在佛
南无東南方无憂世界離一切憂闇佛
南无西南方善可見世界大悲觀一切衆生佛
南无東北方住清淨无垢世界虛空无垢佛

切德自在佛
南无東南方无憂世界離一切憂闇佛
南无西南方善可見世界大悲觀一切衆生佛
南无東北方住清淨无垢世界虛空无垢佛
南无西北方遠離闇世界光明莊嚴王佛
南无下方盧舍那光明世界寶憂波羅勝佛
南无上方莊嚴世界稱名聲佛
南无无垢劫无垢世界无垢光如來初成佛
彼世界塵沙諸佛出世
南无无垢廣世界名成就善就劫勝讚如来
初成佛彼世界塵沙諸佛出世
南无東方阿閦佛　南无火不迷佛
南无香王佛　南无香上佛
南无南方寶佛　南无寶作佛
南无寶成佛　南无寶藏佛
南无寶月佛　南无金剛堅佛
南无金剛仙佛　南无金剛幢佛
南无東南方大弥留佛　南无弥留山佛
南无弥留王佛　南无弥留幢佛
南无弥留積佛　南无善弥留王佛
南无日藏佛　南无前後上佛
南无淨王佛　南无雞中幢王佛
南无大雞中佛　南无西方阿弥陁佛

南无弥留積佛　南无善弥留王佛
南无日藏佛　南无前後上佛
南无淨王佛　南无鷄中幢王佛
南无大雞中佛　南无西方阿弥陁佛
南无阿弥陁幢佛　南无阿弥陁聲佛
南无阿弥陁稱佛　南无阿弥陁吼佛
南无阿弥陁稱佛　南无阿弥陁勝上佛
南无阿弥陁師子佛　南无阿弥陁住持佛
南无阿弥陁勝佛　南无西南方日藏佛
南无日光勝佛　南无无憂佛
南无離一切畏佛　南无佛智清淨業佛
南无盡作佛　南无華佛
南无大華佛　南无華王佛
南无華聲佛　南无盧舍那佛
南无北方妙鼓聲佛　南无妙鼓王佛
南无妙吼聲佛　南无離諸畏佛
南无无畏佛　南无无畏憂佛
南无日香光明作佛　南无蔓陁香佛
南无幢蓋佛　南无西北方上前積佛
從此以上六千二百佛十二部經一切賢聖
南无山勝積佛　南无勝積佛
南无日上佛　南无清淨王佛
南无淨勝佛　南无日面佛
南无智幢王佛　南无光明佛

BD04095號　佛名經（十六卷本）卷七　（34–22）

從此以上六千二百佛十二部經一切賢聖
南无山勝積佛　南无勝積佛
南无日上佛　南无清淨王佛
南无淨勝佛　南无日面佛
南无智幢王佛　南无光明佛
南无光明王佛　南无光明光佛
南无上方師子佛　南无師子王佛
南无師子上王佛　南无師子積佛
南无師子仙佛　南无仙王佛
南无仙佛　南无仙光佛
南无仙捨敬佛　南无仙仙覺佛
南无大燈佛　南无然燈王佛
南无樂説山佛　南无燈譬喻佛
南无對治仙佛　南无覺諍佛
南无對治佛　南无對恨佛
南无對治山佛　南无愛然燈佛
南无依山佛　南无東方阿閦佛
南无弥留幢佛　南无大弥留佛
南无弥留光佛　南无真聲佛
南无南方日月燈佛　南无大火聚佛
南无稱光佛　南无弥留燈佛
南无无邊精進佛　南无西方阿弥陁佛
南无阿弥陁幢佛　南无阿弥陁高佛

BD04095號　佛名經（十六卷本）卷七　（34–23）

南无南方日月燈佛　南无大火聚佛
南无稱光佛　南无弥留燈佛
南无无邊精進佛　南无西方阿弥陁佛
南无阿弥陁幢佛　南无阿弥陁高佛
南无大火光明佛　南无大照佛
南无寶幢佛　南无香聚佛
南无上方大光炎聚佛　南无火聲佛
南无難勝氏佛　南无日氏就佛
南无羅網光佛　南无下方師子佛
南无稱佛　南无成德佛
南无法佛　南无法幢佛
南无法住持佛　南无東方梵聲佛
南无星宿王佛　南无香香佛
南无香光佛　南无大炎聚佛
南无種種華敷身佛　南无堅王佛
南无寶蓮華勝佛　南无見一切義佛
南无須弥劫佛　南无聲吼佛
南无智自在佛　南无威德自在佛
南无娑羅自在王佛　南无智勇猛佛
南无光自在佛　南无堅自在王佛
南无聲德佛　南无師子奮迅踊佛
南无須弥山然燈王佛　南无香山佛
南无不可動佛　南无藥王佛

BD04095號　佛名經（十六卷本）卷七　（34–24）

南无光自在佛　南无堅自在王佛
南无聲德佛　南无師子奮迅踊佛
南无須弥山然燈王佛　南无香山佛
南无不可動佛　南无藥王佛
南无尋光佛　南无大炎香佛
南无勝藏佛　南无无心光明佛
南无毗留難佛　南无蓮華佛
南无喜聚佛　南无旃檀佛
南无月光佛　南无鶖怖幢佛
南无火脩行佛　南无波頭摩生佛
南无月勝佛　南无娑羅集佛
南无大娑羅集佛　南无幢佛
南无淨命佛　南无金臺佛
從此以上六千三百佛十二部經一切賢聖
南无愛見佛　南无金色色佛
南无須摩那光佛
南无妙蓮華劫億那由他百千万佛同名一
切菩提華佛
南无七百同名光莊嚴佛　南无三百同名大幢佛
南无十千同名莊嚴王佛　南无善發勝佛
南无日輪光明佛　南无善蓋佛
南无三昧奮迅佛　南无寶華勝佛
南无无邊足步佛　南无善香香王佛

BD04095號　佛名經（十六卷本）卷七　（34–25）

南无須摩那光佛
南无妙蓮華劫億那由他百千万佛同名一
切菩提華佛
南无七百同名光莊嚴佛　南无三百同名大幢佛
南无十千同名莊嚴王佛　南无善發勝佛
南无日輪光明佛　南无普蓋佛
南无三昧奮迅佛　南无寶華勝佛
南无邊足步佛　南无善香香王佛
南无善擇歒佛　南无須弥劫佛
南无功德王光明佛　南无普至光佛
南无金剛佛　南无屋弥佛
南无不可盡世界一色佛
南无袈裟幢世界山自在王佛
南无堅幢世界智勝山王佛
南无一切香舉世界勝華藏佛
南无金剛摩尼世界金剛藏光明勝佛
南无智成就世界智幢佛
南无意味世界普照佛
南无波頭摩首世界佛勝佛
南无鏡輪世界金剛幢佛
南无光明清淨力世界日藏佛
南无安樂世界眾力佛
南无阿閦佛　南无寶幢佛
南无无量光佛　南无妙聲佛

南无光明清淨力世界日藏佛
南无安樂世界眾力佛　南无寶幢佛
南无阿閦佛　南无寶幢佛
南无无量光佛　南无妙聲佛
南无寶俱蘇摩功德海瑠璃歌那加山
真金光明勝佛
南无釋迦牟尼佛　南无寶炎佛
次礼十二部尊經大藏法輪
南无明月童子三昧經　南无楝狗經
南无本行經　南无迦葉赤經
南无阿含口解經　南无迦籍偈經
南无迦葉本經　南无般若道行經
南无興顯經　南无多三昧經
南无人所從來如幻經　南无阿須輪子婆羅門經
南无殖眾德本經　南无阿惟越致遮經
南无進學經　南无菩薩法齋經
南无悲心邑經　南无菩薩道地經
南无阿毗曇七經　南无凡人三事愚癡不足經
南无惟羅菩薩經　南无五十校計經
南无為身无反復經　南无惟留經
南无五陰事經　南无難阿含丹章經
南无慧經　南无五母子經
南无發意決疑經　南无慧上菩薩經
次礼十方諸大菩薩

南无五陰事經 南无雜阿含丹章經
南无慧經 南无五母子經
南无發意决疑經 南无慧上菩薩經
次礼十方諸大菩薩
南无波頭摩華嚴菩薩 南无寶莊嚴菩薩
南无寶路菩薩 南无切德王慧菩薩
南无莊嚴王菩薩 南无斷諸嚴王菩薩
南无滌聲菩薩
南无妙鼓聲菩薩 南无尼民陁羅菩薩
南无大自在菩薩 南无諸切德身菩薩
南无光明意菩薩 南无善見菩薩
南无不取諸法菩薩 南无轉女根菩薩
南无思惟大悲菩薩 南无寶蓋山菩薩
南无雲山吼聲菩薩 南无羅網莊嚴菩薩
南无寶藏菩薩 南无法雞兜菩薩
次礼聲聞緣覺一切賢聖
南无善法辟支佛 南无應求辟支佛
南无騎求辟支佛 南无大勢辟支佛
南无脩行不著辟支佛 南无難捨辟支佛
南无歡喜辟支佛 南无喜辟支佛
南无隨喜辟支佛 南无十二婆羅墮辟支佛
從此以上六千四百佛十二部經一切賢聖
礼三寶已次復懺悔夫欲礼懺必須先敬
三寶所以然者三寶即是一切衆生良友

BD04095號　佛名經（十六卷本）卷七　（34–28）

南无歡喜辟支佛 南无喜辟支佛
南无隨喜辟支佛 南无十二婆羅墮辟支佛
從此以上六千四百佛十二部經一切賢聖
礼三寶已次復懺悔夫欲礼懺必須先敬
三寶所以然者三寶即是一切衆生良友
福田若能歸向者則滅无量罪長无量福能
令行者離生死苦得解脫樂是故
弟子某甲等歸依十方盡虛空界一切諸
佛歸依十方盡虛空界一切尊法歸依十
方盡虛空界一切聖僧弟子今日所以懺
悔者正言无始以來在凡夫地不問貴賤
罪自无量或因三業而生罪或從六根而起
過或以内心自耶思惟或藉外境起於染
著如是乃至十惡增長八万四千諸塵勞門
然其罪相雖復无量大而爲語不出有三
何等爲三一者煩惱二者是業三者是果
報此三種法能障聖道及以人天勝妙好
事是故經中目爲三障所以諸佛菩薩教
作方便懺悔除滅此三障者則六根十惡
乃至八万四千諸塵勞門皆悉清淨是故（流）
弟子今日運此增上勝心懺悔三障欲此
三罪者當用何等心可令此罪滅先當
興七種心以爲方便然後此罪乃可得滅

BD04095號　佛名經（十六卷本）卷七　（34–29）

乃至八万四千諸塵勞門皆悉清淨是故
弟子今日運此增上勝心懺悔三障欲滅此
三罪者當用何等心可令此罪滅先當
興七種心以為方便然後此罪乃可得滅
何等為七一者慚愧二者恐怖三者猒
離四者發菩提心五者怨親平等六者
念報佛恩七者觀罪性空
第一慚愧者自惟我與釋迦如來同為凡
夫而今世尊成道以來已經介所塵沙劫
數而我等相與耽染六塵流浪生死永
无出期此實天下可慙可愧可羞可恥
第二恐怖者既是凡夫身口意業常與罪
相應以是因緣命終之後應墮地獄畜生餓
鬼受无量苦如此實為可驚可恐可怖可懼
第三猒離者相與當觀生死之中唯有无
常苦空无我不淨虛假如水上泡速起速
滅往來流轉猶若車輪生老病死八苦交
煎无時暫息衆等相與但觀自身從頭至
足其中但有卅六物髮毛爪齒眵淚涕唾
生熟二藏大腸小腸脾腎心肺肝膽胂胃
肪膏腦膜筋脉骨髓大小便利九孔常
流是故經言此身苦所集一切皆不淨何
有智慧者而當樂此身生死既有如此種

生熟二藏大腸小腸脾腎心肺肝膽胂胃
肪膏腦膜筋脉骨髓大小便利九孔常
流是故經言此身苦所集一切皆不淨何
有智慧者而當樂此身生死既有如此種
種惡法甚可患猒
第四發菩提心者經言當樂佛身佛身者
即法身也從无量功德智慧生從六波羅
蜜生從慈悲喜捨生從卅七助菩提法生
從如是等種種功德智慧生如來身欲得
此身者當發菩提心求一切種智常樂我淨
薩波若果淨佛國土成就衆生於身命
財无所悋惜
第五怨親平等者於一切衆生起慈悲心
无彼我想何以故介若見怨異親即是分別
以分別故起諸想着想着因緣生諸煩惱煩
惱因緣造諸惡業惡業因緣故得苦果
第六念報佛恩者如來往昔无量劫中捨
頭目髓腦支節手足國城妻子象馬七珎
為我等故脩諸苦行此恩此德實難酬報
是故經言若以頂戴兩肩荷負於恒沙劫
亦不能報我等欲報如來恩者當於此世
勇猛精進捍勞忍苦不惜身命建立三
寶弘通大乘廣化衆生同入正道

是故經言若以頂戴兩肩荷負於恒沙劫
亦不能報我等欲報如來恩者當於此世
勇猛精進捍勞忍苦不惜身命速立三
寶弘通大乘廣化衆生同入正道
第七觀罪性空者无有實相從因緣生
顛倒而有既從因緣而生則可從因緣而滅
從因緣而生者狎近惡友造作无端從因緣
而滅者即是今日洗心懺悔是故經言此罪相
不在内不在外不在中間故知此罪從本是
空生如是等七種心已緣想十方諸佛賢聖
擎拳合掌披陳至到慚愧改革舒歷心肝洗
蕩腸胃如此懺悔亦何罪而不滅亦何障而不
消若復正尒悠悠緩縱情慮徒自勞形於事
何益且復人命无常喻如轉燭一息不還便向
灰壤三塗苦報即身應受不可以錢財寶貨
囑託求脫窈窈冥冥恩赦无期獨嬰此苦无
代受者莫言我今生中无有此罪所以不能墾
到懺悔經中道言凡夫之人舉足動步无非是
罪又復過去生中皆悉成就无量惡業追逐
行者如影隨形若不懺悔罪惡日深故苞藏瑕
疵佛教不許說悔先罪淨名所尚故知長淪
苦海寔由隱覆是故弟子今日發露懺悔不
敢覆藏所言三障者一日煩惱二名為業三是
果報此三種法更相由藉因煩惱故以起惡業

BD04095 號　佛名經（十六卷本）卷七　（34–32）

疵佛教不許說悔先罪淨名所尚故知長淪
苦海寔由隱覆是故弟子今日發露懺悔不
敢覆藏所言三障者一日煩惱二名為業三是
果報此三種法更相由藉因煩惱故以起惡業
因惡業故得苦果是故弟子今日至心第一先
應懺悔煩惱障又此煩惱諸佛菩薩入理
聖人種種訶責亦謂此煩惱以為怨家何以
故能斷衆生慧命根故亦謂此煩惱以之為
賊能劫衆生諸善法故謂此煩惱以為瀑河
能漂衆生入於生死大苦海故亦因此煩惱
以為羈鎖能繫衆生於生死獄不能得出故
所以六道牽連死生不絕惡業无窮苦果不
息當知皆是煩惱過患是故弟子今日運此增
上善心歸依佛
南无東方善德佛　南无南方寶相佛
南无西方善光佛　南无北方相德佛
南无東南方網明佛　南无西南方上智佛
南无西北方華德佛　南无東北方明智佛
南无上方香積佛　南无下方明德佛
如是十方盡虛空界一切三寶
弟子從无始以來至於今日或在人天六道受
報有此心識常懷愚惑繁滿胷衿或因三毒
根造一切罪或因三漏造一切罪或因三覺造
一切罪或因三受造一切罪或因三苦造一切罪

BD04095 號　佛名經（十六卷本）卷七　（34–33）

所以六道牽連死生不絶惡業无窮苦果不
息當知皆是煩惱過患是故弟子今日運此增
上善心歸依佛
南无東方善德佛　南无南方寶相佛
南无西方善光佛　南无北方相德佛
南无東南方綱明佛　南无西南方上智佛
南无西北方華德佛　南无東北方明智佛
南无上方香積佛　南无下方明德佛
如是十方盡虛空界一切三寶
弟子從无始以來至於今日或在人天六道受
報有此心識常懷愚惑繁滿胷衿或因三毒
根造一切罪或因三漏造一切罪或因三覺造
一切罪或因三受造一切罪或因三苦造一切罪
或因三假造一切罪或貪三有造一切罪如是等
罪无量无邊惱亂一切六道四生今日慚愧
皆悉懺悔

BD04095號　佛名經（十六卷本）卷七　（34–34）

則是非相是故如來說名實相世
聞如是經典信解受持不足為難若當來世
後五百歲其有衆生得聞是經信解受持是
人則為第一希有何以故此人无我相人相
衆生相壽者相所以者何我相即是非相人
相衆生相壽者相即是非相何以故離一切
諸相則名諸佛
佛告須菩提如是如是若復有人得聞是經
不驚不怖不畏當知是人甚為希有何以故
須菩提如來說第一波羅蜜非第一波羅蜜
是名第一波羅蜜
須菩提忍辱波羅蜜如來說非忍辱波羅蜜
何以故須菩提如我昔為歌利王割截身體
我於尒時无我相无人相无衆生相无壽者
相何以故我於往昔節節支解時若有我相
人相衆生相壽者相應生瞋恨須菩提又念

BD04096號　金剛般若波羅蜜經　（5–1）

何以故須菩提如我昔為歌利王割截身體
我於尒時无我相无人相无衆生相无壽者
相何以故我於往昔節節支解時若有我相
人相衆生相壽者相應生瞋恨須菩提又念
過去於五百世作忍辱仙人於尒所世无我
相无人相无衆生相无壽者相是故須菩提
菩薩應離一切相發阿耨多羅三藐三菩提
心不應住色生心不應住聲香味觸法生心
應生无所住心若心有住則為非住是故佛
說菩薩心不應住色布施須菩提菩薩為
利益一切衆生應如是布施如來說一切諸
相即是非相又說一切衆生則非衆生
須菩提如來是真語者實語者如語者不
誑語者不異語者須菩提如來所得法此
法无實无虛
須菩提若菩薩心住於法而行布施如人入
闇則无所見若菩薩心不住法而行布施如
人有目日光明照見種種色
須菩提當來之世若有善男子善女人能於此
經受持讀誦則為如來以佛智慧悉知是人
悉見是人皆得成就无量无邊功德
須菩提若有善男子善女人初日分以恒河
沙等身布施中日分復以恒河沙等身布
施後日分亦以恒河沙等身布施如是无量
百千万億劫以身布施若復有人聞此經典信

BD04096 號　金剛般若波羅蜜經　（5–2）

沙等身布施中日分復以恒河沙等身布
施後日分亦以恒河沙等身布施如是无量
百千万億劫以身布施若復有人聞此經典信
心不逆其福勝彼何況書寫受持讀誦為
人解說
須菩提以要言之是經有不可思議不可稱
量无邊功德如來為發大乘者說為發最
上乘者說若有人能受持讀誦廣為人說
如來悉知是人悉見是人皆得成就不可量不可
稱无有邊不可思議功德如是人等則為荷
擔如來阿耨多羅三藐三菩提何以故須菩提
若樂小法者著我見人見衆生見壽者見
則於此經不能聽受讀誦為人解說須菩提
在在處處若有此經一切世間天人阿脩羅
所應供養當知此處則為是塔皆應恭敬作
礼圍遶以諸華香而散其處
復次須菩提善男子善女人受持讀誦此經
若為人輕賤是人先世罪業應墮惡道以今
世人輕賤故先世罪業則為消滅當得阿耨
多羅三藐三菩提須菩提我念過去无量阿
僧祇劫於然燈佛前得值八百四千万億那
由他諸佛悉皆供養承事无空過者若復有
人於後末世能受持讀誦此經所得功德於
我所供養諸佛功德百分不及一千万億分
乃至筭數譬喻所不能及須菩提若善男

BD04096 號　金剛般若波羅蜜經　（5–3）

由他諸佛悉皆供養承事无空過者若復有
人於後末世能受持讀誦此經所得功德於
我所供養諸佛功德百分不及一千万億分
乃至筭數譬喻所不能及須菩提若善男
子善女人於後末世有受持讀誦此經所得功
德我若具說者或有人聞心則狂亂狐疑不
信須菩提當知是經義不可思議果報亦不
可思議
尒時須菩提白佛言世尊善男子善女人發
阿耨多羅三藐三菩提心云何應住云何降
伏其心佛告須菩提善男子善女人發阿耨
多羅三藐三菩提者當生如是心我應滅度
一切衆生滅度一切衆生已而无有一衆生
實滅度者何以故若菩薩有我相人相衆生
相壽者相則非菩薩所以者何須菩提實无
有法發阿耨多羅三藐三菩提者
須菩提於意云何如來於然燈佛所有法得
阿耨多羅三藐三菩提不不也世尊如我解
佛所說義佛於然燈所无有法得阿耨多
羅三藐三菩提佛言如是如是須菩提實无
有法如來得阿耨多羅三藐三菩提須菩提
若有法如來得阿耨多羅三藐三菩提者然燈
佛則不與我受記汝於來世當得作佛号釋
迦牟尼以實无有法得阿耨多羅三藐三菩
提是故然燈佛與我受記作是言汝於來世當

BD04096 號　金剛般若波羅蜜經　（5–4）

一切衆生滅度一切衆生已而无有一衆生
實滅度者何以故若菩薩有我相人相衆生
相壽者相則非菩薩所以者何須菩提實无
有法發阿耨多羅三藐三菩提者
須菩提於意云何如來於然燈佛所有法得
阿耨多羅三藐三菩提不不也世尊如我解
佛所說義佛於然燈所无有法得阿耨多
羅三藐三菩提佛言如是如是須菩提實无
有法如來得阿耨多羅三藐三菩提須菩提
若有法如來得阿耨多羅三藐三菩提者然燈
佛則不與我受記汝於來世當得作佛号釋
迦牟尼以實无有法得阿耨多羅三藐三菩
提是故然燈佛與我受記作是言汝於來世當
得作佛号釋迦牟尼何以故如來者即諸
法如義若有人言如來得阿耨多羅三藐三
菩提須菩提實无有法佛得阿耨多羅三藐
三菩提須菩提如來所得阿耨多羅三藐三
菩提於是中无實无虛是故如來說一切法
皆是佛法須菩提所言一切法者即非一切
故名一切法

BD04096 號　金剛般若波羅蜜經　（5–5）

則不可示尒時思益梵天謂文
不為衆生演說法乎文殊師利
言是法性中有二相耶梵天言无也文殊
言一切法不入法性耶梵天言然文殊師利言
法性是不二相一切法入法性中云何
衆生說法梵天言頗有說法亦无二
文殊師利言若決定得說者聽者可有諍
亦无有二文殊師利如來不說法耶文殊師
利言佛雖說法不以二相何以故如來性无
二故雖有所說而无二也梵天言若一切法无
二其誰為二文殊師利言凡夫貪著我故
分別二耳不二法者終不為二雖種種分別為
二然其實際无有二相梵天言云何識无二法
文殊師利言若无二可識則非无二所以者
何无二相者不可識也梵天二即是識業不
可識法佛所說也是法不二如所說何以故
是法无文字故文殊師利佛說法終何所

BD04097號　思益梵天所問經（異卷）卷三　（26–1）

二然其實際无有二相梵天言云何識无二法
文殊師利言若无二可識則非无二所以者
何无二相者不可識也梵天二即是識業不
可識法佛所說也是法不二如所說何以故
是法无文字故文殊師利佛說法終何所
至文殊師利言如來說法至无所至梵天言
佛所說法不至泥縣耶文殊師利言泥縣可
得至耶梵天言泥縣无來處无至處文殊
師利言如是佛所說法至无所至梵天言是
法誰聽荅言如所說法梵天言云何如所說荅
言如不識不聞梵天言誰能聽如來如是
法荅言不漏六塵者梵天誰能如是法荅
言无識无分別无諍訟者梵天言云何比丘
名多諍訟荅言是好是惡此名諍訟是理
是非理此名諍訟是垢是淨此名諍訟是善
是不善此名諍訟是戒是毀戒此名諍訟是應
作是不應作此名諍訟以是法得道以是法
得果此名諍訟梵天若於法中有高下心貪
著取受皆是諍訟佛所說法无有諍訟梵天
樂戲論者无不諍訟樂諍訟者无沙門法樂
沙門法者无有忘想貪著梵天言云何比丘
隨佛語隨佛教荅言若比丘稱讚毀辱其
心不動是名隨佛教若比丘不隨文字語言
是名隨佛語又比丘滅一切諸相是名隨佛教

BD04097號　思益梵天所問經（異卷）卷三　（26–2）

沙門法者无有忘想貪著梵天言云何比丘
隨佛語隨佛教答言若比丘稱讚毀辱其
心不動是名隨佛教若比丘不隨文字語言
是名隨佛語又比丘滅一切諸相是名隨佛教
不違於義是名隨佛語若比丘守護於法是
名隨佛教不逆佛語是名隨佛語梵天言云
何比丘能守護法答言若比丘不逆平等不
壞如法性是名能守護法梵天言云何比丘親
近於佛答言若比丘於諸法中不見有法若
近若遠是名親近於佛梵天言云何比丘給
侍於佛答言若比丘身口意无所作是名給
侍於佛梵天言誰能供養佛答言不起福業
不起无動業者梵天言誰能見佛答言若
不著肉眼不著天眼不著慧眼是能見佛梵
天言誰能見法答言不逆諸因緣法者梵天言
誰能順見諸因緣法答言不起平等不見
平等所生相者梵天言誰得真智答言不生
不滅諸漏者梵天誰能隨學如來答言不起
不憂不取不捨諸法者梵天言誰名正行答
言不隨三界者
梵天言誰為善人答言不受後身者梵天言
誰為樂人答言无我无我所者梵天言誰為
得脫答言不壞縛者梵天言誰為得度答言
不住生死不住湼槃者梵天言漏盡比丘盡起

BD04097號　思益梵天所問經（異卷）卷三　（26–3）

梵天言誰為善人答言不受後身者梵天言
誰為樂人答言无我无我所者梵天言誰為
得脫答言不壞縛者梵天言誰為得度答言
不住生死不住湼槃者梵天言漏盡比丘盡起
何事耶答言若有所盡不名漏盡知諸漏空
相隨如是知名為漏盡梵天言誰為實語答
言離諸言論者梵天言誰為入道答言凡夫
有入道聖行者知一切有為法无所從來无
所從去則无入道梵天言誰能見聖諦答言
无有見聖諦者所以者何隨所有見皆為取
若无所見者乃名見聖諦梵天言不見何法名
為見諦答言不見一切諸見為名見諦梵天
言是諦當於何求答言當於四顛倒中求梵
天言何故作是說答言求四顛倒不得淨不得
常不得樂不得我若不得淨是即不淨若
不得常是即无常若不得樂是即為苦若不
得我是即无我梵天言一切法空无我是為聖
諦若能如是求諦是人不見苦不斷集不證滅
不脩道梵天言云何為脩道答言若不分別
是法是非法離於二相名為脩道以是道求
一切法不得是名為道是道不令人離生死
至湼槃所以者何不離不至乃名聖道
尒時有摩訶羅梵天子名曰等行問文殊師
利何謂優婆塞歸依佛歸依法歸依僧答言
優婆塞不起二見不起我見不起不皮見不起

BD04097號　思益梵天所問經（異卷）卷三　（26–4）

至涅槃所以者何不離不出乃名聖道
尒時有摩訶羅梵天子名曰等行問文殊師
利何謂優婆塞歸依佛歸依法歸依僧荅言
優婆塞不起二見不起我見不起彼見不起
我見不起佛見不起我見不起法見不起我見
不起僧見是名歸依佛歸依法歸依僧又優婆
塞不以色見佛不以受想行識見佛是名
歸依佛優婆塞於法无所分別亦不行非
法是名歸依法若優婆塞不離有為法見无為
法不離无為法見有為法是名歸依僧又優
婆塞不得佛不得法不得僧是名歸依佛
歸依法歸依僧
尒時等行菩薩問文殊師利言是諸菩薩發
菩提心者為趣何所荅言趣於虛空所以者
何阿耨多羅三藐三菩提同虛空故等行言云
何菩薩名發阿耨多羅三藐三菩提心荅言
若菩薩知一切發非發一切法非法一切衆生
非衆生是名菩薩發阿耨多羅三藐三
菩提心
尒時等行菩薩白佛言世尊所言菩薩菩
薩者為何謂也佛言善男子若菩薩於邪定
衆生發大悲心於正定衆生不見殊異故言菩
薩所以者何菩薩不為正定衆生不為不定衆
生故發心但為度邪定衆生故而起大悲發
[illegible]

BD04097號　思益梵天所問經（異卷）卷三　（26–5）

薩者為何謂也佛言善男子若菩薩於邪定
衆生發大悲心於正定衆生不見殊異故言菩
薩所以者何菩薩不為正定衆生不為不定衆
生故發心但為度邪定衆生故而起大悲發
阿耨多羅三藐三菩提心故言菩薩尒時菩
提菩薩白佛言世尊我亦樂說所以為菩薩者
佛言便說菩薩菩薩言譬如善男子善丈
夫一日試无毀无缺若菩薩如是從初發心乃
至成佛於其中間常修淨行是名菩薩堅
意菩薩言若菩薩成就深固慈心是名菩
薩度衆生菩薩言譬如橋船度人不惓無
有分別若心如是是名菩薩斷惡道菩薩言
若菩薩於諸佛國隨足之處即時一切惡道皆
滅是名菩薩觀世音菩薩言若菩薩衆生見
者即時畢定於阿耨多羅三藐三菩提又稱其
名者得免衆苦是名菩薩得大勢菩薩言若菩薩
所投足處振動三千大千世界及魔宮殿是名
菩薩无疲惓菩薩言若恒河沙等劫為一日一
夜以是卅日為一月十二月為歲以是歲數若
過百千万億劫得值一佛如是於恒河沙等
佛所行諸梵行修集功德然後得受阿耨多
羅三藐三菩提記心不休息无有疲惓是名菩
薩導師菩薩言若菩薩於隨邪道衆生生
大悲心令入正道不求恩報是名菩薩須弥山
菩薩言若菩薩於一切法无所分別如須弥山

BD04097號　思益梵天所問經（異卷）卷三　（26–6）

佛所行諸隨行偹集功德然後得受阿耨多
羅三藐三菩提記心不休息无有疲惓是名菩
薩導師菩薩言若菩薩於隨邪道衆生生
大悲心令入正道不求恩報是名菩薩須弥山
菩薩言若菩薩於一切法无所分別如須弥山
一於衆色是名菩薩那羅延菩薩言若菩
薩不為一切煩惱所壞是名菩薩心力菩薩言
若菩薩以心思惟一切諸法无有錯謬是名
菩薩師子遊步自在王菩薩言若菩薩於諸
論中不怖不畏得滌法忍能使一切外道怖畏
是名菩薩不可思議菩薩言若菩薩知心相不
可思議无所思惟分別是名菩薩善觧天子言
若菩薩能於一切天宮中生而无所滌亦不得
是无滌之法是名菩薩實語菩薩言若菩
薩有所發言常以真實乃至夢中亦无妄語
是名菩薩喜見菩薩言若菩薩能見一切
色皆是佛色是名菩薩常憀菩薩言若菩
薩見隨生死衆生其心不樂世間諸樂自度
己身亦度衆生是名菩薩心无閡菩薩言若
菩薩於一切煩惱衆魔而不瞋閡是名菩薩
常喜根菩薩言若菩薩常以善根自滿其願
亦滿他願所作皆辦是名菩薩散疑女菩薩
言若菩薩於一切法中不生疑悔是名菩薩師
子幢女菩薩言若菩薩无男法无女法而現種
種色身為成就衆生故是名菩薩寶女菩薩
言若菩薩於諸寶中不生愛樂但樂三寶

BD04097號　思益梵天所問經（異卷）卷三　（26–7）

亦滿他願所作皆辦是名菩薩散疑女菩薩
言若菩薩於一切法中不生疑悔是名菩薩師
子幢女菩薩言若菩薩无男法无女法而現種
種色身為成就衆生故是名菩薩寶女菩薩
言若菩薩於諸寶中不生愛樂但樂三寶
是名菩薩毗舍佉優婆夷言若菩薩
有所得者則无菩提若不得一切法不生一
切法不滅一切法是名菩薩䟦陁婆羅賢士
言若菩薩衆生聞其名者必定於阿耨多
羅三藐三菩提是名菩薩寶月童子言若菩
薩常偹童子梵行乃至不以心念五欲何況身受
是名菩薩忉利天子曇陁羅華香菩薩言若
菩薩持戒薰心常流諸善法香不流餘香是
名菩薩作喜樂菩薩言若菩薩喜樂三法謂供
養佛演說於法教化衆生是名菩薩思益梵
天言若菩薩所見之法皆是佛法是名菩薩
彌勒菩薩言若菩薩衆生見者得慈心三
昧是名菩薩文殊師利法王子言若菩薩雖說
諸法而不起法相不起非法相是名菩薩
網明菩薩言若菩薩光明能滅一切衆生煩
惱是名菩薩普華菩薩言若菩薩見諸如來
滿十方世界如林華敷是名菩薩如是諸菩
薩各各隨所樂說已尒時佛告等行菩薩若
菩薩能一切衆生受諸苦惱亦復能捨一切
福事與諸衆生是名菩薩

BD04097號　思益梵天所問經（異卷）卷三　（26–8）

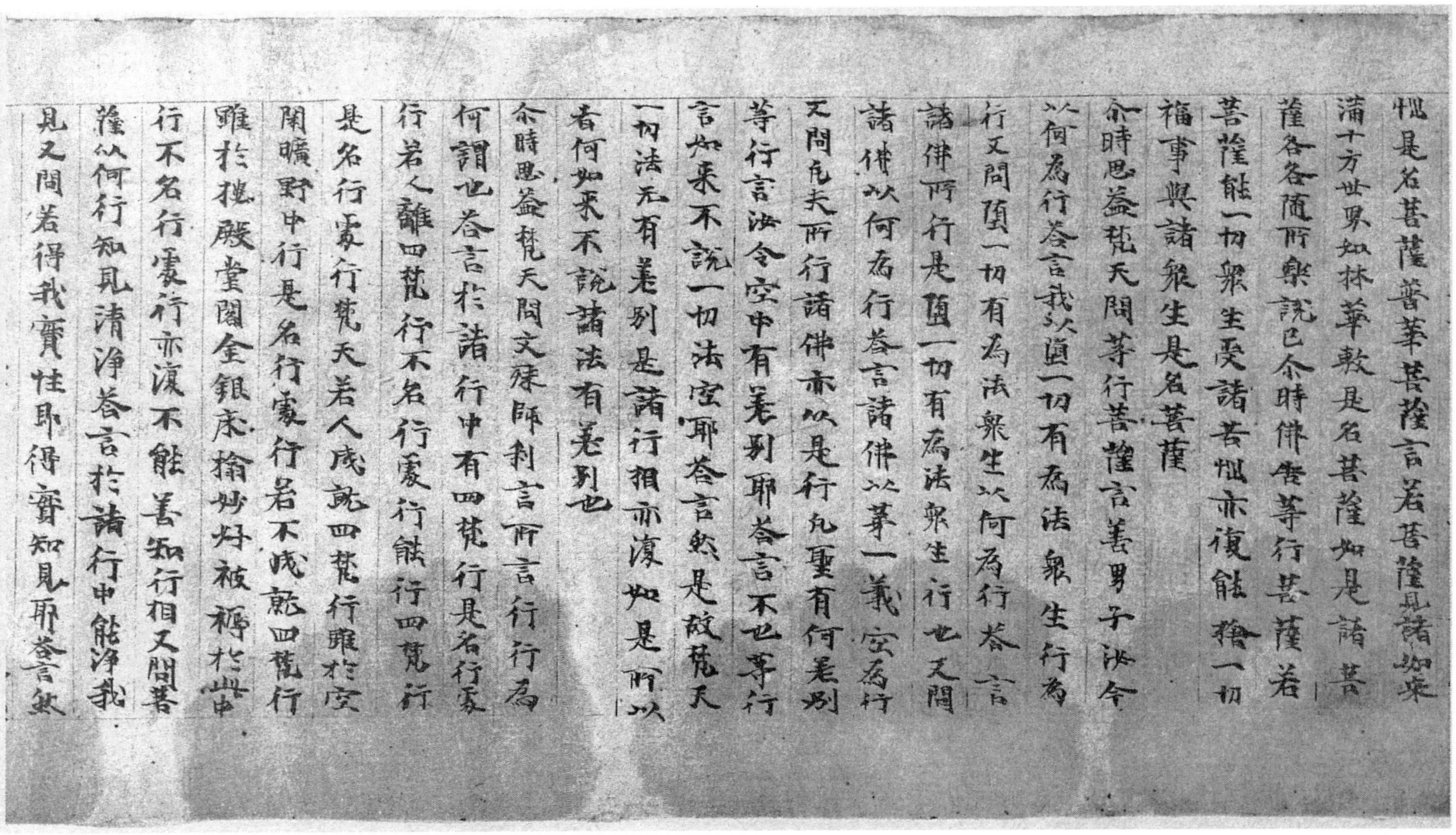

惱是名菩薩菩華菩薩言若菩薩見諸如來
滿十方世界如林華敷是名菩薩如是諸菩
薩各各隨所樂說已尒時佛告等行菩薩若
菩薩能一切衆生受諸苦惱亦復能捨一切
福事與諸衆生是名菩薩
尒時思益梵天問等行菩薩言善男子汝今
以何為行荅言我以隨一切有為法衆生行為
行又問隨一切有為法衆生以何為行荅言
諸佛所行是隨一切有為法衆生行也又問
諸佛以何為行荅言諸佛以第一義空為行
又問凡夫所行諸佛亦以是行凡聖有何差別
等行言汝令空中有差別耶荅言不也等行
言如來不說一切法空耶荅言然是故梵天
一切法无有差別是諸行相亦復如是所以
者何如來不說諸法有差別也
尒時思益梵天問文殊師利言所言行行為
何謂也荅言於諸行中有四梵行是名行處
行若人離四梵行不名行處行能行四梵行
是名行處行梵天若人成就四梵行雖於空
閑曠野中行是名行處行若不成就四梵行
雖於樓殿堂閣金銀床榻妙好被褥於中
行不名行處行亦復不能善知行相又問菩
薩以何行知見清淨荅言於諸行中能淨我
見又問若得我實性即得齊知見耶荅言然

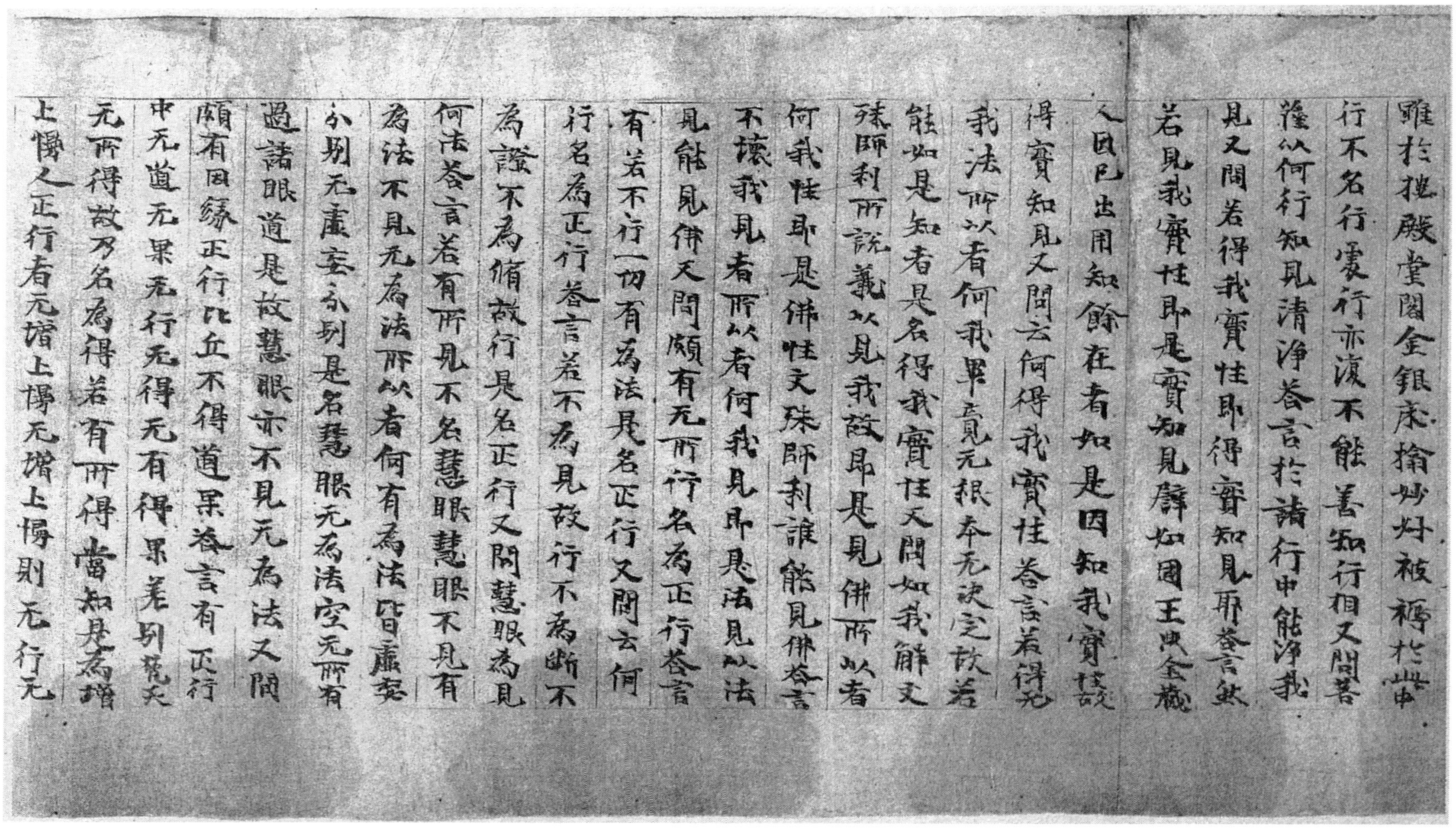

雖於樓殿堂閣金銀床榻妙好被褥於中
行不名行處行亦復不能善知行相又問菩
薩以何行知見清淨荅言於諸行中能淨我
見又問若得我實性即得齊知見耶荅言然
若見我實性即是實知見譬如國王典金藏
人因已出用知餘在者如是因知我實性故
得實知見又問云何得我實性荅言若得无
我法所以者何我畢竟无根本无決定故若
能如是知者是名得我實性又問如我解文
殊師利所說義以見我故即是見佛所以者
何我性即是佛性文殊師利誰能見佛荅言
不壞我見者所以者何我見即是法見以法
見能見佛又問頗有无所行名為正行荅言
有若不行一切有為法是名正行又問云何
行名為正行荅言若不為見故行不為斷不
為證不為脩故行是名正行又問慧眼為見
何法荅言若有所見不名慧眼慧眼不見有
為法不見无為法所以者何有為法皆虛妄
分別无虛妄分別是名慧眼无為法空无所有
過諸眼道是故慧眼亦不見无為法又問
頗有因緣正行比丘不得道果荅言有正行
中无道无果无行无得无有得果差別梵天
无所得故乃名為得若有所得當知是為增
上慢人正行者无增上慢无增上慢則无行无

頗有因緣正行比丘不得道果答言有正行
中无道无果无行无得无有得果差別梵天
无所得故乃名為得若有所得當知是為增
上慢之正行者无增上慢无增上慢則无行无
得又問文殊師利得何法故名為得道答言若
法不自生不彼生亦不衆緣生從本已來常无
有生得是法故說名得道又問若法不生為得
所得答言若知法不生是名為得是故佛說
若見諸有為法不生相即入正位又問云何名
正位答言我及涅槃等不起二是名正位又得
平等故名為正位以平等出諸苦惱故名正位
入了義中故名正位除一切憶念故名正位
尒時世尊讚文殊師利言善哉善哉
快說此言誠如所說說是法時七千比丘不受
諸法漏盡心得解脫三万二千諸天遠塵離
垢得法眼淨十千人離欲得定二百人發阿
耨多羅三藐三菩提心五百菩薩得无生法
忍
尒時思益梵天白佛言世尊是文殊師利法
王子能作佛事大饒益衆生文殊師利言佛
出於世不為益法故出不為損法故出梵天言
佛豈不滅度无量衆生仁者亦不利益无量
衆生耶文殊師利言汝欲於无衆生中得衆
生耶答言不也梵天汝欲得衆生決定相耶
答言不也梵天汝欲得諸佛有出生相生於世

佛豈不滅度无量衆生仁者亦不利益无量
衆生耶文殊師利言汝欲於无衆生中得衆
生耶答言不也梵天汝欲得衆生決定相耶
答言不也梵天汝欲得諸佛有出生相生於世
間耶答言不也梵天何等是衆生為佛所滅
度者梵天言如仁所說義无生死无涅槃文
殊師利言如是諸佛世尊不得生死不得涅
槃佛諸弟子得解脫者亦不得生死不得涅
槃所以者何是涅槃是生死但假名字有言說
耳實无生死往來滅盡涅槃又問能能信是
法耶答言於諸法中无貪著者又問若貪
著者於何貪著答言貪著虛妄梵天若貪
著是實者終无增上慢以貪著虛妄故行者
知之而不貪著若不貪著則无有流若无者
流則无往來生死若无往來生死是則滅度又
問何故說言滅度答言滅度者名為衆緣不
和合若无明不和合諸行因緣則不起諸行
若不起諸行是名為滅不起相是畢竟滅得
是道故則无生處如是名為四聖諦
尒時等行菩薩謂文殊師利如汝所說皆為
真實答言一切言說皆為真實又問虛妄言
說亦真實耶答言如是所以者何是諸言說
皆為虛妄无處无方若法皆虛妄无處无方是
故一切言說皆是真實善男子提婆達語如
來語无異无別所以者何一切言說皆是如

皆爲麁妄无處无方若法皆麁妄无處无方是
故一切言說皆是真實善男子提婆達語如
來語无異无別所以者何一切言說皆是如
來言說不出如故一切言說有所說事皆以
无所說故得有所說是以一切言說皆等文
字同故文字无念故文字空故等行言如
來不說凡夫語言賢聖言耶文殊師利言
然以文字說凡夫語言亦以文字說賢聖語
言如是善男子諸文字有分別是凡夫語言
是賢聖語言耶等行言不也文殊師利言如諸
文字无分別一切賢聖亦无分別是故賢聖
无有言說所以者何賢聖不以文字相不從衆
生相不以法相有所說也譬如鍾鼓衆緣和合
而有音聲是諸鍾鼓亦无分別如是諸賢聖
善知衆因緣故於言說无貪无閡等行言如
佛所說汝等集會當行二事若說法若聖
嘿然何謂說法何謂嘿然荅言若說法不
違佛不違法不違僧是名說法若知法即是
佛離相即是法无爲即是僧是名聖嘿然
又善男子因四念處有所說名爲說法於一切
法无所憶念名聖嘿然因四正懃有所說名
謂說法以諸法等不作等不作不等名聖嘿
然因四如意足有所說名爲說法若不起身
心名聖嘿然因五根五力有所說名爲說法
若不隨他語有所信爲不取不捨故部分諸

BD04097 號　思益梵天所問經（異卷）卷三　（26–13）

謂說法以諸法等不作等不作不等名聖嘿
然因四如意足有所說名爲說法若不起身
心名聖嘿然因五根五力有所說名爲說法
若不隨他語有所信爲不取不捨故部分諸
法一心安住无念念中解一切法常定性斷
一切戲論慧名聖嘿然因七菩提分有所說
名爲說法若常行捨心无所分別无增无減
名聖嘿然因八聖道分有所說名爲說法若
知諸法相如栰喻不依法不依非法名聖嘿
然善男子於是卅七助道法若能開解演說
名爲說法若身證是法亦不離身見法亦不
離法見身於是觀中不見二相不見不二相
如是現前知見而亦不見名聖嘿然
又善男子若不妄想著我不妄想著彼不
妄想著法有所說名爲說法若至不可說相
能離一切言說音聲得不動處入離相心名
聖嘿然又善男子若知一切衆生諸根利鈍
而教誨之名爲說法常入於定心不散亂名聖
嘿然等行言如我解文殊師利所說義一切聲
聞辟支佛无有說法亦无聖嘿然所以者何
不能了知一切衆生諸根利鈍亦復不能常
在在於定文殊師利若有實言問何等是世
間說法者何等是世間聖嘿然者則當爲說
諸佛是也所以者何諸佛善能分別一切衆生

BD04097 號　思益梵天所問經（異卷）卷三　（26–14）

在在於空文殊師利若有實言問何等是世
間說法者何等是世間聖嘿然者則當為說
諸佛是也所以者何諸佛善能分別一切衆生
者根利鈍亦常在定佛告文殊師利如是如
是如等行所說唯諸佛如來有此二法
尒時須菩提白佛言世尊我親從佛聞汝等
集會當行二事若說法若聖嘿然世尊若聲
聞不能行者云何如來勅諸比丘行此二事
佛告須菩提於汝意云何若聲聞不從他聞
能說法能聖嘿然不須菩提言不也須菩
提是故當知一切聲聞辟支佛无有說法无
聖嘿然尒時文殊師利謂須菩提如來了知衆
生八万四千行汝於此中有智慧能隨其所
應為說法不荅言不也令須菩提能入觀一切
衆生心三昧住是三昧通達一切衆生心
心所行自心他心无所閡不荅言不也文殊師
言須菩提如來於衆生八万四千行隨其所應
為說法藥又常住定平等相中心不動搖而通
達一切衆生心心所行須菩提是故當知一切聲
聞辟支佛不能及此事須菩提或有衆生多
婬欲者以觀淨得解脫不以不淨唯佛能知
或有衆生多瞋恚者以觀遍得解脫不以慈
心唯佛知或有衆生多愚癡者以不共語得
解脫不以說法唯佛能知或有衆生等分行者

BD04097 號　思益梵天所問經（異卷）卷三　（26–15）

婬欲者以觀淨得解脫不以不淨唯佛能知
或有衆生多瞋恚者以觀遍得解脫不以慈
心唯佛知或有衆生多愚癡者以不共語得
解脫不以說法唯佛能知或有衆生等分行者
不以觀淨不以不淨不以觀遍不以慈心不以
不共語不以說法得解脫者隨其根性以
諸法平等而為說法使得解脫唯佛能知
是故如來於諸說法人中為最第一禪定人中
亦最第一尒時須菩提問文殊師利若聲聞
辟支佛不能如是說法不能如是聖嘿然者
諸菩薩有成就如是功德能說法能聖嘿
然不荅言唯佛當知於是佛告須菩提有三昧
名入一切語言心不散亂若菩薩成就此三昧
皆得如是功德
尒時文殊師利謂等行菩薩善男子為衆生
八万四千行故說八万四千法藏名為說法常在
一切滅受想行定中名聖嘿然善男子我若
一劫若減一劫能說是義是謂說法相是聖
嘿然相猶不能盡於是佛告等行菩薩善
男子乃往過去无量无邊不可思議阿僧祇劫
時世有佛号曰普光劫曰名聞國名喜見彼
國嚴淨豐樂安隱天人熾盛其地皆以衆寶莊
嚴柔耎細滑生寶蓮華一切香樹充滿其
中常出妙香善男子喜見國土有四百億四
天下一一天下縱廣八万四千由旬其中諸

BD04097 號　思益梵天所問經（異卷）卷三　（26–16）

時世有佛号曰普光去日名隨國名喜見彼
國嚴淨豐樂安隱天人熾盛其地皆以衆寶莊
嚴柔耎細滑生寶蓮華一切香樹充滿其
中常出妙香善男子喜見國土有四百億四
天下一一天下縱廣八万四千由旬其中諸
城縱廣一由旬皆以衆寶校餝一一城者有
二万五千聚落村邑而圍繞之一一聚落村邑
无量百千万人衆充滿其中所見色像心皆
喜悅无可憎惡亦悉皆得念佛三昧是以國
土名曰喜見若他方世界諸來菩薩皆得快樂
餘國不尒善男子其普光佛以三乘法爲衆
生說亦多樂說如是法言汝等比丘當行二
事若說法若聖嘿然善男子尒時上方醫王
佛土有二菩薩一名无盡意二名益意來詣
普光佛所頭面礼佛足右繞三匝恭敬合掌
却住一面時普光佛爲二菩薩廣說淨明三昧
所以名曰淨明三昧者若菩薩入是三昧即得解
脫一切諸相及煩惱者亦於一切佛法得淨
光明是故名爲淨明三昧又前際一切法淨後
際一切法淨現在一切法淨是三世畢竟淨无
能令不淨性常淨故是以說一切諸法性常
清淨何謂諸法性淨謂一切法性空相離有所
得故一切法无相相離憶念分別故一切法无
作相不取不捨无求无願畢竟離自性故
是名性常清淨以是常淨相知生死性即是

BD04097號　思益梵天所問經（異卷）卷三　（26-17）

清淨何謂諸法性淨謂一切法性空相離有所
得故一切法无相相離憶念分別故一切法无
作相不取不捨无求无願畢竟離自性故
是名性常清淨以是常淨相知生死性即是
涅槃性涅槃性即是一切法性是故說心性常
明淨善男子辟如虛空若受塵汙无有是處
心性亦如是若有塵汙无有是處又如虛空
雖爲烟塵雲霧覆翳不明不淨而實不能染
汙虛空之性設染汙者不可復淨以虛空實
不染汙故還見清淨凡夫心性亦如是雖邪憶念
起諸煩惱然其心性不可染汙設染汙者不可
復淨以心相實不染汙性常明淨是故心得
解脫善男子是名入淨明三昧門彼二菩薩聞
是三昧於諸法中得不可思議法光明尒時无
盡意菩薩白普光如來言世尊我等已聞入淨
明三昧門當以何行行此法門佛告无盡意善
男子汝等當行二行若說法若聖嘿然時二菩
薩從佛受教頭面礼佛足右繞三匝而去趣國
林自以神力化作寶樓於中脩行時有梵天
名曰妙光與七万二千梵俱來至其所頭面
礼佛足問二菩薩善男子普光如來說言汝等
比丘集會當行二事若說法若聖嘿然善男
子何謂說法何謂聖嘿然二菩薩言汝今善
聽我當少說唯有如來乃通達耳於是二菩
薩以二句義爲諸梵衆廣分別說時七万二

BD04097號　思益梵天所問經（異卷）卷三　（26-18）

比丘集會當行二事若說法若聖嘿然善男子何謂說法何謂聖嘿然二菩薩言汝今善聽我當少說唯有如來乃通達耳於是二菩薩以二句義為諸梵衆廣分別說時七万二千梵皆得无生法忍妙光梵天得普明三昧是二菩薩於七万六千歲以无閡辯力荅其所問不斷不息分別二句不相間荅而不窮盡於是普光如來在虛空中作如是言善男子勿於文字言說而起諍訟凡諸言說皆空如嚮如所問荅亦如是汝等二人皆得无閡辯才及无盡陀羅尼若於一劫若百劫說此二句辯不可盡善男子佛法是寂滅相菜之義此中无有文字不可得說諸所言說皆无義利是故汝等當隨此義勿隨文字是二菩薩聞佛教已嘿然而止佛告等行以是當知菩薩若以辯才說法於百千万劫若過百千万劫不可窮盡又告等行於汝意云何彼二菩薩豈異人乎勿造斯觀无盡意者今文殊師利是益意菩薩者今汝身是妙光梵天者今思益梵天是

尒時等行菩薩白佛言未曾有也世尊諸佛菩提為大饒益如所說行精進衆生世尊其懈怠不能如說脩行者雖值百千万諸佛无能為也當知從勤精進得出菩提尒時文殊師利謂等行菩薩善男子汝知菩薩云何行名

BD04097 號　思益梵天所問經（異卷）卷三　（26–19）

佛菩提為大饒益如所說行精進衆生世尊其懈怠不能如說脩行者雖值百千万諸佛无能為也當知從勤精進得出菩提尒時文殊師利謂等行菩薩善男子汝知菩薩云何行名勤精進荅言若菩薩能得聖道名勤精進又問云何行能得聖道荅言若於諸法无所分別如是行者能得聖道又問云何名得聖道已荅言若行者於平等中見諸法等是名得聖道已又問平等可得見耶荅言不也所以者何若平等可見則非平等思益梵天謂文殊師利若行者於平等中不見諸法是名得聖道已文殊師利言何故不見思益言離二相故不見不見耶是正見又問誰能正見世間荅言不壞世間相者又問云何為不壞世間相荅言色如无別无異受想行識如无別无異若行者見五陰平等如相是名正見世間又問何等是世間相荅言滅盡是世間相又問滅盡相可復盡耶荅言滅盡相者不可盡也又問何故說言世間是盡相荅言世間畢竟盡相是相不可盡所以者何已盡者不可復盡也又問佛不說一切有為法是盡相耶荅言世間是盡相終不可盡是故佛說一切有為法是盡相又問何故數名有為法荅言以盡相故名有為法又問有為法者為住何所荅言无為性中住又問有為法无為法有何差別荅言有為法无為法文字言說有差別耳所着

BD04097 號　思益梵天所問經（異卷）卷三　（26–20）

相亦不可盡是故佛說一切有為法是盡相
又問何故說名有為法答言以盡相故名
有為法又問有為法者為住何所答言无
為性中住又問有為法无為法有何差別答言
有為法无為法文字言說有差別耳所答
何以文字言說言是有為言是无為若然者
為无為實相則无差別以實相无差別故又問
何等是諸法實相義答言一切法平等无有
差別是諸法實相義又問何等為義答言
以文字說令人得解故名為義所以者何實相
義者不如文字所說諸佛雖以文字有所言
說而於實法无所增減文殊師利一切言說
皆非言說是故佛說名不可說諸佛不可以言相
說故又問云何得說佛相答言諸佛如來不可
以色身說相不可以卅二相說相不可以諸功
德法說相又問諸佛可離色身卅二相諸功德
法而說相耶答言不也所以者何色身如卅二相
如諸功德法如諸佛不即是如亦不離是如是
可說佛相不失如故又問諸佛世尊得何等故號
名為佛答言諸世尊通達諸法性相如故說名
為佛正遍知者於是等菩薩白佛言世尊何
謂菩薩發行大乘尒時世尊以偈答言
菩薩不壞色　發行菩提心　知色即菩提　是名行菩提
如色菩提然　等入於如相　不壞諸法性　是名行菩提
不壞諸法性　則為菩提義　是菩提義中　亦无有菩提
正行第一義　是名行菩提

BD04097號　思益梵天所問經（異卷）卷三　（26–21）

為佛正遍知者於是等菩薩白佛言世尊何
謂菩薩發行大乘尒時世尊以偈答言
菩薩不壞色　發行菩提心　知色即菩提　是名行菩提
如色菩提然　等入於如相　不壞諸法性　是名行菩提
不壞諸法性　則為菩提義　是菩提義中　亦无有菩提
正行第一義　是名行菩提
愚人陰界入　而欲求菩提　陰界入即是　離是无菩提
若有諸菩薩　於上中下法　不取亦不捨　是名行菩提
若法及非法　不分別為二　亦不得不二　是名行菩提
若二則有為　非二則无為　離是二邊者　是名行菩提
是人過凡夫　亦不入法位　未得果而盡　是世間福田
行於世間法　處中若蓮花　遵修宜上道　是名行菩提
世間所行處　悉於是中行　世間所貪著　於中得解脫
菩薩无所畏　不沒生死閡　无憂无疲倦　而行菩提道
斯人能善知　法性真實相　是故不分別　是法是非法
行於佛道時　无法可捨離　亦无法可受　是名行菩提
一切法无相　猶若如虛空　終不作是念　是相是何相
善知世所行　通知方便力　能充滿一切　眾生之所願
常住於平等　護持佛正法　一切无所念　是則如來法
若有佛无佛　是法常住世　能通達解釋　是名護持法
諸法之實相　了達知其義　安住於此中　而為人演說
行於甚深法　魔所不能測　是人於諸法　无所貪著故
願求諸佛慧　亦不著願求　是慧於十方　求之不可得
諸佛慧无閡　不著法非法　若能不著此　究竟得佛道

BD04097號　思益梵天所問經（異卷）卷三　（26–22）

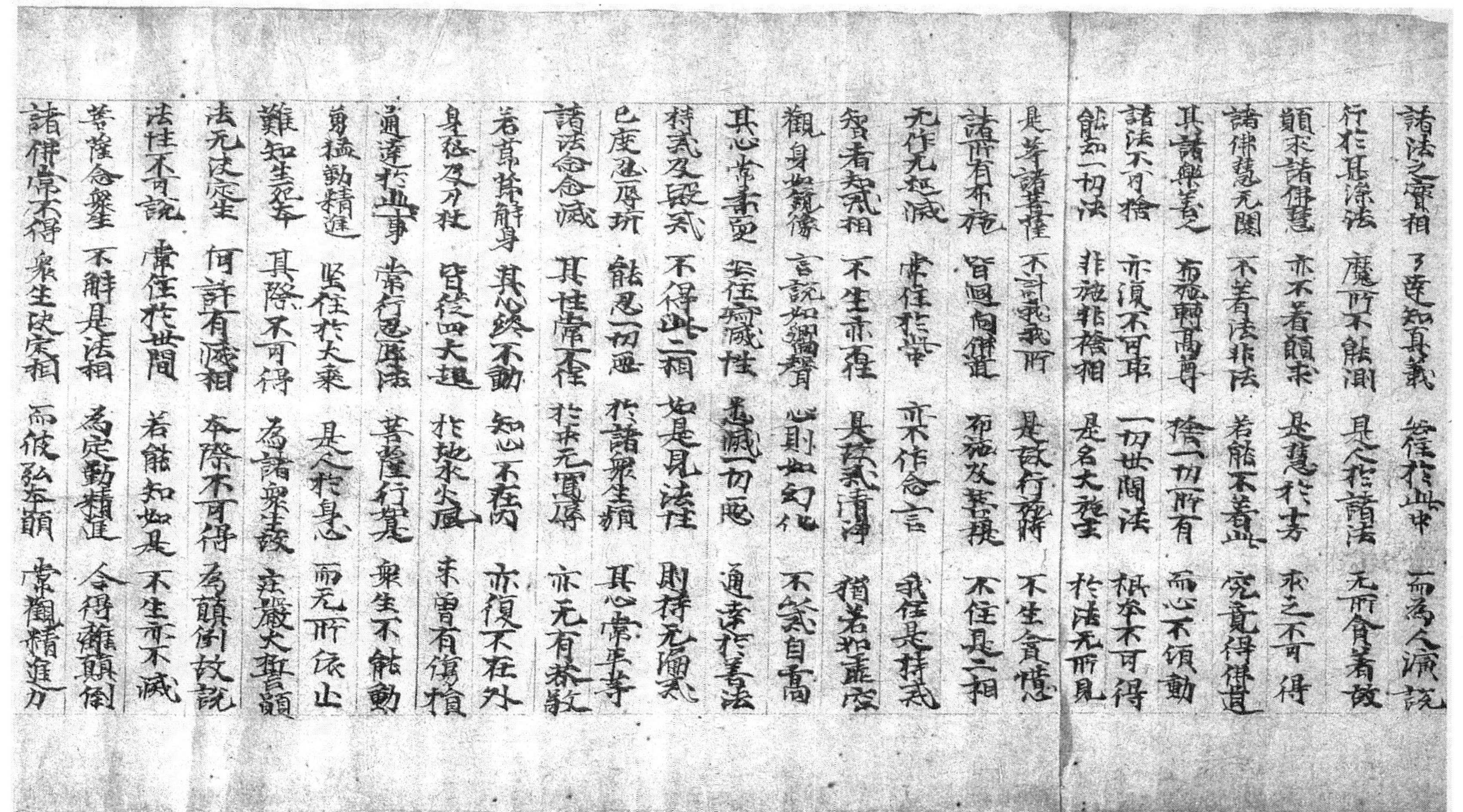

BD04097號　思益梵天所問經（異卷）卷三　（26–23）

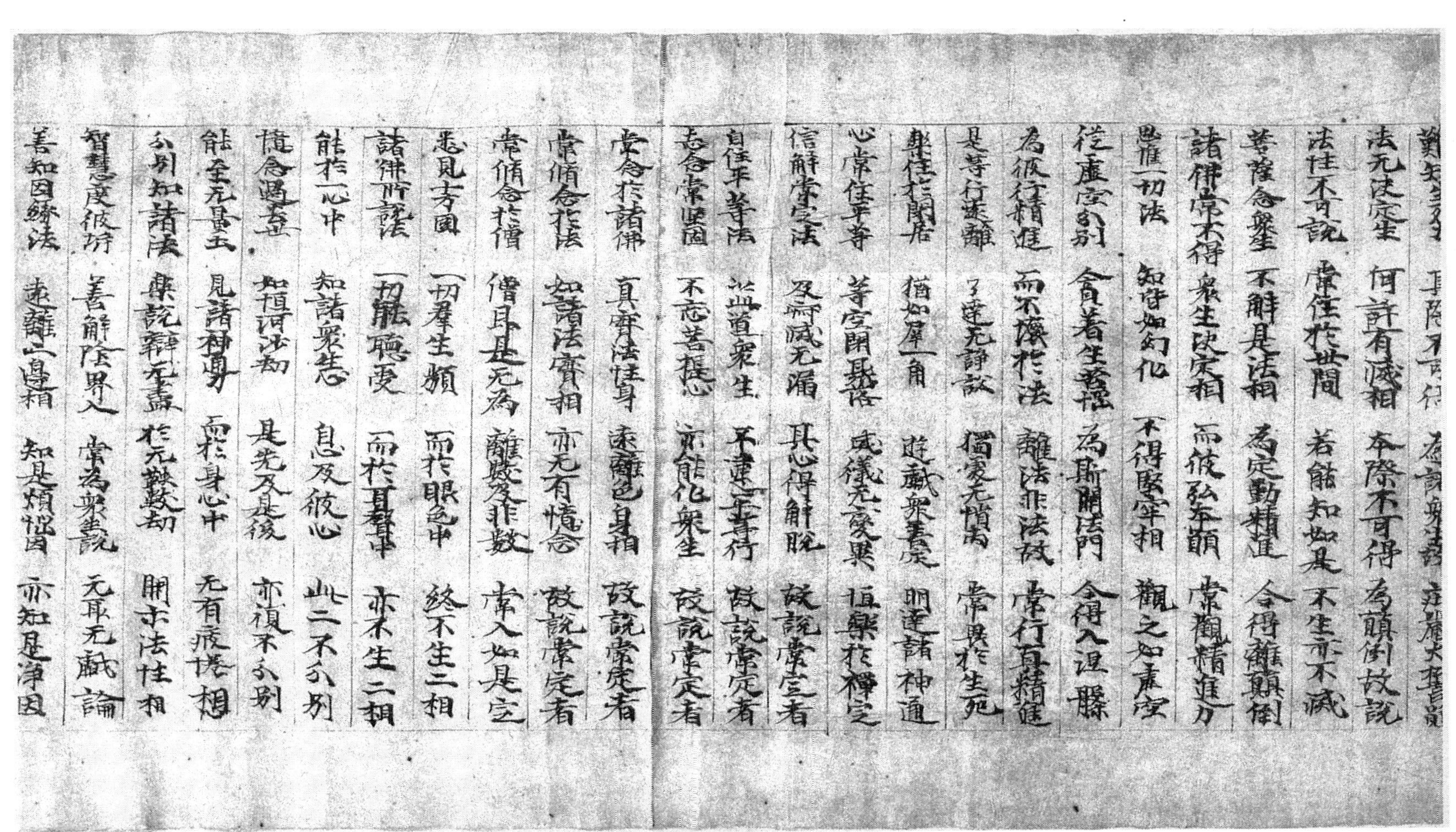

BD04097號　思益梵天所問經（異卷）卷三　（26–24）

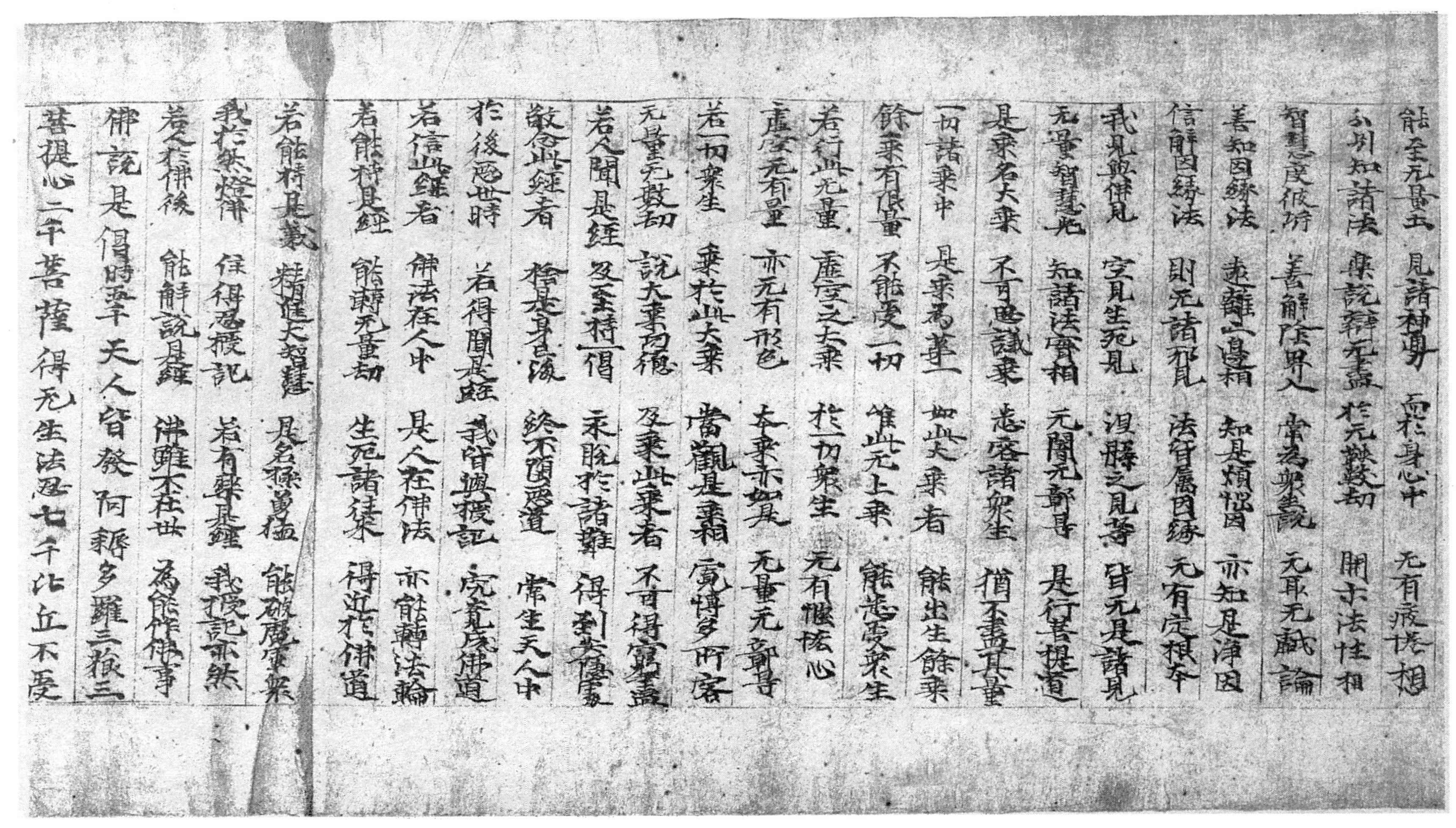
能至无量土　見諸世尊　而於身心中　无有疲惓想
分別知諸法　樂說辯无盡　於无數劫　開示法性相
智慧心度彼岸　善解法界人　常為眾生說　无取无諍論
善知因緣法　遠離二邊相　知是煩惱因　亦知是淨因
信解因緣法　則无諸邪見　法自屬因緣　无有定根本
我見與佛見　空見生死見　涅槃之見等　皆无是諸見
无量智慧光　知諸法實相　无聞无所畏　是行菩提道
是乘名大乘　不可思議乘　悉容諸眾生　猶不盡其量
一切諸乘中　是乘為第一　如此大乘者　能出生餘乘
餘乘有限量　不能度一切　唯此无上乘　能悉度眾生
若行此无量　虛空之大乘　於一切眾生　无有懈惓心
虛空无有量　亦无有形色　本乘亦如是　无量无所等
若一切眾生　乘於此大乘　當觀是乘相　廣博多所容
无量无數劫　說大乘功德　及乘此乘者　不可得窮盡
若人聞是經　及至持一偈　永脫於諸難　得到安隱處
敬念此經者　捨是身已後　終不墮惡道　常生天人中
於後惡世時　若得聞是經　我皆與授記　究竟成佛道
若信此經者　佛法在人中　是人在佛法　亦能轉法輪
若能持是經　能轉无量劫　生死諸結縛　得近於佛道
若能持是經　精進大智慧　是名稱勇猛　能破魔軍眾
我於然燈佛　但得忍授記　若有聞是經　我授記亦然
若人於佛後　能解說是經　佛雖不在世　為能作佛事
佛說是偈時　天人皆發　阿耨多羅三藐三
菩提心　二千菩薩　得无生法忍　七千比丘不受

BD04097號　思益梵天所問經（異卷）卷三　（26–25）

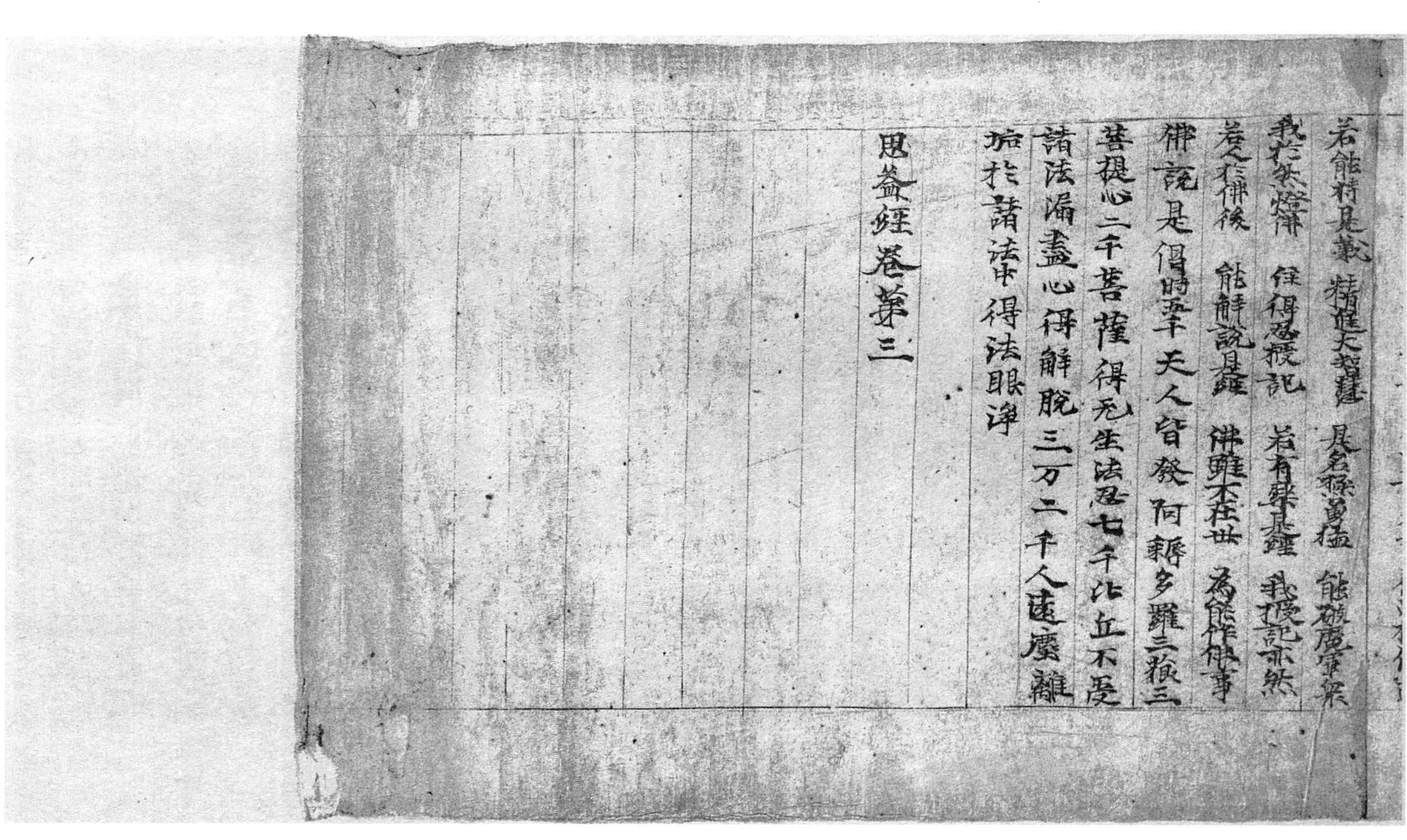
若能持是經　精進大智慧　是名稱勇猛　能破魔軍眾
我於然燈佛　但得忍授記　若有聞是經　我授記亦然
若人於佛後　能解說是經　佛雖不在世　為能作佛事
佛說是偈時　天人皆發　阿耨多羅三藐三
菩提心　二千菩薩　得无生法忍　七千比丘不受
諸法漏盡心得解脫　三万二千人遠塵離
垢於諸法中得法眼淨

思益經卷第三

BD04097號　思益梵天所問經（異卷）卷三　（26–26）

聖行者見有去來无聖行者則无去來若見
如來畢竟涅槃則有去來不見如來畢竟涅
槃則无去來不聞佛性則有去來聞佛性者
則无去來若見聲聞辟支佛人有涅槃者則
有去來不見聲聞辟支佛人有涅槃者則无
去來若見聲聞辟支佛人常樂我淨則有去
來若不見者則无去來若見如來无常樂我
淨則有去來若見如來常樂我淨則无去來
世尊且置斯事欲有所問唯垂哀愍少見聽
許佛言善男子隨意所問今正是時我當為
汝分別解說所以者何諸佛難值如優曇華
法亦如是難可得聞十二部中方等復難是
故應當專心聽受時琉璃光菩薩摩訶薩既
蒙聽許兼被戒勅即白佛言世尊云何菩薩
摩訶薩有能脩行大涅槃經聞所不聞尒時
如來讚言善哉善哉善男子汝今欲盡如是
大乘大涅槃海正復值我能善解說汝今所

BD04098號　大般涅槃經（北本　宮本）卷二一　（6–1）

故應當專心聽受時琉璃光菩薩摩訶薩既
蒙聽許兼被戒勅即白佛言世尊云何菩薩
摩訶薩有能脩行大涅槃經聞所不聞尒時
如來讚言善哉善哉善男子汝今欲盡如是
大乘大涅槃海正復值我能善解說汝今所
有疑网毒箭我為大醫能善拔出汝於佛性
猶未明了我有慧炬能為照明汝今欲度生
死大河我能為汝作大船師汝於我所生父
母想我亦於汝生赤子心汝心今者貪正法
寶值我多有能相慧施諦聽諦聽善思念之
吾當為汝分別宣說善男子欲聽善法今正
是時若聞法已當生信敬至心聽受恭敬尊
重於正法所莫求其過莫念貪欲瞋恚愚癡
莫觀法師種性好惡既聞法已莫生憍慢莫
為恭敬名譽利養當為度世甘露法利亦莫
生念我聽法已先自度身然後度人先自解
身然後解人先自安身然後安人先自涅槃
然後令人而得涅槃於佛法僧應生等想於
生死中生大苦想於大涅槃應生常樂我淨
之想先為他人然後為身當為大乘莫為二
乘於一切法當无所住亦莫專執一切法想
於諸法中莫生貪想常生知法見法之想善
男子汝能如是至心聽法是則名為聞所不
聞善男子有不聞聞有不聞不聞有聞不聞

BD04098號　大般涅槃經（北本　宮本）卷二一　（6–2）

乘於一切法當无所住亦莫專執一切法想
於諸法中莫生貪想常生知法見法之想善
男子汝能如是至心聽法是則名為聞所不
聞善男子有不聞聞有不聞不聞有聞不聞
有聞聞善男子如不生生不生不生生不生
生生如不到到不到不到到不到到到世尊
云何不生生善男子安住世諦初出胎時是
名不生生云何不生不生善男子是大涅槃
无有生相是名不生不生云何名生不生善
男子世諦死時是名生不生云何生生善男
子一切凡夫是名生生何以故生生不斷故
一切有漏念念生故是名生生四住菩薩名
生不生何以故生自在故是名生不生善男
子是名內法云何外法未生生未生未生生
未生生善男子譬如種子未生牙時得四
大和合人功作業然後乃生是名未生生云
何未生未生譬如敗種及未遇緣如是等
輩名未生未生云何生未生如牙生已不增長
是名生未生云何生生如牙增長若生不
生則无增長如是一切有漏是名外法生生
琉璃光菩薩摩訶薩白佛言世尊有漏之法
若有生者為是常耶是无常乎生若是常有
漏之法則无有生生若无常則有漏是常世
尊若生能自生生无自性若能生他以何因
緣不生无漏世尊若未生時有生者云何於
今乃名為生若未生時无生者何故不說虛

若有生者為是常耶是无常乎生若是常有
漏之法則无有生生若无常則有漏是常世
尊若生能自生生无自性若能生他以何因
緣不生无漏世尊若未生時有生者云何於
今乃名為生若未生時无生者何故不說虛
空為生佛言善哉善哉善男子不生生不可
說生生亦不可說生不生亦不可說不生不
生亦不可說生亦不可說不生亦不可說有
因緣故亦可得說云何不生生不可說不生
名為生云何可說何以故以其生故云何生
生不可說生生故生生故不生亦不可說云
何生不生不可說生即名為生生不自生
故不可說云何不生不生不可說不生者名
為涅槃涅槃不生故不可說何以故以脩道
得故生亦不可說以生无故云何不生不可
說以有得故云何有因緣故亦可得說十因
緣法為生作因以是義故亦可得說善男子
汝今莫入甚深空定何以故大眾鈍故善男
子有為之法生亦是常以住无常生亦无常
住亦是常以生故住亦无常異亦是常以
法无常異亦无常壞亦是常以本无今有故
壞亦无常善男子以性故生住異壞皆悉是
常念念滅故不可說常是大涅槃能斷滅故
故名无常善男子有漏之法未生之時已有
生性故生能生无漏之法本无生性是故生
不能生如火有本性遇緣則發眼有見性因
色因明因心故見眾生生法亦復如是由本

常念念滅故不可說常是大涅槃能斷滅故
故名无常善男子有漏之法未生之時已有
生性故生能生无漏之法本无生性是故生
不能生如火有本性遇緣則發眼有見性因
色因明因心故見衆生生法亦復如是由本
有性遇業因緣父母和合則便有生尒時琉
璃光菩薩摩訶薩及八万四千菩薩摩訶薩
聞是法已踊在虛空高七多羅樹恭敬合掌
而白佛言世尊我蒙如來慇懃教誨因大
涅槃始得悟解聞所不聞亦令八万四千菩薩
深解諸法不生生等世尊我今已解斷諸疑
网然此會中有一菩薩名曰无畏復欲諮稟
唯垂聽許尒時世尊告无畏菩薩善男子隨
意問難吾當為汝分別解說尒時无畏菩薩
與六万四千諸菩薩等俱從坐起更整衣服
長跪合掌而白佛言世尊此土衆生當造何
業而得生彼不不動世界其土菩薩云何而
得殖慧成就人中鳥王有大威德具脩諸行
利殖捷疾聞則能解尒時世尊即說偈言
不害衆生命　堅持諸禁戒　受佛微妙教　則生不動國
不奪他人財　常慈施一切　造招提僧坊　則生不動國
不犯他婦女　自妻不非時　施持戒臥具　則生不動國
不為自他故　求利及恐怖　慎口不忘語　則生不動國
莫壞善知識　遠離惡眷屬　口常和合語　則生不動國
如諸菩薩等　常離於惡口　所說人樂聞　則生不動國
乃至於戲咲　不說非時語　護慎常時說　則生不動國

BD04098號　大般涅槃經（北本　宮本）卷二一　（6–5）

得殖慧成就人中鳥王有大威德具脩諸行
利殖捷疾聞則能解尒時世尊即說偈言
不害衆生命　堅持諸禁戒　受佛微妙教　則生不動國
不奪他人財　常慈施一切　造招提僧坊　則生不動國
不犯他婦女　自妻不非時　施持戒臥具　則生不動國
不為自他故　求利及恐怖　慎口不忘語　則生不動國
莫壞善知識　遠離惡眷屬　口常和合語　則生不動國
如諸菩薩等　常離於惡口　所說人樂聞　則生不動國
乃至於戲咲　不說非時語　護慎常時說　則生不動國
見他得利養　常生歡喜心　不起嫉妬結　則生不動國
不惱於衆生　常生於慈心　不生方便惡　則生不動國
邪見言无施　父母及去來　不起如是見　則生不動國
曠路作好井　種植菓樹林　常施乞者食　則生不動國
若施佛法僧　供養一香燈　乃至獻一華　則生不動國
若為恐怖故　利養及福德　書是經一偈　則生不動國
若為怖利福　能於一日中　讀誦是經典　則生不動國
若為无上道　一日一夜中　受持八戒齋　則生不動國
不與犯重集　同共一處住　呵謗方等者　則生不動國
若能施病者　乃至於一菓　歡喜而瞻視　則生不動國
不犯僧鬘物　[illegible]　則生不動國

BD04098號　大般涅槃經（北本　宮本）卷二一　（6–6）

天質位憔欽之間府[illegible]
法普得濟度全其本年无有中傷傾土巨作
咸行善心不殺不害不嫉不妬不婬不盜不
貪不欲不憎不姢言无華綺口无惡聲齊
同慈愛異骨成親國安民豐欣樂太平經始
出教一國以道預有至心宗奉礼敬皆得度世
道言无始天尊說經中所言並是諸天上帝
内名隱韻之音亦是魔王内諱百靈之隱名
也非世之常辭上聖已成真人通玄究微能
恚其章誦之十過諸天迎唱万帝設礼河海
靜默山岳藏雲日月停景璇璣不行群魔束
形鬼精滅爽迴尸起死白骨成人至學之士
誦之十過則五帝侍衛三界碧首魔精喪
鬼妖滅爽濟度垂死絶而得生所以尒者學
士穢氣未消體未洞真呂制十方威未制天
政可伏御地祇束縛魔靈但却死而已不能
更生輕誦此章身則被殃佚養尊礼門戶興
隆世世昌熾與善因緣万灾不干神明護門
斯經尊妙獨步玉京度人无量為万道之宗
巍巍大範德難可勝
道言九誦是經十過諸天齊到億曾万祖幽
魂苦爽皆即受度上昇朱宮格皆九年受化

BD04099號　太上洞玄靈寶無量度人上品妙經　（5–1）

政可伏御地祇束縛魔靈但却死而已不能
更生輕誦此章身則被殃佚養尊礼門戶興
隆世世昌熾與善因緣万灾不干神明護門
斯經尊妙獨步玉京度人无量為万道之宗
巍巍大範德難可勝
道言九誦是經十過諸天齊到億曾万祖幽
魂苦爽皆即受度上昇朱宮格皆九年受化
更生得為貴人而好學至經功滿德就皆得
神仙飛昇金闕遊晏玉京也上學之士脩誦
是經皆即受度飛昇南宮世人受誦則延壽
長年後皆得作尸解之道魂神暫滅不經地
獄即得反形遊行太空此經微妙普度无窮
一切天人莫不受慶无量之福生死蒙恩上
天所寶不傳下世至士賫金寶質心盟天而
傳輕泄漏慢殃及九祖長役鬼官侍經五帝
玉童玉女各二十四人營衛神文保護受經
者身
道言正月長齋誦詠是經為上世亡魂斷地
逮役度上南宮七月長齋誦詠是經身得神
仙諸天書名黄錄白簡削死上生八節之日
誦詠是經得為九宮真人本命之日誦詠是
經魂神澄正萬氣長存不經苦惱身有光明
三界侍衛五帝司迎万神朝礼名書上天功
滿德就飛昇上清
道言行道之日皆當香湯洗浴齋戒入室東
向叩齒三十二通上聞三十二天心拜三十二
過閉目靜思身坐青黄白三色雲氣之中
内外翁冥有青龍白虎朱雀玄武師子白
鶴羅列左右日月照明洞煥室内項生員象
光[illegible]

BD04099號　太上洞玄靈寶無量度人上品妙經　（5–2）

向叩齒三十二通上聞三十二天心拜三十二
過閉目靜思身坐青黄白三色雲氣之中
内外翁冥有青龍白虎朱雀玄武師子白
鶴羅列左右日月照明洞煥室内項生圓象
光照十方如此分明密呪曰无上玄无太上道
君召出臣身中三五功曹左右官使者侍香
玉童傳言玉女五帝直符直日香官各三十
二人關啓所言今日吉慶長齋清堂脩行至
經无量度人臣及甲乙轉經受生願所啓上
徹逕御无上三十二天元始上帝至尊几前
畢引氣三十二過東向誦經

元始无量度人上品妙經

元始洞玄靈寶本章上品妙首十迴度人百
魔隱韻離合自然混洞赤文无无上真元始
祖劫化生諸天開明三景是爲天根上无復
祖唯道爲身五文開廓普殖神靈无文不光
无文不明无文不立无文不成无文不度无文
不生是爲大梵天中之天鬱羅蕭臺玉山
上京上極无上大羅玉清眇眇劫刃若亡若
存三華離便大有妙庭金闕玉房森羅淨泊
大行梵氣迴周十方中有度人不死之神中
有南極長生之君中有度世司馬大神中有
好生韓君丈人中有南上司命司錄延壽益
筭度厄尊神迴骸起生无量度人今日校錄
諸天臨軒東方无極飛天神王長生大聖无
量度人南方无極飛天神王長生大聖无量
度人西方无極飛天神王長生大聖无量
度人北方无極飛天神王長生大聖无量度
人東北无極飛天神王長生大聖无量度人東

BD04099號　太上洞玄靈寶無量度人上品妙經　（5–3）

諸天臨軒東方无極飛天神王長生大聖无
量度人南方无極飛天神王長生大聖无量
度人西方无極飛天神王長生大聖无量
度人北方无極飛天神王長生大聖无量度
人東北无極飛天神王長生大聖无量度人東
南无極飛天神王長生大聖无量度人西南无
極飛天神王長生大聖无量度人西北无極
飛天神王長生大聖无量度人上方无極
飛天神王長生大聖无量度人下方无極飛
天神王長生大聖无量度人十方至真飛天
神王長生度世无量大神並乘飛雲丹輿緑
輦羽蓋瓊輪參駕朱鳳五色玄龍建九色之
節十絶靈旛前嘯九鳳齊唱後吹八鸞同鳴
師子白鶴嘯歌邕邕五老啓塗群仙翼轅億
乘万騎浮空而來傾光迴駕監真度生諸天
丞相南昌上宫韓司主錄監生大神執錄杷
籍齊到帝前隨所應度嚴校諸天普告三界
无極神鄉泉曲之府北都羅酆三官九署十
二河源上解祖考億劫種親疾除罪簿落滅
惡根不得拘留逼合鬼群元始符命時刻昇
遷北都寒池部衛形魂制魔保舉度品南宫
死魂受鍊仙化成人生身受度劫劫長存隨
劫輪轉與天齊年永度三徒五苦八難超陵
三界逍遥上清上清之天天帝玉真无色之
景梵行太黄皇曾天帝鬱鑒玉明太明玉完
天帝須阿那田清明何童天帝无育齊京玄
胎平育天帝劉度內鮮无明文舉天帝醧法
輪上明七曜摩夷天帝恬憺延靈无赵衛天
帝正定光太極濛翳天帝曲育九唱赤明和陽

BD04099號　太上洞玄靈寶無量度人上品妙經　（5–4）

華羽蓋瓊輪参駕朱鳳五色玄龍建九色之
節十絕靈幡前歗九鳳齊唱後吹八鸞同鳴
師子白鶴嘯歌邕邕五老啓塗群仙翼轅億
乘万騎浮空而來傾光迴駕監真度生諸天
丞相南昌上宮韓司主錄監生大神執錄杞
籍齊到帝前随所應度嚴校諸天普告三界
无拔神鄉泉曲之府北都羅酆三官九署十
二河源上解祖考億劫種親疾除罪簿落滅
惡根不得拘留逼合鬼群无始符命時刻昇
遷北都寒池部衛形魂制魔保舉度品南宮
死魂受鍊仙化成人生身受度劫劫長存隨
劫輪轉與天齊年永度三塗五苦八難超陵
三界逍遙上清上清之天天帝玉真无色之
景梵行太黃皇曾天帝鬱鑒玉明太明玉完
天帝須阿那田清明何童天帝无育齊京玄
胎平育天帝劉度內鮮无明文舉天帝醜法
輪上明七曜摩夷天帝恬懀延靈无越衡天
帝正定光太煥淡翁天帝曲育九唱赤明和陽
天帝理禁上真玄明恭華天帝空謡醜音
曜明宗飄天帝重光明塈蒂皇笳天帝摩夷

BD04099 號　太上洞玄靈寶無量度人上品妙經　（5–5）

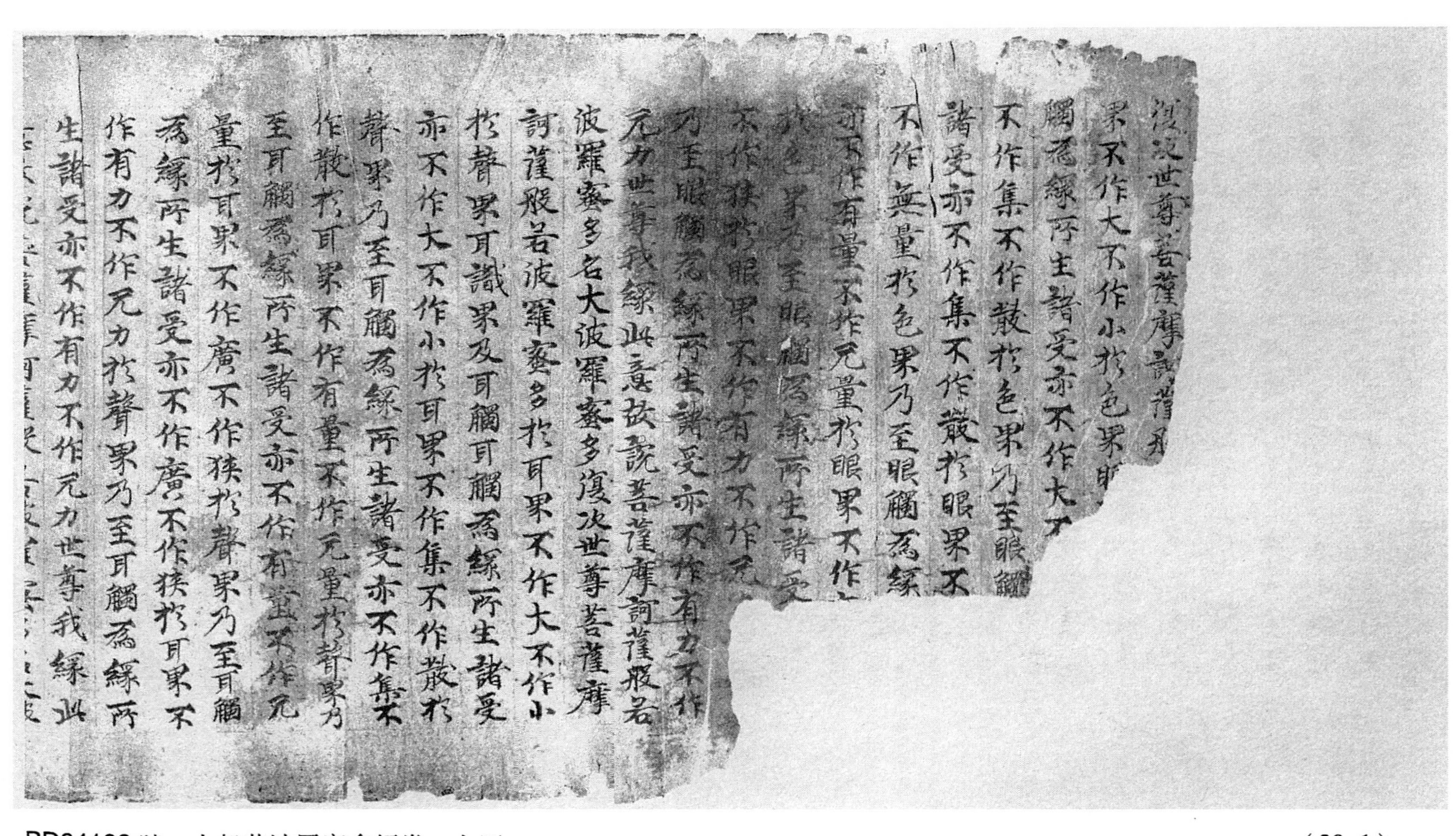
復次世尊菩薩摩訶薩般
界不作大不作小於色界眼
觸為緣所生諸受亦不作大不
不作集不作散於色界乃至眼觸
諸受亦不作集不作散於眼界不
不作無量於色界乃至眼觸為緣
亦不作有量不作无量於眼界不作
於色界乃至眼觸為緣所生諸受
不作狹於眼界不作有力不作无
乃至眼觸為緣所生諸受亦不作有力不作
无力世尊我緣此意故說菩薩摩訶薩般若
波羅蜜多名大波羅蜜多復次世尊菩薩摩
訶薩般若波羅蜜多於耳界不作大不作小
於聲界耳識界及耳觸耳觸為緣所生諸受
亦不作大不作小於耳界不作集不作散於
聲界乃至耳觸為緣所生諸受亦不作集不
作散於耳界不作有量不作无量於聲界乃
至耳觸為緣所生諸受亦不作有量不作无
量於耳界不作廣不作狹於聲界乃至耳觸
為緣所生諸受亦不作廣不作狹於耳界不
作有力不作无力於聲界乃至耳觸為緣所
生諸受亦不作有力不作无力世尊我緣此

BD04100 號　大般若波羅蜜多經卷一七四　（20–1）

聲界乃至耳觸為緣所生諸受亦不作集不
作散於耳界不作有量不作无量於聲界乃
至耳觸為緣所生諸受亦不作有力不作无
量於耳界不作廣不作狹於聲界乃至耳觸
為緣所生諸受亦不作廣不作狹於耳界不
作有力不作无力於聲界乃至耳觸為緣所
生諸受亦不作有力不作无力世尊我緣此
意故說菩薩摩訶薩般若波羅蜜多名大波
羅蜜多復次世尊菩薩摩訶薩般若波羅
蜜多於鼻界不作大不作小於香界鼻識界及
鼻觸鼻觸為緣所生諸受亦不作大不作小
於鼻界不作集不作散於香界乃至鼻觸為
緣所生諸受亦不作集不作散於鼻界不作
有量不作无量於香界乃至鼻觸為緣所生
諸受亦不作有量不作无量於鼻界不作廣
不作狹於香界乃至鼻觸為緣所生諸受亦
不作廣不作狹於鼻界不作有力不作无力
於香界乃至鼻觸為緣所生諸受亦不作有
力不作無力世尊我緣此意故說菩薩摩訶
薩般若波羅蜜多名大波羅蜜多復次世尊
菩薩摩訶薩般若波羅蜜多於舌界不作大
不作小於味界舌識界及舌觸舌觸為緣所
生諸受亦不作大不作小於舌界不作集不
作散於味界乃至舌觸為緣所生諸受亦不
作集不作散於舌界不作有量不作无量於
味界乃至舌觸為緣所生諸受亦不作有量
不作无量於舌界不作廣不作狹於味界乃

BD04100號　大般若波羅蜜多經卷一七四　（20–2）

不作小於味界舌識界及舌觸舌觸為緣所
生諸受亦不作大不作小於舌界不作集不
作散於味界乃至舌觸為緣所生諸受亦不
作集不作散於舌界不作有量不作无量於
味界乃至舌觸為緣所生諸受亦不作有量
不作无量於舌界不作廣不作狹於味界乃
至舌觸為緣所生諸受亦不作廣不作狹於
舌界不作有力不作无力於味界乃至舌觸
為緣所生諸受亦不作有力不作无力世尊
我緣此意故說菩薩摩訶薩般若波羅蜜
多名大波羅蜜多復次世尊菩薩摩訶薩般
若波羅蜜多於身界不作大不作小於觸界身
識界及身觸身觸為緣所生諸受亦不作大
不作小於身界不作集不作散於觸界乃至
身觸為緣所生諸受亦不作集不作散於身
界不作有量不作无量於觸界乃至身觸為
緣所生諸受亦不作有量不作无量於身界
不作廣不作狹於觸界乃至身觸為緣所生
諸受亦不作廣不作狹於身界不作有力不
作无力於觸界乃至身觸為緣所生諸受亦
不作有力不作无力世尊我緣此意故說菩
薩摩訶薩般若波羅蜜多名大波羅蜜多復
次世尊菩薩摩訶薩般若波羅蜜多於意界
不作大不作小於法界意識界及意觸意觸
為緣所生諸受亦不作大不作小於意界不
作集不作散於法界乃至意觸為緣所生諸
受亦不作集不作散於意界不作有量不作

BD04100號　大般若波羅蜜多經卷一七四　（20–3）

次世尊菩薩摩訶薩般若波羅蜜多於意界
不作大不作小於法界意識界及意觸意觸
為緣所生諸受亦不作大不作小於意界不
作集不作散於法界乃至意觸為緣所生諸
受亦不作集不作散於意界不作有量不作
无量於法界乃至意觸為緣所生諸受亦不
作有量不作无量於意界不作廣不作狹於
法界乃至意觸為緣所生諸受亦不作廣不
作狹於意界不作有力不作无力於法界乃
至意觸為緣所生諸受亦不作有力不作无
力世尊我緣此意故說菩薩摩訶薩般若波
羅蜜多名大波羅蜜多復次世尊菩薩摩訶
薩般若波羅蜜多於地界不作大不作小於
水火風空識界亦不作大不作小於地界不
作集不作散於水火風空識界亦不作集不
作散於地界不作有量不作无量於水火風
空識界亦不作有量不作无量於地界不作
廣不作狹於水火風空識界亦不作廣不作
狹於地界不作有力不作無力於水火風空識
界亦不作有力不作无力世尊我緣此意
故說菩薩摩訶薩般若波羅蜜多名大波
羅蜜多

復次世尊菩薩摩訶薩般若波羅蜜多於无
明不作大不作小於行識名色六處觸受愛
取有生老死愁歎苦憂惱亦不作大不作小
於无明不作集不作散於行乃至老死愁歎
苦憂惱亦不作集不作散於无明不作有量
不作无量於行乃

復次世尊菩薩摩訶薩般若波羅蜜多於无
明不作大不作小於行識名色六處觸受愛
取有生老死愁歎苦憂惱亦不作大不作小
於无明不作集不作散於行乃至老死愁歎
苦憂惱亦不作集不作散於无明不作有量
不作无量於行乃至老死愁歎苦憂惱亦不
作有量不作无量於无明不作廣不作狹於
行乃至老死愁歎苦憂惱亦不作廣不作狹
於无明不作有力不作无力於行乃至老死
愁歎苦憂惱亦不作有力不作无力世尊我
緣此意故說菩薩摩訶薩般若波羅蜜多
名大波羅蜜多

復次世尊菩薩摩訶薩般若波羅蜜多於布
施波羅蜜多不作大不作小於淨戒安忍精
進靜慮般若波羅蜜多亦不作大不作小於
布施波羅蜜多不作集不作散於淨戒乃至
般若波羅蜜多亦不作集不作散於布施波
羅蜜多不作有量不作无量於淨戒乃至般
若波羅蜜多亦不作有量不作无量於布施
波羅蜜多不作廣不作狹於淨戒乃至般若
波羅蜜多亦不作廣不作狹於布施波羅蜜
多不作有力不作無力於淨戒乃至般若波
羅蜜多亦不作有力不作无力世尊我緣此
意故說菩薩摩訶薩般若波羅蜜多名大波
羅蜜多

復次世尊菩薩摩訶薩般若波羅蜜多於
内空不作大不作小於外空内外空空空大空

意故說菩薩摩訶薩般若波羅蜜多名大波
羅蜜多
復次世尊菩薩摩訶薩般若波羅蜜多於
內空不作大不作小於外空內外空空空大空
勝義空有為空无為空畢竟空无際空散空
无變異空本性空自相空共相空一切法空
不可得空无性空自性空无性自性空亦不
作大不作小於內空不作集不作散於外空
乃至无性自性空亦不作集不作散於內空
不作有量不作无量於外空乃至无性自性
空亦不作有量不作无量於內空不作廣不
作狹於外空乃至无性自性空亦不作廣不
作狹於內空不作有力不作无力於外空乃
至无性自性空亦不作有力不作无力世尊
我緣此意故說菩薩摩訶薩般若波羅蜜多
名大波羅蜜多復次世尊菩薩摩訶薩般若
波羅蜜多於真如不作大不作小於法界法
性不虛妄性不變異性平等性離生性法定
法住實際虛空界不思議界亦不作大不作
小於真如不作集不作散於法界乃至不思
議界亦不作集不作散於真如不作有量不
作无量於法界乃至不思議界亦不作有量
不作无量於真如不作廣不作狹於法界乃
至不思議界亦不作廣不作狹於真如不作
有力不作无力於法界乃至不思議界亦不
作有力不作无力世尊我緣此意故說菩薩

BD04100 號　大般若波羅蜜多經卷一七四　（20–6）

至不思議界亦不作廣不作狹於真如不作
有力不作无力於法界乃至不思議界亦不
作有力不作无力世尊我緣此意故說菩薩
摩訶薩般若波羅蜜多大波羅蜜多復次
世尊菩薩摩訶薩般若波羅蜜多於苦聖諦
不作大不作小於集滅道聖諦亦不作大不
作小於苦聖諦不作集不作散於集滅道聖
諦亦不作集不作散於苦聖諦不作有量不
作无量於集滅道聖諦亦不作有量不作无
量於苦聖諦不作廣不作狹於集滅道聖諦
亦不作廣不作狹於苦聖諦不作有力不作
无力於集滅道聖諦亦不作有力不作无力
世尊我緣此意故說菩薩摩訶薩般若波羅
蜜多名大波羅蜜多
復次世尊菩薩摩訶薩般若波羅蜜多於四
靜慮不作大不作小於四无量四无色定亦
不作大不作小於四靜慮不作集不作散於
四无量四无色定亦不作集不作散於四靜
慮不作有量不作无量於四无量四无色定
亦不作有量不作无量於四靜慮不作廣不
作狹於四无量四无色定亦不作廣不作狹
於四靜慮不作有力不作無力於四无量四
无色定亦不作有力不作无力世尊我緣此
意故說菩薩摩訶薩般若波羅蜜多大波
羅蜜多復次世尊菩薩摩訶薩般若波羅蜜
多於八解脫不作大不作小於八勝處九次
第定十遍處亦不作大不作小於八解脫不

BD04100 號　大般若波羅蜜多經卷一七四　（20–7）

意故說菩薩摩訶薩般若波羅蜜多大波
羅蜜多復次世尊菩薩摩訶薩般若波羅蜜
多於八解脫不作大不作小於八勝處九次
第定十遍處亦不作大不作小於八解脫不
作集不作散於八勝處九次第定十遍處亦
不作集不作散於八解脫不作有量不作无
量於八勝處九次第定十遍處亦不作有量
不作无量於八解脫不作廣不作狹於八勝
處九次第定十遍處亦不作廣不作狹於八
解脫不作有力不作无力於八勝處九次第
定十遍處亦不作有力不作无力世尊我緣
此意故說菩薩摩訶薩般若波羅蜜多名大
波羅蜜多復次世尊菩薩摩訶薩般若波
羅蜜多於四念住不作大不作小於四正斷四
神足五根五力七等覺支八聖道支亦不作
大不作小於四念住不作集不作散於四正
斷乃至八聖道支亦不作集不作散於四念
住不作有量不作无量於四正斷乃至八聖
道支亦不作有量不作无量於四念住不作
廣不作狹於四正斷乃至八聖道支亦不作
廣不作狹於四念住不作有力不作无力於
四正斷乃至八聖道支亦不作有力不作无
力世尊我緣此意故說菩薩摩訶薩般若波
羅蜜多名大波羅蜜多復次世尊菩薩摩
訶薩般若波羅蜜多於空解脫門不作大不
作小於无相无願解脫門亦不作大不作小於

BD04100號　大般若波羅蜜多經卷一七四　（20–8）

力世尊我緣此意故說菩薩摩訶薩般若波
羅蜜多名大波羅蜜多復次世尊菩薩摩
訶薩般若波羅蜜多於空解脫門不作大不
作小於无相无願解脫門亦不作大不作小於
空解脫門不作集不作散於无相无願解脫
門亦不作集不作散於空解脫門不作有量
不作无量於无相无願解脫門亦不作有量
不作无量於空解脫門不作廣不作狹於无
相无願解脫門亦不作廣不作狹於空解脫
門不作有力不作無力於无相无願解脫門
亦不作有力不作无力世尊我緣此意故說菩
薩摩訶薩般若波羅蜜多名大波羅蜜多復
次世尊菩薩摩訶薩般若波羅蜜多於五眼
不作大不作小於六神通亦不作大不作小
於五眼不作集不作散於六神通亦不作集
不作散於五眼不作有量不作無量於六神
通亦不作有量不作无量於五眼不作廣不
作狹於六神通亦不作廣不作狹於五眼不
作有力不作无力於六神通亦不作有力不
作无力世尊我緣此意故說菩薩摩訶薩
般若波羅蜜多名大波羅蜜多
復次世尊菩薩摩訶薩般若波羅蜜多於佛
十力不作大不作小於四无所畏四无礙解大
慈大悲大喜大捨十八佛不共法亦不作
大不作小於佛十力不作集不作散於四无
所畏乃至十八佛不共法亦不作集不作散
於佛十力不作有量不作无量於四无所畏

BD04100號　大般若波羅蜜多經卷一七四　（20–9）

十力不作大不作小於四无所畏四无礙解大
慈大悲大喜大捨十八佛不共法亦不作
大不作小於佛十力不作集不作散於四无
所畏乃至十八佛不共法亦不作集不作散
於佛十力不作有量不作无量於四无所畏
乃至十八佛不共法亦不作有量不作无量
於佛十力不作廣不作狹於四无所畏乃至
十八佛不共法亦不作廣不作狹於佛十力
不作有力不作无力於四无所畏乃至十八
佛不共法亦不作有力不作无力世尊我緣
此意故說菩薩摩訶薩般若波羅蜜多名
大波羅蜜多復次世尊菩薩摩訶薩般若波羅
蜜多於无忘失法不作大不作小於恒住捨
性亦不作大不作小於无忘失法不作集不
作散於恒住捨性亦不作集不作散於无忘
失法不作有量不作无量於恒住捨性亦不
作有量不作无量於无忘失法不作廣不作
狹於恒住捨性亦不作廣不作狹於无忘失
法不作有力不作无力於恒住捨性亦不作
有力不作无力世尊我緣此意故說菩薩摩
訶薩般若波羅蜜多名大波羅蜜多復次世
尊菩薩摩訶薩般若波羅蜜多於一切智不
作大不作小於道相智一切相智亦不作大不
作小於一切智不作集不作散於道相　智
一切相智亦不作集不作散於一切智不作
有量不作无量於道相智一切相智亦不作
有量不作无量於一切智不作廣不作狹於

BD04100號　大般若波羅蜜多經卷一七四　（20–10）

作大不作小於道相智一切相智亦不作大不
作小於一切智不作集不作散於道相　智
一切相智亦不作集不作散於一切智不作
有量不作无量於道相智一切相智亦不作
有量不作无量於一切智不作廣不作狹於
道相智一切相智亦不作廣不作狹於一切
智不作有力不作无力於道相智一切相智
亦不作有力不作无力世尊我緣此意故說
菩薩摩訶薩般若波羅蜜多名大波羅蜜多
復次世尊菩薩摩訶薩般若波羅蜜多於一
切陁羅尼門不作大不作小於一切三摩地
門亦不作大不作小於一切陁羅尼門不作
集不作散於一切三摩地門亦不作集不作
散於一切陁羅尼門不作有量不作无量於
一切三摩地門亦不作有量不作无量於一
切陁羅尼門不作廣不作狹於一切三摩地
門亦不作廣不作狹於一切陁羅尼門不作
有力不作無力於一切三摩地門亦不作有
力不作无力世尊我緣此意故說菩薩摩訶
薩般若波羅蜜多名大波羅蜜多
復次世尊菩薩摩訶薩般若波羅蜜多於預
流不作大不作小於一來不還阿羅漢亦　不
作大不作小於預流不作集不作散於一來
不還阿羅漢亦不作集不作散於預流不作
有量不作无量於一來不還阿羅漢亦不作
有量不作无量於預流不作廣不作狹於一
來不還阿羅漢亦不作廣不作狹於預流不

BD04100號　大般若波羅蜜多經卷一七四　（20–11）

作大不作小於預流不作集不作散於一來
不還阿羅漢亦不作集不作散於預流不作
有量不作无量於一來不還阿羅漢亦不作
有量不作无量於預流不作廣不作狹於一
來不還阿羅漢亦不作廣不作狹於預流不
作有力不作无力於一來不還阿羅漢亦不
作有力不作无力世尊我緣此意故說菩薩
摩訶薩般若波羅蜜多名大波羅蜜多
復次世尊菩薩摩訶薩般若波羅蜜多於
預流向預流果不作大不作小於一來向一來
果不還向不還果阿羅漢向阿羅漢果亦不
作大不作小於預流向預流果不作集不作
散於一來向乃至阿羅漢果亦不作集不作
散於預流向預流果不作有量不作无量於
一來向乃至阿羅漢果亦不作有量不作无
量於預流向預流果不作廣不作狹於一來
向乃至阿羅漢果亦不作廣不作狹於預流
向預流果不作有力不作无力於一來向乃
至阿羅漢果亦不作有力不作无力世尊我
緣此意故說菩薩摩訶薩般若波羅蜜多
名大波羅蜜多復次世尊菩薩摩訶薩般若
波羅蜜多於獨覺不作大不作小獨覺菩提
亦不作大不作小於獨覺不作集不作散於
獨覺菩提亦不作集不作散於獨覺不作有
量不作无量於獨覺菩提亦不作有量不作
无量於獨覺不作廣不作狹於獨覺菩提亦
不作廣不作狹於獨覺不作有力不作无力

BD04100 號　大般若波羅蜜多經卷一七四　（20–12）

獨覺菩提亦不作集不作散於獨覺不作有
量不作无量於獨覺菩提亦不作有量不作
无量於獨覺不作廣不作狹於獨覺菩提亦
不作廣不作狹於獨覺不作有力不作无力
於獨覺菩提亦不作有力不作无力世尊我
緣此意故說菩薩摩訶薩般若波羅蜜多名
大波羅蜜多復次世尊菩薩摩訶薩般若波
羅蜜多於菩薩摩訶薩不作大不作小於菩
薩摩訶薩行亦不作大不作小於菩薩摩訶
薩不作集不作散於菩薩摩訶薩行亦不作
集不作散於菩薩摩訶薩不作有量不作无
量於菩薩摩訶薩行亦不作有量不作无量
於菩薩摩訶薩不作廣不作狹於菩薩摩
訶薩行亦不作廣不作狹於菩薩摩訶薩不作
有力不作无力於菩薩摩訶薩行亦不作有
力不作无力世尊我緣此意故說菩薩摩訶
薩般若波羅蜜多名大波羅蜜多復次世尊
菩薩摩訶薩般若波羅蜜多於諸如來應
正等覺不作大不作小於佛无上正等菩提亦
不作大不作小於諸如來應正等覺不作集
不作散於佛无上正等菩提亦不作集不作
散於諸如來應正等覺不作有量不作无量
於佛无上正等菩提亦不作有量不作无量
於諸如來應正等覺不作廣不作狹於佛无
上正等菩提亦不作廣不作狹於諸如來應
正等覺不作有力不作无力於佛无上正等
菩提亦不作有力不作无力世尊我緣此意

BD04100 號　大般若波羅蜜多經卷一七四　（20–13）

上正等菩提亦不作廣不作狹於諸如來應
正等覺不作有力不作无力於佛无上正等
菩提亦不作有力不作无力世尊我緣此意
故說菩薩摩訶薩般若波羅蜜多名大波
羅蜜多復次世尊菩薩摩訶薩般若波羅蜜
多於一切法不作大不作小不作集不作散不
作有量不作无量不作廣不作狹不作有力
不作无力世尊我緣此意故說菩薩摩訶薩
般若波羅蜜多名大波羅蜜多復次世尊若
新學大乘菩薩摩訶薩依般若波羅蜜多靜
慮波羅蜜多精進波羅蜜多安忍波羅蜜多
波戒波羅蜜多布施波羅蜜多起如是想如
是般若波羅蜜多於色不作大不作小於受
想行識亦不作大不作小於色不作集不作
散於受想行識亦不作集不作散於色不作
有量不作無量於受想行識亦不作有量不
作无量於色不作廣不作狹於受想行識亦
不作廣不作狹於色不作有力不作无力於
受想行識亦不作有力不作无力世尊是菩
薩摩訶薩由起此想非行般若波羅蜜多
復次世尊若新學大乘菩薩摩訶薩依般若
靜慮精進安忍淨戒布施波羅蜜多起如是
想如是般若波羅蜜多於眼處不作大不作
小於耳鼻舌身意處亦不作大不作小於眼
處不作集不作散於耳鼻舌身意處亦不作
集不作散於眼處不作有量不作无量於耳
鼻舌身意處亦不作有量不作无量於眼處

BD04100號　大般若波羅蜜多經卷一七四　（20-14）

想如是般若波羅蜜多於眼處不作大不作
小於耳鼻舌身意處亦不作大不作小於眼
處不作集不作散於耳鼻舌身意處亦不作
集不作散於眼處不作有量不作无量於耳
鼻舌身意處亦不作有量不作无量於眼處
不作廣不作狹於耳鼻舌身意處亦不作廣
不作狹於眼處不作有力不作无力於耳鼻
舌身意處亦不作有力不作无力世尊是菩
薩摩訶薩由起此想非行般若波羅蜜多復
次世尊若新學大乘菩薩摩訶薩依般若靜
慮精進安忍淨戒布施波羅蜜多起如是想
如是般若波羅蜜多於色處不作大不作小
於聲香味觸法處亦不作大不作小於色處
不作集不作散於聲香味觸法處亦不作集
不作散於色處不作有量不作无量於聲香
味觸法處亦不作有量不作无量於色處不
作廣不作狹於聲香味觸法處亦不作廣不
作狹於色處不作有力不作无力於聲香味
觸法處亦不作有力不作无力世尊是菩薩
摩訶薩由起此想非行般若波羅蜜多復次
世尊若新學大乘菩薩摩訶薩依般若靜慮
精進安忍淨戒布施波羅蜜多起如是想如
是般若波羅蜜多於眼界不作大不作小於
色界眼識界及眼觸眼觸為緣所生諸受亦
不作大不作小於眼界不作集不作散於色
界乃至眼觸為緣所生諸受亦不作集不作
散於眼界不作有量不作无量於色界乃至

BD04100號　大般若波羅蜜多經卷一七四　（20-15）

色界眼識界及眼觸眼觸爲緣所生諸受亦
不作大不作小於眼界不作集不作散於色
界乃至眼觸爲緣所生諸受亦不作集不作
散於眼界不作有量不作无量於色界乃至
眼觸爲緣所生諸受亦不作有量不作无量
於眼界不作廣不作狹於色界乃至眼觸爲
緣所生諸受亦不作廣不作狹於眼界不作
有力不作无力於色界乃至眼觸爲緣所生
諸受亦不作有力不作无力世尊是菩薩摩
訶薩由起此想非行般若波羅蜜多復次世
尊若新學大乘菩薩摩訶薩依般若靜慮精
進安忍淨戒布施波羅蜜多起如是想如是
般若波羅蜜多於耳界不作大不作小於聲
界耳識界及耳觸耳觸爲緣所生諸受亦不
作大不作小於耳界不作集不作散於聲界
乃至耳觸爲緣所生諸受亦不作集不作散
於耳界不作有量不作无量於聲界乃至耳
觸爲緣所生諸受亦不作有量不作无量於
耳界不作廣不作狹於聲界乃至耳觸爲緣
所生諸受亦不作廣不作狹於耳界不作有
力不作無力於聲界乃至耳觸爲緣所生諸
受亦不作有力不作无力世尊是菩薩摩訶
薩由起此想非行般若波羅蜜多復次世尊
若新學大乘菩薩摩訶薩依般若靜慮精進
安忍淨戒布施波羅蜜多起如是想如是般
若波羅蜜多於鼻界不作大不作小於香界
鼻識界及鼻觸鼻觸爲緣所生諸受亦不作

BD04100號　大般若波羅蜜多經卷一七四　（20–16）

薩由起此想非行般若波羅蜜多復次世尊
若新學大乘菩薩摩訶薩依般若靜慮精進
安忍淨戒布施波羅蜜多起如是想如是般
若波羅蜜多於鼻界不作大不作小於香界
鼻識界及鼻觸鼻觸爲緣所生諸受亦不作
大不作小於鼻界不作集不作散於香界乃
至鼻觸爲緣所生諸受亦不作集不作散於
鼻界不作有量不作无量於香界乃至鼻觸
爲緣所生諸受亦不作有量不作无量於鼻
界不作廣不作狹於香界乃至鼻觸爲緣所
生諸受亦不作廣不作狹於鼻界不作有力
不作无力於香界乃至鼻觸爲緣所生諸受
亦不作有力不作无力世尊是菩薩摩訶薩
由起此想非行般若波羅蜜多復次世尊若
新學大乘菩薩摩訶薩依般若靜慮精進安
忍淨戒布施波羅蜜多起如是想如是般若
波羅蜜多於舌界不作大不作小於味界舌
識界及舌觸舌觸爲緣所生諸受亦不作大
不作小於舌界不作集不作散於味界乃至
舌觸爲緣所生諸受亦不作集不作散於舌
界不作有量不作无量於味界乃至舌觸爲
緣所生諸受亦不作有量不作无量於舌界
不作廣不作狹於味界乃至舌觸爲緣所生
諸受亦不作廣不作狹於舌界不作有力不
作无力於味界乃至舌觸爲緣所生諸受亦
不作有力不作无力世尊是菩薩摩訶薩由
起此想非行般若波羅蜜多復次世尊若新

BD04100號　大般若波羅蜜多經卷一七四　（20–17）

不作廣不作狹於味界乃至舌觸爲緣所生
諸受亦不作廣不作狹於舌界不作有力不
作无力於味界乃至舌觸爲緣所生諸受亦
不作有力不作无力世尊是菩薩摩訶薩由
起此想非行般若波羅蜜多復次世尊若新
學大乘菩薩摩訶薩依般若靜慮精進安忍
淨戒布施波羅蜜多起如是想如是般若波
羅蜜多於身界不作大不作小於觸界身識
界及身觸身觸爲緣所生諸受亦不作大不
作小於身界不作集不作散於觸界乃至身
觸爲緣所生諸受亦不作集不作散於身界
不作有量不作无量於觸界乃至身觸爲緣
所生諸受亦不作有量不作无量於身界不
作廣不作狹於觸界乃至身觸爲緣所生諸
受亦不作廣不作狹於身界不作有力不作
无力於觸界乃至身觸爲緣所生諸受亦不
作有力不作无力世尊是菩薩摩訶薩由起
此想非行般若波羅蜜多復次世尊若新學
大乘菩薩摩訶薩依般若靜慮精進安忍淨
戒布施波羅蜜多起如是想如是般若波羅
蜜多於意界不作大不作小於法界意識界
及意觸意觸爲緣所生諸受亦不作大不作
小於意界不作集不作散於法界乃至意觸
爲緣所生諸受亦不作集不作散於意界不
作有量不作无量於法界乃至意觸爲緣所
生諸受亦不作有量不作无量於意界不作
廣不作狹於法界乃至意觸爲緣所生諸受
亦不作廣不作狹於意界不作有力不作

小於意界不作集不作散於法界乃至意觸
爲緣所生諸受亦不作集不作散於意界不
作有量不作无量於法界乃至意觸爲緣所
生諸受亦不作有量不作无量於意界不作
廣不作狹於法界乃至意觸爲緣所生諸受
亦不作廣不作狹於意界不作有力不作无
力於法界乃至意觸爲緣所生諸受亦不作
有力不作无力世尊是菩薩摩訶薩由起此
想非行般若波羅蜜多
復次世尊若新學大乘菩薩摩訶薩依般
若靜慮精進安忍淨戒布施波羅蜜多起如是
想如是般若波羅蜜多於地界不作大不作
小於水火風空識界亦不作大不作小於地
界不作集不作散於水火風空識界亦不作
集不作散於地界不作有量不作无量於水
火風空識界亦不作有量不作无量於地界
不作廣不作狹於水火風空識界亦不作廣
不作狹於地界不作有力不作无力於水火
風空識界亦不作有力不作無力世尊是菩
薩摩訶薩由起此想非行般若波羅蜜多復
次世尊若新學大乘菩薩摩訶薩依般若
靜慮精進安忍淨戒布施波羅蜜多起如是想
如是般若波羅蜜多於无明不作大不作小
於行識名色六處觸受愛取有生老死愁歎
苦憂惱亦不作大不作小於无明不作集不
作散於行乃至老死愁歎苦憂惱亦不作集
不作散於无明不作有量不作无量於行乃
至老死愁歎

想行識名色六處觸受愛取有生老死愁歎
苦憂惱亦不作大不作小於无明不作集不
作散於行乃至老死愁歎苦憂惱亦不作集
不作散於无明不作有量不作无量於行乃
至老死愁歎苦憂惱亦不作有量不作无量
於无明不作廣不作狹於行乃至老死愁歎
苦憂惱亦不作廣不作狹於无明不作有力
不作无力於行乃至老死愁歎苦憂惱亦不
作有力不作无力世尊是菩薩摩訶薩由起
此想非行般若波羅蜜多復次世尊若新學
大乘菩薩摩訶薩修般若靜慮精進安忍淨
蜜多於施波羅蜜多不作大不作小於淨
戒安忍精進靜慮般若波羅蜜多亦不作大
不作小於布施波羅蜜多不作集不作散於
淨戒乃至般若波羅蜜多亦不作集不作散
於布施波羅蜜多不作有量不作无量於淨
戒乃至般若波羅蜜多亦不作有量不作无
量於布施淨羅蜜多不作廣不作狹於淨戒
乃至般若波羅蜜多亦不作廣不作狹於布
施波羅蜜多不作有力不作无力於淨戒乃
至般若波羅蜜多亦不作有力不作无力世
尊是菩薩摩訶薩由起此想非行般若波
羅蜜多

大般若波羅蜜多經卷第一百七十四

BD04100 號　大般若波羅蜜多經卷一七四　（20–20）

BD04100 號背　勘記　（1–1）

著　録　凡　例

本目錄採用條目式著錄法。諸條目意義如下：

1.1　著錄編號。用漢語拼音首字“BD”表示，意為“北京圖書館藏敦煌遺書”，簡稱“北敦號”。文獻寫在背面者，標註為“背”。一件遺書上抄有多個文獻者，用數字 1、2、3 等標示小號。一號中包括幾件遺書，且遺書形態各自獨立者，用字母 A、B、C 等區別。

1.2　著錄分類號。本條記目錄暫不分類，該項空缺。

1.3　著錄文獻的名稱、卷本、卷次。

1.4　著錄千字文編號。

1.5　著錄縮微膠卷號。

2.1　著錄遺書的總體數據。包括長度、寬度、紙數、正面抄寫總行數與每行字數、背面抄寫總行數與每行字數。如該遺書首尾有殘破，則對殘破部分單獨度量，用加號加在總長度上。凡屬這種情況，長度用括弧標註。

2.2　著錄每紙數據。包括每紙長度及抄寫行數或界欄數。

2.3　著錄遺書的外觀。包括：（1）裝幀形式。（2）首尾存況。（3）護首、軸、軸頭、天竿、縹帶，經名是書寫還是貼簽，有無經名號，扉頁、扉畫。（4）卷面殘破情況及其位置。（5）尾部情況。（6）有無附加物（蟲繭、油污、線繩及其他）。（7）有無裱補及其年代。（8）界欄。（9）修整。（10）其他需要交待的問題。

2.4　著錄一件遺書抄寫多個文獻的情況。

3.1　著錄文獻首部文字與對照本核對的結果。

3.2　著錄文獻尾部文字與對照本核對的結果。

3.3　著錄錄文。

3.4　著錄對文獻的說明。

4.1　著錄文獻首題。

4.2　著錄文獻尾題。

5　著錄本文獻與對照本的不同之處。

6.1　著錄本遺書首部可與另一遺書綴接的編號。

6.2　著錄本遺書尾部可與另一遺書綴接的編號。

7.1　著錄題記、題名、勘記等。

7.2　著錄印章。

7.3　著錄雜寫。

7.4　著錄護首及扉頁的內容。

8　著錄年代。

9.1　著錄字體。如有武周新字、合體字、避諱字等，予以說明。

9.2　著錄卷面二次加工的情況。包括句讀、點標、科分、間隔號、行間加行、行間加字、硃筆、墨塗、倒乙、刪除、兑廢等。

10　著錄敦煌遺書發現後，近現代人所加內容，裝裱、題記、印章等。

11　備註。著錄揭裱互見、圖版本出處及其他需要說明的問題。

上述諸條，有則著錄，無則空缺。

為避文繁，上述著錄中出現的各種參考、對照文獻，暫且不列版本說明。全目結束時，將統一編制本條記目錄出現的各種參考書目。

本條記目錄為農曆年份標註其公曆紀年時，未進行歲頭年末之換算，請讀者使用時注意自行換算。

條　記　目　錄

BD04001—BD04100

1.1　BD04001 號
1.3　佛頂尊勝陀羅尼經（佛陀波利本）
1.4　麗 001
1.5　229:7355
2.1　（57.3+2）×25.8 厘米；2 紙；33 行，行 17 字。
2.2　01：49.9，28；　02：7.4+2，05。
2.3　卷軸裝。首脱尾殘。經黄打紙。第 1 紙下有破裂，通卷天頭地腳殘破。第 1 紙背有古代裱補。有烏絲欄。
3.1　首殘→大正 967，19/352B12。
3.2　尾行中殘→19/351A24。
3.4　説明：
與《大正藏》本相比，首 10 行咒語不同。本號咒語略相當於《大正藏》本所附宋本，參見大正 19/352B12～23。其後 23 行經文與《大正藏》本相同，參見大正 19/351A～24。
8　7～8 世紀。唐寫本。
9.1　楷書。
11　圖版：《敦煌寶藏》，105/588A～B。

1.1　BD04002 號
1.3　妙法蓮華經卷一
1.4　麗 002
1.5　105:4695
2.1　（3.9+76）×24.9 厘米；2 紙；50 行，行 20 字（偈頌）。
2.2　01：3.9+35.3，26；　02：40.7，24。
2.3　卷軸裝。首殘尾全。紙張受潮多褶皺。首紙有破裂及 2 殘洞，尾紙有殘洞。有燕尾。有烏絲欄。
3.1　首 2 行上下殘→大正 262，9/9B10～13。
3.2　尾全→9/10B21。
4.2　妙法蓮華經卷第一（尾）。
8　8 世紀。唐寫本。
9.1　楷書。
11　圖版：《敦煌寶藏》，85/296B～297B。

1.1　BD04003 號
1.3　大方便佛報恩經卷三
1.4　麗 003
1.5　052:0452
2.1　（10.5+704.1）×26 厘米；18 紙；417 行，行 17 字。
2.2　01：10.5+3.5，8；　02：40.3，24；　03：40.9，24；
04：41.0，24；　05：41.3，24；　06：41.0，24；
07：41.3，24；　08：41.3，24；　09：41.3，24；
10：41.2，25；　11：41.4，24；　12：41.5，24；
13：41.5，24；　14：41.5，24；　15：41.3，24；
16：41.5，24；　17：41.5，24；　18：40.8，24。
2.3　卷軸裝。首尾均殘。前 4 紙上部殘缺嚴重，第 14、15 紙上部破裂。通卷焦脆。有烏絲欄。已修整。
3.1　首 6 行上下殘→大正 156，3/137A25～B1。
3.2　尾行中殘→3/142B11。
8　7～8 世紀。唐寫本。
9.1　楷書。
11　圖版：《敦煌寶藏》，59/220B～230A。

1.1　BD04004 號
1.3　佛頂尊勝陀羅尼經（佛陀波利本）
1.4　麗 004
1.5　229:7362
2.1　（2.1+160.7）×25.8 厘米；4 紙；92 行，行 17 字。
2.2　01：2.1+39.3，23；　02：50.3，28；　03：50.3，28；
04：20.8，13。
2.3　卷軸裝。首殘尾全。經黄打紙。第 1 紙天頭地腳殘破。第 1、2 紙接縫處上開裂。尾有蟲繭 2 處。有燕尾。有烏絲欄。
3.1　首行下殘→大正 967，19/351A24。
3.2　尾全→19/352A26。
4.2　佛頂尊勝陀羅尼經（尾）。
8　7～8 世紀。唐寫本。
9.1　楷書。

11　圖版：《敦煌寶藏》，105/602A～604A。

1.1　BD04005 號
1.3　大般若波羅蜜多經卷二七二
1.4　麗 005
1.5　084:2735
2.1　411.4×25.8 厘米；9 紙；231 行，行 17 字。
2.2　01：48.5，28；　02：48.3，28；　03：48.5，28；
04：48.3，28；　05：48.5，28；　06：48.3，28；
07：47.3，28；　08：48.5，28；　09：25.2，07。
2.3　卷軸裝。首脫尾全。第 1、4 紙下邊略殘，多處接縫處有開裂。有燕尾。有烏絲欄。
3.1　首殘→大正 220，6/379A1。
3.2　尾全→6/381B29。
4.2　大般若波羅蜜多經卷第二百七十二（尾）。
8　8～9 世紀。吐蕃統治時期寫本。
9.1　楷書。
11　圖版：《敦煌寶藏》，74/578B～583B。

1.1　BD04006 號
1.3　大般若波羅蜜多經卷八三
1.4　麗 006
1.5　084:2235
2.1　139.5×25.9 厘米；3 紙；75 行，行 17 字。
2.2　01：48.0，28；　02：47.5，28；　03：44.0，19。
2.3　卷軸裝。首脫尾全。接縫處有開裂。尾有原軸，兩端塗硃漆。有燕尾。有烏絲欄。
3.1　首殘→大正 220，5/467A20。
3.2　尾全→5/468A6。
4.2　大般若波羅蜜多經卷第八十三（尾）。
6.1　首→BD04207 號。
8　8～9 世紀。吐蕃統治時期寫本。
9.1　楷書。
11　圖版：《敦煌寶藏》，72/388A～389B。

1.1　BD04007 號
1.3　思益梵天所問經（兌廢稿）卷三
1.4　麗 007
1.5　387:8515
2.1　49.5×28 厘米；1 紙；29 行，行 17 字。
2.3　卷軸裝。首尾均脫。有烏絲欄。
3.1　首殘→大正 586，15/48C3。
3.2　尾殘→15/49A5。
8　9～10 世紀。歸義軍時期寫本。
9.1　楷書。
9.2　有硃筆行間加行。
11　圖版：《敦煌寶藏》，110/493B～494A。

1.1　BD04008 號
1.3　無量壽宗要經
1.4　麗 008
1.5　275:8162
2.1　34×31 厘米；2 紙；20 行，行 30 餘字。
2.2　01：02.4，01；　02：31.6，19。
2.3　卷軸裝。首殘尾斷。上下邊有殘損。有烏絲欄。
3.1　首殘→大正 936，19/82C7。
3.2　尾殘→19/83B1。
8　8～9 世紀。吐蕃統治時期寫本。
9.1　行楷。
11　圖版：《敦煌寶藏》，109/167A。

1.1　BD04009 號
1.3　大乘入楞伽經卷三
1.4　麗 009
1.5　038:0349
2.1　（6+426.5）×26 厘米；10 紙；265 行，行 17 字。
2.2　01：6+31.5，23；　02：46.0，29；　03：46.0，29；
04：49.8，29；　05：46.0，29；　06：45.8，28；
07：45.8，28；　08：41.6，27；　09：41.5，27；
10：32.5，16。
2.3　卷軸裝。首殘尾全。卷首殘破嚴重。有燕尾。有烏絲欄，甚淡。
3.1　首 3 行中殘→大正 672，16/603C25～28。
3.2　尾全→16/607B15。
4.2　大乘入楞伽經卷第三（尾）。
8　8 世紀。唐寫本。
9.1　楷書。
11　圖版：《敦煌寶藏》，58/259A～264B。

1.1　BD04010 號
1.3　大辯邪正經
1.4　麗 010
1.5　300:8297
2.1　（14+291）×25 厘米；8 紙；201 行，行 18 字。
2.2　01：14+27，27；　02：42.0，28；　03：42.2，28；
04：42.5，28；　05：42.3，28；　06：42.0，28；
07：41.5，28；　08：11.5，06。
2.3　卷軸裝。首殘尾全。卷首下部殘缺。有燕尾。有烏絲欄。
3.1　首 9 行下殘→大正 2893，85/1410C24～1411A2。
3.2　尾全→85/1413A28。
4.1　佛說大辯邪正法門品□…□（首）。
4.2　佛說大辯邪正經（尾）。
8　8 世紀。唐寫本。
9.1　楷書。
9.2　有校補。有行間校加字。有倒乙符號。

11　圖版：《敦煌寶藏》，109/566A～570A。

1.1　BD04011 號
1.3　小品般若波羅蜜經（異卷）卷九
1.4　麗 011
1.5　089:3480
2.1　（11.2+264.3）×26.3 厘米；6 紙；152 行，行 17 字。
2.2　01：11.2+31，24；　02：48.1，28；　03：47.8，28；
04：48.1，28；　05：47.7，28；　06：41.6，16。
2.3　卷軸裝。首殘尾全。經黄打紙，研光上蠟。卷首下部殘缺，第 3 紙有 1 殘洞，4 紙下有 1 處破損，接縫處有開裂。有燕尾。有烏絲欄。
3.1　首 6 行上下殘→大正 227，8/582B8～14。
3.2　尾全→8/584A19。
4.2　小品經卷第九（尾）。
5　與《大正藏》本對照，分卷不同，所存經文相當於卷一〇第二七品後半部。
8　7～8 世紀。唐寫本。
9.1　楷書。
11　圖版：《敦煌寶藏》，78/197B～201A。

1.1　BD04012 號
1.3　妙法蓮華經卷六
1.4　麗 012
1.5　105:5705
2.1　（11.5+71）×25 厘米；2 紙；50 行，行 17 字。
2.2　01：11.5+25，22；　02：46.0，28。
2.3　卷軸裝。首殘尾脱。經黄紙。第 1 紙上邊殘缺。接縫處上邊開裂。有烏絲欄。
3.1　首 7 行上殘→大正 262，9/46C26～47A3。
3.2　尾殘→9/47C8。
8　7～8 世紀。唐寫本。
9.1　楷書。
11　圖版：《敦煌寶藏》，94/357A～358A。

1.1　BD04013 號
1.3　金剛般若波羅蜜經
1.4　麗 013
1.5　094:4420
2.1　68.1×24.5 厘米；2 紙；45 行，行 17 字。
2.2　01：38.8，26；　02：29.3，19。
2.3　卷軸裝。首尾均殘。通卷上殘。有烏絲欄。已修整。
3.1　首殘→大正 235，8/748C17。
3.2　尾殘→8/749B9。
4.1　□□□若波羅蜜經（首）。
8　7～8 世紀。唐寫本。
9.1　楷書。

11　圖版：《敦煌寶藏》，83/146A～B。

1.1　BD04014 號
1.3　金剛般若波羅蜜經
1.4　麗 014
1.5　094:4204
2.1　（1.5+245.8）×25 厘米；7 紙；140 行，行 17 字。
2.2　01：1.5+11，7；　02：41.8，25；　03：42.0，24；
04：42.0，24；　05：42.0，25；　06：42.0，25；
07：25.0，10。
2.3　卷軸裝。首殘尾全。尾有原軸，兩端鑲蓮蓬形軸頭，軸頭螺鈿嵌花已殘。接縫處有開裂。有烏絲欄。
3.1　首行下殘→大正 235，8/750C23。
3.2　尾全→8/752C3。
4.2　金剛般若波羅蜜經（尾）。
5　與《大正藏》本對照，本卷經文無冥司偈，參見《大正藏》，8/751C16～19。
8　7～8 世紀。唐寫本。
9.1　楷書。
11　圖版：《敦煌寶藏》，82/393B～396B。

1.1　BD04015 號
1.3　大般若波羅蜜多經卷五七四
1.4　麗 015
1.5　084:3371
2.1　（9.2+313.4）×29.4 厘米；8 紙；227 行，行 33～35 字。
2.2　01：9.2+27.3，27；　02：40.9，30；　03：40.9，30；
04：40.8，30；　05：40.9，30；　06：40.9，30；
07：40.9，30；　08：40.8，20。
2.3　卷軸裝。首殘尾全。首紙有殘損，天頭地腳有殘損。有烏絲欄。
3.1　首 7 行上殘→大正 220，7/964A27～B10。
3.2　尾全→7/969A23。
4.2　大般若波羅蜜多經卷第五百七十四（尾）。
8　7～8 世紀。唐寫本。
9.1　楷書。有武周新字“證”、“聖”、“人”、“天”、“地”、“正”，有些字使用周遍，有些字使用不周遍。
9.2　有硃筆校改。
11　圖版：《敦煌寶藏》，77/427A～430B。

1.1　BD04016 號
1.3　光讚經（兑廢稿）卷八
1.4　麗 016
1.5　087:3423
2.1　48.9×25.9 厘米；1 紙；26 行，行 17 字。
2.3　卷軸裝。首尾均脱。尾有餘空。有烏絲欄。
3.1　首殘→大正 222，8/200A9。

3.2　尾缺→8/200B7。
5　與《大正藏》本對照，本件有缺文，參見 8/200B5“共”~B6“逮”。
8　8 世紀。唐寫本。
9.1　楷書。卷上方有 2 處寫有“兑”字。
11　圖版：《敦煌寶藏》，77/554A。

1.1　BD04017 號
1.3　大佛頂如來密因修證了義諸菩薩萬行首楞嚴經卷一〇
1.4　麗 017
1.5　237:7430
2.1　(6.5+252.6)×28.8 厘米；6 紙；146 行，行 17 字。
2.2　01：6.5+17.4，14；　02：47.3，28；　03：46.9，28；　04：47.0，28；　05：47.2，28；　06：46.8，20。
2.3　卷軸裝。首殘尾全。未入潢。卷首殘破。卷面多污塵。尾紙有破裂及 2 殘洞。卷背有粘損紙片。有烏絲欄。
3.1　首 4 行中下殘→大正 945，19/153C4~7。
3.2　尾全→19/155B4。
4.2　大佛頂萬行首楞嚴經卷第十（尾）。
8　8~9 世紀。吐蕃統治時期寫本。
9.1　楷書。
11　圖版：《敦煌寶藏》，106/241A~244A。

1.1　BD04018 號
1.3　佛名經（十六卷本）卷一一
1.4　麗 018
1.5　063:0716
2.1　(3+170.1+1.5)×28.2 厘米；4 紙；106 行，行 17 字。
2.2　01：3+33，22；　02：46.3，28；　03：46.3，28；　04：44.5+1.5，28。
2.3　卷軸裝。首尾均殘。卷首殘破嚴重。有烏絲欄。
3.1　首 2 行上下殘→《七寺古逸經典研究叢書》，3/538 頁第 5 行。
3.2　尾 1 行中下殘→《七寺古逸經典研究叢書》，3/544 頁第 83 行。
5　與《七寺古逸經典研究叢書》本對照，本件有重複抄寫處，參見 3/539 頁第 24 行~542 頁第 45 行。
7.1　卷首紙背寫有：“《佛名經》第八頭末毛（?）”。
8　9~10 世紀。歸義軍時期寫本。
9.1　楷書。
11　圖版：《敦煌寶藏》，61/510B~513A。

1.1　BD04019 號
1.3　金光明最勝王經卷二
1.4　麗 019
1.5　083:1545
2.1　(4.6+150.4)×27.1 厘米；4 紙；94 行，行 17 字。
2.2　01：4.6+28.4，20；　02：46.6，28；　03：46.8，28；　04：28.6，18。
2.3　卷軸裝。首尾均殘。紙張焦脆。首紙上有殘損及多個殘洞，尾紙下有 2 個殘洞。有烏絲欄。已修整。
3.1　首 3 行上下殘→大正 665，16/409A13~16。
3.2　尾行殘→16/410A25~26。
8　8~9 世紀。吐蕃統治時期寫本。
9.1　楷書。
11　圖版：《敦煌寶藏》，68/364B~366A。
12　《敦煌寶藏》卷首未拍完。

1.1　BD04020 號
1.3　維摩詰所說經卷中
1.4　麗 020
1.5　070:1078
2.1　(29.4+912)×25.5 厘米；22 紙；576 行，行 17 字。
2.2　01：27.4，17；　02：2+43.5，28；　03：46.0，28；　04：46.0，28；　05：45.5，28；　06：45.5，28；　07：45.5，28；　08：45.5，28；　09：45.5，28；　10：45.5，28；　11：45.5，28；　12：45.5，28；　13：45.5，28；　14：45.5，28；　15：45.5，28；　16：45.5，28；　17：45.5，28；　18：45.5，28；　19：45.5，28；　20：45.5，28；　21：43.5，27；　22：05.0，拖尾。
2.3　卷軸裝。首殘尾全。卷首殘破嚴重。卷中上邊有鼠嚙殘缺。卷尾有油污，有蟲繭。背有現代裱補。有烏絲欄。
3.1　首 18 行中下殘→大正 475，14/544B5~26。
3.2　尾全→14/551C27。
4.2　維摩詰經卷中（尾）。
8　9~10 世紀。歸義軍時期寫本
9.1　楷書。
11　圖版：《敦煌寶藏》，65/117B~130A。

1.1　BD04021 號
1.3　大般若波羅蜜多經卷三八二
1.4　麗 021
1.5　084:3041
2.1　(2+587.7)×25.9 厘米；13 紙；329 行，行 17 字。
2.2　01：2+17.2，11；　02：47.8，28；　03：47.8，28；　04：47.6，28；　05：47.5，28；　06：47.5，28；　07：47.5，28；　08：47.6，28；　09：47.5，28；　10：47.5，28；　11：47.5，28；　12：47.7，28；　13：47.0，10。
2.3　卷軸裝。首殘尾全。第 1 至 4 紙上有等距離燒灼殘洞，下有等距離燒灼殘缺；第 5 至 7 紙地腳有等距離燒灼殘缺；第 12、13 紙接縫處下開裂；卷尾上有破裂，地腳殘缺；卷尾背上端有一個殘字。有烏絲欄。

3.1 首行上下殘→大正 220，6/973C19。
3.2 尾全→6/977B26。
4.2 大般若波羅蜜多經卷第三百八十二（尾）。
8 8～9 世紀。吐蕃統治時期寫本。
9.1 楷書。
9.2 有刮改。
11 圖版：《敦煌寳藏》，76/172B～180A。

1.1 BD04022 號
1.3 妙法蓮華經卷三
1.4 麗 022
1.5 105:5046
2.1 （4+136.9）×25.9 厘米；3 紙；84 行，行 17 字。
2.2 01：4+42.3，28； 02：46.4，28； 03：48.2，28。
2.3 卷軸裝。首尾均殘。有烏絲欄，劃得較自由，不規整。
3.1 首 2 行上殘→大正 262，9/19C20～21。
3.2 尾殘→9/21A11。
8 8～9 世紀。吐蕃統治時期寫本。
9.1 楷書。
9.2 有刮改。
11 圖版：《敦煌寳藏》，88/381A～383A。

1.1 BD04023 號
1.3 大般若波羅蜜多經卷三六〇
1.4 麗 023
1.5 084:2995
2.1 （1.9+188.9）×25.9 厘米；5 紙；113 行，行 17 字。
2.2 01：1.9+43.1，28； 02：45.0，28； 03：45.0，28； 04：45.0，28； 05：10.8，01。
2.3 卷軸裝。首殘尾全。有燕尾。有烏絲欄。
3.1 首行下殘→大正 220，6/857B14。
3.2 尾全→6/858C9。
4.2 大般若波羅蜜多經卷第三百六十（尾）。
6.1 首→BD03796。
8 8～9 世紀。吐蕃統治時期寫本。
9.1 楷書。
11 圖版：《敦煌寳藏》，76/53B～55B。

1.1 BD04024 號
1.3 金剛般若波羅蜜經（僞卷）
1.4 麗 024
1.5 094:3834
2.1 80.8×25.3 厘米；2 紙；45 行，行 17 字。
2.2 01：39.0，22； 02：41.8，23。
2.3 卷軸裝。全卷焦脆。修整時把比較完整的兩紙通卷托裱，故大部分文字可識。另有無法修復的焦脆殘渣一堆（圖版第 4 拍）。從字體觀察，與割截僞造 BD04120 號者當為同一人。
3.4 説明：
第 1～22 行，相當於大正 235，8/749 行 C22～750A16。第 23～45 行，相當於大正 235，8/749B21～C15。
8 20 世紀。現代僞造寫本。
9.1 隸楷。
9.2 有刪除符號。
11 圖版：《敦煌寳藏》，80/510B。

1.1 BD04025 號
1.3 妙法蓮華經度量天地品
1.4 麗 025
1.5 106:6191
2.1 （1.5+146.7）×25 厘米；4 紙；60 行，行 20 字（偈頌）。
2.2 01：01.5，01； 02：49.0，28； 03：49.0，28； 04：48.7，03。
2.3 卷軸裝。首殘尾全。經黄打紙。通卷上下邊火灼焦脆。尾有原軸，兩端塗棕色漆。有烏絲欄。
3.4 説明：
本號首 1 行上殘，尾全。乃疑僞經，未為歷代大藏經所收。
4.2 妙法蓮華經度量天地品（尾）。
8 7～8 世紀。唐寫本。
9.1 楷書。
11 圖版：《敦煌寳藏》，97/225B～227A。

1.1 BD04026 號
1.3 梵網經盧舍那佛説菩薩心地戒品第十卷下
1.4 麗 026
1.5 143:6724
2.1 133.5×25 厘米；4 紙；75 行，行 17 字。
2.2 01：06.0，03； 02：42.5，24； 03：42.5，24； 04：42.5，24。
2.3 卷軸裝。首殘尾脱。第 1、2 紙接縫上中部開裂，第 4 紙上部破裂。有烏絲欄。已修整。
3.1 首殘→大正 1484，24/1005B6。
3.2 尾殘→24/1006B4。
7.1 尾紙行間有兩個淡墨題名“道岌”、“道◇”。
8 7 世紀。唐寫本。
9.1 楷書。
11 圖版：《敦煌寳藏》，101/346A～347B。

1.1 BD04027 號
1.3 妙法蓮華經度量天地品
1.4 麗 027
1.5 409:8563
2.1 42.3×26.2 厘米；1 紙；24 行，行 20 字。
2.3 卷軸裝。首尾均脱。卷面有殘破及殘洞。有烏絲欄。
3.4 説明：

本號首尾均殘。乃疑僞經，未為歷代大藏經所收。
8　7～8 世紀。唐寫本。
9.1　楷書。
11　圖版：《敦煌寶藏》，110/587B。

1.1　BD04028 號
1.3　妙法蓮華經卷七
1.4　麗 028
1.5　105:5925
2.1　142.5×26.5 厘米；4 紙；77 行，行 17 字。
2.2　01：45.5，24；　02：46.0，25；　03：45.5，25；
　　04：05.5，03。
2.3　卷軸裝。首脱尾斷。上邊有等距離殘破。後 3 紙接縫中間開裂。
3.1　首殘→大正 262，9/55C9。
3.2　尾殘→9/56C1。
8　9～10 世紀。歸義軍時期寫本。
9.1　楷書。
11　圖版：《敦煌寶藏》，96/51B～53A。

1.1　BD04029 號
1.3　瑜伽師地論卷五一
1.4　麗 029
1.5　201:7213
2.1　(23.1+260.5)×31 厘米；7 紙；188 行，行 23～26 字。
2.2　01：23.1+22.8，29；　02：44.7，30；　03：44.8，30；
　　04：44.8，30；　05：44.8，30；　06：44.7，30；
　　07：13.9，09。
2.3　卷軸裝。首全尾斷。卷首殘缺嚴重，第 2 紙有破裂，卷尾有油污。有烏絲欄。
3.1　首 14 行下殘→大正 1579，30/579A03～28。
3.2　尾殘→30/582B18。
4.1　瑜伽師地論卷第五十一，彌勒菩薩說，沙門□…□/攝決擇分中五識身相應地意地之一（首）。
8　9～10 世紀。歸義軍時期寫本。
9.1　楷書。
9.2　有硃墨筆行間校加字。有硃筆科分、校改。
11　圖版：《敦煌寶藏》，104/593A～596B。

1.1　BD04030 號
1.3　金剛般若波羅蜜經
1.4　麗 030
1.5　094:3613
2.1　517.7×26 厘米；11 紙；289 行，行 17 字。
2.2　01：18.6，11；　02：49.9，28；　03：50.0，28；
　　04：49.7，28；　05：50.0，28；　06：50.0，28；
　　07：50.0，28；　08：50.0，28；　09：50.0，28；
　　10：50.0，28；　11：49.5，26。
2.3　卷軸裝。首殘尾全。經黄紙。第 2、3 紙接縫處開裂。卷上部有水漬，卷尾下部有蟲繭。有烏絲欄。
3.1　首殘→大正 235，8/749A7。
3.2　尾全→8/752C3。
4.2　金剛般若波羅蜜經（尾）。
5　與《大正藏》本對照，本卷經文無冥司偈，參見《大正藏》，8/751C16～19。
8　7～8 世紀。唐寫本。
9.1　楷書。
11　圖版：《敦煌寶藏》，79/142B～149A。

1.1　BD04031 號
1.3　大方廣佛華嚴經（晉譯五十卷本）卷一
1.4　麗 031
1.5　001:0001
2.1　(1.3+605.4)×25.5 厘米；16 紙；366 行，行 17 字。
2.2　01：1.3+12.3，9；　02：40.5，25；　03：36.5，22；
　　04：40.8，25；　05：41.0，25；　06：41.0，25；
　　07：40.8，25；　08：41.0，25；　09：41.0，25；
　　10：41.0，25；　11：41.0，25；　12：39.7，24；
　　13：40.8，25；　14：41.0，25；　15：41.0，25；
　　16：26.0，11。
2.3　卷軸裝。首殘尾全。紙張薄而柔韌。有烏絲欄。已修整。
3.1　首 1 行上殘→大正 278，9/397A22。
3.2　尾全→9/401C16。
4.2　華嚴經卷第一（尾）。
5　與《大正藏》對照，分卷不同，相當於卷一《世間淨眼品第一之一》的後部分及卷二《世間淨眼品第一之二》的前部分。本件《世間淨眼品》不分細目。分卷與日本宮內寮本相同。
8　5～6 世紀。南北朝寫本。
9.1　楷書。
9.2　有重文符號。有校改。有行間校加字。
11　圖版：《敦煌寶藏》，56/1A～9A。

1.1　BD04032 號
1.3　金光明最勝王經卷四
1.4　麗 032
1.5　083:1704
2.1　(2+113.2)×26 厘米；3 紙；57 行，行 17 字。
2.2　01：2+35，22；　02：46.7，28；　03：31.5，07。
2.3　卷軸裝。首殘尾全。尾有原軸，兩端鑲嵌蓮蓬形軸頭。有烏絲欄。
3.1　首行下殘→大正 665，16/421C6～7。
3.2　尾全→16/422B21。
4.2　金光明最勝王經卷第四（尾）。
8　8～9 世紀。吐蕃統治時期寫本。

9.1 楷書。
11 圖版：《敦煌寶藏》，69/329B～330B。

1.1 BD04033 號
1.3 大般若波羅蜜多經卷二二二
1.4 麗 033
1.5 084:2570
2.1 （432.5＋6.5）×27.8 厘米；9 紙；250 行，行 17 字。
2.2 01：49.5，26； 02：49.0，28； 03：49.1，28；
04：49.1，28； 05：49.0，28； 06：49.1，28；
07：48.2，28； 08：48.5，28； 09：41＋6.5，28。
2.3 卷軸裝。首全尾殘。首紙橫向破裂、天頭地腳殘缺。尾紙上有等距離殘缺，地腳殘缺。第 7 紙以後紙質字迹與以前紙不同。有烏絲欄。已修整。
3.1 首全→大正 220，6/112A17。
3.2 尾 4 行上下殘→9/115A9～13。
4.1 大般若波羅蜜多經卷第二百二，/初分難信解品第卅四之卌一，三藏法師玄奘奉詔譯（首）。
5 與《大正藏》對照，本件內容相當於大般若波羅蜜多經卷第二百二十二，首題漏寫“廿”。
8 9～10 世紀。歸義軍時期寫本。
9.1 楷書。
9.2 有行間校加字。有刮改、刪除符號。
11 圖版：《敦煌寶藏》，74/100B～106A。

1.1 BD04034 號
1.3 金光明最勝王經卷七
1.4 麗 034
1.5 083:1825
2.1 （12＋497.8）×45.3 厘米；12 紙；293 行，行 17 字。
2.2 01：12＋26，22； 02：49.0，28； 03：49.0，28；
04：49.0，28； 05：49.0，28； 06：48.8，28；
07：48.9，28； 08：49.1，28； 09：49.0，28；
10：48.8，28； 11：20.2，11； 12：11.0，08。
2.3 卷軸裝。首殘尾斷。經黃打紙，砑光上蠟。卷前部有等距離殘洞。尾紙紙質、字體與全卷異。有烏絲欄。
3.1 首 7 行下殘→大正 665，16/433A19～26。
3.2 尾殘→16/437A19。
8 7～8 世紀。唐寫本。
9.1 楷書。
9.2 有行間校加字。
11 圖版：《敦煌寶藏》，70/222B～229A。

1.1 BD04035 號
1.3 大般若波羅蜜多經卷三九〇
1.4 麗 035
1.5 084:3050
2.1 529.2×25.5 厘米；12 紙；313 行，行 17 字。
2.2 01：46.7，28； 02：46.5，28； 03：46.5，28；
04：46.7，28； 05：46.5，28； 06：48.0，28；
07：48.0，28； 08：48.0，28； 09：48.1，28；
10：47.0，28； 11：47.2，28； 12：10.0，05。
2.3 卷軸裝。首殘尾全。第 1 紙下有破裂，天頭地腳有殘缺。卷中多處地腳殘破。背有古代裱補。有烏絲欄。
3.1 首殘→大正 220，6/1017A12。
3.2 尾全→6/1020C3。
8 8～9 世紀。吐蕃統治時期寫本。
9.1 楷書。有武周新字“正”，使用不周遍。
11 圖版：《敦煌寶藏》，76/216A～222B。

1.1 BD04036 號
1.3 大般涅槃經（北本　異卷）卷一七
1.4 麗 036
1.5 117:6578
2.1 175.9×25.5 厘米；4 紙；99 行，行 17 字。
2.2 01：46.7，28； 02：46.7，28； 03：46.5，28；
04：36.0，15。
2.3 卷軸裝。首脫尾全。經黃紙。有燕尾。有烏絲欄。
3.1 首殘→大正 374，12/467C5。
3.2 尾全→12/468C25。
4.2 大般涅槃經卷第十七（尾）。
5 與《大正藏》本對照，分卷不同。經文相當於《大正藏》卷第十七梵行品第八之三至卷第十八梵行品第八之四。分卷與《思溪藏》、《普寧藏》、《嘉興藏》本相同。
8 7～8 世紀。唐寫本。
9.1 楷書。
11 圖版：《敦煌寶藏》，100/384B～386B。

1.1 BD04037 號
1.3 大乘稻竿經
1.4 麗 037
1.5 058:0473
2.1 （2.3＋195.6）×26.8 厘米；4 紙；127 行，行 18～20 字。
2.2 01：2.3＋47.6，31； 02：49.5，32； 03：49.5，32；
04：49.0，32。
2.3 卷軸裝。首殘尾脫。有烏絲欄。
3.1 首行中殘→大正 712，16/824A22。
3.2 尾殘→16/825C8。
5 與《大正藏》本對照，文句略有不同。
6.1 首→BD03813 號。
8 8～9 世紀。吐蕃統治時期寫本。
9.1 楷書。
11 圖版：《敦煌寶藏》，59/297B～300A。

1.1 BD04038 號
1.3 佛名經（十六卷本）卷六
1.4 麗 038
1.5 063:0663
2.1 296.5×25.5 厘米；6 紙；168 行，行 17 字。
2.2 01：49.6，28； 02：49.6，28； 03：49.6，28；
04：49.2，28； 05：49.5，28； 06：49.0，28。
2.3 卷軸裝。首尾均脱。經黄打紙。第 4 紙上方破裂。背上部有古代裱補。有烏絲欄。
3.1 首殘→《七寺古逸經典研究叢書》，3/278 頁第 111 行。
3.2 尾殘→《七寺古逸經典研究叢書》，3/291 頁第 278 行。
6.2 尾→BD04169 號。
8 7～8 世紀。唐寫本。
9.1 楷書。
9.2 有行間校加字。
11 圖版：《敦煌寶藏》，61/75B～79B。

1.1 BD04039 號
1.3 灌頂章句拔除過罪生死得度經
1.4 麗 039
1.5 250:7506
2.1 （2+133.1）×25.5 厘米；4 紙；81 行，行 17 字。
2.2 01：2+29.9，19； 02：46.4，28； 03：46.4，28；
04：10.4，06。
2.3 卷軸裝。首尾均殘。經黄打紙。有烏絲欄。
3.1 首行下殘→大正 1331，21/534A15～16；
3.2 尾殘→21/535A10。
8 7～8 世紀。唐寫本。
9.1 楷書。
11 圖版：《敦煌寶藏》，106/523A～524B。

1.1 BD04040 號
1.3 八相成道變文（擬）
1.4 麗 040
1.5 459:8671
2.1 573.5×30 厘米；15 紙；276 行，行 19 字。
2.2 01：43.0，25； 02：43.5，23； 03：42.5，22；
04：42.5，22； 05：42.5，20； 06：39.0，19；
07：26.5，13； 08：18.0，09； 09：43.0，20；
10：38.5，18； 11：43.0，21； 12：39.0，20；
13：38.0，18； 14：32.0，17； 15：42.5，09。
2.3 卷軸裝。首尾均全。第 2、3 紙間接縫處開裂。本件前後紙質多有不同。
3.1 首全→《敦煌變文集》，第 329 頁第 2 行。
3.2 尾全→《敦煌變文集》，第 342 頁第 7 行。
7.3 卷尾背有“丙午年五（正?）月十五日”幾字。卷背有雜寫“弟弟”、“爾時婆”。
8 9～10 世紀。歸義軍時期寫本。
9.1 行楷。
9.2 有硃筆行間加行。有硃筆點標、刪除符號。有硃墨筆行間校加字、重文號。有墨筆塗抹。
11 圖版：《敦煌寶藏》，111/137B～145B。

1.1 BD04041 號
1.3 四分比丘尼戒本
1.4 麗 041
1.5 157:6932
2.1 （2+180+1.5）×25 厘米；6 紙；114 行，行 19 字。
2.2 01：02.0，01； 02：45.0，28； 03：45.0，28；
04：45.0，28； 05：45.0，28； 06：01.5，01。
2.3 卷軸裝。首尾均殘。卷首殘破嚴重。第 2 紙上下有破裂。有烏絲欄。
3.1 首 1 行上殘→大正 1431，22/1031B16。
3.2 尾 1 行上下殘→22/1033A16。
8 8～9 世紀。吐蕃統治時期寫本。
9.1 楷書。
9.2 有行間校加字。
11 圖版：《敦煌寶藏》，102/601B～604A。

1.1 BD04042 號
1.3 妙法蓮華經（羅什原本）卷六
1.4 麗 042
1.5 105:5356
2.1 （4.5+710.4）×24.8 厘米；14 紙；426 行，行 17 字。
2.2 01：4.5+35.8，25； 02：51.8，32； 03：52.2，33；
04：51.8，33； 05：51.8，33； 06：52.0，32；
07：52.2，32； 08：52.0，32； 09：52.0，32；
10：51.8，32； 11：52.0，32； 12：52.0，32；
13：52.0，32； 14：51.0，14。
2.3 卷軸裝。首殘尾全。首紙有殘洞及古代裱補。尾紙部分未染潢。尾有原軸，兩端塗黑漆，頂端點硃漆。
3.1 首 3 行上殘→大正 262，9/32B23～25。
3.2 尾全→9/39C17。
4.2 妙法蓮華經卷第六（尾）。
5 與《大正藏》對照，分品分卷不同。本件相當於卷第四《見寶塔品》第十一大部分及《勸持品》第十三全文、卷第五《安樂行品》第十四全文。本件無提婆達多品。故本號乃尚未補入《提婆達多品》之前的羅什原本。
8 5～6 世紀。南北朝寫本。
9.1 楷書。
9.2 有行間校加字。
11 圖版：《敦煌寶藏》，91/124B～135B。

1.1 BD04043 號

1.3　金剛般若波羅蜜經
1.4　麗 043
1.5　094:3866
2.1　(8.5+94.7+10)×26.5 厘米；3 紙；68 行，行 17 字。
2.2　01：8.5+29，22；　02：46.0，28；　03：19.7+10，18。
2.3　卷軸裝。首尾均殘。通卷上下邊殘缺嚴重，卷面多黴點。有烏絲欄。
3.1　首 4 行上殘→大正 235，8/749B26～29。
3.2　尾 6 行下殘→8/750B6～10。
6.3　本卷與 BD04045 號爲同一文獻，但不能綴接。
8　7～8 世紀。唐寫本。
9.1　楷書。
11　圖版：《敦煌寶藏》，80/657A～658A。

1.1　BD04044 號
1.3　妙法蓮華經卷一
1.4　麗 044
1.5　105:4692
2.1　139.6×27 厘米；3 紙；67 行，行 20 字（偈）。
2.2　01：48.1，28；　02：47.8，28；　03：43.7，11。
2.3　卷軸裝。首脱尾全。卷尾有殘缺。有燕尾。有烏絲欄。
3.1　首殘→大正 262，9/9A5。
3.2　尾全→9/10B21。
4.2　妙法蓮華經卷第一（尾）。
8　9～10 世紀。歸義軍時期寫本。
9.1　楷書。
11　圖版：《敦煌寶藏》，85/292A～293B。

1.1　BD04045 號
1.3　金剛般若波羅蜜經
1.4　麗 045
1.5　094:4140
2.1　(7.5+88.5+2)×26 厘米；3 紙；59 行，行 17 字。
2.2　01：7.5+31，23；　02：46.0，28；　03：11.5+2，08。
2.3　卷軸裝。首尾均殘。通卷污穢、殘損嚴重，上下邊多殘缺，上邊粘有 12×3.4 厘米殘紙。有烏絲欄。
3.1　首 4 行下殘→大正 235，8/750B26～C1。
3.2　尾 1 行下殘→8/751B1。
6.3　本件與 BD04043 號爲同一文獻，但不能綴接。
8　7～8 世紀。唐寫本。
9.1　楷書。
11　圖版：《敦煌寶藏》，82/212A～213A。

1.1　BD04046 號
1.3　金剛般若波羅蜜經
1.4　麗 046
1.5　094:3798
2.1　205×25.5 厘米；5 紙；128 行，行 17 字。
2.2　01：41.5，26；　02：41.5，26；　03：41.5，26；
04：41.5，26；　05：39.0，24。
2.3　卷軸裝。首脱尾斷。卷前部有殘裂，卷面多水漬，卷端有古代裱補。有烏絲欄。已修整。
3.1　首殘→大正 235，8/749B16。
3.2　尾殘→8/751A7。
8　8 世紀。唐寫本。
9.1　楷書。
11　圖版：《敦煌寶藏》，80/390B～393A。

1.1　BD04047 號
1.3　太上洞玄靈寶天尊名（擬）
1.4　麗 047
1.5　373:8468
2.1　143.3×25.5 厘米；3 紙；正面 84 行，行 17 字。背面 101 行，共 185 行。
2.2　01：47.7，28；　02：47.8，28；　03：47.8，28。
2.3　卷軸裝。首尾均脱。麻紙，未入潢。第 1 紙有殘洞及破裂。有烏絲欄。
2.4　本遺書包括 2 個文獻：（一）《太上洞玄靈寶天尊名》（擬），84 行，抄寫在正面，今編為 BD04047 號。（二）《大乘百法明門論開宗義決疏》（擬），101 行，抄寫在背面，今編為 BD04047 號背。
3.4　説明：
本號乃道教經典，内容為禮念十方天尊名號及懺悔文，故擬為此名。未為《正統道藏》所收。《正統道藏》洞真部本文類收入唐代道書《太上洞真賢門經》一卷，假託元始天尊說十方天尊名號，與此號或有關。
8　7～8 世紀。唐寫本。
9.1　楷書。
11　圖版：《敦煌寶藏》，110/413A～416B。
參見大淵 79。《敦煌劫餘録》題作道懺。

1.1　BD04047 號背
1.3　大乘百法明門論開宗義決疏（擬）
1.4　麗 047
1.5　373:8468
2.4　本遺書由 2 個文獻組成，本號為第 2 個，101 行，抄寫在背面。餘參見 BD04047 號之第 2 項、第 11 項。
3.4　説明：
本號是對《大乘百法明門論開宗義決》的疏釋，主要内容為解釋《大乘百法明門論開宗義決》中的諸多名相，故擬此名。本文獻未為歷代大藏經所收。
8　9 世紀。吐蕃晚期歸義軍早期。
9.1　楷書。
9.2　有倒乙、刪除、重文符號。有塗抹。有合體字“菩薩”。

1.1　BD04048 號
1.3　維摩詰所說經卷上
1.4　麗 048
1.5　070:1042
2.1　(16 +202.5 +2) ×26.5 厘米；5 紙；正面 124 行，行 15 ~ 17 字；背面 11 行，行字不等。
2.2　01：16 +25，24；　02：42.0，24；　03：44.5，28；
　　04：57.0，31；　05：34 +2，17。
2.3　卷軸裝。首尾均殘。通卷殘破。卷首脫落 1 殘片，已綴接。背有古代裱補。有烏絲欄。已修整。
2.4　本遺書包括 2 個文獻：（一）《維摩詰所說經》卷上，124 行，抄寫在正面，今編為 BD04048 號。（二）《名籍》（擬），11 行，抄寫在背面 3 塊裱補紙上，今編為 BD04048 號背。
3.1　首 9 行中下殘→大正 475，14/542C12 ~20。
3.2　尾行殘→14/544A17。
8　9 ~10 世紀。歸義軍時期寫本。
9.1　楷書。
9.2　有行間校加字。
11　圖版：《敦煌寶藏》，64/453A ~456A。

1.1　BD04048 號背
1.3　名籍（擬）
1.4　麗 048
1.5　070:1042
2.4　本遺書由 2 個文獻組成，本號為第 2 個，11 行，抄寫在背面 3 塊裱補紙上。餘參見 BD04048 號之第 2 項、第 11 項。
3.4　說明：

該《名籍》抄寫在背面的 3 塊裱補紙上。裱補紙已經殘破，無法綴接，且又被其他紙張遮壓。但可以看出 3 塊裱補紙筆跡相同，形態一致，原來應為同一文獻。原文獻上下抄成 2 行，每行均抄人名，不少人名下標註“足”字，應是某種統計簿籍。現盡可能將 3 塊殘片錄文如下：

（一）4 行：
□…□張（?）康（唐?）□…□/
□…□令狐員進，足。羅□…□/
□…□田□城，足。張□…□/
□…□，足。□…□/

（二）4 行：
□…□忠□…□/
□…□龍□…□□…□，足。/
□…□宋安住，足，□懷□…□/
□…□王寬（?）□…□/

（三）3 行：
□…□，足。□…□/
□…□員張□…□/
□…□，足。□…□/
（錄文完）
8　9 ~10 世紀。歸義軍時期寫本。
9.1　楷書。

1.1　BD04049 號
1.3　觀彌勒菩薩上生兜率天經
1.4　麗 049
1.5　031:0316
2.1　193.2 ×30.3 厘米；5 紙；123 行，行 20 餘字不等。
2.2　01：34.0，22；　02：42.2，27；　03：42.5，27；
　　04：42.5，28；　05：32.0，19。
2.3　卷軸裝。首全尾殘。有烏絲欄。
3.1　首全→大正 452，14/418B03。
3.2　尾殘→14/420B27。
4.1　佛說觀彌勒菩薩上生兜率天經（首）。
7.3　首紙背有“見他顛悉夫其馸”雜寫 1 行。
8　8 ~9 世紀。吐蕃統治時期寫本。
9.1　楷書。
11　圖版：《敦煌寶藏》，58/32A ~34A。

1.1　BD04050 號
1.3　金光明最勝王經卷一
1.4　麗 050
1.5　083:1468
2.1　(6.5 +66.5) ×26.3 厘米；2 紙；41 行，行 17 字。
2.2　01：6.5 +20，15；　02：46.5，26。
2.3　卷軸裝。首殘尾脫。卷端破碎嚴重。卷背有鳥糞。有烏絲欄。已修整。
3.1　首 4 行上下殘→大正 665，16/403A17 ~19。
3.2　尾殘→16/403C01。
8　9 ~10 世紀。歸義軍時期寫本。
9.1　楷書。
11　圖版：《敦煌寶藏》，68/23B ~24A。

1.1　BD04051 號
1.3　大般若波羅蜜多經卷四三二
1.4　麗 051
1.5　084:3124
2.1　219.5 ×26.1 厘米；5 紙；119 行，行 17 字。
2.2　01：50.1，28；　02：48.2，28；　03：48.1，28；
　　04：48.0，28；　05：25.1，07。
2.3　卷軸裝。首殘尾全。有燕尾。有烏絲欄。
3.1　首殘→大正 220，7/175B23。
3.2　尾全→7/176C24。
4.2　大般若波羅蜜多經卷第四百卅二（尾）。
6.1　首→BD04137 號。

7.1　卷尾有1行題記："堪（勘）了，鄧英寫，第一校。"
8　8世紀。吐蕃統治時期寫本。
9.1　楷書。
11　圖版：《敦煌寶藏》，76/436B～439A。

1.1　BD04052號
1.3　受三歸八戒文（擬）
1.4　麗052
1.5　195:7144
2.1　（11+183）×30.2厘米；5紙；99行，行25字。
2.2　01：11+8，10；　02：43.0，20；　03：42.5，21；
04：44.5，26；　05：45.0，22。
2.3　卷軸裝。首殘尾全。首紙撕裂，上下邊殘缺，通卷有殘損。卷尾上下有蟲繭。折疊欄。
3.4　説明：
本號首5行上下殘，尾全。内容紀錄信佛居士舉行接受三歸五戒儀式之儀軌，故擬此名。本文獻未為歷代大藏經所收。正文行間多有修訂，應為當時的實用文獻。
8　9～10世紀。歸義軍時期寫本。
9.1　楷書。
9.2　有行間加行。有重文號。有硃筆科分、間隔符號及校改。
11　圖版：《敦煌寶藏》，104/296A～298B。

1.1　BD04053號
1.3　妙法蓮華經卷六
1.4　麗053
1.5　105:5861
2.1　（1.5+115.4）×28厘米；3紙；67行，行17字。
2.2　01：1.5+45.5，29；　02：47.4，29；　03：22.5，09。
2.3　卷軸裝。首殘尾全。卷尾略殘。有烏絲欄。
3.1　首行下殘→大正262，9/54A25～26。
3.2　尾全→9/55A9。
4.2　妙法蓮華經卷第六（尾）。
8　8世紀。唐寫本。
9.1　楷書。
11　圖版：《敦煌寶藏》，95/396B～397B。

1.1　BD04054號
1.3　大般若波羅蜜多經卷四三二
1.4　麗054
1.5　084:3123
2.1　（2.1+166.6）×26.2厘米；4紙；97行，行17字。
2.2　01：2.1+21，13；　02：48.2，28；　03：48.2，28；
04：49.2，28。
2.3　卷軸裝。首尾均殘。有烏絲欄。
3.1　首行下殘→大正220，7/172C16～17。
3.2　尾殘→7/173C26。
6.1　首→BD04076號。
6.2　尾→BD04137號。
8　8～9世紀。吐蕃統治時期寫本。
9.1　楷書。
11　圖版：《敦煌寶藏》，76/434A～436A。

1.1　BD04055號
1.3　佛名經（十六卷本）卷一一
1.4　麗055
1.5　063:0718
2.1　（1+299.2）×28.4厘米；8紙；181行，行16字。
2.2　01：1+15，10；　02：46.5，28；　03：46.6，28；
04：46.5，28；　05：46.6，28；　06：46.6，28；
07：46.4，28；　08：05.0，03。
2.3　卷軸裝。首尾均殘。有烏絲欄。
3.1　首1行下殘→《七寺古逸經典研究叢書》，3/556頁第246行。
3.2　尾2行上中殘→《七寺古逸經典研究叢書》，3/569頁第411行。
5　與《七寺古逸經典研究叢書》本對照，文字略有不同。
6.1　首→BD03921號。
8　9～10世紀。歸義軍時期寫本。
9.1　楷書。
11　圖版：《敦煌寶藏》，61/517B～521B。

1.1　BD04056號
1.3　妙法蓮華經（八卷本）卷四
1.4　麗056
1.5　105:5248
2.1　（5+666.6）×26厘米；16紙；418行，行17字。
2.2　01：5+24，15；　02：44.2，28；　03：44.0，28；
04：44.0，28；　05：44.0，28；　06：44.0，28；
07：44.5，28；　08：44.3，28；　09：44.4，28；
10：44.3，28；　11：44.3，28；　12：44.5，28；
13：44.4，28；　14：44.4，28；　15：44.3，28；
16：23.0，11。
2.3　卷軸裝。首殘尾全。經黄紙。卷首殘破嚴重，有殘片脱落，有油污。卷後部有黴爛。卷尾多蟲繭。卷背有鳥糞。有燕尾。有烏絲欄。
3.1　首9行上下殘→大正262，9/28B07～22。
3.2　尾全→9/34B22。
4.2　妙法蓮華經卷第四（尾）。
5　與《大正藏》本對照，分卷不同，相當於《五百弟子受記品》第八中部始至《見寶塔品》第十一終。為八卷本。
8　7～8世紀。唐寫本。
9.1　楷書。
9.2　有行間校加字。

11　圖版：《敦煌寶藏》，90/319A～329A。

1.1　BD04057 號
1.3　大般若波羅蜜多經卷三二〇
1.4　麗 057
1.5　084:2868
2.1　471.1×25.4 厘米；10 紙；268 行，行 17 字。
2.2　01：47.7，28；　02：47.2，28；　03：47.0，28；
04：46.6，28；　05：46.2，28；　06：47.3，28；
07：47.2，28；　08：47.5，28；　09：47.3，28；
10：47.1，16。
2.3　卷軸裝。首脱尾全。卷面有火灼殘洞，上下有等距離水漬，第 5 紙地腳殘破。有烏絲欄。
3.1　首殘→大正 220，6/634A29。
3.2　尾全→6/637B2。
4.2　大般若波羅蜜多經卷第三百廿（尾）。
8　8 世紀。唐寫本。
9.1　楷書。
11　圖版：《敦煌寶藏》，75/302A～308A。

1.1　BD04058 號
1.3　金剛般若波羅蜜經
1.4　麗 058
1.5　094:4222
2.1　（3+74）×26 厘米；2 紙；49 行，行 17 字。
2.2　01：3+30，21；　02：44.0，28。
2.3　卷軸裝。首殘尾脱。經黄紙。卷端中間有破裂。有烏絲欄。
3.1　首 2 行下中殘→大正 235，8/751A3～5。
3.2　尾殘→8/751B28。
8　7～8 世紀。唐寫本。
9.1　楷書。
11　圖版：《敦煌寶藏》，82/434B～435A。

1.1　BD04059 號
1.3　阿彌陀經
1.4　麗 059
1.5　001:0164
2.1　（5+94+14）×24.5 厘米；3 紙；64 行，行 17 字。
2.2　01：5+43，27；　02：48.0，28；　03：3+14，09。
2.3　卷軸裝。首尾均殘。通卷破損嚴重。卷尾下部脱落一塊殘片，已綴接。有烏絲欄。已修整。
3.1　首 2 行上殘→大正 366，12/347A12～13。
3.2　尾 9 行上下殘→12/348A2～5。
5　與《大正藏》本對照，本件末兩段經文順序顛倒：《大正藏》本之“下方世界”（347C11～15）、“上方世界”（347C16～348A5），本文獻之順序作“上方世界”、“下方世界”。
8　7～8 世紀。唐寫本。
9.1　楷書。
11　圖版：《敦煌寶藏》，57/33A～34B。

1.1　BD04060 號
1.3　大般涅槃經（北本）卷二七
1.4　麗 060
1.5　117:6588
2.1　128.5×25.5 厘米；4 紙；71 行，行 17 字。
2.2　01：37.0，21；　02：37.0，20；　03：37.0，20；
04：17.5，10。
2.3　卷軸裝。首脱尾殘。首紙有破裂。有烏絲欄。
3.1　首殘→大正 374，12/526A21。
3.2　尾殘→12/527A7。
6.1　首→BD04143 號。
8　6 世紀。南北朝寫本。
9.1　楷書。
9.2　有行間校加字。
11　圖版：《敦煌寶藏》，100/419B～421A。

1.1　BD04061 號
1.3　金光明最勝王經卷二
1.4　麗 061
1.5　083:1535
2.1　（59+11.2）×24 厘米；3 紙；正面 27 行，行 17 字。背面 2 行。
2.2　01：30.0，護首；　02：29+9.2，26；　03：02.0，01。
2.3　卷軸裝。首全尾殘。有護首。有蘆葦天竿，存縹帶殘根。背有古代裱補。有烏絲欄。已修整。
2.4　本遺書包括 2 個文獻：（一）《金光明最勝王經》卷二，27 行，抄寫在正面，今編為 BD04061 號。（二）《殘文書》（擬），2 行，抄寫在背面裱補紙上，今編為 BD04061 號背。
3.1　首全→大正 665，16/408B2。
3.2　尾 8 行下殘→16/408B25～C3。
4.1　金光明最勝王經分別三身品第三，二，三藏法師義淨奉制譯（首）。
7.4　護首有經名“金光明最勝王經卷第二”，上有經名號。
8　8～9 世紀。吐蕃統治時期寫本。
9.1　楷書。
11　圖版：《敦煌寶藏》，68/347B～348A。

1.1　BD04061 號背
1.3　殘文書（擬）
1.4　麗 061
1.5　083:1535
2.4　本遺書由 2 個文獻組成，本號為第 2 個，2 行，抄寫在背面裱補紙上。餘參見 BD04061 號之第 2 項、第 11 項。
3.3　錄文：

伏以盈達□…□/
□…□/.
（錄文完）
8　9～10世紀。歸義軍時期寫本。
9.1　楷書。

1.1　BD04062號
1.3　佛名經（十六卷本）卷一
1.4　麗062
1.5　061:0547
2.1　（297.8+1）×26.3厘米；7紙；174行，行17字。
2.2　01：43.0，24；　02：42.5，25；　03：42.7，25；
04：42.7，25；　05：42.7，25；　06：42.7，25；
07：41.5+1，25。
2.3　卷軸裝。首尾均殘。卷尾橫向破裂。有烏絲欄。
3.1　首殘→《七寺古逸經典研究叢書》，3/29頁第304行。
3.2　尾1行中下殘→《七寺古逸經典研究叢書》，3/42頁第472行。
5　與《七寺古逸經典研究叢書》本對照，本卷多"至心歸命常住三寶，三部合卷。《罪報應經》，此經有六十品，略此一品流行。"所列佛名亦略有不同，佛名統計數之位置不同。
8　9～10世紀。歸義軍時期寫本。
9.1　楷書。
11　圖版：《敦煌寶藏》，60/6A～10A。

1.1　BD04063號
1.3　佛名經（十六卷本）卷一一
1.4　麗063
1.5　063:0719
2.1　（3+308.6）×28.2厘米；7紙；169行，行16字。
2.2　01：3+41，27；　02：46.6，28；　03：46.5，28；
04：46.5，28；　05：46.5，28；　06：46.5，28；
07：35.0，02。
2.3　卷軸裝。首殘尾全。尾端中部殘破。有烏絲欄。
3.1　首2行中下殘→《七寺古逸經典研究叢書》，3/569頁第410行。
3.2　尾全→《七寺古逸經典研究叢書》，3/584頁第602行。
4.2　佛名經卷第十一（尾）。
8　9～10世紀。歸義軍時期寫本。
9.1　楷書。
11　圖版：《敦煌寶藏》，61/522A～525B。

1.1　BD04064號
1.3　金光明最勝王經卷一
1.4　麗064
1.5　083:1475
2.1　（28.5+321.8+1.5）×26.5厘米；7紙；正面210行，行17字。背面13行。
2.2　01：28.5+3.5，19；　02：47.2，28；　03：47.0，28；
04：47.4，28；　05：47.4，28；　06：46.2，28；
07：36.5+1.5，23。
2.3　卷軸裝。首尾均殘。通卷破損嚴重。有古代裱補紙5塊，為同一文獻。有烏絲欄。已修整。
2.4　本遺書包括2個文獻：（一）《金光明最勝王經》卷一，210行，抄寫在正面，今編為BD04064號。（二）《驅怪文》（擬），13行，抄寫在背面裱補紙上，今編為BD04064號背。
3.1　首17行下殘→大正665，16/404C9～27。
3.2　尾行下殘→16/407C3。
8　8～9世紀。吐蕃統治時期寫本。
9.1　楷書。
11　圖版：《敦煌寶藏》，68/43B～48A。

1.1　BD04064號背
1.3　驅怪文（擬）
1.4　麗064
1.5　083:1475
2.4　本遺書由2個文獻組成，本號為第2個，13行，抄寫在背面5塊裱補紙上，其中4塊裱補紙可以拼綴。餘參見BD04064號之第2項、第11項。
3.3　錄文：
（前殘）
（一塊裱補紙錄文）
□…□母子孫，西方怪公、怪母、怪□…□/
□…□中央黃帝怪公、怪母、怪□…□/
……
（四塊裱補紙拼綴後錄文）
□…□/
□…□風伯、雨師、五道神君、七十九怪、□…□/
□…□見鼠為怪，或有病患□…□/
□…□劫。或恐官府口舌相連□…□/
□…□解其鼠怪。東方之怪還其東方；南方之怪還□…□/
□…□西方之怪還其西方；北方之怪還其北方。□…□/
□…□探（？）丈人之怪還其□…□/
□…□今日替代解□…□/
□…□魎入地深藏，疾（？）□…□/
□…□歲奴婢無殊□…□/
□…□請神鑑照□…□/
（後殘）
8　9～10世紀。歸義軍時期寫本。
9.1　行楷。
9.2　有倒乙。

1.1　BD04065號
1.3　妙法蓮華經卷二

1.4　麗 065
1.5　105:4831
2.1　402.3×28 厘米；9 紙；252 行，行 17 字。
2.2　01：44.9，28；　02：44.5，28；　03：44.8，28；
　　04：44.6，28；　05：44.8，28；　06：44.9，28；
　　07：44.6，28；　08：44.6，28；　09：44.6，28。
2.3　卷軸裝。首尾均脱。卷首有殘洞，卷面有破裂，多水漬、墨污、黴斑。卷上部水漬處有密集黑色網紋，原因不明。有烏絲欄。
3.1　首殘→大正 262，9/11A9。
3.2　尾殘→9/14B27。
8　8～9 世紀。吐蕃統治時期寫本
9.1　楷書。
11　圖版：《敦煌寶藏》，87/36A～41A。

1.1　BD04066 號
1.3　大般涅槃經（北本　異卷）卷一九
1.4　麗 066
1.5　115:6402
2.1　（30+569.3）×25.2 厘米；12 紙；340 行，行 17 字。
2.2　01：30+19.5，29；　02：51.0，29；　03：51.0，29；
　　04：51.2，29；　05：51.2，29；　06：51.0，29；
　　07：51.2，29；　08：49.2，28；　09：51.0，29；
　　10：51.0，29；　11：51.0，29；　12：41.0，21。
2.3　卷軸裝。首殘尾全。首紙下有殘缺，脱落 1 塊殘片。有烏絲欄。
3.1　首 18 行下殘→大正 374，12/476C7～23。
3.2　尾全→12/480C27。
4.2　大般涅槃經卷第十九（尾）。
5　與《大正藏》本對照，分卷不同，存文相當於卷第十九《梵行品》第八之五至卷第二十《梵行品》第八之六的前部分。
8　6 世紀。隋寫本。
9.1　楷書。
9.2　偶有硃筆斷句。
11　圖版：《敦煌寶藏》，98/599B～607B。

1.1　BD04067 號
1.3　妙法蓮華經卷一
1.4　麗 067
1.5　105:4621
2.1　（16.4+33.9）×24.4 厘米；1 紙；28 行，行 17 字。
2.3　卷軸裝。首殘尾脱。卷首右下殘缺。尾部有殘損。有烏絲欄。
3.1　首 9 行上殘→大正 262，9/2A17～27。
3.2　尾殘→9/2B18。
8　7～8 世紀。唐寫本。
9.1　楷書。
11　圖版：《敦煌寶藏》，85/119B～120A。

1.1　BD04068 號
1.3　四分比丘尼戒本
1.4　麗 068
1.5　157:6934
2.1　（2+120+4）×25.4 厘米；3 紙；71 行，行 19 字。
2.2　01：2+44，28；　02：45.5，28；　03：30.5+4，15。
2.3　卷軸裝。首尾均殘。卷面有油污。尾有蟲繭。有烏絲欄。
3.1　首 1 行中殘→大正 1431，22/1033A16。
3.2　尾 2 行上殘→22/1034A11～14。
8　9～10 世紀。歸義軍時期寫本。
9.1　楷書。
9.2　有行間校加字。有刮改、刪除符號。
11　圖版：《敦煌寶藏》，102/607B～609A。

1.1　BD04069 號
1.3　大般涅槃經（北本）卷二九
1.4　麗 069
1.5　115:6482
2.1　242×26.5 厘米；6 紙；139 行，行 17 字。
2.2　01：48.5，28；　02：48.5，28；　03：49.0，28；
　　04：49.0，28；　05：29.5，17；　06：17.5，10。
2.3　卷軸裝。首脱尾殘。經黄紙。有烏絲欄。
3.1　首殘→大正 374，12/536B20。
3.2　尾殘→12/538A16。
5　尾端經文與《大正藏》相異，多“三昧”2 字。
8　7～8 世紀。唐寫本。
9.1　楷書。
11　圖版：《敦煌寶藏》，99/462B～465B。

1.1　BD04070 號
1.3　妙法蓮華經卷五
1.4　麗 070
1.5　105:5619
2.1　（2.5+30+1.5）×25.4 厘米；1 紙；21 行，行 17 字。
2.3　卷軸裝。首尾均殘。經黄打紙。卷面有殘洞。有烏絲欄。
3.1　首行下殘→大正 262，9/42C6～7。
3.2　尾行下殘→9/42C29。
8　7～8 世紀。唐寫本。
9.1　楷書。
11　圖版：《敦煌寶藏》，93/389A。

1.1　BD04071 號
1.3　大般涅槃經（南本　兑廢稿）卷二四
1.4　麗 071
1.5　116:6560

2.1　46.8×28 厘米；1 紙；27 行，行 17 字。
2.3　卷軸裝。首尾均脫。有烏絲欄。
3.1　首殘→大正 375，12/764C26。
3.2　尾殘→12/765A27。
5　與《大正藏》本對照，本件有缺文，參見大正 12/765A24~25。
9.2　卷上方有“兑”字。
8　8 世紀。唐寫本。
9.1　楷書。
11　圖版：《敦煌寶藏》，100/328A~B。

1.1　BD04072 號
1.3　金光明最勝王經卷七
1.4　麗 072
1.5　083:1845
2.1　(5.5+306.2)×25.7 厘米；8 紙；208 行，行 17 字。
2.2　01：5.5+25.5，23；　02：45.7，33；　03：46.0，32；
04：46.0，32；　05：46.0，32；　06：46.0，30；
07：46.0，26；　08：05.0，拖尾。
2.3　卷軸裝。首殘尾全。卷下部有火灼殘洞。有烏絲欄。已修整。
3.1　首 4 行上下殘→大正 665，16/435B4~9。
3.2　尾全→16/437C13。
4.2　金光明經卷第七（尾）。
5　尾附音義。
7.1　尾有題記：“敬寫金光明最勝王經一部十卷/右已上寫經功德，並同莊嚴/太山府君、平等大王、五道大神、天曹地府、伺命伺錄、/土府水宮、行病鬼王、並役使、府君諸郎君/及善知識、胡使錄公、使者、檢部曆官舅母、/關官、保人可韓、及新三使、風伯雨師等。伏/願哀垂納受功德，乞延年益壽。/”
8　9~10 世紀。歸義軍時期寫本。
9.1　楷書。
11　圖版：《敦煌寶藏》，70/315B~319B。

1.1　BD04073 號
1.3　妙法蓮華經卷五
1.4　麗 073
1.5　105:5534
2.1　(5+43)×24.3 厘米；1 紙；正面 28 行，行 17 字。背面 12 行，行字不等。
2.3　卷軸裝。首尾均脫。經黄紙。卷首右下殘缺。有烏絲欄。已修整。
2.4　本遺書包括 2 個文獻：（一）《妙法蓮華經》卷五，28 行，抄寫在正面，今編為 BD04073 號。（二）《善財童子譬喻經》（于闐文），12 行，抄寫在背面，今編為 BD04073 號背。
3.1　首 3 行下殘→大正 262，9/37B8~12。
3.2　尾殘→9/37C15。
8　7~8 世紀。唐寫本。
9.1　楷書。
11　圖版：《敦煌寶藏》，92/642B~643B。

1.1　BD04073 號背
1.3　善財童子譬喻經（于闐文）
1.4　麗 073
1.5　105:5534
2.4　本遺書由 2 個文獻組成，本號為第 2 個，大小文字 12 行，抄寫在背面。餘參見 BD04073 號之第 2 項、第 11 項。
3.4　說明：
本文獻為于闐文，大字 7 行，行間夾寫小字 3 行。另有漢字雜寫 2 行。
7.3　卷面有雜寫 2 行：“□…□常、宗德”、“社”。
8　10 世紀。歸義軍時期寫本。

1.1　BD04074 號
1.3　迴向輪經
1.4　麗 074
1.5　227:7321
2.1　(6.3+150.9)×20.7 厘米；4 紙；93 行，行 17 字。
2.2　01：6.3+28.3，21；　02：46.8，28；　03：46.8，28；
04：29.0，16。
2.3　卷軸裝。首殘尾全。第 1 紙有殘洞、破裂，通卷天頭地腳被剪去。卷首背有鳥糞。有烏絲欄。
3.1　首 4 行上下殘→大正 998，19/577A27~B1。
3.2　尾全→19/578A28。
4.2　佛說迴向輪經一卷（尾）。
7.1　尾題之後有 2 行題記：“乙丑年二月十六日，在瓜州，比丘尼智清發心抄寫，常日轉讀。/宿業罪因，願皆消滅。見世速登正覺。”
8　905 年。歸義軍時期寫本。
9.1　楷書。
11　圖版：《敦煌寶藏》，105/462A~464A。

1.1　BD04075 號
1.3　妙法蓮華經卷二
1.4　麗 075
1.5　105:4813
2.1　(16.4+29.1+1.9)×25.6 厘米；1 紙；27 行，行 17 字。
2.3　卷軸裝。首全尾殘。卷首右下殘缺，通卷殘損嚴重。背有古代裱補，紙上有字，朝内粘貼，難以辨認，從片文隻字看，似為祭文。有烏絲欄。
3.1　首 9 行下殘→大正 262，9/10B24~C8。
3.2　尾殘→9/11A8。
4.1　妙法蓮華經辟喻品第三□…□（首）。
8　8 世紀。唐寫本。

9.1　楷書。
11　圖版：《敦煌寶藏》，86/661B～662A。

1.1　BD04076 號
1.3　大般若波羅蜜多經卷四三二
1.4　麗 076
1.5　084:3121
2.1　(13.2＋167.3＋1.5)×26 厘米；5 紙；98 行，行 17 字。
2.2　01：13.2，護首；　02：45.3，26；　03：48.2，28；
04：48.0，28；　05：25.8＋1.5，16。
2.3　卷軸裝。首全尾殘。有護首，已殘破，並脫落 1 塊。第 2 紙前部有破裂。卷面有水漬。有烏絲欄。
3.1　首全→大正 220，7/171C2。
3.2　尾行上殘→7/172C16～17。
4.1　大般若波羅蜜多經卷第四百卌二，/第二分經文品第卌六之二，三藏法師玄奘奉詔譯（首）。/
6.2　尾→BD04054 號。
8　8～9 世紀。吐蕃統治時期寫本
9.1　楷書。
11　圖版：《敦煌寶藏》，76/431A～433A。

1.1　BD04077 號
1.3　妙法蓮華經卷四
1.4　麗 077
1.5　105:5287
2.1　(2＋96)×25.5 厘米；2 紙；54 行，行 17 字。
2.2　01：2＋45，26；　02：51.0，28。
2.3　卷軸裝。首全尾脫。經黄打紙，研光上蠟。卷面有黴斑。第 1 紙殘破嚴重，有殘缺。第 2 紙有殘洞。有古代裱補。有烏絲欄。
3.1　首行下殘→大正 262，9/27B12。
3.2　尾殘→9/28A20。
4.1　妙法蓮華經五百弟子受記品第八，四（首）。
8　7～8 世紀。唐寫本。
9.1　楷書。
11　圖版：《敦煌寶藏》，90/477B～478B。

1.1　BD04078 號
1.3　大般若波羅蜜多經卷一〇八
1.4　麗 078
1.5　084:2287
2.1　(34＋514.8)×25.3 厘米；12 紙；313 行，行 17 字。
2.2　01：34＋13.5，28；　02：48.0，28；　03：48.0，28；
04：48.3，28；　05：48.4，28；　06：48.5，28；
07：48.4，28；　08：48.6，28；　09：48.6，28；
10：48.8，28；　11：48.7，28；　12：17.0，05。
2.3　卷軸裝。首脫尾全。卷首下部殘缺嚴重。尾有原軸，兩端塗硃漆，軸頭已斷。有烏絲欄。
3.1　首二十行下殘→大正 220，5/596A12～B3。
3.2　尾全→5/599C8。
4.2　大般若波羅蜜多經卷第一百八（尾）。
8　8 世紀。唐寫本。
9.1　楷書。
11　圖版：《敦煌寶藏》，72/533A～540A。

1.1　BD04079 號
1.3　妙法蓮華經卷四
1.4　麗 079
1.5　105:5277
2.1　(2＋97.5)×26.7 厘米；3 紙；60 行，行 17 字。
2.2　01：2＋41，26；　02：46.5，28；　03：10.0，06。
2.3　卷軸裝。首尾均殘。背有古代裱補。有烏絲欄。
3.1　首 1 行中上殘→大正 262，9/28C10。
3.2　尾殘→9/29C7。
8　7～8 世紀。唐寫本。
9.1　楷書。
9.2　有刮改。
11　圖版：《敦煌寶藏》，90/461B～462B。

1.1　BD04080 號
1.3　四分比丘尼戒本
1.4　麗 080
1.5　157:6982
2.1　(14＋265＋7)×30 厘米；7 紙；195 行，行 25 字。
2.2　01：14＋29，30；　02：44.0，31；　03：44.0，31；
04：44.0，30；　05：44.5，30；　06：44.5，30；
07：15＋7，13。
2.3　卷軸裝。首尾均殘。首紙殘缺嚴重。卷首背有鳥糞。有烏絲欄。
3.1　首 10 行上下殘→大正 1431，22/1031C2～18。
3.2　尾 3 行上中殘→22/1035B8～11。
8　8～9 世紀。吐蕃統治時期寫本。
9.1　楷書。
9.2　有行間加行、行間校加字。有刮改。
11　圖版：《敦煌寶藏》，103/244A～247B。

1.1　BD04081 號
1.3　大般若波羅蜜多經卷七〇
1.4　麗 081
1.5　084:2198
2.1　(2.7＋131＋2.3)×25.7 厘米；4 紙；85 行，行 17 字。
2.2　01：2.7＋42，28；　02：44.5，28；　03：44.5，28；
04：02.3，01。
2.3　卷軸裝。首脫尾殘。有烏絲欄。
3.1　首行上殘→大正 220，5/395A19。

3.2 尾行上殘→5/396A17～18。
6.1 首→BD04266 號。
6.2 尾→BD04084 號。
8 8～9 世紀。吐蕃統治時期寫本。
9.1 楷書。
11 圖版：《敦煌寶藏》，72/237A～238B。

1.1 BD04082 號
1.3 金剛般若波羅蜜經
1.4 麗 082
1.5 094:3986
2.1 (3+114.5+3.5)×26 厘米；4 紙；70 行，行 17 字。
2.2 01：3+18.5，13； 02：48.0，28； 03：48.0，28； 04：03.5，01。
2.3 卷軸裝。首尾均殘。有烏絲欄。
3.1 首 2 行下殘→大正 235，8/750A9～10。
3.2 尾行上殘→8/750C22～23。
8 9～10 世紀。歸義軍時期寫本。
9.1 楷書。
9.2 有硃、墨筆行間校加字。有刮改。
11 圖版：《敦煌寶藏》，81/413B～415A。

1.1 BD04083 號
1.3 因緣心論釋開決記
1.4 麗 083
1.5 213:7258
2.1 (1+251.5)×27.3 厘米；6 紙；正面 183 行，行 25 字。背面 22 行，行字不等。
2.2 01：1+25，19； 02：45.0，33； 03：45.5，33； 04：45.5，33； 05：45.5，33； 06：45.0，32。
2.3 卷軸裝。首殘尾全。首紙殘破，尾有蟲繭。有烏絲欄。
2.4 本遺書包括 2 個文獻：（一）《因緣心論釋開決記》，183 行，抄寫在正面，今編為 BD04083 號。（二）《千字文雜寫》（擬），22 行，抄寫在背面，今編為 BD04083 號背。
3.1 首 1 行中殘→《藏外佛教文獻》，3/238 頁 3～4 行。
3.2 尾全→3/258 頁第 7 行。
4.2 因緣心論釋開決記一卷（尾）。
8 8～9 世紀。吐蕃統治時期寫本。
9.1 楷書。
9.2 有硃筆點標、倒乙、重文符號。有硃、墨筆行間校加字。
11 圖版：《敦煌寶藏》，105/137B～142B。

1.1 BD04083 號背
1.3 千字文雜寫（擬）
1.4 麗 083
1.5 213:7258
2.4 本遺書由 2 個文獻組成，本號為第 2 個，抄寫在背面，22 行。餘參見 BD04083 號之第 2 項、第 11 項。
3.4 說明：

尾紙背抄有 5 行《千字文》，實為雜寫。此外還有雜寫 17 行，分散各處。其中除與《千字文》有關者，還有："大唐"、"燉煌"、"大唐河西"、"大唐中和五年"、"大唐河中伍年叁月十八日沙彌"、"大唐大"、"沙州燉煌歸義君（軍）學士索/孝順/"、"大唐中伍年"、"四月十日靈圖"、"正月一日使持"。

唐中和五年（885）三月改元為光啓元年。此時敦煌尚未得知改元消息，故仍用中和年號。

8 885 年。歸義軍時期寫本。
9.1 楷書。

1.1 BD04084 號
1.3 大般若波羅蜜多經卷七〇
1.4 麗 084
1.5 084:2199
2.1 (2.6+129.3+1.8)×25.7 厘米；3 紙；84 行，行 17 字。
2.2 01：2.6+42，28； 02：44.3，28； 03：43+1.8，28。
2.3 卷軸裝。首脫尾殘。卷首右下殘缺。有烏絲欄。
3.1 首行下殘→大正 220，5/396A17～18。
3.2 尾行中殘→5/397A14～15。
6.1 首→BD04081 號。
6.2 尾→BD04088 號。
8 8～9 世紀。吐蕃統治時期寫本。
9.1 楷書。
9.2 有行間校加字。有刮改。
11 圖版：《敦煌寶藏》，72/239A～240B。

1.1 BD04085 號 1
1.3 大目乾連冥間救母變文（二卷本）卷一
1.4 麗 085
1.5 364:8445
2.1 (4+116)×28 厘米；4 紙；63 行，行約 25 字。
2.2 01：4+50，29； 02：08.0，02； 03：15.0，08； 04：43+2，24。
2.3 卷軸裝。首尾均殘。通卷殘破。背有古代裱補。已修整。
2.4 本遺書包括 2 個文獻：（一）《大目乾連冥間救母變文》（二卷本）卷一，30 行，抄寫在正面，今編為 BD04085 號 1。（二）《大目乾連冥間救母變文》（二卷本）卷二，33 行，抄寫在正面，今編為 BD04085 號 2。
3.1 首 2 行中上殘→大正 2858，85/1312A5～6。
3.2 尾全→85/1312B26。
5 與《大正藏》本對照，文字有異。又本件分卷。
8 9～10 世紀。歸義軍時期寫本。
9.1 行楷。
9.2 有硃筆點標。有重文符號。
11 圖版：《敦煌寶藏》，110/338B～340B。

從該件背揭下古代裱補紙 14 塊，編為 BD16298 號，4 塊；BD16299 號，5 塊；BD16300 號，5 塊。

1.1　BD04085 號 2
1.3　大目乾連冥間救母變文（二卷本）卷二
1.4　麗 085
1.5　364:8445
2.4　本遺書由 2 個文獻組成，本號為第 2 個，33 行。餘參見 BD04085 號 1 之第 2 項、第 5 項、第 11 項。
3.1　首全→大正 2858，85/1312B27。
3.2　尾行中上殘→85/1313A25～27。
4.1　卷第二（首）。
8　9～10 世紀。歸義軍時期寫本。
9.1　行楷。
9.2　有硃筆點標。有重文符號。

1.1　BD04086 號
1.3　大般若波羅蜜多經卷二四〇
1.4　麗 086
1.5　084:2629
2.1　（1.3＋151.6）×25.9 厘米；5 紙；93 行，行 17 字。
2.2　01：1.3＋3.1，3；　02：44.5，28；　03：44.5，28；　04：44.5，28；　05：15.0，06。
2.3　卷軸裝。首殘尾全。第 3 紙下有破裂。尾有原軸，兩端塗醬色漆。有烏絲欄。
3.1　首行上殘→大正 220，6/213B22。
3.2　尾全→6/214B28。
4.2　大般若波羅蜜多經卷第二百卌（尾）。
8　8～9 世紀。吐蕃統治時期寫本。
9.1　楷書。
11　圖版：《敦煌寶藏》，74/286A～287B。

1.1　BD04087 號
1.3　四分比丘尼戒本
1.4　麗 087
1.5　157:6939
2.1　182.5×27 厘米；5 紙；125 行，行 22 字。
2.2　01：36.5，25；　02：36.5，25；　03：36.5，25；　04：36.5，25；　05：36.5，25。
2.3　卷軸裝。首尾均脫。第 3 紙下部橫向撕裂，第 4、5 紙接縫上方開裂。有烏絲欄。
3.1　首殘→大正 1431，22/1036A5。
3.2　尾殘→22/1037C29。
8　9～10 世紀。歸義軍時期寫本。
9.1　楷書。
9.2　有行間校加字。
11　圖版：《敦煌寶藏》，102/631B～633B。

1.1　BD04088 號
1.3　大般若波羅蜜多經卷七〇
1.4　麗 088
1.5　084:2203
2.1　（1.5＋132.7）×25.7 厘米；4 紙；85 行，行 17 字。
2.2　01：01.5，01；　02：44.2，28；　03：44.0，28；　04：44.5，28。
2.3　卷軸裝。首殘尾脫。有烏絲欄。
3.1　首行上下殘→大正 220，5/397A14～15。
3.2　尾殘→5/398A13。
6.1　首→BD04084 號。
8　8～9 世紀。吐蕃統治時期寫本。
9.1　楷書。
11　圖版：《敦煌寶藏》，72/246B～248A。

1.1　BD04089 號
1.3　妙法蓮華經卷六
1.4　麗 089
1.5　105:5857
2.1　120.5×26.5 厘米；3 紙；69 行，行 17 字。
2.2　01：24.0，14；　02：48.5，28；　03：48.0，27。
2.3　卷軸裝。首殘尾脫。卷上邊有火灼痕跡。
3.1　首殘→大正 262，9/53C22。
3.2　尾殘→9/54C9。
8　9～10 世紀。歸義軍時期寫本。
9.1　楷書。
11　圖版：《敦煌寶藏》，95/388B～390A。

1.1　BD04090 號
1.3　金光明經卷四
1.4　麗 090
1.5　081:1409
2.1　（14.5＋758.3）×25.8 厘米；13 紙；438 行，行 17 字。
2.2　01：14.5＋3.5，護首；　02：74.3，43；　03：76.4，45；　04：76.0，45；　05：76.2，45；　06：76.3，45；　07：76.3，45；　08：65.3，39；　09：46.5，28；　10：47.0，28；　11：47.0，28；　12：46.7，28；　13：46.8，19。
2.3　卷軸裝。首尾均全。有護首，已殘缺。前 5 紙上邊有火燒等距離殘破。有烏絲欄。已修整。
3.1　首全→大正 663，16/352B12。
3.2　尾全→16/358A29。
4.1　金光明經流水長者子品第十六，四（首）。
4.2　金光明經卷第四（尾）。
8　8～9 世紀。吐蕃統治時期寫本。
9.1　楷書。
11　圖版：《敦煌寶藏》，67/394A～403B。

1.1　BD04091 號
1.3　大般若波羅蜜多經卷七九
1.4　麗 091
1.5　084:2228
2.1　(9.5 +764) ×26 厘米；17 紙；444 行，行 17 字。
2.2　01：9.5 +34，25；　02：47.7，28；　03：47.5，28；
04：47.7，28；　05：47.7，28；　06：47.7，28；
07：47.7，28；　08：47.8，28；　09：47.8，28；
10：47.7，28；　11：47.8，28；　12：47.6，28；
13：47.6，28；　14：47.5，28；　15：47.2，28；
16：47.0，27；　17：16.0，拖尾。
2.3　卷軸裝。首殘尾全。卷首殘破嚴重，上邊有殘缺。有燕尾。有烏絲欄。
3.1　首 5 行上下殘→大正 220，5/442A6 ~11。
3.2　尾全→5/447B1。
4.1　□…□品第廿二之□…□（首）。
4.2　大般若波羅蜜多經卷第七十九（尾）。
8　8 ~9 世紀。吐蕃統治時期寫本。
9.2　有刮改。
9.1　楷書。
11　圖版：《敦煌寶藏》，72/344B ~354B。

1.1　BD04092 號
1.3　佛名經（十六卷本）卷一三
1.4　麗 092
1.5　063:0754
2.1　(1.5 +121) ×25.2 厘米；3 紙；74 行，行 17 字。
2.2　01：1.5 +28，18；　02：46.5，28；　03：46.5，28。
2.3　卷軸裝。首殘尾脫。首紙下方殘破，通卷各紙接縫上部開裂。有烏絲欄。
3.1　首 1 行中下殘→《七寺古逸經典研究叢書》，3/640 頁第 36 ~37 行。
3.2　尾殘→《七寺古逸經典研究叢書》，3/646 頁第 110 行。
5　與《七寺古逸經典研究叢書》對照，佛名略有缺失。
8　7 ~8 世紀。唐寫本。
9.1　楷書。
11　圖版：《敦煌寶藏》，62/130B ~132A。

1.1　BD04093 號
1.3　七階佛名經
1.4　麗 093
1.5　305:8342
2.1　(33.8 +281.5) ×26 厘米；7 紙；183 行，行 18 字。
2.2　01：33.8 +5.5，24；　02：46.5，28；　03：46.0，28；
04：45.5，28；　05：46.0，28；　06：46.0，28；
07：46.0，19。
2.3　卷軸裝。首殘尾全。第 1 至 3 紙接縫處開裂。第 2 至 4 紙下端有鼠嚙等距離殘洞。上邊有蟲繭。有燕尾。有烏絲欄。
3.4　說明：
本號首 21 行下殘，尾全。為敦煌地區常用禮懺儀軌，形態複雜，未為我國歷代大藏經所收。
4.2　佛名一卷（尾）。
8　7 ~8 世紀。唐寫本。
9.1　楷書。
11　圖版：《敦煌寶藏》，110/28A ~32A。

1.1　BD04094 號
1.3　妙法蓮華經卷一
1.4　麗 094
1.5　105:4608
2.1　(15 +212.5 +2.8) ×25.1 厘米；5 紙；138 行，行 17 字。
2.2　01：15 +29.5，26；　02：46.1，28；　03：46.3，28；
04：46.7，28；　05：43.9 +2.8，28。
2.3　卷軸裝。首尾均殘。經黄打紙。卷首殘破嚴重，第 3 紙下有破裂，3、4 紙接縫處下方開裂。有烏絲欄。
3.1　首 8 行上殘→大正 262，9/1C18 ~25。
3.2　尾行下殘→9/3C15。
4.1　□…□第一（首）。
8　7 ~8 世紀。唐寫本。
9.1　楷書。
11　圖版：《敦煌寶藏》，85/79B ~82B。

1.1　BD04095 號
1.3　佛名經（十六卷本）卷七
1.4　麗 095
1.5　063:0671
2.1　(2.5 +1195.3) ×29.5 厘米；25 紙；628 行，行 17 字。
2.2　01：02.5，01；　02：36.2，19；　03：51.5，27；
04：48.0，25；　05：48.0，25；　06：44.8，23；
07：40.0，21；　08：51.5，27；　09：51.3，27；
10：51.3，27；　11：51.3，27；　12：51.7，27；
13：51.7，27；　14：51.5，27；　15：51.5，27；
16：51.5，27；　17：51.5，27；　18：51.5，27；
19：51.5，27；　20：51.5，27；　21：51.5，27；
22：51.5，27；　23：51.5，27；　24：51.5，28；
25：51.5，27。
2.3　卷軸裝。首殘尾脫。接縫處多有開裂。有烏絲欄。
3.1　首 1 行下殘→《七寺古逸經典研究叢書》，3/324 頁第 34 行。
3.2　尾殘→《七寺古逸經典研究叢書》，3/374 頁第 685 行。
5　與《七寺古逸經典研究叢書》對照，本件有缺文，參見七寺本，3/346 頁第 323 ~329 行。
8　9 ~10 世紀。歸義軍時期寫本。
9.1　楷書。

9.2　有行間校加字。
11　圖版：《敦煌寶藏》，61/106A～121A。

1.1　BD04096 號
1.3　金剛般若波羅蜜經
1.4　麗 096
1.5　094:4056
2.1　（2+149.3+1.5）×25 厘米；4 紙；87 行，行 17 字。
2.2　01：2+26.5，16；　02：49.0，28；　03：49.3，28；
04：24.5+1.5，15。
2.3　卷軸裝。首尾均殘。經黄打紙。有烏絲欄。
3.1　首行下殘→大正 235，8/750B3～4。
3.2　尾殘→8/751B3。
8　7～8 世紀。唐寫本。
9.1　楷書。
11　圖版：《敦煌寶藏》，81/636B～638B。

1.1　BD04097 號
1.3　思益梵天所問經（異卷）卷三
1.4　麗 097
1.5　043:0426
2.1　（12+933.5）×25.8 厘米；20 紙；511 行，行 17 字。
2.2　01：12+20.3，18；　02：49.0，27；　03：49.0，27；
04：49.3，27；　05：48.5，27；　06：48.5，27；
07：48.8，26；　08：48.6，27；　09：48.5，27；
10：48.5，27；　11：48.5，27；　12：49.0，27；
13：48.8，27；　14：49.0，27；　15：49.0，27；
16：49.0，27；　17：48.9，27；　18：49.2，27；
19：48.6，26；　20：34.5，08。
2.3　卷軸裝。首殘尾全。卷端破碎嚴重。卷尾上下有蟲繭。有烏絲欄。已修整。
3.1　首 7 行上下殘→大正 586，15/47B4～10。
3.2　尾全→15/54B11。
4.2　思益經卷第三（尾）。
5　與《大正藏》本卷對照，該件分卷不同，存文相當於《談論品》第七前部至《志大乘品》第十末止。
8　9～10 世紀。歸義軍時期寫本。
9.1　楷書。
9.2　有刮改。
11　圖版：《敦煌寶藏》，59/74A～87A。

1.1　BD04098 號
1.3　大般涅槃經（北本　宮本）卷二一
1.4　麗 098
1.5　115:6419
2.1　197.2×26.6 厘米；4 紙；112 行，行 17 字。
2.2　01：49.0，26；　02：49.5，28；　03：49.5，29；
04：49.2，29。
2.3　卷軸裝。首脱尾殘。有烏絲欄。
3.1　首殘→大正 374，12/489C21。
3.2　尾殘→12/491B5～6。
6.1　首→BD03955 號。
6.2　尾→BD03987 號。
8　6 世紀。南北朝寫本。
9.1　楷書。
11　圖版：《敦煌寶藏》，99/99A～101B。

1.1　BD04099 號
1.3　太上洞玄靈寶無量度人上品妙經
1.4　麗 099
1.5　370:8451
2.1　（3.8+143.9）×28 厘米；5 紙；96 行，行 17 字。
2.2　01：3.8+13.8，11；　02：43.1，28；　03：43.0，28；
04：43.0，28；　05：01.0，01。
2.3　卷軸裝。首尾均殘。卷首破損嚴重，卷尾於接縫處脱落。有烏絲欄。已修整。
3.1　首殘→《正統道藏》，1/63A17。
3.2　尾脱→《正統道藏》，1/65A 結尾。
8　7～8 世紀。唐寫本。
9.1　楷書。
11　圖版：《敦煌寶藏》，110/351A～352B。

1.1　BD04100 號
1.3　大般若波羅蜜多經卷一七四
1.4　麗 100
1.5　084:2433
2.1　（15+723.8）×24.8 厘米；16 紙；442 行，行 17 字。
2.2　01：15+25，24；　02：46.7，28；　03：46.7，28；
04：46.6，28；　05：46.6，28；　06：46.7，28；
07：46.7，28；　08：46.6，28；　09：46.6，28；
10：46.8，28；　11：46.6，28；　12：46.5，28；
13：46.6，28；　14：46.5，28；　15：46.6，28；
16：46.0，26。
2.3　卷軸裝。首殘尾全。第 1 紙有殘洞、油污、破裂及殘缺。尾有原軸，兩端塗棕色漆。有烏絲欄。
3.1　首 9 行下殘→大正 220，5/933C7～15。
3.2　尾全→5/938C16。
4.2　大般若波羅蜜多經卷第一百七十四（尾）。
7.1　卷首背端有勘記“十八”，為本文獻袟次。
8　8 世紀。唐寫本。
9.1　楷書。
11　圖版：《敦煌寶藏》，73/300B～310A。

新舊編號對照表

一、千字文號與北敦號、縮微膠卷號對照表

千字文號	北敦號	縮微膠卷號
麗 001	BD04001 號	229：7355
麗 002	BD04002 號	105：4695
麗 003	BD04003 號	052：0452
麗 004	BD04004 號	229：7362
麗 005	BD04005 號	084：2735
麗 006	BD04006 號	084：2235
麗 007	BD04007 號	387：8515
麗 008	BD04008 號	275：8162
麗 009	BD04009 號	038：0349
麗 010	BD04010 號	300：8297
麗 011	BD04011 號	089：3480
麗 012	BD04012 號	105：5705
麗 013	BD04013 號	094：4420
麗 014	BD04014 號	094：4204
麗 015	BD04015 號	084：3371
麗 016	BD04016 號	087：3423
麗 017	BD04017 號	237：7430
麗 018	BD04018 號	063：0716
麗 019	BD04019 號	083：1545
麗 020	BD04020 號	070：1078
麗 021	BD04021 號	084：3041
麗 022	BD04022 號	105：5046
麗 023	BD04023 號	084：2995
麗 024	BD04024 號	094：3834
麗 025	BD04025 號	106：6191
麗 026	BD04026 號	143：6724
麗 027	BD04027 號	409：8563
麗 028	BD04028 號	105：5925
麗 029	BD04029 號	201：7213
麗 030	BD04030 號	094：3613
麗 031	BD04031 號	001：0001
麗 032	BD04032 號	083：1704
麗 033	BD04033 號	084：2570
麗 034	BD04034 號	083：1825
麗 035	BD04035 號	084：3050
麗 036	BD04036 號	117：6578
麗 037	BD04037 號	058：0473
麗 038	BD04038 號	063：0663
麗 039	BD04039 號	250：7506
麗 040	BD04040 號	459：8671
麗 041	BD04041 號	157：6932
麗 042	BD04042 號	105：5356
麗 043	BD04043 號	094：3866
麗 044	BD04044 號	105：4692
麗 045	BD04045 號	094：4140
麗 046	BD04046 號	094：3798
麗 047	BD04047 號	373：8468
麗 047	BD04047 號背	373：8468
麗 048	BD04048 號	070：1042
麗 048	BD04048 號	070：1042
麗 049	BD04049 號	031：0316
麗 050	BD04050 號	083：1468
麗 051	BD04051 號	084：3124
麗 052	BD04052 號	195：7144
麗 053	BD04053 號	105：5861
麗 054	BD04054 號	084：3123
麗 055	BD04055 號	063：0718
麗 056	BD04056 號	105：5248
麗 057	BD04057 號	084：2868
麗 058	BD04058 號	094：4222
麗 059	BD04059 號	001：0164
麗 060	BD04060 號	117：6588
麗 061	BD04061 號	083：1535
麗 061	BD04061 號背	083：1535
麗 062	BD04062 號	061：0547
麗 063	BD04063 號	063：0719
麗 064	BD04064 號	083：1475
麗 064	BD04064 號背	083：1475

麗 065	BD04065 號	105：4831	麗 083	BD04083 號背	213：7258
麗 066	BD04066 號	115：6402	麗 084	BD04084 號	084：2199
麗 067	BD04067 號	105：4621	麗 085	BD04085 號 1	364：8445
麗 068	BD04068 號	157：6934	麗 085	BD04085 號 2	364：8445
麗 069	BD04069 號	115：6482	麗 086	BD04086 號	084：2629
麗 070	BD04070 號	105：5619	麗 087	BD04087 號	157：6939
麗 071	BD04071 號	116：6560	麗 088	BD04088 號	084：2203
麗 072	BD04072 號	083：1845	麗 089	BD04089 號	105：5857
麗 073	BD04073 號	105：5534	麗 090	BD04090 號	081：1409
麗 073	BD04073 號背	105：5534	麗 091	BD04091 號	084：2228
麗 074	BD04074 號	227：7321	麗 092	BD04092 號	063：0754
麗 075	BD04075 號	105：4813	麗 093	BD04093 號	305：8342
麗 076	BD04076 號	084：3121	麗 094	BD04094 號	105：4608
麗 077	BD04077 號	105：5287	麗 095	BD04095 號	063：0671
麗 078	BD04078 號	084：2287	麗 096	BD04096 號	094：4056
麗 079	BD04079 號	105：5277	麗 097	BD04097 號	043：0426
麗 080	BD04080 號	157：6982	麗 098	BD04098 號	115：6419
麗 081	BD04081 號	084：2198	麗 099	BD04099 號	370：8451
麗 082	BD04082 號	094：3986	麗 100	BD04100 號	084：2433
麗 083	BD04083 號	213：7258			

二、縮微膠卷號與北敦號、千字文號對照表

縮微膠卷號	北敦號	千字文號	縮微膠卷號	北敦號	千字文號
001：0001	BD04031 號	麗 031	083：1535	BD04061 號	麗 061
001：0164	BD04059 號	麗 059	083：1535	BD04061 號背	麗 061
031：0316	BD04049 號	麗 049	083：1545	BD04019 號	麗 019
038：0349	BD04009 號	麗 009	083：1704	BD04032 號	麗 032
043：0426	BD04097 號	麗 097	083：1825	BD04034 號	麗 034
052：0452	BD04003 號	麗 003	083：1845	BD04072 號	麗 072
058：0473	BD04037 號	麗 037	084：2198	BD04081 號	麗 081
061：0547	BD04062 號	麗 062	084：2199	BD04084 號	麗 084
063：0663	BD04038 號	麗 038	084：2203	BD04088 號	麗 088
063：0671	BD04095 號	麗 095	084：2228	BD04091 號	麗 091
063：0716	BD04018 號	麗 018	084：2235	BD04006 號	麗 006
063：0718	BD04055 號	麗 055	084：2287	BD04078 號	麗 078
063：0719	BD04063 號	麗 063	084：2433	BD04100 號	麗 100
063：0754	BD04092 號	麗 092	084：2570	BD04033 號	麗 033
070：1042	BD04048 號	麗 048	084：2629	BD04086 號	麗 086
070：1042	BD04048 號	麗 048	084：2735	BD04005 號	麗 005
070：1078	BD04020 號	麗 020	084：2868	BD04057 號	麗 057
081：1409	BD04090 號	麗 090	084：2995	BD04023 號	麗 023
083：1468	BD04050 號	麗 050	084：3041	BD04021 號	麗 021
083：1475	BD04064 號	麗 064	084：3050	BD04035 號	麗 035
083：1475	BD04064 號背	麗 064	084：3121	BD04076 號	麗 076

084：3123	BD04054 號	麗 054
084：3124	BD04051 號	麗 051
084：3371	BD04015 號	麗 015
087：3423	BD04016 號	麗 016
089：3480	BD04011 號	麗 011
094：3613	BD04030 號	麗 030
094：3798	BD04046 號	麗 046
094：3834	BD04024 號	麗 024
094：3866	BD04043 號	麗 043
094：3986	BD04082 號	麗 082
094：4056	BD04096 號	麗 096
094：4140	BD04045 號	麗 045
094：4204	BD04014 號	麗 014
094：4222	BD04058 號	麗 058
094：4420	BD04013 號	麗 013
105：4608	BD04094 號	麗 094
105：4621	BD04067 號	麗 067
105：4692	BD04044 號	麗 044
105：4695	BD04002 號	麗 002
105：4813	BD04075 號	麗 075
105：4831	BD04065 號	麗 065
105：5046	BD04022 號	麗 022
105：5248	BD04056 號	麗 056
105：5277	BD04079 號	麗 079
105：5287	BD04077 號	麗 077
105：5356	BD04042 號	麗 042
105：5534	BD04073 號	麗 073
105：5534	BD04073 號背	麗 073
105：5619	BD04070 號	麗 070
105：5705	BD04012 號	麗 012
105：5857	BD04089 號	麗 089
105：5861	BD04053 號	麗 053
105：5925	BD04028 號	麗 028
106：6191	BD04025 號	麗 025
115：6402	BD04066 號	麗 066
115：6419	BD04098 號	麗 098
115：6482	BD04069 號	麗 069
116：6560	BD04071 號	麗 071
117：6578	BD04036 號	麗 036
117：6588	BD04060 號	麗 060
143：6724	BD04026 號	麗 026
157：6932	BD04041 號	麗 041
157：6934	BD04068 號	麗 068
157：6939	BD04087 號	麗 087
157：6982	BD04080 號	麗 080
195：7144	BD04052 號	麗 052
201：7213	BD04029 號	麗 029
213：7258	BD04083 號	麗 083
213：7258	BD04083 號背	麗 083
227：7321	BD04074 號	麗 074
229：7355	BD04001 號	麗 001
229：7362	BD04004 號	麗 004
237：7430	BD04017 號	麗 017
250：7506	BD04039 號	麗 039
275：8162	BD04008 號	麗 008
300：8297	BD04010 號	麗 010
305：8342	BD04093 號	麗 093
364：8445	BD04085 號 1	麗 085
364：8445	BD04085 號 2	麗 085
370：8451	BD04099 號	麗 099
373：8468	BD04047 號	麗 047
373：8468	BD04047 號背	麗 047
387：8515	BD04007 號	麗 007
409：8563	BD04027 號	麗 027
459：8671	BD04040 號	麗 040